Deutsche Kolonialrechtspflege

Rechtshistorische Reihe

Band 349

Peter Lang
Frankfurt am Main · Berlin · Bern · Bruxelles · New York · Oxford · Wien

Ralf Schlottau

Deutsche Kolonialrechtspflege

Strafrecht und Strafmacht
in den deutschen Schutzgebieten
1884 bis 1914

Peter Lang
Internationaler Verlag der Wissenschaften

Bibliografische Information der Deutschen Nationalbibliothek
Die Deutsche Nationalbibliothek verzeichnet diese Publikation in der Deutschen Nationalbibliografie; detaillierte bibliografische Daten sind im Internet über <http://www.d-nb.de> abrufbar.

Zugl.: Kiel, Univ., Diss., 2007

Umschlagabbildung:
Justitia – Sinnbild der Gerechtigkeit.
Dieser Bildausschnitt wurde einem Buch aus dem
17. Jahrhundert entnommen.

Diese Arbeit wurde von
Herrn Prof. em. Dr. Hans Hattenhauer
zur Aufnahme in diese Reihe empfohlen.

D 8
ISSN 0344-290X
ISBN 978-3-631-56441-7

www.peterlang.de

Gerichtsverhandlung in Kamerun

Photographie von Carl Müller, 1906,
Quelle: Ottomar Beta, Das Buch von unseren Kolonien, Leipzig, 1908

Meinen Eltern und meiner Großmutter Annaliese Blume

Vorwort

Die vorliegende Arbeit wurde im Herbst 2006 abgeschlossen und lag der Rechtswissenschaftlichen Fakultät der Christian-Albrechts Universität zu Kiel im Wintersemester 2006/2007 als Dissertation vor.

Ohne die hilfreiche Unterstützung von vielen Seiten hätte diese Arbeit nicht fertig gestellt werden können. Mein Dank sei hier zunächst gerichtet an die Mitarbeiter verschiedener Archive und Institutionen, die die Materialsuche durch unermüdliche Auskünfte und Informationen gefördert haben. Es ist mir ein Anliegen, zuvörderst den Angehörigen des Bundesarchivs in Berlin-Lichterfelde, der Universitätsbibliothek Kiel sowie des Walther-Schücking-Instituts für Internationales Recht an der CAU Kiel zu danken, die mir auf stets unkomplizierte und freundliche Weise den Zugang zu den für die Arbeit wichtigen Informationen erleichtern halfen. Dankbar bin ich auch für die zahlreichen Hinweise aus dem Freundeskreis, die mir bei vielerlei Detailfragen weiterhalfen und mich stets neu motivierten.

Mein Interesse an der Rechtsgeschichte verdanke ich Prof. Dr. Jörn Eckert. Er hat mich im Studium für das Fach begeistern können und als Doktorand angenommen. Durch seine Anregung konnte letztlich das genaue Thema der Arbeit festgelegt werden. Prof. Eckert ist im März 2006 viel zu früh verstorben. Ich bin ihm zu großen Dank verpflichtet. Prof. Dr. Hans Hattenhauer gegenüber empfinde ich ebenfalls eine große Dankbarkeit. Er hat die Betreuung der Arbeit in selbstverständlicher Weise übernommen, die Korrekturen überaus schnell und gründlich erledigt und dabei in allen Fällen zur Verbesserung der Dissertation beigetragen. Beeindruckt hat mich insbesondere sein feines Gespür für die deutsche Sprache. Prof. Dr. Werner Schubert habe ich für sein zügiges und freundliches Zweitgutachten zu danken.

Ohne Rückhalt in der Familie hätte ich diese Arbeit nicht vollenden können. Ich danke meinen Eltern für ihr Verständnis und ihre immerwährende Unterstützung. Ich habe Ihnen viel zu verdanken. Ihnen und meiner Großmutter Annaliese Blume geb. Paul, Absolventin der Kolonialen Frauenschule in Rendsburg 1941, sei diese Arbeit gewidmet.

Ein letzter Dank gilt meiner Verlobten Dr. Konstanze Braun. Sie begleitet mich nunmehr seit über vier Jahren durch alle Höhen und Tiefen. Es möge immer so sein.

Eschede, im Januar 2007

La loi doit être la même pour tous, soit qu'elle protège, soit qu'elle punisse.

Art. 6. – Déclaration des Droits de l´homme et du citoyen, 26. August 1789.

Denn indem wir die Irrtümer unserer Vorfahren einsehen lernen, so hat die Zeit schon wieder neue Irrtümer erzeugt, die uns unbemerkt umstricken.

Johann Wolfgang v. Goethe (1749-1832).

Inhaltsverzeichnis

Abkürzungsverzeichnis

AA	Auswärtiges Amt
a.A.	andere(r) Ansicht
AAKA	Kolonialabteilung im Auswärtigen Amt
ADR	Akademie für Deutsches Recht
a.F.	alte(r) Fassung
a.i.	ad interim
ALR	Allgemeines Landrecht für die preußischen Staaten
AnnDR	Annalen des Deutschen Reichs für Gesetzgebung, Verwaltung und Statistik, Staatswissenschaftliche Zeitschrift und Materialiensammlung, hrsg. v. Georg Hirth u. Max Seydel, München, Leipzig
Anm.	Anmerkung
BA	Bundesarchiv, Bestände des Bundesarchivs
Bd.	Band
betr.	betreffend
BGB	Bürgerliches Gesetzbuch vom 18. August 1896, RGBl. 1896, S. 195
BGBl.	Bundes-Gesetzblatt des Norddeutschen Bundes
Bl.	Blatt
BRV	Verfassung des Deutschen Reiches vom 16. April 1871 (Bismarcksche Reichsverfassung), RGBl. 1871, S. 63 ff.
BzKK	Beiträge zur Kolonialpolitik und Kolonialwirtschaft
bzw.	beziehungsweise
ders.	derselbe
d.h.	das heißt
DJZ	Deutsche Juristen - Zeitung
DKG	Deutsche Kolonialgesellschaft
DKolBl.	Deutsches Kolonialblatt, Amtsblatt für die Schutzgebiete in Afrika und in der Südsee, hrsg. in der Kolonial-Abtheilung des Auswärtigen Amtes (ab 1890) und im Reichs-Kolonialamt (1907-1921)
DKolGG	Die deutsche Kolonialgesetzgebung, hrsg. von Riebow, Zimmermann, u. a.
DKolZ	Deutsche Kolonialzeitung, Organ der deutschen Kolonialgesellschaft
DKV	Deutscher Kolonialverein
DNG	Deutsch-Neuguinea
DOA	Deutsch-Ostafrika

DOAG	Deutsch-Ostafrikanische Gesellschaft
Dok.	Dokument
DRiZ	Deutsche Richterzeitung, Organ des deutschen Richterbundes
DSWA	Deutsch-Südwestafrika
EGBGB	Einführungsgesetz zum Bürgerlichen Gesetzbuch v. 18. August 1896, RGBl. 1896, S. 604
EGGVG	Einführungsgesetz zum Gerichtsverfassungsgesetze v. 27. Januar 1877, RGBl. 1877, S. 77
EGSTPO	Einführungsgesetz zur Strafprozeßordnung v. 1. Februar 1877, RGBl. 1877, S. 346
f., ff.	folgende/r/s/n
Fn.	Fußnote
G	Gesetz
Ges.	Gesandter
GesR	Gesandtschaftsrat
GewO	Gewerbeordnung für den Norddeutschen Bund v. 21. Juni 1869, BGBl. 1869, S. 245.
GfDK	Gesellschaft für deutsche Kolonisation
GLR	Geheimer Legationsrat
GVG 1877	Gerichtsverfassungsgesetz v. 27. Januar 1877, RGBl. 1877, S. 41
GVG 1905	Gerichtsverfassungsgesetz i.d.F. d. Gesetzes, betr. Änderungen des GVG, v. 5. Juni 1905, RGBl. 1905, S. 533.
HMRG	Historische Mitteilungen, hrsg. im Auftrag der Ranke-Gesellschaft
Hrsg. / hrsg.	Herausgeber / herausgegeben
i.d.F.	in der Fassung
IKV	Internationale Kriminalistische Vereinigung
i.V.m.	in Verbindung mit
JW	Juristische Wochenschrift
Kap.	Kapitel
KGG 1879	Gesetz über die Konsulargerichtsbarkeit v. 10. Juli 1879, RGBl. 1879, S. 197
KGG 1900	Gesetz über die Konsulargerichtsbarkeit v. 7. April 1900, RGBl. 1900, S. 213

KO	Konkursordnung v. 10. Februar 1877, RGBl. S. 351
KolBG	Kolonialbeamtengesetz v. 8. Juni 1910, RGBl. 1910, S. 881
KPA	Kolonialpolitische Amt der NSDAP
Ksl.	Kaiserlich/e/r/s/n
Leg. Per.	Legislaturperiode
LR	Legationsrat
MdR	Mitglied des Reichstages
MVBl.	Marineverordnungsblatt, hrsg. v. Oberkommando der Kriegsmarine, 1870-1945
m.w.N.	mit weiteren Nachweisen
NGK	Neu-Guinea-Kompagnie (auch: Neu-Guinea-Compagnie)
NSDAP	Nationalsozialistische Deutsche Arbeiterpartei
OLG	Oberlandesgericht
preußGS	Gesetz-Sammlung für die Königlichen Preußischen Staaten
RabelsZ	Rabels Zeitschrift für ausländisches und internationales Privatrecht
R.E.	Runderlaß
RGBl.	Reichsgesetzblatt
RGSt.	Entscheidungssammlung des Reichsgerichts in Strafsachen
RhJ	Rechtshistorisches Journal
RJA	Reichsjustizamt
RK	Reichskanzler
RKA	Reichskolonialamt
RMA	Reichsmarineamt
(R)StGB	Strafgesetzbuch für das Deutsche Reich, v. 15. Mai 1871, RGBl. 1871, S. 128
(R)StPO	Strafprozeßordnung v. 1. Februar 1877, RGBl. 1877, S. 253
RT	Reichstag
RT-Verh.	Verhandlungen des Reichstages
RuStAG	Reichs- und Staatsangehörigkeitsgesetz v. 22. Juli 1913, RGBl. 1913, S. 583
S.	Seite
S., s.	Siehe
SchGG 1886	Gesetz, betr. die Rechtsverhältnisse der deutschen Schutzgebiete v. 17. April 1886 (RGBl. 1886, S. 75)

SchGG 1888	Gesetz, betr. die Rechtsverhältnisse der deutschen Schutzgebiete i.d.F. des Gesetzes v. 7. Juli 1887, wegen Abänderung des Gesetzes, betr. die Rechtsverhältnisse der deutschen Schutzgebiete (RGBl. 1887, S. 307), i.d.F. der Bekanntmachung wegen Redaktion des Gesetzes, betr. die Rechtsverhältnisse der deutschen Schutzgebiete v. 19. März 1888 (RGBl. 1888, S. 75)
SchGG 1899	Gesetz, betr. die Rechtsverhältnisse der deutschen Schutzgebiete i.d.F. der Bekanntmachung v. 19.März 1888, zuletzt geändert durch Gesetz, betr. Abänderung und Ergänzung des Gesetzes über die Rechtsverhältnisse der deutschen Schutzgebiete v. 2. Juli 1899 (RGBl. 1899, S. 365)
SchGG 1900	Schutzgebietsgesetz i.d.F. der Bekanntmachung v. 10. September 1900 wegen Redaktion des Schutzgebietsgesetzes v. 10. September 1900 (RGBl. 1900, S. 812) auf Grund Art. 2 des Gesetzes, betr. Änderungen des Gesetzes über die Rechtsverhältnisse der deutschen Schutzgebiete v. 25. Juli 1900, RGBl. 1900 (S. 809)
SchGG 1912	Schutzgebietsgesetz i.d.F. des Gesetzes, betr. die Abänderung des Schutzgebietsgesetzes v. 16. Juli 1912 (RGBl. 1912, S. 443)
SchGG 1913	Schutzgebietsgesetz i.d.F. des Gesetzes, betr. Abänderung des Schutzgebietsgesetzes v. 22. Juli 1913 (RGBl. 1913, S. 599)
Sess.	Session
sog.	sogenannte/r/s
Sp.	Spalte
Sten. Ber.	Stenographische Berichte über die Verhandlungen des Reichstages
StQuB	Studien- und Quellenbuch zur Geschichte der deutschen Strafrechtspflege in 2 Bänden, hrsg. v. Wolfgang Sellert und Hinrich Rüping.
StS	Staatssekretär
v.	von/vom
Versailler Vertrag	Friedensvertrag zwischen Deutschland und den alliierten und assoziierten Mächten v. 28. Juni 1919, RGBl. 1919, S. 688 i.V.m. Art. 1 des Gesetzes über den Friedensschluß zwischen Deutschland und den alliierten und assoziierten Mächten v. 16. Juli 1919, RGBl. 1919, S. 687.

VDAT	Vergleichende Darstellung des Deutschen und Ausländischen Strafrechts, Vorarbeiten zur Deutschen Strafrechtsreform, Allgemeiner Teil
Vfg.	Verfügung
Vgl., vgl.	vergleiche
VO	Verordnung
VRÜ	Verfassung und Recht in Übersee (Zeitschrift)
WRV	Die Verfassung des Deutschen Reiches vom 11. August 1919 (Weimarer Reichsverfassung), RGBl. 1919, S. 1383.
ZfKKK	Zeitschrift für Kolonialpolitik, Kolonialrecht und Kolonialwirtschaft
zit.	zitiert
ZNR	Zeitschrift für neuere Rechtsgeschichte
ZPO	Civilprozeßordnung v. 30. Januar 1877, RGBl. 1877, S. 83, neubekanntgemacht in der v. 1. Januar 1900 an geltenden Fassung, RGBl. 1898, S. 410
ZRG	Zeitschrift der Savigny-Stiftung für Rechtsgeschichte (Germ. Abt.)
ZStW	Zeitschrift für die gesamten Strafrechtswissenschaften
ZvglRWiss	Zeitschrift für vergleichende Rechtswissenschaft

Einführung

A. Aufgabenstellung und Gang der Untersuchung

Die vorliegende Arbeit hat es sich zum Ziel gesetzt, mit der deutschen Kolonialrechtspflege einen Aspekt des in den ehemaligen deutschen Schutzgebieten geltenden Rechts zu untersuchen. Neben dem im Vordergrund der Aufzeichnung stehenden kolonialen Strafrecht waren dabei vor allem Zusammenhänge der Gerichtsverfassung und des Strafverfahrensrechts zu erörtern. Mit ihr soll der Versuch unternommen werden, ein bisher nicht erschöpfend bearbeitetes Thema rechtshistorisch aufzuarbeiten und aus heutigem Verständnis heraus neu zu bewerten.

Deutschland fand erst verhältnismäßig spät seinen Weg in die Reihe der europäischen Kolonialmächte, als es in den Jahren 1884 und 1885 erste Gebiete in Afrika und der Südsee unter seinen Schutz stellte. Von den aktuellen politischen Entwicklungen scheinbar überrascht, nahm sich die zeitgenössische rechtswissenschaftliche Literatur erst mit einer gewissen Verzögerung der sich nun entwickelnden vielschichtigen juristischen Fragekomplexe an. Binnen kurzer Zeit avancierte das neue Rechtsgebiet indessen zum vielbearbeiteten Gegenstand – einhergehend mit einer breiten Begeisterung für die „koloniale Sache" innerhalb der Bevölkerung im Reich. So beschäftigten sich in den Jahren zwischen 1901 und 1916 nicht weniger als 80 rechtswissenschaftliche Dissertationen mit verschiedenen Gesichtspunkten des deutschen Kolonialrechts.[1] Einige zum Teil namhafte Rechtswissenschaftler veröffentlichten umfassendere Darstellungen zum deutschen Kolonialrecht überhaupt.[2]

Auf dem Gebiet des Kolonialstrafrechts erschien ein erster noch knapper Aufsatz des Münchner Rechtslehrers Karl Frhr. v. Stengel in der Deutschen Juristen-Zeitung des Jahres 1898.[3] In der zweiten Hälfte der deutschen Kolonialära beleuchteten dann auch einige Dissertationen das Strafrecht der deutschen Schutzgebiete aus unterschiedlichen Blickwinkeln.[4] Diesem Gegenstand wurde

---

[1] Vgl. die Nachweise bei *Schack*, Das deutsche Kolonialrecht, S. 422-424.

[2] Vgl. nur *v. Stengel*, Die Rechtsverhältnisse der deutschen Schutzgebiete, § 22: Das in den Schutzgebieten geltende Strafrecht [1901]; *v. Hoffmann*, Einführung in das deutsche Kolonialrecht, § 26: Das Strafrecht [1911]; *Schack*, Das deutsche Kolonialrecht in seiner Entwicklung bis zum Weltkriege [1923].

[3] *v. Stengel*, Die Strafrechtspflege über die Eingeborenen in den deutschen Schutzgebieten, in: DJZ (III) 1898, S. 85 ff.

[4] Vgl. nur *Brinkmann*, Strafrecht und Strafverfahren für die Eingeborenen der deutschen Schutzgebiete [1904]; *Karlowa*, Die Strafgerichtsbarkeit über die Eingeborenen in den deutschen Kolonien [1911]; *Lütken*, Das materielle Strafrecht in den deutschen Kolonien [1914]; *Wick*, Die Farbigenrechtspflege in den deutschen Schutzgebieten [1914].

sich darüber hinaus mehrfach in Aufsatz-[5] oder Vortragsform[6] genähert. Schließlich setzten sich auch ehemalige deutsche Gouverneure in biographischen Rückblicken mit der Rechtspflege in „ihrer" alten Kolonie auseinander.[7]

In den Jahren nach dem Verlust der deutschen Schutzgebiete haben sich hingegen nur noch wenige Autoren der „abgelegen anmutenden Materie"[8] des Kolonialstrafrechts angenommen. Hervorzuheben sind hier zunächst die Arbeiten einiger DDR-Historiker, die, mit Zugang zu den Beständen des Deutschen Zentralarchivs in Potsdam ausgestattet, materialreiche aber häufig ideologisierte Darstellungen einzelner Gebiete[9] oder bestimmter bedeutungsvoller Phänomene[10] bieten. Auf bundesdeutscher Seite ist die Strafrechtspflege im Schutzgebiet Kamerun einer außerordentlich gründlichen Untersuchung unterzogen worden.[11] Eine weitere Aufzeichnung befaßt sich mit dem Eingeborenen-Strafrecht in Deutsch-Südwestafrika.[12] Auch zur kolonialen Prügelstrafe[13] und zum „Schutz des nichtdeutschen Angeklagten in den deutschen Kolonien"[14] liegen wertvolle Darstellungen vor. In jüngerer Zeit erschienen sind zudem zwei Arbeiten herauszustellen, die monographisch die deutsche „koloniale Rechtsordnung und ihre Entwicklung nach dem Ersten Weltkrieg"[15] sowie den „Erwerb, Organisation und Verlust" der deutschen Schutzgebiete „aus juristischer Sicht"[16] beleuchten. Besondere Erwähnung sollen schließlich drei jüngst veröffentlichte Arbeiten auf rechtshistorischem Gebiet finden, die sich mit weiteren rechtlichen Teilaspekten

---

[5] Vgl. nur *Bauer*, Die Strafrechtspflege über die Eingeborenen der deutschen Schutzgebiete, in: AöR (19) 1905, S. 32 ff., 433 ff.; *Doerr*, Deutsches Kolonialstrafrecht, in: ZfKKK (10) 1908, S. 321 ff.; ders., Deutsches Kolonial-Strafprozeßrecht, in: ZfKKK (10) 1908, S. 660 ff.

[6] Vgl. nur *Köbner*, Kolonialstrafrecht, in: Mitteilungen der I.K.V. (11) 1904, S. 545 ff.; *Ziegler*, Eingeborenenstrafrecht in den deutschen Schutzgebieten, in: Mitteilungen der I.K.V. (11) 1904, S. 577 ff.

[7] Vgl. nur *Leutwein*, Elf Jahre Gouverneur in DSWA, S. 243 ff.; *Seitz*, Vom Aufstieg und Niederbruch deutscher Kolonialmacht, Bd. I., S. 42 ff., Bd. II., S. 63 ff.

[8] *Kopp*, Nichtdeutsche Angeklagte im deutschen Strafverfahren, S. 69.

[9] Vgl. nur *Stoecker* (Hrsg.), Kamerun unter deutscher Kolonialherrschaft [1960]; *Sebald*, Togo 1884-1914, Eine Geschichte der deutschen Musterkolonie auf der Grundlage amtlicher Quellen, S. 291 ff.: Administration und Kolonialjustiz [1988].

[10] Vgl. nur zur kolonialen Prügelstrafe *Müller*, Kolonien unter der Peitsche [1962].

[11] *Walz*, Die Entwicklung der Strafrechtspflege in Kamerun unter deutscher Herrschaft 1884-1914 [1981].

[12] *Zimmerling*, Die Entwicklung der Strafrechtspflege für Afrikaner in DSWA 1884-1914 [1995].

[13] *Schröder*, Prügelstrafe und Züchtigungsrecht in den deutschen Schutzgebieten Schwarzafrikas [1997].

[14] *Kopp*, Nichtdeutsche Angeklagte im deutschen Strafverfahren, S. 67-112 [1997].

[15] *Fischer*, Die deutschen Kolonien, S. 116 ff.: Strafrecht für Europäer, S. 167 ff.: Strafrecht für Eingeborene [2000].

[16] *Wagner*, Die deutschen Schutzgebiete [2002].

der deutschen Kolonialvergangenheit auseinandersetzen: Der kolonialen Selbstverwaltung in Deutsch-Südwestafrika,[17] den völkerrechtlichen Grundlagen von Okkupation und ihren Nebenpflichten am Beispiel des Erwerbs von Deutsch-Südwestafrika,[18] und den Kompetenzen des Reichstags für die deutschen Kolonien in Gesetzgebung und Staatsrechtswissenschaft des Kaiserreichs.[19]

Das besondere Verdienst, das deutsche Kolonialstrafrecht in jüngerer Zeit wieder thematisiert und schutzgebietsübergreifend erörtert zu haben, gebührt dem Frankfurter Strafrechtslehrer Wolfgang Naucke, auf den auch der im Untertitel der Arbeit verwandte Begriff der deutsch-kolonialen „Strafmacht" zurückgeht.[20] Der Versuch einer umfassenden Darstellung des deutschen Kolonialstrafrechts unter Berücksichtigung aller sieben[21] deutschen Schutzgebiete, unter Beachtung des in allen Kolonien herrschenden Rechtsdualismus von weißer und eingeborener Bevölkerung und mit Blick auf das Recht der Gerichtsorganisation und das Strafverfahren ist indessen bisher noch ausgeblieben.

Die vorstehende Arbeit gliedert sich in fünf Kapitel. Dabei soll einführend vor allem die Erwerbsgeschichte der deutschen Schutzgebiete und das besondere Verhältnis von Reichskanzler Otto v. Bismarck zur deutschen Kolonialbewegung aufgezeigt, sowie ein kurzer Überblick über die wesentlichen historischen und politischen Bezüge der deutschen Kolonien geboten werden. Im weiteren ist ein Blick auf das Strafrecht der vom Deutschen Reich unterworfenen Völker zu richten, da das indigene Recht unter der deutschen Schutzherrschaft noch vielfach fortbestand und von der Kolonialverwaltung auch regelmäßig zur Rechtsfindung herangezogen wurde. Im Hauptkapitel ist nach einer Einführung in das theoretische Grundgerüst der Strafrechtswissenschaft des ausgehenden 19. Jahrhunderts der grundsätzliche Rechtsdualismus in den deutschen Schutzgebieten aufzuzeigen und zu erläutern, welcher Personenkreis welchem Kolonialrecht unterfiel. Ausgehend von den Befugnissen zur Setzung von Kolonialrecht, die regelmäßig eben nicht dem Deutschen Reichstag zustanden, und der Organisation der Kolonialverwaltung im Kaiserreich von den Anfängen bis in die Zeit der Weimarer Republik, soll umfassend die Gerichtsbarkeit für die weiße und eingeborene Bevölkerung der deutschen Schutzgebiete dargelegt werden. Ebenfalls in gesonderter Darstellung für die einzelnen Kolonien erfolgt die Darstellung

---

[17] *Huber*, Koloniale Selbstverwaltung in DSWA [2000].

[18] *Schildknecht*, Bismarck, Südwestafrika und die Kongokonferenz [1999].

[19] *Grohmann*, Exotische Verfassung [2001].

[20] *Naucke*, Deutsches Kolonialstrafrecht 1886-1918, in: RhJ (7) 1988, S. 297 (300, 302).

[21] In dieser Arbeit wird in der Darstellung von sieben deutschen Schutzgebieten ausgegangen. Tatsächlich bildeten die Marshall-Inseln jedoch von 1885 bis zur Unterstellung unter das Schutzgebiet von Deutsch-Neuguinea am 1.4.1906 eine selbständige achte deutsche Kolonie, vgl. die Ksl. VO v. 18.1.1906, RGBl. 1906, S. 138, s. auch 1. Kap. C. II. 5.

des materiellen Strafrechts und des Strafverfahrensrechts.[22] Die Arbeit schließt mit einem Ausblick in die Zeit nach 1919 und einer knappen Rechtsvergleichung, in der die These eines gemeinsamen europäischen Kolonialstrafrechts vertreten wird.

B. Quellenlage

Die Quellenlage zur deutschen Kolonialzeit im allgemeinen und zum deutschen Kolonialrecht im besonderen kann als durchaus gut bezeichnet werden. Für diese Arbeit konnte insbesondere auf die ergiebigen Bestände des ehemaligen Reichskolonialamts zurückgegriffen werden, die im Bundesarchiv, Abteilung R mit Sitz in Berlin/Lich-terfelde, einzusehen sind.[23] Daneben sind dort noch weitere Bestände aus den ehemaligen Schutzgebieten Deutsch-Südwestafrika,[24] Togo,[25] Kamerun,[26] Deutsch-Ostafrika[27] sowie aus Deutsch-Neuguinea[28] zugänglich.

Von einigem Ertrag war die Durchsicht des Deutschen Kolonialblatts,[29] des von der Reichskolonialverwaltung zwischen 1890 und 1921 herausgegebenen Amtsblatts für die Schutzgebiete Afrikas und der Südsee. Gegliedert in einen Amtlichen und einen Nichtamtlichen Teil, enthielt das alle zwei Wochen erschienene Kolonialblatt eine Reihe wichtiger Rechtsquellen, aber auch eine Fülle statistischen Materials. Die im Hauptteil der Arbeit und im Anhang erstellten Kriminalstatistiken gehen auf Zahlenmaterial zurück, das den Amtlichen Jahresberichten entnommen werden konnte, die zunächst als Beilage zum Deutschen Kolonialblatt erschienen und ab 1909 selbständig verlegt wurden. Eine ergiebige Rechtsquellensammlung ist ferner die zwischen 1892 und 1909 erschienene Deutsche Kolonialgesetzgebung,[30] auf die im Rahmen dieser Arbeit bevorzugt zurückgegriffen wurde. Für Kamerun,[31] Togo[32] und Deutsch-Ostafrika,[33] sowie

[22] Auf die Darstellung des besonderen kolonialen Militärstrafrechts ist hingegen verzichtet worden, vgl. hierzu aber *Fischer*, Die deutschen Kolonien, S. 118 f.

[23] Bestände des Reichskolonialamts, zit.: BA RKA 1001.

[24] Inventar der Akten des Zentralbureaus des Ksl. Gouvernements 1884-1915, BA R 151 F; Behörden des ehemaligen Schutzgebietes Deutsch-Südwestafrika, BA R 1002.

[25] Verwaltung des deutschen Schutzgebiets Togo (L'administration du protectorat allemand du Togo, Répertoire des Archives Coloniales Allemandes 1884-1914), BA R 150 F.

[26] Verwaltung des deutschen Schutzgebietes Kamerun, BA R 175 F.

[27] Das Deutsch-Ostafrika-Archiv, Inventar der Abteilung „German Records“ im Nationalarchiv der Vereinigten Republik Tansania, Dar-es-Salaam, BA R 155 F; Behörden des ehemaligen Schutzgebietes Deutsch-Ostafrika, BA R 1003.

[28] Verwaltung des deutschen Schutzgebietes Neuguinea, BA R 174 F.

[29] Zit.: DKolBl.

[30] Zit.: DKolGG.

[31] *Ruppel*, Landesgesetzgebung für das Schutzgebiet Kamerun [Berlin, 1912].

für Samoa[34] und Kiautschou[35] bestehen daneben eigene Sammlungen von Rechtsquellen oder amtliche Veröffentlichungen, die bei Bedarf herangezogen wurden.

Quelle unzähliger Aufsätze sowie wertvollen Bild- und Kartenmaterials sind die ab 1899 von der Deutschen Kolonialgesellschaft in Berlin herausgegebenen Beiträge zur Kolonialpolitik und Kolonialwirtschaft. 1904 als Zeitschrift für Kolonialpolitik, Kolonialrecht und Kolonialwirtschaft fortgesetzt und im Jahre 1913 als Koloniale Monatsblätter neu aufgelegt, wurde das Blatt im August 1914 schließlich eingestellt.[36] Besondere Erwähnung mögen auch die Verhandlungen des Deutschen Kolonialkongresses finden, die als Tagungsbände der Zusammenkünfte des Kongresses in Berlin in den Jahren 1902, 1905, 1910 und zuletzt 1923 erschienen sind. Die „Sektion III." des Kongresses beschäftigte sich dabei mit den rechtlichen und politischen Verhältnissen der Kolonien und überseeischen Gebiete.

Als Zugeständnis an die Möglichkeiten des Mediums Internet sollen zuletzt drei besonders ansprechend gestaltete Seiten herausgestellt werden, die den Zugang zu historischem Material erleichtern helfen. Das Deutsche Historische Museum Berlin bietet unter der Rubrik Kolonialpolitik einen reich bebilderten und weiterverweisenden Überblick.[37] Beeindruckendes Bildmaterial findet sich auch auf einer von der Universität Frankfurt a.M. betriebenen Seite, die neben dem Bildarchiv der Deutschen Kolonialgesellschaft das Deutsche Kolonial-Lexikon online gestellt hat.[38] Unter vielen anderen ist auch eine besonders gelungene privat betriebene Seite herauszustellen, die in zeitgenössischen Postkarten und Texten die deutsche Kolonialzeit präsentiert.[39]

---

32 Landesgesetzgebung des Schutzgebiets Togo, LGGTog [Berlin, 1911].
33 Landesgesetzgebung des Schutzgebiets Deutsch-Ostafrika, LGGDOA [Daressalam, 1910].
34 Samoanisches Gouvernementsblatt [Apia, 1900-1914].
35 *Mohr*, Handbuch für das Schutzgebiet Kiautschou [Tsingtau, 1911].
36 Zit.: ZfKKK.
37 http://www.dhm.de/lemo/html/kaiserreich/aussenpolitik/kolonien/index.html.
38 http://www.stub.bildarchiv-dkg.uni-frankfurt.de.
39 http://www.deutsche-schutzgebiete.de.

Erstes Kapitel: Die deutschen Schutzgebiete

1.
Schiffbruch hat das Schiff gelitten;
Vier entkamen nur dem Tod,
Die der mächt´ge Herr der Wüste
Vor den Herrscherthron entbot.

2.
Als er fragte, wer sie seien,
Trat der Erste zu ihm hin:
„Kannst Du, Herr der Wüste, zweifeln,
Daß ich ein Franzose bin?“

3.
Gnädig lächelt´ drauf der Herrscher,
Bot ihm freundlich seine Hand:
„Sollst erfahren, tapfrer Franke,
Meiner Anerkennung Pfand !“

4.
„Bin ein Brite!“ sprach der Zweite,
Und der Fürst verneigte sich;
„Bin ein Russe!“ sprach der Dritte,
Und der Herr drückt ihm die Hand,
Nähert freundlich sich dem Vierten,
Der noch in der Ecke stand.

5.
„Ich bin – ich bin –“ so stammelt dieser
Und verstummt errötend dann,
Daß der Fürst mit Zweifeln schauet
Einen nach dem andern an.

6.
Doch der Brite sprach mitleidig:
„Herr, ich weiß, wie gut Du bist,
Drum verzeih´s dem armen Teufel,
Daß er nur ein Deutscher ist.“

7.
Die ersten drei von seinen Gästen
Lud der Fürst an seinen Tisch.
„Der Vierte“, sprach er, „soll sich suchen
Ein Plätzchen am Bedienentisch !“

Volkstümliches deutsches Spottgedicht, 1848.[40]

„Ich will auch gar keine Kolonien. Die sind bloß zu Versorgungsposten gut [...] Und für uns in Deutschland – diese Koloniegeschichte wäre für uns genau so wie der seidne Zobelpelz in polnischen Adelsfamilien, die keine Hemden haben.“

Otto von Bismarck, 1871.[41]

[40] So spottete ein 1848 erschienenes Gedicht, das in unmißverständlicher Weise das vermeintliche Ansehen Deutschlands bei seinen europäischen Nachbarn geißelte, zit. nach *Hassert*, Deutschlands Kolonien, S. 1 f.

[41] Äußerung des Reichskanzlers im vertrauten Kreis im Zusammenhang mit der Erörterung möglicher weiterer Kriegsziele zu dem Gerücht, er trachte Frankreich nach dem Besitz des indischen Pondichery, *Busch*, Tagebuchblätter, Band 2, S. 157 (Eintrag v. 9. 2.1871).

„Das Endziel jeder Kolonisation ist, von allem idealen und humanen Beiwerk entkleidet, schließlich doch nur ein Geschäft.“

Theodor Leutwein (1894-1905 Gouverneur von Deutsch-Südwestafrika), 1907[42]

A. Frühe Kolonisationsversuche

Das Deutsche Reich trat erst spät in die Reihe der europäischen Kolonialmächte. Die deutsche Kolonialausbreitung nach Übersee am Ende des 19. Jahrhunderts steht gleichwohl in der Kontinuität eines nahezu fünf Jahrhunderte währenden gesamteuropäischen[43] Prozesses frühneuzeitlicher Expansion, der bereits mit den Entdeckungsfahrten der Spanier und Portugiesen im 15. Jahrhundert begonnen hatte.[44] Während andere europäische Mächte die räumlich erweiterte Welt unter sich zu verteilen begannen, blieben die Deutschen nach dem Verfall der Hanse und infolge innerer Wirren dem Rennen nach überseeischem Besitz zunächst fern. Dies hielt jedoch deutsche Landsknechte, Matrosen, Kaufleute und Missionare nicht davon ab, ihr Leben und Vermögen in fremden Diensten und für fremde Interessen in Asien und Amerika einzusetzen. So beteiligten sich seit der ersten Hälfte des 16. Jahrhunderts auch die süddeutschen Kaufmannsgeschlechter der Ehinger, Welser und Fugger an der Erschließung der Neuen Welt.[45]

Spätere Kolonisierungsversuche im 17. Jahrhundert orientierten sich am Vorbild der damaligen niederländischen Weltmacht. Der Herzog von Kurland (1610-1681) besetzte mit dem Ziel, Kurland zu einem „zweiten Holland“ zu machen und am Sklavenhandel teilzunehmen, 1651 in Afrika einen Streifen Land an der Gambia-Mündung und nahm die Insel Tobago, die südlichste der Kleinen Antillen, in Besitz. Hiermit erwarb erstmals ein deutscher Territorialstaat Besitz in Übersee, um diesen wirtschaftlich zu nutzen.[46] Bekannter noch sind die Kolonisationsbestrebungen seines Schwagers Friedrich Wilhelms, des Großen Kurfürsten (1620-1688), dem „geistigen Vater“[47] der späteren deutschen Kolonialpolitik. Diese erreichten am 1. Januar 1683 mit der Gründung der Festung „Groß-

---

42 *Leutwein*, Elf Jahre Gouverneur in Südwestafrika, S. 541.

43 Eine Darstellung der spanischen, portugiesischen, französischen, holländischen, britischen, belgischen, russischen, us-amerikanischen und deutschen Kolonialgeschichte findet sich bei *Fieldhouse*, Die Kolonialreiche seit dem 18. Jahrhundert.

44 *Gründer*, Geschichte der deutschen Kolonien, S. 15.

45 *Hassert*, Deutschlands Kolonien, S. 9 ff.

46 *Schinzinger*, Die Kolonien und das Deutsche Reich, S. 13.

47 *von der Heyden*, Das brandenburgische Kolonialabenteuer unter dem Großen Kurfürsten, in: Kolonialmetropole Berlin, S. 15.

Friedrichsburg“ an der westafrikanischen Küste im heutigen Ghana ihren vorläufigen Höhepunkt.[48]

Nach dem Tod des Großen Kurfürsten 1688 kam trotz des kolonialen Interesses seines Sohnes Friedrich III. – später als Friedrich I. erster „König in Preußen“ – das brandenburgische koloniale Engagement zum Erliegen.[49] Mit dem Regierungsantritt des sparsamen „Soldatenkönigs“ Friedrich Wilhelm I. im Jahre 1713 wurde das Ende der brandenburgischen Kolonialbestrebungen, die bisher über 2 Millionen Taler Verlust eingebracht hatten, eingeläutet.[50] 1717 wurden die westafrikanischen Gebiete für 7200 Dukaten und 12 „Mohren“[51] an die Holländisch-Westindische Compagnie verkauft.[52] Das Interesse Friedrich II. beschränkte sich schließlich auf den Kolonialhandel. Er beteiligte sich an der 1751 in Emden gegründeten Asiatisch-Chinesischen Handelsgesellschaft, deren Tätigkeit jedoch bereits 1757 zu Beginn des Siebenjährigen Krieges wieder erlosch.[53] 1772 gründete er in Berlin die „preußische Seehandlung“,[54] ließ aber Vorschläge, die die Einrichtung einer preußischen Pflanzungskolonie im nördlichen Südamerika und gegebenenfalls die Wiederinbesitznahme der ehemals brandenburgischen Gebiete in Westafrika vorsahen, unbeantwortet.[55]

Ein Zeitalter planmäßiger deutscher Kolonialversuche und Kolonialgründungen brach erst in den 40er Jahren des 19. Jahrhunderts an.[56] Nach der Bauernbefreiung[57] und der Einführung der Gewerbefreiheit[58] in Preußen im Zuge der Stein-

---

[48] Vgl. die Darstellungen bei *van der Heyden*, Rote Adler an Afrikas Küste sowie *Götz*, Die brandenburgisch-preußische Kolonisation in Guinea unter Friedrich Wilhelm, dem Großen Kurfürsten, in: ZfKKK (8) 1906, S. 767-780. Eine Auswertung zeitgenössischer Quellen zur Geschichte des Forts findet sich bei *Voigt*, Neue Forschungen über Groß-Friedrichsburg, in: KolMBl. (15) 1913, S. 289-296 und 355-362.

[49] *Hassert*, Deutschlands Kolonien, S. 16 f.

[50] *Hassert*, Deutschlands Kolonien, S. 17 f.

[51] Diese gelangten als Spielleute in die preußische Armee. An sie erinnert heute noch die Mohrenstraße in Berlin,vgl. *van der Heyden*, Das brandenburgische Kolonialabenteuer unter dem Großen Kurfürsten, in: Kolonialmetropole Berlin, S. 17.

[52] Die Holländer konnten „Groß-Friedrichsburg“ jedoch erst nach sieben Jahre währenden schweren Kämpfen in Besitz nehmen, da der später als „Deutscher Negerkönig“ gefeierte afrikanische Häuptling Jan Conny, der mit dem Oberbefehl über die Festung betraut worden war, erbitterten Widerstand leistete; vgl. *van der Heyden*, Schwarze Adler vor Afrikas Küste, S. 83 ff. sowie *Voigt*, Jan Conny und seine Beziehungen zu Groß-Friedrichsburg, in: ZfKKK (14) 1912, S. 116-128.

[53] *Graudenz / Schindler*, Deutsche Kolonialgeschichte, S. 19.

[54] Vgl. *Fischer*, Die deutschen Kolonien, S. 26, Fn. 24, der die weitere Geschichte der Seehandelsgesellschaft nachweist.

[55] *Gründer*, Geschichte der deutschen Kolonien, S. 16

[56] *Gründer*, Geschichte der deutschen Kolonien, S. 17

[57] Durch Edikt vom 9.10.1807.

Hardenberg'schen Reformen führten die längere Friedensperiode nach dem Wiener Kongreß, die Gründung des Deutschen Bundes 1815 und des Deutschen Zollvereins 1834 sowie die beginnende Industrialisierung zu einem deutlichen wirtschaftlichen Aufschwung in Deutschland, der mit einem beträchtlichen Bevölkerungswachstum einherging. Gleichzeitig wanderte eine zunehmende Anzahl von Menschen aus, davon der weitaus überwiegende Teil in die Vereinigten Staaten von Amerika.[59] Die Verbindung des Auswanderungs- und des Kolonisationsgedankens führte zur Gründung von zahlreichen Vereinen und Gesellschaften, die die Auswanderung forcieren und kanalisieren sollten. 1821 scheiterten noch mehrere dieser Gesellschaften mit dem Versuch, Niederlassungen in Mittel- und Südamerika ins Leben zu rufen.[60] Auch weitere Vorhaben, deutsche Auswanderer auf den südpazifischen Chatham-Inseln[61] oder in Texas anzusiedeln, schlugen fehl.[62]

Ab der Mitte des 19. Jahrhunderts erkannten erneut deutsche Handelshäuser den Wert von Kolonien als Rohstofflieferanten und Absatzmärkte. Seit 1850 war das expandierende Hamburger Handelshaus „Johann Cesar Godeffroy" im Pazifikraum tätig. Die seinerzeit größte Reederei der Hansestadt setzte unter anderem in Chile, San Francisco und Melbourne Agenten als dauernde Vertreter ein. 1856 wurde in Apia auf der Samoa-Insel Upolu eine dauernde Agentur eingerichtet, die Mittelpunkt eines weitverzweigten Handelsnetzes wurde. Godeffroy konnte nach der Anlage eigener Plantagen 1865 eine führende Stellung im Handel mit Kokosprodukten erreichen.[63] Um 1860 waren etwa 70 % des Südseehandels in deutscher Hand.[64] Neben den Aktivitäten des Hauses Godeffroy sind auch die Unternehmungen des Hamburger Handelshauses „C. Woermann" zu erwähnen. Der nationalliberale Reichstagsabgeordnete Adolph Woermann (1847-1911), größter Privatreeder der Welt und Inhaber des bedeutenden Hamburger Westafrika-Hauses dominierte weitgehend den westafrikanischen Handel.[65] 1850 besaßen die Woermanns Niederlassungen in Cochinchina,[66] zwischen 1862 und 1868 wurden weitere in Kamerun errichtet.[67] Auch das Ham-

---

[58] Durch Edikt vom 28.10.1810.

[59] Vgl. *Hassert*, Deutschlands Kolonien, S. 21 f., der von ca. 85 – 95 % aller deutschen Auswanderer ausgeht.

[60] *Hassert*, Deutschlands Kolonien, S. 23.

[61] *Gründer*, Geschichte der deutschen Kolonien, S. 17 f.; Vgl. *Sieveking*, Die Deutsche Antipoden-Colonie, 1841, *Gründer*, „... da und dort ein junges Deutschland gründen", Dok. 6, S. 32 ff.

[62] *Hassert*, Deutschlands Kolonien, S. 24.

[63] *Schramm*, Deutschland und Übersee, S. 81 ff.

[64] *Stern*, Gold und Eisen, Bismarck und sein Bankier Bleichröder, S. 485.

[65] *Gründer*, Geschichte der deutschen Kolonien, S. 44.

[66] *Schramm*, Deutschland und Übersee, S. 90.

[67] *Graudenz/Schindler*, Deutsche Kolonialgeschichte, S. 20.

burger Handelsunternehmen „Jantzen & Thormälen" engagierte sich seit 1875 in Kamerun mit der Errichtung von Faktoreien.[68] Nachdem vorher schon Woermann ein Viertel des Kamerunhandels an sich gezogen hatte, stieg der deutsche Anteil nach der Etablierung von „Jantzen & Thormälen" auf über die Hälfte an.[69]

Neben den Aktivitäten der Handelshäuser bereiteten auch die Tätigkeiten deutscher Missionsgesellschaften der Gründung eines deutschen Kolonialreiches den Weg. Bereits 42 Jahre vor dem Erwerb Deutsch-Südwestafrikas faßten 1842 evangelische Missionare der Rheinischen Missionsgesellschaft[70] dort Fuß und entfalteten eine rege Handelstätigkeit. Selbst Waffen sollen gehandelt worden sein.[71] In Togo begann die Bremer Norddeutsche Mission 1847 ihre zunächst verlustreiche und nur mäßig erfolgreiche Arbeit.[72] In Kamerun wurde die Missionsarbeit in den 1840er Jahren durch englische Baptisten eingeleitet und 1886 die Stationen an die Basler Mission übergeben. Auch deutsche Baptisten, amerikanische Presbyterianer und katholische Pallotiner waren hier aktiv.[73] In Ostafrika, wo besonders an der islamisierten Küste seit den 1850er Jahren englische und französische Missionare tätig waren, folgten ab 1886 vier deutsche evangelische Missionsgesellschaften der deutschen Flagge: Die Deutsch-Ostafrikanische Missionsgesellschaft (die spätere Bethel-Mission), die Evangelisch-Lutherische Mission zu Leipzig, die Berliner Missionsgesellschaft sowie die Herrnhuter Brüdergemeinde.[74] In Deutsch-Neuguinea konnte 1886 in Simbang, einige Meilen entfernt von Finschhafen, die erste Station der lutherischen Neuendettelsauer Mission gegründet werden,[75] während auf Samoa und auf den Inseln Mikronesiens deutsche Missionare keinen Fuß fassen konnten. In China entfalteten im 19. Jahrhundert Engländer und Franzosen missionarische Tätig-

[68] *Graudenz/Schindler*, Deutsche Kolonialgeschichte, S. 26.
[69] *Schramm*, Deutschland und Übersee, S. 301.
[70] In der Nachfolge der Rheinischen Mission, Wuppertal-Barmen (RM), steht heute die Vereinigte evangelische Mission, Wuppertal (VEM).
[71] *Fischer*, Die deutschen Kolonien, S. 27.
[72] Vgl. *Knoll*, Die Norddeutsche Missionsgesellschaft in Togo 1890-1914, in: Imperialismus und Kolonialmission, S. 165 f.
[73] Vgl. *Nestvogel*, Mission und Kolonialherrschaft in Kamerun, in: Imperialismus und Kolonialmission, S. 205 ff.
[74] Vgl. *Tetzlaff*, Die Mission im Spannungsfeld zwischen kolonialer Herrschaftssicherung und Zivilisierungsanspruch in Deutsch-Ostafrika, in: Imperialismus und Kolonialmission, S. 190 ff.
[75] Vgl. *Hempenstall*, Europäische Missionsgesellschaften und christlicher Einfluß in der Südsee: das Beispiel Neuguinea, in: Imperialismus und Kolonialmission, S. 227.

keiten. Die 1875 gegründete deutsch-österreichisch-niederländische Steyler Mission sandte ihre ersten beiden Missionare 1879 nach China.[76]

Einen beachtlichen Beitrag zur geographischen Erforschung Afrikas, Asiens und Ozeaniens konnten schließlich deutsche Wissenschaftler und Forscher leisten. Von 1849 bis 1852 bereisten Heinrich Barth und Eduard Vogel weite Teil Nord- und Zentralafrikas und kamen auch durch Gebiete der späteren Kolonie Kamerun. Der Arzt, Afrikaforscher und Diplomat Gustav Nachtigal unternahm ebenfalls Reisen durch den schwarzen Kontinent und konnte 1884 durch Hissung der deutschen Flagge Togo und Kamerun für das deutsche Reich erwerben. In Südwestafrika bereiste der Missionar Karl Hugo Hahn das Gebiet der Herero und Ovambo. Ostafrika wurde unter anderen von A. Roscher und Karl Klaus von der Decken erkundet.[77] Zwischen 1868 und 1872 durchquerte der Geograph und Geologe Ferdinand von Richthofen (1833-1905) 13 der damals 18 Provinzen Chinas auf insgesamt sieben Reisen und lenkte als erster Deutscher das Augenmerk auf die Bucht von Kiautschou.[78] Zurück in Deutschland verwies Richthofen auf die Möglichkeiten, die sich für das Reich durch die Lage der Bucht in der Nähe großer Steinkohlefelder und als maritimer Ansatzpunkt eines zu errichtenden Eisenbahnnetzes in Nord-China böten.[79]

B. Das Deutsche Reich und die koloniale Frage

Die Unternehmungen der hanseatischen Handelshäuser, die Tätigkeiten der Mission sowie die Reisen deutscher Forscher gepaart mit einem erstarkenden Nationalbewußtsein der Deutschen nach der Revolution von 1848 führten zu dem in der öffentlichen Meinung vermehrt geäußerten Wunsch nach dem Erwerb von Kolonien durch das Reich. Nach der vollendeten inneren Einigung 1871 konnte Deutschland nach der Überzeugung seiner bürgerlich-liberalen Führungsschicht seine politische Stellung als Großmacht nur dann behaupten, wenn es zur Weltmacht heranwachse. Dieses Ziel sei jedoch nur zu erreichen, wenn Deutschland zur Seemacht und zur Kolonialmacht aufsteige. Ähnlich wie die Niederlande Vorbild deutscher Kolonisationsversuche des 17. Jahrhunderts gewesen waren, bewunderte die kolonialenthusiastische bürgerliche Gesellschaft in Deutschland am Ende des 19. Jahrhunderts nun England seines Reichtums und seiner Welt-

[76] Vgl. *Rivinius*, Imperialistische Welt- und Missionspolitik: der Fall Kiautschou, in: Imperialismus und Kolonialmission, Kaiserliches Deutschland und koloniales Imperium, S. 270 ff.
[77] *Graudenz/Schindler*, Deutsche Kolonialgeschichte, S. 23 ff.
[78] *Gründer*, Geschichte der deutschen Kolonien, S. 98.
[79] Reisebericht bei *Gründer*, „...da und dort ein junges Deutschland gründen“, Dok. 24, S. 80 f.

geltung wegen.[80] Zum Träger des deutschen Kolonialgedankens im Kaiserreich wurden Kolonialverbände, aber auch andere Interessengruppen sowie die politische Parteien.

I. Kolonialverbände

Der 1882 auf Veranlassung des mecklenburgischen Freiherrn Hermann v. Maltzan gegründete „Deutsche Kolonialverein" (DKV), zu dessen Gründungsmitgliedern führende Persönlichkeiten aus Politik[81] und Industrie,[82] Vertreter des Handels,[83] des Bankwesens[84] und der städtischen Magistrate[85] zählten, gewann im Gründungsmonat 200 Mitglieder. Bis 1884 konnte der in 43 Zweigvereinen organisierte DKV seine Mitgliederzahl auf 9.000 vermehren.[86] Nach seinen Statuten war es Aufgabe des Deutschen Kolonialvereins, „das Verständnis der Notwendigkeit, die nationale Arbeit dem Gebiet der Kolonisation zuzuwenden, in immer breitere Kreise zu tragen [...] und eine praktische Lösung der Kolonialfrage anzubahnen". Hierzu sollte zunächst „die Errichtung von Handelsstationen als Ausgangspunkt für größere Unternehmungen gefördert werden."[87]

Am 28. März 1884 wurde in Berlin von Carl Peters (1856-1918), dem späteren „Gründer von Deutsch-Ostafrika" die „Gesellschaft für Deutsche Kolonisation" (GfDK) ins Leben gerufen. Diesem Verband ging es unter anderem darum, einen „unter allen Umständen sicheren Absatzmarkt", der „unserer Industrie" noch fehle, in den deutschen Kolonien zu gewinnen.[88] Trotz anfänglicher Konkurrenz der beiden Verbände kam es im Dezember 1887 zum Zusammenschluß der Vereine in der „Deutschen Kolonialgesellschaft" (DKG)[89] mit ca. 15 000 Mitgliedern, deren Zahl bis 1914 auf etwa 45 000 anstieg.[90] Die DKG unterhielt zudem vielfältige Verbindungen zu den politischen Parteien. Unter ihren Präsidenten Fürst Hermann zu Hohenlohe-Langenburg (1882-1895) und Herzog Johann Albrecht von Mecklenburg-Schwerin (1895-1920) konnte die Gesellschaft somit einen nicht unerheblichen Einfluß auf das staatliche Handeln im Kaiserreich ausüben.[91]

---

[80] *Huber*, Deutsche Verfassungsgeschichte seit 1789, S. 606.
[81] Z.B. Fürst Hermann zu Hohenlohe-Langenburg, MdR (Deutsche Reichspartei).
[82] Z.B. der Saarindustrielle Frhr. v. Stumm-Halberg.
[83] Z.B. die Handelskammern Frankfurt und Offenbach.
[84] Z.B. der Bankier Guido Henckel von Donnersmarck.
[85] Z.B. der Frankfurter Oberbürgermeister u. spätere preuß. Finanzminister Johannes Miquel.
[86] *Wehler*, Bismarck und der Imperialismus, S. 162 ff.
[87] *Wehler*, Bismarck und der Imperialismus, S. 164.
[88] *Wehler*, Bismarck und der Imperialismus, S. 167 f., S. 333 ff.
[89] S. zur DKG den Aktenbestand des Bundesarchivs, BA R 8023.
[90] *Wehler*, Bismarck und der Imperialismus, S. 168.
[91] *Huber*, Deutsche Verfassungsgeschichte seit 1789, S. 607.

Einen ähnlich starken Aufschwung erlebte der am 9. April 1891 – ebenfalls unter maßgeblicher Mitwirkung von Carl Peters – gegründete Allgemein Deutsche Verband, der spätere Alldeutsche Verband (AV),[92] dessen Mitgliederzahl von 2.000 Ende 1891 auf etwa 21.000 im Mai 1892 schnellte.[93] Der in Ortsgruppen organisierte AV widmete sich allen als national empfundenen Fragen. In der Verbandsarbeit standen dabei die Ausarbeitung von Expansionsplänen für das Deutsche Reich[94] ebenso im Vordergrund wie der Einsatz für die Verstärkung der Reichsflotte und die Pflege der Beziehung mit den im Ausland lebenden Deutschen. Gleichzeitig engagierte sich der AV gegen in Deutschland lebende nationale Minderheiten, wie etwa Polen,[95] und trat ab dem Jahre 1919 nach außen offen antisemitisch und rassistisch auf.[96]

II. Parteien

In der Parteienlandschaft sprach sich die Deutsch-Konservative Partei, die sich auf preußischen Adel und Großgrundbesitz, protestantische Geistlichkeit und Beamtentum stützte, eindeutig für den Erwerb von Kolonien aus, der zur „Existenzfrage" des Reiches geworden sei.[97] Nach anfänglicher Bevorzugung einer deutschen Expansion nach Osten[98] wurde nun auch der Erwerb überseeischer Kolonien befürwortet. Deutschlands Problem sei seine Überproduktion, die es zwinge, sich neue Handelswege zu suchen.[99]

Auch die Reichs- und Freikonservative Partei, deren führende Persönlichkeiten eine Allianz von Großindustrie und Großagrariern verkörperten, unterstützte seit Jahren den Kurs einer industriewirtschaftlichen Expansion.[100] Der Fraktionssprecher der 28 Reichstagsabgeordneten Graf Karl v. Behr-Behrenhoff, der „das Absatzgebiet für unsere Industrie" erweitert sehen wollte, forderte: „Das ganze Streben Deutschlands geht jetzt nach außen." Keine „kleinlichen Rücksichten"

---

92 S. zum AV den Aktenbestand des Bundesarchivs, BA R 8048.
93 *Hering*, Konstruierte Nation, Der Alldeutsche Verband 1890 bis 1939, S. 114 f.
94 Dies bedeutete die Schaffung eines mitteleuropäischen Reiches unter deutscher Führung ebenso wie die Errichtung eines deutschen Kolonialreiches.
95 *Hering*, Konstruierte Nation, Der Alldeutsche Verband 1890 bis 1939, S. 121 ff.
96 *Hering*, Konstruierte Nation, Der Alldeutsche Verband 1890 bis 1939, S. 187 ff.
97 *Wehler*, Bismarck und der Imperialismus, S. 169.
98 *Gründer*, Geschichte der deutschen Kolonien, S. 63 f.
99 „...und wer uns die verlegen will, der wird damit zu rechnen haben, daß wir um unsere Existenz kämpfen, und kein Mittel uns zu theuer ist, um unser Ziel zu erreichen.", Rede des Abg. Wilhelm v. Hammerstein im Reichstag, RT-Verh., Sten. Ber., VI. Leg. Per., I. Sess. 1884/85, 21. Sitzung v. 10.1.1885, S. 538.
100 *Wehler*, Bismarck und der Imperialismus, S. 170 f.

dürften mehr der „Hebung des Exports", „der Förderung des ganzen Verkehrs und der Industrie" entgegenstehen.[101]

Außenpolitisch unterschieden sich die Freikonservativen nur unwesentlich von der Nationalliberalen Partei, die im Inneren jedoch eine freiheitlichere Position vertrat.[102] Ihr Abgeordneter Friedrich Hammacher klagte: „Wir stecken überall in Überproduktion" und sprach von einem „überheizten Dampfkessel" deutscher industrieller Überkapazitäten.[103] Überdurchschnittlich viele Mitglieder dieser Kolonialpartei „par excellence" waren in den nationalen Verbänden, etwa in der Deutschen Kolonialgesellschaft, organisiert oder spielten gar eine führende Rolle, wie etwa Johannes Miquel.[104]

Das Zentrum berief sich ebenfalls auf die bekannten kolonialpropagandistischen Argumente seiner Zeit – Überproduktion und Überbevölkerung. Zwar bestand die Wählerschaft der Partei im wesentlichen aus Kreisen des binnenländischen Kleinbürgertums, des Bauern- und Beamtentums, die wenig Beziehung und Interesse an einer überseeischen Kolonisation hatten.[105] Jedoch gestand Ludwig Windthorst schon 1884/85 gegenüber Bismarck und im Reichstag ein, daß Kolonien einen willkommenen Absatzmarkt für die deutsche Überproduktion bedeuten könnten. Zudem waren die katholischen Abgeordneten religiös-kulturell und humanitär motiviert. Die Zustimmung zu kolonialpolitischen Fragen machten sie daher von Zugeständnissen im Bereich der Kirchen- und Kulturpolitik wie etwa dem Abbau des Kulturkampfes, insbesondere aber auch im Bereich der Missionierung der Eingeborenen abhängig. Auf diese Weise trug das Zentrum die Kolonialpolitik mit, ohne sie übermäßig zu bestimmen.[106]

Ursprünglich die eigentlichen Gegner des deutschen Kolonialismus, stimmten die Linksliberalen in den letzten beiden Jahrzehnten des 19. Jahrhunderts konsequent gegen die deutsche Expansion. Nicht vordergründig aus moralischen, sondern aus ökonomischen Erwägungen votierten die Abgeordneten unter der Führung Eugen Richters, die in dem Wettlauf um überseeischen Besitz nur eine den Freihandel gefährdende Ursache internationaler Konflikte sahen. Nach 1907 vollzog sich allerdings auch bei den Linksliberalen der Übergang von der anfangs strikten Ablehnung über eine gemäßigte Opposition zu einer teilweisen

---

[101] Vgl. die Rede des Abg. Graf Karl v. Behr-Behrenhoff im Reichstag, RT-Verh., Sten. Ber., VI. Leg. Per., I. Sess. 1884/85, 6. Sitzung v. 1.12.1884, S. 135.
[102] Gründer, Geschichte der Kolonien, S. 65.
[103] Vgl. *Wehler*, Bismarck und der Imperialismus, S. 171 f.
[104] *Gründer*, Geschichte der deutschen Kolonien, S. 65.
[105] *Pehl*, Die deutsche Kolonialpolitik und das Zentrum (1884-1914), S. 8.
[106] *Gründer*, Geschichte der deutschen Kolonien, S. 67 f.

Akzeptanz des deutschen Imperialismus, die mitursächlich für die Parteispaltungen der liberalen Linken war.[107]

Neben den Linksliberalen kam es nur bei den Sozialdemokraten zu einer anhaltend ablehnenden Haltung gegenüber der deutschen Kolonialpolitik. Während Teile der Arbeiterschaft schon 1884/1885 von der allgemeinen Kolonialbegeisterung mitgerissen wurden, betrachtete die Partei die Kolonialpolitik zunächst als Mittel zur Existenzverlängerung des bekämpften kapitalistischen Systems.[108] Wilhelm Liebknecht suchte die herkömmliche Kolonialpropaganda zu entkräften, indem er ihre Hauptargumente „Überbevölkerung" und „Überproduktion" als „relative Begriffe" bezeichnete, die Kolonialpolitik als „Export der sozialen Frage" definierte und stattdessen die Erhöhung der Konsumfähigkeit der arbeitenden Bevölkerung forderte.[109] Jedoch hatte sich auch die Sozialdemokratie bald der allgemeinen Stimmung zu stellen: August Bebel, der noch fünf Jahre nach Erwerb der ersten deutschen Kolonien davon gesprochen hatte, daß „im Grunde genommen [...] das Wesen aller Kolonialpolitik die Ausbeutung einer fremden Bevölkerung in der höchsten Potenz"[110] sei, relativierte 1907 auf dem Essener Parteitag, Kolonialpolitik sei an und für sich kein Verbrechen, sie könne unter Umständen gar eine Kulturtat sein. Es komme nur darauf an, wie die Kolonialpolitik betrieben werde.[111] So richtete sich die Kritik der Partei nunmehr vornehmlich gegen die Methoden, nicht aber gegen die Kolonialpolitik schlechthin. Spätestens im Ersten Weltkrieg war die Sozialdemokratie weiter auf die Linie der bürgerlichen Kolonialbefürworter eingeschwenkt und trat schließlich offen für Kolonien ein. Nach dem Verlust der Kolonien forderten auch Sozialdemokraten deren Rückgabe und wehrten sich gegen die „Kolonialschuldlüge".[112]

---

[107] *Gründer*, Geschichte der deutschen Kolonien, S. 70 f.
[108] *Gründer*, Geschichte der deutschen Kolonien, S. 73 f.
[109] Vgl. die Rede Wilhelm Liebknechts im Reichstag, RT-Verh., Sten. Ber., VI. Leg. Per., I. Sess. 1884/85, 58. Sitzung v. 4.3.1885, S. 1539 ff.
[110] Rede August Bebels im Reichstag, RT-Verh., Sten. Ber., VII. Leg. Per., IV. Sess. 1888/89, 27. Sitzung v. 26. 1.1889, S. 628 B.
[111] Protokoll über die Verhandlungen des Parteitags der Sozialdemokratischen Partei Deutschlands, abgehalten in Essen 1907, vgl. *Gründer*, Geschichte der deutschen Kolonien, S. 77.
[112] *Gründer*, Geschichte der deutschen Kolonien, S. 76 f.

III. Bismarck

Die Entscheidung, das zweite deutsche Kaiserreich nach Jahren der Kolonialabstinenz im Frühsommer 1884 doch noch in die Reihe der europäischen Kolonialmächte einzuordnen, läßt sich letztlich auf die Person Otto von Bismarcks, des ersten deutschen Reichskanzlers, zurückführen. Nach vormals vehementer Ablehnung[113] einer aktiven deutschen Kolonialpolitik widersetzte sich der Kanzler in den Jahren 1884/85 nicht mehr länger der überseeischen Ausbreitung des Kaiserreichs.[114]

Die Möglichkeit des Erwerbs von Kolonien war bereits in der Verfassung des Deutschen Reiches vom 16. April 1871[115] vorgesehen. Nach Art. 4 Nr. 1 BRV, der Art. 4 der Verfassung des Norddeutschen Bundes vom 16. April 1867[116] entsprach,

> „unterliegen der Beaufsichtigung und der Gesetzgebung des Reiches auch die Bestimmungen [...] über die Kolonisation und die Auswanderung nach außerdeutschen Ländern.“

Trotz dieser konstitutionellen Absicherung deutschen Kolonialerwerbs hielt Bismarck noch bis in das Jahr 1883 in zahlreichen öffentlichen Erklärungen an seiner grundsätzlich ablehnenden Haltung gegenüber einem deutschen Kolonialreich fest.

Die anfängliche Abneigung des Reichskanzlers gegen eine deutsche Kolonialherrschaft wird nach derzeitigem Forschungsstand auf vielschichtige Gründe zurückgeführt, wobei ökonomische und außenpolitisch-militärische Bedenken im Mittelpunkt gestanden haben dürften.[117] So äußerte Bismarck sich bereits 1870 im Verlauf des Krieges zu dem Angebot Frankreichs, Deutschland mit Cochinchina[118] wertvollen Kolonialbesitz in Asien zu überlassen, um Elsaß-Lothringen zu retten:

---

[113] Eine andere Auffassung vertritt *Townsend*, Macht und Ende des deutschen Kolonialreiches, die der Ansicht ist, Bismarck sei im Innersten seit jeher ein Anhänger formeller staatlicher Kolonialpolitik gewesen, ebd., S. 57 ff. Hiergegen wendet sich *Aydelotte*, Wollte Bismarck Kolonien?, in: Festschrift für Hans Rothfels, S. 41-69.

[114] *Huber*, Deutsche Verfassungsgeschichte seit 1789, S. 608.

[115] Verfassung des Deutschen Reiches, v. 16.4.1871, RGBl. 1871, S. 63 ff.

[116] Verfassung des Norddeutschen Bundes, v. 26.7.1867, BGBl. 1867, S. 1.

[117] Vgl. hierzu insbesondere die Darstellungen bei *Aydelotte*, Wollte Bismarck Kolonien?, in: Deutschland und Europa, Festschrift für Hans Rothfels, S. 41-69; *Gründer*, Geschichte der deutschen Kolonien, S. 51-62; v. *Hagen*, Bismarcks Kolonialpolitik, S. 42-117; *Wehler*, Bismarck und der Imperialismus, S. 180-193.

[118] Das Gebiet um Saigon im heutigen Vietnam.

„O! O! Cochinchina! Das ist aber ein sehr fetter Brocken für uns; wir sind aber noch nicht reich genug, um uns den Luxus von Kolonien leisten zu können.“[119]

Die Vorteile, die sich manche von Kolonien für Handel und Industrie im Mutterland versprachen, hielt Bismarck nüchtern für „Illusionen“.[120]

Neben wirtschaftlichen Erwägungen waren gewichtige außenpolitische Bedenken des Reichskanzlers entscheidend für seine koloniale Zurückhaltung. Hier war Bismarck einerseits von der Sorge motiviert, ein Eintritt des Reichs in die Reihe der etablierten Kolonialmächte könne zu Spannungen mit den europäischen Nachbarn führen. Andererseits argumentierte er, ein einmal aufgebautes Kolonialreich in Übersee nötigenfalls kaum verteidigen zu können, da es dem jungen deutschen Reich an einer ausreichend schlagkräftigen Flotte fehle.[121] Während Bismarck zugestand, es sei zwar „durchaus wünschenswert“, Flottenstützpunkte auf dem Vertragswege für den deutschen Überseehandel zu gewinnen, äußerte er sich noch 1881 eindeutig ablehnend gegenüber einer deutschen überseeischen Expansion:

„So lange ich Reichskanzler bin, treiben wir keine Kolonialpolitik. Wir haben eine Flotte, die nicht fahren kann und wir dürfen keine verwundbaren Punkte in fernen Weltteilen haben, die den Franzosen als Beute zufallen, sobald es losgeht.“[122]

Diesen vornehmlich außen- und machtpolitischen Überlegungen fügte er 1876 ein innenpolitisches Argument hinzu: Bismarck räumte ein, daß vielleicht Deutschland

„...auf die Länge der Kolonien nicht entbehren könne [...] Zu einem so bedeutenden Projekt gehört [allerdings] eine tiefgehende Bewegung der Nation und davon ist bisher keine Spur vorhanden.“[123]

Als Grundsatz Bismarckscher Haltung in der Kolonialfrage läßt sich somit die Ablehnung einer – wie er meinte – von keinerlei wirklichen Interessen getragenen bloßen Prestigepolitik erkennen und die Sorge vor einer zusätzlichen Ge-

---

[119] Gespräch Bismarcks mit dem französischen Abgesandten Théophile Gautier jun. vom 24.10.1871, in: *Bismarck*, Die gesammelten Werke (Friedrichsruher Ausgabe), Band 7, Gespräche, Erster Band: Bis zur Aufrichtung des Kaiserreichs, S. 382.
[120] Begründung seiner ablehnenden Haltung gegenüber Albrecht v. Roon vom 6.1.1868, vgl. *Wehler*, Bismarck und der Imperialismus, S. 191.
[121] *Wehler*, Bismarck und der Imperialismus, S. 192.
[122] Äußerung Bismarcks gegenüber Graf Frankenberg, MdR, *v. Poschinger*, Fürst Bismarck und die Parlamentarier, 3. Band, S. 54.
[123] Zit. nach *Wehler*, Bismarck und der Imperialismus, S. 193.

fährdung der außenpolitischen Position des in seiner europäischen Mittellage ohnehin verletzbaren Reiches.[124]

Eine Wende der Bismarckschen Kolonialpolitik deutete sich schließlich mit der sogenannten „Samoa-Vorlage“[125] an.[126] Das im Pazifikraum tätige Hamburger Handelshaus Godeffroy war infolge unvorsichtiger Spekulationen und der seit 1873 andauernden Konjunkturkrise in Zahlungsschwierigkeiten geraten und bei englischen Bankiers verschuldet. 1878 wurde das Unternehmen in die „Deutsche Handels- und Plantagengesellschaft“ (DHPG) umgewandelt.[127] Ein Zusammenbruch der DHPG hätte, so befürchteten die Regierung und ihr nahestehende Finanzkreise, englischem Kapital im Südpazifik den Weg geebnet und damit den auf Freundschaftsverträgen mit den Eingeborenen basierenden deutschen Einfluß zurückgedrängt.[128] Zur Rettung des Handelshauses und zur Erhaltung des deutschen Einflusses wurde unter maßgeblicher Beteiligung der Bankiers v. Bleichröder und v. Hansemann ein Konsortium gebildet, das am 13. Februar 1880 in Berlin die „Deutsche Seehandelsgesellschaft“ (DSG) gründete. Das Grundkapital wurde auf zehn Millionen Mark festgesetzt. Hansemann forderte zur Absicherung der privaten Investitionen in die DHPG eine Garantie in der Form, daß das Reich zwanzig Jahre lang eine Dividende bis zu drei Prozent des Grundkapitals (d.h. 300 000 Mark jährlich) zahlen solle, falls der Bilanzgewinn nicht ausreiche.[129]

Diese „Dividendengarantie“ bedeutete eine Abkehr von den bisherigen Vorstellungen, nach denen der Staat sich aus privatwirtschaftlichen Unternehmungen heraushalten solle, und bedurfte eines Gesetzes.[130] Der Bundesrat stimmte Anfang April dem von Bismarck zugeleiteten Gesetzentwurf zu.[131] Im Reichstag scheiterte die Vorlage jedoch am 27. April 1880 insbesondere am Widerstand des Zentrums und der Linksliberalen.[132] Bismarck, der damals und später keinen

---

[124] *Gall*, Bismarck, Der weiße Revolutionär, S. 617.

[125] Mit dieser volkstümlichen Bezeichnung wurde der u.a. von Bismarcks Bankier v. Bleichröder ausgearbeitete „Entwurf eines Gesetzes betreffend die Unterstützung der deutschen See-Handels-Gesellschaft“ versehen. Der Gesetzentwurf findet sich bei RT-Verh., Sten. Ber., IV. Leg. Per., III. Sess. 1880, 4. Bd., Aktenstück Nr. 101, S. 720.

[126] *Huber*, Deutsche Verfassungsgeschichte seit 1789, S. 608.

[127] *Wehler* Bismarck und der Imperialismus, S. 215.

[128] *Wackerbeck*, Die deutschen Kolonialgesellschaften, S. 25.

[129] *v. Hagen*, Bismarcks Kolonialpolitik, S. 75.

[130] *Schinzinger*, Die Kolonien und das Deutsche Reich, S. 16.

[131] *Wehler*, Bismarck und der Imperialismus, S. 220.

[132] Die Frei- und Deutsch-Konservativen sowie der rechte Flügel der Nationalliberalen unter Bennigsen stimmten fast geschlossen mit 112 Stimmen für den Entwurf. Linksliberale und Zentrum stimmten mit 128 Stimmen dagegen. Die entscheidende Mehrheit von 140 Abgeord-

direkten Kolonialerwerb in der Südsee angestrebt hatte,[133] erkannte, daß deutsche Wirtschaftsinteressen in Übersee einen Verzicht auf jegliche staatliche Einflußnahme nicht mehr zuließen. Die Samoa-Vorlage kennzeichnete somit einen Wendepunkt der Haltung Bismarcks zu den Kolonien. Gleichzeitig dürfte die politische Niederlage dazu beigetragen haben, daß Bismarck in kolonialen Fragen künftig noch vorsichtiger agierte.[134]

Bismarck, der noch im September 1884 gegenüber einem engen Mitarbeiter im Auswärtigen Amt offenherzig bekundet haben soll, „die ganze Kolonialgeschichte ist ja Schwindel, aber wir brauchen sie für die Wahlen",[135] ergriff nur kurze Zeit darauf die Rolle eines „ehrlichen Maklers" als Gastgeber und Vorsitzender der Berliner Westafrika-Konferenz („Kongo-Konferenz"), die für alle Nationen den freien Zugang für Handel und Mission auf dem afrikanischen Kontinent festlegte sowie völkerrechtlich verbindliche Kriterien für die Anerkennung von Kolonialbesitz schuf.[136] In einer Rede vor dem Reichstag vom 28. November 1885 skizzierte der Kanzler seine Vorstellungen von Kolonialverwaltung:

> „...mein Ziel ist der regierende Kaufmann und nicht der regierende Bureaukrat in jenen Gegenden, nicht der regierende Militär und der preußische Beamte; – unsere Geheimen Räthe und versorgungsberechtigten Unteroffiziere sind ganz vortrefflich bei uns; aber dort in den kolonialen Gebieten erwarte ich von den Hanseaten, die draußen gewesen sind, mehr [...] Mein Ziel ist die Regierung kaufmännischer Gesellschaften, über denen nur die Aufsicht und der Schutz des Reiches und des Kaisers zu schweben hat."[137]

Auch wenn der Privatinitiative entsprechend der von Bismarck vorgesehenen Vorgehensweise eine erhebliche Bedeutung in der Erwerbs- und der Verwaltungsgeschichte der deutschen Schutzgebiete zukam,[138] setzte sich doch in den Jahren nach 1890 die unmittelbare Verwaltung der Kolonien durch das Reich

---

neten enthielt sich der Stimme, RT-Verh., Sten. Ber., IV. Leg. Per., III. Sess. 1880, 39. Sitzung v. 27.4.1880, S. 945 (960 f.).

133 *Wehler*, Bismarck und der Imperialismus, S. 222.

134 *Gründer*, Geschichte der deutschen Kolonien, S. 91.

135 Tagebucheintrag vom 19. September 1884, Die geheimen Papiere Friedrich von Holsteins, Bd. II: Tagebuchblätter, S. 157.

136 Vgl. *Christ-Socin*, H.: Der Berliner Kongo-Vertrag vom 26. Februar 1885, in: ZfKKK (13) 1911, S. 569-590; *Gründer*, Der „Wettlauf" um Afrika und die Berliner Westafrika-Konferenz 1884/85, in: Kolonialmetropole Berlin, S. 19-23; *Schildknecht*, Bismarck, Südwestafrika und die Kongokonferenz; *Gatter*, Protokolle und Generalakte der Berliner Westafrika-Konferenz 1884-1885.

137 Rede des Reichskanzlers im Deutschen Reichstag, RT-Verh., Sten. Ber., VI. Leg. Per., II. Sess. 1885/86, 7. Sitzung v. 28.11.1885, S. 117.

138 S. hierzu noch 1. Kap. C.

immer mehr durch. Ab 1899 übten private Kolonialgesellschaften keine nennenswerten Hoheitsrechte in den deutschen Kolonien mehr aus. Das Bismarcksche Kolonialprogramm von 1884 war damit letztlich gescheitert.[139]

C. Der Erwerb der deutschen Schutzgebiete

I. Mittelbarer und unmittelbarer Erwerb

Als sich das Deutsche Reich am Ausgang des 19. Jahrhunderts unter die Kolonialmächte einreihte, gehörte die schlichte Entdeckung nicht mehr zu den allgemein anerkannten völkerrechtlichen Erwerbsgründen für Kolonialgebiet.[140] Die Besitzergreifung der deutschen Kolonien durch das Reich[141] vollzog sich in zwei verschiedenen Formen: Teils in der Form des unmittelbaren Erwerbs direkt durch Okkupation oder Vertragsschluß durch das Reich, teils als mittelbarer Erwerb über den Erwerb von Privatpersonen oder Privatgesellschaften.[142] Dem mittelbaren oder unmittelbaren Erwerb der Schutzhoheit folgte in der Regel der Abschluß von Verträgen mit benachbarten oder sonst am fraglichen Gebiet interessierten Kolonialmächten bezüglich der Grenzziehung oder der Abgrenzung des beiderseitigen Interessenbereichs.[143]

In den Fällen mittelbaren Erwerbs ging der Aufrichtung der deutschen Schutzhoheit der Abschluß von Verträgen zwischen privaten Kolonialpionieren oder privaten Kolonialgesellschaften und Stammeshäuptlingen bestimmter Gebiete voraus.[144] Dies entsprach damit der von Bismarck bevorzugten Vorgehensweise. Die Verträge sahen die Gewährung von Hoheitsrechten an die privaten Erwerber gegen Geld, Waffen oder Branntwein vor, teils aber auch gegen die Gewährung von Schutz gegen Nachbarstämme. Nach umstrittener Auffassung wurde in den Fällen, in denen die Erwerber selbständig ohne staatliches Mandat vorgingen, eine Art „Geschäftsführung ohne Auftrag" gesehen.[145] Auch die Verwaltung der mittelbar erworbenen Gebiete wurde anfangs zum Teil von den privaten Erwer-

---

139 *v. Hagen*, Bismarcks Kolonialpolitik, S. 186 f.

140 *Wagner*, Die deutschen Schutzgebiete, S. 50; vgl. ebd. zu den verschiedenen Erwerbsformen.

141 Zu der Frage, ob das Deutsche Reich überhaupt ein Recht zum Kolonialerwerb gehabt habe vgl. ebd., S. 35 f.; *Gareis*, Deutsches Kolonialrecht, S. 5 ff.

142 Vgl. hierzu und zu der völkerrechtlichen Einordnung der Erwerbstatbestände *Schack*, Das deutsche Kolonialrecht, S. 87 ff.

143 *Huber*, Deutsche Verfassungsgeschichte seit 1789, S. 611; vgl. zum rechtlichen Charakter der „Interessensphären" *Schack*, Das deutsche Kolonialrecht, S. 61 ff.

144 *Huber*, Deutsche Verfassungsgeschichte seit 1789, S. 610.

145 Zu den vertretenen Ansichten vgl. die Darstellung bei *Schack*, Das deutsche Kolonialrecht, S. 132 ff.

bern übernommen. Entsprechend der von Bismarck vorgesehenen Konzeption wurden private Handelsgesellschaften[146] durch einen Schutzbrief mit der Ausübung von Hoheitsrechten beliehen. Die Hoheitsrechte wurden mithin auf die Gesellschaften, die diese vorher im Rahmen einer Geschäftsführung ohne Auftrag für das Reich erworben hatten, vom Reich zurückübertragen.[147]

Von einigem Bestand war diese Form der mittelbaren Kolonialverwaltung nur in Deutsch-Ostafrika durch die Deutsch-Ostafrikanische Gesellschaft (von 1884 bis 1890) und in Deutsch-Neuguinea durch die Neu-Guinea-Kompagnie (von 1884 bis 1899). In Deutsch-Südwestafrika scheiterte die Beleihung der „Deutschen Kolonialgesellschaft für Deutsch-Südwestafrika" schon 1885 an der Weigerung der Gesellschaft, die Kosten zu übernehmen, so daß das Reich die Verwaltung übernehmen mußte.[148] In Kamerun folgte auf den privaten Erwerb der ersten Gebiete noch 1884 die unmittelbare Besitzergreifung durch das Reich und 1885 der Aufbau einer unmittelbaren Verwaltung. Den in Kamerun vertretenen Handelshäusern war es gelungen, das ihren Interessen am besten dienende Verwaltungssystem gegen den ursprünglichen Willen Bismarcks durchzusetzen und alle Kosten auf das Reich abzuwälzen.[149] Auch in Togo scheiterte der Aufbau einer mittelbaren Kolonialverwaltung. In Ermangelung geeigneter Verwaltungsbeamter wurde allerdings unmittelbar nach der Besitzergreifung zunächst ein Kaufmann zum provisorischen Konsul ernannt.[150]

In den Fällen unmittelbaren Erwerbs fehlten die den mittelbaren Erwerb kennzeichnenden privaten Vorverträge. Das Reich richtete hier seine Schutzhoheit im eigenen Namen auf.[151] Dieses konnte zunächst aufgrund originären Erwerbs in Gebieten geschehen, die bis dahin völkerrechtlich als herrenlos galten, da es ih-

---

[146] Diese Kolonialgesellschaften hatten anfangs oft die Rechtsform einer Korporation gemäß § 25 II, 6 des preußischen Allgemeinen Landrechts (ALR). Die eingeschränkte Nutzbarkeit der Korporation führte ab 1886 zu Bestrebungen, das Gesellschaftsrecht an die Notwendigkeiten eines kolonialen Wirtschaftsunternehmens anzupassen und zu reformieren. Nachdem auch die Gesellschaftsformen der AG und der oHG den kolonialen Erfordernissen nicht gerecht wurden, entschloß sich der Gesetzgeber, eine Sonderlösung für die speziellen Probleme kolonialwirtschaftlicher Betätigung zu entwickeln. Mit Einfügung der §§ 8 – 11 in das SchGG wurden 1888 erstmals Regelungen bezgl. der Rechtsform der Deutschen Kolonialgesellschaft (DKG) geschaffen. Die Existenz der ursprünglich als Provisorium gedachten Rechtsform der DKG wurde erst 1975 durch ein Auflösungsgesetz beendet. Vgl. hierzu *Fischer*, Die deutschen Kolonien, S. 36-43 sowie umfassend *Wackerbeck*, Die deutschen Kolonialgesellschaften.

[147] *Fischer*, Die deutschen Kolonien, S. 35.

[148] *Wackerbeck*, Die deutschen Kolonialgesellschaften, S. 48.

[149] *Jaeck*, Die deutsche Annexion, in: Kamerun unter deutscher Kolonialherrschaft, S. 81 ff.

[150] Vgl. *Erbar*, Ein „Platz an der Sonne"?, S. 10 f.

[151] *Huber*, Deutsche Verfassungsgeschichte seit 1789, S. 610.

nen an jeglicher Staatsorganisation oder Staatsgewalt mangelte.[152] Der Gebietserwerb vollzog sich dann durch Okkupation.[153] Hierunter fällt der Erwerb Deutsch-Neuguineas[154] sowie kleinerer Gebiete in Deutsch-Südwestafrika und in Kamerun.[155] Eine andere Form unmittelbaren Gebietserwerbs stellte der derivative Erwerb von Gebieten dar, die bereits staatlich oder staatenähnlich organisiert waren.[156] Hier konnte entweder der bisherige Inhaber der Staatsgewalt sich mit seinem gesamten Gebiet der Obergewalt des Reiches vertraglich unterstellen oder für ein Teilgebiet seines Staates die Schutzhoheit des Reiches anerkennen. Gegenüber der Okkupation überwog der derivative Gebietserwerb bei weitem. Auf diese Weise wurden durch den Abschluß völkerrechtlicher Verträge Gebiete in allen afrikanischen Kolonien und der Südsee erworben – auch wenn diese wie im Falle des Pachtvertrages über das Gebiet von Kiautschou lediglich bezwecken konnten, eine militärische Besetzung zu legalisieren.[157]

Das gesamte deutsche Kolonialreich umfaßte nach offiziellen Angaben rund 2,95 Millionen km² mit einer einheimischen Bevölkerung von ca. 12,23 Millionen Menschen.[158] An weißer Bevölkerung wurden 1913 im einzelnen gezählt: in Deutsch-Südwestafrika 14.830, in Togo 368, in Kamerun 1.871, in Deutsch-Ostafrika 5.336 (Afrika insgesamt 22.405), in der deutschen Südsee 1.984 und in Kiautschou 4.470. Nach amtlichen Angaben lebten im Jahr 1913 in den deutschen Schutzgebieten 28.846 Weiße, davon waren 23.951 Deutsche.[159]

---

152 Sog. territorium nullius.

153 Vgl. hierzu *Schack*, Das deutsche Kolonialrecht, S. 88-93.

154 *Schack*, Das deutsche Kolonialrecht, S. 88 ff.

155 *Schack*, Das deutsche Kolonialrecht, S. 91.

156 Vgl. hierzu *Schack*, Das deutsche Kolonialrecht, S. 94-194.

157 *Fischer*, Die deutschen Kolonien, S. 43 f.

158 Zum Vergleich: Das Deutsche Reich umfaßte ein Gebiet von 540.857,6 km² bei einer Bevölkerung von 64,9 Mio. Menschen (1910), Statistisches Jahrbuch für das Deutsche Reich (35) 1914, S. 1, 449.

159 Vgl. für den 1.1.1913: Statistisches Jahrbuch für das Deutsche Reich (35) 1914, S. 449; vgl. auch *Schramm*, Deutschland und Übersee, S. 459; *Gründer*, Geschichte der deutschen Kolonien, S. 246 Anm. 4 und die Bevölkerungstabelle für das Jahr 1912 bei *Schinzinger*, Die Kolonien und das Deutsche Reich, S. 37.

II. Der Erwerb der Schutzgebiete im einzelnen

1. Deutsch-Südwestafrika

Deutsch-Südwestafrika[160] war das erste Schutzgebiet, das vom Deutschen Reich erworben werden konnte. Seit dem frühen 19. Jahrhundert waren hier deutsche Missionare zunächst im Dienste britischer Missionsgesellschaften tätig gewesen. Seit den 1840er Jahren konnte sich die Rheinische Mission etablieren und entfaltete eine rege Handelstätigkeit.[161] Ihre Angehörigen hißten im Jahre 1864 ohne Vollmacht die preußische Flagge und stellten 1868 und 1881 Anträge auf Gewährung von Schutz durch das Königreich Preußen bzw. das Deutsche Reich. Auch an Großbritannien sollen Schutzgesuche gerichtet worden sein.[162]

Der Erwerb der Kolonie vollzog sich nach privater kaufmännischer Initiative. Der Bremer Tabakwaren-Kaufmann Adolf Lüderitz (1834-1886)[163] ließ am 12. April 1883 eine Niederlassung in der Bucht von Angra Pequena[164] im Namaqualand gründen und erwarb durch Vertrag vom 1. Mai 1883 mit dem Eingeborenenkapitän Joseph Fredericks die Bucht und das angrenzende Land in einer Ausdehnung von fünf Meilen nach allen Richtungen gegen 100 Pfund Sterling in Gold und 200 Gewehre mit Zubehör.[165] Nachdem Lüderitz vorher bei der Reichsregierung wiederholt vergeblich um den Schutz seiner Erwerbungen ersucht hatte, bedeutete die Erklärung des Reichsschutzes vom 24. April 1884 nun den definitiven Schritt zu einer deutschen Kolonialpolitik.[166] Aufgrund finan-

---

160 Anhang B Karte I. Zum Kolonialstrafrecht in DSWA vgl. *Zimmerling*, Die Entwicklung der Strafrechtspflege für Afrikaner in Deutsch-Südwestafrika 1884-1914; zum Kolonialrecht in DSWA vgl. *Sippel*, Europäisches Recht im Spannungsfeld von Aneignung und Selbstbehauptung in Deutsch-Ostafrika und Deutsch-Südwestafrika, S. 255 ff.; *Zimmerer*, Der totale Überwachungsstaat? Recht und Verwaltung in Deutsch-Südwestafrika, in: Kolonialisierung des Rechts, S. 183-207; *Hinz*, „Waidgerechtigkeit" versus afrikanische Tradition. Deutsches Jagdrecht in Namibia?, in: Kolonialisierung des Rechts, S. 337-348.

161 S. oben 1. Kap. A.

162 *Gründer*, Geschichte der deutschen Kolonien, S. 79.

163 Lüderitz ertrank vermutlich am 24. Oktober 1886 auf einer Forschungsfahrt in der Mündung des Oranje-Flusses; vgl. zur Biographie von Lüderitz die Darstellung bei *Schüßler*, Adolf Lüderitz, Ein deutscher Kampf um Südafrika 1883-1886, die die für die Erwerbsgeschichte Deutsch-Südwestafrikas wesentlichen letzten drei Jahre des Kaufmanns behandelt.

164 Portugiesisch: kleine Bucht. Diese trägt seit 1896 den Namen Lüderitz-Bucht.

165 Vgl. hierzu *Wagner*, Die deutschen Schutzgebiete, S.69, sowie *Zimmerling*, Die Entwicklung der Strafrechtspflege für Afrikaner in Deutsch-Südwestafrika 1884-1914, S. 1 ff.

166 Die deutsche Schutzerklärung erfolgte aufgrund eines Telegramms der Reichsregierung an den deutschen Konsul in Kapstadt vom 24. April 1884, in dem es hieß: „Nach Mittheilungen des Herrn Lüderitz zweifeln die Kolonialbehörden, ob seine Erwerbungen nördlich vom Orange-Fluß auf deutschen Schutz Anspruch haben. Sie wollen amtlich erklären, daß er und seine Niederlassungen unter dem Schutze des Reiches stehen.", *Schildknecht*, Bismarck,

zieller Schwierigkeiten trat Lüderitz, der inzwischen ein Gebiet von etwa 580 km² mit ca. 200.000 Einwohnern erworben hatte,[167] seine Besitzungen und Berechtigungen im Oktober 1885 an die neugegründete „Deutsche Kolonialgesellschaft für Südwestafrika“ (DKGSWA) ab. Dieser gegenüber galt der Reichsschutz fort.[168]

Die durch die hohen Kosten für den Aufbau einer Verwaltung begründete Weigerung der Gesellschaft, entsprechend dem Bismarckschen Ideal Hoheitsrechte in Südwestafrika zu übernehmen, führte zur unmittelbaren Verwaltung durch das Reich ab 1885. Durch Verträge mit weiteren Häuptlingen konnte das Deutsche Reich in den folgenden Jahren seine Schutzgewalt auf benachbarte Gebiete erweitern. Die DKGSWA behielt ihrerseits bedeutenden Grundbesitz, erschloß gewinnbringend Diamantenvorkommen und kontrollierte andere Gesellschaften.[169]

Seit 1885 nahm das Hoheitsrecht ein Reichskommissar[170] wahr, später ab 1893 hieß der leitende Beamte Landeshauptmann und schließlich ab 1898 Gouverneur.[171] Die Grenzen und Interessenbereiche des Schutzgebiets wurden in Verträgen mit Portugal[172] und Großbritannien[173] festgelegt.[174] Das nach Deutsch-Ostafrika zweitgrößte Schutzgebiet hatte einen Gebietsumfang von 835.000 km².[175] Sitz des Gouvernements und Verwaltungszentrum[176] der Kolonie war Windhuk. Die einheimische Bevölkerung des Schutzgebiets betrug 1912 ca. 82.000 Menschen, während vor den Aufständen der Jahre 1904-1907 noch ca. 200.000 bis 300.000 Menschen das Land bevölkert hatten.[177] Die Zahl der Weißen im Land – in der Mehrheit Deutsche – stieg hingegen nach 1904 rapide an.

Südwestafrika und die Kongokonferenz, S. 37; zur Entstehung des Telegramms vgl. *Schüßler*, Adolf Lüderitz, Ein deutscher Kampf um Südafrika 1883-1886, S. 76-97.

[167] *Gründer*, Geschichte der deutschen Kolonien, S. 80.

[168] *Wagner*, Die deutschen Schutzgebiete, S. 72.

[169] *Fischer*, Die deutschen Kolonien, S. 52.

[170] Erster Ksl. Reichskommissar für Deutsch-Südwestafrika war Dr. Heinrich Göring (von 1885 bis 1890), der Vater des späteren „Reichsmarschalls“ Hermann Göring.

[171] Siehe zu den Stellenbesetzungen an der Spitze der deutsch-südwestafrikanischen Kolonialverwaltung Anhang C. II.

[172] Erklärung zwischen der Ksl. Deutschen und Königlich Portugiesischen Regierung, betr. die Abgrenzung ihrer beiderseitigen Besitzungen und Interessensphären in Südafrika, v. 30.12.1886, DKolGG (I) 1892, S. 89.

[173] Abkommen zwischen Deutschland und England, v. 1.7.1890, DKolGG (I) 1892, S. 92.

[174] Vgl. *Huber*, Deutsche Verfassungsgeschichte seit 1789, S. 614.

[175] *Hassert*, Deutschlands Kolonien, S. 67. *Schinzinger*, Die Kolonien und das Deutsche Reich, S. 28, nennt eine Größe von 825.000 km² und *Huber*, Deutsche Verfassungsgeschichte seit 1789, S. 614, einen Gebietsumfang von 836.000 km².

[176] Vgl. zur Verwaltung *Huber*, Koloniale Selbstverwaltung in Deutsch-Südwestafrika.

[177] *Fischer*, Die deutschen Kolonien, S. 18.

Während sich 1901 erst 3.644 Weiße in Südwestafrika befanden, waren es 1907 bereits 7.110 und im Jahre 1913 schon 14.830.[178]

Mehrmals bedrohten schwere Eingeborenenaufstände die deutsche Schutzherrschaft über Südwestafrika. Der Aufstand der Nama[179] von 1888-1894 unter ihrem Häuptling Hendrik Witbooi (ca. 1830–1905)[180] zwang Reichskommissar Göring dazu, 1889 das Land zu verlassen. Die daraufhin gebildete Schutztruppe unter ihren Führern Hauptmann Curt v. Francois (1889–1893) und Major Theodor Leutwein (1894), dem späteren ersten Gouverneur des Schutzgebiets (1894–1905), konnte diesen ersten Aufstand indessen niederschlagen.[181] Einer zehnjährigen Periode weitgehenden Friedens[182] folgte im Jahre 1904 der Aufstand der Herero[183] unter ihrem Häuptling Samuel Maherero (1854–1923).[184] Dieser sogenannte „Herero-Aufstand" und die sich ihm anschließende Erhebung der Nama zwang das Deutsche Reich zu seinem ersten und einzigen „Krieg" zwischen 1871 und 1914. Der blutige Konflikt wurde in seinen vielschichtigen Ursachen vor allem auf die große Rinderpest von 1897,[185] auf eine soziale und politische Diskriminierung der Schwarzen, eine von diesen empfundene zunehmende Rechtsunsicherheit und nicht zuletzt auf die rohen und betrügerischen Geschäftspraktiken weißer Händler zurückgeführt.[186]
Nach der Ablösung Gouverneur Leutweins setzte Generalleutnant Lothar v. Trotha (1848–1920), in Ostafrika (1894–1897) und während der Boxerwirren in China (1900) bewährter Kolonialoffizier, als neuer Oberbefehlshaber der

---

[178] *Zimmerling*, Die Entwicklung der Strafrechtspflege für Afrikaner in Deutsch-Südwestafrika, S. 28.

[179] Die Nama-Stämme wurden von den Weißen zusammenfassend als „Hottentotten" (Afrikaans: Stotterer) bezeichnet.

[180] Zur Person Hendrik Witboois vgl. *Leutwein*, Elf Jahre Gouverneur in Deutsch-Südwestafrika, S. 298-306.

[181] Vgl. *Leutwein*, Elf Jahre Gouverneur in Deutsch-Südwestafrika, S. 15-59.

[182] Zu den verschiedenen kleineren Unruhen und Aufständen in dieser Zeit vgl. *Leutwein*, Elf Jahre Gouverneur in Deutsch-Südwestafrika, S. 97 ff., 141 ff., 143 ff., 166 ff.

[183] Zum Hereroaufstand vgl. *Bley*, Kolonialherrschaft und Sozialstruktur in Deutsch-Südwestafrika 1894-1914, S. 189-208; *Bühler*, Der Namaaufstand gegen die deutsche Kolonialherrschaft in Namibia von 1904-1913, S. 101-150; *Leutwein*, Elf Jahre Gouverneur in Deutsch-Südwestafrika, S. 465-522; *Zimmerer*, Krieg, KZ und Völkermord in Südwestafrika, in: Völkermord in Deutsch-Südwestafrika, S. 45-64; ders., Deutsche Herrschaft über Afrikaner, S. 32-41; *Zimmerling*, Die Entwicklung der Strafrechtspflege für Afrikaner in Deutsch-Südwestafrika, S. 30-32.

[184] Zur Person Samual Mahereros vgl. *Leutwein*, Elf Jahre Gouverneur in Deutsch-Südwestafrika, S. 306-310.

[185] Ca. 95 % des nicht geimpften und 50-80 % des geimpften Viehbestandes fielen der Seuche zum Opfer. Dies hatte eine zunehmende Verarmung und eine Erschütterung der traditionellen Wirtschaftsweise der Herero zur Folge.

[186] Vgl. *Gründer*, Geschichte der deutschen Kolonien, S. 115 ff.

Schutztruppe eine radikale Vernichtungsstrategie durch. Am Waterberg wurden in einer Kesselschlacht am 11. August 1904 die bis dahin überlebenden Herero vernichtet oder in die wasserlose Omaheke-Wüste getrieben.[187] Zu trauriger Bekanntheit gelangte v. Trothas Proklamation von Anfang Oktober des Jahres, in der er anordnete, auf alle aus der Omaheke zurückkehrenden Herero zu schießen:

> „Die Herero sind nicht mehr deutsche Untertanen. Sie haben gemordet und gestohlen, haben verwundeten Soldaten Ohren und Nasen und andere Körperteile abgeschnitten, und wollen jetzt aus Feigheit nicht mehr kämpfen. Ich sage dem Volk: Jeder, der einen der Kapitäne an eine meiner Stationen als Gefangenen abliefert, erhält tausend Mark, wer Samuel Maherero bringt, erhält fünftausend Mark. Das Volk der Herero muß jedoch das Land verlassen. Wenn das Volk dies nicht tut, so werde ich es mit dem Groot Rohr dazu zwingen. Innerhalb der deutschen Grenze wird jeder Herero mit oder ohne Gewehr, mit oder ohne Vieh erschossen, ich nehme keine Weiber und Kinder mehr auf, treibe sie zu ihrem Volk zurück oder lasse auf sie schießen."[188]

Ergebnis der Kriegsereignisse und ihrer Folgen war, daß von geschätzten 60.000 bis 80.000 Herero nach der Volkszählung von 1911 nur noch 15.130 lebten. Nach diesen Zahlen waren zwischen 75 und 80 % der Herero umgekommen.[189] Die Nama, die sich im Oktober 1904 dem Aufstand angeschlossen hatten,[190] mußten annähernd ähnlich hohe Verluste erleiden. Von den ca. 20.000 Angehörigen der verschiedenen Nama-Stämme überlebten nur etwa die Hälfte.[191] Die

---

[187] Vgl. hierzu *Zimmerer*, Krieg, KZ und Völkermord in Südwestafrika, S. 49 f.

[188] Abschrift der Proklamation v. Trothas, Osombo-Windhuk, 2.10.1904, BA RKA 1001/2089, Bl. 7 a f. Diese als „Vernichtungsbefehl" bekannt gewordene Proklamation v. Trothas wurde von ihm selbst dahingehend präzisiert, daß Frauen und Kinder „schon fortlaufen" würden, „wenn zweimal über sie hinweggeschossen" würde. Nach einigen Wochen wurde der Befehl v. Trothas durch Kaiser Wilhelm II. wieder aufgehoben, *Zimmerer*, Krieg, KZ und Völkermord in Südwestafrika, S. 51, 53.

[189] *Bley*, Kolonialherrschaft und Sozialstruktur in Deutsch-Südwestafrika 1894-1914, S. 191; *Gründer*, Geschichte der deutschen Kolonien, S. 120 f.; zustimmend: *Bühler*, Der Namaaufstand gegen die deutsche Kolonialherrschaft in Namibia von 1904-1913, S. 137 f. Nach anderen Autoren lassen sich keine genauen Angaben über die Zahl der Opfer machen. *Zimmerer*, Deutsche Herrschaft über Afrikaner, S. 40 Fn. 120, nennt Schätzungen bezgl. der Vorkriegsbevölkerung zwischen 70.000 und 100.000 und bezgl. der Nachkriegsbevölkerung von 17.000 bis 40.000. Nach *Zimmerling*, Die Entwicklung der Strafrechtspflege für Afrikaner in Deutsch-Südwestafrika 1884-1914, S. 31 kamen rund 2/3 aller Herero im Aufstand ums Leben.

[190] Vgl. hierzu *Bühler*, Der Namaaufstand gegen die deutsche Kolonialherrschaft in Namibia von 1904-1913, S. 157-328.

[191] *Gründer*, Geschichte der deutschen Kolonien, S. 121; *Zimmerling*, Die Entwicklung der Strafrechtspflege für Afrikaner in Deutsch-Südwestafrika, S. 32; nach *Bühler*, Der Namaaufstand gegen die deutsche Kolonialherrschaft in Namibia von 1904-1913, S. 337, betrug die

Verluste der deutschen Schutztruppe, die etwa 14.000 Mann zur Unterwerfung des Aufstandes eingesetzt hatte, betrugen einschließlich der an Krankheiten verstorbenen Soldaten ca. 1.500 und damit gut 10 %.[192]

Das Gebiet des ehemaligen Schutzgebiets Deutsch-Südwestafrika stand bis 1990 unter der Verwaltung Südafrikas und bildet heute nach der Unabhängigkeit zusammen mit der ehemals britischen Enklave Walfischbucht die Republik Namibia. Den im September 2001 von Vertretern der Herero in den USA eingereichten Sammelklagen gegen die Terex-Gruppe, die Deutschen Afrika-Linien[193] und die Deutsche Bank war kein Erfolg beschieden. Nach dem Vorbild der Entschädigung für NS-Zwangsarbeiter hatten die Vertreter der Herero zwei Mrd. US-Dollar als Wiedergutmachung für Völkermord und Zwangsarbeit gefordert.[194] Die Klagen wurden indessen entweder abgewiesen – im Falle der Deutschen Bank in letzter Instanz durch den U.S. Supreme Court – oder aber zurückgenommen. Eine weitere Klage gegen die Bundesrepublik Deutschland auf Schadensersatz ebenfalls in Höhe von zwei Mrd. US-Dollar nahmen die Kläger zurück. Der District Court in Washington D.C. hatte zuvor festgestellt, die Klage sei nicht ordnungsgemäß zugestellt worden. Die Bundesregierung lehnt Entschädigungszahlungen an die Herero ab und verweist auf die seit der Unabhängigkeit geleisteten 500 Mio. Mark Entwicklungshilfe für Namibia – gemessen am Pro-Kopf Anteil die höchste deutsche Unterstützung weltweit. Anläßlich des hundertsten Jahrestages der Schlacht am Waterberg entspann sich in jüngster Zeit eine erneute Diskussion um die rechtliche Einordnung der Ereignisse.[195]

Namabevölkerung zu Beginn des Aufstandes ca. 20.000, zum 1.1.1908 noch 13.114 Menschen; nach *Bley*, Kolonialherrschaft und Sozialstruktur in Deutsch-Südwestafrika, S. 191, lebten von den 1892 geschätzten 15.000 bis 20.000 Nama 1911 noch 9.800.

[192] *Bühler*, Der Namaaufstand gegen die deutsche Kolonialherrschaft in Namibia von 1904-1913, S. 336 f.; *Gründer*, Geschichte der deutschen Kolonien, S. 121; nach *Zimmerer*, Deutsche Herrschaft über Afrikaner, S. 40 Fn. 120, dürften zwischen 14.000 und 19.000 Soldaten der Schutztruppe zum Einsatz gekommen sein.

[193] Rechtsnachfolgerin der Woermann-Linie.

[194] Vgl. *Zimmerer/Zeller*, Völkermord in Deutsch-Südwestafrika, S. 9.

[195] Zu einem möglichen Verstoß des Reichs gegen die in Art. 6 und 9 der Generalakte der Berliner Kongo-Konferenz normierten Schutz- und Fürsorgepflichten gegenüber den Eingeborenen als Nebenpflichten des Erwerbs vgl. *Schildknecht*, Bismarck, Südwestafrika und die Kongokonferenz, S. 243-304. Hiernach war eine Haftung des Deutschen Reiches gegenüber den Signatarstaaten der Kongokonferenz begründet (S. 304). Vgl. außerdem die Berichterstattung der Frankfurter Allgemeinen Zeitung vom August 2004: *Eid*, An den deutschen Völkermord in Afrika denken, in: F.A.Z. v. 08.08.2004, S. 2; Wieczorek-Zeul zum Waterberg, in: F.A.Z. v. 11.08.2004, S. 4; Wieczorek-Zeul in Namibia, in: F.A.Z. v. 13.08.2004, S. 2; Last der Vergangenheit, in: F.A.Z. v. 13.08.2004, S. 12; *Hoischen*, Heikle Mission – Heidemarie Wieczorek-Zeul entschuldigt sich bei den Herero, in: F.A.Z. v. 15.08.2004, S. 7.

2. Togo

In Togo[196] wurde der Kolonialerwerb durch das Reich nicht durch private Landkäufe deutscher Kaufleute vorbereitet, obgleich deutsche Missionare[197] und Kaufleute[198] schon seit der Mitte des Jahrhunderts an der Sklavenküste engagiert waren. Als sich im Frühjahr 1883 die Gefahr abzeichnete, daß diese Gebiete von den Franzosen oder Engländern okkupiert werden könnten, sandte das Deutsche Reich auf Vorschlag der Hamburger und Bremer Handelskammern Kriegsschiffe dorthin.[199] Am 5. Juli 1884 schloß der vom Reich entsandte Reichskommissar Dr. Gustav Nachtigal (1834-1885)[200] ohne ausdrücklichen Auftrag Bismarcks mit einem Vertreter des zu diesem Zeitpunkt vermutlich schon verstorbenen[201] Häuptlings Mlapa III. einen Schutzvertrag über das Gebiet zwischen Porto Seguro und Lomé.[202] Diese Erklärung zum deutschen Schutzgebiet markierte den unmittelbaren Gebietserwerb durch das Reich. Auf Anweisung Nachtigals wurde am 3. Juli 1884 in Bagida und am 6. Juli 1884 in Lomé die deutsche Flagge gehißt.[203]

Nachdem Nachtigal am 6. Juli 1884 vor seiner Weiterreise den Hauptagenten der Hamburger Firma Wölber & Brohm, Heinrich Randad, zum provisorischen Konsul für das Togogebiet ernannt hatte, erfolgte der erste Schritt zum Aufbau einer Verwaltung im Juni 1885 mit der Ankunft Ernst Falkenthals, des ersten

---

196 Anhang B Karte II. Vgl. zum Kolonialrecht in Togo *Sebald*, Recht und Politik im westlichen Afrika, in: Kolonialisierung des Rechts, S. 157-166; *Knoll*, An Indigenous Law Code for the Togolese, in: Kolonialisierung des Rechts, S. 247-270; *Winkelmann*, Die Eingeborenenrechtspflege in Deutsch-Ostafrika, Kamerun und Togo, in: ZvglRWiss (53) 1939, S. 188-221. Zur deutschen Kolonialgeschichte Togos vgl. *Sebald*, Togo 1884-1914, Eine Geschichte der deutschen „Musterkolonie“ auf der Grundlage amtlicher Quellen.

197 Seit 1847 war die Norddeutsche Mission aus Bremen in Togo tätig, s. o 1. Kap. A.

198 Hervorzuheben sind die Aktivitäten des Bremer Handelshauses F. M. Vietor, das 1856 den Togohandel eröffnete, enge Verbindungen zur Norddeutschen Mission unterhielt und sich als einziges Unternehmen nicht am lukrativen Alkoholhandel beteiligte, sowie der Firmen Carl Goedelt und Wölber & Brohm. Unter den vertretenen britischen Firmen nahm F. & A. Swanzy eine führende Stellung ein, französische Interessen wurden durch Regis Aines Frères und Cyprien Fabre & Cie. vertreten, vgl. *Sebald*, Togo 1884-1914, S. 31-37, sowie S. 111-114.

199 Ende 1883 wurde die Korvette „Sophie“ und Anfang 1884 das Kanonenboot „Möwe“ mit dem Reichskommissar Dr. Nachtigal an Bord entsandt, *Kuhn*, Die deutschen Schutzgebiete, S. 13.

200 Arzt, Afrikaforscher und Diplomat, seit 1882 deutscher Generalkonsul in Tunis. Nachtigal verstarb am 20. April 1885 während der Rückreise an Bord der „Möwe“ und wurde auf Kap Palmas, später in Duala (Kamerun) beigesetzt.

201 *Erbar*, Ein „Platz an der Sonne“?, S. 9.

202 Der Wortlaut im englischen Original sowie eine deutsche Übersetzung findet sich bei *Sebald*, Togo 1884-1914, S. 43 f. und S. 692, Anm. 69.

203 *Kuhn*, Die deutschen Schutzgebiete, S. 13.

regulären Kommissars für Togo.[204] Bis 1891 stand die Verwaltung Togos unter der Leitung Kaiserlicher Kommissare den Gouverneuren von Kamerun.[205] Seit November 1893 trugen die obersten Verwaltungsbeamten Togos den Titel eines Landeshauptmanns, seit April 1898 den eines Gouverneurs, und unterstanden nun nicht mehr dem Gouvernement von Kamerun.[206] In den weiteren Jahren wurde der deutsche Herrschaftsbereich in das Landesinnere ausgedehnt und in Grenzabkommen mit Frankreich[207] und England[208] abgesichert. Kolonialgesellschaften nach dem Programm Bismarcks sind in Togo nicht zustande gekommen. Die dort tätigen Firmen hatten wenig Neigung gezeigt, die Mühen der Verwaltung und Regierung des Landes auf sich zu nehmen.[209]

Mit einer Fläche von ca. 87.200 km² war Togo mit dem Verwaltungssitz[210] Lomé das kleinste der deutschen Schutzgebiete auf dem afrikanischen Kontinent. Die einheimische Bevölkerung des an Bodenschätzen armen[211] Schutzgebiets betrug 1912 etwa 1 Million Einwohner bei einer Bevölkerungsdichte von ca. 11,5 Einwohner/km² mit über 40 Volks- und Stammesgruppen, die sich hinsichtlich Sprache, Wirtschaft und Wohnform unterschieden.[212] Im selben Jahr betrug die weiße Bevölkerung des Schutzgebiets nur 345, darunter 316 Deutsche, nachdem 1893 erst 56 Weiße, davon 49 Deutsche, das Land bevölkert hatten.

---

204 *Erbar*, Ein „Platz an der Sonne“?, S. 10 f.

205 Mit Erlaß der AAKA vom 31. Oktober 1891 wurde der Gouverneur von Kamerun vom Amt eines Oberkommissars für Togo entbunden, *Erbar*, Ein „Platz an der Sonne“?, S. 15.

206 S. zu den Stellenbesetzungen an der Spitze der togoischen Kolonialverwaltung Anhang C II.

207 Protokoll, betr. die deutschen und französischen Besitzungen an der Westküste von Afrika und in der Südsee, v. 24.12.1885, DKolGG (I) 1892, S. 79; Deutsch-Französisches Abkommen über die Abgrenzung von Togo, v. 23.7.1897, DKolGG (II) 1893-1897, S. 351; Vereinbarung über die Abgrenzung zwischen Togo und den französischen Besitzungen, v. 28.9.1912, DKolBl. (XXIII) 1912, S. 977.

208 Abkommen zwischen Deutschland und England vom 1.7.1890, DKolGG (I) 1892, S. 92; Deutsch-englisches Abkommen, betr. Samoa und Togo v. 14.11.1899, DKolGG (IV) 1898-1899, S. 129; Bekanntmachung der AAKA, betr. Grenzfestsetzung zwischen dem deutschen Schutzgebiet Togo und den Northern Territories der englischen Goldküsten-Kolonie, v. 25.6.1904, DKolGG (VIII) 1904, S. 223.

209 *Schack*, Das deutsche Kolonialrecht, S. 6.

210 Zur Verwaltungs- und Wirtschaftsgeschichte des Schutzgebiets vgl. *Erbar*, Ein „Platz an der Sonne“?

211 *Schinzinger*, Die Kolonien und das Deutsche Reich, S. 33.

212 *Schinzinger*, Die Kolonien und das Deutsche Reich, S. 45. *Huber*, Deutsche Verfassungsgeschichte seit 1789, S. 617, nennt eine Einwohnerzahl von 2 Millionen (1913). Nach *Hassert*, Deutschlands Kolonien, S. 217, hat sich die frühere (!) Annahme von 2 Millionen Einwohnern als „viel zu hoch erwiesen“, richtiger seien knapp 1 Million. *v. Trotha*, Koloniale Herrschaft, Zur soziologischen Theorie der Staatsentstehung am Beispiel des „Schutzgebiets Togo“, S. 456, Tab. 1, gibt für das Jahr 1912/1913 „grob geschätzt“ 1.031.715 an.

Problematisch war der äußerst geringe Anteil weißer Frauen, der in der gesamten Zeit der deutschen Schutzherrschaft 19 % der weißen Bevölkerung nicht überstieg.[213]

Togos Ruf als deutsche „Musterkolonie" gründete sich weniger auf das Ausbleiben schwerer Eingeborenenaufstände als vielmehr auf den ausgeglichenen Etat der Kolonie. Togo war das einzige von Reichszuschüssen unabhängige Schutzgebiet, wenn auch bis 1899 Unterstützung aus dem wissenschaftlichen Zwecken dienenden Afrika-Fonds floß. Zudem lag Togo 1914 mit einer Scholarisationsquote von 1,4 % und 342 Missionsschulen im modernen Schulwesen Westafrikas an der Spitze.[214] Heute befindet sich die Republik Togo (Republique Togolaise, RT) auf dem Gebiet des ehemaligen deutschen Schutzgebiets. Der westliche Landstreifen ist heute Teil der Republik Ghana.[215]

3. Kamerun

Auch in Kamerun[216] ging die deutsche Schutzhoheit aus der kolonialen Initiative deutscher Kaufleute, insbesondere der Hamburger Häuser C. Woermann[217] und Jantzen & Thormälen[218] sowie des Bremer Hauses Vietor hervor.[219] Trotz britischer Konkurrenz in Form Liverpooler und Bristoler Handelshäuser war der deutsche Anteil am gewinnbringenden[220] Kamerunhandel in den 1880er Jahren

---

213 *v. Trotha*, Koloniale Herrschaft, Zur soziologischen Theorie der Staatsentstehung am Beispiel des „Schutzgebiets Togo", S. 459, Tab. 3.

214 Vgl. *Gründer*, Geschichte der deutschen Kolonien, S. 128 ff.

215 *Fischer*, Die deutschen Kolonien, S. 20.

216 Anhang B Karte III. Vgl. zum Kolonialstrafrecht Kameruns die umfassende Arbeit von *Walz*, Die Entwicklung der Strafrechtspflege in Kamerun unter deutscher Herrschaft. Vgl. zudem die Sammlung der in Kamerun 1912 geltenden völkerrechtlichen Verträge, Gesetze, Verordnungen und Dienstvorschriften bei *Ruppel*, Die Landesgesetzgebung für das Schutzgebiet Kamerun. Zum Kolonialrecht in Kamerun vgl. auch *Eckert*, Verwaltung, Recht und koloniale Praxis in Kamerun, 1884-1914, in: Kolonialisierung des Rechts, S. 167-182; *Winkelmann*, Die Eingeborenenrechtspflege in Deutsch-Ostafrika, Kamerun und Togo unter deutscher Herrschaft, in: ZvglRWiss (53) 1939, S. 189-221. Vgl. zu Kamerun allgemein die zweibändige Arbeit des ehemaligen Gouverneurs *Seitz*, Vom Aufstieg und Niederbruch deutscher Kolonialmacht, die Darstellung des DDR-Historikers *Stoecker*, Kamerun unter deutscher Kolonialherrschaft sowie *Rudin*, Germans in the Cameroons 1884-1914; *Hausen*, Deutsche Kolonialherrschaft in Afrika und *Wirz*, Vom Sklavenhandel zum kolonialen Handel.

217 Seit 1868 in Kamerun tätig.

218 Seit 1875 in Kamerun tätig.

219 Zu den Aktivitäten der Handelshäuser s. bereits oben 1. Kap. A.

220 Billige Exportgüter, hauptsächlich Spirituosen, wurden gegen afrikanische Waren, insbesondere Palmöl, teuer eingetauscht und auf dem europäischen Markt zu hohen Preisen abgesetzt. Der Nettogewinn betrug hierbei zwischen 1879 und 1883 etwa 40 – 50 %, *Walz*, Die Entwicklung der Strafrechtspflege in Kamerun unter deutscher Herrschaft, S. 2 a.

auf über die Hälfte angestiegen.[221] Nachdem zwei Bitten Kameruner Häuptlinge aus den Jahren 1879 und 1881 um Übernahme des Schutzes durch das Deutsche Reich noch abgelehnt worden waren,[222] empfahl die Hamburger Handelskammer[223] in einer vom Auswärtigen Amt erbetenen Denkschrift vom 6. Juli 1883 der Reichsregierung konkret den Erwerb der Insel Fernando Po als deutscher Flottenstation und des ihr gegenüberliegenden Küstenstrichs als Handelskolonie.[224] Im Frühsommer des Jahres 1884 schlossen Vertreter der Häuser Woermann und Jantzen & Thormälen mit den kameruner Häuptlingen Bell, Aqua, Lock Priso und Dido Verträge, in denen diese ihre Landeshoheit an die Firmen abtraten.[225]

Als Konsequenz der eigenen Handelsinteressen strebte auch Großbritannien einen Gebietserwerb an der Kamerunküste an.[226] Das deutsche Reich konnte jedoch am 14. Juli 1884 wenige Tage vor der Ankunft des englischen Konsuls Hewett („the too late consul") durch den aus Togo kommenden Reichskommissar Nachtigal das Gebiet an der Mündung des Kamerunflusses unmittelbar durch Proklamierung der Schutzherrschaft und Hissung der Reichsflagge in mehreren Städten erwerben.[227] Der Besitzergreifung folgte der Aufbau einer reichsunmittelbaren Verwaltung, an deren Spitze nach zehnmonatiger Führung durch einen Kaiserlichen Kommissar ab 1885 ein Gouverneur stand.[228]

---

[221] *Schramm*, Deutschland und Übersee, S. 301.
[222] *Kuhn*, Die deutschen Schutzgebiete, S. 15.
[223] Zu dieser Zeit war Adolph Woermann Vizepräsident der Hamburger Handelskammer. W. hatte im März 1883 eine eigene Denkschrift beim Auswärtigen Amt eingereicht, in der er seine Vorstellungen über das Engagement des Reichs an der Westküste Afrikas dargelegte, *Walz*, Die Entwicklung der Strafrechtspflege in Kamerun unter deutscher Herrschaft, S. 3 f.
[224] Die Denkschrift ist abgedruckt bei *Gründer*, „...da und dort ein junges Deutschland gründen", Dok. 26, S. 85 ff.
[225] Zu den Verträgen vgl. *Jaeck*, Die deutsche Annexion, in: Kamerun unter deutscher Kolonialherrschaft, S. 64 ff.
[226] *Rudin*, Germans in the Cameroons 1884-1914, S. 17 ff.
[227] *Rudin*, Germans in the Cameroons 1884-1914, S. 41.
[228] Siehe zu den Stellenbesetzungen an der Spitze der kameruner Kolonialverwaltung Anhang C. II.

In Abkommen mit England[229] und Frankreich[230] wurden die Grenzen und gegenseitigen Interessengebiete festgelegt. Das deutsch-britische Verhältnis hatte sich allerdings durch die Besitzergreifung von Gebieten in Südwestafrika und Kamerun in hohem Maße verschlechtert.[231] Das Schutzgebiet Kamerun erfuhr durch das deutsch-französische Marokko-Abkommen von 1911 eine deutliche Vergrößerung seiner Fläche auf fast 800.000 km².[232] 1912 wies die nach Ostafrika bevölkerungsreichste deutsche Kolonie eine einheimische Bevölkerung von ca. 2,5 Millionen Menschen bei einer Dichte von 3,4 Einwohner/km² auf. Von 1.537 Weißen im Schutzgebiet war mit 1.359 der weitaus überwiegende Teil deutscher Herkunft.[233]

In den Jahren 1884 bis 1891 wurde Kamerun gemeinsam mit Togo verwaltet. Der Gouverneur Kameruns trug gleichzeitig den Titel eines Oberkommissars für Togo.[234] Verwaltungssitz und wirtschaftlicher Mittelpunkt Kameruns war zunächst Duala. Im Jahre 1901 verlegte Gouverneur Jesco v. Puttkamer indessen seinen Amtssitz des Klimas wegen nach dem kühleren und gesünderen Buea am Kamerunberg.[235] Das Gebiet des ehemaligen deutschen Schutzgebiets bildet heute die Republik Kamerun. Kleinere Gebiete gehören zu Nigeria, Gabun, der Zentralafrikanischen Republik und dem Tschad.[236]

---

229 Abkommen vom 2./29.4.1885, 7./16.5.1885, 2.6.1885, 27.7. u. 2.8.1886, 1.7.1890, 14.4.1893 u. 15.11.1893, *Gareis*, Deutsches Kolonialrecht, S. 178; DKolGG (I) 1892, S. 92, 217, 695; DKolGG (II) 1893-1897, S. 54; *Ruppel*, Die Landesgesetzgebung für das Schutzgebiet Kamerun, S. 1-10.

230 Abkommen vom 24.12.1885, 15.3.1894, DKolGG (I) 1892, S. 79; 18. April 1908, DKolGG (XII) 1908, S. 147 (vgl. die Karte in DKolBl. (XIX) 1908, nach S. 408) und Abkommen zwischen dem Deutschen Reiche und der Französischen Republik, betr. Äquatorial-Afrika, v. 4.11.1911, DKolBl. (XXIII) 1912, S.283; vgl. *Ruppel*, Die Landesgesetzgebung für das Schutzgebiet Kamerun, S. 10-25.

231 Vgl. *Jaeck*, Die deutsche Annexion, in: Kamerun unter deutscher Kolonialherrschaft, S. 78 f. sowie *Rudin*, Germans in the Cameroons 1884-1914, S. 43 ff.

232 *Huber*, Deutsche Verfassungsgeschichte seit 1789, S. 616, nennt einen Gebietsumfang von zunächst 498.000 km², später 761.000 km². Nach *Schinzinger*, Die Kolonien und das Deutsche Reich, S. 30, war Kamerun zunächst rund 500.000 km² groß, dann kamen weitere 282.000 km² hinzu. *Fischer*, Die deutschen Kolonien, S. 18, nennt Größen von 520.000 km² und 790.000 km², *Wagner*, Die deutschen Schutzgebiete, S. 86, von 495.600 km² und einen Erwerb von 295.00 km².

233 *Schinzinger*, Die Kolonien und das Deutsche Reich, S. 37, 43.

234 S. hierzu oben 1. Kap. C. II. 2.

235 *Hassert*, Deutschlands Kolonien, S. 189 f.

236 *Fischer*, Die deutschen Kolonien, S. 20. Das geltende Kameruner Recht speist sich wegen der weiteren Kolonialvergangenheit des Landes aus britischer und französischer Rechtstradition. Vgl. hierzu die aus einem Forschungsprojekt des Freiburger Max-Planck-Instituts für Ausländisches und Internationales Strafrecht hervorgegangenen Arbeiten von *Bringer*, Stel-

4. Deutsch-Ostafrika

Die treibende Kraft bei der Gründung Deutsch-Ostafrikas[237] war der Kaufmann Dr. Carl[238] Peters, der im März 1884 in Berlin die Gesellschaft für deutsche Kolonisation (GfdK) gegründet hatte, die 1887 mit dem Deutschen Kolonialverein zur Deutschen Kolonialgesellschaft (DKG) fusioniert war.[239] Peters schloß Ende des Jahres 1884 mit einheimischen Häuptlingen an der ostafrikanischen Küste Verträge ab, durch welche er sich als Vertreter der GfdK Privat- und Hoheitsrechte abtreten ließ.[240] Für die auf diese Weise erworbenen Gebiete wurde der Gesellschaft am 27. Februar 1885 auf Antrag Peters' ein kaiserlicher Schutzbrief erteilt.[241]

Damit beanspruchte das Deutsche Reich die Oberhoheit über das insgesamt rund 140.000 km² umfassende betreffende Gebiet für sich.[242] Im März 1885 ging aus der nunmehr mit Hoheitsrechten beliehenen GfdK die Deutsch-Ostafrikanische Gesellschaft (DOAG)[243] in der Rechtsform einer Kommanditgesellschaft hervor, an der sich auch der Kaiser mit einer privaten Einlage von 500.000 Mark beteiligte. In den Jahren 1885 bis 1887 lag das Hauptgewicht der kolonialen Betätigung in der Durchführung von 17 Expeditionen in das Landesinnere zur Vergrößerung des Landbesitzes der Gesellschaft. Nur eine Expedition befaßte sich

---

lung und Funktion des Richters in Kamerun und *Dörken*, Stellung und Funktion des Rechtsanwalts in Kamerun.

237 Anhang B Karte IV. Vgl. zum Kolonialrecht in DOA *Richter*, Deutsches Kolonialrecht in Ostafrika (allerdings unter Auslassung des kolonialen Strafrechts, ebd., S. 6); *Bierwagen*, Entwicklung der ordentlichen Gerichtsbarkeit in Ostafrika in kolonialer und postkolonialer Zeit am Beispiel Tanzania, in: ZZP (101) 1988, S. 50-69; *Sippel*, Europäisches Recht im Spannungsfeld von Aneignung und Selbstbehauptung in Deutsch-Ostafrika und Deutsch-Südwestafrika, in: Aneignung und Selbstbehauptung, S. 255-275; ders.: Verwaltung und Recht in Deutsch-Ostafrika, in: Kolonialisierung des Rechts, S. 271-292; *Winkelmann*, Die Eingeborenenrechtspflege in Deutsch-Ostafrika, Kamerun und Togo unter deutscher Herrschaft, in: ZvglRWiss (53) 1939, S. 189-221. Vgl. zu DOA allg. *Bückendorf*, „Schwarz-weiß-rot über Ostafrika".

238 Auch die Schreibweise „Karl" ist gebräuchlich.

239 Peters hat seine „Kolonialpolitischen Erinnerungen und Betrachtungen" autobiographisch niedergelegt: *Peters*, Die Gründung von Deutsch-Ostafrika. Er zählte zu den Gründern des Allgemeinen Deutschen Verbandes, dem späteren Alldeutschen Verband, s. oben 1. Kap. B. I.

240 *Schack*, Das deutsche Kolonialrecht, S. 7.

241 Ksl. Schutzbrief für „die Gesellschaft für Deutsche Kolonisation", DKolGG (I) 1892, S. 323 sowie bei *Schack*, Das deutsche Kolonialrecht, S. 361.

242 *Wagner*, Die deutschen Schutzgebiete, S. 93.

243 S. hierzu den Aktenbestand des Bundesarchivs, BA R 8124.

mit geologischen Erkundungen.[244] Durch den Abschluß weiterer Verträge mit einheimischen Herrschern konnte die DOAG ihre Besitzungen erheblich ausdehnen, auch wenn dabei die im Schutzbrief gezogenen Grenzen deutlich überschritten wurden. Dennoch wurde der Schutzbrief nicht auf die neuerworbenen Gebiete im Nordosten (Wituland bis ins Somaliland) und Nordwesten (Uganda) ausgedehnt, obwohl die Gesellschaft dort faktisch Hoheitsrechte ausübte.[245]

Die Landkäufe und die Kosten für die Erschließung des Landes führten in den folgenden Jahren zu erheblichen Verlusten der DOAG.[246] Die prekäre wirtschaftliche Lage der Gesellschaft verschärfte sich noch, als es kurz nach der Übernahme der Verwaltung der Küstengebiete durch die DOAG vom Sultan von Sansibar im Jahr 1888 zum „Araber-Aufstand" kam.[247] Zwar konnte eine militärische Expedition unter Leitung des hierfür zum Reichskommissar ernannten Majors Hermann v. Wissmann den Aufstand bis 1890 niederschlagen. Die Notwendigkeit einer militärischen Intervention durch das Reich bedeutete jedoch faktisch das Ende der mittelbaren Verwaltung durch die DOAG, die ihre Ohnmacht, das erworbene Gebiet auch zu verteidigen, unter Beweis gestellt hatte.[248]

Mit Vertrag vom 20. November 1890[249] und Wirkung zum 1. Januar 1891 trat die DOAG ihre Hoheitsrechte gegen eine Geldentschädigung an das Deutsche Reich ab. Im Februar 1891 wurde der bisherige Gouverneur Kameruns und spätere württembergische Staatsminister Julius Freiherr v. Soden zum ersten Gouverneur Deutsch-Ostafrikas ernannt.[250] Die Grenzen des ostafrikanischen Schutzgebiets wurden in Abkommen mit England,[251] Portugal,[252] dem Kongostaat[253] und Belgien[254] festgelegt. Das Schutzgebiet mit der Hauptstadt Daressa-

---

244 *Tetzlaff*, Koloniale Entwicklung und Ausbeutung, Wirtschafts- und Sozialgeschichte Deutsch-Ostafrikas 1885-1914, S. 26 ff. Zu den Expeditionen im einzelnen vgl. *Bückendorf*, „Schwarz-weiß-rot über Ostafrika", S. 222 ff.

245 *Schack*, Das deutsche Kolonialrecht, S. 7.

246 *Bückendorf*, „Schwarz-weiß-rot über Ostafrika", S. 290 ff.

247 *Bückendorf*, „Schwarz-weiß-rot über Ostafrika", S. 337 ff. Nach einem Bericht der DOAG an die Reichstagsabgeordneten betrugen die durch den Aufstand verursachten direkten Verluste – darunter der Totalverlust von vier Plantagenstationen – 650.000 Mark, *Tetzlaff*, Koloniale Entwicklung und Ausbeutung, Wirtschafts- und Sozialgeschichte Deutsch-Ostafrikas 1885-1914, S. 31 f.

248 *Fischer*, Die deutschen Kolonien, S. 50.

249 DKolGG (I) 1892, S. 382.

250 Zu den Gouverneuren des Schutzgebiets s. Anhang C. II.

251 Abkommen zwischen Deutschland u. England, v. 1.7.1890 (Helgoland-Sansibar-Abkommen), DKolGG (I) 1892, S. 92; v. 25.7.1893, DKolGG (II) 1893-1897, S. 31; sowie v. 14.5.1910, DKolZ 1912, S. 145.

252 30.12.1886, DKolGG (I) 1892, S. 89 sowie 24.11.1909, DKolGG (XIII) 1909, S. 642.

253 1. bzw. 25.8.1885, DKolGG (I) 1892, S. 323.

land war nun mit einer Fläche von ca. 995.000 km² und einer durchschnittlichen Nord-Süd- sowie Ost-West-Erstreckung von ca. 1.000 km die größte deutsche Kolonie[255] und damit etwa doppelt so groß wie das damalige Deutsche Reich.[256] Die einheimische Bevölkerung Deutsch-Ostafrikas wird für das Jahr 1913 mit ca. 7,6 Millionen,[257] die Bevölkerungsdichte mit etwa 7,5 Einwohner/km² angegeben. Im Jahre 1912 sollen 4.866 Weiße das Land bewohnt haben, davon 3.579 Deutsche.[258]

Wie Deutsch-Südwestafrika so mußte auch Deutsch-Ostafrika schwere Eingeborenenaufstände erleben. Als mit der Niederwerfung des Araber-Aufstandes 1888/1889 durch Hauptmann Hermann v. Wissmann das faktische Ende der mittelbaren Kolonialverwaltung durch die DOAG einleitet worden war, setzte in Ostafrika die effektive Besetzung des Hinterlandes und die Unterwerfung der Binnenstämme ein. In der Zeit zwischen 1890 und 1897 wurden 61 größere Unterwerfungsfeldzüge und Strafexpeditionen durchgeführt.[259] Ende Juli 1905 brach in den Matumbi-Bergen nahe der Stadt Kilwa der Maji-Maji-Aufstand[260] aus. Aus einer zunächst regional begrenzten Bauernrevolte weiteten sich die Unruhen über den gesamten Süden des Kolonialgebiets aus und erfaßten mehrere Stämme. Als Ursache des Aufstandes wird heute eine allgemeine Unterdrückung der einheimischen Bevölkerung gesehen, die sich vor allem durch die Erhöhung der Hüttensteuer, Zwangsarbeit, mangelhafte Arbeitsbedingungen auf den europäischen Baumwollplantagen und Lohnbetrug äußerte. Auch der als Mittel zur Entfremdung empfundene Schulzwang, Schutzbestimmungen für Wasser, Wild und Wald, sowie das Verhalten der landesfremden, von den Deutschen eingesetzten Ortsvorsteher (Akiden) und Schutztruppensöldner (Askaris) werden als Motive der Unruhen genannt.[261]

Nach dem Amtlichen Jahresbericht 1906/07 hatten Kriege, Mißernte, Hungersnot und Seuchen schätzungsweise 75.000 Menschenleben gefordert.[262] Über 25

---

[254] Abkommen, betr. Festlegung der Grenze zwischen DOA und der Belgischen Kongo-Kolonie, v. 11.8.1910, RGBl. 1911, S. 875; DKolBl. 1911, S. 613 (mit Kartenskizze).

[255] *Hassert*, Deutschlands Kolonien, S. 251; *Fischer*, Die deutschen Kolonien, S. 17. Nach *Schinzinger*, Die Kolonien und das Deutsche Reich, S. 28, sowie *Wagner*, Die deutschen Schutzgebiete, S. 93, war Deutsch-Ostafrika fast bzw. rund 1.000.000 km² groß.

[256] *Hassert*, Deutschlands Kolonien, S. 250.

[257] Vgl. die Bevölkerungsstatistik mit einer Übersicht über die einzelnen Bezirke bei *Tetzlaff*, Koloniale Entwicklung und Ausbeutung, S. 287.

[258] *Schinzinger*, Die Kolonien und das Deutsche Reich, S. 37.

[259] *Gründer*, Geschichte der deutschen Kolonien, S. 154.

[260] Vgl. hierzu eingehend *Tetzlaff*, Koloniale Entwicklung und Ausbeutung, S. 212-220.

[261] *Gründer*, Geschichte der deutschen Kolonien, S. 159.

[262] Jahresbericht über die Entwickelung der Schutzgebiete in Afrika und der Südsee 1906/1907, Teil B.: DOA, S. 9. Andere Schätzungen nennen 120.000 oder gar ca. 250.000 –

% der Eingeborenenfrauen sollen aufgrund der Entbehrungen unfruchtbar geworden sein.[263] Auf der anderen Seite schien durch die zeitlich dicht aufeinander folgenden Aufstände in Südwest- und Ostafrika ein kolonialpolitischer Lernprozeß in Gang gesetzt worden sein, der eng mit den Namen des neuen Kolonialstaatssekretärs Bernhard Dernburg (1865-1937), sowie des ersten Zivilgouverneurs in Ostafrika, Albrecht Frhr. v. Rechenberg[264] verbunden ist.[265]

Auf dem Gebiet der ehemaligen Kolonie liegt mit der heutigen Republik Tansania gemessen am Pro-Kopf-Einkommen eines der ärmsten Länder der Welt. Das Land hat in den Jahren seit 1986 den Übergang von der Planwirtschaft zur Marktwirtschaft und Demokratie vollzogen.[266] Im Nordwesten liegen die heute unabhängigen bürgerkriegsgeprüften Republiken Ruanda und Burundi.

300.000 Tote, vgl. *Tetzlaff*, Koloniale Entwicklung und Ausbeutung, S. 220, Fn. 53 u. *Gründer*, Geschichte der deutschen Kolonien, S. 208, Fn. 16.

[263] *Gründer*, Geschichte der deutschen Kolonien, S. 163.

[264] Rechenberg, Albrecht Frhr. v., Dr. jur., Gouverneur a. D., geb. am 15. Sept. 1859 in Madrid, wurde 1889 Gerichtsassessor, im gleichen Jahr in das Auswärtige Amt einberufen, 1893 Bezirksrichter in DOA. Von 1896 bis 1906 war v. R. im Konsulatsdienst tätig, und zwar 1896 als Vizekonsul in Sansibar, 1898 als Konsul daselbst, 1900 in Moskau, später als Generalkonsul in Warschau. 1906 wurde er zum Gouverneur von DOA ernannt. Im Mai 1912 wurde v. R. auf seinen Antrag in den einstweiligen, Anfang 1914 unter Verleihung des Charakters als Wirkl. Geh. Rat mit dem Prädikat Exzellenz in den endgültigen Ruhestand versetzt und lebt seitdem in Berlin. 1914 wurde v. R. als Mitglied der Zentrumsfraktion in den Reichstag gewählt, Deutsches Kolonial-Lexikon (1920), Bd. III., S. 133.

[265] *Gründer*, Geschichte der deutschen Kolonien, S. 163 ff., 242; *Tetzlaff*, Koloniale Entwicklung und Ausbeutung, S. 220 ff.

[266] „Tansania ist ein Beispiel für einen gelungenen Systemwechsel", F.A.Z. v. 17. 3.2004, S. 14.

5. Deutsch-Neuguinea und Südsee-Inselgebiet

Deutsch-Neuguinea[267] setzte sich im einzelnen aus dem melanesischen Festlandgebiet Kaiser-Wilhelms-Land auf Neuguinea, dem vorgelagerten Bismarck-Archipel mit den Hauptinseln Neu-Pommern, Neu-Mecklenburg und Neu-Hannover, den nördlichen Salomonen-Inseln Buka und Bougainville,[268] den mikronesischen Karolinen-,[269] Marianen-[270] und Marshall-Inseln[271] sowie dem südlich davon liegenden Nauru zusammen. Das Gesamtgebiet umfaßte eine Fläche von ca. 240.000 km², wovon allein auf Kaiser-Wilhelms-Land 185.650 km² entfielen.[272]

Die Gründung der Kolonie geht zurück auf die Tätigkeit deutscher Kaufleute, insbesondere des Hamburger Handelshauses Godeffroy, die hier seit Mitte des 19. Jahrhunderts Handelsniederlassungen und Plantagen betrieben.[273] In den Jahren 1883 und 1884 erbaten sie den Schutz des Reiches. Eine Errichtung der Schutzhoheit durch Verträge mit den einheimischen Häuptlingen war in der Südsee nicht möglich, da es an einer organisierten Staatsgewalt fehlte. Daher erwarb die unter führender Beteiligung des Berliner Bankiers Adolph v. Hansemann[274] gegründete Neu-Guinea-Kompagnie (NGK)[275] die deutsche Schutzho-

---

[267] Anhang B Karte V. Zum Kolonialrecht Deutsch-Neuguineas vgl. *Sack*, Law in New Guinea and the Risks of Academic Pioneers, in: ZvglRWiss (82) 1983, S. 231-241; ders.: Racism and Colonial Law: the Legal Position of „Natives" in German New Guinea, in: Festschrift für Schott, S. 399-429; ders.: Kolonialrecht und Kolonialverwaltung in Melanesien, in: Kolonialisierung des Rechts, S. 211-238; ders.: Das deutsche Rechtswesen in Melanesien, in: Die deutsche Südsee 1884-1914, S. 322-342; ders.: Das deutsche Rechtswesen in Mikronesien, in: Die deutsche Südsee 1884-1914, S. 535-557; *Hiery*, Das deutsche Reich in der Südsee (1900-1921), S. 96-137.

[268] Die ehemals deutschen südlicheren Salomonen (Shortland-Inseln, Choiseul und Isabella) schieden aufgrund des deutsch-britischen Samoa-Abkommens vom 14.11.1899, DKolGG (IV) 1898-1899, S. 129, aus dem Gebiet aus und wurden britisch; vgl. noch *Hiery*, Die deutsche Verwaltung Neuguineas 1884-1914, in: Die deutsche Südsee 1884-1914, S. 277.

[269] Vgl. zu den Karolinen *Christman/Hempenstall/Ballendorf*, Die Karolinen-Inseln in deutscher Zeit.

[270] Mit Ausnahme des zu den Vereinigten Staaten gehörenden Guam. Vgl. zu den Marianen *Hardach*, König Kopra, Die Marianen unter deutscher Herrschaft 1899-1914.

[271] Diese waren von 1885 bis zum 30.3.1906 ein eigenes Schutzgebiet. Dann übernahm das Reich die Verwaltung und gliederte sie in das Schutzgebiet Neuguinea ein, Ksl. VO v. 18.1.1906, RGBl. 1906, S. 138.

[272] *Gründer*, Geschichte der deutschen Kolonien, S. 170.

[273] Vgl. hierzu 1. Kap. A.

[274] Hansemann, Schwager des Kolonialreferenten im Auswärtigen Amt Heinrich v. Kusserow, hatte schon in der Frage der Samoa-Vorlage 1880 ein koloniales Engagement des Deutschen Reiches befürwortet, s.o. 1. Kap. B. III.

[275] S. hierzu den Aktenbestand des Bundesarchivs, BA R 8133.

heit durch Okkupation.[276] Vom Reich entsandte Kriegsschiffe hißten im November 1884 an verschiedenen Orten des Neu-Britannia-Archipels[277] und Neu-Guineas[278] die deutsche Flagge.[279] Am 17. Mai 1885 erhielt die Neu-Guinea-Kompagnie einen Kaiserlichen Schutzbrief[280] für diese Gebiete und am 13. Dezember 1886 einen weiteren Schutzbrief[281] für die zwischenzeitlich erworbenen Salomon-Inseln, in denen die Oberhoheit des Reiches über die erworbenen Gebiete und die völkerrechtliche Vertretung verbrieft wurden. Die Rechtsprechung wurde der Hoheit des Deutschen Reiches unterstellt und Gerichtsurteile hatten fortan „im Namen des Kaisers" zu erfolgen. Der Gesellschaft wurden hingegen die Rechte der Landeshoheit, insbesondere die Verwaltung[282] einschließlich der Rechtspflege,[283] der Finanzhoheit sowie das Bergbaurecht verliehen.[284]

Die Verpflichtung, in dem Schutzgebiet eine ordnungsgemäße Verwaltung aufzubauen und das Hinterland zu erschließen, konnte die NGK indessen infolge der damit verbundenen Kosten nicht erfüllen. Nachdem sie daher die ihr in den beiden Schutzbriefen gewährten Hoheitsrechte 1889 zunächst vorläufig dem Reich überlassen[285] und ab 1892 vorübergehend wieder selber ausgeübt hatte,[286] verzichtete sie mit Vertrag vom 7. Oktober 1898 endgültig auf ihre Hoheitsrechte. Gegen eine Entschädigung von 4 Millionen Mark und 50.000 ha Land übergab die NGK die Verwaltung des Schutzgebiets zum 1. April 1899 an das Reich.[287] An der Spitze der Verwaltung[288] stand ab 1886 zunächst ein von der

---

[276] *Huber*, Deutsche Verfassungsgeschichte seit 1789, S. 620.
[277] Das spätere „Bismarck-Archipel".
[278] Das spätere „Kaiser-Wilhelms-Land".
[279] *Schack*, Das deutsche Kolonialrecht, S. 9. Zu den deutschen Flaggenhissungen in Melanesien im einzelnen vgl. *Hiery*, Die deutsche Verwaltung Neuguineas 1884-1914, in: Die deutsche Südsee 1884-1914, S. 277.
[280] DKolGG (I) 1892, S. 434.
[281] DKolGG (I) 1892, S. 436.
[282] Vgl. zur Verwaltung Neuguineas durch die NGK *Hiery*, Die deutsche Verwaltung Neuguineas, S. 280 ff.
[283] Vgl. hierzu *Chalmers*, The Colonial Legal System in German New Guinea: 1884-1914, S. 212. Vgl. dagegen *Sack*, Law in New Guinea and the Risks of Academic Pioneers, S. 233 ff.
[284] *Fischer*, Die deutschen Kolonien, S. 55.
[285] Vertrag vom 17./23. Mai 1889, Ksl. VO, behufs Übertragung der Befugnisse des ehemaligen Landeshauptmanns auf den Ksl. Kommissar für das Schutzgebiet der NGK, vom 6.5.1890, RGBl. 1890, S. 67; DKolGG (I) 1892, S. 440.
[286] Ksl. VO, betr. die dem Landeshauptmann der NGK zustehenden richterlichen und Verwaltungsbefugnisse, vom 15.6.1892, RGBl. 1892, S. 673; DKolGG (I) 1892, S. 442.
[287] Allerhöchste VO, betr. die Übernahme der Landeshoheit über das Schutzgebiet von Deutsch-Neu-Guinea durch das Reich, vom 27.3.1899, DKolGG (IV) 1898-1899, S. 50. Zur unmittelbaren Verwaltung Deutsche Neuguineas durch das Reich vgl. *Hiery*, Die deutsche Verwaltung Neuguineas, S. 299 ff.
[288] S. zu den Stellenbesetzungen an der Spitze der Kolonialverwaltung in DNG Anhang C. II.

NGK ernannter Landeshauptmann, der vom Reichskanzler bestätigt werden mußte, und dem alle übrigen Verwaltungsangestellten der Gesellschaft unterstanden. Während der vorübergehenden Übernahme der Verwaltung durch das Reich war das Verwaltungspersonal unter die Leitung eines Kaiserlichen Kommissars gestellt worden, die NGK hatte allerdings weiterhin die anfallenden Kosten zu tragen.[289] Eine gewisse Kontinuität stellte sich erst ab 1899 mit der endgültigen Übernahme der Verwaltung durch das Reich unter der Leitung von Gouverneuren ein. Nach einem kurzen Interregnum Rudolf v. Bennigsens führte Dr. Albert Hahl als letzter Gouverneur das Schutzgebiet fast zwölf Jahre lang. Der Verwaltungssitz wechselte 1910 von Herbertshöhe nach Rabaul.[290] Gegen Ende der deutschen Kolonialzeit wurde die einheimische Bevölkerung auf ca. 600.000 Menschen geschätzt.[291] Die Zahl der Deutschen wird mit 746 angegeben.[292] Das Gebiet des ehemaligen Schutzgebiets bildet heute zusammen mit dem südöstlichen Teil der Insel die seit 1975 unabhängige Republik Papua-Neuguinea.

Kurze Zeit nach dem Erwerb Deutsch-Neuguineas erwarb das Reich am 15. Oktober 1885 auch die herrenlose Inselgruppe der Marshall-Inseln durch Okkupation. Nachdem Deutschland bereits im Jahre 1878 einen Freundschaftsvertrag mit einzelnen Häuptlingen geschlossen hatte, und deutsche Kaufleute um 1880 etwa 80 % des Außenhandels dort und auf den Karolinen bestritten, hißte ein hierhin entsandtes Kriegsschiff die deutsche Flagge und mit mehreren Häuptlingen wurden Schutzverträge geschlossen.[293] 1887 gründete die Deutsche Handels- und Plantagengesellschaft (DHPG)[294] mit den Handelshäusern Robertson & Hernsheim und Capelle & Co. die „Deutsche Jaluit-Gesellschaft".[295] Die Gesellschaft besaß ein Handelsmonopol für das Inselgebiet und eine beratende Stimme bei der Verwaltung und Besteuerung, und übernahm im Gegenzug die Kosten der Verwaltung.[296] Letztere unterstand der Aufsicht eines Kaiserlichen

---

[289] *Fischer*, Die deutschen Kolonien, S. 56.

[290] Vgl. *Hiery*, Die deutsche Verwaltung Neuguineas, in: Die deutsche Südsee 1884-1914, S. 299 ff.

[291] *Gründer*, Geschichte der deutschen Kolonien, S. 170; *Schinzinger*, Die Kolonien und das Deutsche Reich, S. 45. *Nach Hassert*, Deutschlands Kolonien, S. 405 betrug die Bevölkerung nicht mehr als 320.000, nach *Huber*, Deutsche Verfassungsgeschichte seit 1789, S. 621, ca. 418.000. Nach *Hiery*, Das Deutsche Reich und die Südsee, S. 18, der sich auf die amtlichen Jahresberichte stützt, standen etwa 250.000 Menschen unter dem tatsächlichen Einfluß deutscher Verwaltung.

[292] Für 1914: *Hiery*, Das Deutsche Reich und die Südsee, S. 18.

[293] Vgl. *Wagner*, Die deutschen Schutzgebiete, S. 94 f.

[294] Diese war 1878 aus dem Hamburger Handelshaus Godeffroy hervorgegangen, s. oben 1. Kap. B. III.

[295] *Fischer*, Die deutschen Kolonien, S. 57.

[296] *Schack*, Das deutsche Kolonialrecht, S. 10.

Kommissars, ab Dezember 1893 von Kaiserlichen Landeshauptleuten.[297] Nach Protesten Englands und Australiens gegen das deutsche Handelsmonopol wurden mit Wirkung zum 1. April 1906 die Privilegien der Jaluit-Gesellschaft aufgehoben, das Amt des Landeshauptmanns abgeschafft und die bis dahin selbständig verwalteten Inseln dem Schutzgebiet von Deutsch-Neuguinea eingegliedert.[298]

Schon 1885 hatte das Reich versucht, auch die westmikronesischen Karolinen-Inseln unter seinen Schutz zu stellen. Spanien hatte jedoch ältere Rechte geltend gemacht, die auf die Entdeckung der Inseln im 16. Jahrhundert zurückgingen. Einen drohenden diplomatischen Konflikt verhinderte der Schiedsspruch Papst Leo´s XIII. vom 17. Dezember 1885. Dieser erkannte die spanische Herrschaft über die Karolinen an, verlangte jedoch zugleich den Aufbau einer geordneten Verwaltung. Deutschland erhielt die Freiheit des Handels, der Schiffahrt und der Fischerei sowie die Genehmigung, eine Kohlestation zu errichten.[299] Die Niederlage Spaniens im spanisch-amerikanischen Krieg 1898 brachte für Spanien mit dem Verlust der Philippinen und Guams eine starke Schmälerung seines Einflusses im pazifischen Raum. Dies sowie die kriegsbedingte Finanznot veranlaßten die spanische Regierung dazu, ein deutsches Kaufangebot anzunehmen. Mit Vertrag vom 30. Juni 1899[300] veräußerte Spanien daher die Karolinen, die Marianen und Palau-Inseln für insgesamt 25 Millionen Peseten[301] an das Deutsche Reich. Dieses nahm die drei Inselgruppen in Besitz[302] und gliederte sie in das Schutzgebiet Deutsch-Neuguinea ein.[303] Auf den mikronesischen Inseln insgesamt sollen sich im Jahre 1914 259 Deutsche aufgehalten haben. Die Marshall-Inseln und die Vereinigten Staaten von Mikronesien mit den Marianen sind seit 1986, Palau seit 1994 unabhängig und in freier Form mit den USA assoziiert.

---

297 Zu den Stellenbesetzungen des Schutzgebiets vgl. Anhang C. II.

298 Ksl. VO, betr. die anderweitige Regelung der Verwaltung und der Rechtsverhältnisse im Schutzgebiete der Marshall-, Brown- und Providence-Inseln, vom 18.1.1906, RGBl. 1906, S. 138; DKolBl. 1906, S. 117; DKolGG (X) 1906, S. 24.

299 *Christmann/Hempenstall/Ballendorf*, Die Karolinen-Inseln in deutscher Zeit, S. 5; *Hardach*, König Kopra, Die Marianen unter deutscher Herrschaft 1899-1914, S. 49.

300 Vertrag zwischen dem Reich und Spanien zur Bestätigung der am 12.2.1899 in Madrid unterzeichneten Erklärung, betr. die Inselgruppen der Karolinen, Palau und Marianen, DKolGG (IV) 1898-1899, S. 76.

301 Damals etwa 17,25 Millionen Reichsmark.

302 Vgl. zur Inbesitznahme der Karolinen *Christmann/Hempenstall/Ballendorf*, Die Karolinen-Inseln in deutscher Zeit, S. 9 ff. und zur Besitzergreifung der Marianen *Hardach*, König Kopra, Die Marianen unter deutscher Herrschaft 1899-1914, S. 13 ff.

303 Vgl. den Allerhöchsten Erlaß, betr. die Erklärung des Schutzes über die Karolinen, Palau und Marianen, v. 18.7.1899, RGBl. 1899, S. 541.

6. Samoa

Zeitlich gesehen war Samoa[304] die letzte deutsche Kolonialerwerbung. Seit 1857 war hier das Hamburger Handelshaus Godeffroy aktiv, hatte Plantagen und Faktoreien errichtet und konkurrierte mit britischen und amerikanischen Kaufleuten. Der Hauptvertreter der Firma fungierte in Apia auf der Insel Upolu zugleich als Konsul für den Norddeutschen Bund und nach 1871 für das Deutsche Reich.[305] Seit den 1870er Jahren hatten Deutschland wie auch England und die Vereinigten Staaten Freundschaftsverträge mit dem König von Samoa geschlossen. 1879 wurde der Munizipaldistrikt von Apia vertraglich für neutral erklärt und unbeschadet der Landeshoheit Samoas der Verwaltung eines von den drei Konsuln gebildeten Munizipalrates unterstellt. Gleichzeitig wurde eine neue Verfassung für Samoa vereinbart.[306] Die Ablehnung der „Samoa-Vorlage" im Reichstag am 27. April 1880[307] verhinderte jedoch, daß das Reich seinen Einfluß auf Samoa ausdehnte.

Zugleich erfuhren die Inseln Thronstreitigkeiten und einen ständig wiederaufflackernden Bürgerkrieg, in dem die drei Mächte entgegengesetzte Gruppen unterstützten. Diesen verworrenen Zustand versuchten die drei Staaten zu ordnen, indem sie am 14. Juni 1889 auf der Berliner „Samoa-Konferenz"[308] Samoa für unabhängig und neutral erklärten und König Malieto wieder einsetzten.[309] Eine endgültige Lösung der Samoa-Frage konnte erst zehn Jahre später erreicht werden. In Vereinbarungen zwischen England und Deutschland vom 14. November 1899[310] sowie zwischen den USA, England und Deutschland vom 2. Dezember 1899[311] einigten sich die drei Staaten über die Aufteilung der Inseln. Das Reich erhielt alle westlich des 171. Längengrades liegenden Samoa-Inseln mit einer Gesamtfläche von 2.842 km², unter ihnen die Hauptinseln Savaii und Upolu mit dem Hauptort Apia, die Vereinigten Staaten die östlich davon liegenden mit dem Hauptort Pago-Pago. Großbritannien erhielt als Ausgleich die Protektoratsherrschaft über die Tonga-Inseln.[312] Mit Kaiserlichem Erlaß vom 17. Februar

[304] Zum Kolonialrecht Samoas vgl. *Sack*, Das deutsche Rechtswesen in Polynesien, in: Die deutsche Südsee 1884-1914, S. 676-689.
[305] Dies war Theodor Weber, der als „man of unequalled influence" und „Südseekönig" galt, *Giesen*, Kolonialpolitik zwischen Irritation und Illusion, S. 180.
[306] *Giesen*, Kolonialpolitik zwischen Irritation und Illusion, S. 188 f.
[307] S. hierzu bereits oben 1. Kap. B. III.
[308] Generalakte der Samoa-Konferenz der USA, Großbritanniens und des Deutschen Reiches v. 14.6.1889, DKolGG (I) 1892, S. 656.
[309] *Schack*, Das deutsche Kolonialrecht, S. 12.
[310] Deutsch-Englisches Abkommen, betr. Samoa und Togo, DKolGG (IV) 1898-1899, S. 129.
[311] Deutsch-Amerikanisch-Englisches Abkommen, betr. Samoa, DKolGG (IV) 1898-1899, S. 147.
[312] *Fischer*, Die deutschen Kolonien, S. 59.

1900[313] wurden die Inseln zum deutschen Schutzgebiet mit dem Verwaltungssitz in Apia erklärt. An der Spitze der Verwaltung[314] standen bis zur kampflosen Übergabe bei Beginn des Ersten Weltkrieges[315] zwei Gouverneure.[316] 1911 betrug die einheimische Bevölkerung auf Samoa 33.554.[317] Im Jahre 1914 befanden sich 2.100 Chinesen und 915 melanesische Arbeiter in Samoa.[318] Die Zahl der Deutschen wird mit 329 angegeben.[319] Samoa konnte 1962 als erstes polynesisches Land die Unabhängigkeit von Neuseeland erreichen.

7. Kiautschou

Schon ab den 1860er Jahren hatte in Preußen Interesse an Stützpunkten an der chinesischen Küste bestanden. Auf die Bucht von Kiautschou[320] mit dem Fischerdorf Tsingtau hatte in Deutschland zuerst der China-Reisende Ferdinand von Richthofen aufmerksam gemacht.[321] Nachdem schon England, Portugal, Frankreich und Rußland Stützpunkte in Ostasien erworben hatten,[322] und das Reich Mitte der 1890er Jahre mit immerhin 7,2 % am Chinahandel beteiligt war,[323] traten in Deutschland wirtschaftliche Gesichtspunkte neben marinemilitärische Erwägungen. Ende des Jahres 1896 war die prinzipielle Entscheidung getroffen worden, einen Stützpunkt an der chinesischen Küste mittels einer militärischen Offensive einzurichten. Seither wartete man eine geeignete Gelegenheit ab. Diese bot sich, als im November 1897 zwei deutsche Soldaten in Wuchang verletzt und zwei deutsche Missionare in Juye getötet wurden.[324]

---

313 Allerhöchster Erlaß, betr. die Erklärung des Schutzes über die Samoainseln westlich des 171. Längengrades, RGBl. 1900, S. 135.
314 Zur Verwaltung Samoas vgl. *Hiery*, Die deutsche Verwaltung Samoas 1900-1914, in: Die deutsche Südsee 1884-1914, S. 649-675 sowie *Johag*, Die Verwaltung Deutsch-Samoas, in: Kolonialisierung des Rechts, S. 239-246.
315 Die Inseln gingen am 30.8.1914 als erste Kolonie an Neuseeland verloren, vgl. hierzu *Giesen*, Kolonialpolitik zwischen Irritation und Illusion, S. 221 ff.
316 S. zu den Stellenbesetzungen an der Spitze der Verwaltung Deutsch-Samoas Anhang C. II.
317 *Hiery*, Das Deutsche Reich und die Südsee, S. 18.
318 *Hiery*, Die deutsche Verwaltung Samoas 1900-1914, in: Die deutsche Südsee 1884-1914, S. 669 ff.
319 Für 1914: *Hiery*, Das Deutsche Reich und die Südsee, S. 18.
320 Anhang B Karte VI. Vgl. zum Kolonialstrafrecht im Kiautschougebiet *Köbner*, Kolonialstrafrecht, in: Mitteilungen der IKV (XI) 1904, S. 570-577. Zum Kolonialrecht s. *Mühlhahn*, Staatsgewalt und Disziplin, in: Kolonialisierung des Rechts, S. 125-156. Eine Sammlung der für das Schutzgebiet Kiautschou erlassenen Verordnungen und Erlasse bis 1911 findet sich bei *Mohr*, Handbuch für das Schutzgebiet Kiautschou.
321 S. oben 1. Kap. A.
322 *Kuhn*, Die deutschen Schutzgebiete, S. 35.
323 *Wagner*, Die deutschen Schutzgebiete, S. 97.
324 *Leutner*, „Musterkolonie" Kiautschou: Die Expansion des Deutschen Reiches in China, S. 105 f.; zur Vorgeschichte des Zwischenfalls s. ebd., S. 107.

Der deutsche Gesandte in Peking Edmund Frhr. v. Heyking (1850-1925) wurde telegraphisch von Berlin angewiesen, so hohe Sühneforderungen für die Ermordung der Missionare zu stellen, „daß [die] chinesische Regierung sie nicht sofort befriedigen" würde. Es wurde „beabsichtigt, [den] Vorfall womöglich zu Besetzung von Jiaozhou [i.e. Kiautschou] oder anderen Platzes auszunützen."[325] Mit Telegramm vom selben Tage befahl Kaiser Wilhelm II. persönlich dem Chef des ostasiatischen Kreuzergeschwaders, Admiral Otto v. Diederichs (1843-1918), die Besetzung geeigneter Punkte und Ortschaften in der Bucht.[326] Die tatsächliche Besetzung erfolgte am 14. November 1897 ohne Blutvergießen. Die chinesischen Truppen unter General Zhang Gaoyuan zogen sich unter Protest, aber kampflos aus der Bucht zurück und die deutschen Truppen bezogen die Unterkünfte der chinesischen Soldaten. Auf die Proklamation[327] der Besetzung und der „deutschen Schutzherrschaft" durch Admiral v. Diederichs folgten diplomatische Verhandlungen mit der chinesischen Regierung, die dem gewaltsamen Akt eine völkerrechtliche Legitimation geben sollten.[328] Nach Abschluß viermonatiger Verhandlungen fand am 6. März 1898 die Unterzeichnung eines „Pachtvertrages"[329] statt. Der Vertrag regelte die Pacht eines abgegrenzten Gebietes an der Bucht von Kiautschou auf 99 Jahre durch das Deutsche Reich und sprach diesem dort die volle Oberhoheit zu. Um das Pachtgebiet sollte eine „neutrale Zone" errichtet werden, in der sich deutsche Truppen bewegen durften.[330] Des weiteren wurden Deutschland Konzessionen für den Bau zweier Eisenbahnlinien und für den Abbau von Kohlevorkommen gewährt.[331] Die chinesische Provinz Shandong (Schantung) wurde damit faktisch zum deutschen Einflußgebiet.[332] Der Pachtvertrag war tatsächlich nichts anderes als eine verschleierte Abtretung.[333]

325 Telegramm des Reichskanzlers Hohenlohe an v. Heyking v. 7.11.1897, abgedruckt bei *Leutner*, „Musterkolonie" Kiautschou: Die Expansion des Deutschen Reiches in China, Dok. 20, S. 119.

326 Telegramm Kaiser Wilhelms II. an Admiral v. Diederichs v. 7.11.1897, abgedruckt bei *Leutner*, „Musterkolonie" Kiautschou: Die Expansion des Deutschen Reiches in China, Dok. 19, S. 119.

327 Abgedruckt bei *Leutner*, „Musterkolonie" Kiautschou: Die Expansion des Deutschen Reiches in China, Dok. 22, S. 120.

328 *Mühlhahn*, Herrschaft und Widerstand in der „Musterkolonie" Kiautschou, S. 96 f.

329 Kiautschou-Vertrag, v. 6.3.1898, abgedruckt bei *Mohr*, Handbuch für das Schutzgebiet Kiautschou, S. 1; *Leutner*, „Musterkolonie" Kiautschou: Die Expansion des Deutschen Reiches in China, Dok. 40, S. 164 ff.

330 1. Teil, Art. I. bis III. d. Vertrages v. 6.3.1898.

331 2. Teil, Art. I. bis IV. d. Vertrages v. 6.3.1898.

332 *Mühlhahn*, Herrschaft und Widerstand in der „Musterkolonie" Kiautschou, S. 110.

333 *Huber*, Deutsche Verfassungsgeschichte seit 1789, S. 624.

Als einziges deutsches Schutzgebiet unterstand Kiautschou nicht der Reichskolonialverwaltung, sondern dem Reichsmarineamt,[334] da es überwiegend als Marinestützpunkt diente. Der Gouverneur, der stets aktiver Marineoffizier war, stand der Zivil- und Militärverwaltung des Schutzgebiets vor.[335] Das Pachtgebiet mit Verwaltungssitz in Tsingtau[336] umfaßte eine Fläche von gut 550 km^2[337] und schloß zudem die von den beiden Halbinseln begrenzte Wasserfläche und 25 kleinere Inseln mit ein. Die das Schutzgebiet halbkreisförmig umgebende neutrale Zone von ca. 7.650 km^2 Größe schirmte Kiautschou gegen den chinesischen Herrschaftsbereich ab.[338] Eine im Mai 1910 durchgeführte Volkszählung ergab eine chinesische Bevölkerung von 161.140 Menschen (1897 noch ca. 83.000). Davon wohnten 34.180 im Stadtgebiet. Im gleichen Jahr lebten 1.621 Europäer und Amerikaner in Kiautschou, davon 1.531 Deutsche. Hinzu kamen 2.275 Soldaten der Marinetruppen.[339] Neben einer Gouvernementsschule in Form eines Reformrealprogymnasiums für Mädchen und Jungen und einigen Volks- und Missionsschulen wurde 1909 eine deutsch-chinesische Hochschule eröffnet.[340] Der Anteil des Deutschen Reichs am Gesamthandel mit Kiautschou betrug im Jahr 1910 knapp 55 %.[341]

Nach Ablauf eines im August 1914 von Japan gestellten Ultimatums kapitulierte die Festung Tsingtau unter ihrem Gouverneur Kapitän z. S. Alfred Meyer-Waldeck (1864-1928) nach kurzem heftigem Widerstand am 7. November 1914 vor der militärischen Überlegenheit des Gegners. Von 1914 bis 1922 hielt Japan Kiautschou besetzt und übergab es dann an China. Mit dem deutsch-chinesischen Abkommen vom 20. Mai 1921 verzichtete das Deutsche Reich auf seine früheren Rechte.[342] Die Stadt Tsingtau (Qindao) ist heute der fünftgrößte

334 Allerhöchster Erlaß, betr. die Verwaltung des Kiautschou-Gebiets, v. 27.1.1898, DKolGG (IV) 1898-1899, S. 160; *Mohr*, Handbuch für das Schutzgebiet Kiautschou, S. 6.

335 Allerhöchste VO, betr. Verwaltung des Kiautschou-Gebiets, v. 1.3.1898, DKolGG (IV) 1898-1899, S. 161; *Mohr*, Handbuch für das Schutzgebiet Kiautschou, S. 7. Vgl. zur Verwaltung Kiautschous noch *Leutner*, „Musterkolonie" Kiautschou: Die Expansion des deutschen Reiches in China, S. 169 ff.; *Mühlhahn*, Herrschaft und Widerstand in der „Musterkolonie" Kiautschou, S. 199 ff..

336 Im amtlichen Schriftverkehr waren die Schreibweise „Kiautschou" und „Tsintau" anzuwenden, Anweisung des StS des Reichsmarineamtes, v. 5.4.1898, MVBl. 1898, S. 84; DKolGG (IV) 1898-1899, S. 163.

337 *Mohr*, Handbuch für das Schutzgebiet Kiautschou, S. 441; *Gründer*, Geschichte der deutschen Kolonien, S. 188; *Hassert*, Deutschlands Kolonien, S. 324; anders *Fischer*, Die deutschen Kolonien, S. 22: ca. 600 km^2.

338 *Mohr*, Handbuch für das Schutzgebiet Kiautschou, S. 441.

339 *Mohr*, Handbuch für das Schutzgebiet Kiautschou, S. 442.

340 *Mohr*, Handbuch für das Schutzgebiet Kiautschou, S. 446 ff.

341 *Mohr*, Handbuch für das Schutzgebiet Kiautschou, S. 468 f.

342 Vgl. *Bauer*, Tsingtau 1914 bis 1931, S. 44 f., 141 ff.

Handelshafen der VR China und zählte im Jahre 1999 etwa 6,9 Mio. Einwohner.[343]

D. Die Rechtsnatur der deutschen Schutzgebiete

Eine manigfaltige zeitgenössische[344] und jüngere[345] Literatur beschäftigt sich mit der Frage der Rechtsnatur der deutschen Schutzgebiete und ihrem Verhältnis zum Reich. Dabei ist die Stellung der Kolonien vor allem nach ihrer völkerrechtlichen, staatsrechtlichen und privatrechtlichen Seite hin beleuchtet worden. Insbesondere die staatsrechtliche Natur war hierbei Gegenstand kontroverser Diskussionen. Maßgebend für die Rechtsstellung der deutschen Schutzgebiete war das bald nach dem Erwerb der ersten Kolonien erlassene Schutzgebietsgesetz (SchGG) vom 17. April 1886,[346] das nach mehrmaliger Änderung[347] zuletzt in der Fassung vom 10. September 1900[348] galt. § 1 SchGG führte aus:

---

343 *Fischer*, Die deutschen Kolonien, S. 271.

344 Vgl. etwa: *Bendix*, Die rechtliche Natur der sogenannten Oberhoheit in den deutschen Schutzgebieten; *v. Dungern*, Die völkerrechtlichen Grundlagen der neueren Kolonialgründungen; *Gareis*, Deutsches Kolonialrecht, S. 1-4, 7-8; *Hauschild*, Das Reichsgesetz über die Erwerbung und den Verlust der Reichs- und Staatsangehörigkeit vom 1. Juni 1870 in seiner Anwendung auf die deutschen Schutzgebiete, S. 16-27; *v. Hoffmann*, Deutsches Kolonialrecht, S. 21-25; ders., Einführung in das deutsche Kolonialrecht, S. 3-13; *Jescheck*, Die Schutzgewalt in den deutschen Schutzgebieten; *Kuhn*, Die deutschen Schutzgebiete, S. 58-73; *Laband*, Das Staatsrecht Bd. 2; S. 277 f.; ders., Deutsches Reichsstaatsrecht, Bd. 1, S. 192 f.; *Radwanski*, Die Schutzgewalt in den deutschen Schutzgebieten; *Sabersky*, Der koloniale Inlands- und Auslandsbegriff, in: ZfKKK (9) 1907, S. 311-379; *Sassen*, Die staatsrechtliche Natur der deutschen Schutzgebiete, in: ZfKKK (8) 1906, S. 594-620; *Schack*, Deutsches Kolonialrecht, S. 13-86, 209-388; *Seelbach*, Grundzüge der Rechtspflege in den Deutschen Kolonien, S. 1-18; *Schmidt*, Erwerb und rechtliche Natur der Schutzgewalt in den deutschen Schutzgebieten; *v. Stengel*, Deutsches Kolonialstaatsrecht, in: AnnDR 1887, S. 321-333; ders.: Die Rechtsverhältnisse der deutschen Schutzgebiete, S. 1-65; ders.: Die rechtliche Stellung und die Verfassung der deutschen Schutzgebiete, in: ZfKKK (14) 1912, S. 81-93.

345 Vgl. etwa: *Fischer*, Die deutschen Kolonien, S. 66-69; *Huber*, Deutsche Verfassungsgeschichte seit 1789, S. 625-628 m.w.N.; *H. M. Huber*, Koloniale Selbstverwaltung in Südwestafrika, S. 24-57; *Kopp*, Nichtdeutsche Angeklagte im deutschen Strafverfahren, S. 70-72; *Wagner*, Die deutschen Schutzgebiete, S. 177-233 m.w.N.; *Walz*, Die Entwicklung der Strafrechtspflege in Kamerun unter deutscher Herrschaft, S. 13-18; *Wolter/Kaller*, Deutsches Kolonialrecht, in: ZNR (17) 1995, S. 201 (214); *Zimmerling*, Die Entwicklung der Strafrechtspflege für Afrikaner in DSWA, S. 17 f.

346 RGBl. 1886, S. 75.

347 Gesetz wegen Abänderung des Gesetzes, betr. die Rechtsverhältnisse der deutschen Schutzgebiete v. 17. April 1886 vom 15. März 1888 (RGBl. 1888, S. 71); Gesetz, betr. die Abänderung und Ergänzung des Gesetzes über die Rechtsverhältnisse der deutschen Schutzgebiete vom 2. Juli 1889 (RGBl. 1889, S. 365); Gesetz, betr. die Änderungen des Gesetzes

„Die Schutzgewalt in den deutschen Schutzgebieten übt der Kaiser im Namen des Reichs aus."

Hiermit war klargestellt, daß die Schutzhoheit der Substanz nach dem Reich und nur der Ausübung nach dem Kaiser zustand. Die Schutzgewalt war ein Teil der im Bundespräsidium enthaltenen Rechte des Kaisers. Die allgemeinen verfassungsrechtlichen Regeln, insbesondere das Erfordernis der Gegenzeichnung der kaiserlichen Anordnungen und Verfügungen durch den Reichskanzler, kamen somit zur Anwendung.[349] Eine nähere Bestimmung der amtlichen Bezeichnungsweise „Schutzgebiete" wurde weder durch Gesetz noch Verordnung vorgenommen. Allerdings wurde der Begriff mit der Gewährung von Schutz an deutsche Privatpersonen und Handelsgesellschaften mittels kaiserlicher Schutzbriefe erklärt oder auf die Schutzverträge zurückgeführt, die mit einheimischen Häuptlingen geschlossen worden waren.[350] Zuletzt wurde vertreten, der Begriff sei eigens von Bismarck erfunden worden, um die überseeischen Territorien nicht „Kolonien" nennen zu müssen.[351]

Die als selbstverständlich vorausgesetzten und nicht näher erläuterten Begriffe „Schutzgebiet", „Schutzgewalt" und „Schutzherrschaft" kamen zur offiziellen Erörterung anläßlich der Beratung des Schutzgebietsgesetzes von 1886 sowie des ursprünglichen Regierungsentwurfes betreffend die Rechtspflege in den Schutzgebieten. Nach Ansicht von Mitgliedern der zuständigen Reichstagskommission sei der Ausdruck „Schutzgewalt" gewählt worden, da eine entwickelte Staatsgewalt noch nicht bestehe. „Schutzgewalt" bezeichne für jedes einzelne Schutzgebiet diejenigen Hoheitsrechte, welche dem Reich innerhalb desselben zustünden.[352] In der Literatur wurde „Schutzgewalt" teils als „Protektoratsherrschaft" verstanden,[353] später aber weit überwiegend mit der Staatsgewalt

---

über die Rechtsverhältnisse der deutschen Schutzgebiete vom 25. Juli 1900 (RGBl. 1900, S. 809).

[348] Bekanntmachung wegen Redaktion des Schutzgebietsgesetzes aufgrund des Artikels 2 des Gesetzes vom 25. Juli 1900 (RGBl. 1900, S. 809), RGBl. 1900, S. 813.

[349] *Laband*, Das Staatsrecht des Deutschen Reiches, S. 282 f.; eine andere Auffassung vertritt *Huber*, Deutsche Verfassungsgeschichte seit 1789, S. 630: Freiwillige Unterwerfung des Kaisers unter das Gegenzeichnungserfordernis des Art. 17 Abs. 2 BRV, da die Reichsverfassung in den Schutzgebieten nicht galt.

[350] *Schack*, Deutsches Kolonialrecht, S. 211 ff. m.w.N. zu den vertretenen Ansichten.

[351] *Gründer*, Geschichte der deutschen Kolonien, S. 58.

[352] *Schack*, Deutsches Kolonialrecht, S. 213 f.

[353] Zu den vertretenen Ansichten s. *Schack*, Deutsches Kolonialrecht, S. 216-220 sowie *Wagner*, Die deutschen Schutzgebiete, S. 182-204.

gleichgesetzt.[354] „Schutzgebiet" war das Gebiet, auf das sich die „Schutzgewalt" bezog.[355]

In bezug auf die vielfach strittige Frage, ob die Schutzgebiete als „Ausland" oder „Inland" anzusehen seien, war eine gesetzliche Regelung lediglich mit § 9 Abs. 3 SchGG 1900 getroffen worden. Dieser ließ in Verbindung mit § 21 des Reichsgesetzes über die Erwerbung und den Verlust der deutschen Staatsangehörigkeit vom 1. Juni 1870,[356] der den Verlust der deutschen Staatsangehörigkeit durch zehnjährigen Aufenthalt im Ausland vorsah, die Schutzgebiete als Inland gelten.[357] In gleicher Weise verwies § 9 Abs. 3 SchGG 1900 auf das Gesetz wegen Beseitigung der Doppelbesteuerung vom 13. Mai 1870[358] und erklärte die Schutzgebiete auch hinsichtlich des Verbotes der Doppelbesteuerung zum Inland.

I. Die völkerrechtliche Stellung

Unbestritten ist, daß die deutschen Schutzgebiete völkerrechtlich Inland waren. Sie waren somit für fremde Staaten als völkerrechtliche Bestandteile des Deutschen Reiches zu behandeln.[359] In bezug auf die deutsche Schutzgewalt wurde von einem völkerrechtlichen „ius excludendi alios" gesprochen.[360] Während völkerrechtliche Verträge Bestimmungen enthalten mußten, ob sie sich auch auf die Kolonien erstreckten, galt ein Angriff auf die territoriale Integrität der Schutzgebiete völkerrechtlich ohne weiteres als ein Angriff auf die Integrität des Reiches.[361] Kriege, in die das Reich verwickelt war, erstreckten sich umgekehrt auch auf die Schutzgebiete. Dies zeigte sich schon in den Regelungen der Kongoakte vom 26. Februar 1885, die für den Fall eines Krieges zwischen den unterzeichnenden Mächten die wechselseitige Neutralität der afrikanischen Kolonien vorsah.[362] Damit wurde implizit die oberste völkerrechtliche Souveränität der Kolonialmächte über ihre Kolonialgebiete vorausgesetzt, wobei es den Ko-

---

[354] Zu den vertretenen Ansichten s. *Schack*, Deutsches Kolonialrecht, S. 220-233.
[355] *Schack*, Deutsches Kolonialrecht, S. 213 f.
[356] BGBl. 1870, S. 355, geändert durch Art. 41 EGBGB, v. 18.8.1896, RGBl. 1896, S. 604 (615).
[357] Vgl. hierzu *Hauschild*, Das Reichsgesetz über die Erwerbung und den Verlust der Reichs- und Staatsangehörigkeit vom . Juni 1870 in seiner Anwendung auf die deutschen Schutzgebiete.
[358] BGBl. 1870, S. 119.
[359] *Wagner*, Die deutschen Schutzgebiete, S. 180 f.
[360] *Laband*, Das Staatsrecht des Deutschen Reiches II, S. 285.
[361] *Laband*, Das Staatsrecht des Deutschen Reiches II, S. 285.
[362] Vgl. Kap. III. Artt. 10 ff. der Kongo-Akte, RGBl. 1885, S. 215; DKolGG (I) 1892, S. 102.

lonialmächten belassen war, über die Neutralisierung ihrer Kolonien in einem europäischen Konflikt zu entscheiden.[363]

II. Die staatsrechtliche Stellung

Ob die deutschen Schutzgebiete auch staatsrechtlich Inland waren, wurde unterschiedlich bewertet.[364] Teilweise wurde vertreten, den Schutzgebieten komme staatsrechtlich Auslands- oder zumindest Nicht-Inlands-Charakter zu.[365] Dieses wurde im Gegenschluß zu Art. 1 BRV gefolgert, der die Schutzgebiete nicht als Teil des Bundesgebiets nannte. So wurde etwa argumentiert, die deutschen Schutzgebiete seien nicht „internationales Ausland", da sie unter der Souveränität des Reichs stünden, sondern „innerstaatliches Ausland".[366] Nach anderer Ansicht „gehörten" die Schutzgebiete dem Reich, aber seien als „Pertinenzen des Reichsgebiets" nicht dessen Bestandteile und somit im Sinne der Reichsverfassung und der Reichsgesetze „Ausland".[367]

Nach überwiegender Ansicht wurden die Schutzgebiete allerdings als staatsrechtliches Inland eingestuft.[368] Zwar seien die Schutzgebiete nicht Reichsgebiete im Sinne des Art. 1 BRV. Für die Beantwortung der Inlands-Frage sei allerdings nicht die verfassungsmäßige Eingliederung des Gebietes entscheidend, sondern die Unterordnung unter die deutsche Staatsgewalt.[369] Die deutsche Schutzgewalt sei aber Ausübung der Staatsgewalt in eigenem Gebiet gewesen und nicht etwa völkerrechtliche Gewalt in fremden Territorien.[370] Das Reichsgericht erklärte hierzu, aus dem Umstand, daß die Schutzgebiete nicht zu dem in Art. 1 BRV beschriebenen Reichsgebiet gehörten, könne nicht auf ihren Auslandscharakter geschlossen werden. Ausland im Verhältnis zu einem bestimmten Staatsgebiet sei nur ein „Ländergebiet", das entweder unter der Staatsgewalt eines anderen Staates stehe, oder keiner Staatsgewalt unterworfen sei. Die deutschen Schutzgebiete unterständen jedoch keiner anderen Staatsgewalt als der des

---

363 *Huber*, Deutsche Verfassungsgeschichte seit 1789, S. 627.

364 Vgl. hierzu die umfassende Darstellung bei *Wagner*, Die deutschen Schutzgebiete, S. 205-233.

365 Zur dieser Ansicht vgl. eingehend *Wagner*, Die deutschen Schutzgebiete, S. 213 f.

366 *v. Stengel*, in: AnnDR 1887, S. 869.

367 *Laband*, Das Staatsrecht des deutschen Reiches, Bd. 2, S. 277.

368 Zur dieser Ansicht vgl. eingehend *Wagner*, Die deutschen Schutzgebiete, S. 209 ff. sowie *Huber*, Deutsche Verfassungsgeschichte seit 1789, S. 627.

369 *Sassen*, Die staatsrechtliche Natur der deutschen Schutzgebiete, in: ZfKKK (6) 1908, S. 594 (613); *Seelbach*, Grundzüge der Rechtspflege in den deutschen Kolonien, S. 12.

370 *Huber*, Deutsche Verfassungsgeschichte seit 1789, S. 627.

Deutschen Reiches.[371] Wegen der durch das Pachtverhältnis bloß verschleierten Abtretung und der damit eingetretenen Aufhebung der Zugehörigkeit zum chinesischen Staat wurde auch Kiautschou als staatsrechtliches Inland gesehen.[372]

Einen den deutschen Schutzgebieten vergleichbaren Rechtsstatus hatte das Reichsland Elsaß-Lothringen zwischen der staatsrechtlichen Vereinigung mit dem Reich am 28. Juni 1871[373] und dem Inkrafttreten der Reichsverfassung dort am 1. Januar 1874.[374] In dieser Zeit übte der Kaiser im Namen des Reiches die Souveränität aus, vergleichbar mit der späteren Regelung des § 1 SchGG. Mit dem Inkrafttreten der Reichsverfassung wurde Elsaß-Lothringen mit den Schutzgebieten unvergleichbar, da letztere niemals Verfassungsinland des Deutschen Reichs wurden.[375] Auch die Stellung Helgolands zwischen dem Beitritt der Insel zum Deutschen Reich am 18. Dezember 1890[376] und ihrer Einverleibung in das Königreich Preußen mit Wirkung vom 1. April 1891,[377] ist mit der staats- und verfassungsrechtlichen Stellung der Schutzgebiete vergleichbar.[378]

Während somit die Schutzgebiete völkerrechtlich und nach überwiegender Ansicht auch in staatsrechtlicher Hinsicht als Inland galten, waren sie auf dem Gebiet des Privatrechts als Landesfiskus eigene juristische Personen.[379] Für alle aus der Verwaltung eines Schutzgebiets entstehenden Verbindlichkeiten haftete nur das Vermögen des jeweiligen Schutzgebiets, nicht etwa auch das des Reiches.[380]

---

371 RGSt. 44, 403 (404 f.). Der Entscheidung zu Grunde lag der Fall eines unberechtigt in das Schutzgebiet DSWA ausgewanderten militärdienstpflichtigen Deutschen, § 140 Abs. 1 RStGB.

372 *Huber*, Deutsche Verfassungsgeschichte seit 1789, S. 627.

373 Gesetz, betr. die Vereinigung von Elsaß und Lothringen mit dem Deutschen Reiche, v. 9.6.1871, RGBl. 1871, S. 212.

374 Gesetz, betr. die Einführung der Verfassung des Deutschen Reiches in Elsaß-Lothringen, v. 25.6.1873, RGBl. 1873, S. 161.

375 *Fischer*, Die deutschen Kolonien, S. 67; *Wagner*, Die deutschen Schutzgebiete, S. 224 f.

376 Gesetz, betr. die Vereinigung von Helgoland mit dem Deutschen Reich, v. 15.12.1890, RGBl. 1890, S. 207.

377 Gesetz, betr. die Vereinigung der Insel Helgoland mit der Preußischen Monarchie, v. 18.2.1891, preußGS 1891, S. 11. Gemäß § 2 Satz 1 des Reichsgesetzes vom 15.12.1890 trat die Reichsverfassung in Helgoland mit der Einverleibung in das Königreich Preußen in Geltung.

378 *Wagner*, Die deutschen Schutzgebiete, S. 224 f; *Sassen*, Die staatsrechtliche Natur der deutschen Schutzgebiete, in: ZfKKK (8) 1906, S. 594 (613).

379 v. *Hoffmann*, Deutsches Kolonialrecht, S. 25.

380 § 5 des Gesetzes über die Einnahmen und Ausgaben der Schutzgebiete, v. 30.3.1892, RGBl. 1892, S. 369.

Zweites Kapitel: Das Recht der kolonisierten Völker

„Der Camerones Bucht hegt fast dergleichen Leute (Menschenfresser). Die Todten fressen sie, auch alle Weißen auf." [381]

Otto Friedrich von der Groeben zugeschriebener Vers über die Bewohner Kameruns, 1700.

„Eine Weltmacht, welche in fremden Welttheilen ihre Flagge aufhißt, bedarf auch der Kenntniss des fremdländischen Rechts! Eine Weltmacht, welche ihr Banner auch in fremde Erdteile trägt, kann sich ebensowenig mit der Kenntniss des einheimischen Rechts begnügen, als mit der Geographie des Inlandes!"[382]

Josef Kohler, 1885.

„In der Tat, es bedarf eines besonderen Verständnisses für die Gewohnheiten und Sitten der Eingeborenen. [...] Ein Volk aber, das diese Kunst nicht versteht, sollte das Kolonisieren lieber lassen. Denn es wird daran schwerlich je Freude erleben."[383]

Theodor Leutwein (1894-1905 Gouverneur von Deutsch-Südwestafrika), 1907.

Noch im Jahre 1908 wurde in der Literatur die Behauptung aufgestellt, „Recht im juristischen Sinne" gebe es nur in den vom Völkerrecht anerkannten Staaten.[384] Hingegen hatten die autochthonen Völker Afrikas und der Südsee im Laufe der Zeit sehr wohl eigene Rechtssysteme herausgebildet, über die in der westlichen Welt allerdings wenig bekannt war. Innerhalb des deutschen Kolonialbesitzes galten allenfalls das chinesische Recht und das Recht der muslimischen Bewohner Ostafrikas als hinreichend erforscht.[385]

[381] *von der Groeben*, Des Edlen Bergone und seiner tugendhaften Areteen Lebens- und Liebesgeschichte, 1700, zit. nach *Voigt*, Die Gründung von Groß-Friedrichsburg in epischer Darstellung, in: ZfKKK (14) 1912, S. 429.
[382] Vgl. *Großfeld/Wilde*, Josef Kohler und das Recht der deutschen Schutzgebiete, in: RabelsZ (58) 1994, S. 69.
[383] *Leutwein*, Elf Jahre Gouverneur in Deutsch-Südwestafrika, S. 544.
[384] *Romberg*, Die rechtliche Natur der Konzessionen und Schutzbriefe in den deutschen Schutzgebieten, in: ZfKKK (10) 1908, S. 383. *v. Hoffmann*, Einführung in das deutsche Kolonialrecht, S. 173, nannte diese Vorstellung 1911 allerdings „abwegig".
[385] *Sippel*, Der deutsche Reichstag und das „Eingeborenenrecht", in: RabelsZ (61) 1997, S. 723.

Wenige Jahre nach den ersten Kolonialerwerbungen interessierte sich die Kolonialabteilung des Auswärtigen Amts (AAKA)[386] für eine Bestandsaufnahme der Rechtsgewohnheiten der kolonisierten Völker. Paul Kayser, in den Jahren 1890 bis 1896 Kolonialabteilungsleiter, forderte daher die örtlichen Schutzgebietsverwaltungen mit Circular-Erlaß vom 31. Oktober 1891 auf, über das Gewohnheitsrecht der „Eingeborenen" zu berichten:

> „Ueber die Rechtsgewohnheiten der Eingeborenen in den deutschen Schutzgebieten sind bisher nur spärliche Mitteilungen hierher gelangt. [...] Ich lege Werth darauf, die Grundsätze festzustellen, welche unter den Eingeborenen der Schutzgebiete in öffentlichrechtlicher wie in privatrechtlicher Beziehung gelten. Auch bei den weniger entwickelten Stämmen werden mit Bezug auf das Strafrecht, das Sachenrecht, das Familien- und Erbrecht, das Verhältniß der Sklaven zu ihren Herren, die Formen, in welchen sich der Abschluß von Verträgen vollzieht u. a. mehr oder minder bestimmte Normen bestehen, während bei den entwickelteren z.B. den Arabern und den Indern bereits ausgebildete Grundsätze und Gewohnheiten [...] in Geltung sind. Euer pp. ersuche ich ergebenst, diesem Gegenstande Ihre besondere Aufmerksamkeit zu widmen, und die Beamten, namentlich die mit der Gerichtsbarkeit betrauten, sowie die Stationsleiter anzuweisen, über ihre Erfahrungen auf diesem Gebiete zu berichten."[387]

Dieser Anordnung war jedoch ein allenfalls mäßiger Erfolg beschieden, nicht zuletzt, weil es 1891 in den Kolonien an einer ausreichenden Zahl von Verwaltungsbeamten fehlte und von einer gesicherten Herrschaftsausübung noch nicht die Rede sein konnte.[388]

Neben der Kolonialverwaltung richtete auch die Wissenschaft gegen Ende des 19. Jahrhunderts ihre Aufmerksamkeit auf die Erforschung des Gewohnheitsrechts autochthoner Völker. Josef Kohler (1849-1919), Herausgeber der „Zeitschrift für vergleichende Rechtswissenschaft" und Rechtslehrer in Berlin, erstellte zu diesem Zweck 1896 im Auftrag der AAKA einen Fragebogen, den er in seiner Zeitschrift veröffentlichte.[389] Die Übersendung des Fragenkatalogs an die Gouvernements zur Verteilung an geeignete Beamte, Soldaten und Missio-

---

[386] Vgl. hierzu 3. Kap. D. II.

[387] BA RKA 1001/5000, Bl. 5 f.; BA RKA 1001/5002, Bl. 4 f.

[388] *Sippel*, Der deutsche Reichstag und das „Eingeborenenrecht", in: RabelsZ (61) 1997, S. 717.

[389] *Kohler*, Fragebogen zur Erforschung der Rechtsverhältnisse der sogenannten Naturvölker, in: ZvglRWiss (12) 1897, S. 427-440; vgl. hierzu und zur Person Josef Kohlers auch *Großfeld/Wilde*, Josef Kohler und das Recht der deutschen Schutzgebiete, in: RabelsZ (58) 1994, S. 69 ff., 63 ff.

nare löste jedoch erneut ein zurückhaltendes Echo nur weniger Rückmeldungen aus.[390]

Gleichzeitig regte der die AAKA beratende Kolonialrat[391] an, eine Bestandsaufnahme des „Eingeborenen-Strafrechts" vorzunehmen. Hiermit sollte eine etwaige spätere Kodifikation vorbereitet und die auf dem Gebiet des gegenüber der eingeborenen Bevölkerung angewandten Strafrechts bemängelte Rechtsunsicherheit beseitigt werden. Das Vorhaben wurde allerdings von den Gouverneuren der Schutzgebiete mehrheitlich als verfrüht abgelehnt. Lediglich in Togo wurde ein juristischer Beamter mit der systematischen Erforschung der Rechtsverhältnisse der eingeborenen Völker beauftragt.[392]

Der Fragebogen Kohlers bildete die Grundlage für ein umfangreicheres Fragebogenprojekt, das vom Deutschen Reichstag zur Erforschung des Eingeborenenrechts in den Deutschen Schutzgebieten initiiert wurde. Am 3. Mai 1907 stimmten die Abgeordneten – nicht zuletzt aufgrund der katastrophalen Kriegsereignisse in Deutsch-Südwestafrika und Deutsch-Ostafrika – einstimmig einer „Resolution zur zweiten Beratung des Entwurfs eines Gesetzes, betreffend die Feststellung des Reichshaushalts-Etats für das Rechnungsjahr 1907" zu und ersuchten „den Herrn Reichskanzler",

> „...alsbald das über das Eingeborenenrecht in den deutschen Schutzgebieten vorhandene Material zu sammeln und sichten und eine authentische Sammlung der Rechtsgebräuche der Eingeborenen auf Grund der von der internationalen Vereinigung für vergleichende Rechtswissenschaft und Volkswirtschaftslehre veranstalteten ethnographischen Fragesammlung herstellen zu lassen."[393]

Da sich abzeichnete, daß die dauerhafte, friedliche Beherrschung der Schutzgebiete schwieriger zu bewerkstelligen sein werde als deren Okkupation, wurde der Sammlung von Informationen über die Kolonien und ihre Bewohner eine große Bedeutung zugemessen. Möglichen Unzufriedenheiten der kolonisierten Völker, die nach den Erfahrungen der jüngsten Zeit leicht in verheerende Aufstände umschlagen konnten, sollte auf diese Weise vorgebeugt werden.[394] Zudem wurde bezweckt, mittels einer wohlüberlegten Beeinflussung der Rechtsbräuche der unterworfenen Völker einen allmählichen friedlichen Übergang der

---

[390] *Sippel*, Der deutsche Reichstag und das „Eingeborenenrecht", in: RabelsZ (61) 1997, S. 718.

[391] Zur Institution des Kolonialrats s. u. 3. Kap. D. Exkurs.

[392] *Sippel*, Der deutsche Reichstag und das „Eingeborenenrecht", in: RabelsZ (61) 1997, S. 719.

[393] RT-Verh., Sten. Ber., Anl., XII. Leg. Per., I. Sess., Aktenstück Nr. 386, S. 2235.

[394] *Sippel*, Der deutsche Reichstag und das „Eingeborenenrecht", in: RabelsZ (61) 1997, S. 721.

traditionellen Gesellschaften in eine berechenbare Kolonialbevölkerung herbeizuführen. Als Fernziel wurde auch die Abschaffung des in den Kolonien bestehenden Rechtspluralismus[395] erwogen.[396]

Aufgrund der Annahme der Resolution durch den Reichstag richtete Bernhard Dernburg, 1907 bis 1910 Staatssekretär des aus der AAKA hervorgegangenen Reichskolonialamts (RKA),[397] im Jahre 1907 eine Kommission zur „Erforschung des Eingeborenenrechts" unter der Leitung Kohlers ein, die auf der Grundlage des Kohlerschen Fragebogens von 1897 eine erheblich überarbeitete Fassung anfertigte.[398] Diese wurde 1908 in 420 Exemplaren an die Gouverneure der deutschen Kolonien mit der Bitte um Weiterleitung an geeignete Personen zur Bearbeitung verschickt.[399] In erster Linie aufgrund des mit der Bearbeitung des umfangreichen Fragebogens verbundenen erheblichen Zeitaufwandes fiel die Resonanz mit insgesamt 72[400] Beantwortungen bis 1913 eher spärlich aus. Aufgrund der Kriegsereignisse, Uneinigkeiten der Kommissionsmitglieder, dem Tode Kohlers 1919 und der Inflation konnte erst 1929 und 1930 und damit 22 Jahre nach Versendung der Fragebögen die umfangreiche zweibändige Edition „Das Eingeborenenrecht" als abschließendes Ergebnis der Kommissionsarbeit erscheinen.[401] Diese befaßte sich im ersten Band[402] mit Ostafrika, im zweiten Band[403] mit den übrigen afrikanischen Schutzgebieten und jenen der Deutschen Südsee.

Die grundsätzliche Fortgeltung des Eingeborenenrechts im deutschen Kolonialreich[404] erfordert eine exemplarische Übersicht über die Strafrechtsgewohnheiten der vom Deutschen Reich kolonisierten Völker auf der Grundlage dieses

---

395 Vgl. hierzu 3. Kap. B.

396 *Sippel*, Der deutsche Reichstag und das „Eingeborenenrecht", in: RabelsZ (61) 1997, S. 722.

397 Zum RKA vgl. 3. Kap. D. III.

398 *Sippel*, Der deutsche Reichstag und das „Eingeborenenrecht", in: RabelsZ (61) 1997, S. 723 ff.

399 Im einzelnen gingen nach DSWA 120, nach DOA 120, nach Kamerun 80, nach Togo 40 und in die Südsee 60 Fragebögen, vgl. *Sippel*, Der deutsche Reichstag und das „Eingeborenenrecht", in: RabelsZ (61) 1997, S. 726 f.

400 Davon aus DSWA 30, aus DOA 24, aus Kamerun 5 und aus der Südsee 13, vgl. *Sippel*, Der deutsche Reichstag und das „Eingeborenenrecht", in: RabelsZ (61) 1997, S. 727 f., 729 f.

401 *Sippel*, Der deutsche Reichstag und das „Eingeborenenrecht", in: RabelsZ (61) 1997, S. 730 ff.

402 *Schultz-Ewerth/Adam*, Das Eingeborenenrecht, Bd. 1, Ostafrika, bearbeitet von *Ankermann*.

403 *Schultz-Ewerth/Adam*, Das Eingeborenenrecht, Bd. 2, Togo, Kamerun, Südwestafrika, Die Südseekolonien, bearbeitet von *Schlettwein, Lips, v. Zastrow, Schmidt, Vedder, Trimborn, Thurnwald, Schultz-Ewerth.*

404 Hierzu noch 3. Kap. B. II. 2.

Werkes sowie einiger weiterer Literatur.[405] Eine Gesamtdarstellung des „Rechts der Eingeborenen“ zur deutschen Kolonialzeit, die über den Rahmen der vorliegenden Arbeit hinausginge, kann hier hingegen nicht unternommen werden. Zu beachten ist ferner, daß sich die mit der Aufzeichnung der eingeborenen Rechtsgewohnheiten befaßten Wissenschaftler bei der Beschreibung der von ihnen beobachteten Phänomene in der Regel Ausdrücke aus der europäischen Rechtsvergangenheit bedienten. Diese europäisierte Sichtweise ist hier unverändert übernommen worden, obgleich einzelne Begriffe nicht recht passen mögen.

A. Das Recht der afrikanischen Eingeborenen

Deutsch-Südwestafrika

Aus Deutsch-Südwestafrika sind aus der Zeit der deutschen Kolonialherrschaft vor allem Rechtsgewohnheiten der Herero- und Nama-Stämme überliefert worden.

Bei den Herero war der Häuptling zugleich oberster Richter seines Stammes. Daneben gab es allerdings auch ein Strafrecht des Familienoberhauptes. Die Anwesenheit des Häuptlings bei den Gerichtsverhandlungen war nicht zwingend erforderlich, vielmehr konnte er sich hierbei durch einen Unterhäuptling vertreten lassen. Als weitere „Gerichtspersonen“ fungierten ältere angesehene Männer des Ortes als „Beisitzer“, die für ihre Dienste vom Verurteilten oder vom Häuptling mit Vieh entlohnt wurden. Frauen waren zu den Gerichtsverhandlungen nicht zugelassen. Im Verfahren waren bestimmte Ordale (Eingeweideschauen, Perlenspiel auf der Hand) und Eide üblich. Neben solchen „ordentlichen“ Verfahren war bei den Herero auch ein Recht der Selbsthilfe anerkannt. In den Fällen, in denen ein Mensch getötet wurde, war die Blutrache erlaubt. Diese vollzog sich nicht immer in der Gestalt der Retorsionsrache, sondern auch in der Wegnahme von Vieh. Eine zeitliche Beschränkung der Blutrache gab es nicht. Ehebruch wurde gerächt, indem der Ehemann die Frau des anderen schändete oder ein bis vier Kühe als Ersatz für den unberechtigten Eingriff in die Vermögenssphäre, zu der auch die Ehefrau gerechnet wurde, erhielt. Vereinzelt wurde auch von einem Recht zur Tötung des Ehebrechers berichtet. Ein Asylrecht war bekannt und wurde von den Häuptlingen gewährt, die die von Blutrache und

[405] Vgl. etwa *Friedrich*, Strafrechtsgewohnheiten der Eingeborenen in deutschen Schutzgebieten, in: ZfKKK (13) 1911, S. 283-300; *Schreiber*, Rechtsgebräuche der Eingeborenen der deutschen Schutzgebiete in Afrika, in: BzKK (5) 1903, S. 237-256; *Meyer*, Die Bedeutung des Eingeborenenrechts, in: Verhandlungen des Deutschen Kolonialkongresses 1902, S. 377-385; *Steinmetz*, Rechtsverhältnisse von eingeborenen Völkern in Afrika und Ozeanien; vgl. auch die Nachweise weiterer Literatur bei *Kuhn*, Die deutschen Schutzgebiete, S. 310 f.

Selbsthilfe Verfolgten vor ihren Verfolgern schützten. Neben der selten und nur bei schwereren Delikten vollstreckten Todesstrafe wurden insbesondere Vermögensstrafen verhängt, die in Vieh geleistet wurden. Verschärfungen der Todesstrafe kamen nicht vor, wohl aber Verstümmelungen etwa in Form der Kastration oder das Anbrennen von Fingernägeln oder Lippen bei Wiederholungstätern. Daneben waren die Verbannung und insbesondere die Prügelstrafe bekannt. „Zufällige" d. h. fahrlässige Taten wurden milder betraft.[406]

Bei den Nama, Bergdama und Namib-Buschleuten kamen als gerichtliche Strafen Todesstrafe, Verbannung bzw. Friedloserklärung, Prügelstrafe und die Vermögensstrafe in Betracht, während Freiheitsstrafen erst später durch europäischen Einfluß eingeführt wurden. Die Todesstrafe wurde vor allem durch Erschießen oder Erstechen mit einem Wurfspeer vollzogen und wurde z. B. bei Mord und Totschlag, wiederholtem Viehdiebstahl, Landesverrat oder bestimmten Sittlichkeitsverbrechen verhängt. Unverbesserlichen, unwürdigen Missetätern wurde der Besitz entzogen und sie wurden für friedlos, vogelfrei, erklärt. Die Tötung eines Friedlosen zog keine Bestrafung nach sich. Bezüglich der Prügelstrafe wurde angegeben, ihr gewöhnliches Maß habe 40 Hiebe betragen. Zulässig war die Ablösung der Strafe durch Zahlung eines gewissen Betrages. Vermögensstrafen konnten sowohl in Geld als auch in Vieh entrichtet werden. Die Entziehung des gesamten Vermögens kam nur bei Ausgestoßenen vor. Die Strafbarkeit gewisser vorsatzloser Delikte war ebenso möglich wie die Bestrafung von Versuch, Anstiftung und Beihilfe. In diesen Fällen kam es jedoch in der Regel zu einer Strafmilderung. Bei der Strafzumessung konnten sich auch Trunkenheit, Geisteszustand oder jugendliches Alter zugunsten des Täters auswirken. Als strafbare Handlungen kamen etwa in Betracht: Mord und Totschlag, Körperverletzung, Abtreibung der Leibesfrucht, Sexualtaten wie Notzucht, öffentliche Unzucht, Sodomie und Blutschande zwischen Leibesverwandten, Ehebruch, Zauberei, Verleumdung, Diebstahl, Hehlerei und Unterschlagung, Betrug oder Mißbrauch der Amtsgewalt.

Auch bei den Nama und Bergdama lag die Strafgewalt bei den ordentlichen Gerichten unter der Leitung der Kapitäne. Dennoch war auch hier das Recht zur Selbsthilfe anerkannt. Auch die Blutrache wurde weithin praktiziert und galt gar als „heilige Pflicht". Sie wurde im allgemeinen von den nahen Verwandten des Getöteten ausgeübt. Das Verfahren wurde mit der Ladung des Täters durch einen Gerichtsboten eingeleitet. Nichterscheinen zog zwangsweise Vorführung und eine in der Regel körperliche Bestrafung nach sich. Das Richteramt wurde

---

[406] Vgl. hierzu *Schultz-Ewerth/Adam/v. Zastrow*, Das Eingeborenenrecht, Bd. 2, Südwestafrika, Die Herero, S. 262-268 (Strafrecht und Prozeßrecht); vgl. ferner *Kohler*, Rechte der deutschen Schutzgebiete, I. Das Recht der Herero, in: ZvglRWiss (14) 1900, S. 316-318; ders., Über das Recht der Herero, in: ZvglRWiss (19) 1906, S. 36.

von Ratsleuten des Stammes ausgeübt, einer der Richter übernahm die Verteidigung des Angeklagten. Nur bei schwereren Delikten wurde ohne Antrag des Verletzten verhandelt. Zur Ermittlung des Sachverhalts wurden Beweise erhoben, insbesondere Zeugen vernommen. Zur Erzwingung von Geständnissen und Zeugenaussagen war dabei Gewalt in Form von körperlicher Züchtigung zulässig. Urteile wurden durch die Häuptlinge verkündet und durch besondere Scharfrichter (Todesstrafe) oder Schlagmänner (Prügelstrafe) vollstreckt. Dem Häuptling stand schließlich das Begnadigungsrecht zu.[407]

Bemerkenswert und für die unterworfenen Stämme aller deutschen Schutzgebiete einzigartig sind die schriftlich niedergelegten Strafvorschriften der Rehobother Bastards. Dieser aus der Verbindung von Buren und eingeborenen Frauen entstandene Mischlingsstamm stellte eigene Rechtsregeln auf, die 1874 zu einem Gesetzbuch zusammengefaßt und 1913 übersetzt wurden. Hierin waren etwa Vorschriften über Mord, „unvorsichtige Tötung“, Körperverletzung, Diebstahl und Hehlerei enthalten, sowie Strafmilderungen für jugendliche oder kranke Täter vorgesehen.[408]

Togo

Das Strafrecht der Völker Togos sah folgende Strafarten vor: Todesstrafe, Ankettung, Verstümmelung, Auspeitschung, öffentliche Verhöhnung, Verbannung, Verkauf in die Sklaverei sowie Vermögensstrafen.

Bei den verschiedenen Stämmen hatten sich in unterschiedlichen Ausprägungen einige allgemeine strafrechtliche Grundsätze entwickelt. So wurde der Anstifter bei einigen Stämmen härter, bei anderen milder als der Täter bestraft. Andernorts war die Anstiftung straflos oder wurde gar ausschließlich bestraft, der Täter blieb dann straffrei. Auch hinsichtlich der Mittäterschaft waren unterschiedliche Regelungen in Geltung, die sich mit Blick auf die Bestrafung meist am Tatbeitrag orientierten. Während jugendliches Alter allgemein als Strafausschließungsgrund galt und jugendliche Täter von den Eltern verwarnt oder gezüchtigt wurden, schlossen Geisteskrankheit und Trunkenheit nur bei einigen Stämmen die Strafbarkeit aus. Ein Recht zur Notwehr war teilweise anerkannt, die Über-

---

[407] Vgl. hierzu *Schultz-Ewerth/Adam/Schmidt*, Das Eingeborenenrecht, Bd. 2, Südwestafrika, Die Nama, Bergdama und Namib-Buschleute, S. 367-376 (Strafrecht), 377-397 (Rechtsverwirklichung); vgl. ferner *Wandres*, Über das Recht der Naman und Bergdaman, in: ZfKKK (11) 1909, S. 657-686; ders., Über Rechtsbewußtsein und Recht unserer Eingeborenen, besonders der Hottentotten, in: ZfKKK (12) 1910, S. 269-281.

[408] Vgl. *Zimmerling*, Die Entwicklung der Strafrechtspflege für Afrikaner in Deutsch-Südwestafrika 1884-1914, S. 76 ff.

schreitung der Notwehr hingegen strafbar. Auch in Togo konnten sich Straftäter zu den Häuptlingen oder Fetischpriestern flüchten und genossen dort ein Recht auf Asyl vor Strafverfolgung.

Mord und Totschlag wurden nicht unterschieden. Die Tötung eines Menschen zog bei den Ewe den Tod des Täters nach sich. Oft wurde hierbei das Talionsprinzip angewandt und der Täter mit demselben Instrument oder auf dieselbe Art, mit der er getötet hatte, selbst gerichtet. Einige Stämme kannten das Recht der Blutrache („Dammadaro"), die erst durch das Einschreiten des Häuptlings beendet wurde. Auch Selbstmord wurde bei einigen Stämmen für strafwürdig erachtet. Bei versuchtem Selbstmord wurde hier der Täter, bei vollendetem seine Familie bestraft, da man glaubte, der Selbstmörder verunreinige das Land und verhindere den Regen, schade mithin dem gesamten Stamm.

Es wurde zwischen leichten und schwereren Körperverletzungen unterschieden. Hiernach richtete sich die Strafe, die in Geld, Palmwein, Schafen oder Schweinen zu entrichten war. Körperverletzung mit tödlichem Ausgang konnte mit dem Tode durch Erhängen gestraft werden. Zudem bestand teilweise ein Recht auf Vergeltung. Das Opfer konnte die ihm zugefügte Wunde seinerseits dem Täter beibringen. Beleidigungen wurden bei den Ewe dadurch gesühnt, daß der Häuptling dem Täter die Lieferung einer bestimmten Menge Schnaps auferlegte, der gemeinsam ausgetrunken wurde. In anderen Stämmen wurde die Beleidigung mit Geldstrafen oder öffentlicher Beschimpfung geahndet, oder im Hinterland auch durch Zweikämpfe ausgetragen. Raub, Diebstahl, Hehlerei, Unterschlagung und Betrug wurden unterschieden. Das Strafmaß für diese Delikte reichte von der bloßen Rückgabe der Beute über eine öffentliche Anprangerung des Täters, bis hin zu seiner Ankettung, die mehrere Monate andauern konnte, oder schwerer körperlicher Züchtigung, die bis zum Tode führen konnte. Teils war es üblich, daß der Täter die Tat mit seiner Person bezahlen mußte. Er wurde in die Sklaverei verkauft und der Erlös stand dem Geschädigten zu. Ehebruch wurde meist mit einer Geldbuße geahndet, die an den Ehemann zu entrichten war. Vereinzelt sollen Ehemänner diese Methode, den Ehebruch zu sühnen, „geschäftlich" ausgenutzt haben. „Gehörnten" Oberhäuptlingen stand eine um ein vielfaches höhere Summe zu als Unterhäuptlingen, Sprechern oder einfachen Stammesmitgliedern. Vergewaltigungen wurden mit Geldbußen und Schadensersatz geahndet. Gleichzeitig konnte der Täter angekettet oder ausgepeitscht werden. Abtreibungen, die allerdings selten vorkamen, wurden mit Geldstrafen belegt, oder die Frauen in die Sklaverei verkauft.
Der Strafprozeß war reiner Parteiprozeß, so daß jedwede Strafverfolgung nur auf Antrag eintrat. Bemerkenswert sind die angewandten Mittel zur Überführung des Schuldigen. So sollte beispielsweise bei den Ewe durch das Auswaschen der Augen mit einem Fetischwasser festgestellt werden, ob es sich bei der

Person um eine Hexe handelte („Aka-Probe“). Dies wurde vermutet, wenn sich die Augen der Verdächtigen rot färbten. In anderen Teilen des Landes diente die Bahr- oder Leichenprobe zur Ermittlung des vermeintlichen Täters, bei der das Schwanken einer auf einem Gerüst durch die Straßen getragenen Leiche auf den Schuldigen weisen sollte. Diese und ähnliche Gottesbeweise fanden sich in zahlreichen Ausprägungen im gesamten Schutzgebiet Togo.[409]

Kamerun

Ähnlich wie in den anderen afrikanischen Schutzgebieten hatte sich unter den Völkern Kameruns eine öffentliche Strafrechtsgewalt nur in Ansätzen herausgebildet und bestand neben dem Recht des Einzelnen, der Familie oder der Sippe zur Selbsthilfe. Diese schwache Stellung des öffentlichen Strafrechts kam unter anderem in dem Prinzip zur Geltung, daß das Verfahren von den Parteien betrieben wurde. Die „öffentliche Gewalt“ schützte die Rechtsgüter des Einzelnen nur auf dessen Antrag hin.

Vorsätzlich begangene Taten wurden stets bestraft, während die Ahndung zufälliger oder fahrlässiger Delikte bei den Stämmen verschieden gehandhabt wurde. Auch der Versuch war nicht bei allen Völkern strafbewehrt, wohl aber Anstiftung und Beihilfe. Notwehr galt nicht immer als Strafausschließungsgrund. Ehren- und Freiheitsstrafen waren unbekannt. Vermögensstrafen gingen nicht bis zur Vermögenskonfiskation. Bei den Basa waren darüber hinaus Verstümmelungsstrafen bekannt. Rechtsverstöße gegen die „öffentliche Ordnung“ wie „Hoch-“ und „Landesverrat“ oder Tabuvergehen spielten eine nachgeordnete Rolle und wurden nur von den Bakose berichtet, die diese Vergehen mit der Wegnahme eines gemeinsam zu verspeisenden Stückes Vieh ahndeten.

Hingegen nahmen gegen Leib und Leben gerichtete Delikte einen weiten Raum ein. In diesem Zusammenhang war die Blutrache als Privatstrafe bei allen Stämmen üblich und wurde weithin praktiziert. Unter Umständen konnte die ansonsten vererbliche Blutrache bei angesehenen Personen durch die Zahlung eines gewissen „Sühnegeldes“ abgelöst werden. Bei Morden an Frauen oder Kindern war Blutrache möglich aber unüblich. Die Komposition richtete sich vor allem nach Rang und Stellung des Getöteten. Sie fiel teils an die Verwandten

---

[409] Vgl. hierzu *Schultz-Ewerth/Adam/Schlettwein*, Das Eingeborenenrecht, Bd. 2, Togo, S. 98-113 (Strafrecht), 114-117 (Strafprozeß); vgl. zu den Stammesrechten im einzelnen *Henrici, Ernst*: Das Volksrecht der Epheneger, in: ZvglRWiss (11) 1895, S. 146 f.; *Asmis*, Die Stammesrechte des Bezirkes Atakpame, in: ZvglRWiss (25) 1911, S. 67-130; ders., Die Stammesrechte der Bezirke Misahöhe, Anecho und Lome-Land, in: ZvglRWiss (26) 1911, S. 1-133; ders., Die Stammesrechte des Bezirkes Sansane-Mangu, in: ZvglRWiss (27) 1912, S. 71-128.

des Toten, teils an die Ältesten oder den Häuptling als Friedensstifter. Getöteten Männern wurde dabei ein größerer Wert zugesprochen als getöteten Frauen. Die Ablösung der Blutrache wurde in einer feierlichen Prozedur begangen. Anklänge an ein Recht auf Asyl vor der Blutrache wurden nur von den Stämmen der Bananga und Bakosi berichtet. Nicht unüblich war auch die Bestrafung wegen Zauberei, die bei den Bakosi und Basa oft angenommen wurde, wenn Stammesmitglieder eines unerwarteten Todes starben. Sie konnte im Wiederholungsfalle mit dem Tode bestraft werden. Hinsichtlich begangener Körperverletzungen waren bei allen Stämmen außer den Bulu die Regeln der Talion bekannt.

Rechtsbrüche gegen die sittliche Ordnung wie Notzucht und Ehebruch wurden meist mit Vermögensstrafen geahndet. Abtreibungen zogen teils harte (Bakosi), teils geringe (Basa) oder gar keine (Bulu) Bestrafungen nach sich. Eigentumsdelikte wurden mit einer Geldstrafe belegt. Die Bakosi prügelten den Dieb ferner und bestrichen seinen Körper mit menschlichen und tierischen Exkrementen. Eine Unterscheidung zwischen „Zivil-" und „Strafprozeß" wurde nicht getroffen, auch im Strafverfahren wurde nichts anderes als ein Rechtsstreit zwischen dem Verletzten und dem Täter gesehen, bei dem es dem Ankläger in erster Linie um den Erhalt einer materiellen Buße ging.

Zur Rechtsverwirklichung wurde häufig Selbsthilfe angewandt oder ein Geheimbund angerufen. Daneben war bei allen Stämmen außer den Bulu ein aus dem Häuptling und den Ältesten zusammengesetztes Palavergericht bekannt. Erwähnenswert sind auch hier die üblichen Beweismittel. Neben Zeugenaussagen, Inaugenscheinnahme und einer Art Urkundenbeweis gehörten Gottes- und Fetischurteile zu den wichtigsten Beweismitteln. Hierbei war bei den Bulu und Bakosi Stellvertretung möglich, bei den Basa nicht. Am häufigsten wurden Feuerordale – in heißes Öl fassen, heißes Harz berühren, ein glühendes Eisen halten – oder Giftordale – die giftige Rinde eines Baumes essen – angewandt. Auch Eide zählten bei einzelnen Stämmen zu den zulässigen Beweismitteln.

Der Urteilsverkündung ging bei den Bakosi, Basa und Bulu eine geheime Beratung des Gerichts voraus, bei der die Stimmenmehrheit der Richter und Beisitzer den Ausschlag gab. Das Begnadigungsrecht stand bei den Bakosi den Dorfältesten, bei Basa und Banaukau nur dem Häuptling zu.[410]

[410] Vgl. hierzu *Schultz-Ewerth/Adam/Lips*, Das Eingeborenenrecht, Bd. 2, Kamerun, S. 200-204 (Strafrecht), 204-209 (Rechtsverwirklichung); vgl. ferner *Walz*, Die Entwicklung der Strafrechtspflege in Kamerun unter deutscher Herrschaft, S. 379-388.

Deutsch-Ostafrika

Auch bei den autochthonen Völkern des ostafrikanischen Schutzgebiets war die Sitte, in gewissen Fällen zur Selbsthilfe zu greifen, weit verbreitet. Reiches Material wurde von de Forschern zum Recht der Blutrache zusammengetragen. Dieses galt fast überall in den Fällen von Mord und Totschlag.

Vor allem bei den Küstenstämmen hatte sich allerdings die Möglichkeit durchgesetzt, die Blutrache durch ein „Wergeld" abzulösen, wenngleich ihre Ausübung vielerorts nach wie vor als Recht und Pflicht der Sippe des Getöteten begriffen wurde. Zur Zahlung des Wergeldes war in erster Linie der Täter verpflichtet. Bei dessen Zahlungsunfähigkeit haftete allerdings die gesamte Sippe. Die Höhe des Wergeldes war verschieden und richtete sich etwa nach dem Stand des Ermordeten oder dem Ansehen seiner Familie. In Einzelfällen, etwa in Ruanda, konnte für den Tod einer Frau ein höheres Wergeld als für den Tod eines Mannes verlangt werden. Das Wergeld fiel grundsätzlich der Sippe des Ermordeten zu. In den Fällen, in denen der Häuptling die Höhe der Zahlungen festgesetzt hatte, bekam dieser als Richter einen Anteil daran.

Da trotz der formellen Erledigung durch die Vollziehung der Blutrache oder die Zahlung des Wergeldes Streitereien zwischen Familienverbänden naturgemäß fortdauern konnten, wurden diese in feierlichen Versöhnungszeremonien, etwa durch das gemeinschaftliche Verzehren eines gemeinsam geschlachteten Stück Viehs, endgültig beigelegt. Gelegentlich wurde die Aussöhnung auch durch eine Heirat zwischen den verfeindeten Sippen bekräftigt. Schutz vor der Blutrache gewährte auch in Ostafrika das Haus des Häuptlings, in dem der Verfolgte bei den meisten Stämmen vor seinen Rächern sicher sein konnte. Ein Recht des Geschädigten auf Talion schien im Gegensatz zur allgemein anerkannten Institution der Blutrache selten vorzukommen und geschah etwa bei einem Stamm nur mit Einwilligung des Verbrechers. Von den genannten Ausnahmefällen der Selbsthilfe und Blutrache abgesehen, bestand auch bei den Völkern Ostafrikas ein „öffentliches" Strafrecht, das der Gemeinschaft zustand und durch die Sippenältesten oder Häuptlinge ausgeübt wurde.

Zwischen absichtlicher und unabsichtlicher oder fahrlässiger Tötung wurde nicht immer unterschieden, auch letztere zog vielfach Blutrache nach sich. In anderen Fällen wurde fahrlässige Tötung durch eine Geldbuße geahndet, die geringer angesetzt wurde als bei Mord. Selbstmord, der ziemlich verbreitet gewesen sein soll, wurde unterschiedlich „geahndet": Teils wurde der Selbstmörder für verrückt erklärt und gefesselt, teils an den Medizinmann überwiesen. Teils wurde er für verzaubert gehalten, ein Zauberer gesucht und dieser bestraft. Teilweise war es üblich, den Leichnam des Selbstmörders anders zu behandeln als den Leichnam eines auf natürliche Weise Verstorbenen, ihm etwa ein ordentliches Begräbnis zu verwehren.

Körperverletzung wurde entweder durch in Vieh zu entrichtende Bußgeldzahlung geahndet, die zuweilen mit der Verpflichtung einherging, die Genesungskosten zu tragen, oder durch Talion gesühnt. Auch Diebstahl zog eine Viehstrafe nach sich. In beiden Fällen richtete sich die Höhe der Strafe nach der Schwere der Tat. War der König das Opfer, so hatte dies in der Regel den Tod des Täters zur Folge. Absichtliche Brandstiftung wurde als schweres Verbrechen angesehen und vielfach mit dem Tode bestraft, bisweilen mit dem Feuertod, etwa durch Hineinwerfen in das noch brennende Gebäude. Auch auf Landes- und Hochverrat stand die Todesstrafe. Ehebruch wurde als Eingriff in die Vermögenssphäre des Mannes und somit als reines Vermögensdelikt begriffen. Demzufolge wurde die Frau nicht bestraft, sondern hatte allenfalls Prügel ihres Ehemannes zu erwarten. Die Schändung der Häuptlingsfrau zog vielfach einen grausamen Tod des Ehebrechers nach sich, oder seine Verstümmelung. Wegen der bisweilen hohen Vermögensstrafen sollen einige Ehemänner den Ehebruch zu einem einträglichen Geschäft ausgestaltet haben. Im Ehebruch erzeugte Kinder gehörten abhängig davon, ob Vater- oder Mutterrecht bestand, entweder dem Gatten oder dem Mutterbruder. Bei Kindestod konnte vom Ehebrecher eine Entschädigung verlangt werden. Notzucht war überall strafbar. Waren verheiratete Frauen oder unbeschnittene Mädchen betroffen, so konnte auch hier die Todesstrafe verhängt werden. Die Bestrafung von Abtreibungen wurde hingegen äußerst unterschiedlich gehandhabt, von völliger Straflosigkeit einerorts bis hin zur Todesstrafe andernorts. Als ein besonders schweres Verbrechen galt im gesamten Gebiet die „böse Zauberei“, da zwischen „gutem“ und „bösem“ Zauber unterschieden wurde. Letzteren wurden schlimme und unvorhergesehene Ereignisse, etwa plötzliche Todesfälle, zugeschrieben. Fast überall zog böse Zauberei den Tod des vermeintlichen Zauberers nach sich.

Neben den erwähnten Strafarten – vor allem Vermögensstrafen und Todesstrafe, gelegentlich Verstümmelungen – war die Freiheitsstrafe überwiegend unbekannt. Die Fesselung und Gefangenhaltung des Verbrechers diente daher auch nicht der Bestrafung, sondern war lediglich Mittel, ihn bis zur Entrichtung der Buße festzuhalten. Die Vollziehung der Todesstrafe erfolgte auf verschiedenste Weise, etwa durch Erstechen mit dem Speer, Erschlagen mit der Keule, Enthaupten, oder Erdrosseln. Zauberer wurden ertränkt. Teils kamen grausame Strafverschärfungen wie Pfählen, Genickbrechen, Verbrennen und Martern vor. In einigen Orten waren besondere Scharfrichter mit der Ausführung der Todesstrafe betraut.

Im Verfahren waren verschiedene Foltermethoden zur Erlangung eines Geständnisses üblich. Hauptsächlich zur Aufklärung schwerer Verbrechen, vor allem der Zauberei, wurden Gottesurteile wie etwa Giftordale, Feuerprobe oder Heißwasserprobe angewandt. Bei leichteren Anschuldigungen war hierbei in einigen Stämmen Vertretung durch einen Verwandten, einen Sklaven oder ein Tier möglich. Auch in Ostafrika stand das Recht zum Strafnachlaß und der völligen Begnadigung schließlich dem Häuptling zu.[411]

B. Das Recht der Südseevölker

Bei der Darstellung der Strafrechtsgewohnheiten der in der Deutschen Südsee beheimateten Völker müssen die unzähligen autochthonen Insel-Gesellschaften regional nach den Völkern Mikronesiens, Melanesiens und Samoas geschieden werden. Erwähnenswert ist, daß die Arbeiten deutscher Kolonialbeamte über einheimisches Recht und lokale Traditionen in der Südsee noch heute häufig von den Insulanern als ergiebige Quellen eigener Rechtsvergangenheit herangezogen werden können.[412]

Mikronesien

Auf Nauru und Palau hafteten die nächsten Verwandten subsidiär für den Fall, daß der Täter nicht gefaßt werden konnte. Diese Solidarhaftung war auf Ponape auf die gesamte Familie, auf Truk bei Angriffen eines Landesfremden sogar auf jedes Mitglied des betreffenden Inselsstammes ausgedehnt. Während auf Nauru und Ponape nur vorsätzliches Handeln bestraft wurde, haftete der Täter auf Truk und Palau auch für die „zufällige“ Verursachung eines mißbilligten Erfolges. Der Versuch einer Straftat war mit Ausnahme Palaus im gesamten mikronesischen Inselgebiet strafbewehrt, während Notwehr nur auf Nauru Straffreiheit zur Folge hatte.
Unter den Strafen nahm die Todesstrafe den breitesten Raum ein. Sie wurde auf sämtlichen Inselgruppen ausgeübt, ohne daß allerdings Strafverschärfungen bekannt waren. Weitere Leibesstrafen waren Prügel auf Nauru, sowie verschiedene Verstümmelungsstrafen auf Truk, Ponape und Jap. Zudem konnten Vermögensstrafen verhängt werden. Während die Talion auf Palau, Jap und Truk ungebräuchlich war, war sie die Regel auf Nauru. Ein Kompositionensystem, mittels dessen verwirkte Leibesstrafen durch eine an den Verletzten zu leistende Ver-

[411] Vgl. hierzu *Schultz-Ewerth/Adam/Ankermann*, Das Eingeborenenrecht, Bd. 1, Ostafrika, S. 289-336 (Strafrecht), 337-370 (Prozeßrecht).
[412] *Hiery*, Das deutsche Reich in der Südsee, S. 40, Fn. 51.

mögensbuße abgelöst werden konnten, kam etwa auf Nauru und Palau vor und bestand neben dem „obrigkeitlichen" Strafrecht. Von einzelnen strafbewehrten Delikten sind insbesondere die sogenannten Tabuvergehen – Verletzungen eines im öffentlichen Interesse erlassenen Verbots – und die Zauberei hervorzuheben. Die Abtreibung der Leibesfrucht war allenthalben erlaubt.

Ein „staatliches" Strafrecht bestand neben dem Recht des Einzelnen oder des Sippenverbandes zur Selbsthilfe und zur Blutrache in der gesamten mikronesischen Inselwelt. Eine Ausnahme bildete nur Truk. Allerdings bestanden nirgends Bestimmungen über den Gang des Strafprozesses. Gottesurteile waren als Beweismittel weithin unbekannt.[413]

Melanesien

Die Rechtsordnung der Völker Melanesiens war stark religiös geprägt. Verstöße gegen die Rechtsordnung wurden gleichzeitig als Erschütterung der „Weltordnung" begriffen, durch die sich die gesamte Gemeinde bedroht sah.

Mordtaten sollen bei den Stämmen der Papuas und Melanesier häufig vorgekommen und bei der männlichen Jugend in vielen Regionen für die Mehrzahl der Todesfälle verantwortlich gewesen sein.[414] Meist waren sie durch Blutrache oder Angst vor Zauberei motiviert. Kindstötungen, oft kurz nach der Geburt durch die Eltern begangen, kamen insbesondere bei Zwillings- oder Mißgeburten häufig vor und wurden sozial nicht geächtet oder verfolgt. Verbreitet war im melanesischen Gebiet zudem Kopfjägerei mit dem Ziel, Schädel zu erbeuten, sowie ritueller Kannibalismus. Beides ließ sich in den meisten Fällen auf kultisch-religiöse Vorstellungen zurückführen und wurde moralisch keineswegs verurteilt. Von der Gemeinschaft als besonders gefährlich empfunden wurde die Zauberei, die oft die Tötung des vermeintlichen Zauberers zur Folge hatte. Ehebruch wurde als eine Art „Vermögensdelikt" begriffen, was mit der Art des Frauenerwerbs auf dem Wege des Abverdienens, Eintauschens oder Kaufens zusammenhing.

---

413 Vgl. hierzu *Schultz-Ewerth/Adam/Trimborn*, Das Eingeborenenrecht, Bd. 2, Die Südseekolonien, Abschnitt I, Mikronesien, S. 527-536 (Strafrecht), 539-541 (Strafprozeß). Vgl. auch *Kohler*, Das Recht der Marshallinsulaner, in: ZvglRWiss (12) 1897, S. 441-454; ders., Rechte der deutschen Schutzgebiete, III. Das Recht der Marshallinsulaner, in: ZvglRWiss (14) 1900, S. 409-455.

414 *Hiery*, Das deutsche Reich in der Südsee, S. 80 f.

In Melanesien stand die „öffentliche“ Strafverfolgung durch einen autoritären Patriarchen[415] innerhalb der Familie, Sippe oder Siedlung in Konkurrenz zur Blutrache zwischen souveränen Gemeinden. Neben dem Recht des Einzelnen zur Selbsthilfe war es üblich, Beistand bei einflußreichen und angesehenen Personen, Zauberern oder Geheimgesellschaften zu suchen. Die Blutrache, die durch Tötung, aber auch durch Diebstahl, Ehebruch und besonders Zauberei ausgelöst werden konnte, ruhte während bestimmter Zeiten, so etwa Beschneidungsfesten oder Markttagen. Besonderen Schaden konnte die sogenannte „Kettenrache“ hervorrufen. Diese wurde an dem Nächstbesten verübt, der sich seinerseits an einem willkürlich gewählten Opfer schadlos hielt, bis der erste Übeltäter schließlich selber das Opfer einer Eigentumszerstörung oder gar Tötung wurde. Beigelegt wurde die Blutrache durch Vermittler – oft durch Frauen – die mit einem Teil verschwägert waren. Eine Asylmöglichkeit bot sich den Verfolgten in Gebäuden, in denen sakrale Gegenstände aufbewahrt wurden, oder im Haus des Häuptlings. Eine Ermittlung des Tatbestandes durch Aufnahme von Beweisen oder Zeugenaussagen war völlig unbekannt und wurde erst durch die Europäer eingeführt. Hingegen waren Gottesurteile und Orakel, Flüche oder Zweikämpfe üblich.[416]

Samoa

Auf Samoa wurden verschiedene gegen Leib und Leben, gegen ideelle Rechtsgüter und gegen Sachgüter gerichtete Handlungen als strafwürdig erachtet. Bemerkenswert ist, daß vorsätzliche Sachbeschädigungen als ideelle Körperverletzungen des Eigentümers empfunden werden konnten. Die strengen und zahlreichen Regeln samoanischer Etikette konnten zur Bestrafung von Achtungsverletzungen gegen eine Familie oder Personen von Rang führen. Auch Reisegesellschaften und Versammlungen hatten respektvoll behandelt zu werden. Hinsichtlich der Strafen wurden körperliche Strafen (*'o le tuā*) und Vermögensstrafen und Verbannung (*'o le sala*) unterschieden. Die Todesstrafe wurde mittels Fesselns des Verurteilten an eine Palme vollzogen. In dieser Lage wurde er bis zum

---

[415] Im Gegensatz zu den hierarchischen Gesellschaften Mikronesiens und Polynesiens gab es in den egalitären Gesellschaften Melanesiens kein Erbhäuptlingswesen. Vielmehr konnten durch Leistung überragende Männer zum „Bikman“, zum „Häuptling auf Zeit“ aufsteigen, *Hiery*, Das deutsche Reich in der Südsee, S. 83.

[416] Vgl. hierzu *Schultz-Ewerth/Adam/Thurnwald*, Das Eingeborenenrecht, Bd. 2, Die Südseekolonien, Abschnitt II, Papuas und Melanesier, S. 643-651 (Strafrecht), 652-656 (Gericht und Gerichtsverfahren); *Thurnwald*, Ermittlungen über Eingeborenenrechte in der Südsee, in: ZvglRWiss (23) 1910, S. 357-364; vgl. ferner *Kohler*, Rechte der deutschen Schutzgebiete, II. Das Recht der Papuas, in: ZvglRWiss (14) 1900, S. 321-394; ders., Zum Rechte der Papuas, in: ZvglRWiss (19) 1906, S. 162-168; ders., Ueber die Rechte melanesischer Stämme auf Neuguinea, in: ZvglRWiss (25) 1911, S. 241-252.

Todeseintritt belassen. Andere Körperstrafen waren oft erniedrigender Natur, etwa die symbolische Erniedrigung zum Schwein oder der Zwang zur Selbstverletzung. Vermögensstrafen konnten bis zur Zerstörung der Häuser, Boote und Pflanzungen des Schuldigen führen, die oft durch das gesamte Dorf vollzogen wurden und mit Mißhandlungen und Vertreibung verbunden sein konnten. Leichtere Vermögensstrafen waren Bußen in Matten und Nahrungsmitteln. Das nicht allgemein feststehende Strafmaß richtete sich insbesondere nach dem Rang des Geschädigten. Ranghöhere vermochten bisweilen straflos gegen Rangniedere vorzugehen.

Eine sachliche Zuständigkeit war ebensowenig geregelt wie eine allgemein zuständige Gerichtsorganisation oder Geheimbünde zur Rechtsverwirklichung. Je nach Lage der Sache schritt daher die Sippe oder das Dorf, selten sogar die Landschaft ein. Diese Form der Selbsthilfe konnte auch im Affekt geübt werden. Mit dem symbolisch gemeinten selbsterniedrigenden Angebot der Verspeisung durch den Geschädigten konnte der Straftäter um Verzeihung für seine Taten bitten und auf Straffreiheit hoffen. Unbekannte Täter sollten durch Gottesurteil, namentlich ein förmliches Schwurverfahren, ermittelt werden, bei dem die Furcht der Beteiligten vor Krankheit oder Unglück nicht selten die Wahrheit oder gar Geständnisse herbeiführte.[417]

C. Das chinesische Recht

Die chinesische Strafrechtsgeschichte geht in ihren Ursprüngen auf die altchinesische Zeit bis etwa 2000 v. Chr. zurück und damit noch deutlich über das Zeitalter des Konfuzius (551-479 v. Chr.) hinaus.[418] Für das China des ausgehenden 19. Jahrhunderts interessiert insbesondere die Sammlung der Gesetze und Verordnungen der Tsing[419]-Dynastie (1644-1911), *Ta tsing lü li.* Diese Kodifikation wurde bereits im Jahre 1646 in Angriff genommen, fand jedoch erst 1740 ihren Abschluß. Bis zum Ende der Tsing-Zeit blieb das Gesetzbuch dann im wesentlichen unverändert.[420] In der zeitgenössischen deutschen Kolonialrechtsliteratur finden sich einige Abhandlungen zum chinesischen Strafrecht, die Teilübersetzungen des *Ta tsing lü li* enthalten, so etwa zum Raub[421] oder zur Hehlerei,[422]

[417] Vgl. hierzu *Schultz-Ewerth/Adam/Schultz-Ewerth*, Das Eingeborenenrecht, Bd. 2, Die Südseekolonien, Abschnitt III, Samoa, S. 709-712 (Straf- und Prozeßrecht).
[418] *Vogel*, Die historischen Grundlagen des chinesischen Strafrechts, in: ZvglRWiss (40) 1923, S. 49 ff.
[419] Bisweilen finden sich in der Literatur auch die Schreibweisen: Ch´ ing oder Tsching.
[420] *Kloubert*, Traditionelle und moderne Strafgerichtsbarkeit in China, S. 8.
[421] *Kohler*, Das chinesische Strafgesetzbuch, in: ZvglRWiss (18) 1905, S. 184-208.
[422] *Kohler*, Das chinesische Strafgesetzbuch, in: ZvglRWiss (19) 1906, S. 251-268.

sowie eine Sammlung chinesischer Strafrechtsfälle, insbesondere Thronberichte des Obersten Gerichtshofes.[423] Die Kodifikation enthielt allerdings auch einige Vorschriften zivilrechtlicher Natur, die ebenfalls in Deutschland untersucht wurden.[424]

Das *Ta tsing lü li* war in mehrere Abschnitte untergliedert, die sich wiederum in Unterabschnitte teilten. Die für das Strafrecht wichtigen Vorschriften waren in folgenden Unterabschnitten zu finden: Räuberische Delikte, Totschlag, Körperverletzung, Beschimpfung und Beleidigung, Bestechung und Erpressung, Betrug, Sittlichkeitsdelikte, Ergreifung von Straftätern, Anschuldigungen und Klagen vor Gericht, Verfahren vor Gericht und Verurteilung.[425]

Jeder Unterabschnitt enthielt eine bestimmte Zahl von Gesetzen (*lü*) sowie eine unbestimmte Zahl diese ergänzender Verordnungen (*li*). Die oft jahrhundertealten aus vergangenen Dynastien stammenden Gesetze enthielten zum Teil längst überholte Bestimmungen, die jedoch aus Pietät beibehalten wurden. Die erst 1723 bis 1727 in die Gesetzessammlung aufgenommenen Verordnungen – entweder kaiserliche Edikte oder abschließende Urteile der höchsten Justizorgane – waren sehr viel bestimmter und eindeutiger gefaßt. Trotz regelmäßiger Durchsicht auf ihre praktische Bedeutung bestanden nach der letzten Revision von 1905 noch 1.327 solcher Verordnungen.[426]
Ebenfalls für die Strafgerichtsbarkeit wesentliche Vorschriften waren in den „Gesammelten Institutionen der Tsing-Dynastie" (*Ta tsing hui tien*) enthalten, die zunächst 1690 erschienen waren und dann bis 1899 mehrmals überarbeitet wurden. Diese „lebendige Verfassung" des Kaiserreichs enthielt verbindliche Vorschriften über die Verwaltung und das Verfahren vor den Justizbehörden.[427] Alle Vorschriften waren exakt und kategorisch gefaßt und ließen den Beamten in der Regel keinerlei Ermessensspielraum, etwa bei der Bemessung des Strafrahmens. Die Rechtspflege war Bestandteil der sonstigen Verwaltung, eine Unterscheidung zwischen Richtern und Beamten wurde nicht getroffen. Der Schutz des Bürgers gegen ungesetzliches und willkürliches Verwaltungshandeln lag in der straf- und disziplinarrechtlichen Verantwortlichkeit des Beamten und seiner Vorgesetzten, die gegen bindende Vorschriften verstießen.[428]

---

423 *Betz*, Chinesische Strafrechtsfälle, in: ZvglRWiss (21) 1908, S. 393-424.
424 Vgl. z. B. *Kohler*, Aus dem chinesischen Civilrecht, in: ZvglRWiss (6) 1885, S. 351-387; zur Eheschließung s. *Kohler*, Das chinesische Strafgesetzbuch, in: ZvglRWiss (20) 1907, S. 1-14.
425 *Kloubert*, Traditionelle und moderne Strafgerichtsbarkeit in China, S. 8.
426 *Kloubert*, Traditionelle und moderne Strafgerichtsbarkeit in China, S. 8 f.
427 *Kloubert*, Traditionelle und moderne Strafgerichtsbarkeit in China, S. 9.
428 *Kloubert*, Traditionelle und moderne Strafgerichtsbarkeit in China, S. 9 f.

Der Verhängung der Todesstrafe, deren Vollstreckung im Grundsatz nur bei Kapitaldelikten vom Kaiser oder den obersten Justizbehörden in Peking angeordnet werden konnte, ging ein umfangreiches und umsichtiges Verfahren voraus.[429] Eine Ausnahme bildete die Möglichkeit, Banditen und Rebellen in politisch instabilen Gebieten auf der Stelle hinrichten zu lassen. Die Beamten hatten sodann ihrer vorgesetzten Behörde Meldung zu erstatten.[430] Neben der Todesstrafe (*szu*) bestanden einzelne körperliche Strafen. So wurden Schläge mit einem leichten (*ch'ih*) oder schweren (*chang*) Bambusstock erteilt, oder das Tragen eines „Kangs", d. h. eines schweren hölzernen Kragens, der den Hals des Delinquenten umschloß, angeordnet. Bei der Verhängung dieser Strafen lag die Strafgewalt bei den Vorstehern der örtlichen Justizbehörden.[431] Daneben konnten die vorgesetzten Behörden auf Provinz- oder Reichsebene zeitlich beschränkte Verbannung (*t'u*), gewöhnlich unter Ableistung von Zwangsarbeit, oder zeitlich unbeschränkte Verbannung oder Deportation (*liu*) anordnen, wobei diese Strafen durch Stockschläge oder den Kang noch verschärft werden konnten. Deportierten wurde die Bezeichnung des Verbrechens sowie der Ort ihres Exils in das Gesicht tätowiert.[432]

Bemerkenswert ist schließlich noch die Funktion der Rechtsbeistände, die zu ihrer Zulassung eine besondere Prüfung ablegen mußten. Die Rechtsbeistände verfaßten Schriftsätze für die Parteien, die sie dem Vorsteher vorlegten. Dabei waren sie an die Wahrheit gebunden, mußten ihre Vertretung offenlegen und durften Strafverfahren nicht erst provozieren. Andernfalls machten sie sich strafbar.[433]

---

[429] Vgl. *Kloubert*, Traditionelle und moderne Strafgerichtsbarkeit in China, S. 47 ff.
[430] *Kloubert*, Traditionelle und moderne Strafgerichtsbarkeit in China, S. 15.
[431] *Kloubert*, Traditionelle und moderne Strafgerichtsbarkeit in China, S. 14.
[432] *Kloubert*, Traditionelle und moderne Strafgerichtsbarkeit in China, S. 15, Anm. 19; S. 18 ff., 21 ff.
[433] *Kloubert*, Traditionelle und moderne Strafgerichtsbarkeit in China, S. 16 f.

Drittes Kapitel: Deutsche Kolonialrechtspflege

„Die Probleme des Kolonialstrafrechts sind Kulturprobleme. Bei seiner Ausgestaltung handelt es sich um ein Stück deutscher Kulturentwicklung über See!“ [434]

Otto Köbner (Kolonialjurist, Mitherausgeber der DKolGG), 1904.

„[Ich bitte] von einer Milderung der Vorschriften über die Handhabung der Prügelstrafe abzusehen. [...] Bei der lederartigen Haut der Eingeborenen – Hottentotten sowohl wie Kaffern – vermögen selbst 25 Hiebe eine nur geringe Schmerzempfindung hervorzurufen.“ [435]

Theodor Leutwein (1894-1905 Gouverneur von Deutsch-Südwestafrika), 1904.

„Kolonisieren ist Missionieren, und zwar Missionieren in dem hohen Sinne der Erziehung zur Kultur. [...] Die Eingeborenen sind unwissend – sie müssen unterrichtet werden. Sie sind faul – sie müssen arbeiten lernen. Sie sind schmutzig – sie müssen gewaschen werden. [Heiterkeit] Sie sind krank, mit allerlei Gebrechen – sie müssen geheilt werden. Sie sind wild, grausam und abergläubisch – sie müssen besänftigt und erleuchtet werden. [Zurufe von den Sozialdemokraten: Trotha!!] Alles in allem, meine Herren: Sie sind große Kinder, die der Erziehung und Leitung bedürfen. [Sehr richtig!]“ [436]

Wilhelm Heinrich Solf (1900-1911 Gouverneur von Samoa; 1911-1918 Staatssekretär des RKA), 1913.

„Sicherlich war unser Strafensystem kein ideales, aber noch heute ist es bei allen Kolonialstaaten nicht anders geworden. Will man nicht – und man kann es eben mit unseren Anschauungen nicht vereinbaren – das barbarische Strafrecht der Eingeborenen anwenden, so wird es immer schwer sein, in den Kolonien wirksame Strafarten zu finden. Aber wo gibt es überhaupt in dieser Welt der Unzulänglichkeit ein ideales Strafmittel?“ [437]

Theodor Seitz (1907-1910 Gouverneur von Kamerun; ab 1910 Gouverneur von Deutsch-Südwestafrika), 1929.

---

[434] *Köbner*, Kolonialstrafrecht, in: Mitteilungen der IKV (XI) 1904, S. 577.
[435] Bericht des Ksl. Gouverneurs v. DSWA an das AAKA, v. 30.8.1904, BA RKA 1001/5378, Bl. 207.
[436] Rede Solfs im Deutschen Reichstag und Zurufe aus dem Plenum, RT-Verh., Sten. Ber., XIII. Leg. Per., I. Sess., 127. Sitzung v. 6.3.1913, S. 4335 B.
[437] *Seitz*, Vom Aufstieg und Niederbruch deutscher Kolonialmacht, Bd. II, S. 68.

„Der Farbige hat trotz seiner naiven Weltanschauung und seines wenig entwickelten Denkvermögens – ähnlich wie bei uns ein Kind – ein außerordentlich feines Rechtsgefühl."

Johannes Gerstmeyer (Geh. Oberregierungsrat, Kolonialbeamter, Dozent), 1938.[438]

A. Theoretisches Fundament

Das deutsche Kolonialstrafrecht wurde von maßgeblichen zeitgenössischen Rechtslehrern im Reich nicht zur Kenntnis genommen.[439] So verwies der Berliner Strafrechtswissenschaftler Goldschmidt noch 1908 in einer umfassenden rechtsvergleichenden Darstellung der „Strafen und verwandten Maßregeln" auf das Bestehen der Prügelstrafe gegen Erwachsene „als Justizstrafe zur Zeit in England [...], in Dänemark [...] sowie vereinzelt in der amerikanischen Union, insbesondere neuestens im Staate Oregon". Gegen die Tendenzen einer Wiedereinführung der Prügelstrafe in Deutschland wandte er ein, man täte „übel, sich [...] zu Strafgesetzen hinreißen zu lassen, welche die Kulturerrungenschaften von Jahrhunderten preisgeben". Den ausgiebigen Gebrauch der Prügelstrafe in den deutschen Schutzgebieten erwähnte Goldschmidt hingegen mit keinem Wort.[440] Trotz dieser Nichtbeachtung durch gewichtige Teile der Rechtswissenschaft ist das deutsche Kolonialrecht und insbesondere das Kolonialstrafrecht in seinen Grundlagen, Inhalten und Auswirkungen von wesentlichen gesellschafts- und rechtstheoretischen Impulsen der Zeit nicht zu trennen. Insbesondere den im ausgehenden 19. Jahrhundert aktuellen Lehren vom Sozialdarwinismus und Zweckstrafrecht kam dabei ein maßgeblicher Einfluß auf das deutsche Kolonialstrafrecht zu.[441]

---

438 *Gerstmeyer*, Die rechtlichen Grundlagen der deutschen Kolonialherrschaft, in: Deutsche Kolonialpolitik in Dokumenten, S. 184.

439 Hierauf weist auch hin: *Kopp*, Nichtdeutsche Angeklagte im deutschen Strafverfahren, S. 95.

440 *Goldschmidt*, Strafen und verwandte Maßregeln, VDAT, IV. Bd., S. 425 f. Auch *v. Hentig*, Die Strafe, Bd. 1, S. 380-389 und Bd. 2, S. 365-382 unterschlägt noch 1954/55 in seinen Kapiteln über die Prügelstrafe deren Anwendung in den ehemaligen deutschen Kolonien völlig. Nach *Naucke*, Deutsches Kolonialstrafrecht 1886-1918, in: RhJ (7) 1988, S. 297 (311 f., Fn. 71) haben sich auch Beling, Binding und v. Liszt nicht sehr um das Kolonialstrafrecht gekümmert.

441 Vgl. außerdem *Gründer*, „Neger, Kanaken und Chinesen zu nützlichen Menschen erziehen" – Ideologie und Praxis des deutschen Kolonialismus, in: Überseegeschichte, Beiträge der jüngeren Forschung, S. 254 ff.

I. Sozialdarwinismus

Der Anerkennung des Entwicklungsgedankens, der in seinen Ursprüngen schon in der indischen und griechischen Philosophie auftrat, standen lange Zeit die kirchliche Schöpfungslehre sowie der Umstand im Wege, daß die sachliche und erkenntnistheoretische Beweisgrundlage für seine Evidenz nicht ausreichend erschien. Diese Beweisgrundlage wurde in der ersten Hälfte des 19. Jahrhunderts durch die Arbeiten der Naturwissenschaften geschaffen. Der Durchbruch der Entwicklungslehre erfolgte 1859 mit dem Erscheinen von Charles Darwins (1809-1882) Werk „On the origin of species by means of natural selection, or the preservation of favoured races in the struggle for life".[442]

Auch wenn Darwin seine Lehre des „survival of the fittest" lediglich als eine naturwissenschaftliche Theorie begriff, wurden seine Gedanken von den Geisteswissenschaften und der Kolonialpropaganda[443] aufgegriffen.[444] So ist beispielsweise der Ausspruch Carl Peters', des „Gründers von Deutsch-Ostafrika", überliefert:

> „Kolonialpolitik [...] ist und bleibt aber schließlich die rücksichtslose und entschlossene Bereicherung des eigenen Volkes auf anderer schwächer Völker Unkosten."[445]

Im Bereich der Rechtswissenschaften wurde die Entwicklungslehre insbesondere von Adolf Merkel (1836-1896) verbreitet.[446] In der Kriminologie sorgte im Jahre 1878 der Turiner Mediziner Cesare Lombroso (1836-1909) mit seinen Untersuchungen über den „l'uomo delinquente" für Aufsehen. Lombroso verstand den „verbrecherischen Menschen" als eine naturwissenschaftlich faßbare Spezies der Gattung homo sapiens, die durch bestimmte physiognomische und psychologische Merkmale zu erkennen sei.[447] Der Entwicklungsgedanke bildete schließlich auch eine Grundlage des Rechtsdenkens Franz v. Liszts und war Angelpunkt seiner Straftheorie vom „zweckbewußten Rechtsgüterschutz".[448]

---

[442] *Schmidt*, Zur Einführung, in: *Darwin*, Die Abstammung des Menschen, S. V ff.
[443] *Gründer*, Geschichte der deutschen Kolonien, S. 32 f.
[444] *Koch*, Der Sozialdarwinismus, S. 63 ff., 87 ff.; vgl. hierzu auch *Leclerc*, Anthropologie und Kolonialismus.
[445] *Peters*, Kolonialpolitische Korrespondenz, zit. nach *Wehler*, Bismarck und der Imperialismus, S. 333.
[446] Vgl. hierzu *Schmidt*, Einführung in die Geschichte der deutschen Strafrechtspflege, S. 310 ff., 356 f.
[447] Etwa durch Schädelform, Gehirn, Eingeweide, Maße oder Gesichtsausdruck, vgl. *Lombroso*, Der Verbrecher in anthropologischer, ärztlicher und juristischer Beziehung.
[448] *Schmidt*, Einführung in die Geschichte der deutschen Strafrechtspflege, S. 357.

II. Zwecke als Schöpfer des Rechts

Nach Karl Binding (1841-1920), einem der Hauptvertreter der sogenannten klassischen Schule, erschöpfte sich das Verbrechen in dem Verstoß gegen eine vom Gesetzgeber nach dessen freier Entscheidung gesetzten Verbotsnorm. Die Rechtswidrigkeit wurde damit formal bestimmt und nicht etwa materiell durch die Verletzung eines bestimmten Rechtsguts. Ebenso streng formaljuristisch sah Binding die Strafe als „Einbuße an Rechten oder Rechtsgütern, die der Staat einem Delinquenten von Rechts wegen auferlegt zur Genugtuung für seinen irreparablen Rechtsbruch, um die Autorität des verletzten Gesetzes aufrechtzuerhalten".[449] Dieser reinen Vergeltungslehre Bindings setzte Adolph Merkel seine „Vereinigungstheorie" entgegen, die auch den Eindruck der Strafe beim Betroffenen berücksichtigte und eine Harmonisierung von Gerechtigkeit und Zweckmäßigkeit anstrebte.[450]

Die von Franz v. Liszt (1851-1919)[451] begründete sogenannte moderne Schule deutete dagegen das Verbrechen soziologisch und den Menschen determiniert durch äußere Einflüsse.[452] Die Strafe als „zweckbewußter Rechtsgüterschutz" bestehe in der Besserung des besserungsfähigen und besserungsbedürftigen Verbrechers, der Abschreckung des besserungsbedürftigen Verbrechers und schließlich der Unschädlichmachung des nicht besserungsfähigen Verbrechers. Wegen der Determiniertheit des Menschen durch äußere Einflüsse müsse seinen Straftaten mit einer nach dem gesellschaftlichen Nutzen zu bemessenden Reaktion begegnet werden.[453] Den Gegnern eines solchen Zweckstrafrechts hielt v. Liszt die rechtliche Begrenzung der staatlichen Strafgewalt durch Voraussetzung und Inhalt der Strafgesetze entgegen. Das Strafgesetz sei durch den Satz „nullum crimen, nulla poena sine lege" die „magna charta des Verbrechers". Es verbriefe ihm das Recht, nur unter den gesetzlichen Voraussetzungen und innerhalb der gesetzlichen Grenzen bestraft zu werden.[454]

---

[449] *Rüping / Jerouschek*, Grundriß der Strafrechtsgeschichte, Rn. 254; *Schmidt*, Einführung in die Geschichte der deutschen Strafrechtspflege, S. 304 ff., 308.
[450] *Rüping / Jerouschek*, Grundriß der Strafrechtsgeschichte, Rn. 255; *Schmidt*, Einführung in die Geschichte der deutschen Strafrechtspflege, S. 310 ff.
[451] Vgl. zur Biographie Franz v. Liszts *Schmidt*, Einführung in die Geschichte der deutschen Strafrechtspflege, S. 357 ff.
[452] *Rüping / Jerouschek*, Grundriß der Strafrechtsgeschichte, Rn. 256.
[453] *v. Liszt*, Der Zweckgedanke im Strafrecht, Marburger Universitätsprogramm 1882, in: Strafrechtliche Aufsätze und Vorträge, Bd. 1, S. 163 ff.
[454] *v. Liszt*, Die deterministischen Gegner der Zweckstrafe, in: Strafrechtliche Aufsätze und Vorträge, Bd. 2, S. 60.

Die v. Lisztsche Dogmatik sah die Rechtswidrigkeit nicht mehr formal sondern materiell als Verletzung bestimmter Rechtsgüter. Neu war zudem die Ergänzung der Strafen durch einzelne Maßregeln.[455] Franz v. Liszt begründete mit seiner modernen oder soziologischen Schule die Kriminalpolitik und gilt heute als Überwinder einseitig formellen Strafrechtsdenkens.[456] Die Auswirkungen eines einseitig dem Zweckgedanken verpflichteten Strafrechts traten allerdings besonders deutlich im Kolonialstrafrecht hervor.[457] Wie im weiteren noch zu zeigen sein wird, spielten hier bei Strafrechtssetzung und -sprechung Zweckmäßigkeitserwägungen wie die Sicherung der kolonialen Herrschaft, die Erziehung[458] der Eingeborenen zur Arbeit oder die schnelle und bequeme Möglichkeit des Strafvollzuges eine herausgehobene Rolle. So läßt sich beispielsweise ein direkter Zusammenhang zwischen dem mancherorts ausgiebigen Gebrauch der Prügelstrafe bei gleichzeitig überwiegendem Verzicht auf die Verhängung längerer Freiheitsstrafen mit den wirtschaftlichen Interessen der weißen Pflanzungsleiter aufzeigen.[459]

Vor diesem Hintergrund erhellt sich auch eine Forderung aus dem Jahr 1905, die das Rechtsdenken zahlreicher mit dem Kolonialstrafrecht befaßter Autoren und Rechtspraktiker kennzeichnete:

> „Die Eingeborenen sind Kinder – sie müssen erzogen werden durch Verbote und Strafen. Diese Erziehung, die Aufgabe, „den Eingeborenen Achtung vor fremder Persönlichkeit und fremden Eigentum beizubringen, sie an die Befolgung der Gebote und Verbote eines ihnen bisher unbekannten Staatswillens zu gewöhnen" (aus einem Bericht des kaiserlichen Bezirksrichters in Duala an das Auswärtige Amt vom 5. Juli 1901) ist der nächste Zweck des kolonialen Strafrechts; vor dieser eminent politischen Aufgabe müssen alle anderen Theorien über den Strafzweck zurücktreten."[460]

---

455 *Rüping / Jerouschek*, Grundriß der Strafrechtsgeschichte, Rn. 256.
456 *Schmidt*, Einführung in die Geschichte der deutschen Strafrechtspflege, S. 363.
457 So auch *Naucke*, Deutsches Kolonialstrafrecht 1886-1918, in: RhJ (7) 1988, S. 297 (298 ff., 312); für Togo: *v. Trotha*, Liszt in Togo?, in: Festschrift für Fritz Sack, S. 237 ff.; für Kamerun: *Walz*, Die Entwicklung der Strafrechtspflege in Kamerun unter deutscher Herrschaft, S. 396 ff.
458 Vgl. etwa *Karlowa*, Die Strafgerichtsbarkeit über die Eingeborenen in den deutschen Kolonien, S. 13; *Brinkmann*, Strafrecht und Strafverfahren für die Eingeborenen der deutschen Schutzgebiete, S. 11.
459 Vgl. hierzu noch ausführlich 3. Kapitel F. II. 1. c) und 2. d).
460 *Bauer*, Die Strafrechtspflege über die Eingeborenen der deutschen Schutzgebiete, in: AöR (19) 1905, S. 32 (34 f.).

B. Dualismus im Recht

Die Bevölkerung der deutschen Schutzgebiete war nach ihrer Rechtsstellung in Klassen geteilt. Unter Hinweis auf die „ethnographische Verschiedenheit der Rassen“ und den „Unterschied in den wirtschaftlichen, kulturellen und politischen Lebensverhältnissen der Bewohner unserer Schutzgebiete“ wurde in der Literatur die grundsätzliche Verschiedenheit der Rechtsstellung der Statusgruppen gerechtfertigt. Ein solcher Rechtszustand sei „zwar nicht ideal, aber durch die Verhältnisse geboten“.[461]

Pragmatisch hieß es:

> „Der Grundsatz, daß alle Menschen vor dem Gesetz gleich sind, hat also in den Schutzgebieten keine Geltung. Er ist eben dort nicht durchführbar.“[462]

Oder ohne eine weitere Begründung:

> „Eine derartige Gleichstellung war [...] schon deshalb ausgeschlossen, weil die durchweg auf sehr niedriger Kulturstufe stehenden Eingeborenen nicht sofort und ohne Weiteres den deutschen Gesetzen und der deutschen Gerichtsbarkeit unterworfen werden konnten.“[463]

Die behauptete kulturelle Überlegenheit wurde indessen nicht näher belegt.[464] Noch im Jahre 1913 warnte etwa der Präsident des OLG Marienwerder mit dem Argument:

> „...kaum irgend etwas anderes wäre geeignet, uns so in den Augen aller kolonisierenden Nationen herabzusetzen, als wenn wir selbst uns auf gleicher Stufe mit Völkerschaften stellen wollten, die noch Jahrhunderte brauchen werden, um zum Menschenantlitz auch die innere Kultur der zivilisierten weißen Menschheit zu erlangen.“[465]

---

[461] *Doerr*, Deutsches Kolonialstrafrecht, in: ZfKKK (5) 1908, S. 321. Ähnlich *Bauer*, Die Strafrechtspflege über die Eingeborenen der deutschen Schutzgebiete, in: AöR (19) 1905, S. 32 (35 f.) und *Brinkmann*, Strafrecht und Strafverfahren für die Eingeborenen der deutschen Schutzgebiete, S. 9.

[462] *Gerstmeyer*, Die rechtlichen Grundlagen der deutschen Kolonialherrschaft, in: Deutsche Kolonialpolitik in Dokumenten, S. 184.

[463] *v. Stengel*, Die Strafrechtspflege über die Eingeborenen in den deutschen Schutzgebieten, in: DJZ 1898, S. 85.

[464] Angesichts der bekanntgewordenen Ausschreitungen in den Kolonien bemerkte der Reichstagsabgeordnete Lenzmann kritisch, die Kultur der Deutschen bestünde „in Galgen und Branntwein“, RT-Verh., Sten. Ber., IX. Leg. Per., IV. Sess. 1895/97, 60. Sitzung v. 14.3.1896, S. 1457 A.

[465] *v. Staff*, Die Rechtsentwicklung unter der Regierung Kaiser Wilhelms II. Eine Festbetrachtung, in: DJZ (XVIII) 1913, Sp. 757.

Die die Schutzgebietsbevölkerung voneinander unterscheidenden Merkmale waren einerseits die Hautfarbe, andererseits die Staatsangehörigkeit. So wurde zum einen zwischen Weißen und Farbigen unterschieden. Der Begriff „Farbige" diente dabei als Oberbegriff für „Eingeborene" und die ihnen rechtlich gleichgestellten „Angehörigen fremder farbiger Stämme.[466] Zum anderen wurde zwischen Inländern und Ausländern differenziert. Die Gruppe der Inländer wiederum teilte sich auf in deutsche Reichsangehörige und Schutzgebietsangehörige, d.h. solche Untertanen der Schutzgewalt, die nicht Reichsangehörige waren. Hierzu zählten fast ausschließlich Eingeborene, aber auch einige Weiße, insbesondere Buren.[467] Die mangelnde Bestimmtheit der Begrifflichkeiten „Weißer", „Eingeborener" oder „Farbiger" führte nicht selten zu Schwierigkeiten bei der Feststellung des gemeinten Personenkreises. Dabei waren die rechtlichen Folgen einer Zuordnung des Einzelnen in einen der beiden Rechtskreise nicht unerheblich.[468] Die Kriterien der Abgrenzung gilt es im Folgenden zu untersuchen.

I. Die Rechtsstellung der Weißen und ihnen Gleichgestellter

Die Zuordnung getrennten Rechts für Weiße und ihnen gleichgestellte Personengruppen einerseits und eingeborene Bevölkerung und Angehörige fremder farbiger Stämme andererseits war in den Gesetzesverweisungen des Schutzgebietsgesetzes (SchGG) auf Vorschriften des Gesetzes über die Konsulargerichtsbarkeit (KGG) angelegt.

§ 2 Abs. 1 des Gesetzes, betreffend die Rechtsverhältnisse der deutschen Schutzgebiete in seiner ersten Fassung vom 17. April 1886[469] bestimmte:

> „Das bürgerliche Recht, das Strafrecht, das gerichtliche Verfahren einschließlich der Gerichtsverfassung bestimmen sich für die Schutzgebiete nach den Vorschriften des Gesetzes über die Konsulargerichtsbarkeit vom 10. Juli 1879 [...], welches, soweit nicht nachstehend ein Anderes vorgeschrieben ist, mit der Maßgabe Anwendung findet, daß an Stelle des Konsuls der vom Reichskanzler zur Ausübung der Gerichtsbarkeit ermächtigte Beamte und an Stelle des Konsulargerichts das nach Maßgabe der Bestimmungen über das letztere zusammengesetzte Gericht des Schutzgebiets tritt."

---

466 Vgl. §§ 4, 7 Abs. 3 SchGG i.V.m. § 2 der VO betr. die Rechtsverhältnisse in den deutschen Schutzgebieten v. 9.11.1900, RGBl. 1900, S. 1005, Anhang D. II.

467 *v. Hoffmann*, Einführung in das deutsche Kolonialrecht, S. 20 ff.

468 Zur strafrechtlichen Ungleichbehandlung von Europäern und Eingeborenen s. unten 3. Kap. G.

469 RGBl. 1886, S. 75, im Folgenden SchGG 1886.

Nach § 1 Abs. 2 des Gesetzes über die Konsulargerichtsbarkeit vom 10. Juli 1879[470] waren der Konsulargerichtsbarkeit die in den Konsulargerichtsbezirken wohnenden oder sich dort aufhaltenden Reichsangehörigen und Schutzgenossen unterworfen. Unter „Schutzgenossen" wurden Ausländer verstanden, soweit sie für ihre Rechtsverhältnisse durch oder aufgrund einer Anordnung des Reichskanzlers dem Reichsschutz unterstellt waren.[471] Nach § 4 KGG 1879 war

> „in Betreff des Strafrechts [...] anzunehmen, daß in den Konsulargerichtsbezirken das Strafgesetzbuch für das Deutsche Reich und die sonstigen Strafbestimmungen der Reichsgesetze gelten".

Im Ergebnis galten daher für Reichsangehörige und ausländische Schutzgenossen in den deutschen Schutzgebieten die Strafvorschriften des Reichsrechts. Zwar konnte durch Kaiserliche Verordnung bestimmt werden, daß auch andere als die in § 1 Abs. 2 KGG 1879 bezeichneten Personen der Weißen-Gerichtsbarkeit unterliegen sollten.[472] Eine solche Kaiserliche Verordnung ist allerdings niemals ergangen. Die Eingeborenen als Schutzgebiets-„Inländer" aber eben nicht Reichsangehörige wurden somit schon 1886 einer anderen Rechtsordnung unterworfen als Reichsangehörige und „Schutzgenossen".

Nach der Neubekanntmachung des Schutzgebietsgesetzes vom 10. September 1900[473] bestimmte § 2, daß auf die Gerichtsverfassung in den Schutzgebieten die Vorschriften der §§ 5, 7 bis 15, 17, 18 des Konsulargerichtsbarkeitsgesetzes in der Fassung vom 7. April 1900[474] entsprechende Anwendung fanden. Wie schon 1886 traten an die Stelle des Konsuls der vom Reichskanzler ermächtigte Beamte und das Schutzgebietsgericht an die Stelle des Konsulargerichts. § 3 SchGG 1900 verwies auf § 19 KGG 1900. Hiernach wurde in den Schutzgebieten das Zivil- und Strafrecht des Deutschen Reichs für anwendbar erklärt. Im einzelnen bedeutete die Verweisung auf dem Gebiet des Zivilrechts (§ 19 Nr. 1 KGG) die Gültigkeit des BGB sowie zivilrechtlicher Vorschriften des preußischen Rechts, vor Einführung des BGB die Anwendbarkeit der zivilrechtlichen Vorschriften des preußischen ALR.[475] Zudem galten die Vorschriften über das Verfahren und die Kosten in bürgerlichen Rechtsstreitigkeiten, in Konkurssachen und in den Angelegenheiten der freiwilligen Gerichtsbarkeit.

---

470 RGBl. 1879, S. 197, im Folgenden KGG 1879.
471 Vgl. die Legaldefinition des Begriffes in § 2 Abs. 1 Nr. 2 KGG 1900.
472 § 3 Nr. 1 SchGG 1886.
473 RGBl. 1900, S. 813, im Folgenden SchGG 1900. In dieser Fassung findet sich das Schutzgebietsgesetz im Anhang D. I.
474 Im Folgenden KGG 1900, RGBl. 1900, S. 213.
475 Zur Geltung preußischen Rechts in den Schutzgebieten s. *Fischer*, Die deutschen Kolonien, S. 84 ff.

In strafrechtlicher Hinsicht galten nach § 19 Nr. 2 KGG zunächst die zum Strafrecht gehörenden Vorschriften der Reichsgesetze sowie die Vorschriften dieser Gesetze über das Verfahren und die Kosten in Strafsachen. Über § 3 SchGG 1900 fanden zudem u. a. die Vorschriften der §§ 52 bis 75 KGG 1900 und damit besondere Regelungen für das Verfahren in Strafsachen und über die Kosten entsprechende Anwendung.

Die komplexe Verweisungstechnik des Schutzgebietsgesetzes wurde vielfach kritisiert.[476] Die Anwendbarkeit von Normen des Konsulargerichtsbarkeitsgesetzes führte im Ergebnis dazu, daß die strafrechtliche Behandlung der nichteingeborenen Schutzgebietsbevölkerung weitgehend mit der strafrechtlichen Behandlung von Reichsangehörigen im Deutschen Reich übereinstimmte, soweit das mutterländische Recht nicht Einrichtungen und Verhältnisse voraussetzte, an denen es für das Schutzgebiet fehlte.[477]

Für die eingeborene Bevölkerung wurde die grundsätzliche Nichtgeltung der Weißen-Gerichtsbarkeit und des für die weiße Bevölkerung gültigen materiellen und formellen Rechts klarer noch als 1886 ausdrücklich formuliert in § 4 SchGG:

> „Die Eingeborenen unterliegen der im § 2 geregelten Gerichtsbarkeit und den im § 3 bezeichneten Vorschriften nur insoweit, als dies durch Kaiserliche Verordnung bestimmt wird. Den Eingeborenen können durch Kaiserliche Verordnung bestimmte andere Theile der Bevölkerung gleichgestellt werden."

Ist im bisher Gesagten der grundlegende Dualismus im Schutzgebietsrecht aufgezeigt worden, so bedarf es nunmehr einer differenzierenden Betrachtung, welcher Personenkreis die privilegierte Rechtsstellung der nichteingeborenen Bevölkerung genoß.

---

[476] Vgl. hier nur die Kritik von *Preuß*, Die Rechtspflege in gemischten Angelegenheiten, in: Verhandlungen des Deutschen Kolonialkongresses 1905, S. 381 (384 f.): „Daß durch eine derartige Aufzählung einzelner Paragraphen eines anderen Gesetzes die Verständlichkeit des anzuwendenden Gesetzes recht erschwert wird, bedarf keiner Ausführung." Der Wunsch sei „nicht unberechtigt, ein Gesetz zu haben, daß aus sich selbst heraus verständlich, Zitierungen möglichst vermeidend [...] den Rechtsstoff, soweit angängig, erschöpfend regelt. [...] Damit ist ein neues Gesetz, betreffend die Rechtsverhältnisse in unsern Kolonien meines Erachtens dringend notwendig."

[477] Vgl. 3. Kap. E. I. und F. I. zu der für die weiße Bevölkerung geltenden Gerichtsverfassung, sowie dem materiellen und prozessualen Kolonialstrafrecht.

1. Angehörige des Deutschen Reiches

Eine solche privilegierte Rechtsstellung besaßen zunächst Angehörige des Deutschen Reiches. Reichsangehörige waren diejenigen Personen, denen nach Maßgabe des Reichsgesetzes vom 1. Juni 1870[478] die Staatsangehörigkeit in einem deutschen Bundesstaat oder die Landesangehörigkeit in Elsaß-Lothringen zustand.[479] Reichsangehörige genossen in den Schutzgebieten all dieselben Rechte und hatten dieselben Pflichten gegen ihren Heimatstaat und das Reich,[480] die Reichsangehörige im Ausland generell hatten. Zu den wesentlichsten Pflichten von Reichsangehörigen in den deutschen Schutzgebieten zählte dabei die Heranziehung zum Wehrdienst in der Schutztruppe. Nach deren Aufstellung durch Reichsgesetz vom 22. März 1891[481] zunächst in Deutsch-Ostafrika und vier Jahre später mit Gesetz vom 9. Juni 1895[482] auch für die von Unruhen erschütterten Gebiete Deutsch-Südwestafrika und Kamerun erging schließlich am 7. Juli 1896 eine umfassende Regelung durch das Schutztruppengesetz.[483]

Gleichzeitig wurde klargestellt, daß Reichsangehörige auch bei einem mehr als zehnjährigen Aufenthalt in den Schutzgebieten ihre Reichsangehörigkeit behielten. Im Hinblick auf § 21 Abs. 1 des Gesetzes vom 1. Juni 1870, der den Verlust der Staats- und damit der Reichsangehörigkeit bei einem mehr als zehnjährigem Aufenthalt im Ausland zum Gegenstand hatte, sah § 6 Abs. 3 SchGG 1888[484] die Behandlung der Schutzgebiete als Inland vor. Diese Regelung wurde auch in § 2 Abs. 2 des Reichs- und Staatsangehörigkeitsgesetzes (RuStAG) vom 22. Juli 1913[485] übernommen. Mit dem Verlust der Schutzgebiete gemäß Art. 119 des Versailler Vertrages von 1919[486] wurde sie allerdings gegenstandslos.[487]

478 Gesetz über die Erwerbung und den Verlust der Bundes- und Staatsangehörigkeit v. 1. Juni 1870, RGBl. 1870, S. 355, geändert durch das Einführungsgesetz zum Bürgerlichen Gesetzbuch v. 18. August 1896, RGBl. 1896, S. 615.

479 Sog. mittelbare Reichsangehörigkeit.

480 Vgl. zu den Rechten und Pflichten von Reichsangehörigen im In- und Ausland *Laband*, Deutsches Reichsstaatsrecht, S. 40 ff.

481 Gesetz, betr. die Ksl. Schutztruppe für Deutsch-Ostafrika, RGBl. 1891, S. 53.

482 Gesetz, betr. die Ksl. Schutztruppen für Südwestafrika und Kamerun, RGBl. 1895, S. 258.

483 Gesetz wegen Abänderung des G v. 22.3.1891 und des G v. 9.6.1895, RGBl. 1896, S. 187; S. die Bekanntmachung wegen Redaktion des Gesetzes, betr. die Ksl. Schutztruppen in den Afrikanischen Schutzgebieten und die Wehrpflicht daselbst, v. 18.7.1896, RGBl. 1896, S. 653.

484 Bekanntmachung wegen Redaktion des Gesetzes, betreffend die Rechtsverhältnisse der deutschen Schutzgebiete, v. 19.3.1888, RGBl. 1888, S. 75; § 9 Abs. 3 SchGG 1900 nahm diese Regelung wortgleich auf.

485 RGBl. 1913, S. 583.

486 RGBl. 1919, S. 687.

2. Naturalisation von Ausländern und Eingeborenen

Ausländern, die sich in den Schutzgebieten niederließen, sowie Eingeborenen konnte durch Naturalisation die Reichsangehörigkeit vom Reichskanzler oder einem von ihm ermächtigten Beamten verliehen werden. Durch diese in § 6 Abs. 1 SchGG 1888 (bzw. § 9 Abs. 1 SchGG 1900) vorgesehene Möglichkeit konnte Ausländern und Eingeborenen im Gegensatz zu § 1 des Gesetzes vom 1. Juni 1870 die Reichsangehörigkeit auch unmittelbar ohne die Voraussetzung der Staatsangehörigkeit in einem Bundesstaat oder der Landeszugehörigkeit zu Elsaß-Lothringen verliehen werden. Nach der Neuordnung des Reichs- und Staatsangehörigkeitsrechts 1913 fand diese Regelung in § 33 Nr. 1 RuStAG ihren Niederschlag.[488]

Tatsächlich wurde allerdings von der Einbürgerung echter Eingeborener abgesehen. Ein gegenteiliger Hinweis ist der zeitgenössischen Literatur jedenfalls nicht zu entnehmen.[489] Allerdings ist für die Deutsche Südsee die Naturalisation des angesehenen Geschäftsmannes und Gerichtsbeisitzers Pedro Ada aus Saipan (Marianen) nachgewiesen worden.[490] Darüber hinaus wurden jedoch nur Buren und in Härtefällen vereinzelt auch sogenannte „Mischlinge“[491] eingebürgert.[492]

Durch die Verweisung von § 6 Abs. 2 SchGG 1888 (bzw. § 9 Abs. 2 SchGG 1900) auf Art. 3 der Reichsverfassung[493] und damit auf das sogenannte „gemeinsame Indigenat“ war klargestellt, daß eingebürgerte Ausländer in jedem deutschen Bundesstaat als Inländer zu behandeln waren.[494] Schließlich verwies § 6 Abs. 2 SchGG 1888 (bzw. § 9 Abs. 2 SchGG 1900) auf § 4 des Wahlgesetzes für den Deutschen Reichstag vom 31. Mai 1869[495] Damit waren die eingebürgerten Ausländer und Eingeborenen nach Ablauf eines Jahres nach der Naturali-

---

487 Vgl. *Hailbronner/Renner*, Staatsangehörigkeitsrecht, Teil I. B. Rn. 1- 4., Teil II. § 2 StAG Rn. 4-7.

488 Auch diese Regelung wurde durch Art. 119 ff. des Versailler Vertrages gegenstandslos, vgl. *Hailbronner/Renner*, Staatsangehörigkeitsrecht, § 33 StAG Rn. 2.

489 Hierauf weist auch *Wagner*, Die deutschen Schutzgebiete, S. 249 hin.

490 Der Katholik Pedro Ada, ausgestattet mit besten Verbindungen bis in die höchsten Kreise der deutschen Kolonialhierarchie, sandte seinen Sohn zur Erziehung nach Deutschland. Als Beisitzer am Bezirksgericht von Saipan war er mitverantwortlich für das einzige dort unter deutscher Verwaltung gesprochene Todesurteil, vgl. *Hiery*, Das deutsche Reich in der Südsee, S. 289; *Hardach*, König Kopra, S. 172; *Hempenstall*, Mikronesier und Deutsche, in: Die deutsche Südsee, S. 586.

491 Zu den „Mischehen“ und „Mischlingen“ s. noch unten 3. Kap. B. III.

492 *Hailbronner/Renner*, Staatsangehörigkeitsrecht, § 33 StAG Rn. 1.

493 RGBl. 1871, S, 63.

494 *v. Stengel*, Die Rechtsverhältnisse der deutschen Schutzgebiete, S. 58.

495 BGBl. 1869, S. 145.

sation zum Reichstag wählbar. Das aktive Wahlrecht stand dieser Personengruppe jedoch nicht zu, da §§ 1 und 7 des Wahlgesetzes den Wohnsitz des Wahlberechtigten in einem Wahlbezirk eines Bundesstaates voraussetzten. Dies war jedoch ausgeschlossen, da gerade die Ansässigkeit in einem Schutzgebiet Voraussetzung der Naturalisation war.[496]

Neben der Ausländern und Eingeborenen durch § 6 Abs. 1 SchGG 1888 (bzw. § 9 SchGG 1900) zumindest theoretisch ermöglichten Einbürgerung, bestand die Möglichkeit des Erwerbs der Reichsangehörigkeit durch die Anstellung als Beamter. Schon § 9 des Gesetzes über die Erwerbung und den Verlust der Bundes- und Landesangehörigkeit vom 1. Juni 1870 sah vor, daß die Bestallung eines in den unmittelbaren oder mittelbaren Staatsdienst oder in den Kirchen-, Schul- oder Kommunaldienst aufgenommenen Ausländers die Stelle der Naturalisationsurkunde vertrete, sofern nicht ein entgegenstehender Vorbehalt in der Bestallung ausgedrückt werde. Diese Vorschrift ergänzend, bestimmte das Reichsgesetz vom 20. Dezember 1875,[497] daß Ausländern, die im Reichsdienste angestellt waren, ein Diensteinkommen aus der Reichskasse bezogen und ihren dienstlichen Wohnsitz im Auslande hatten, von demjenigen Bundesstaat, in welchem sie die Verleihung der Staatsangehörigkeit beantragten, die Naturalisationsurkunde nicht versagt werden durfte. In der Literatur wurde diskutiert, ob diese vor Beginn der deutschen Kolonialzeit erlassenen Vorschriften auf die Einbürgerung von ausländischen Schutzgebietsbeamten anwendbar seien. Eine allgemeine Staatspraxis, nach der die Schutzgebiete als „Ausland" im Sinne des Gesetzes vom 20. Dezember 1875 angesehen wurden, ließ sich jedoch nicht feststellen. Eingeborene waren nach dem Wortlaut des Gesetzes ohnehin keine „Ausländer".[498]

Auch das Inkrafttreten des RuStAG am 1. Januar 1914 änderte an der rechtlichen und tatsächlichen Lage wenig. § 2 Abs. 2 RuStAG stellte klar, daß die Schutzgebiete gemäß diesem Gesetz als Inland, allerdings nicht als „Bundesstaat" galten. Der Dienst in den Schutzgebieten unterfiel daher nicht den Vorschriften der §§ 15 und 34 RuStAG, die eben den Wohnsitz des Ausländers im Ausland oder in einem Bundesstaat voraussetzten. Zudem war die Verhinderung des automatischen Erwerbs der Reichsangehörigkeit von Eingeborenen durch die Anstellung als Beamte erklärtes Ziel des Gesetzgebers.[499]

---

496 Aus diesem Grunde sollte das aktive Wahlrecht naturalisierter Eingeborener „ruhen", *Gerstmeyer*, Schutzgebietsgesetz, § 9 SchGG, Anm. 6.

497 Gesetz, betr. die Naturalisation von Ausländern, welche im Reichsdienste angestellt sind, v. 20.12.1875, RGBl. 1875, S. 324.

498 *Wagner*, Die deutschen Schutzgebiete, S. 258 ff.

499 Dies weist *Wagner*, Die deutschen Schutzgebiete, S. 262, mit Hinweis auf die amtliche Begründung zum Regierungsentwurf des RuStAG nach.

3. Angehörige „anderer zivilisierter Staaten“

Anerkannt war, daß Angehörige „anderer zivilisierter Staaten“ nicht der Eingeborenengerichtsbarkeit unterfallen sollten. Hierzu gehörten die Angehörige völkerrechtlich anerkannter Staaten.[500] Im Schrifttum wurde auch von „de facto-Untertanen“ gesprochen.[501] Dies rührte daher, daß diese Personengruppe der territorialen Schutzgewalt des Deutschen Reiches für die Dauer ihres Aufenthaltes in einem Schutzgebiet unterworfen war.[502] An anderer Stelle wurde die rechtliche Privilegierung von Angehörigen dieser Staaten aus dem Begriff der „Schutzgenossenschaft“ gemäß § 2 Abs. 1 Nr. 2 KGG 1900 hergeleitet, demzufolge auch Ausländer, „soweit sie für ihre Rechtsverhältnisse durch Anordnung des Reichskanzlers oder auf Grund einer solchen dem deutschen Schutze unterstellt sind“, der Konsulargerichtsbarkeit unterworfen waren.[503] Diese Begründung mittels eines Begriffs aus der nichtterritorialen Konsulargerichtsbarkeit wurde allerdings mit Blick auf den territorialen Charakter der Schutzgebietsgerichtsbarkeit im Schrifttum kritisiert.[504]

Die rechtliche Besserstellung von Angehörigen „zivilisierter Staaten“ betraf die Unterstellung unter das in dem betreffenden Schutzgebiet geltende Gesetzes- und Verordnungsrecht für die weiße Bevölkerung, ohne daß allerdings die Ausländer stets dieselben umfassenden Rechte wie Reichsangehörige genossen hätten. Dies war nur ausnahmsweise der Fall, etwa bei der Möglichkeit der Ernennung zu Gerichtsbeisitzern („aus den achtbaren Gerichtseingesessenen“) durch den Bezirksrichter gemäß § 2 SchGG 1900 i.V.m. § 12 Abs. 1 KGG 1900.[505] In Deutsch-Südwestafrika konnte nichtdeutschen Gemeindeangehörigen aufgrund besonderer Verdienste oder besonderer wirtschaftlicher Leistungsfähigkeit das Wahlrecht zum Gemeinderat verliehen werden.[506]

---

[500] *Laband*, Das Staatsrecht des Deutschen Reiches II, S. 279; *Fischer*, Die deutschen Kolonien, S. 75; *Wagner*, Die deutschen Schutzgebiete, S. 243.

[501] *v. Stengel*, Die Rechtsverhältnisse der deutschen Schutzgebiete, S. 58.

[502] *v. Stengel*, Die Rechtsverhältnisse der deutschen Schutzgebiete, S. 58; *Wagner*, Die deutschen Schutzgebiete, S. 243; *Kuhn*, Die deutschen Schutzgebiete, S. 117.

[503] *Laband*, Das Staatsrecht des Deutschen Reiches II, S. 279; *Fischer*, Die deutschen Kolonien, S. 75.

[504] So etwa von *Kuhn*, Die deutschen Schutzgebiete, S. 116; *Köbner*, Die Rechtsstellung der deutschen Kolonialbevölkerung, S. 217 und *Wagner*, Die deutschen Schutzgebiete, S. 243.

[505] In Kiautschou waren hingegen nur deutsche Reichsangehörige zu Beisitzern zu ernennen, § 4 Abs. 1 der Dienstanweisung für die Ausübung der Gerichtsbarkeit im Kiautschougebiet, erlassen vom Reichskanzler, v. 23.10.1907, DKolGG (XI) 1907, S. 459.

[506] § 16 Abs. 2 der VO des Reichskanzlers, betr. die Selbstverwaltung in Deutsch-Südwestafrika, v. 28.1.1909, DKolGG (XIII) 1909, S. 19; *Huber*, Koloniale Selbstverwaltung in Deutsch-Südwestafrika, Anlage VIII, S. 298 ff.

Auch farbige US-Amerikaner unterfielen als Angehörige eines „zivilisierten Staates“ dem Recht der Weißen.[507] Für drohende diplomatische Verwicklungen und eine scharfe Zurechtweisung seitens des RKA sorgte daher die Verurteilung des Amerikaners William Purery durch das Bezirksamt Swakopmund am 7. September 1907. Der schwarze US-Bürger wurde wegen gefährlicher Körperverletzung zu sechs Monaten Gefängnis mit Zwangsarbeit und 25 Prügelschlägen verurteilt. Das RKA sah sich daraufhin gezwungen, die örtlichen Behörden nachdrücklich darauf hinzuweisen, daß

> „...alle für die Eingeborenen ergangenen Bestimmungen, auf Bevölkerungselemente keine Anwendung finden, welche Angehörige von Staaten sind, die vollberechtigte Glieder der völkerrechtlichen Gemeinschaft bilden.“[508]

Das RKA fuhr fort, es hätte eine Verhandlung vor einem ordentlichen Gericht stattfinden müssen und die Anwendung der Prügelstrafe sei ausgeschlossen gewesen. „Da die Verletzung der erwähnten Grundsätze unter Umständen zu diplomatischen Weiterungen Veranlassung geben kann,“ seien alle Dienststellen hiervon in Kenntnis zu setzen.[509]

4. Gleichgestellte Personengruppen

Gemäß §§ 4, 7 Abs. 3 SchGG 1900 i.V.m. § 2 der Kaiserlichen Verordnung, betreffend die Rechtsverhältnisse in den deutschen Schutzgebieten vom 9. November 1900[510] wurden Angehörige fremder farbiger Stämme[511] den Eingeborenen gleichgestellt, soweit nicht der Gouverneur (Landeshauptmann) mit Genehmigung des Reichskanzlers Ausnahmen bestimmte. Einige solcher Ausnahmen sind auf dem Verordnungswege bestimmt worden. Dies führte im Ergebnis

---

[507] Hierauf weisen unter anderem hin: *Doerr*, Deutsches Kolonialstrafrecht, in: ZfKKK (10) 1908, S. 321 f.; *Köbner*, Die Rechtsstellung der deutschen Kolonialbevölkerung, S. 221; *Mallmann*, Rechte und Pflichten in den deutschen Schutzgebieten, S. 80; *Sassen*, Die staatsrechtliche Natur der deutschen Schutzgebiete, in: ZfKKK (8) 1906, S. 610 und *Wagner*, Die deutschen Schutzgebiete, S. 242 Fn. 61.

[508] Schreiben des StS d. RKA an den Ksl. Gouverneur v. DSWA, v. 29.6.1906, BA RKA 1001/5080, Bl. 35; vgl. noch weiter: „Ferner ist hier aufgefallen, daß zur Bezeichnung der bestraften Eingeborenen vielfach der Ausdruck 'Klippkaffer' gebraucht worden ist. Da dieser der Vulgärsprache angehört, wird er in amtlichen Schriftstücken zu vermeiden und durch die ethnologisch zutreffende Bezeichnung ('Bergdamara' usw.) zu ersetzen sein. Ich bitte auch deswegen Anweisung ergehen zu lassen.“

[509] Vgl. *Schröder*, Prügelstrafe und Züchtigungsrecht in den deutschen Schutzgebieten Schwarzafrikas, S. 26 f., der eine entsprechende Anweisung Gouverneur Zechs für Togo nachweist.

[510] RGBl. 1900, S. 1005. Der Text der Verordnung findet sich in Anhang D II.

[511] Hierunter fielen alle nicht im Schutzgebiet selbst heimischen farbigen Stämme, vgl. unten 3. Kap. B. II.

meist dazu, daß die betreffenden Personengruppen der Farbigenrechtspflege entzogen und der Weißengerichtsbarkeit unterstellt wurden.

a) Japaner

Japaner galten nach der Verordnung vom 9. November 1900 nicht als Angehörige farbiger Stämme[512] und unterstanden damit der Weißengerichtsbarkeit. Im Ergebnis entsprach dies den Vorstellungen der Zeit: Schon seit Mitte des 19. Jahrhunderts war der Kreis der Staaten der „Völkerrechtsgemeinschaft" über den christlich-abendländischen Kulturkreis hinaus ausgedehnt worden. Japan war zur Jahrhundertwende völkerrechtlich anerkannt,[513] und nach zeitgenössischem Verständnis „neuerdings zu den Kulturnationen" gestoßen,[514] bzw. „den europäischen Großmächten zur Seite getreten".[515] Insofern hätte es nicht des Umweges über eine Fiktion bedurft, mittels der die Japaner von der allgemeinen Gleichstellung von Angehörigen fremder farbiger Stämme mit den „Eingeborenen" ausgenommen wurden. Sie hätten vielmehr schon als „zivilisierte Ausländer"[516] der Weißen-Gerichtsbarkeit unterstellt werden müssen.[517]

b) Deutsch-Ostafrikanische Bevölkerungsgruppen

Die „buntgewürfelte"[518] Bevölkerung Deutsch-Ostafrikas machte es nach dem Verständnis der Zeit notwendig, auf dem Verordnungsweg Ausnahmen von der grundsätzlichen Gleichstellung[519] der fremden farbigen Stämme mit den Eingeborenen zu bestimmen.[520]

---

[512] § 2 Satz 2 der Ksl. VO v. 9.11.1900.

[513] *v. Dungern*, Die völkerrechtlichen Grundlagen der neueren Kolonialgründungen, S. 6 Fn. 2.

[514] *Brinkmann*, Strafrecht und Strafverfahren für die Eingeborenen der deutschen Schutzgebiete, S. 19.

[515] *Karlowa*, Die Strafgerichtsbarkeit über die Eingeborenen in den deutschen Schutzgebieten, S. 8.

[516] S. hierzu oben 3. Kap. B. I. 3.

[517] So auch *Kuhn*, Die deutschen Schutzgebiete, S. 129 Fn. 84; *Preuß*, Die Rechtspflege in gemischten Angelegenheiten, in: Verhandlungen des Deutschen Kolonialkongresses 1905, S. 381 (382) und *Wagner*, Die deutschen Schutzgebiete, S. 244.

[518] *Karlowa*, Die Strafgerichtsbarkeit über die Eingeborenen in den deutschen Schutzgebieten, S. 8.

[519] § 2 d. Ksl. VO v. 9.11.1900.

[520] Ausführlich hierzu *Lederer*, Die rechtliche Stellung der Muslime innerhalb des Kolonialrechtssystems im ehemaligen Schutzgebiet Deutsch-Ostafrika, S. 24 ff., 36 ff.

1904 erging eine solche Verordnung des Gouverneurs von Deutsch-Ostafrika,[521] die die rechtliche Gleichstellung der Goanesen und Parsen mit den Nichteingeborenen vorschrieb. In § 1 dieser Verordnung hieß es, Goanesen und Parsen seien in Deutsch-Ostafrika im Sinne der §§ 4, 7 des SchGG als Nichteingeborene anzusehen. „Goanesen“ waren eine aus den portugiesischen Kolonien in Indien stammende Bevölkerungsgruppe, die nur etwa 150 Personen betragen haben soll.[522] Unter „Parsen“ oder auch „Parsi“ verstand man die nach Indien ausgewanderten Anhänger der persischen Religion der Zoroastrier.[523] Zehn Jahre vorher waren 1894 in einem Erlaß des Gouverneurs Inder und Parsen noch zu den Eingeborenen gezählt worden, wenngleich die Bezirks- und Bezirksnebenämter ersucht worden waren,

> „die höher stehenden Angehörigen solcher Stämme den Weißen möglichst gleich zu behandeln [...] und auch bei der Zumessung der Strafe den *Eigentümlichkeiten* und dem *Bildungsgrade* jedes Stammes und jeder Person Rechnung zu tragen“.[524]

Neben den Goanesen und Parsen sollen in Deutsch-Ostafrika auch weitere Bevölkerungsgruppen der Weißengerichtsbarkeit unterstellt worden seien. So ist 1903 in der Literatur berichtet worden, die christlichen Syrer und Goanesen sowie „neuerdings“ die christlichen Ceylonesen seien der Eingeborenen-Gerichtsbarkeit entzogen und der Weißen-Gerichtsbarkeit unterstellt worden.[525] Im Jahre 1904 hieß es, daß schon „nach den früheren Bestimmungen“ die christlichen Goanesen und christlichen Syrer der europäischen Gerichtsbarkeit unterstellt und den Goanesen später christliche Ceylonesen, sog. Burghers, gleichgestellt wurden.[526] Nach anderen Angaben wurde Ceylonesen, Goanesen, Parsen und Syrern die „Stellung von Weißen erteilt“[527] oder allgemein von einer „schon frühzeitigen“ Unterstellung „christlicher Stammesgenossen“ unter die europäische Gerichtsbarkeit berichtet.[528] Eine formelle Rechtsgrundlage für die Gleichstellung nicht-mohammedanischer Syrer erging indessen erst mit der Gouver-

---

[521] VO des Gouverneurs von Deutsch-Ostafrika, betr. die rechtliche Gleichstellung der Goanesen und Parsen mit den Nichteingeborenen, v. 3.10.1904, DKolGG (VIII) 1904, S. 234.
[522] *Wagner*, Die deutschen Schutzgebiete, S. 245.
[523] *Fischer*, Die deutschen Kolonien, S. 76, 80; Vgl. *Schröder*, Prügelstrafe und Züchtigungsrecht in den deutschen Schutzgebieten Schwarzafrikas, S. 26.
[524] Erlaß des Gouverneurs von Deutsch-Ostafrika, betr. den Erlaß einer allgemeinen Polizeiverordnung, v. 30.3.1894, DKolGG (VI) 1901-1902, S. 72 (Hervorhebungen im Original).
[525] *Köbner*, Die Rechtsstellung der deutschen Kolonialbevölkerung, S. 221.
[526] *Ziegler*, Eingeborenenstrafrecht in den deutschen Schutzgebieten, S. 589; ihm folgend, *Brinkmann*, Strafrecht und Strafverfahren für die Eingeborenen der deutschen Schutzgebiete, S. 21.
[527] *Doerr*, Deutsches Kolonialstrafrecht, in: ZfKKK (10) 1908, S. 322.
[528] *Karlowa*, Die Strafgerichtsbarkeit über die Eingeborenen in den deutschen Schutzgebieten, S. 8.

neurs-Verordnung vom 10. Juni 1910.[529] Darüber hinaus läßt sich nur die rechtliche Privilegierung syrischer Dolmetscher des Gouvernements in Daressalam belegen.[530] Einem Runderlaß des Gouverneurs vom 1. Oktober 1904[531] läßt sich entnehmen, daß diese Gruppe bis zu einer anderweitigen Entscheidung ihren Gerichtsstand bei den für die weiße Bevölkerung zuständigen Bezirksgerichten behalten sollte.

Interessant ist in diesem Zusammenhang, daß schon aus der Sicht eines zeitgenössischen Praktikers, des Oberrichters Ziegler aus Daressalam, die vorstehende Unterscheidung als unbefriedigend empfunden wurde. Eine vollständig befriedigende Lösung werde indes bei der „Buntheit der zwischen den Europäern und Eingeborenen stehenden farbigen Bevölkerungsgruppen auch wohl nicht gefunden werden können". Zieglers meinte,

> „...daß die künftige Entwicklung nicht an der schroffen Zweiteilung von Europäer- und Eingeborenengerichten festhalten kann. Es hat sich das Bedürfnis nach einer Art höherer Eingeborenengerichtsbarkeit geltend gemacht. Es ist dabei zunächst zu erwägen, ob nicht die Aburteilung schwererer Straftaten gegenüber den höher entwickelten Farbigenklassen [...] dem Richter für die europäische Gerichtsbarkeit zu übertragen ist, ohne daß aber zugleich diese Farbigenklassen dem deutschen Recht unterstellt werden."[532]

Schließlich ist noch die Kaiserliche Verordnung vom 24. Oktober 1903[533] zu erwähnen, mittels der die für die deutschen Schutzgebiete einzigartige „deutsch-ostafrikanische Landesangehörigkeit"[534] eingeführt wurde. Nach §§ 1, 3 Abs. 2 der Verordnung bestimmte der Gouverneur in jedem Fall der Verleihung der deutsch-ostafrikanischen Landesangehörigkeit an Personen, die sich im Schutzgebiet niedergelassen hatten, ob der Beliehene im Sinne der §§ 4, 7 SchGG 1900 als Eingeborener oder Nichteingeborener anzusehen war.

---

[529] VO, betr. die rechtliche Gleichstellung der nicht mohammedanischen Syrer mit den Nichteingeborenen, v. 10.6.1910, LGGDOA, S. 194.

[530] Vgl. auch *Wagner*, Die deutschen Schutzgebiete, S. 246. Dieser weist zudem darauf hin, daß der Beleg von *Mallmann*, Rechte und Pflichten in den deutschen Schutzgebieten, S. 80, der sich hinsichtlich der behaupteten Gleichstellung von Ceylonesen und Syrern auf die VO v. 3.10.1904 beruft, offenbar unzutreffend ist.

[531] R.E. des Gouverneurs von DOA, betr. die Unterstellung der Goanesen und Parsen unter die Nichteingeborenengerichtsbarkeit, v. 1.10.1904, DKolGG (VIII) 1904, S. 234.

[532] *Ziegler*, Eingeborenenstrafrecht in den deutschen Schutzgebieten, S. 589 f.

[533] Allerhöchste VO, betr. die Verleihung der deutsch-ostafrikanischen Landeshoheit, v. 24.10.1903, *Zorn/Sassen*, Deutsche Kolonialgesetzgebung, S. 452; DKolGG (VII) 1903, S. 227.

[534] Vgl. hierzu *Lederer*, Die rechtliche Stellung der Muslime innerhalb des Kolonialrechtssystems im ehemaligen Schutzgebiet Deutsch-Ostafrika, S. 34; *Wagner*, Die deutschen Schutzgebiete, S. 256 ff.

c) Samoa und die dortigen chinesischen Kontraktarbeiter

Auf Samoa bestimmte § 3 der Verordnung des Gouverneurs vom 1. März 1900,[535] daß als Eingeborene neben den Samoanern die Angehörigen anderer farbiger Stämme anzusehen waren. Dies entsprach insoweit der durch die Kaiserliche Verordnung vom 9. November 1900 vorgegebenen Rechtslage.[536] Ergänzt wurde die Verordnung durch eine Bekanntmachung des Gouverneurs vom 1. Juli 1900,[537] nach der diejenigen Personen, die im Schutzgebiet wohnten oder sich dort aufhielten und nicht Eingeborene waren, „Fremde" genannt wurden. Die Bezeichnung „Fremde" für die im Schutzgebiet seßhafte nichteingeborene Bevölkerung, also auch für Reichsangehörige, war eine Folge des „Fremden-" Begriffes der Samoa-Akte vom 14. Juni 1889,[538] der durch § 3 der Verordnung vom 1. März 1900 zum Bestandteil des deutschen Kolonialrechts gemacht worden war.[539]

Eine Ausnahmestellung nahmen auf Samoa die sogenannten „Schwarzen Jungen" ein. Diese waren größtenteils aus Deutsch-Neuguinea eingewanderte Pflanzungsarbeiter, die – obgleich sie nach dem Grundsatz der Gouverneursverordnung vom 1. März 1900 als Angehörige „anderer farbiger Stämme" eigentlich den Eingeborenen hätten gleichgestellt werden müssen – der Eingeborenengerichtsbarkeit entzogen wurden.[540]
Bemerkenswert ist die Entwicklung der Rechtsstellung der chinesischen Kontraktarbeiter auf Samoa, die ab April 1903 in das Land geholt wurden.[541] Ihre Zahl betrug zum 1. Januar 1914 neben 17 dort fest ansässigen Chinesen, die unter die weiße Bevölkerung gezählt wurden, insgesamt 2.083 Personen.[542] Die rechtliche Sonderstellung der Chinesen ging auf ein Gesetz des Königs Malietoa

535 VO des Gouverneurs von Samoa, betr. die Rechtsverhältnisse, v. 1.3.1900, DKolGG (V) 1900, S. 33.
536 Vgl. hierzu oben 3. Kap. B. I. 4.
537 Bekanntmachung des Gouverneurs von Samoa, betr. Auslegung des Begriffs „Eingeborener", v. 1. Juli 1900, DKolGG (V) 1900, S. 104.
538 Generalakte der Samoa-Konferenz in Berlin, DKolGG (I) 1892, S. 656.
539 Vgl. *Wagner*, Die deutschen Schutzgebiete, S. 363 und *Sack*, Das deutsche Rechtswesen in Polynesien, in: Die deutsche Südsee 1884-1914, S. 676 (681 f.).
540 Denkschrift über die Entwicklung der deutschen Schutzgebiete in Afrika und der Südsee 1900/1901, in: RT-Verh., Sten. Ber., X. Leg. Per., II. Sess. 1900/1902, Anl., 5. Bd., S. 2906 (2957); *Peters*, Der Begriff sowie die staats- und völkerrechtliche Stellung der Eingeborenen in den deutschen Schutzgebieten nach deutschem Kolonialrechte, S. 7 f.
541 Vgl. hierzu auch *Hiery*, Das Deutsche Reich in der Südsee, S. 110, 135, 236-240; ders., Die deutsche Verwaltung Samoas, in: Die deutsche Südsee, S. 669 ff.; *Sack*, Das deutsche Rechtswesen in Polynesien, in: Die deutsche Südsee 1884-1914, S. 680 f.
542 *Hiery*, Die deutsche Verwaltung Samoas, in: Die deutsche Südsee 1884-1914, S. 670, 672.

Laupepa aus dem Jahr 1880[543] zurück, das offenbar die Einwanderung von Chinesen verboten hatte. Nach dem Erwerb der westlichen Samoa-Inseln durch das Deutsche Reich erging am 1. März 1903 eine Verordnung[544] des Gouverneurs Solf. Danach durften Chinesen mit Genehmigung des Gouverneurs in das Schutzgebiet einwandern und sich dort niederlassen (§ 1), ein Handwerk betreiben oder Land pachten (§ 2). Der Erwerb von Land oder der Betrieb eines Handelsgewerbes wurde ihnen indessen untersagt (§ 3) und für die Zuwiderhandlung Geldstrafe oder Gefängnis bis zu drei Monaten angedroht (§ 4). Das Gesetz des samoanischen Königs wurde aufgehoben (§ 8). Mit Verordnung vom 25. April 1905[545] wurden die chinesischen Kontraktarbeiter dann den Eingeborenen rechtlich gleichgestellt, „soweit nicht in dieser Verordnung etwas anderes bestimmt ist" (§ 3). Von der Verordnung verdienen hier insbesondere die Strafvorschriften Beachtung. So konnte nach § 20 gegenüber Kulis, die sich „dem Müßiggang hingaben" oder andere Verfehlungen ihres Arbeitsverhältnisses zuschulden kommen ließen, unter anderem Prügelstrafe bis zur Zahl von zwanzig Rutenhieben verhängt werden.[546]

Die Verordnung vom 1. März 1903 mit ihren einschneidenden Beschränkungen blieb jedoch weiterhin in Kraft, so daß die Chinesen in diesen Bereichen gegenüber den Eingeborenen rechtlich benachteiligt waren. Dies spiegelte sich zudem in der Gefängnis-Ordnung vom 5. Dezember 1908[547] wider, die in § 24 anordnete, daß samoanische und chinesische Gefangene nicht in demselben Raum untergebracht oder gemeinsam beschäftigt werden durften. Zudem hatten die chinesischen Gefangenen eine gegenüber ihren samoanischen Mithäftlingen längere Arbeitszeit und eine kürzere Mittagspause, da insoweit § 22 der Gefängnis-Ordnung die Bestimmungen über die Arbeitszeit aus der Verordnung vom 25. April 1905 für anwendbar erklärte. Auch die Ankunft eines chinesischen Konsuls in Samoa 1909 konnte zunächst nur wenig an der entwürdigenden Lage der Kontraktarbeiter, die bei ihrer Ankunft eine am linken Arm zu tragende Blech-

---

543 Gesetz König Malieto Laupepa aus dem Jahr 1880, relating to the immigration of Chinese into Samoa, Samoa Royal Gazette, Vol. I, No. 2. v. 15.9.1902, nach DKolGG (VII) 1903, S. 53.

544 VO des Gouverneurs von Samoa, betr. die Einwanderung und Niederlassung von Chinesen in Samoa, v. 1.3.1903, DKolGG (VII) 1903, S. 53.

545 VO des Gouverneurs von Samoa, betr. die chinesischen Kontraktarbeiter, v. 25.4.1905, DKolGG (IX) 1905, S. 136, Samoanisches Gouvernementsblatt (III) 1900-1910, S. 133; neuveröffentlicht mit einigen Abänderungen am 10.11.1909, DKolGG (XIII) 1909, S. 627.

546 Zum „Disziplinarstrafrecht" vgl. noch unten 3. Kap. F. II. 1. c)

547 Gefängnis-Ordnung (für das Gefängnis von Apia), erlassen vom Oberrichter von Samoa, DKolGG (XII) 1908, S. 531, ergänzt durch die Bekanntmachung des Oberrichters von Samoa wegen Abänderung der Gefängnis-Ordnung vom 5.12.1908 (für das Gefängnis in Apia), v. 12. August 1909, DKolGG (XIII) 1909, S. 403, die die Arbeitszeiten für eingeborene Häftlinge vereinheitlichte und die chinesischen Feiertage strich.

marke erhielten und mit einer darauf registrierten Nummer gerufen wurden, verbessern.[548] Erst gegen Ende der deutschen Kolonialherrschaft wurden mit zwei Verordnungen vom 6. Januar 1912 die Chinesen auf Samoa den Nichteingeborenen gleichgestellt[549] und die Prügelstrafe gegenüber chinesischen Kontraktarbeitern abgeschafft.[550] Inwieweit sich allerdings die tatsächliche Lage auf den Plantagen und in den Gefängnissen zugunsten der Chinesen entwickelte, ist im einzelnen noch unklar.[551]

d) Kiautschou-Chinesen

Problematisch war schließlich die rechtliche Stellung der Chinesen im Kiautschou-Gebiet. § 2 der Kaiserlichen Verordnung, betreffend die Rechtsverhältnisse in Kiautschou vom 27. April 1898[552] bestimmte hierzu:

> „Der [Weißen-] Gerichtsbarkeit unterliegen alle Personen, welche in dem Schutzgebiet wohnen oder sich dort aufhalten, oder bezüglich deren, hiervon abgesehen, ein Gerichtsstand in dem Schutzgebiete nach den zur Geltung kommenden Gesetzen begründet ist, die Chinesen jedoch nur, soweit sie dieser Gerichtsbarkeit besonders unterstellt werden. Der Gouverneur bestimmt mit Genehmigung des Reichskanzlers (Reichs-Marine-Amts), inwieweit auch die Chinesen der [Weißen-] Gerichtsbarkeit zu unterstellen sind. Der Gouverneur ist befugt, Angehörige farbiger Völkerstämme von der [Weißen-] Gerichtsbarkeit auszuschließen.

Mit Verordnung vom selben Tage[553] ermächtigte der Reichskanzler den Gouverneur bis auf weiteres, Anordnungen über die Rechtsverhältnisse der Chinesen

---

548 Dieses Verfahren wurde offiziell damit begründet, daß die Chinesen zu viele identische Namen trügen und bei der Arbeit sonst unmöglich identifiziert werden könnten, *Hiery*, Das deutsche Reich in der Südsee, S. 236 f., ders., Die deutsche Verwaltung Samoas, in: Die deutsche Südsee 1884-1914, S. 670 f.

549 § 1 der VO des Gouverneurs von Samoa, betr. die rechtliche Gleichstellung der Chinesen mit den Nichteingeborenen, v. 6.1.1912, DKolBl. (XXIII) 1912, S. 246. *Karlowa*, Die Strafgerichtsbarkeit über die Eingeborenen in den deutschen Kolonien, S. 8, schreibt schon 1911 von einer Unterstellung der Chinesen unter die Europäergerichtsbarkeit „neuerdings".

550 § 20 der VO des Gouverneurs, betr. die chinesischen Arbeiter, v. 6.1.1912, DKolBl. (XXIII) 1912, S. 246. Nach *Hiery*, Die deutsche Südsee, S. 238 und ders., Die deutsche Verwaltung Samoas, in: Das deutsche Reich in der Südsee 1884-1914, S. 670, wurde die Prügelstrafe bereits im Dezember 1909 „rechtzeitig zur Ankunft" des chinesischen Konsuls abgeschafft. Zu beachten ist allerdings, daß die am 10. November 1909 neu bekanntgemachte Verordnung, betr. die chinesischen Kontraktarbeiter die Prügelstrafe noch unverändert vorsah (§ 20), s.o.

551 S. etwa *Sack*, Das deutsche Rechtswesen in Polynesien, in: Die deutsche Südsee 1884-1914, S. 681.

552 RGBl. 1898, S. 173, DKolGG (IV) 1898-1899, S. 165. Die Verordnung erging damit bereits am selben Tage wie die Erklärung Kiautschous zum Schutzgebiet durch Allerhöchsten Erlaß, RGBl. 1898, S. 171, DKolGG (IV) 1898-1899, S. 165.

und der Angehörigen farbiger Stämme zu erlassen, soweit dieselben nicht der Gerichtsbarkeit des § 1 der Kaiserlichen Verordnung unterstellt seien.

Strittig war nun die staatsrechtliche Stellung der Chinesen in Kiautschou. Der Streit entzündete sich an Art. V Abs. 3 des Kiautschou-Vertrages vom 6. März 1898,[554] in dem der im Pachtgebiet wohnenden chinesischen Bevölkerung jederzeit der Schutz der Deutschen Regierung versprochen wurde, „vorausgesetzt, daß sie sich den Gesetzen und der Ordnung entsprechend verhält". Eine Ansicht war der Überzeugung, die Chinesen seien durch die Abtretung der Bucht von Kiautschou deutsche Untertanen geworden.[555] Nach anderer Auffassung waren die im Schutzgebiet wohnenden Chinesen Untertanen Chinas geblieben, also lediglich „de facto- Untertanen" des Deutschen Reiches.[556]
Hier von Belang ist der Umstand, daß mit der Verordnung, betr. die Rechtsverhältnisse der Chinesen vom 15. April 1899[557] für die Kiautschou-Chinesen eine eigene Gerichtsbarkeit (§ 2) sowie Straf- (§§ 5 bis 16) und Zivilrechtspflege (§§ 17 bis 26) eingeführt wurde. Dem Bezirksamtmann oblag die Strafrechtspflege in Bagatellsachen (§ 12). Hielt er seine Strafgewalt nicht für ausreichend, so mußte er die Akten dem Richter einsenden (§ 13). Zur Erforschung der chinesischen Rechtsanschauungen[558] waren erforderlichenfalls die Dorfältesten oder andere geeignete Personen zu hören (§ 4). Bemerkenswert an der Verordnung ist vor allem der umfassende Katalog strafbarer Handlungen (§ 5): Strafbar waren hiernach

> „alle Handlungen, welche
> 1. durch Verordnung des Gouverneurs mit Strafe bedroht sind,

---

[553] VO, betr. Regelung der Rechtsverhältnisse und die Ausübung der Gerichtsbarkeit in Kiautschou, v. 27.4.1898, DKolGG (IV) 1898-1899, S. 167 und *Mohr*, Handbuch für das Schutzgebiet Kiautschou, S. 10.

[554] DKolGG (IV) 1898-1899, S. 163 (mit falschem Datum); *Mohr*, Handbuch für das Schutzgebiet Kiautschou, S. 1.

[555] *Kuhn*, Die deutschen Schutzgebiete, S: 55; *Peters*, Der Begriff sowie die staats- und völkerrechtliche Stellung der Eingeborenen in den deutschen Schutzgebieten nach deutschem Kolonialrechte, S. 51; *v. Hoffmann*, Deutsches Kolonialrecht, S. 29; *Köbner*, Die Rechtsstellung der deutschen Kolonialbevölkerung, S. 214 f.; *Sassen*, Die staatsrechtliche Natur der deutschen Schutzgebiete, in: ZfKKK (8) 1906, S. 610; wohl auch *v. Stengel*, Die Rechtsverhältnisse der deutschen Schutzgebiete, S. 23 Fn. 1.

[556] *Laband*, Das Staatsrecht des Deutschen Reiches II, S. 289 f.; *Bendix*, Die rechtliche Natur der sog. Oberhoheit in den deutschen Schutzgebieten, S. 67; *Wagner*, Die deutschen Schutzgebiete, S. 248, 364.

[557] DKolGG (IV) 1898-1899, S. 191; *Mohr*, Handbuch für das Schutzgebiet Kiautschou, S. 72; Anhang D. VI.

[558] S. hierzu oben 2. Kap. C.

2. nach den Gesetzen des Deutschen Reiches den Thatbestand eines gegen das Reich, sowie gegen Gesundheit, Leben, Freiheit und Eigenthum eines Anderen gerichteten Verbrechens und Vergehens, oder
3. den Thatbestand einer Uebertretung enthalten, welche im Interesse der öffentlichen Ordnung unter Strafe gestellt ist oder
4. im chinesischen Reich mit Strafe belegt werden…"

Mit dieser Formulierung konnte das „Modell eines regeltechnisch einfach hergestellten lückenlosen Rechtsgüterschutzes"[559] erreicht werden. Indes wurde schon im zeitgenössischen Schrifttum Kritik laut, die „vom Standpunkte der modernen Strafordnungen" insbesondere die „unerträglichen Dehnbarkeit" des Begriffes der „öffentlichen Ordnung" rügte.[560]
Beachtlich ist weiter die Festlegung der höchstzulässigen Prügelstrafe auf 100 Schläge (§ 6). Während diese Strafform in China selbst abgeschafft wurde,[561] lag die zulässige Höchstgrenze in den afrikanischen Schutzgebieten bei 25 Schlägen bei später einmalig möglicher Wiederholung des Vollzuges.[562] Unter Hinweis auf eine „uralte chinesische Rechtsanschauung" wurde schließlich für strafbare Handlungen jugendlicher Verbrecher die „kriminalpolitisch sehr zweckmäßige"[563] Möglichkeit der stellvertretenden Bestrafung des Vaters, der älteren Brüder, des Vormunds oder einer Obhutsperson eröffnet (§ 7), eine im Deutschen Kolonialstrafrecht einmalige Regelung.

In der erwähnten zeitgenössischen Kritik wurde fast entschuldigend geäußert, es handle sich bei der Verordnung vom 15. April 1899 lediglich um eine „vorläufige Regelung", „erlassen in der ersten Zeit der Deutschen Verwaltung". Selbstverständlich habe nicht die Absicht vorgelegen, eine „abgeschlossene, endgültige Verordnung des Strafrechts zu geben".[564] In den folgenden eineinhalb Dekaden Deutscher Herrschaft in Kiautschou ist eine Neuregelung der Rechtsverhältnisse der Chinesen allerdings unterblieben. Ganz gegen die fortschrittlichen Ansätze in der Literatur ist der Anwendungsbereich der Verordnung vom 15. April 1899 durch Verordnung vom 20. Dezember 1901[565] noch auf die chinesischen Angehörigen der Polizeitruppe ausgedehnt worden. Der bisher schon umfassend

---

559 *Naucke*, Deutsches Kolonialstrafrecht 1886-1918, in: RhJ (7) 1988, S. 297 (306). S. hierzu noch unten 3. Kap. F. II. 1. b).
560 *Köbner*, Kolonialstrafrecht, in: Mitteilungen der IKV (XI) 1904, S. 545 (574).
561 *Mühlhahn*, Herrschaft und Widerstand in der „Musterkolonie" Kiautschou, S. 264.
562 S. hierzu noch unten 3. Kap. F. II. 2. d) aa).
563 So die Bewertung von *Köbner*, Kolonialstrafrecht, in: Mitteilungen der IKV (XI) 1904, S. 545 (574). *Doerr*, Deutsches Kolonialstrafrecht, in: ZfKKK (10) 1908, S. 321 (337), nennt die entsprechenden chinesischen Rechtsanschauungen „eigenartig", ohne jedoch deren Übernahme durch das deutsche Recht zu kritisieren.
564 *Köbner*, Kolonialstrafrecht, in: Mitteilungen der IKV (XI) 1904, S. 545 (574).
565 VO, betr. die Rechtsverhältnisse der chinesischen Angehörigen der Chinesentruppe, *Mohr*, Handbuch für das Schutzgebiet Kiautschou, S. 77.

erscheinende Strafbarkeitskatalog wurde für diese Bevölkerungsgruppe noch um Straftaten nach dem Reichs-Militärstrafgesetzbuch erweitert.

II. Die Rechtsstellung der Eingeborenen und ihnen Gleichgestellter

Den Bevölkerungsgruppen des weißen Rechtskreises standen in den Schutzgebieten die Angehörigen des farbigen Rechtskreises gegenüber.

1. Der Eingeborenenbegriff in Literatur und Gesetzgebung

Der Ausdruck „Farbige" wurde dabei als Oberbegriff für die in den Schutzgebieten einheimischen „Eingeborenen" und die diesen gleichgestellten[566] Angehörigen fremder farbiger Stämme verwandt. „Eingeborener" und „Farbiger" waren neben ihrer Verwendung in Umgangssprache und Schrifttum somit auch – worauf hier abzustellen ist – Rechtsbegriffe.[567]
Die Eingeborenen galten – außer in dem nur theoretischen Fall des Erwerbs der unmittelbaren Reichsangehörigkeit durch Naturalisation nach § 9 SchGG 1900[568] – nicht als „Reichsangehörige".[569] Ihnen fehlte es an der Staatszugehörigkeit zu einem Bundesstaat, weshalb die mittelbare Reichsangehörigkeit ausgeschlossen war. Da sie zudem keine „Ausländer" waren, waren die Eingeborenen „reichsstaatsangehörigkeitsrechtlich als Staatenlose"[570] anzusehen. Der besondere Status der einheimischen Bevölkerung wurde mit dem Begriff der „Schutzgebietsangehörigkeit" beschrieben. Hierunter wurde die „dauernde, von der Tatsache des Aufenthaltes unabhängige Zugehörigkeit zu dem staatlichen Gebilde des Schutzgebiets" verstanden.[571] Der hypothetisch denkbare Fall des in das Schutzgebiet Kiautschou reisenden Herero hätte daher nichts an seiner fortdauernden Zugehörigkeit zu „seinem" Schutzgebiet Deutsch-Südwestafrika geändert.

---

[566] §§ 4, 7 Abs. 3 SchGG 1900 i.V.m. § 2 d. Ksl. VO v. 9.11.1900.
[567] Vgl. auch §§ 9 Abs. 1, 10 Abs. 1 SchGG 1900.
[568] S. hierzu oben 3. Kap. B. I. 2.
[569] *Laband*, Das Staatsrecht des Deutschen Reiches II, S. 289; *Karlowa*, Die Strafgerichtsbarkeit über die Eingeborenen in den deutschen Schutzgebieten, S. 6; *Kuhn*, Die deutschen Schutzgebiete, S. 118; *Peters*, Der Begriff sowie die staats- und völkerrechtliche Stellung der Eingeborenen in den deutschen Schutzgebieten nach deutschem Kolonialrechte, S.34; *Sassen*, Die staatsrechtliche Natur der deutschen Schutzgebiete, in: ZfKKK (8) 1906, S. 609; *v. Stengel*, Die Rechtsverhältnisse der deutschen Schutzgebiete, S. 59, 61; *Fischer*, Die deutschen Kolonien, S. 76; *Kopp*, Nichtdeutsche Angeklagte im deutschen Strafverfahren, S. 71; *Walz*, Die Entwicklung der Strafrechtspflege in Kamerun unter deutscher Herrschaft, S. 16; *Huber*, Deutsche Verfassungsgeschichte seit 1789, S. 634.
[570] *Wagner*, Die deutschen Schutzgebiete, S. 238.
[571] Nach *Fischer*, Die deutschen Kolonien, S. 76.

Bestand bezüglich dieser allgemeinen Einordnung noch Einigkeit, so wurde das Verhältnis der Schutzgebietsangehörigen zum Reich im einzelnen von der zeitgenössischen Literatur mit einer Vielzahl von Begriffen umschrieben. Dies war wohl dem Umstand geschuldet, daß der Gesetzgeber es unterlassen hatte, seinerseits Rechtsbegriffe zu definieren. So wurde etwa abgegrenzt, die Eingeborenen seien zwar nicht Reichsangehörige im Sinne des Gesetzes vom 1. Juni 1870,[572] aber „Deutsche",[573] zumindest jedoch „deutsche Untertanen".[574] Andernorts hieß es dagegen, die Eingeborenen seien zwar „deutsch", aber keine „Deutschen".[575] Bisweilen wurde von „Unterworfenschaft" oder „Staatszugehörigkeit im engeren Sinne" gesprochen und unter letzterer die „Eigenschaft persönlicher dauernder Unterwerfung eines bestimmten, dem Staatsvolk nicht angehörenden Individuums unter den Staat kraft Staatswillens"[576] verstanden. Später sind die Eingeborenen auch als „Schutzbefohlene"[577] bezeichnet worden.

Nicht nur das Verhältnis der einheimischen Bevölkerung zum Deutschen Reich zeichnete sich somit durch begriffliche Unklarheiten aus, sondern auch die Begriffe „Eingeborener" und „Farbiger" selbst. So hieß es etwa 1906 in der Literatur, unter Eingeborenen seien

> „...die Farbigen eines Schutzgebiets zu verstehen, sofern sie nicht durch Erlangung der deutschen Reichsangehörigkeit oder der Angehörigkeit zu einem völkerrechtlich anerkannten Staate oder durch eine mit Genehmigung des Reichskanzlers erlassene Verordnung des Gouverneurs eine Ausnahmestellung erwerben".[578]

---

572 Gesetz über die Erwerbung und den Verlust der Bundes- und Staatsangehörigkeit, v. 1.6.1870, RGBl. 1870, S. 355.

573 *Sassen*, Die staatsrechtliche Natur der deutschen Schutzgebiete, in: ZfKKK (8) 1906, S. 609.

574 *Sassen*, Die staatsrechtliche Natur der deutschen Schutzgebiete, in: ZfKKK (8) 1906, S. 609. So auch *Peters*, Der Begriff sowie die staats- und völkerrechtliche Stellung der Eingeborenen in den deutschen Schutzgebieten nach deutschem Kolonialrechte, S. 34; *Kuhn*, Die deutschen Schutzgebiete, S. 118; *v. Stengel*, Die Rechtsverhältnisse der deutschen Schutzgebiete, S. 59, 61; *Laband*, Das Staatsrecht des Deutschen Reiches II, S. 289; *v. Hoffmann*, Einführung in das deutsche Kolonialrecht, S. 24.

575 Nachweis bei *Wagner*, Die deutschen Schutzgebiete, S. 238.

576 *Mallmann*, Rechte und Pflichten in den deutschen Schutzgebieten, S. 16 ff., 20, 45.

577 So etwa von *Huber*, Deutsche Verfassungsgeschichte seit 1789, S. 634. Dieser Begriff deckt sich allerdings mit dem nationalsozialistischen Sprachgebrauch; vgl. hierzu *Schubert*, Das imaginäre Kolonialreich, in: ZRG (115) 1998 S. 86 (109 ff., 113, 115, 117) und unten, 3. Kap. B. III. a. E.

578 *Peters*, Der Begriff sowie die staats- und völkerrechtliche Stellung der Eingeborenen in den deutschen Schutzgebieten, S. 14 f.

Ergänzt wurde, es sei nicht möglich, den Begriff positiv zu definieren, „da er keinen positiven, sondern nur einen negativen Inhalt" habe.[579] Über den Begriff der „Farbigen" hieß es, es sei vom Grundsatz auszugehen, daß jede „Beimischung vom Blute einer farbigen Rasse" eine Person zum Farbigen mache. In Fällen, in denen „der Betreffende nur einen geringen Bruchteil farbigen Blutes" habe, könne eine „reine Durchführung dieses Grundsatzes [...] aber zur Ungerechtigkeit" werden. Es sei „dann vielleicht der in dem früheren spanischen Südamerika geltende Rechtssatz anzuwenden, daß, wer nicht mehr als ein Sechstel Blut von Farbigen hat, vor der Rechtsordnung Weißer ist".[580]

In der Zeit vor 1900 ergingen mehrere Allerhöchste Verordnungen, betreffend die Rechtsverhältnisse in den Schutzgebieten, in denen der Reichskanzler zu der Bestimmung ermächtigt wurde, wer als Eingeborener im Sinne der jeweiligen Verordnung anzusehen sei.[581] Auch die Gouverneure einzelner Schutzgebiete[582] und die Kaiserlichen Kommissare Deutsch-Südwestafrikas[583] erhielten durch Kaiserliche Verordnung die Ermächtigung, diesen Personenkreis mit Genehmigung des Reichskanzlers zu bestimmen. Von dieser Ermächtigung machten die Leiter der Schutzgebietsverwaltung von Deutsch-Südwestafrika[584] und Samoa[585]

---

579 *Peters*, Der Begriff sowie die staats- und völkerrechtliche Stellung der Eingeborenen in den deutschen Schutzgebieten, S. 15.

580 *v. Hoffmann*, Einführung in das deutsche Kolonialrecht, S. 21.

581 § 2 Abs. 2 der Ksl. VO, betr. die Rechtsverhältnisse in dem Schutzgebiete der Neu-Guinea-Kompagnie, v. 5.6.1886, RGBl. 1886, S. 187; § 2 Abs. 2 der Ksl. VO, betr. die Rechtsverhältnisse in dem Schutzgebiete der Marshall-, Brown- und Providence- Inseln, v. 13.9.1886, RGBl. 1886, S. 291.

582 § 3 der Ksl. VO, betr. die Rechtsverhältnisse in den Schutzgebieten von Kamerun und Togo, v. 2.6.1888, RGBl. S. 211; § 3 der Ksl. VO, betr. die Rechtsverhältnisse in Deutsch-Ostafrika, v.1.1.1891, RGBl. 1891, S. 1; § 2 Abs. 2, 3 der Ksl. VO, betr. die Rechtsverhältnisse in Kiautschou, v. 27.4.1898, RGBl. 1898, S. 173; § 2 Abs. 2 der Ksl. VO, betr. die Rechtsverhältnisse in Samoa, v. 17.2.1900, RGBl. 1900, S. 136; Ksl. VO, betr. die Eheschließung und die Beurkundung des Personenstandes für die Schutzgebiete von Kamerun und Togo, v. 21.4.1886, RGBl. 1886, S. 128.

583 § 2 der Ksl. VO, betr. die Rechtsverhältnisse in dem südwestafrikanischen Schutzgebiete, v. 10.8.1890, RGBl. 1890, S. 171; Ksl. VO, betr. die Eheschließung und die Beurkundung des Personenstandes für das südwestafrikanische Schutzgebiet, v. 8.11.1892, RGBl. 1892, S. 1037.

584 Vfg. des Ksl. Kommissars vom 1.12.1893, DKolGG (II) 1893-1897, S. 63, zur Ausführung der Ksl. VO, betr. die Eheschließung und die Beurkundung des Personenstandes für das südwestafrikanische Schutzgebiet vom 8.11.1892, RGBl. 1892, S. 1037; R.E. des Gouverneurs von Deutsch-Südwestafrika zu den Verordnungen, betr. die Kontrolle und Paßpflicht der Eingeborenen sowie die Dienst- und Arbeitsverträge mit diesen, v. 18.8.1907, DKolGG (XI) 1907, S. 352.

585 § 3 der VO des Gouverneurs von Samoa, betr. die Rechtsverhältnisse v. 1.3.1900, DKolGG (V) 1900, S. 33, erlassen aufgrund der Vfg. des RK, betr. die Ausübung konsularischer Befugnisse und den Erlaß polizeilicher und sonstiger die Verwaltung betreffender Vor-

Gebrauch. Für Neuguinea[586] und die Marshall-Inseln[587] ergingen entsprechende unmittelbare Verfügungen des Reichskanzlers.

Mit Wirkung vom 1. Januar 1901 wurden die genannten Allerhöchsten Verordnungen sämtlich durch § 13 der Kaiserlichen Verordnung vom 9. November 1900[588] aufgehoben. Die neue Kaiserliche Verordnung, betreffend die Rechtsverhältnisse in den deutschen Schutzgebieten, galt gleichermaßen für alle Kolonien und brachte somit den Vorteil der Rechtsvereinheitlichung. Der Umstand, daß nunmehr der Kaiser selbst in Ausübung seiner Schutzgewalt nach § 1 SchGG den Eingeborenenbegriff in § 2 der Verordnung geregelt hatte, während vorher die Ermächtigung hierzu dem Reichskanzler oder den Gouverneuren erteilt worden war, wurde als „Fortschritt" bewertet. Zudem war nunmehr der Eingeborenenbegriff auch für die Schutzgebiete geregelt, in denen nähere Bestimmungen bisher nicht bestanden.[589] Eine Definition des „Eingeborenen-" oder „Farbigen-" Begriffes leistete die Kaiserliche Verordnung allerdings ebensowenig wie die vorher ergangenen Fassungen des Schutzgebietsgesetzes. Die nähere Bestimmung des umfaßten Personenkreises oblag damit weiterhin den örtlichen Gouverneuren.

2. Die Rechtsstellung der Eingeborenen

Schon nach der Rechtslage des SchGG von 1886 waren Eingeborene einer anderen Rechtsordnung unterworfen als Reichsangehörige und ausländische Schutzgenossen. Dies ergab sich daraus, daß sie nicht zu dem in § 1 Abs. 2 KGG 1879 bezeichneten Personenkreis zählten und der Kaiser nicht von seinem Verordnungsrecht aus § 3 Abs. 1 SchGG 1886 Gebrauch gemacht hatte, mittels dessen er hätte bestimmen können, „daß in den Schutzgebieten auch andere als die in § 1 Abs. 2 des Gesetzes über die Konsulargerichtsbarkeit bezeichneten Personen

---

schriften in Samoa v. 17.2.1900, DKolGG (V) 1900, S. 32, i.V.m. § 2 der Ksl. VO, betr. die Rechtsverhältnisse in Samoa v. 17.2.1900, RGBl. 1900, S. 136.

586 Vfg. des RK v. 1.11.1886, DKolGG (I) 1892, S. 532, erlassen aufgrund der Ksl. VO, betr. die Rechtsverhältnisse in dem Schutzgebiete der NGK v. 5.6.1886, RGBl. 1886, S. 187, DKolGG (I) 1892, S. 442. Diese Vfg. wurde durch Ziff. 2 des Erlasses des RK v. 24.1.1887, DKolGG (I) 1892, S. 447, mit Wirkung v. 1.4.1887 auf die Salomonsinseln ausgedehnt.

587 Vfg. des RK v. 2.12.1886, DKolGG (I) 1892, S. 623, erlassen aufgrund der Ksl. VO, betr. die Rechtsverhältnisse in dem Schutzgebiete der Marshall-, Brown- und Providence – Inseln v. 13.9.1886, RGBl. 1886, S. 291.

588 Ksl. VO, betr. die Rechtsverhältnisse in den deutschen Schutzgebieten, RGBl. 1900, S. 1005, Anhang D. II.

589 *Peters*, Der Begriff sowie die staats- und völkerrechtliche Stellung der Eingeborenen in den deutschen Schutzgebieten nach deutschem Kolonialrechte, S. 11.

der Gerichtsbarkeit unterliegen".[590] Nach der neuen Rechtslage des § 4 SchGG 1900 unterlagen die Eingeborenen nunmehr

> „... der im § 2 geregelten Gerichtsbarkeit und den im § 3 bezeichneten Vorschriften nur insoweit, als dies durch Kaiserliche Verordnung bestimmt wird. Den Eingeborenen können durch Kaiserliche Verordnung bestimmte andere Theile der Bevölkerung gleichgestellt werden."

§ 2 der Verordnung, betreffend die Rechtsverhältnisse in den deutschen Schutzgebieten vom 9. November 1900 führte dazu aus:

> „Den Eingeborenen werden im Sinne des § 4 und des § 7 Abs. 3 des Schutzgebietsgesetzes die Angehörigen fremder farbiger Stämme gleichgestellt, soweit nicht der Gouverneur (Landeshauptmann) mit Genehmigung des Reichskanzlers Ausnahmen bestimmt. Japaner gelten nicht als Angehörige fremder farbiger Stämme."

Wie bereits beschrieben, sind auf dieser Grundlage zahlreiche Ausnahmen von dem Grundsatz der Gleichstellung „fremder" d. h. nicht im Schutzgebiet selbst beheimateter „farbiger Stämme" auf dem Verordnungswege geregelt worden. Die betreffenden Bevölkerungsgruppen waren damit von der Eingeborenenrechtspflege ausgeschlossen.[591] Für die „Eingeborenen" und die übrigen „Angehörigen fremder farbiger Stämme" galt hingegen der Vorbehalt des § 4 Satz 1 SchGG 1900. Da bis zum Ende der deutschen Kolonialzeit entsprechende Kaiserliche Verordnungen nicht erlassen wurden, kam die in § 2 SchGG 1900 geregelte Gerichtsbarkeit und das über § 3 SchGG 1900 in den Schutzgebieten geltende deutsche Zivil- und Strafrecht für diese Gruppen nicht zur Anwendung.

Für die farbige Schutzgebietsbevölkerung galt aus diesem Grund zunächst grundsätzlich weiterhin ihr angestammtes „Eingeborenen-" Recht.[592] Den Eingeborenen standen die Rechte der in den Schutzgebieten seßhaften Reichsangehörigen damit nicht zu. Andererseits waren sie von den deutschen Steuern[593] sowie der Militärdienstpflicht befreit – auch wenn die Schutztruppen überwiegend aus angeworbenen Angehörigen der einheimischen Bevölkerung bestan-

---

[590] Vgl. oben 3. Kap. B. I.

[591] S. hierzu 3. Kap. I. 4. a) – d).

[592] Allgemeine Rechtsüberzeugung, vgl. nur *Sassen*, Das Gesetzgebungs- und Verordnungsrecht in den deutschen Kolonien, S. 123. Vgl. hierzu ausführlich oben 2. Kap.

[593] *Schreiber*, Die rechtliche Stellung der Bewohner der deutschen Schutzgebiete, in: ZfKKK (6) 1904, S. 760 (766). Verbreitet war hingegen u.a. die sog. Kopfsteuer für Eingeborene, in DOA die Hüttensteuer. DSWA führte die Kopfsteuer nicht ein, *Fischer*, Die deutschen Kolonien, S. 134, 183.

den, die in Deutsch-Ostafrika und Kamerun überdies den gesamten Bestand an Mannschaftsdienstgraden stellten.[594]

Die grundsätzliche Fortgeltung des Eingeborenenrechts ist in der zeitgenössischen Literatur vielfach begrüßt worden. So hieß es im Jahre 1904, die Rechtskultur der Eingeborenen müsse von den kolonisierenden Mächten mit „größter Vorsicht und Zurückhaltung behandelt werden, ganz besonders auf strafrechtlichem Gebiete, wo rechtliche Anschauungen und Institutionen vielfach mit uralt angestammten religiösen, ethischen, familiären Anschauungen zusammenhängen". Die Schonung der altgewohnten Sitten und Rechtsanschauungen der Bevölkerung erleichtere „mehr als irgend etwas anderes eine fruchtbare und förderliche Kolonisation."[595]

Noch 1914 wurde vertreten, das Eingeborenenrecht sei eng mit den sozialen, wirtschaftlichen, moralischen und religiösen Anschauungen der Eingeborenen verwachsen. Es müsse – „mag es uns auch noch so schlecht erscheinen" – den Bedürfnissen der Eingeborenen mehr entsprechen, als ein ihnen aufgedrungenes Kulturrecht, das „unser Rechtsgefühl wohl befriedigen mag, für das die Eingeborenen aber kein Verständnis haben".[596] Insofern vermag der Befund der neueren Literatur, die Vorstellung, überhaupt nicht in den Lebenskreis der Eingeborenen einzugreifen, habe „völlig außerhalb der Reichweite der mit dem Kolonialrecht befaßten Juristen" gelegen,[597] in dieser Absolutheit zumindest nicht für alle Autoren der Zeit festzustehen.

Andererseits wurde auch kein Grund gesehen, sich jedweder Einwirkung auf die angestammte Rechtspflegeordnung der Farbigen zu enthalten. Eine solche sei nicht nur „wünschenswert", sondern könne sogar „geboten" sein. Die von der deutschen Kolonialregierung mannigfach vorgenommenen Einwirkungen seien dabei zum einen von kulturellen Erwägungen geleitet worden. Zustände, die „unvereinbar mit unseren zivilisatorischen Aufgaben" waren, seien beseitigt, Grundsätze und Einrichtungen „unseres" Rechtslebens, vor allem rechtstechnischer Art, seien „zur Förderung der Eingeborenenrechtspflege" eingeführt worden. Zum anderen seien viele Einwirkungen erfolgt, um ein „gedeihliches Zusammenleben von Weißen und Farbigen dauernd zu ermöglichen", indem insbesondere erstrebt worden sei, die „Eingeborenen als die wirtschaftlich Schwächeren vor Ausbeutung durch Weiße zu schützen".[598] Gleichzeitig hieß es, mit dem

---

[594] S. hierzu oben 3. Kap. B. I. 1. und *Fischer*, Die deutschen Kolonien, S. 63.
[595] *Köbner*, Kolonialstrafrecht, in: Mitteilungen der IKV (XI) 1904, S. 546.
[596] *Wick*, Die Farbigenrechtspflege in den deutschen Schutzgebieten, S. 3.
[597] So *Naucke*, Deutsches Kolonialstrafrecht 1886-1918, in: RhJ (7) 1988, S. 297 (299); ihm folgend *Kopp*, Nichtdeutsche Angeklagte im deutschen Strafverfahren, S. 75.
[598] *Wick*, Die Farbigenrechtspflege in den deutschen Schutzgebieten, S. 4.

„Übergang vom Gewohnheitsrechte eines barbarischen Volkes zum geschriebenen Gesetze“, vollziehe sich ein Vorgang, „den wir sonst nur in halbgeschichtlicher Überlieferung kennen“.[599]

Ob das von der deutschen Kolonialverwaltung gesetzte Kolonialstrafrecht für die eingeborene Bevölkerung den gerade zitierten Ansprüchen der Wissenschaft gerecht werden konnte, mag zunächst noch dahinstehen. Fest steht, daß mit einer kaum zu überblickenden Vielzahl von auf dem Verwaltungswege erlassenen Vorschriften fühlbar in die angestammte Rechtsordnung der Eingeborenen eingegriffen wurde. Die bisher weitgehend autochthone Rechtskultur der Stämme Afrikas und der Südsee wurde damit mehr und mehr zurückgedrängt.

Von weiterer erheblicher Bedeutung ist, daß eine Trennung von Justiz und Verwaltung für die Eingeborenen als unzweckmäßig verworfen wurde. So ist in der zeitgenössischen Literatur beispielsweise zu lesen, „Praxis und Theorie“ seien darüber einig daß eine solche Trennung bei ihnen „nicht angebracht“ sei und „durchaus keinem Verständnis begegnen würde“.[600] Die Eingeborenenrechtspflege in den deutschen Schutzgebieten wurde demgemäß vielfach von den Verwaltungsbeamten der Kolonien, mithin den Gouverneuren, Bezirksamtmännern und Distriktschefs ausgeübt – in vielen Fällen rechtlich nicht geschulte Zivilbeamte, subalterne Offiziere oder Sekretäre.[601] Nur in Einzelfällen unterfielen Angehörige des Rechtskreises der Farbigen der Gerichtsbarkeit sowie dem materiellen und prozessualen Recht der nichteingeborenen Bevölkerung.[602]

III. „Mischehen“ und „Mischlinge“

In allen deutschen Schutzgebieten herrschte innerhalb der erwachsenen weißen Bevölkerung ein erheblicher Männerüberschuß. Nach den Zahlen des Deutschen Kolonialatlasses für das Jahr 1911 lag der Anteil der Frauen an der erwachsenen weißen Bevölkerung in den deutsch-afrikanischen Kolonien zwischen 11,2 % (Kamerun) und 21,6 % (Deutsch-Südwestafrika).[603] Insgesamt bewohnten in diesem Jahre 14.478 weiße Männer und nur 3.760 weiße Frauen die deutschen

---

599 *Hachenburg*, Juristische Rundschau, in: DJZ (XVII) 1912, Sp. 730.

600 *Preuß*, Die Rechtspflege in gemischten Angelegenheiten, in: Verhandlungen des Deutschen Kolonialkongresses 1905, S. 381 (389).

601 Vgl. hierzu unten 3. Kap. E. II.

602 Vgl. hierzu unten 3. Kap. B. IV.

603 Im einzelnen werden die folgenden absoluten Zahlen genannt: DSWA (8.915 männlich / 2.468 weiblich), Togo (301 m / 58 w), Kamerun (1.233 m / 156 w), DOA (2.849 m / 761 w), Bismarck-Archipel u. Kaiser-Wilhelmsland (509 m / 161 w) Ost-Karolinen (54 m / 18 w), West-Karolinen, Palau und Marianen (151 m / 16 w), Marshall-Inseln (116 m / 29 w), Samoa (348 m / 93 w).

Schutzgebiete. Im Schnitt betrug damit der Anteil der erwachsenen weiblichen Bevölkerung an der weißen Gesamtbevölkerung nur 20,6 %. Zudem stieg die weiße männliche gegenüber der weißen weiblichen Bevölkerung im Vergleich zum Vorjahr 1910 mit einem Zuwachs von 814 Personen annähernd doppelt so stark an.[604]

Der außerordentliche Mangel an weißen Frauen führte dazu, daß in nicht seltenen Fällen reichsangehörige Männer mit einheimischen Frauen verkehrten. Insbesondere in Deutsch-Südwestafrika, Samoa und Kiautschou wurden auch Ehen zwischen Deutschen und einheimischen Schutzgebietsangehörigen in standesamtlicher Form geschlossen. Die Zahl dieser Mischehen soll in den Jahren 1912/1913 in Deutsch-Südwestafrika 46, im Südsee-Inselgebiet 22 und in Samoa sogar 76 betragen haben.[605] In Samoa sollen überdies die meisten der erwachsenen unverheirateten Europäer mit Samoanerinnen zusammengelebt haben.[606] Wie verbreitet das Zusammenleben von Deutschen mit einheimischen Frauen insbesondere in der Südsee gewesen ist, läßt sich etwa daran ermessen, daß Dr. Albert Hahl, Gouverneur Deutsch-Neuguineas von 1902 bis 1914, vor seiner Ehe mit einem deutschen Freifräulein, auf Ponape mit einer Karolinerin zusammengelebt haben soll. In Neuguinea war Hahl mit einer einheimischen Frau liiert und besaß mit ziemlicher Sicherheit auch ein Kind aus dieser Verbindung.[607]

Nachdem zunächst wenig Anstoß an den Mischehen genommen worden war und die mit den standesamtlichen Funktionen betrauten Kolonialbeamten vielfach beim Abschluß dieser Ehen mitgewirkt hatten, änderte sich die diesbezügliche Haltung in Gesellschaft und Politik zu Beginn des 20. Jahrhunderts.[608] So wurde nun etwa argumentiert, vom „politischen Standpunkt" aus seien derartige Verbindungen „jedenfalls sehr unerwünscht", weil sie „den weißen Teil herabzö-

---

604 Für Kiautschou konnten keine Zahlen gefunden werden. Es ist aber, nicht zuletzt aufgrund der vielen Angehörigen des Soldatenstandes dort, davon auszugehen, daß auch hier die Frauen nur einen geringen Anteil an der erwachsenen Bevölkerung ausmachten. Die absoluten Werte beruhen auf den Angaben im Deutschen Kolonialatlas 1912, S. 9.

605 Zahlenangaben nach *Wagner*, Die deutschen Schutzgebiete, S. 264 und *Krauß*, in: Deutsches Kolonial-Lexikon Bd. II, S. 564. Für Kiautschou ließen sich keine Zahlen ermitteln, aber auch dort sollen Mischehen standesamtlich zustande gekommen sein, *Mallmann*, Rechte und Pflichten in den deutschen Schutzgebieten, S. 267; *Gerstmeyer*, Schutzgebietsgesetz § 7 Anm. 7.

606 „fa'a Samoa", d. h. samoanisch legitimiert, *Hiery*, Das deutsche Reich in der Südsee, S. 40.

607 *Hiery*, Das deutsche Reich in der Südsee, S. 54.

608 *Mallmann*, Rechte und Pflichten in den deutschen Schutzgebieten, S. 273.

gen“ und sich die soziale Stellung der Kinder äußerst schwierig gestalte.[609] Andernorts war gar von einem „Krebsschaden für das Leben der deutschen Bewohner der Kolonie“[610] die Rede.

Auch in Kreisen der Mission wurden Mischehen als unerwünscht angesehen, und ihre Eingehung zu verhindern gesucht. Bestehende Verbindungen sollten aber durch „irgendeine Form von Eheschließung“ zum Wohl des Kindes, der eingeborenen Frau aber auch des weißen Ehemannes legitimiert werden. Das verbreitete „Konkubinat zwischen Schwarz und Weiß“ sollte hingegen in den Schutzgebieten und auch vom Reich aus bekämpft werden.[611]

Im Deutschen Reich versuchte die Deutschen Kolonialgesellschaft dem als solchen empfundenen Mißstand entgegenzuwirken und förderte die Einwanderung junger Frauen und Mädchen in die Kolonien mit finanziellen Mitteln. So wurde allein zwischen 1898 und 1912 insgesamt 1.730 deutschen Frauen die Übersiedlung in das südwestafrikanische Schutzgebiet ganz oder teilweise finanziert.[612] 1907 gründete sich unter dem Vorsitz Addas Freifrau v. Liliencron der „Deutschkoloniale Frauenbund“, dessen Aufgabe es war, geeignete weibliche „Hilfskräfte“ für die Kolonien auszusuchen und dort in Stellung zu bringen. Erklärtes Ziel war es, die jungen Damen mögen dort heiraten, denn das „schwer erworbene Land stand in Gefahr, vollständig zu verburen und zu verkaffern“.[613] 1914 waren 17.800 Mitglieder in 148 Abteilungen im Frauenbund organisiert – dieser war damit etwa halb so groß wie die DKG und so stark wie der Alldeutsche Verband.[614] In Witzenhausen nahe Kassel wurde neben der seit 1898 bestehenden „Kolonialschule“ 1908 eine „Kolonial-Frauenschule“ errichtet, die allerdings schon 1910 ihre Pforten wieder schließen mußte. 1911 gründete man in Bad Weilbach zwischen Frankfurt und Wiesbaden eine zweite bis zum Ausbruch des Ersten Weltkrieges bestehende „Kolonial-Frauenschule“. Der Lehrplan hatte die Ausbildung von Haushalts- und Farmgehilfinnen und „tüchtigen Ehefrauen“ zum Ziel und sah neben dem Unterricht in hausfraulichen Tätigkeiten auch landwirtschaftliche und handwerkliche Fächer vor. Diese standen ne-

---

609 *Gerstmeyer*, Die rechtlichen Grundlagen der deutschen Kolonialherrschaft, in: Deutsche Kolonialpolitik in Dokumenten, S. 181 (189); ders., Schutzgebietsgesetz, § 7 Anm. 7.

610 *Schreiber*, Zur Frage der Mischehen zwischen Weißen und Eingeborenen im deutschen Schutzgebiete Südwestafrika, in: ZfKKK (11) 1909, S. 88 (95).

611 Diskussionsbeiträge von *Haussleiter* und *Wilke* zu dem Vortrag von *Fleischmann*, Die Mischehen in den deutsche Schutzgebieten, in: Verhandlungen des deutschen Kolonialkongresses 1910, S. 548 (568 ff.).

612 *Wagner*, Die deutschen Schutzgebiete, S. 263 f.

613 Bericht *Adda v. Liliencrons* über die Anfänge des Frauenbundes, zit. nach *Siegle*, „Trägerinnen echten Deutschtums“, S. 24.

614 *Siegle*, „Trägerinnen echten Deutschtums“, S. 26.

ben dem theoretischen Unterricht, z. B. in praktischer Buchführung, Landeskunde, Tierheilkunde und Grundlagen der Kranken- und Säuglingspflege.[615]

In der Literatur entbrannte nach der Redaktion des Schutzgebietsgesetzes 1900 eine lebhafte Kontroverse über die Frage, ob Ehen zwischen Weißen und Farbigen in den Schutzgebieten rechtlich zulässig seien und in welcher Form sie geschlossen werden konnten. Nach § 7 Abs. 1 SchGG 1900 fanden die Vorschriften der §§ 2 bis 9, 11, 12 und 14 des Gesetzes vom 4. Mai 1870[616] auf die Eheschließung und die Beurkundung des Personenstandes in den Schutzgebieten entsprechende Anwendung. Die Ermächtigung hierzu wurde vom Reichskanzler erteilt.[617] Nach § 7 Abs. 2 SchGG 1900 bestimmte sich die Form der Ehe ausschließlich nach den Vorschriften des Gesetzes vom 4. Mai 1870. Die Eingeborenen und die ihnen gleichgestellten Bevölkerungsteile unterlagen diesen Vorschriften allerdings nach § 7 Abs. 3 SchGG 1900 nur insoweit, als dies durch Kaiserliche Verordnung bestimmt wurde. Eine solche erging bis zum Ende der deutschen Kolonialzeit nicht. Dieser Dualismus im kolonialen Eherecht führte einerseits dazu, daß für den Abschluß von Ehen der Farbigen untereinander die

---

615 *Siegle*, „Trägerinnen echten Deutschtums", S. 39; vgl. hierzu auch *Rommel/Rautenberg*, Die Kolonialen Frauenschulen von 1908 – 1945, in: Der Tropenlandwirt, Zeitschrift für die Landwirtschaft in den Tropen und Subtropen, Beiheft Nr. 16, Witzenhausen, 1983. Die letzte „Koloniale Frauenschule" bestand in Rendsburg am Kaiser-Wilhelm-Kanal in den Jahren von 1927-1945.

616 Gesetz, betr. die Eheschließung und die Beurkundung des Personenstandes von Bundesangehörigen im Auslande, BGBl. 1870, S. 599, RGBl. 1896, S. 614. Dieses Gesetz war für die nichteingeborenen Personen vor 1900 bereits als Ganzes in Kamerun und Togo durch VO, betr. Eheschließung und die Beurkundung des Personenstandes für die Schutzgebiete von Kamerun und Togo, v. 21.4.1886, RGBl. 1886, S. 128, DKolGG (I) 1892, S. 214, in DSWA durch VO, betr. die Eheschließung und die Beurkundung des Personenstandes für das südwestafrikanische Schutzgebiet, v. 8.11.1892, RGBl. 1892, S. 1037, DKolGG (I) 1892, S. 313, in DOA durch § 18 der VO, betr. die Rechtsverhältnisse in DOA, v.1.1.1891, RGBl. 1891, S. 1, DKolGG (I) 1892, S. 364, in Neuguinea durch § 10 der VO, betr. die Rechtsverhältnisse in dem Schutzgebiete der Neu-Guinea-Kompagnie, v. 5.6.1886, RGBl. 1886, S. 187, DKolGG (I) 1892, S.442, auf den Salomonsinseln durch VO, betr. die Eheschließung und die Beurkundung des Personenstandes auf den zum Schutzgebiete der Neu-Guinea-Kompagnie gehörenden Salomonsinseln, v. 1.3.1888, RGBl. 1888, S. 63, DKolGG (I) 1892, S. 492 und auf den Marshall-Inseln durch § 10 der VO, betr. die Rechtsverhältnisse in dem Schutzgebiete der Marshall-, Brown- und Providence-Inseln, v. 13.9.1886, RGBl. 1886, S. 291, DKolGG (I) 1892, S. 564 in Kraft getreten.

617 Vgl. den Erlaß des RK, betr. Ermächtigung zur Eheschließung und Beurkundung des Personenstandes, v. 21.1.1901 (Kiautschou), DKolGG (VI) 1901-1902, S. 572; Vfg. des RK, betr. die Ermächtigung des Bezirksrichters in Muansa zur Eheschließung und Beurkundung des Personenstandes, v. 19.6.1906, DKolGG (X) 1906, S. 267; Vfg. des RK, betr. die standesamtliche Zuständigkeit in den Schutzgebieten Afrikas und der Südsee, v. 27.3.1908, DKolGG (XII) 1908, S. 112, *Gerstmeyer*, Schutzgebietsgesetz, Anh. 10, *Ruppel*, Die Landesgesetzgebung für das Schutzgebiet Kamerun, S. 772.

standesamtliche Form nicht nötig war. Vielmehr genügten die Formen des Stammes- oder christlichen Kirchenrechts.[618] Andererseits wurde keine ausdrückliche Regelung bezüglich der Ehen zwischen Weißen und Eingeborenen getroffen. Aus diesem Grunde wurde teilweise gefolgert, solche Verbindungen, die unter Benutzung der europäischen, d. h. standesamtlichen Form geschlossen wurden, seien keine Ehen im Sinne des deutschen Rechts, da eine gemeinsame Eheschließungsform fehle.[619]

Nach anderer Ansicht sollten § 7 Abs. 1 und Abs. 2 SchGG 1900 auch auf Mischehen angewendet werden. Auch materielle Ehehindernisse – wie etwa die gelegentlich behauptete Unsittlichkeit von Mischehen im Sinne des BGB – lagen nach dieser Ansicht nicht vor, die allerdings für eine Änderung der Gesetzeslage plädierte. Ein Verbot von Mischehen – unter dem Vorbehalt von Ausnahmen für besondere Fälle – erscheine „vom kolonialpolitischen Standpunkt" gerechtfertigt.[620]

Für das Kolonialstrafrecht von Belang waren die statusrechtlichen Folgen einer gültigen Eheschließung zwischen Reichsangehörigen und Eingeborenen. Nach § 5 des Gesetzes über die Erwerbung und den Verlust der Bundes- und Staatsangehörigkeit vom 1. Juni 1870[621] bzw. § 6 RuStAG v. 22. Juli 1913[622] begründete die Verheiratung mit einem Deutschen für die Ehefrau die Staatsangehörigkeit des Mannes. Dies sollte auch für farbige Frauen gelten, die damit aus der Rechtsgemeinschaft der Eingeborenen ausschieden. Diese Frauen sollten die Reichsangehörigkeit auch nach dem Ende der Ehe durch den Tod des Mannes oder durch eine Scheidung behalten.[623] In der Konsequenz galt für diese Frauen somit über §§ 2 und 3 SchGG 1900 die Weißen-Gerichtsbarkeit und das Weißen-Strafrecht.

---

618 *Gerstmeyer*, Schutzgebietsgesetz, § 7 Anm. 7.

619 So etwa von *Hoffmann*, Einführung in das deutsche Kolonialrecht, S. 178.

620 *Gerstmeyer*, Schutzgebietsgesetz, § 7 Anm. 7. Zudem: *Fleischmann*, Die Mischehen in den deutschen Schutzgebieten vom Rechtsstandpunkte, in: Verhandlungen des deutschen Kolonialkongresses 1910, S. 548 (560 f.) und *Mallmann*, Rechte und Pflichten in den deutschen Schutzgebieten, S. 271, 274.

621 BGBl. 1870, S. 355.

622 RGBl. 1913, S. 583.

623 *Mallmann*, Rechte und Pflichten in den deutschen Schutzgebieten, S. 275; vgl. die Kritik ebd.: Die Frau „... unterliegt deshalb auch weiterhin dem ganzen differenzierten, für sie in vieler Beziehung ungeeigneten und unverständlichen materiellen deutschen Recht [...] Eine neue Ehe nach Stammesrecht würde für sie ein Konkubinat bedeuten. Die Kinder aus einer solchen neuen, stammesrechtlichen Verbindung wären als die uneheliche Nachkommenschaft einer Reichsangehörigen ohne einen Tropfen weißen Blutes dennoch Reichsangehörige, sollten sie auch inzwischen mit anderen Urwaldangewohnheiten wieder die Sitte des Menschenfressens angenommen haben."

Der umgekehrte Fall der Verheiratung einer reichsangehörigen Frau mit einem Eingeborenen – der indessen nur ein einziges Mal vorgekommen sein soll[624] – wurde strittig beurteilt. Nach § 13 Nr. 5 des Gesetzes vom 1. Juni 1870 bzw. § 17 Nr. 6 RuStAG verlor eine Deutsche ihre Staatsangehörigkeit durch Eheschließung mit dem Angehörigen eines anderen Bundesstaates oder einem Ausländer. Nach einer Ansicht konnte diese Bestimmung auch nicht entsprechend zur Anwendung kommen, wenn eine Deutsche einen Farbigen heiratete, da dieser weder Angehöriger eines Bundesstaates noch Ausländer sei. Insofern liege hier eine Gesetzeslücke vor, die dadurch geschlossen werden könne, daß entweder der farbige Ehemann die deutsche Reichsangehörigkeit erwerbe oder daß ihm auf Antrag die Naturalisation zu gewähren sei.[625] Nach anderer Ansicht verlor die Frau die Reichsangehörigkeit durch die Heirat mit einem Eingeborenen. Nach den Grundzügen des Gesetzes vom 1. Juni 1870 teile die Frau stets die Staatsangehörigkeit des Mannes. Auch die „Unterworfenschaft" des Eingeborenen sei eine Form der Staatsangehörigkeit. Zudem müsse der Begriff „Ausländer" des § 13 Nr. 5 dem des „Nicht-Reichsangehörigen" gleichgestellt werden, da es zur Zeit des Erlasses des Gesetzes noch keine farbigen, nichtreichsangehörigen Untertanen des Reiches gegeben habe, die getrennt von den Ausländern hätten aufgeführt werden können. Dieses Ergebnis entspreche auch der „Billigkeit und der nationalen Selbstachtung".[626] Aus heutiger Bewertung spricht indes der Umstand, daß auch nach der Neuregelung des Staatsangehörigkeitsrechts im Jahre 1913 § 17 Nr. 6 RuStAG den Fall der Verheiratung einer Deutschen mit einem Eingeborenen nicht vorsah, für die geringe praktische Relevanz dieses Streites.

Von Bedeutung waren die erheblichen staatlichen Behinderungen von Verbindungen zwischen Weißen, insbesondere Reichsangehörigen, und Eingeborenen. So sind in Deutsch-Südwestafrika im Jahre 1905 standesamtliche Eheschließungen zwischen Weißen und Eingeborenen durch das Gouvernement verboten oder zumindest unmöglich gemacht worden, indem deren Eintragung ins Eheregister verweigert wurde.[627] Bezeichnend ist auch eine Vorschrift aus der am 28.

---

624 Im Jahr 1913 behauptet dies *Mallmann*, Rechte und Pflichten in den deutschen Schutzgebieten, S. 276 f.

625 *Preuß*, Die Rechtspflege in gemischten Angelegenheiten, in: Verhandlungen des deutschen Kolonialkongresses 1905, S. 381 (383).

626 *Mallmann*, Rechte und Pflichten in den deutschen Schutzgebieten, S. 276; vgl. hierzu auch *Fleischmann*, Die Mischehen in den deutschen Schutzgebieten, in: Verhandlungen des deutschen Kolonialkongresses 1910, S. 548 (561), der über solche Ehen als „pathologische Erscheinungen" spricht.

627 Im einzelnen widersprechen sich die Angaben in der Literatur; vgl. zusammenfassend *Wagner*, Die deutschen Schutzgebiete, S. 266 f. S. auch *Huber*, Koloniale Selbstverwaltung in Deutsch-Südwestafrika, S. 167; *Schreiber*, Zur Frage der Mischehen zwischen Weißen und

Januar 1909 vom Reichskanzler erlassenen Selbstverwaltungsordnung für Deutsch-Südwestafrika.[628] In § 17 der Verordnung hieß es in bezug auf das Wahlrecht zu den Gemeinderäten:

> „Ausgeschlossen vom Wahlrecht sind die Gemeindeangehörigen:
> [...]
> f) wenn sie mit einer Eingeborenen verheiratet sind oder mit einer solchen im Konkubinat leben."

Vermutlich auch in Folge der Eingabe eines betroffenen Farmers[629] wurde diese Bestimmung durch Artikel II der Verordnung des Reichskanzlers vom 28. März 1912[630] geringfügig abgemildert. Nunmehr konnte der Gouverneur solchen Gemeindeangehörigen das Wahlrecht verleihen, die sich mit einer Eingeborenen vor dem 1. Januar 1893 in der Form der kirchlichen Trauung oder vor dem 1. Oktober 1905 in standesamtlicher Form verheiratet hatten, „sofern ihre oder ihrer Familie Lebensführung eine besondere Anerkennung des Zusammenlebens vom sittlichen Standpunkte zuläßt und ihre Würdigkeit, mit öffentlichen Rechten betraut zu werden, verbürgt".

Einen letzten Höhepunkt erreichte die rechtliche Diskriminierung unehelicher Mischbeziehungen in Deutsch-Südwestafrika mit der Verordnung des Gouverneurs über die Mischlingsbevölkerung vom 23. Mai 1912.[631] Nach § 3 der Verordnung konnte die Polizei die Trennung verlangen und nach fruchtlosem Ablauf einer Frist erzwingen, wenn durch das uneheliche Zusammenleben eines Nichteingeborenen mit einer Eingeborenen "öffentliches Ärgernis erregt" wurde. In gleicher Weise konnte die alsbaldige Beendigung eines Dienstvertrages und die „Entfernung" der Mutter eines „halbweißen Kindes" verlangt werden, wenn der Vater des Kindes der Dienstherr, oder ein in dessen häuslicher Gemeinschaft befindlicher Angehöriger oder Angestellter sei.

Eingeborenen im deutschen Schutzgebiete Südwestafrika, in: ZfKKK (11) 1909, S. 88 (93) sowie *Fischer*, Die deutschen Kolonien, S. 107 f.

628 Verordnung des Reichskanzlers, betr. die Selbstverwaltung in Deutsch-Südwestafrika, v. 28.1.1909, DKolGG (XIII) 1909, S. 19; *Zorn*, Deutsche Kolonialgesetzgebung, S. 163; *Huber*, Koloniale Selbstverwaltung in Deutsch-Südwestafrika, S. 298 ff.

629 Die Eingabe des Farmers Becker an Gouverneur Schuckmann v. 1.9.1909, von diesem übermittelt an das RKA in Berlin am 20.10.1909, findet sich bei *Gründer*, „... da und dort ein junges Deutschland gründen", Dok. 104, S. 285 ff.; S. hierzu auch *Bley*, Kolonialherrschaft und Sozialstruktur, S. 253 ff. und *Reichelt*, „Wer regierte Deutsch-Südwest?", S. 130 ff.

630 VO des RK zur Abänderung der VO v. 28.1.1909, betr. die Selbstverwaltung in DSWA, v. 28.3.1912, DKolBl. (XXIII) 1912, S. 291; *Huber*, Koloniale Selbstverwaltung in Deutsch-Südwestafrika, S. 323 f.

631 VO des Gouverneurs von DSWA über die Mischlingsbevölkerung, v. 23.5.1912, DKolBl. (XXIII) 1912, S. 752.

Nachdem im Jahre 1906 in Deutsch-Ostafrika Gouverneur Graf v. Goetzen aus Anlaß eines Einzelfalls den Bezirksrichter in Tanga angewiesen haben soll, die zum Abschluß einer Mischehe erforderliche Mitwirkung zu versagen,[632] und der Gouverneur Deutsch-Neuguineas Hahl[633] im Jahre 1908 Ehen zwischen Japanern[634] und Mikronesierinnen untersagt haben soll,[635] erging im Jahre 1912 ein Mischehenverbot für das Schutzgebiet Deutsch-Samoa. Mit Erlaß des Staatssekretärs des Reichskolonialamts Dr. Wilhelm Solf – vorher in den Jahren von 1900 bis 1911 selbst Gouverneur von Samoa – an das dortige Gouvernement vom 17. Januar 1912[636] wurde der Grundsatz aufgestellt, daß Ehen zwischen Nichteingeborenen und Eingeborenen in Zukunft nicht mehr geschlossen werden sollten.[637] Nach bisheriger Rechtslage[638] waren die aus einer gesetzlichen Ehe stammenden Mischlingskinder dem Gerichtsstande des Vaters gefolgt. Der Gouverneur oder der Kaiserliche Richter hatten bei Mischlingen, die aus einer „ungesetzlichen Verbindung" stammten, den Gerichtsstand „mit Rücksicht auf ihre Lebensführung" von Fall zu Fall zu bestimmen. Nunmehr waren die nach Bekanntgabe des Erlasses geborenen Mischlinge Eingeborene (Nr. 4), konnten aber, sofern sie fließend deutsch sprachen und europäische Bildung nachwiesen, auf Antrag den Weißen gleichgestellt werden" (Nr. 5).[639]

In der letzten Phase der deutschen Kolonialherrschaft nahm der Reichstag 1912 auf Antrag der Budgetkommission[640] gegen die Bedenken der Reichsregierung mehrheitlich eine Resolution auf gesetzliche Anerkennung der Mischehen an. Der Landesrat in Windhuk bat hingegen, für die Zukunft jede Ehe zwischen Weißen und Eingeborenen zu verbieten.[641]

---

632 So der Abgeordnete Gröber im Reichstag, RT-Verh., Sten. Ber., XIII. Leg. Per., I. Sess., 55. Sitzung v. 7.5.1912, S. 1725 A.

633 Zu Hahls eigener Verbindung zu einer einheimischen Frau s. oben.

634 Diese galten nicht als Angehörige farbiger Stämme, § 2 Abs. 2 der VO v. 9.11.1900, RGBl. 1900, S. 1005, Anhang D. II.; vgl. hierzu oben, 3. Kap. B. I. 4. a).

635 *Hardach*, Die deutsche Herrschaft in Mikronesien, in: Die deutsche Südsee 1884-1914, S. 530

636 Erlaß des StS des RKA an das Gouvernement von Deutsch-Samoa, wiedergegeben in der Rede des Abgeordneten Gröber, RT-Verh., Sten. Ber., XIII. Leg. Per., I. Sess., 55. Sitzung v. 7.5.1912, S. 1725 B.

637 Vgl. hierzu *Hiery*, Die deutsche Verwaltung Samoas, in: Die deutsche Südsee 1884-1914, S. 667 ff.

638 Bekanntmachung des Gouverneurs von Samoa, betr. Auslegung des Begriffes „Eingeborener", v. 1.7.1900, DKolGG (V) 1900, S. 104.

639 Vgl. noch die VO des Gouverneurs von Samoa, betr. die Rechtsverhältnisse der unehelichen Mischlinge, v. 20.5.1914, DKolBl. (XXV) 1914, S. 701.

640 S. den Ausschnitt aus dem Bericht der Budgetkommission in DKolZ 1912, S. 214.

641 *Hachenburg*, Juristische Rundschau, in: DJZ 1912, Sp. 729 (730).

Aus den zwischen Reichsangehörigen und Eingeborenen eingegangenen Verbindungen – überwiegend aus den unehelichen Beziehungen – gingen naturgemäß eine Vielzahl von Mischlingskindern hervor. Die offiziellen Statistiken der Zeit registrierten allerdings vermutlich nur diejenigen Mischlingskinder, deren Herkunft etwa durch die Anerkennung des Vaters geklärt war, so daß eine tatsächlich höhere Zahl zu vermuten ist.[642] Für das Jahr 1913[643] wurden für Deutsch-Südwestafrika 1.746 Mischlinge,[644] für Togo 263, für Kamerun 110 und für Deutsch-Ostafrika 114 Mischlinge angegeben. In Deutsch-Neuguinea soll es 179 Mischlinge gegeben haben. Die Zahl der für Deutsch-Samoa angegebenen Mischlinge ragte mit 1.025 heraus, da auf den vier Inseln etwa doppelt so viele Mischlinge wie Europäer lebten.[645] Auffällig war zudem der starke Anstieg der Mischlingsbevölkerung in Deutsch-Südwestafrika – nach zeitgenössischem Verständnis ein geradezu „beschämendes Bild“.[646]

Auch in bezug auf die Nachkommenschaft aus Mischehen oder unehelichen Mischverbindungen stellte sich die – nicht nur für das Kolonialstrafrecht wesentliche – Frage nach der anzuwendenden Rechtsordnung. Nach § 3 des Gesetzes über die Erwerbung und den Verlust der Bundes- und Staatsangehörigkeit vom 1. Juni 1870 bzw. § 4 Abs. 1 RuStAG erwarben eheliche Kinder eines Deutschen die Staatsangehörigkeit des Vaters. Damit waren Mischlinge, die aus einer ehelichen Verbindung eines Deutschen mit einer Eingeborenen hervorgingen, reichsangehörig und damit „weiß im Rechtssinne“. Vereinzelt ist der Eintritt dieser Rechtsfolge allerdings in Rechtsprechung und Literatur bestritten worden.[647] Mischlinge aus einer unehelichen Verbindung zwischen einer Reichsangehörigen und einem Eingeborenen erwarben nach § 3 des Gesetzes vom 1. Juni 1870 bzw. § 4 Abs.1 RuStAG die Staatsangehörigkeit der Mutter und galten damit ebenfalls als „weiß im Rechtssinne“. Der – praktisch weitaus häufigere – umgekehrte Fall eines unehelichen Kindes aus der Beziehung eines reichsangehörigen Mannes und einer eingeborenen Frau führte hingegen für das Kind zur Rechtsfolge „farbig im Rechtssinne“, da uneheliche Kinder der Staats-

642 *Wagner*, Die deutschen Schutzgebiete, S. 268.

643 Die Zahlen beruhen auf den Angaben im Statistischen Jahrbuch für das Deutsche Reich (35) 1914, S. 449 Anm. 2 – 6 sowie *Krauß*, in: Deutsches Kolonial-Lexikon Bd. II, S. 567; vgl. für das Jahr 1907/08 *Fleischmann*, Die Mischehen in den deutschen Schutzgebieten, in: Verhandlungen des deutschen Kolonialkongresses 1910, S. 548 (549).

644 Mit Ausnahme der ca. 2.000 bis 3.000 sog. Bastards, die schon vor der deutschen Kolonialzeit aus Verbindungen von Buren mit Namafrauen hervorgegangen waren.

645 Vgl. *Hiery*, Das deutsche Reich in der Südsee, S. 41.

646 *Hänsch*, Der gegenwärtige Stand und die Weiterentwicklung der Farbigenstatistik in den deutschen Schutzgebieten, in: ZfKKK (13) 1911, S. 381 (387).

647 *Wagner*, Die deutschen Schutzgebiete, S. 269 und *Fischer*, Die deutschen Kolonien, S. 77, erwähnen eine diesbezügliche und in der Literatur begrüßte Entscheidung des Obergerichts in Windhuk.

angehörigkeit der Mutter folgten. Diesen Kindern blieb in vereinzelten Härtefällen nur der Erwerb der Reichsangehörigkeit über den Weg der Naturalisation nach § 9 SchGG 1900.[648]

Nach dem bisher Gesagten kam es in den deutschen Schutzgebieten trotz zahlreicher und nachdrücklicher staatlicher Behinderungen zu keiner strafrechtlichen Sanktionierung unehelicher oder ehelicher Verbindungen zwischen Reichsangehörigen und Eingeborenen.[649] Der Behauptung, im deutschen Kolonialreich habe es „Vorgänger der Nürnberger Gesetze" bereits vor dem Ersten Weltkrieg gegeben,[650] kann damit nicht beigepflichtet werden.[651]
Die Geschichte der rechtlichen Behandlung von Mischehen und Mischlingen in den deutschen Schutzgebieten wäre allerdings unvollständig ohne einen Ausblick in die Zeit der kolonialrevisionistischen Gesetzgebungsarbeiten des Dritten Reiches.[652] Zu den Grundlagen nationalsozialistischer Kolonialpolitik zählte der „Grundsatz der Scheidung der Rassen".[653] Im Kolonialpolitischen Amt (KPA) der NSDAP und innerhalb des Kolonialausschusses der Akademie für Deutsches Recht (ADR) wurden ab etwa Ende 1936 mehrere Entwürfe zu einem Reichskolonialgesetz ausgearbeitet, die alle am Rechtsdualismus nach dem Muster des Schutzgebietsgesetzes festhielten.[654] So setzte sich die Bevölkerung der wiederzuerlangenden Kolonien nach § 3 des Entwurfs des KPA vom 10. Juli 1940 aus Deutschen, Eingeborenen und Fremden zusammen. Deutscher sei, wer „deutschen oder artverwandten Blutes"[655] sei und die deutsche Staatsangehörigkeit besitze. Eingeborene seien die Angehörigen der „bodenständigen Bevölkerung"

---

648 *Hailbronner/Renner*, § 2 RuStAG Nr. 6, § 35 RuStAG Rn. 1.

649 *Wagner*, Die deutschen Schutzgebiete, S. 271, weist die Strafbarkeit biethischen Geschlechtsverkehrs in Italienisch-Ostafrika (ab 1939) und im vom britischen Dominion Südafrikanische Union verwalteten Mandatsgebiet Südwestafrika (1934-1977) nach.

650 *Stoecker*, Die deutsche Kolonialherrschaft in Afrika vor 1914, in: Drang nach Afrika, S. 184; ähnlich *Wolter/Kaller*, Deutsches Kolonialrecht, in: ZNR (17) 1995, S. 201 (218 Fn. 123).

651 Ebenfalls kritisch gegenüber dem Vergleich ist *Gründer*, Geschichte der deutschen Kolonien, S. 225 f.

652 Zum Kolonialrevisionismus vgl. unten 4. Kap.

653 Nr. 5 des im Kolonialpolitischen Amt der NSDAP Anfang 1940 aufgestellten sog. „Deutschen Kolonialkatechismus" v. 22.4.1940, *Gründer*, „... da und dort ein junges Deutschland gründen", Dok. 129, S. 343 f; *Schubert*, Das imaginäre Kolonialreich, in: ZRG (115) 1998, S. 86 (95).

654 Zu den einzelnen Entwürfen s. *Schubert*, Das imaginäre Kolonialreich, in: ZRG (115) 1998, S. 86 (107-117).

655 Vgl. hierzu § 2 Abs. 1 des Reichsbürgergesetzes v. 15.11.1935, RGBl. 1935 I, S. 1146: „Reichsbürger ist nur der Staatsangehörige deutschen oder artverwandten Blutes, der durch sein Verhalten beweist, daß er gewillt und geeignet ist, in Treue dem Deutschen Volk und Reich zu dienen."

der deutschen Kolonien. Sie seien „Schutzbefohlene“[656] des Deutschen Reiches. Fremde seien alle Personen, die nicht Deutsche oder Eingeborene seien. Die Gerichtsbarkeit für die Eingeborenen sollte nach § 9 Abs. 3 des Entwurfes besonderer Regelung vorbehalten sein. Die in der Folge ergangenen Entwürfe zu einer Verordnung über die Gerichtsbarkeit für die Eingeborenen hielten an der Ausübung der Strafgerichtsbarkeit durch den zuständigen Verwaltungsbeamten fest.[657]

Der im Oktober 1940 vom Kolonialpolitischen Amt der NSDAP vorgelegte Entwurf eines „Kolonialblutschutzgesetzes“[658] sah die Geltung des berüchtigten „Nürnberger“ Gesetzes zum Schutze des deutschen Blutes und der deutschen Ehre vom 15. September 1935[659] und der Ersten Ausführungsbestimmung hierzu vom 14. November 1935[660] in den deutschen Kolonien vor (§ 1). Eheschließungen und außerehelicher Verkehr zwischen Juden und Reichsangehörigen waren hiernach auch in den Kolonien verboten und strafbewehrt. Darüber hinaus waren Eheschließungen Deutscher oder Fremder mit Farbigen oder Mischlingen nach § 2 des Entwurfes verboten, auch wenn sie zur Umgehung des Verbotes außerhalb der deutschen Kolonien geschlossen wurden. Die Nichtigkeitsklage sollte nur vom Staatsanwalt erhoben werden können.[661] Mit Ausnahme der zwischen Deutschen geschlossenen Ehen bedurften alle übrigen Eheschließungen nach § 3 des Entwurfs der Genehmigung. Der außereheliche Geschlechtsverkehr zwischen Personen, die einem Eheverbot nach § 2 unterlagen, war nach § 4 des Entwurfes verboten.[662] Zuwiderhandlungen des Eheverbotes wurden mit Zuchthaus, soweit es sich um Eingeborene und ihnen gleichgestellte Fremde handelte, mit Gefängnis mit Zwangsarbeit oder nur mit Gefängnis, bestraft. Für Zuwiderhandlungen des Verbots des außerehelichen Geschlechtsverkehrs sah der Entwurf Gefängnisstrafe vor (§ 5). Eingeborenen und Mischlingen, die mit einer weißen Frau geschlechtlich verkehrten, drohte nach § 6 des Entwurfs die Todes-

---

[656] Zu dieser in der jüngeren Literatur wieder verwandten Begrifflichkeit vgl. schon oben 3. Kap. B. II. 1.

[657] *Schubert*, Das imaginäre Kolonialreich, in: ZRG (115) 1998, S. 86 (131-139); *Schröder*, Prügelstrafe und Züchtigungsrecht in den deutschen Schutzgebieten Schwarzafrikas, S. 128.

[658] Der Entwurf ist wiedergegeben bei *Ndumbe III.*, Was wollte Hitler in Afrika?, Dok. 6, S. 270 f. und *Gründer*, „... da und dort ein junges Deutschland gründen“, Dok. 130, S. 344 f.

[659] RGBl. 1935 I, S. 1146.

[660] RGBl. 1935 I, S. 1334.

[661] Vgl. § 1 des Gesetzes v. 15.11.1935: „ (1) Eheschließungen zwischen Juden und Staatsangehörigen deutschen oder artverwandten Blutes sind verboten. Trotzdem geschlossene Ehen sind nichtig, auch wenn sie zur Umgehung dieses Gesetzes im Ausland geschlossen sind. (2) Die Nichtigkeitsklage kann nur der Staatsanwalt erheben.“

[662] Vgl. § 2 des Gesetzes v. 15.11.1935: „Außerehelicher Verkehr zwischen Juden und Staatsangehörigen deutschen oder artverwandten Blutes ist verboten.“

strafe, bei Vorliegen mildernder Umstände konnte auf Zuchthaus oder Gefängnis mit Zwangsarbeit erkannt werden.[663]

Der Entwurf eines „Kolonialblutschutzgesetzes" wurde im Oktober 1940 den Reichsministerien für Justiz und Inneres zugesandt. Eine von den Ministerien gewünschte Referentenbesprechung mit dem Ziel, die Kritik der Ressorts in einem weiteren Entwurf zu berücksichtigen, hat jedoch offenbar nicht mehr stattgefunden.[664]

IV. Das zwischen Weißen und Farbigen geltende Recht

Die strikte Trennung der Rechtsordnungen von Weißen und Farbigen führte die zeitgenössische Gesetzgebung, Rechtsprechung und Rechtswissenschaft zu der Frage, welche Bestimmungen für die Fälle vorzusehen waren, in denen Angehörige beider Rechtskreise miteinander in Berührung kamen. Solche sogenannten „Mischstreitigkeiten" oder „Mischsachen" konnten zum einen privatrechtlicher Natur sein, etwa auf dem Gebiet des Kauf-, Arbeits-, oder Liegenschaftsrechts.[665] Hier sollen allerdings die Mischsachen strafrechtlichen Einschlags im Vordergrund stehen, etwa wenn Eingeborene zusammen mit Europäern als Täter, Teilnehmer, Begünstigte oder Hehler in Betracht kamen oder die Fälle der Erhebung einer Privatklage. In allen Fällen stellte sich die Frage nach dem Gerichtsstand und nach dem anzuwendenden materiellen und prozessualen Recht.

Schon die Schutzverträge des Deutschen Reiches mit den einheimischen Machthabern in Südwest- und Ostafrika hatten unterschiedliche Regelungen in Bezug auf die rechtliche Behandlung von privat- und strafrechtlichen Mischangelegenheiten vorgesehen.[666]

Das Schutzgebietsgesetz enthielt keine Vorschriften über die Rechtsbeziehungen von Eingeborenen zu Weißen. Hieraus wurde teilweise gefolgert, daß die deutschen Gesetze auf dem Gebiet des gemischten Rechts außer Anwendung bleiben müßten, so daß Gewohnheitsrecht oder richterliches Ermessen maßgebend sein müsse. Für die gemischte Gerichtsbarkeit habe der gemeinrechtliche Grundsatz

---

663 Vgl. die Strafvorschrift in § 5 des Gesetzes v. 15.11.1935.
664 *Schubert*, Das imaginäre Kolonialreich, in: ZRG (115) 1998, S. 86 (121).
665 Vgl. hierzu etwa *Schack*, Die gemischte Gerichtsbarkeit des Kolonialrechts, in: Koloniale Rundschau (31) 1940, S. 37 ff.; *v. Hoffmann*, Einführung in das deutsche Kolonialrecht, S. 174 ff.; *Mallmann*, Rechte und Pflichten in den deutschen Schutzgebieten, S. 256 ff.; *Preuß*, Die Rechtspflege in gemischten Angelegenheiten, in: Verhandlungen des Deutschen Kolonialkongresses 1905, S. 381 (392 ff., 395 ff.).
666 Vgl. die Nachweise bei *Wagner*, Die deutschen Schutzgebiete, S. 358-360.

zu gelten, daß der Gerichtsstand des Beklagten bzw. des Angeklagten entscheide (actor sequitur forum rei).[667] Hiergegen wurde eingewandt, es sei nicht nur zweckmäßig sondern gesetzlich, daß in Mischprozessen in allen Fällen das deutsche Gericht zuständig sei. Nach dem Schutzgebietsgesetz könnten durch Kaiserliche Verordnung Eingeborene der deutschen Gerichtsbarkeit unterstellt werden, nicht jedoch die gesetzlich geschützten Deutschen der Eingeborenengerichtsbarkeit. Gesetzesrecht gehe aber vor Verordnungsrecht. Die Unterstellung unter die deutsche Gerichtsbarkeit sei das gute Recht des Deutschen und dem Eingeborenen geschehe „sicherlich kein Schaden, denn ihm wird nur Besseres geboten".[668] Die Eingeborenengerichtsbarkeit trete somit nur da ein, wo sämtliche bei einer strafbaren Handlung Beschuldigte Farbige seien. Dies sei „mindestens als ein vernünftiger Gewohnheitsgrundsatz anzuerkennen".[669]

Für einige Schutzgebiete sind auf dem Verordnungswege Regelungen in Bezug auf die rechtliche Behandlung von Mischsachen ergangen. Die eindeutigste Bestimmung wurde für das Schutzgebiet Kiautschou getroffen. § 1 der Verordnung, betreffend die Rechtsverhältnisse der Chinesen vom 15. April 1899[670] bestimmte:

> „Werden bei einer strafbaren Handlung Chinesen und Nichtchinesen als Thäter, Theilnehmer, Begünstigter oder Hehler gemeinschaftlich beschuldigt, oder sind Chinesen und Nichtchinesen in einen bürgerlichen Rechtsstreit verwickelt, so ist das Kaiserliche Gericht auch zur Verhandlung und Entscheidung gegen Chinesen zuständig. In diesem Falle findet das für Nichtchinesen geltende Recht auch für Chinesen Anwendung."

Auf Chinesen, die in einer gemischten Strafsache beschuldigt waren, gelangte somit das RStGB und die RStPO zur Anwendung und sie unterfielen der europäischen Gerichtsbarkeit. Sie standen damit erheblich besser als ihre Landsleute, die in nicht-gemischten Angelegenheiten beschuldigt waren und deren Bestra-

---

[667] *Gerstmeyer*, Schutzgebietsgesetz, § 4 Anm. 4; ders., Die rechtlichen Grundlagen der deutschen Kolonialherrschaft, in: Deutsche Kolonialpolitik in Dokumenten, S. 181 (189); in bezug auf die Gerichtsbarkeit zustimmend *v. Hoffmann*, Einführung in das deutsche Kolonialrecht, S. 176.

[668] *Preuß*, Die Rechtspflege in gemischten Angelegenheiten, in: Verhandlungen des Deutschen Kolonialkongresses 1905, S. 381 (394). Hiergegen wendet sich *Mallmann*, Rechte und Pflichten in den deutschen Schutzgebieten, S. 260: „politisch wünschenswert, aus dem geltendem Recht aber schwerlich herzuleiten".

[669] *Doerr*, Deutsches Kolonialstrafprozeßrecht, S. 7; ders., Deutsches Kolonialstrafprozeßrecht, in: ZfKKK (10) 1908, S. 660 (675 f.).

[670] DKolGG (IV) 1898-1899, S. 191; *Mohr*, Handbuch für das Schutzgebiet Kiautschou, S. 72.

fung sich aus der fraglichen Verordnung nach dem für die chinesische Bevölkerung geltenden Strafrecht ergab.[671]

In Samoa waren bei Vergehen und Verbrechen von Eingeborenen gegen Fremde und bei Zivilprozessen zwischen Eingeborenen und Fremden ebenfalls die deutschen Gerichte zuständig. Dies ergab sich aus § 3 Abs. 2 der Gouvernements-Verordnung vom 1. März 1900.[672] Hiernach wurden die Eingeborenen „bis auf Weiteres" der Weißen-Gerichtsbarkeit in denjenigen Fällen unterstellt, in denen dieselben bisher der Gerichtsbarkeit des Obergerichts von Samoa oder des Munizipalmagistrats von Apia unterworfen gewesen waren.[673] § 3 Abs. 3 der Verordnung erteilte allerdings dem zur Ausübung der Gerichtsbarkeit erster Instanz ermächtigten Beamten die Befugnis, solche Fälle einem anderen Richter zu überweisen und auch an Stelle des Kaiserlichen Obergerichts eine andere Berufungsinstanz zu bezeichnen. Im Ergebnis lag es demzufolge im Ermessen dieses richterlichen Beamten, Samoaner der ordentlichen Kolonialgerichtsbarkeit wieder zu entziehen.[674]

In Deutsch-Ostafrika unterlagen die Eingeborenen nach § 2 der Verordnung vom 1. Januar 1891[675] der Weißen-Gerichtsbarkeit insoweit, als sie nach der bisherigen „Übung" der Gerichtsbarkeit des Reichskommissars unterstellt waren. In Mischprozessen soll die „Übung" bisher dahin gegangen sein, daß Eingeborene stets vor den deutschen Gerichten Recht zu nehmen hatten.[676] Die Verordnung vom 1. Januar 1891 trat indes am 1. Januar 1901 wieder außer Kraft,[677] so daß ab diesem Zeitpunkt eine Rechtsgrundlage für gemischte Angelegenheiten nicht mehr bestand.

---

671 Zu den inhaltlichen „Auswüchsen" dieser Verordnung, insbesondere dem umfassenden Katalog strafbarer Handlungen, der Prügelstrafe bis zu 100 Schlägen und der möglichen „Sippenbestrafung", s. schon oben 3. Kap. B. 4. d).

672 VO des Gouverneurs, betr. die Rechtsverhältnisse, DKolGG (V) 1900, S. 33. S. hierzu *Zorn*, Deutsche Kolonialgesetzgebung, S. 262.

673 Vgl. Artikel 3, Abschnitt 9 und Artikel 5, Abschnitt 4 der Samoa-Akte von 1889, Generalakte der Samoa-Konferenz in Berlin, v. 14.6.1889, DKolGG (I) 1892, S. 656.

674 *Sack*, Das deutsche Rechtswesen in Melanesien, in: Die deutsche Südsee 1884-1914, S. 676 (678).

675 VO, betr. die Rechtsverhältnisse in Deutsch-Ostafrika, RGBl. 1891, S. 1, DKolGG (I) 1892, S. 364.

676 Vgl. *Preuß*, Die Rechtspflege in gemischten Angelegenheiten, in: Verhandlungen des Deutschen Kolonialkongresses 1905, S. 381 (393) und den Diskussionsbeitrag von *Ebermaier* im Anschluß an den Vortrag von *Köbner*, Die Organisation der Rechtspflege in den Kolonien, in: Verhandlungen des Deutschen Kolonialkongresses 1902, S. 331 (373), die allerdings offenbar nur zivilrechtliche Mischprozesse erwähnen.

677 Durch § 13 der Ksl. VO, betr. die Rechtsverhältnisse in den deutschen Schutzgebieten, v. 9.11.1900, RGBl. 1900, S. 1005, Anhang D. II.

In Deutsch-Südwestafrika waren durch Gouvernements-Verordnung vom 1. Januar 1899[678] die Klagen Weißer gegen Eingeborene in bürgerlichen Rechtsstreitigkeiten den Verwaltungsbehörden übertragen worden. Zuständig waren die Bezirkshauptleute, die die ihnen zustehenden Befugnisse den Distriktschefs ihres Bezirks übertragen konnten. Zu den Verhandlungen war stets ein Eingeborener als Beisitzer beizuziehen. Nach einer Bekanntmachung des Gouverneurs vom 23. Februar 1899[679] waren Schulden der Eingeborenen vor den Bezirkshauptmannschaften einzuklagen, gegen deren Entscheidung bei einem Streitwert über 500 Mark eine Berufung an das Gouvernement zulässig war. Diese Rechtslage wurde durch § 3 der Verfügung des Reichskanzlers vom 23. Juli 1903[680] bestätigt. Entscheidungen über Ansprüche Nichteingeborener gegen Eingeborene waren der Zuständigkeit des Bezirksamtmannes, bzw. des von ihm delegierten Distriktschefs unterstellt. Berufung an den Oberrichter war nach § 4 Abs. 1 der Verfügung bei einem Streitwert von über 300 Mark zulässig. Der Gouverneur konnte das Verfahren durch die Erteilung von Weisungen beeinflussen oder die Entscheidungen der ihm untergeordneten Behörden aufheben oder abändern (§ 3 Abs. 3, § 5). Anders als mit den genannten Regelungen für Kiautschou, Samoa und Deutsch-Ostafrika war damit in Deutsch-Südwestafrika im Hinblick auf die Gerichtsbarkeit gemischter Angelegenheiten der entgegengesetzte Weg beschritten worden. Hier wurden Nichteingeborene in bestimmten Fällen der Verwaltungs- d.h. der Eingeborenen-Gerichtsbarkeit unterworfen.

Das Fehlen einer einheitlichen rechtlichen Regelung für die Behandlung von gemischten Angelegenheiten wurde unter Kolonialjuristen als unbefriedigend empfunden. So ist auf dem zweiten Deutschen Kolonialkongreß 1905 zu Berlin[681] von der für die rechtlichen und politischen Verhältnisse in den Kolonien

---

678 § 2 der VO, betr. die Gerichtsbarkeit über die Eingeborenen des Schutzgebiets einschließlich der Bastards in bürgerlichen Rechtsstreitigkeiten, DKolGG (IV) 1898-1899, S. 24; *Leutwein*, Elf Jahre Gouverneur in Deutsch-Südwestafrika, S. 561.

679 Nr. 2 der Bekanntmachung des Ksl. Gouverneurs von Deutsch-Südwestafrika, betr. Kreditgewährung an Eingeborene, v. 23.2.1899, DKolGG (IV) 1898-1899, S. 42.

680 Verf. des RK, betr. Rechtsgeschäfte und Rechtsstreitigkeiten Nichteingeborener mit Eingeborenen im südwestafrikanischen Schutzgebiet, DKolGG (VII) 1903, S. 163 (mit falscher Jahresangabe), DKolBl. 1903, S. 383; *Gerstmeyer*, Schutzgebietsgesetz; Anhang 16, *Leutwein*, Elf Jahre Gouverneur in DSWA, in Kraft getreten am 1.11.1903 gem. Verf. des Gouverneurs v. 3.10.1903, DKolGG (VII) 1903, S. 218.

681 Der Deutsche Kolonialkongreß zu Berlin tagte im Herbst der Jahre 1902, 1905, 1910 unter dem Präsidium Herzog Johann Albrechts zu Mecklenburg und 1924 unter Gouverneur a. D. Seitz. Der Kongreß teilte sich in sieben Sektionen, innerhalb derer sich die Fachvorträge und Diskussionen der Kongreßteilnehmer vollzogen: Sektion I.: Geographie, Ethnologie und Naturkunde der Kolonien und überseeischen Interessengebiete; Sektion II.: Tropenmedizin und Tropenhygiene; Sektion III.: Die rechtlichen und politischen Verhältnisse der Kolonien und überseeischen Interessengebiete; Sektion IV.: Die religiösen und kulturellen Verhältnisse der

und überseeischen Interessengebieten zuständigen Sektion III. im Anschluß an zwei Vorträge zum Thema[682] folgende Resolution zur Einbringung in das Plenum angenommen worden:

> „Die dritte Sektion hält es für unbedingt erforderlich, so bald als möglich mit den Vorarbeiten für eine koloniale Gesetzgebung in gemischten Streitsachen zu beginnen und zu diesem Zwecke zunächst eine authentische Sammlung der Rechtsgebräuche der Eingeborenen in die Wege zu leiten."[683]

Nach kurzer Diskussion wurde die Resolution durch das Plenum des Kongresses in dem von der Sektion III. eingebrachten Wortlaut angenommen.[684]
Nachdem somit in einigen Schutzgebieten schon Gouvernements-Verordnungen ergangen waren, die die zivil- und strafrechtliche Behandlung der Mischsachen zum Inhalt hatten, und einige mit dem Kolonialrecht befaßte Juristen sich offen für eine gesetzliche Regelung eingesetzt hatten, trat am 3. Juni 1908 die Kaiserliche Verordnung, betreffend die Einrichtung der Verwaltung und die Eingeborenenrechtspflege in den afrikanischen und Südseeschutzgebieten[685] in Kraft. Nach § 1 Nr. 2 der Verordnung wurde der Reichskanzler (Reichskolonialamt) bis auf weiteres ermächtigt, Vorschriften und Anordnungen zu erlassen, die das Eingeborenenrecht und die Gerichtsbarkeit der Eingeborenen, auch soweit Nichteingeborene beteiligt waren, betrafen. Nach § 2 der Verordnung konnte diese Befugnis mit Ermächtigung des Reichskanzlers bzw. des Reichskolonialamtes durch die Gouverneure wahrgenommen werden. Die bisher ergangenen Regelungen, auch soweit sie von den kolonialen Verwaltungsbeamten erlassen worden waren, blieben nach § 3 der Verordnung in Geltung, bis sie gemäß der Verordnung aufgehoben oder abgeändert würden.[686]

Kolonien und überseeischen Interessengebiete; Sektion V.: Die wirtschaftlichen Verhältnisse der Kolonien und überseeischen Interessengebiete; Sektion VI.: Die deutsche Auswanderung und die Einwanderung in den deutschen Kolonien; Sektion VII.: Die weltwirtschaftlichen Beziehungen zwischen Deutschland und seinen Kolonien und überseeischen Interessengebieten.

682 *Preuß*, Die Rechtspflege in gemischten Angelegenheiten und *Meyer*, Die „Rechtspflege in gemischten Angelegenheiten", in: Verhandlungen des Deutschen Kolonialkongresses 1905, S. 381-400, 401-409.

683 Verhandlungen des Deutschen Kolonialkongresses 1905, S. 409.

684 Verhandlungen des Deutschen Kolonialkongresses 1905, S. 1031-1036.

685 RGBl. 1908, S. 397; DKolGG (XII) 1908, S. 201.

686 Vgl. hierzu auch den R.E. des StS des RKA zur Ksl. VO v. 3.6.1908, betr. die Einrichtung der Verwaltung und die Eingeborenenrechtspflege, v. 15.8.1908, DKolGG (XII) 1908, S. 353.

C. Rechtssetzungsbefugnisse

Aus der grundsätzlichen Verneinung der Anwendbarkeit der Reichsgesetze auf die farbige Schutzgebietsbevölkerung, insbesondere des RStGB und seiner Nebengesetze, der RStPO und des Gerichtsverfassungsgesetzes, folgte – da auch sonst gesetzliche Vorschriften über das Strafrecht und Strafverfahren für die Eingeborenen nicht existierten – die Rechtssetzung auf diesem Gebiet weitgehend im Verordnungswege. Auch für die weiße Schutzgebietsbevölkerung ist vielfach ein besonderes Kolonialstrafrecht auf dem Verordnungswege erlassen worden. Eine regelmäßige Einflußnahme des Reichstags und des Bundesrats im Rahmen eines ordentlichen Gesetzgebungsverfahrens auf Kernbereiche der Kolonialpolitik ergab sich lediglich nach dem Gesetz vom 30. März 1892.[687] Hiernach hatte der jährliche Haushalts-Etat für die Schutzgebiete durch Gesetz festgestellt zu werden. Auf dem gleichen Wege mußten Anleihen aufgenommen und Garantien übernommen werden.[688]

I. Kaiserliches Verordnungsrecht

Für die Zeit bis zum Erlaß des ersten Schutzgebietsgesetzes vom 17. April 1886 herrschte Streit über die Zuständigkeit und Befugnis des Kaisers zur kolonialen Rechtssetzung.[689] Ein Teil der Literatur vertrat die Auffassung, in dieser Zeit habe dem Kaiser keine berechtigte Ausübung von Schutzgewalt – und damit keine Befugnis zur Setzung kolonialen Rechts – zugestanden. Diese ergebe sich insbesondere nicht aus Art. 11 Abs. 1 BRV,[690] wonach der Kaiser das Reich völkerrechtlich zu vertreten habe, da die Schutzgewalt kein völkerrechtliches Verhältnis und die Ausübung derselben keine völkerrechtliche Vertretung sei.[691] Alleiniger Inhaber der Schutzgewalt bis zu diesem Zeitpunkt sei der Bundesrat als kollektives Organ der deutschen Fürsten und freien Städte und „Träger der Reichssouveränität“ gewesen.[692]

---

[687] Gesetz über die Einnahmen und Ausgaben der Schutzgebiete, RGBl. 1892, S. 369. Im Reichstag wurden im Rahmen der Etatberatungen vielfach kontroverse Debatten zwischen pro-kolonialen Kräften und regierungskritischen Parteien – insbesondere Sozialdemokratie und Zentrum – über die Kolonialpolitik der Reichsregierung ausgetragen, vgl. hierzu unten 3. Kap. D. III.

[688] Vgl. *Wolter/Kaller*, Deutsches Kolonialrecht, in: ZNR (17) 1995, S. 201 (205 f.).

[689] Instruktiv zum Streit: *Wagner*, Die deutschen Schutzgebiete, S. 306 ff. m.w.N.

[690] RGBl. 1871, S. 63.

[691] *Laband*, Das Staatsrecht des Deutschen Reiches II, S. 290. S. auch oben 1. Kap. D. I.

[692] *Kuhn*, Die deutschen Schutzgebiete, S. 74 ff.; *Radwanski*, Die Schutzgewalt in den deutschen Schutzgebieten, S. 50 ff., 68.

Die Befürworter einer kaiserlichen Rechtssetzungsbefugnis argumentierten, vor dem 17. April 1886 sei die Ausübung der Schutzgewalt durch den Kaiser vom Reichssouverän stillschweigend geduldet und damit anerkannt worden[693] oder aber der Kaiser habe das Fehlen einer förmlichen Legitimation durch die tatsächliche Übernahme der Regierung ausgefüllt, die dann durch das Schutzgebietsgesetz sanktioniert worden sei.[694] Die Bedeutung dieses Streites ist aus strafrechtshistorischer Betrachtung allerdings gering, denn der erste Akt kaiserlicher Strafrechtssetzung erfolgte erst am 7. Juli 1888 mit einer für das Schutzgebiet der Neu-Guinea-Kompagnie erlassenen Verordnung.

Das Gesetz betreffend die Rechtsverhältnisse der deutschen Schutzgebiete vom 17. April 1886 klärte die Rechtslage. Das Verordnungsrecht des Kaisers ergab sich nunmehr unstrittig als Teil seiner ihm durch § 1 SchGG übertragenen Schutzgewalt.[695] Der Kaiser wurde hierdurch auch in bezug auf die deutschen Schutzgebiete zum „Delegatar des Reichssouveräns".[696] Er konnte seinerseits das ihm verliehene Verordnungsrecht delegieren.[697] Das sonst unbeschränkte kaiserliche Verordnungsrecht fand seine Grenzen lediglich in den Gesetzen des Deutschen Reiches – insbesondere des Schutzgebietsgesetzes und des Gesetzes über die Einnahmen und Ausgaben der Schutzgebiete vom 30. März 1892[698] –, in völkerrechtlichen Verträgen und im Gegenzeichnungsrecht des Reichskanzlers.[699]

Neben dieser allgemeinen Verordnungsbefugnis als Ausfluß der kaiserlichern Schutzgewalt stand das spezielle Verordnungsrecht des Kaisers aus § 3 SchGG

693 Nachweise bei *Wagner*, Die deutschen Schutzgebiete, S. 307 ff.

694 *v. Hoffmann*, Einführung in das deutsche Kolonialrecht, S. 12 f., 27, 31.

695 Vgl. nur *Brinkmann*, Strafrecht und Strafverfahren für die deutschen Schutzgebiete, S. 10; *v. König*, Das Verordnungsrecht des Kaisers und des Reichskanzlers nach dem Schutzgebietsgesetz, in: ZfKKK (14) 1912, S. 289; *Karlowa*, Die Strafgerichtsbarkeit über die Eingeborenen in den deutschen Kolonien, S. 11; *Fischer*, Die deutschen Kolonien, S. 70 f.; *Wagner*, Die deutschen Schutzgebiete, S. 305.

696 *Karlowa*, Die Strafgerichtsbarkeit über die Eingeborenen in den deutschen Kolonien, S. 11.

697 Vgl. hierzu im einzelnen *v. König*, Das Verordnungsrecht des Kaisers und des Reichskanzlers nach dem Schutzgebietsgesetz, in: ZfKKK (14) 1912, S. 289 (289 ff.).

698 RGBl. 1892, S. 369; DKolGG (I) 1892, S. 7. Zu weiteren gesetzlichen Beschränkungen des Ksl. VO-Rechtes s. *Fischer*, Die deutschen Kolonien, S. 71 f.

699 Letzteres galt – nach bestrittener Ansicht wegen der Nichtgeltung der BRV in den Schutzgebieten gewohnheitsrechtlich – auch für die Ksl. Schutzgebietsverordnungen, vgl. 1. Kap. D. Zur Beschränkung des Ksl. VO-Rechts vgl. *Karlowa*, Die Strafgerichtsbarkeit über die Eingeborenen in den deutschen Kolonien, S. 12; *v. König*, Das Verordnungsrecht des Kaisers und des Reichskanzlers nach dem Schutzgebietsgesetz, in: ZfKKK (14) 1912, S. 289.

1886[700] bzw. § 6 SchGG 1900. So konnte durch kaiserliche Verordnung in Vorschriften über Materien, welche nicht Gegenstand des Strafgesetzbuches für das Deutsche Reich waren, Gefängnis bis zu einem Jahr, Haft und Einziehung einzelner Gegenstände angedroht werden (§ 6 Nr. 1). Gestützt auf diese Ermächtigung enthielten einzelne kaiserliche Kolonialverordnungen auch Strafbestimmungen, so etwa die Bergverordnungen,[701] die Verordnungen über das Telegraphenwesen,[702] die Zollverordnung[703] sowie einige weitere eher unbedeutende Verordnungen.[704] Nach § 6 Nr. 5 SchGG 1900 konnte durch kaiserliche Verordnung an Stelle der Enthauptung eine andere, eine Schärfung nicht enthaltende Art der Vollstreckung der Todesstrafe angeordnet werden.[705] Der Vollständigkeit halber ist schließlich das spezielle kaiserliche Verordnungsrecht aus § 3 SchGG 1900 in Verbindung mit §§ 21, 22 KGG 1900 für die Gebiete des Grundstücksrechtes und Bergwerkseigentums sowie des Schutzes von Werken der Literatur und Kunst, Photographien, Erfindungen, Mustern und Modellen, Gebrauchsmustern und Warenbezeichnungen zu nennen.

Bezeichnenderweise wurde das Eingeborenenstrafrecht zuerst für das gegenüber den größeren afrikanischen Kolonien eher unbedeutende Schutzgebiet der Neu-Guinea-Kompagnie geregelt. Im Kaiserlichen Schutzbrief für die Neu-Guinea-Kompagnie vom 17. Mai 1885[706] hatte sich das Reich die Regelung der Rechtspflege noch vorbehalten. Am 7. Juli 1888 erging dann die bereits erwähnte Kaiserliche Verordnung, betreffend die Gerichtsbarkeit über die Eingeborenen im Schutzgebiet der NGK,[707] mit der der Gesellschaft die Ausübung der Gerichtsbarkeit über die Eingeborenen bis zum Ablauf des Jahre 1897 übertragen wurde. Die Übertragung wurde mit Verordnung vom 15. Oktober 1897 verlängert.[708]

---

[700] Durch Art. I des Gesetzes vom 15. März 1888, RGBl. 1888, S. 71 wurde § 3 SchGG durch eine Neufassung ersetzt.

[701] §§ 90-92 der Ksl. BergVO für DSWA, v. 8.8.1905, RGBl. 1905, S. 727; §§ 89-91 der Ksl. BergVO für die afrikanischen und Südseeschutzgebiete mit Ausnahme von DSWA, v. 27.2.1906, RGBl. 1906, S. 363.

[702] §§ 4 f. der VO über das Telegraphenwesen im Kiautschou-Gebiet, v. 16.10.1901, RGBl. 1901, S. 379; §§ 4 f. der VO über das Telegraphenwesen in den deutschen Schutzgebieten ausschließlich Kiautschou, v. 15.6.1906, RGBl. 1906, S. 843.

[703] § 2 der Ksl. VO, betr. das Zollwesen, v. 7.11.1902, DKolBl. 1902, S. 603.

[704] Überblick bei *Gerstmeyer*, Schutzgebietsgesetz, § 6 Anm. 3.

[705] Vgl. § 6 Nr. 1-6 SchGG 1900, Anhang D. I., zu den für das Kolonialstrafrecht wesentlichen speziellen VO-Befugnissen des Kaisers.

[706] DKolGG (I) 1892, S. 434, 436.

[707] DKolGG (I) 1892, S. 532.

[708] Allerhöchste VO, betr. die Gerichtsbarkeit der NGK über die Eingeborenen ihres Schutzgebiets, DKolGG (II) 1893-1897, S. 365. Zu der aufgrund dieser VO von der NGK erlassenen Strafverordnung für die Eingeborenen, DKolGG (I) 1892, S. 555, s. unten 3. Kap. C. III.

Eine zweite Kaiserliche Verordnung vom 26. Februar 1890[709] ermächtigte den Reichskanzler, die erforderlichen Anordnungen für die Regelung der Gerichtsbarkeit über die Eingeborenen des Schutzgebiets der Marshall-Inseln zu treffen. In der Allerhöchsten Verordnung vom 25. Februar 1896[710] erging eine entsprechende Ermächtigung an den Reichskanzler zur Regelung der Eingeborenengerichtsbarkeit in den afrikanischen Schutzgebieten.
Eine umfassende Ermächtigung des Reichskanzlers und des Reichskolonialamtes erfolgte erst mit der kaiserlichen Verordnung vom 3. Juni 1908.[711] Die Ermächtigung umfaßte die Befugnis zum Erlaß von Vorschriften und Anordnungen für die Einrichtung der Verwaltung und auf dem Gebiet des Eingeborenenrechts und der Eingeborenengerichtsbarkeit, auch soweit Nichteingeborene beteiligt waren (§ 1). Diese Befugnisse konnten mit Ermächtigung oder Zustimmung des Reichskanzlers (des RKA) durch die Gouverneure wahrgenommen werden (§ 2). Die bisher von den örtlichen Kolonialbeamten – mangels Ermächtigung nicht selten ungültig[712] – erlassenen Vorschriften blieben nach § 3 in Geltung, bis sie gemäß der Verordnung aufgehoben oder abgeändert wurden. Die kaiserlichen Verordnungen vom 26. Februar 1890 und 25. Februar 1896 waren nunmehr hinfällig und traten nach § 4 der Verordnung außer Kraft.

Als wichtiger Akt Kaiserlicher Rechtssetzung auf dem Gebiet des Kolonialstrafrechts ist schließlich die Verordnung, betreffend die Rechtsverhältnisse in den deutschen Schutzgebieten vom 9. November 1900[713] zu nennen. Sie regelte wesentliche – auf § 6 Nr. 2 bis 4 SchGG 1900 beruhende – Bestimmungen für das Weißen-Strafrecht. So wurde neben der Mitwirkung einer Staatsanwaltschaft[714] auch die Zuziehung von Beisitzern,[715] die Gerichtsbarkeit in den zur Zuständigkeit der Schwurgerichte gehörenden Sachen[716] und die Übertragung von zur Zuständigkeit des Reichsgerichts gehörenden Sachen auf die Gerichte zweiter Instanz[717] geregelt. Darüber hinaus enthielt die Kaiserliche Verordnung vom 9.

---

709 Ksl. VO, betr. die Gerichtsbarkeit über die Eingeborenen im Schutzgebiete der Marshall-Inseln, DKolGG (I) 1892, S. 624.

710 Allerhöchste VO, betr. die Gerichtsbarkeit über die Eingeborenen in den afrikanischen Schutzgebieten, DKolGG (II) 1893-1897, S. 213.

711 Ksl. VO, betr. die Einrichtung der Verwaltung und die Eingeborenen-Rechtspflege in den afrikanischen und Südsee-Schutzgebieten, RGBl. 1908, S. 397; DKolGG (XII) 1908, S. 201. S. hierzu den R.E. des StS des RKA zur Ksl. VO v. 3.6.1908, betr. die Einrichtung der Verwaltung und die Eingeborenenrechtspflege, v. 15.8.1908, DKolGG (XII) 1908, S. 353.

712 Vgl. *Sassen*, Das Gesetzgebungs- und Verordnungsrecht in den deutschen Kolonien, S. 112 f.

713 RGBl. 1900, S. 1005; DKolGG (V) 1899-1900, S. 15; Anhang D. II.

714 § 5 der Ksl. VO v. 9.11.1900; s. hierzu unten 3. Kap. E. I. 2. c).

715 § 6 der Ksl. VO v. 9.11.1900; s. hierzu unten 3. Kap. E. I. 2. b).

716 § 7 der Ksl. VO v. 9.11.1900; s. hierzu unten 3. Kap. E. I. 1. a).

717 § 8 der Ksl. VO v. 9.11.1900; s. hierzu unten 3. Kap. E. I. 1. b).

November 1900 auch eine für Weiße wie Eingeborene gleichermaßen gültige Bestimmung: Nach § 9 war die Todesstrafe durch Enthaupten, Erschießen oder Erhängen zu vollziehen.[718] Der Gouverneur (Landeshauptmann) bestimmte, welche der drei Vollstreckungsarten im einzelnen Falle stattzufinden hatte.

II. Verordnungsrecht des Reichskanzlers

Das (Straf-) Verordnungsrecht des Reichskanzlers[719] war aus doppelter Quelle gespeist: Zum einen waren von Seiten des Kaisers vielfach Verordnungsbefugnisse an den Reichskanzler delegiert worden, zuletzt in umfassender Weise mit der kaiserlichen Verordnung vom 3. Juni 1908.[720] Zum anderen besaß der Reichskanzler ein eigenes, ihm unmittelbar aus dem Gesetz zufließendes Verordnungsrecht. Mit der Novelle des Schutzgebietsgesetzes vom 15. März 1888 wurde § 11 SchGG 1888, der spätere § 15 SchGG 1900, eingeführt. Hiernach hatte der Reichskanzler die zur Ausführung des Schutzgebietsgesetzes erforderlichen Anordnungen zu erlassen (Abs. 1). Ein spezielles Strafverordnungsrecht verlieh Abs. 2:

> „Der Reichskanzler ist befugt, für die Schutzgebiete oder für einzelne Theile derselben polizeiliche und sonstige die Verwaltung betreffende Vorschriften zu erlassen und gegen die Nichtbefolgung derselben Gefängnis bis zu drei Monaten, Haft, Geldstrafe und Einziehung einzelner Gegenstände anzudrohen."

Nach zeitgenössischer Interpretation konnte nach der Einführung dieser speziellen Ermächtigung eine Delegation des kaiserlichen *Straf*verordnungsrechts an den Reichskanzler nicht mehr erfolgen. Der Umfang der Strafverordnungsbefugnisse einerseits des Kaisers, andererseits des Reichskanzlers sei nunmehr gesetzlich festgestellt, so daß eine Übertragung von Seiten des Kaisers diese Feststellung durchbrochen hätte.[721] § 11 Abs. 3 SchGG 1888 (§ 15 Abs. 3 SchGG 1900) sah schließlich ein umfassendes Delegationsrecht des Reichskanzlers auf

---

[718] Vgl. § 6 Nr. 5 SchGG 1900.

[719] Vgl. hierzu *Köbner*, Kolonialstrafrecht, in: Mitteilungen der IKV (XI) 1904, S. 545 (553); *Karlowa*, Die Strafgerichtsbarkeit über die Eingeborenen in den deutschen Kolonien, S. 12.

[720] Ksl. VO, betr. die Einrichtung der Verwaltung und die Eingeborenen-Rechtspflege in den afrikanischen und Südsee-Schutzgebieten, RGBl. 1908, S. 397; DKolGG (XII) 1908, S. 201. S. hierzu den R.E. des StS des RKA zur Ksl. VO v. 3.6.1908, betr. die Einrichtung der Verwaltung und die Eingeborenenrechtspflege, v. 15.8.1908, DKolGG (XII) 1908, S. 353.

[721] *v. König*, Das Verordnungsrecht des Kaisers und des Reichskanzlers nach dem Schutzgebietsgesetz, in: ZfKKK (14) 1912, S. 289 (299); vgl. *v. Stengel*, Zur Reform der Kolonialgesetzgebung, in: ZfKKK (13) 1911, S. 233 (259 f.), der vorschlägt, § 15 SchGG 1900 zu streichen. Dadurch komme zum Ausdruck, daß der Kaiser das alleinige Organ sei, das die gesetzgebende Gewalt in den Schutzgebieten ausübe.

die mit einem Schutzbrief ausgestatteten Kolonialgesellschaften und die Beamten des Schutzgebiets vor.[722]

Die erste vom Reichskanzler auf dem Gebiet des Eingeborenen-Strafrechts erlassene Verordnung erging am 10. März 1890 für das Schutzgebiet der Marshall-Inseln,[723] nachdem der Kanzler vorher durch die erwähnte kaiserliche Verordnung vom 26. Februar 1890[724] zur Regelung der Gerichtsbarkeit über die dortigen Eingeborenen ermächtigt worden war. Die Bedeutung dieser in der Frühphase deutscher Kolonialherrschaft ergangenen Verordnung für die eingeborenen Marshall-Insulaner liegt darin, zum einen Tendenzen späterer Kolonial-Strafverordnungen vorwegzunehmen, andererseits aber auch fortschrittlichere Ansätze des Reichsstrafrechts aufzugreifen. So war nach § 2 der Verordnung die Strafverfolgung nur zulässig wegen Handlungen, die nach den Gesetzen des Deutschen Reiches strafbar waren. Strafvorschriften, die aufgrund des § 11 SchGG 1888 (§ 15 SchGG 1900) erlassen wurden, blieben jedoch unberührt.[725] Eine Ausprägung des Opportunitätsgrundsatzes findet sich in § 3 der Verordnung. Hiernach oblag dem zuständigen Beamten (Gerichtsvorsteher) die Entscheidung über Aufnahme oder Unterlassung der Strafverfolgung der nach § 2 strafbaren Handlungen. Im Hinblick auf die nach der Verordnung zulässigen Strafen ist bemerkenswert das Fehlen von körperlicher Züchtigung und Kettenhaft (§ 4), die Beschränkung der Dauer der Freiheitsstrafe (§ 9) und der genau umgrenzte Katalog schwerer todeswürdiger (§ 14) bzw. Gefängnis mit Zwangsarbeit nicht unter sechs Monaten nach sich ziehender (§ 15) Verbrechen. Beachtlich sind ferner die Berücksichtigung einheimischer Rechtsanschauungen bei der Entschädigung des Verletzten (§ 17) sowie die umfangreichen Vorschriften über das Verfahren (§§ 18 ff.).

Nachdem schon vorher für das Schutzgebiet der Neu-Guinea-Kompagnie eine fast wortgleiche Verordnung[726] ergangen war, fand diese Regelung des Eingeborenenstrafrechts für die deutschen Schutzgebiete zunächst keine Nachahmung. In den übrigen Schutzgebieten wurde damit der bisherige Zustand, der der Straf-

---

[722] Vgl. hierzu auch *Gerstmeyer*, Schutzgebietsgesetz, § 15 Anm. 7 – 9 sowie *Zimmerling*, Die Entwicklung der Strafrechtspflege für Afrikaner in Deutsch-Südwestafrika, S. 44.

[723] Strafverordnung für die Eingeborenen, DKolGG (I) 1892, S. 627, in Kraft getreten am 1.10.1890.

[724] VO, betr. die Gerichtsbarkeit über die Eingeborenen im Schutzgebiete der Marshall-Inseln, DKolGG (I) 1892, S. 624. Die VO wurde durch § 4 der Ksl. VO v. 3.6.1908, DKolGG (XII) 1908, S. 201, wieder aufgehoben.

[725] Vgl. dagegen die Gesetzestechnik und den umfassenden Katalog strafbarer Handlungen in § 5 der VO, betr. die Rechtsverhältnisse der Chinesen, v. 15.4.1899, DKolGG (IV) 1898-1899, S. 191; Anhang D. VI.; s. hierzu bereits oben 3. Kap. B. 4. d).

[726] StrafVO für die Eingeborenen, v. 21.10.1888, DKolGG (I) 1892, S. 555; Anhang D. V.

gerichtsbarkeit über die eingeborene Bevölkerung keinerlei Schranken auferlegte, noch über Jahre hinweg beibehalten.[727]

Erst einer der „aufsehenerregendsten Kolonialskandale der deutschen Kolonialgeschichte“,[728] der Fall des stellvertretenden Gouverneurs Leist und des Assessors Wehlan in Kamerun,[729] gab den Anstoß zur umfassenden Regelung der Strafrechtspflege für die Eingeborenen der afrikanischen Schutzgebiete. Ausschlaggebend war, daß die Strafbarkeit Wehlans, der insbesondere auch zur Herbeiführung von Geständnissen sowie auf bloße Verdachtsmomente hin Prügelstrafen gegen Eingeborene verhängt hatte, vom preußischen Justizminister in Frage gestellt wurde. Der in Betracht kommende § 343 RStGB[730] setze ein gesetzlich geregeltes Verfahren voraus. Der Paragraph sei somit in den Schutzgebieten – mit Ausnahme Neuguineas und der Marshall-Inseln, wo schon Verfahrensvorschriften bestünden – nicht anwendbar, die Herbeiführung von Geständnissen mittels körperlicher Züchtigung nicht gesetzlich ausgeschlossen.[731]

Der Reichskanzler reagierte auf den nach zeitgenössischer Auffassung „unhaltbaren Zustand“, der auf die bisher gängige Eingeborenen-Strafrechtspflege in Afrika „ein eigenartiges Licht“ werfe[732] mit der in „plötzlicher Eile“ erlassenen „nur das Notwendigste ordnenden“ [733] Verfügung vom 27. Februar 1896:[734]

> „In den Gerichtsverfahren über Eingeborene sind zur Herbeiführung von Geständnissen und Aussagen andere als die in den deutschen Prozeßordnungen zugelassenen Maßnahmen untersagt.
> Ingleichen ist die Verhängung von außerordentlichen Strafen, insbesondere von Verdachtsstrafen, verboten.“

---

727 *Brinkmann*, Strafrecht und Strafverfahren für die Eingeborenen der deutschen Schutzgebiete, S. 12.

728 *Gründer*, Geschichte der deutschen Kolonien, S. 139.

729 Vgl. hierzu ausführlich 3. Kap. H.

730 § 343 RStGB hatte den Wortlaut: „Ein Beamter, welcher in einer Untersuchung Zwangsmittel anwendet oder anwenden läßt, um Geständnisse oder Aussagen zu erpressen, wird mit Zuchthaus bis zu fünf Jahren bestraft.“

731 Vgl. die Äußerungen des preußischen Staats- und Justizministers Schönstedt im Reichstag, RT-Verh., Sten. Ber., IX. Leg. Per.1895/97, IV. Sess. 1895/97, 60. Sitzung v. 14.3.1896, S. 1459 D. ff. und noch eingehend 3. Kap. H.

732 So *Brinkmann*, Strafrecht und Strafverfahren für die Eingeborenen der deutschen Schutzgebiete, S. 13 f.

733 So *Karlowa*, Die Strafgerichtsbarkeit über die Eingeborenen in den deutschen Kolonien, S. 14.

734 Vfg. des RK, betr. die Gerichtsbarkeit über die Eingeborenen in den afrikanischen Schutzgebieten, DKolGG (II) 1893-1897, S. 213, erlassen aufgrund der Allerhöchsten VO, betr. die Gerichtsbarkeit über die Eingeborenen in den afrikanischen Schutzgebieten, v. 25.2.1897, DKolGG (II) 1893-1897, S. 213. Vgl. hierzu den Gouvernementsbefehl , betr. das Gerichtsverfahren gegen Eingeborene in DOA, v. 4.4.1896, DKolGG (II) 1893-1897, S. 215.

Diese Verfügung bedeutete die – wenn auch durch äußere Ereignisse ausgelöste – Einführung erster strafprozessualer Rechtsgarantien auf dem Gebiet des Eingeborenenstrafrechts.[735]

Eine umfassende Regelung des Strafrechts und Strafverfahrensrechts für die Eingeborenen brachte dann die Verfügung des Reichskanzlers wegen Ausübung der Strafgerichtsbarkeit und der Disziplinargewalt gegenüber den Eingeborenen in den deutschen Schutzgebieten von Ostafrika, Kamerun und Togo vom 22. April 1896,[736] die noch im selben Jahr mit einigen Änderungen und unter Berücksichtigung der bestehenden Schutzverträge auch in Deutsch-Südwestafrika eingeführt wurde.[737] Die nunmehr für alle afrikanischen Schutzgebiete geltende Verfügung enthielt allerdings keinerlei Vorschriften über strafbare Handlungen. § 17 der Verfügung regelte jedoch die Disziplinarbefugnisse der Verwaltungsbeamten gegenüber Eingeborenen, die in einem Dienst- oder Arbeitsvertragverhältnis standen und sich der „fortgesetzten Trägheit", „Widersetzlichkeit", „unbegründeten Verlassens ihrer Dienst- oder Arbeitsstelle" oder „sonstiger erheblicher Verletzungen des Dienst- oder Arbeitsverhältnisses" „schuldig" gemacht hatten. Kettenhaft und körperliche Züchtigung zählten nach der Reichskanzler-Verfügung zu den zulässigen Strafen, Voraussetzungen und Vollzug der letzteren waren umfassend in den §§ 3 bis 9 der Verfügung geregelt. Nach § 12 war ein besonderes Strafbuch einzuführen. Auch wenn Eingeborene an den Strafverhandlungen beteiligt werden sollten, verblieb die ausschließliche Verantwortlichkeit nach § 13 beim Bezirksamtmann. Bemerkenswert ist schließlich die Möglichkeit summarischer Verfahren und der sofortigen Vollstreckung der Todesstrafe im Falle eines Aufruhrs, Überfalls oder sonstigen Notstands aus „zwingenden Gründen" oder der Erklärung des Kriegszustandes nach den §§ 15, 16.
Die Reichskanzler-Verfügung vom 22. April 1896 scheint im Ergebnis gegenüber den vorher ergangenen, nach heutigem Rechtsempfinden „fortschrittlicheren" Strafverordnungen für die Schutzgebiete von Deutsch-Neuguinea und der Marshall-Inseln einen deutlichen Verlust rechtsstaatlicher Garantien mit sich gebracht zu haben. Die Verfügung ist indessen auch vor dem Hintergrund der schweren Unruhen unter den Eingeborenen insbesondere in Südwestafrika (Erhebung der Nama 1888-1894) und Ostafrika (Araber-Aufstand 1888/1889) und der gegenüber den Südsee-Schutzgebieten ungleich größeren wirtschaftlichen Bedeutung der afrikanischen Kolonien zu sehen.

---

735 So auch *Fischer*, Die deutschen Kolonien, S. 169.

736 Wegen ihrer grundlegenden Bedeutung für das Eingeborenenstrafrecht in den deutschen Schutzgebieten Afrikas findet sich die Verfügung in Anhang D. III.

737 Durch Vfg. des Gouverneurs, betr. Änderung der VO, betr. die Strafgerichtsbarkeit der Eingeborenen in DSWA, v. 8.11.1896, DKolGG (II) 1893-1897, S. 294.

III. Verordnungsrecht der Kolonialgesellschaften, Gouverneure und Kolonialbeamten

Die Neuguinea-Kompagnie machte als einzige mit einem Schutzbrief ausgestattete Kolonialgesellschaft von ihrem Strafverordnungsrecht Gebrauch. Am 21. Oktober 1888 erließ die Direktion der NGK aufgrund Kaiserlicher Ermächtigung[738] die Strafverordnung für die Eingeborenen,[739] die am 1. Januar 1889 in Kraft trat. Sie bildete damit die erste Verordnung auf dem Gebiet des Eingeborenen-Strafrechts für die deutschen Schutzgebiete. Der Wortlaut der gegenüber späteren Regelungen eher fortschrittlich anmutenden Verordnung wurde wenig später annähernd wortgleich in der vom Reichskanzler für das Gebiet der Marshall-Inseln erlassenen Strafverordnung[740] übernommen. Nach dem Ende der mittelbaren Kolonialverwaltung in Deutsch-Ostafrika 1890 und in Deutsch-Neuguinea 1899 war im neuen Jahrhundert die Möglichkeit der Übertragung von Verordnungskompetenzen an Kolonialgesellschaften nach § 11 Abs. 3 SchGG 1888 (bzw. § 15 Abs. 3 SchGG 1900) oder durch kaiserliche Ermächtigung hinfällig geworden.

Die Delegation des (Straf-) Verordnungsrechts an Gouverneure und diesen unterstellte Kolonialbeamte nahm dagegen einen breiten Raum ein. Zu den grundlegenden Quellen des Eingeborenenstrafrechts sind vor allem folgende von den Gouverneuren erlassene – keinesfalls abschließend aufgezählte – Rechtsvorschriften zu rechnen:[741]

- Änderung der Verordnung, betr. die Strafgerichtsbarkeit der Eingeborenen in Südwestafrika vom 8. November 1896,[742]
- Gefängnisordnung für das Gouvernements-Gefängnis zu Kamerun vom 1. April 1899,[743]
- Dienstvorschrift des Gouverneurs von Kamerun, betr. die Ausübung der Strafgerichtsbarkeit gegenüber den Eingeborenen vom Mai 1902,[744]
- Gouvernementsbefehl, betr. das Gerichtsverfahren gegen Eingeborene in Deutsch-Ostafrika vom 4. April 1896,[745]

---

738 Ksl. VO, betr. die Gerichtsbarkeit über die Eingeborenen im Schutzgebiet der NGK, v. 7.7.1888, DKolGG (I) 1892, S. 532.

739 DKolGG (I) 1892, S. 555.

740 StrafVO für die Eingeborenen, v. 10.3.1890, in Wirksamkeit getreten am 1.10.1890, DKolGG (I) 1892, S. 627.

741 *Doerr*, Deutsches Kolonialstrafrecht, in: ZfKKK (10) 1908, S. 321 (329) bemerkt kritisch, der Reichskanzler hätte „vielleicht zu reichlich" von der Übertragung seiner Verordnungsbefugnis Gebrauch gemacht.

742 DKolGG (II) 1893-1897, S. 294.

743 DKolGG (VI) 1901-1902, S. 206.

744 DKolGG (VI) 1901-1902, S. 467.

745 DKolGG (II) 1893-1897, S. 215.

- Runderlaß der Gouverneurs, betr. die bei der Bestrafung des Sklavenhandels in Deutsch-Ostafrika zu befolgenden Grundsätze vom 19. August 1896,[746]
- Runderlaß des Gouverneurs von Deutsch-Ostafrika, betr. die Verpflegung der eingeborenen Gefangenen vom 9. August 1897,[747]
- Runderlaß des Gouverneurs von Deutsch-Ostafrika, betr. die Eingeborenen-Gerichtsbarkeit II. Instanz vom 26. Mai 1898,[748]
- Runderlaß des Gouverneurs von Deutsch-Ostafrika, betr. Behandlung von Straftaten aus der Zeit vor der deutschen Schutzherrschaft v. 1. März 1899,[749]
- Runderlaß des Gouverneurs von Deutsch-Ostafrika, betr. die Strafgerichtsbarkeit gegenüber Farbigen vom 27. Dezember 1900,[750]
- Verordnung des Gouverneurs von Deutsch-Neuguinea, betr. Vollstreckung der Todesstrafe vom 7. April 1899,[751]
- Verordnung des Gouverneurs von Samoa, betr. die Rechtsverhältnisse vom 1. März 1900,[752]
- Verordnung des Gouverneurs von Samoa, betr. Strafvollstreckung vom 7. Mai 1900,[753]
- Verordnung, betr. die Rechtsverhältnisse der Chinesen vom 15. April 1899.[754]

Die Verordnungskompetenz der Gouverneure und Kolonialbeamten erfuhr in der zweiten Hälfte der deutschen Kolonialherrschaft eine wesentliche Entwicklung, die anhand der Aktenbestände des Reichskolonialamts nachvollzogen werden kann.[755] Am 14. März 1901 erging ein Runderlaß der AAKA an die afrikanischen und Südsee-Schutzgebiete, betreffend die Handhabung des Verordnungsrechts,[756] in dem die Gouverneure ermahnt wurden:

> „Während der diesjährigen Etatsberatungen im Reichstage wurde die Kolonialverwaltung unter anderem zur Abstellung des Mißbrauchs einer zu häufigen und zu weit gehenden Handhabung des Verordnungsrechts aufgefordert. [... Ich ma-

[746] DKolGG (II) 1893-1897, S. 267.
[747] DKolGG (VI) 1901-1902, S. 143.
[748] DKolGG (VI) 1901-1902, S. 155.
[749] DKolGG (IV) 1898-1899, S. 44.
[750] DKolGG (VI) 1901-1902, S. 266.
[751] DKolGG (IV) 1898-1899, S. 56.
[752] DKolGG (V) 1899-1900, S. 33.
[753] DKolGG (V) 1899-1900, S. 78.
[754] DKolGG (IV) 1898-1899, S. 191. S. hierzu schon oben, 3. Kap. B. I. 4. d).
[755] Vgl. insbesondere BA RKA 1001/5506: Verordnungsrecht und Rechtsstellung des Gouverneurs 1901-1914.
[756] BA RKA 1001/5506, Bl. 6; DKolGG (VI) 1901-1902, S. 287.

che] ergebenst darauf aufmerksam, daß das im § 14[757] des Schutzgebietsgesetzes geregelte Verordnungsrecht zunächst dem Reichskanzler zusteht und von diesem an die Gouverneure und andere Stellen nur *delegiert*[758] worden ist. Unter Hinweis auf diese Rechtslage ersuche ich ergebenst, zukünftig in allen Fällen, in denen dies ohne Schaden für die Sache angängig erscheint, die zu erlassenden Verordnungen im Entwurfe hier zur Genehmigung vorzulegen und grundsätzlich von dem Verordnungsrecht einen möglichst sparsamen Gebrauch zu machen....“

Im Kiautschou-Gebiet hatte der Gouverneur nach § 1 der Verordnung des Reichskanzlers vom 27. April 1898[759] die von ihm erlassenen Verordnungen ohne Verzug dem Reichskanzler (Reichsmarineamt) vorzulegen. Die Gültigkeit seiner Anordnungen erlitt hierdurch keinen Aufschub. Im Ergebnis bedeutete dies in der Zwischenzeit die volle Geltung einer vom Gouverneur erlassenen Strafverordnung und die Rechtsbeständigkeit daraufhin erlassener Strafen, wenn die Verordnung vom Reichskanzler nachträglich nicht genehmigt wurde.[760]

1903 erfolgte für die afrikanischen und Südsee-Schutzgebiete eine zusammenfassende Regelung,[761] die die Strafverordnungsbefugnis des Reichskanzlers aus § 15 Abs. 2 SchGG 1900 in vollem Umfang auf die Gouverneure und kolonialen Spitzenbeamten übertrug und diesen eine Subdelegationsbefugnis verlieh:

„§ 5. Die Gouverneure und der Landeshauptmann des Schutzgebiets der Marshall- inseln, der Vizegouverneur zu Ponape und die Bezirksamtmänner zu Jap und Saipan sind befugt, für den Bereich der ihnen unterstellten Gebiete polizeiliche und sonstige die Verwaltung betreffende Vorschriften zu erlassen und gegen deren Nichtbefolgung Gefängnis bis zu drei Monaten, Haft, Geldstrafe und Einziehung einzelner Gegenstände anzudrohen.

§ 6. Die Gouverneure können die ihnen nach § 5 erteilte Befugnis für bestimmte räumlich begrenzte Bezirke anderen Beamten des Schutzgebiets widerruflich übertragen. Die Übertragung kann mit Einschränkungen stattfinden.

Die Vorschrift des Abs. 1 findet auf die Gouverneure von Togo und Samoa und den Landeshauptmann der Marshallinseln keine Anwendung.“

---

757 Richtig: § 15 SchGG 1900.

758 Hervorhebung im Original.

759 VO, betr. Regelung der Rechtsverhältnisse und die Ausübung der Gerichtsbarkeit in Kiautschou; *Mohr*, Handbuch für das Schutzgebiet Kiautschou, S. 10.

760 *Köbner*, Kolonialstrafrecht, in: Mitteilungen der IKV (XI) 1904, S. 545 (554 f.).

761 Vfg. des RK, betr. die seemannsamtlichen und konsularischen Befugnisse und das Verordnungsrecht der Behörden in den Schutzgebieten Afrikas und der Südsee, v. 27.9.1903, DKolGG (VII) 1903, S. 214.

Für Kiautschou hingegen war keine weitere Regelung getroffen worden und eine weitere Delegation des Verordnungsrechts durch den Gouverneur an andere Beamte dort nicht vorgesehen.[762]

Nach § 2 der Kaiserlichen Verordnung vom 3. Juni 1908[763] konnten die Rechtssetzungsbefugnisse des Reichskanzlers aus § 1 der Verordnung mit dessen Ermächtigung oder Zustimmung durch die Gouverneure wahrgenommen werden.[764]

Zu Schwierigkeiten führte nun die Praxis einzelner Schutzgebietsverwaltungen, ihre Verordnungskompetenzen zu überschreiten. So meldete der Gouverneur von Kamerun in einem Schreiben an das AAKA vom 22. April 1901,[765] die Bezirksamtmänner und Stationsleiter hätten in den letzten Jahren „Verordnungen, Bekanntmachungen und so weiter" erlassen, die Strafandrohungen enthielten. Er habe die Aufhebung dieser rechtsungültigen Vorschriften veranlaßt und die Bezirksämter und Stationen über die rechtliche Lage belehrt.

Die Verordnung des Gouverneurs von Samoa vom 24. Dezember 1907[766] sah in § 7 die Androhung einer Gefängnisstrafe bis zu einem Jahr vor. Der Staatssekretär des Reichskolonialamts sah sich daraufhin in einem Schreiben an den Gouverneur vom 10. April 1908 veranlaßt, auf § 5 der Verfügung des Reichskanzlers vom 27. September 1903 hinzuweisen, nach dem eine höhere als eine dreimonatige Gefängnisstrafe in Gouvernements-Verordnungen nicht festgesetzt werden konnte, und ordnete die Berichtigung der Strafandrohung an. Zudem ersuchte er den Gouverneur, Verordnungsentwürfe, „sofern nicht ganz besondere Umstände den alsbaldigen Erlaß derselben rechtfertigen, stets hier vorzulegen und mit deren Verkündung bis nach Eintreffen eines Bescheides zu warten."[767]

Eine Kehrtwende vollzog sich schließlich mit dem Runderlaß des Staatssekretärs des Reichskolonialamts vom 18. Februar 1912.[768] Der Grundsatz aus dem

---

762 *Köbner*, Kolonialstrafrecht, in: Mitteilungen der IKV (XI) 1904, S. 545 (554, Nachtrag).
763 Ksl. Verordnung, betr. die Einrichtung der Verwaltung und die Eingeborenen-Rechtspflege in den afrikanischen und Südsee-Schutzgebieten, DKolGG (XII) 1908, S. 201.
764 Vgl. hierzu den R.E. des StS des RKA vom 15.8.1908, DKolGG (XII) 1908, S. 353: „Es können nach dem Wortlaut und der Absicht des § 2 auch Ermächtigungen allgemeiner Art erteilt werden. Ich bin bereit, dahingehende Wünsche der Gouvernements nach Möglichkeit zu berücksichtigen und werde entsprechenden Anträgen entgegensehen."
765 BA RKA 1001/5506 Bl. 12.
766 Gouvernements-Verordnung, betr. die Anzeigepflicht beim Vorkommen des Aussatzes (Lepra), DKolGG (XI) 1907, S. 433.
767 BA RKA 1001/5506, Bl. 96.
768 R.E. des StS des RKA, betr. die Handhabung des Verordnungsrechts, BA RKA 1001/5506, Bl. 172; *Ruppel*, Die Landesgesetzgebung für das Schutzgebiet Kamerun, S. 33.

Runderlaß der AAKA vom 14. März 1901, nach dem die zu erlassenden Verordnungen im Entwurf zur Genehmigung vorgelegt werden mußten, wurde aufgehoben. „Um dem Wunsch der Gouvernements nach mehr Selbständigkeit entgegenzukommen“, wurden die Gouverneure ermächtigt, innerhalb ihres Zuständigkeitsbereiches nach vorheriger Zustimmung des Gouvernementsrates,[769] „Verordnungen im allgemeinen selbständig zu erlassen“. Nur solche Verordnungen,

> „..., die von größerer politischer Bedeutung sind oder eine unmittelbare Einwirkung auf den Etat haben, ersuche ich auch in Zukunft im Entwurfe einzureichen. Welche Verordnungen hiernach zur Vorlage in Frage kommen, bleibt dem pflichtgemäßen Ermessen der Gouverneure überlassen.“

IV. Früheres Verordnungsrecht der Kolonialrichter

Bis zum Inkrafttreten der Novelle zum Schutzgebietsgesetz am 1. Januar 1901[770] bestand eine selbständige Strafverordnungsbefugnis der Kolonialrichter. Dies hatte seine Ursache in der Verweisungstechnik des Schutzgebietsgesetzes auf das Konsulargerichtsbarkeitsgesetz. In den Schutzgebieten traten „die vom Reichskanzler zur Ausübung der Gerichtsbarkeit ermächtigten Beamten“ an die Stelle des Konsuls.[771] Der Konsul wiederum war befugt, für seinen Gerichtsbezirk oder einen Teil desselben „polizeiliche Vorschriften mit verbindlicher Kraft“ für die seiner Gerichtsbarkeit unterworfenen Personen zu erlassen und die Nichtbefolgung derselben mit Geldstrafe bis zu einhundertfünfzig Mark zu bedrohen.[772] Die Neufassung des Konsulargerichtsbarkeitsgesetzes im Jahre 1900 sah noch eine Erweiterung der konsularischen Befugnisse vor. Der Konsul war nunmehr berechtigt, für die Nichtbefolgung seiner Vorschriften Haft, Geldstrafe bis eintausend Mark und Einziehung von Gegenständen anzudrohen.[773] Das neue Schutzgebietsgesetz rezipierte jedoch die konsularrechtlichen „Besonderen Vorschriften über das Strafrecht“ nicht mehr.[774]
In der Literatur wurde das Ausscheiden der Richter aus der Reihe der rechtssetzenden Organe als Fortschritt begrüßt. Die Übertragung konsularrichterlicher Einrichtungen auf die nicht adäquaten kolonialen Verhältnisse sei „unnötig und sogar unzweckmäßig“. Ein Bedürfnis nach einem richterlichen Verordnungsrecht bestehe für die Schutzgebiete nicht. Vielmehr sei Einheitlichkeit auf dem

---

[769] Für DSWA lies: Landesrates.
[770] § 1 der Ksl. VO, betr. die Rechtsverhältnisse in den Schutzgebieten, v. 9.11.1900, Anhang D. II.
[771] § 2 Abs. 1 SchGG 1886.
[772] § 4 Abs. 3 KGG 1879.
[773] § 51 Abs. 1 KGG 1900.
[774] § 3 SchGG 1900; §§ 49 bis 51 KGG 1900.

Gebiet des Strafverordnungswesens erwünscht, so daß nicht anginge, daß zwei verschiedene Stellen – Gouverneur und Richter – Verordnungen über die gleichen Materien zu erlassen befugt seien. Zudem sei es nicht angängig, daß derselbe Beamte, der als Richter über die Gültigkeit der Verordnungen zu entscheiden habe, solche erlasse.[775]

Indessen besaßen die Kolonialrichter neben ihrem selbständigen Verordnungsrecht zum Teil auch eine vom Reichskanzler delegierte Verordnungskompetenz. Nach § 11 Abs. 3 SchGG 1888 (§ 15 Abs. 3 SchGG 1900) konnte der Reichskanzler das Recht zum Erlaß von Verordnungen mit einer Strafandrohung von Gefängnis bis zu drei Monaten, Haft, Geldstrafe und Einziehung einzelner Gegenstände auf die Beamten der Schutzgebiete übertragen. In Kamerun und Togo ist diese Übertragung ausdrücklich auch auf die Kolonialrichter erster und zweiter Instanz erfolgt. Der mit der Ausübung der Gerichtsbarkeit erster Instanz in Togo ermächtigte Beamte hatte dabei die von ihm ergangenen Verordnungen „sofort“ in Abschrift dem Oberrichter in Kamerun mitzuteilen, der befugt war, die Verordnungen aufzuheben oder abzuändern. Diese „nicht in allen Punkte unbedenkliche Abweichung von dem allgemeinen staatsrechtlichen Gesichtspunkt der Trennung von Justiz und Verwaltung“[776] wurde mit der Reichskanzler-Verfügung vom 29. März 1889[777] angeordnet. In den übrigen Schutzgebieten sind den Kolonialrichtern immerhin die übrigen Befugnisse der deutschen Konsuln im Ausland nach § 5 SchGG 1888 (§ 8 SchGG 1900) übertragen worden. Während die Kolonialrichter auch weiterhin ihre konsularischen Befugnisse behielten, traten die bisherigen Vorschriften und damit das delegierte Verordnungsrecht in Kamerun und Togo durch Reichskanzler-Verfügung vom 27. September 1903 wieder außer Kraft.[778]

---

[775] *Köbner*, Kolonialstrafrecht, in: Mitteilungen der IKV (XI) 1904, S. 545 (555); ihm folgend: *Zimmerling*, Die Entwicklung der Strafrechtspflege für Afrikaner in DSWA 1884-1914, S. 44 f.

[776] *Doerr*, Deutsches Kolonialstrafrecht, in: ZfKKK (10) 1908, S. 321 (330); vgl. auch die Kritik bei *Seelbach*, Grundzüge der Rechtspflege in den Deutschen Kolonien, S. 41 f., 74 ff.

[777] § 2 der Vfg. behufs Übertragung konsularischer Befugnisse, sowie des Rechts zum Erlasse polizeilicher und sonstiger, die Verwaltung betreffender Strafvorschriften auf Beamte der Schutzgebiete von Kamerun und Togo, v. 29.3.1889, DKolGG (I) 1892, S. 180.

[778] § 2, 8 der Vfg. d. RK, betr. die seemannsamtlichen und konsularischen Befugnisse und das Verordnungsrecht der Behörden in den Schutzgebieten Afrikas und der Südsee, v. 27.9.1903, DKolGG (VII) 1903, S. 214.

D. Die Entwicklung der kolonialen Zentralverwaltung im Reich

Die Entwicklung der deutschen Kolonialherrschaft in Afrika, Asien und Ozeanien von der mittelbaren Kolonialverwaltung Bismarckscher Konzeption bis zur Übernahme der direkten Verwaltung durch das Reich fand ihre Entsprechung in der Entwicklung der kolonialen Zentralverwaltung in Berlin.[779]

I. Das „Kolonialreferat" im Auswärtigen Amt

Nach der Besitzergreifung der ersten Schutzgebiete und solange Kolonialpolitik noch als Aufgabe deutscher Außenhandelspolitik verstanden wurde, erschien es zunächst ausreichend, den Dezernenten für „Handelsbeziehungen zu Asien, Afrika, Australien" in der Handelspolitischen Abteilung des Auswärtigen Amtes mit den kolonialpolitischen Fragen zu betrauen. Diesem Dezernenten, dem Geheimen Legationsrat und „Kolonialenthusiasten" Heinrich v. Kusserow,[780] dem auch die Vorbereitung der Berliner Kongo-Konferenz vom 15. November 1884 bis 26. Februar 1885 oblag, wird ein nicht unerheblicher Einfluß auf die Bismarcksche Kolonialpolitik nachgesagt.[781] Die mit der Übernahme der direkten Herrschaft und Verwaltung verbundene Akzentverschiebung deutscher Kolonialpolitik spiegelte sich im Übergang der kolonialpolitischen Zuständigkeit auf die Politische Abteilung (I A) des Auswärtigen Amtes am 19. Februar 1885 wider, in der ein Referat „Kolonialangelegenheiten und Entsendung von Kriegsschiffen zum Schutz deutscher Interessen" eingerichtet wurde. Dieser Zuschnitt der zentralen Kolonialverwaltung hatte bis 1890 auch unter Kusserows Nachfolger Dr. Friedrich Richard Krauel Bestand.[782]

II. Die Kolonialabteilung im Auswärtigen Amt (AAKA)

Den zunehmenden Anforderungen, die sich nach dem ersten Aufbau der Verwaltung aus der bürokratischen, wirtschaftlichen und militärischen Sicherung, Organisation und Entwicklung der Schutzgebiete ergaben, war das „Kolonialreferat" im Auswärtigen Amt nicht länger gewachsen. Noch unter Bismarck beantragte die Reichsregierung daher beim Reichstag für den Reichshaushalt 1890/91 die erforderlichen Mittel für die Errichtung einer Abteilung für die kolonialen Angelegenheiten. Der Begründung des Etats ist zu entnehmen, daß es

---

[779] Unterlagen zur Entwicklung der zentralen Kolonialverwaltung des Deutschen Reiches in den Jahren 1889 bis 1910 finden sich in den Aktenbeständen des Bundesarchivs, BA RKA 1001/6677-6680.

[780] S. zu v. Kusserow und den weiteren Spitzenbeamten der zentralen Kolonialverwaltung in Berlin Anhang C. I.

[781] S. hierzu oben 1. Kap. B. III.

[782] *Hollmann*, Einleitung zum Findbuch Reichskolonialamt, S. XII.

sich dabei lediglich um eine Zwischenlösung handeln und die spätere Loslösung der Kolonialsachen vom Auswärtigen Amt angebahnt werden sollte.[783] Am 1. April 1890 wurde im Auswärtigen Amt eine IV. Abteilung – die „Kolonial-Abtheilung" – errichtet und in ein besonderes Verhältnis zum Reichskanzler gesetzt:

> „Soweit es sich um die Beziehungen zu auswärtigen Staaten und um die allgemeine Politik handelt, bleibt die Kolonial-Abtheilung dem Staatssekretär des Auswärtigen Amtes unterstellt. In allen eigentlichen Kolonialangelegenheiten dagegen, insbesondere auch in allen organisatorischen Fragen, wird in Zukunft die Kolonial-Abtheilung derartig selbständig unter Verantwortung des Reichskanzlers fungiren, daß der Abtheilungsdirigent dem obersten Chef der Reichsverwaltung unmittelbar die erforderlichen Vorträge erstattet und unter Bezeichnung „Auswärtiges Amt, Kolonial-Abtheilung" die von der Letzteren ausgehenden Schriftstücke selbst zeichnet."[784]

In der Literatur gingen die Ansichten über die verfassungsrechtliche Zulässigkeit dieser „Stellvertretung" des Reichskanzlers in kolonialen Angelegenheiten auseinander. Teils wurde die Möglichkeit der Bestellung des Staatssekretärs des Auswärtigen Amtes zum Stellvertreter des Reichskanzlers angenommen.[785] Teils wurde diese Möglichkeit einschränkend nur für den Fall bejaht, daß es um die Beziehungen zu auswärtigen Staaten und um die allgemeine Politik ging.[786] Teils wurde die Stellvertretung des Kanzlers unter Hinweis auf das Gesetz vom 17. März 1878[787] und die Allerhöchste Order vom 12. Dezember 1894[788] sowohl für den Staatssekretär des Auswärtigen Amtes als auch den Leiter der Kolonial-Abteilung völlig ausgeschlossen.[789]

Die wachsende Bedeutung der Kolonialabteilung und die zunehmend anfallenden Geschäfte fanden ihren Niederschlag im Geschäftsverteilungsplan der Abteilung, der für das Jahr 1890[790] noch sechs, für das Jahr 1905[791] schon 13 in bis

783 *Hollmann*, Einleitung zum Findbuch Reichskolonialamt, S. XIII.

784 Bekanntmachung, betr. die Zuständigkeit der Kolonial-Abtheilung des Auswärtigen Amts, ohne Datum, DKolGG (I) 1892, S. 3.

785 *Laband*, Deutsches Reichsstaatsrecht, S. 195.

786 *Paech*, Die Vertretung des Reichskanzlers in Kolonialangelegenheiten, in: ZfKKK (7) 1905, S. 203 (206).

787 Gesetz, betr. die Stellvertretung des RK, RGBl. 1878, S. 7, nach dem zu Stellvertretern des RK nur die Vorstände der obersten Reichsbehörden ernannt werden konnten (§ 2).

788 Allerhöchste VO, betr. die Verwaltung der Schutzgebiete, DKolGG (II) 1893-1897, S. 133.

789 *Florack*, Die Errichtung des Reichskolonialamtes, in: ZfKKK (8) 1906, S. 519 (526, 532).

790 Geschäftsverteilungsplan der Kolonial-Abteilung am 1. April 1890, *Hollmann*, Einleitung zum Findbuch Reichskolonialamt, Anlage 1 a), S. XXX.

zu vier Sachgebiete gegliederte Referate auswies. Im gleichen Zeitraum stieg die Zahl der Mitarbeiter von ursprünglich fünf auf 62 Personen. Nach Kompetenzstreitigkeiten mit dem Reichsmarineamt wurden mit dem Gesetz vom 7. Juli 1896[792] auch die Angelegenheiten der Schutztruppe auf die AAKA übertragen. Dr. Paul Kayser, der die Leitung der neuen Abteilung am 30. Juni 1890 übernommen und bisher die Amtsbezeichnung eines Dirigenten getragen hatte, erhielt am 27. Mai 1894 den Rang eines Direktors.[793]

Die zunächst provisorisch in einem Gebäude des Auswärtigen Amtes in der Wilhelmstraße 71 untergebrachte Abteilung bezog 1902 ein eigenes Dienstgebäude in der Wilhelmstraße 62. Seit 1890 wurde mit dem „Deutschen Kolonialblatt“ das gemeinsame Amtsblatt für die deutschen Schutzgebiete herausgegeben. Bald schon äußerte sich indessen Kritik, die weitere Veränderungen forderte:

> „Die neue Behörde veröffentlichte sogleich ein Amtsblatt unter dem Namen „Deutsches Kolonialblatt“, dessen erste Nummer an der Spitze eine Beschreibung der Gala- und Interimsuniformen für die Beamten der Schutzgebiete brachte. Sonst bleibt alles beim alten.“[794]

Exkurs: Der Kolonialrat

Nur ein knappes halbes Jahr nach der Errichtung der Kolonialabteilung im Auswärtigen Amt wurde ihr mit Allerhöchstem Erlaß vom 10. Oktober 1890[795] und Verfügung des Reichskanzlers vom selben Tage[796] ein sachverständiger Beirat für koloniale Fragen zur Seite gestellt. Die ihr Amt als Ehrenamt versehenden Mitglieder dieses „Kolonialraths“ wurden vom Reichskanzler ernannt. Die Kolonialgesellschaften wurden aufgefordert, aus ihrer Mitte Mitglieder zum Kolonialrat vorzuschlagen, im Übrigen erfolgte die Berufung aus dem Kreise der

---

791 Geschäftsverteilungsplan der Kolonialabteilung im Jahre 1905, *Hollmann*, Einleitung zum Findbuch Reichskolonialamt, Anlage 1 b), S. XXXI.

792 § 17 des Gesetzes wegen Abänderung des Gesetzes vom 22.3.1891 und des Gesetzes vom 9.6.1895, RGBl. 1896, S. 187; Bekanntmachung wegen Redaktion des Gesetzes, betr. die Ksl. Schutztruppen in den Afrikanischen Schutzgebieten und die Wehrpflicht daselbst, RGBl. 1896, S. 653. Vorher lag das Oberkommando nach dem Gesetz vom 22.3.1891, RGBl. 1891, S. 53, beim Reichsmarineamt.

793 Vgl. *Hollmann*, Einleitung zum Findbuch Reichskolonialamt, S. XIV f. und Anm. 20 sowie *Florack*, Die Errichtung des Reichskolonialamtes, in: ZfKKK (8) 1906, S. 519 (521 ff.).

794 *Zimmermann*, Geschichte der deutschen Kolonialpolitik, S. 171 f.

795 Allerhöchster Erlaß, betr. die Errichtung eines Kolonialraths, RGBl. 1890, S. 179; DKolGG (I) 1892, S. 3.

796 Vfg. des RK zur Ausführung des Allerhöchsten Erlasses, betr. die Errichtung eines Kolonialraths, DKolGG (I) 1892, S. 4.

Sachverständigen nach dem Ermessen des Reichskanzlers. Der Geschäftsgang war durch eine vom Reichskanzler genehmigte Geschäftsordnung geregelt.[797]

Anfangs hatte Reichskanzler Leo Graf v. Caprivi (1831-1899) nicht mehr als zwanzig Mitglieder berufen. Kurz vor der Auflösung des Kolonialrats betrug die Mitgliederzahl das Doppelte. Die Interessen der Missionen,[798] Banken,[799] Industrie[800] und Afrika-Schiffahrt[801] waren dabei personell ebenso vertreten wie die der Afrika-Forschung.[802]

Der ein- bis zweimal im Jahr vom Reichskanzler zu Tagungen in Berlin einberufene Kolonialrat erwarb sich bald den Ruf eines „Nebenparlaments“. Durch seine Beratungstätigkeit entstand ein Spannungsverhältnis zwischen den Kolonialbeamten, wirtschaftlichen und politischen Kreisen sowie der Kolonialpolitik. Dieses Konfliktpotential, und der Umstand, daß in den einzelnen Kolonien eigene Gouvernementsräte[803] entstanden waren, die den kleinen und mittleren Kolonialunternehmen Einflußmöglichkeiten vor Ort boten, trugen dazu bei, daß der Reichstag zunehmend und schließlich erfolgreich für die Auflösung[804] des Kolonialrats im Jahre 1908 plädierte.[805]

III. Das Reichskolonialamt (RKA)

Mit Allerhöchstem Erlaß vom 17. Mai 1907 erfolgte die Aufwertung der Kolonialabteilung des Auswärtigen Amtes zu einer neuen selbständigen obersten Reichsbehörde unter der Leitung eines Staatssekretärs:

---

797 Geschäftsordnung des Kolonialraths, DKolGG (I) 1892, S. 5.

798 Durch den kath. Kleriker Franz Hespers u. den Protestanten Karl v. Jacobi, ehem. StS des Reichsschatzamts.

799 Durch Adolph v. Hansemann u. Karl von der Heydt. Hinter den Kolonialräten standen die Finanzhäuser der Diskonto-Bank, der Berliner Handelsgesellschaft und des Schaaffhausener Bankvereins, während sich die Deutsche und Dresdner Bank zurückhielten.

800 Durch den Kölner Großindustriellen Eugen Langen, Vorsitzender des „Westdeutschen Vereins für Kolonisation und Export“ von 1879, der ersten kolonialen Vereinsgründung in Deutschland, *Gründer*, Geschichte der deutschen Kolonien, S. 40.

801 Durch Adolf Woermann, Inhaber des Hamburger Westafrika-Hauses „C. Woermann“.

802 Durch Georg August Schweinfurth.

803 Vgl. hierzu *v. Hoffmann*, Das Recht der Gouvernementsräte, in: ZfKKK (9) 1907, S. 835-844, 924-934; (10) 1908, S. 26-44.

804 Durch Allerhöchsten Erlaß, betr. die Aufhebung des Kolonialrats und die Bildung von Kommissionen beim Reichs-Kolonialamte, v. 17.2.1908, RGBl. 1908, S. 28.

805 Vgl. *Pogge v. Strandmann*, Der Kolonialrat, in: Kolonialmetropole Berlin, S. 32 ff. Sitzungsprotokolle und weitere Unterlagen in BA RKA 1001/6939-6997.

„Ich bestimme hiermit, daß die bisher mit dem Auswärtigen Amte verbundene Kolonialabteilung nebst Oberkommando der Schutztruppen fortan eine besondere, dem Reichskanzler unmittelbar unterstellte Zentralbehörde unter der Benennung „Reichs-Kolonialamt“ zu bilden hat.“ [806]

Mit der Errichtung des Reichskolonialamts war der endgültige Abschied der freilich schon vorher durchbrochenen Bismarckschen Konzeption der mittelbaren Kolonialverwaltung durch Handelsgesellschaften markiert.[807] Vorangegangen war eine schwere Krise der deutschen Kolonialverwaltung, ausgelöst durch die unbefriedigende wirtschaftliche Entwicklung in den Schutzgebieten, insbesondere aber durch die schweren Aufstände der Herero und Nama in Südwestafrika ab Januar bzw. Oktober 1904. Die öffentliche Kritik an Kolonialpolitik und -verwaltung kam auch in den Reichstagsdebatten zur Sprache, in denen Sozialdemokraten und Zentrum, vertreten vor allem durch August Bebel[808] und Matthias Erzberger,[809] die bekanntgewordenen „Kolonialskandale“ geißelten, Vorwürfe gegen die Kolonialpolitik der Reichsregierung erhoben und Reformen der Kolonialverwaltung anmahnten.[810]

Reichskanzler Fürst Bernhard v. Bülow (1849-1923)[811] mußte bereits am 5. Dezember 1904 im Reichstag Fehler in der Kolonialverwaltung eingestehen. Bülow kündigte an, die Kolonialabteilung in den Status einer obersten Reichsbehörde zu erheben. In bezug auf das verfassungsrechtlich problematische Verhältnis von Reichskanzler, Staatssekretär des Auswärtigen Amts und Direktor der Kolonialabteilung[812] führte er aus:

„In ruhigen Zeiten ist ein solcher Zwitterzustand zur Not zu ertragen, bei ernsten Ereignissen aber hat er nach meiner Überzeugung seine Unhaltbarkeit gezeigt.“[813]

Die Budgetkommission des Reichstags sowie die Reichstagsmehrheit aus Zentrum und Sozialdemokraten beharrten jedoch auf einer alternativen Lösung des Verfassungsproblems. Durch die Änderung des „Stellvertretergesetzes“ vom 17.

---

806 Allerhöchster Erlaß, betr. die Errichtung des Reichs-Kolonialamts, RGBl. 1907, S. 239. DKolGG (XI) 1907, S. 239.

807 So *Fischer*, Die deutschen Kolonien, S. 46.

808 Vgl. die Reichstagsrede August Bebels, RT-Verh., Sten. Ber., XI. Leg. Per., I. Sess. 1903/05, 105. Sitzung v. 5.12.1905, S. 3353-3371.

809 Vgl. die Reichstagsrede Matthias Erzbergers, RT-Verh., Sten. Ber., XI. Leg. Per., II. Sess. 1905/06, S. 80 ff., 106 ff.

810 Vgl. *Hollmann*, Einleitung zum Findbuch Reichskolonialamt, S. XVI.

811 Bülow war von 1897 bis 1900 Staatssekretär des Auswärtigen Amtes und Reichskanzler von 1900 bis 1909; vgl. *Wilhelm*, in: Gedanken und Erinnerungen, S. 2002 (2007).

812 S. hierzu oben 3. Kap. D. II.

813 Vgl. die Reichstagsrede RK v. Bülows, RT-Ver., Sten. Ber., XI. Leg. Per., I. Sess. 1903/05, 105. Sitzung v. 5.12.1904, S. 3377 C.

März 1878[814] sollte der Kolonialdirektor in die Reihe derjenigen Organe aufgenommen werden, die berechtigt waren, den Reichskanzler zu vertreten.[815]
Die endgültige Ablehnung der Regierungsvorlage durch den Reichstag und der Rücktritt des für die Position des Staatssekretärs vorgesehenen Kolonialdirektors Prinz zu Hohenlohe-Langenburg (1863-1950) von seinem Amt, veranlaßten den Reichskanzler zur Auflösung des Reichstags am 13. Dezember 1906. Die ganz im Zeichen der Kolonialdebatte stehenden „Hottentottenwahlen" vom 25. Januar 1907 und die Stichwahlen vom 5. Februar 1907 führten zu einer Stärkung des sogenannten „Bülow-Blocks" der konservativen, pro-kolonialen Kräfte, aber auch zu einem Stimmenzuwachs des kolonialkritischen Zentrums. Die Mehrheit des neuen Reichstags stand den kolonialpolitischen Vorstellungen des Reichskanzlers nunmehr positiv gegenüber, so daß nach der Schaffung der budgetmäßigen Voraussetzungen das Reichskolonialamt durch den erwähnten Allerhöchsten Erlaß vom 17. Mai 1907 als neue oberste Reichsbehörde eingerichtet werden konnte.[816]

Erster Staatssekretär[817] des Reichskolonialamts wurde der bisherige Kolonialdirektor im Auswärtigen Amt und vorherige Darmstädter Bankier, der eher linksliberal stehende Bernhard Dernburg (1865-1937),[818] dessen Ernennung wegen seiner Tätigkeit in der Wirtschaft und seiner jüdischen Herkunft allgemein als Überraschung empfunden wurde.[819] Mit Dernburg und dem ersten Zivilgouverneur von Deutsch-Ostafrika Frhr. v. Rechenberg war ein radikaler Kurswechsel der bisherigen Kolonialpolitik verbunden. Dernburgs Programm einer „wirtschaftlichen Kolonialpolitik" sah nicht nur eine Steigerung der Verwaltungseffektivität und wirtschaftliche Reformen vor, um die stagnierende Entwicklung der Kolonien voranzutreiben, sondern begriff die Eingeborenen auch als „wertvollstes Aktivum der Kolonien",[820] deren Entwicklung bei gleichzeitiger Bewahrung ihrer Kultur es zu fördern gelte.[821]

---

814 RGBl. 1878, S. 7.
815 *Hollmann*, Einleitung zum Findbuch Reichskolonialamt, S. XVII.; vgl. zu den Kontroversen zwischen Reichsregierung, Reichstag und Reichstags-Kommission auch *Florack*, Die Errichtung des Reichskolonialamtes, in: ZfKKK (8) 1906, S. 519 (527 ff.).
816 *Hollmann*, Einleitung zum Findbuch Reichskolonialamt, S. XVII.
817 Zu den Leitern der zentralen Kolonialverwaltung im Reich s. Anhang C. I.
818 Zur Biographie Dernburgs vgl. *Schiefel*, Bernhard Dernburg. Dernburg wurde durch Allerhöchsten Erlaß, betr. die Stellvertretung des Reichskanzlers im Geschäftskreise des Reichs-Kolonialamts v. 17.5.1907 mit der Stellvertretung des Reichskanzlers nach Maßgabe des „Stellvertretergesetzes" v. 17.3.1878 beauftragt, DKolGG (XI) 1907, S. 239.
819 *Fischer*, Die deutschen Kolonien,S. 46.
820 Nach *Schiefel*, Bernhard Dernburg, S. 62.
821 Vgl. ausführlich *Schiefel*, Bernhard Dernburg, S. 66 ff., 80 ff., 90 ff., 108 ff., sowie *Gründer*, Geschichte der deutschen Kolonien, S. 163-166, 242 und *Wolter/Kaller*, Deutsches Kolonialrecht, in: ZNR (17) 1995, S. 201 (207 ff.).

Die neue Behörde gliederte sich in vier Abteilungen. Abteilung A unter der Leitung des Unterstaatssekretärs,[822] ab 1911 eines Direktors,[823] war zuständig für allgemeine sowie politische Rechts- und Verwaltungsangelegenheiten der Schutzgebiete. Abteilung B bearbeitete die Finanzen, sowie Verkehrs- und technische Angelegenheiten. Abteilung C führte die Personal- und Disziplinarsachen. Die Abteilungen B und C wurden von Beamten im Range von Dirigenten geführt.[824] Den zivilen Abteilungen A bis C mit 107 Mitarbeitern im Jahre 1908[825] stand die Abteilung M (Militärverwaltung) mit dem Kommando der Schutztruppen gegenüber, deren Abteilungsleiter als Kommandeure der Schutztruppen den Rang eines Oberstleutnants bzw. eines Obersten bekleideten.[826]

Für Kiautschou verblieb die Verwaltungszuständigkeit weiterhin beim Reichsmarineamt, Abteilung „Zentralverwaltung für das Schutzgebiet Kiautschou".[827]

IV. Das Reichskolonialministerium und die Entwicklung bis 1945

Eine nur scheinbare[828] Aufwertung zum „Reichskolonialministerium" erfuhr das Reichskolonialamt nach dem Ende des Ersten Weltkrieges und unmittelbar vor dem rechtlichen Verlust der Schutzgebiete durch Art. 119 ff. des Versailler Vertrages[829] durch den Erlaß des Reichspräsidenten vom 21. März 1919.[830] Der Zen-

---

[822] Die Stelle des Unterstaatssekretärs als Vertreter des StS wurde durch Allerhöchste Ordre, betr. die Vertretung des StS des RKA, v. 23.7.1907, DKolGG (XI) 1907, S. 273, DKolBl. 1907, S. 705 geschaffen. Dieses Amt bekleidete Dr. Friedrich v. Lindequist (1862-1945), bis er am 10.6.1910 die Nachfolge des zurückgetretenen Dernburgs antrat.

[823] Direktoren der Abteilung A waren: Dr. Heinrich Schnee (1911-1912), Dr. Gleim (1912-1918) und Dr. Meyer-Gerhard (1918-1920).

[824] Vgl. detailliert den Geschäftsverteilungsplan des RKA nach dem Stand von Oktober 1913 bei *Hollmann*, Einleitung zum Findbuch Reichskolonialamt, Anl. 1 c), S. XXXV.

[825] Zur Personalentwicklung der Jahre 1908, 1910, 1914 und 1918 s. *Hollmann*, Einleitung zum Findbuch Reichskolonialamt, Anl. 2, S. LIII.

[826] Kommandeure der Schutztruppen waren: Oberstleutnant Ferdinand Quade (1.4.1907-18.10.1908), Oberst Georg v. Glasenapp (18.10.1908-6.4.1914, seit 1911 Generalmajor), Oberst v. Below (7.4.1914-1917) und Major Kurt Strümpel (1917-1920 [?]).

[827] Vgl. den Allerhöchsten Erlaß, betr. die Verwaltung des Kiautschou-Gebiets, v. 27.1.1898, MVBl. 1898, S. 63; DKolGG (IV) 1898-1899, S. 160; *Mohr*, Handbuch für das Schutzgebiet Kiautschou, S. 6 und die Allerhöchste VO, betr. Verwaltung des Kiautschougebiets, v. 1.3.1898, MVBl. 1898, S. 64; DKolGG (IV) 1898-1899, S. 161; *Mohr*, Handbuch für das Schutzgebiet Kiautschou, S. 7.

[828] Im Unterschied zur BRV, nach der die Verwaltung der einzelnen Ressorts Reichsämtern unter der Leitung von Staatssekretären oblag, sah die neue Weimarer Reichsverfassung vor, daß die Reichsregierung aus Reichskanzler und den Reichsministern bestand, Art. 52 WRV.

[829] Gesetz über den Friedensschluß zwischen Deutschland und den alliierten und assoziierten Mächten, v. 16.7.1919, RGBl. 1919, S. 687.

trumspolitiker Dr. Johannes Bell (1868-1949) amtierte als erster und einziger Reichskolonialminister in den Kabinetten Scheidemann und Bauer. Schon bald war jedoch klar, daß die bloße Abwicklung der noch laufenden Geschäfte und Verpflichtungen der Kolonialverwaltung nicht die Grundlage für einen dauerhaften Fortbestand einer obersten Reichsbehörde sein konnten.[831]

Mit Erlaß des Reichspräsidenten vom 7. November 1919[832] wurde Bell daher von der Führung der Geschäfte als Reichskolonialminister entbunden und der Reichsminister für Wiederaufbau[833] mit der Abwicklung der Geschäfte betraut. Mit Erlaß vom 29. März 1920[834] ordnete der Reichspräsident die Auflösung des Reichskolonialministeriums mit Wirkung zum 1. April 1920 und die Vereinigung der Kolonialzentralverwaltung mit dem Reichsministerium für Wiederaufbau „für die Zwecke der Abwicklung" an. Nachdem diese Lösung vielerorts als unbefriedigendes Provisorium empfunden worden war, und sich die Verwaltungs-Abbau-Kommission im Januar 1924 für die Auflösung des Wiederaufbauministeriums und die Übernahme der Kolonialabteilung „K" durch das Auswärtige Amt ausgesprochen hatte,[835] wurde die Wahrnehmung der kolonialen Angelegenheiten durch die Verordnung des Reichspräsidenten vom 21. März 1924[836] mit Wirkung vom 1. April 1924 auf das Auswärtige Amt übertragen. Die „noch zu erledigenden Abwicklungsgeschäfte" gingen auf den Reichsminister der Finanzen, die „Versorgungsangelegenheiten" auf den Reichsarbeitsminister über. Innerhalb des Auswärtigen Amtes erfuhr die Kolonialabteilung eine Rückstufung zunächst auf den Status einer Unterabteilung, im November 1925 eines Referats, und nahm schließlich den Charakter eines Länderreferats für das tropische Afrika, Südwestafrika und die Südsee an. Auch nach der „Machtergreifung" durch die Nationalsozialisten verblieb die Bearbeitung kolonialpolitischer Fragen in der Zuständigkeit eines beim Auswärtigen Amt angesiedelten Kolonialreferats.[837]

---

830 Nr. 9 des Erlasses, betr. die Errichtung und Bezeichnung der obersten Reichsbehörden, RGBl.1919, S. 327; DKolBl. 1919, S. 15.

831 Vgl. zu den internen Überlegungen des Reichskolonialministeriums *Hollmann*, Einleitung zum Findbuch Reichskolonialamt, S. XVIII ff.

832 Erlaß, betr. den Übergang der Geschäfte des Reichskolonialministeriums auf den Reichsminister für Wiederaufbau, RGBl. 1919, S. 1875.

833 Durch Erlaß des Reichspräsidenten, betr. die Errichtung und den Geschäftskreis des Reichsministeriums für Wiederaufbau, v. 7.11.1919, RGBl. 1919, S. 1875, wurde „zur Ausführung der nach dem Friedensvertrage für die wirtschaftliche Wiedergutmachung einschließlich des Wiederaufbaues der zerstörten Gebiete in Betracht kommenden Maßnahmen" eine besondere oberste Reichsbehörde, das „Reichsministerium für Wiederaufbau" errichtet.

834 Erlaß, betr. die Aufhebung des Reichskolonialministeriums, RGBl. 1920, S. 380.

835 *Hollmann*, Einleitung zum Findbuch Reichskolonialamt, S. XX.

836 VO über die Regelung der kolonialen Angelegenheiten, RGBl. 1924, S. 371.

837 *Hollmann*, Einleitung zum Findbuch Reichskolonialamt, S. XXI f.

Unter den Nationalsozialisten verlagerte man einen wesentlichen Teil der zentralen Kolonialbürokratie auf Parteidienststellen. Innerhalb der NSDAP wurde 1932 ein „Kolonialpolitisches Referat" gegründet. Dieses wurde am 5. Mai 1934 auf Anordnung von Rudolf Heß zum selbständigen „Kolonialpolitischen Amt" der Partei mit Sitz in München erhoben. Das Parteiamt unter der Führung des Reichsstatthalters von Bayern, des ehemaligen Schutztruppenoffiziers Franz Ritter v. Epp (1868-1946) wurde als Grundstock eines künftigen Reichskolonialministeriums vorgesehen.[838]

E. Die Gerichtsbarkeit

Der grundsätzliche Dualismus im kolonialen Recht kam auch in der Rechtspflege zum Ausdruck. Es wurde zwischen einer „Weißen-Gerichtsbarkeit"[839] und einer „Eingeborenen-Gerichtsbarkeit"[840] unterschieden. Die Trennung war im

[838] Vgl. ausführlich *Hildebrand*, Vom Reich zum Weltreich, Hitler, NSDAP und koloniale Frage 1919-1945; *Kum'a Ndumbe III.*, Was wollte Hitler in Afrika? NS-Planungen für eine faschistische Neugestaltung Afrikas; *Schubert*, Das imaginäre Kolonialreich, in: ZRG (115) 1998, S. 87-149; *Sippel*, Kolonialverwaltung ohne Kolonien – Das Kolonialpolitische Amt der NSDAP und das geplante Reichskolonialministerium, in: Kolonialmetropole Berlin, S. 256-261. S. zum Kolonialrevisionismus noch das 4. Kapitel.

[839] Vgl. hierzu *v. Hoffmann*, Einführung in das Deutsche Kolonialrecht, S. 69 ff.; ders., Verwaltungs- und Gerichtsverfassung der deutschen Schutzgebiete, S. 38 ff.; *Köbner*, Die Organisation der Rechtspflege in den Kolonien, in: Verhandlungen des Deutschen Kolonialkongresses 1902, S. 331 (343 ff.); *Doerr*, Deutsches Kolonialstrafprozeßrecht, S. 8 ff.; ders., Deutsche Kolonial-Gerichtsverfassung, in: ZfKKK (11) 1909, S. 161 (163 ff.); *Seelbach*, Grundzüge der Rechtspflege in den Deutschen Kolonien, S. 42 ff.; *v. Burgsdorff*, Die Entwicklung der kolonialen Rechtspflege, S. 43 ff.; *Fasching*, Die Organisation der Rechtspflege in den deutschen Schutzgebieten, S. 76 ff.; zuletzt: *Hammen*, Kolonialrecht und Kolonialgerichtsbarkeit in den ehemaligen deutschen Schutzgebieten, in: VRÜ (32) 1999, S. 191 ff.; *Fischer*, Die deutschen Kolonien, S. 89 ff. und *Wagner*, Die deutschen Schutzgebiete, S. 324 ff.; für Kamerun vgl. *Walz*, Die Entwicklung der Strafrechtspflege in Kamerun unter deutscher Herrschaft, S. 305 ff.; für DOA vgl. *Bierwagen*, Entwicklung der ordentlichen Gerichtsbarkeit in Ostafrika in kolonialer und postkolonialer Zeit am Beispiel Tanzania, in: ZZP (101) 1988, S. 50 ff.; für DNG vgl. *Chalmers*, The Colonial Legal System in German New Guinea: 1884-1914, in: ZvglRWiss (79) 1980, S. 209 ff.; hiergegen wendet sich *Sack*, Law in New Guinea and the Risks of Academic Pioneers, in: ZvglRWiss (82) 1983, S. 231 ff.

[840] Vgl. hierzu *v. Hoffmann*, Einführung in das Deutsche Kolonialrecht, S. 73 ff.; ders., Verwaltungs- und Gerichtsverfassung der deutschen Schutzgebiete, S. 48; *Köbner*, Die Organisation der Rechtspflege in den Kolonien, in: Verhandlungen des Deutschen Kolonialkongresses 1902, S. 331 (357 ff.); *Doerr*, Deutsche Kolonial-Gerichtsverfassung, in: ZfKKK (11) 1909, S. 161 (174 ff.); *Brinkmann*, Strafrecht und Strafverfahren für die Eingeborenen der deutschen Schutzgebiete, S. 47 ff.; *Karlowa*, Die Strafgerichtsbarkeit über die Eingeborenen in den deutschen Kolonien, S. 4 ff., 54 ff; *Wick*, Die Farbigenrechtspflege in den deutschen Schutzgebieten, S. 75 ff., 93 ff.; *Bauer*, Die Strafrechtspflege über die Eingeborenen der deut-

Schutzgebietsgesetz angelegt,[841] dessen § 2 in der Fassung des Gesetzes vom 25. Juli 1900 formulierte:

> „Auf die Gerichtsverfassung in den Schutzgebieten finden die Vorschriften der §§ 5, 7 bis 15, 17, 18 des Gesetzes über die Konsulargerichtsbarkeit vom 7. April 1900 (RGBl. S. 213) mit der Maßgabe entsprechende Anwendung, daß an die Stelle des Konsuls der von dem Reichskanzler zur Ausübung der Gerichtsbarkeit ermächtigte Beamte und an die Stelle des Konsulargerichts das in Gemäßheit der Vorschriften über das letztere zusammengesetzte Gericht des Schutzgebiets tritt."[842]

Die Eingeborenen unterlagen der in § 2 SchGG 1900 geregelten Gerichtsbarkeit allerdings nach § 4 nur insoweit, als dies durch Kaiserliche Verordnung bestimmt war. Eine solche Verordnung erging bis zum Ende des Deutschen Kolonialreichs nicht.[843]

I. Gerichtsbarkeit für die weiße Schutzgebietsbevölkerung

Vor Erlaß des ersten Schutzgebietsgesetzes 1886 hatte der Kaiser die Gesamtstaatsgewalt in den Kolonien tatsächlich übernommen.[844] Diese umfaßte nicht nur das Recht, Gesetze zu erlassen und die Verwaltung zu führen, sondern auch die Befugnis, Recht zu sprechen. Zugunsten von Beamten in den Schutzgebieten erfolgten kaiserliche Delegationen seiner richterlichen Gewalt, so daß sich zunächst auf dem Gebiet der Rechtspflege eine landesrechtlich unterschiedliche Entwicklung vollzog.[845]

Eine Vereinheitlichung erfuhr das Kolonialrecht durch das Inkrafttreten des ersten Schutzgebietsgesetzes vom 17. April 1886. Die späteren Redaktionen vom 15. März 1888 und 25. Juli 1900 änderten zwar formell die Vorschriften über die Gerichtsverfassung, aber nicht materiell. Allerdings hatte das erste Schutzgebietsgesetz von 1886 die Jurisdiktion des Reiches nur über Reichsangehörige

---

schen Schutzgebiete, in: AöR (19) 1905, S. 32 (41 ff.); *Fasching*, Die Organisation der Rechtspflege in den deutschen Schutzgebieten, S. 108 ff.; zuletzt: *Fischer*, Die deutschen Kolonien, S. 95 ff. und *Wagner*, Die deutschen Schutzgebiete, S. 344 ff.

841 Vgl. hierzu bereits oben 3. Kap. B. I.

842 Nach einer Formulierung von *Seelbach*, Grundzüge der Rechtspflege in den Deutschen Kolonien, S. 43, „schieben sich die genannten §§ 5, 7 bis 15, 17 und 18 KGG gleichsam in das Schutzgebietsgesetz hinein."

843 Nach *Naucke*, Deutsches Kolonialstrafrecht 1886-1918, in: RhJ (7) 1988, S. 297 (302) wurden „die Eingeborenen dem Regime des gesetzlichen Reichsstrafrechts entzogen mit einer juristischen Regelung, deren Subtilität schon damals perfide war."

844 Vgl. hierzu schon oben 3. Kap. C. I.

845 v. *Hoffmann*, Verwaltungs- und Gerichtsverfassung der deutschen Schutzgebiete, S. 38 ff. Vgl. zur landesrechtlichen Entwicklung im einzelnen unten 3. Kap. E. I. 2).

und Schutzgenossen[846] übernommen.[847] Nach dem 1. Januar 1901 entfalteten die Normen des Schutzgebietsgesetzes nicht mehr eine bloße personelle, sondern nunmehr territoriale Geltung in den Schutzgebieten. Sie galten folglich für alle Nichteingeborenen und die diesen rechtlich gleichgestellten Personen.[848]
Die Trennung von Justiz und Verwaltung im Hinblick auf die Rechtspflege für die weiße Bevölkerung war im Grundsatz anerkannt. Schwierigkeiten ergaben sich allerdings insbesondere in den ausgedehnten und dünn besiedelten Schutzgebietsteilen Afrikas und der Südsee. So wurde der Grundsatz einschränkend präzisiert, eine strenge Trennung sei nur sachlich möglich. Nach der personellen Seite hin sei sie wegen des Mangels an ausgebildetem Personal nicht immer durchführbar.[849] Nachdem in den ersten Jahren nicht selten Ärzte, Soldaten und „andere Pioniere der Kolonisation" mit den richterlichen Geschäften betraut worden waren, und nach zeitgenössischer Auffassung „ihre Sache nicht schlecht gemacht"[850] hatten, wurden später vermehrt koloniale Verwaltungsbeamte zu richterlichen Aufgaben herangezogen. Auch war umgekehrt die Übertragung von Verwaltungsgeschäften auf die Gerichte und Richter vorgesehen, so etwa für einzelne Verrichtungen auf den Gebieten des Personenstandes,[851] des Seemannsamtes[852] oder der Steuerkommission.

Die völlige Trennung von Justiz und Verwaltung auch in personeller Hinsicht wurde teils als „nicht immer wünschenswert" verstanden.[853] Die Anstellung be-

---

[846] Unter Schutzgenossen wurde der Personenkreis verstanden, der den Reichsangehörigen bezüglich des konsularen Schutzes gleichgestellt war.
[847] § 3 Nr. 1 SchGG 1886 i.V.m. § 1 Abs. 2 KGG 1879.
[848] *v. Hoffmann*, Verwaltungs- und Gerichtsverfassung der deutschen Schutzgebiete, S. 41; ders., Einführung in das Deutsche Kolonialrecht, S. 26, 69; *Köbner*, Die Organisation der Rechtspflege in den Kolonien, in: Verhandlungen des Deutschen Kolonialkongresses 1902, S. 331 (341).
[849] So übereinstimmend *Doerr*, Deutsches Kolonialstrafprozeßrecht, S. 9 und *Köbner*, Die Organisation der Rechtspflege in den Kolonien, in: Verhandlungen des Deutschen Kolonialkongresses 1902, S. 331 (334).
[850] *Köbner*, Die Organisation der Rechtspflege in den Kolonien, in: Verhandlungen des Deutschen Kolonialkongresses 1902, S. 331 (334).
[851] Vgl. §§ 7 f. SchGG 1900 i.V.m. Vfg. des RK, betr. die standesamtliche Zuständigkeit in den Schutzgebieten Afrikas und der Südsee, v. 27.3.1908, DKolGG (XII) 1908, S. 112; Erlaß des RK, betr. Ermächtigung zur Eheschließung und Beurkundung des Personenstandes, v. 21.1.1901, DKolGG (VI) 1901-1902, S. 572.
[852] Vgl. § 5 SeemannsO, v. 2.6.1902, RGBl. 1902, S. 175 i.V.m. Vfg. des RK, betr. die seemannsamtlichen und konsularischen Befugnisse und das Verordnungsrecht der Behörden in den Schutzgebieten Afrikas und der Südsee, v. 27.9.1903, DKolGG (VII) 1903, S. 214 und der nachträglichen Vfg. des RK, betr. die Übertragung seemannsamtlicher und konsularischer Befugnisse an den Bezirksrichter in Lüderitzbucht, v. 9.5.1906, DKolGG (X) 1906, S. 191; Vfg. betr. das Seemannsamt in Kiautschou, v. 12.9.1898, MVBl. 1898 Anhang.
[853] *v. Hoffmann*, Verwaltungs- und Gerichtsverfassung der deutschen Schutzgebiete, S. 42.

sonderer mit der Kolonialverwaltung in keinerlei Beziehung stehender richterlicher Beamter in jedem Gerichtsbezirk der räumlich ausgedehnten aber dünn besiedelten Kolonien sei eine außerordentliche Belastung des Kolonialetats. Ein ausschließlich richterlich tätiger Beamter würde „$^{9}/_{10}$ seiner Zeit jeder Beschäftigung entbehren".[854]

Insgesamt wurde allerdings in der Literatur eine „bedenkliche Unterordnung"[855] der Rechtsprechung unter die Verwaltung konstatiert. So wurden insbesondere die Ermächtigung „irgendeines" Verwaltungsbeamten zur Ausübung der Gerichtsbarkeit, die Wahrnehmung der oberrichterlichen Befugnisse[856] und die Bestellung der Staatsanwälte durch den Gouverneur[857] und das weitreichende vom Reichskanzler an die Kolonialbeamten delegierbare Verwaltungs- und Polizeistrafverordnungsrecht[858] als „nicht unbedenklich" beanstandet.[859]
Auch die III. Sektion des ersten Deutschen Kolonialkongresses 1902 äußerte Bedenken bezüglich der geltenden Rechtslage:

> „Die Ausgestaltung der kolonialen Gerichtsbarkeit nach selbständigen, die Abhängigkeit von der Konsulargerichtsbarkeit abstreifenden Grundsätzen ist dringend zu wünschen.
> Hierfür sind insbesondere die folgenden Gesichtspunkte festzuhalten:
> 1. Die Gerichtsbarkeit über die Eingeborenen bleibt von derjenigen über die Angehörigen zivilisierter Nationen getrennt. Die erstere ist nach wie vor den Verwaltungsbehörden zu überlassen. Hingegen ist bezüglich der weißen Bevölkerung die Organisation der Justiz von derjenigen der Verwaltung tunlichst zu trennen."[860]

1. Der Gerichtsaufbau

Die Kolonialgerichte für die weiße Bevölkerung waren nach zeitgenössischem Verständnis „inländische Gerichte".[861] Nach überwiegender Ansicht waren sie keine „Sondergerichte" im Sinne von § 13 des Gerichtsverfassungsgesetzes,[862] sondern ordentliche, wenn auch besonders organisierte, inländische Gerichte.[863]

---

854 *Seelbach*, Grundzüge der Rechtspflege in den Deutschen Kolonien, S. 77. Ähnlich *Doerr*, Deutsches Kolonialstrafprozeßrecht, S. 9.
855 *Seelbach*, Grundzüge der Rechtspflege in den Deutschen Kolonien, S. 74.
856 S hierzu sogleich 3. Kap. E. I. 1. b).
857 S hierzu noch 3. Kap. E. I. 2. b).
858 S hierzu bereits oben 3. Kap. C. II. und III.
859 *Seelbach*, Grundzüge der Rechtspflege in den Deutschen Kolonien, S. 74.
860 Resolution der III. Sektion, in: Verhandlungen des Deutschen Kolonialkongresses 1902, S. 376.
861 Etwa: *Mallmann*, Rechte und Pflichten in den deutschen Schutzgebieten, S. 67 Fn. 3.
862 GVG v. 27.1.1877, RGBl. 1877, S. 41.
863 *Seelbach*, Grundzüge der Rechtspflege in den Deutschen Kolonien, S. 15.

Trotz der grundsätzlichen Nichtgeltung des Gerichtsverfassungsgesetzes in den Schutzgebieten war davon die Rede, die Schutzgebietsgerichte seien „Staatsgerichte" im Sinne des § 15 GVG. Ebenso wie im Reich gälten auch in den Schutzgebieten die Grundsätze des § 16 GVG: Ausnahmegerichte seien unstatthaft und niemand dürfe seinem gesetzlichen Richter entzogen werden.[864]

Die Garantie des ebenfalls in den Kolonien nicht geltenden § 1 GVG, wonach die richterliche Gewalt durch unabhängige, nur dem Gesetz unterworfene Gerichte ausgeübt werde, gelangte in den Schutzgebieten erst durch § 48 Abs. 1 KolBG vom 8. Juni 1910[865] zur gesetzlichen Anwendung. Hiernach übten die Kolonialbeamten, soweit sie zur Ausübung der Gerichtsbarkeit über Nichteingeborene nach § 2 SchGG 1900 berufen waren, ihr Amt als unabhängige, nur dem Gesetz unterworfene Richter aus. Die Unabhängigkeit der Kolonialrichter traf dabei jedoch nur hinsichtlich ihrer richterlichen Eigenschaften zu und nicht auch im Hinblick auf die ihnen übertragenen Verwaltungsgeschäfte.[866]

Nach § 5 KGG 1900 wurde die Konsulargerichtsbarkeit durch den Konsul, durch das Konsulargericht und durch das Reichsgericht[867] ausgeübt. Diese Vorschrift fand nach § 2 SchGG 1900 auf die Gerichtsverfassung in den Schutzgebieten mit der Maßgabe entsprechende Anwendung, daß an die Stelle des Konsuls der von dem Reichskanzler zur Ausübung der Gerichtsbarkeit ermächtigte Beamte und an die Stelle des Konsulargerichts das Gericht des Schutzgebiets trat. Im einzelnen waren somit die rechtsprechenden Organe der deutschen Kolonialgerichtsbarkeit die folgenden:[868]

1. Der Kaiserliche Bezirksrichter
2. Das Kaiserliche Bezirksgericht
3. Das Kaiserliche Obergericht
4. Das Reichsgericht, das jedoch seine Zuständigkeit nicht ausübte, weil diese auf andere Gerichtshöfe übertragen worden war.[869]

---

864 *Doerr*, Deutsches Kolonialstrafprozeßrecht, S. 8.
865 Kolonialbeamtengesetz, RGBl. 1910, S. 881.
866 *Doerr*, Deutsches Kolonialstrafprozeßrecht, S. 9.
867 § 5 Abs. 1 KGG 1879 hatte noch die Ausübung der Konsulargerichtsbarkeit nur durch den Konsul und das Konsulargericht vorgesehen.
868 Vgl. § 2 SchGG 1900 i.V.m. § 5 KGG 1900, § 1 der Allerhöchsten Vfg., betr. die Ausübung der Gerichtsbarkeit in den Schutzgebieten Afrikas und der Südsee, v. 25.12.1900, DKolGG (V) 1900, S. 173.
869 Vgl. § 2 SchGG 1900 i.V.m. § 14 KGG 1900, § 8 der Ksl. VO, betr. die Rechtsverhältnisse, v. 9.11.1900, Anhang D. II.

a) Die Kaiserlichen Bezirksrichter und Bezirksgerichte

Nach der Allerhöchsten Verfügung des Reichskanzlers vom 25. Dezember 1900[870] führten die zur Ausübung der Gerichtsbarkeit erster Instanz ermächtigten Beamten in den Schutzgebieten Afrikas und der Südsee die Bezeichnung „Kaiserlicher Bezirksrichter", die unter Zuziehung von Beisitzern erkennenden Gerichtsbehörden erster Instanz die Bezeichnung „Kaiserliches Bezirksgericht". Die Amtssitze der Richter und die Gerichtsbezirke wurden durch den Reichskanzler bestimmt.[871] Für das Schutzgebiet Kiautschou regelten Dienstanweisungen des Reichskanzlers vom 1. Juni 1901[872] und 23. Oktober 1907[873] die Ausübung der Gerichtsbarkeit. Das „Kaiserliche Gericht von Kiautschou" als Gerichtsbehörde erster Instanz nahm seinen Sitz in Tsingtau. Dort führten die mit der Ausübung der Gerichtsbarkeit erster Instanz ermächtigten Beamten zunächst mit Rücksicht auf die ihnen gleichzeitig obliegende zweitinstanzliche Tätigkeit in der Chinesenjustiz die Bezeichnung „Kaiserlicher Oberrichter", ab 1907 dann die Bezeichnung „Kaiserlicher Richter".[874] Die Dienstaufsicht über die Bezirksrichter wurde durch den Oberrichter des Schutzgebiets, in Togo, wo es einen solchen nicht gab, durch den Gouverneur geführt.[875] In Kiautschou oblag dem Reichskanzler die „Sorge für eine geordnete und schnelle Rechtspflege", zu deren Sicherung er die Geschäftsführung der richterlichen Beamten beaufsichtigte.[876] Während Vorschriften über die Geschäftsverteilung unter die Richter desselben Gerichts für die Schutzgebiete Afrikas und der Südsee nicht bestanden – hierfür habe auch das „praktische Bedürfnis" gefehlt –[877] beschlossen in Kiautschou alljährlich die Richter unter Vorsitz des Oberrichters hierüber und über ihre gegenseitige Vertretung. Die Geschäftsverteilung war vom Oberrichter bekannt zu machen und durfte im Laufe des Geschäftsjahres nur im Falle einer Organisationsänderung, einer Personalveränderung oder einer nicht nur vorübergehenden Verhinderung eines Richters geändert werden.[878]

---

[870] § 1 Nr. 1 der Allerhöchsten Vfg., betr. die Ausübung der Gerichtsbarkeit in den Schutzgebieten Afrikas und der Südsee, vom 25.12.1900, DKolGG (V) 1899-1900, S. 173.

[871] § 1 Nr. 7 der Vfg. v. 25.12.1900.

[872] Dienstanweisung, betr. die Ausübung der Gerichtsbarkeit im Kiautschougebiete, v. 1.6.1901, DKolGG (VI) 1901-1902, S. 576.

[873] Dienstanweisung für die Ausübung der Gerichtsbarkeit im Kiautschougebiete, v. 23.10.1907, DKolGG (XI) 1907, S. 459; *Mohr*, Handbuch für das Schutzgebiet Kiautschou, S. 66.

[874] § 1 Nr. 1 der Dienstanweisungen v. 1.6.1901 u. 23.10.1907.

[875] § 1 Nr. 7 der Vfg. des RK v. 25.12.1900.

[876] § 1 Nr. 2 der Dienstanweisung vom 23.10.1907.

[877] So *Doerr*, Deutsches Kolonialstrafprozeßrecht, S. 12; vgl. aber die Vereinbarung zwischen den beiden Bezirksrichtern Schottelius und Dr. Blumenhagen über die Geschäftsverteilung am Ksl. Bezirksgericht Windhuk v. 20.3.1905, BA, RKA 1001/4760, Bl. 40.

[878] § 3 Nr. 1, 2 der Dienstanweisung v. 23.10.1907.

Der Geschäftskreis der Bezirksrichter als Einzelrichter ging erheblich über die Zuständigkeit der Amtsrichter im Deutschen Reich hinaus.[879] Die Bezirksrichter waren einerseits zuständig für die durch das Gerichtsverfassungsgesetz, die Prozeßordnungen und die Konkursordnung den Amtsgerichten zugewiesenen Sachen, zudem für die durch Reichsgesetze oder die in Preußen geltenden allgemeinen Landesgesetze den Amtsgerichten übertragenen Angelegenheiten der freiwilligen Gerichtsbarkeit.[880]
Ferner waren sie in Strafsachen zuständig in Schöffengerichtssachen[881] und Vergehen der in §§ 74,[882] 75[883] des Gerichtsverfassungsgesetzes bezeichneten Art.[884] Mit der Änderung des Gerichtsverfassungsgesetzes durch das Gesetz vom 5. Juni 1905,[885] das den Kreis von Vergehen, die vor die Schöffengerichte gehörten oder ihnen überwiesen werden konnten, erweiterte, stellte sich die Frage, welche Bedeutung dieser Änderung für das Verfahren vor den Konsulargerichten und vor den Gerichten der Schutzgebiete beizumessen war.

In der Literatur wurde teilweise angenommen, bis zum Erlaß einer besonderen Vorschrift habe der Richter in den Schutzgebieten und Konsularbezirken das GVG alter Fassung anzuwenden. Zweifelhaft sei nur, in welcher Form eine solche Vorschrift erfolgen müsse, ob durch Gesetz oder mittels Kaiserlicher Verordnung.[886] Überwiegend wurde jedoch vertreten, daß das GVG in seiner jeweilig geltenden Fassung maßgebend sei. Der Kreis der unter § 6 Abs. 1 der Verordnung vom 9. November 1900[887] fallenden Vergehen, bei denen in Strafsa-

---

879 Die Bezeichnung der Bezirksrichter als „Amtsrichter" bei *Huber*, Koloniale Selbstverwaltung in Deutsch-Südwestafrika, S. 50, ist daher nicht zutreffend.

880 § 2 SchGG 1900 i.V.m. § 7 KGG 1900; vgl. hierzu die genaue Auflistung bei *Seelbach*, Grundzüge der Rechtspflege in den Deutschen Kolonien, S. 44 ff.

881 Dies waren nach § 27 GVG insbesondere Übertretungen, leichtere Vergehen, welche mit Gefängnis mit bis zu 3 Monaten oder Geldstrafe bis 600 Mark bedroht waren, Privatklagesachen und Fälle von Vermögensdelikten, wenn der Schaden 25 Mark (GVG 1877) bzw. 150 Mark (GVG 1905) nicht überstieg.

882 § 74 GVG betraf die Strafsachen, in denen die Strafkammern ausschließlich zuständig waren.

883 § 75 GVG betraf die Strafsachen, in welchen an sich die Strafkammern zuständig waren, die aber auf Antrag der Staatsanwaltschaft durch die Strafkammer dem Schöffengericht überwiesen werden konnten, sofern anzunehmen war, daß auf keine höhere Strafe als Gefängnis von 3 Monaten und Geldstrafe von 600 Mark (GVG 1877) bzw. Gefängnis von 6 Monaten und Geldstrafe von 1.500 Mark (GVG 1905) allein oder nebeneinander zu erkennen sein werde.

884 § 2 SchGG 1900 i.V.m. § 8 KGG 1900, § 6 Nr. 3 SchGG 1900, § 6 Abs. 1 der VO, betr. die Rechtsverhältnisse in den deutschen Schutzgebieten, Anhang D. II.

885 Gesetz, betr. Änderungen des GVG, RGBl. 1905, S. 533.

886 *Bendix*, Die Änderungen des Gerichtsverfassungsgesetzes und die Verfassung der Schutzgebiets- und Konsulargerichte, in: ZfKKK (8) 1906, S. 885 (889).

887 Anhang D. II.

chen die Hauptverhandlung ohne die Zuziehung von Beisitzern stattfand, bestimme sich daher nach dem Gesetz vom 5. Juni 1905.[888] Bemerkenswert ist, daß der Direktor der Kolonialabteilung im Auswärtigen Amt den Staatssekretär des Reichsjustizamtes um eine Prüfung der strittigen Frage bat. Letzterer legte im Einvernehmen mit den Staatssekretären des Auswärtigen Amtes und des Reichsmarineamtes seine Auffassung in einem Gutachten nieder, das mit Runderlaß der AAKA vom 21. August 1905[889] bekanntgegeben und zur Grundlage der überwiegenden Literaturansicht wurde.[890] In Kiautschou, wo es anders als in den anderen Schutzgebieten an geeigneten Gerichtsbeisitzern nicht mangelte, galt die erweiterte Zuständigkeit der Bezirksrichter als Einzelrichter ausdrücklich nicht.[891]

Unter Zugrundelegung der überwiegenden Ansicht von Wissenschaft und Kolonialverwaltung ergab sich in den Schutzgebieten Afrikas und der Südsee auf dem Gebiet des Strafrechts die folgende umfassende Zuständigkeit der Bezirksrichter als Einzelrichter:[892]

1. Übertretungen,[893]
2. Vergehen, die nur mit Gefängnis von höchstens 6 Monaten oder Geldstrafe von höchstens 1.500 Mark, allein oder neben Haft oder in Verbindung miteinander oder in Verbindung mit Einziehung bedroht waren, ausgenommen die Vergehen der §§ 128, 271, 296 a, 301, 320, 331, 347 StGB,
3. Vergehen des Widerstandes nach § 113, 114, 117 Abs. 1, 120 StGB,
4. Vergehen des Hausfriedensbruchs nach § 123 Abs. 2 StGB,
5. Vergehen wider die öffentliche Ordnung nach §§ 137 und 145 a StGB,

---

[888] *Gerstmeyer*, Das Schutzgebietsgesetz, § 6 der VO, betr. die Rechtsverhältnisse in den deutschen Schutzgebieten, Anm. 3 sowie *Doerr*, Deutsches Kolonialstrafprozeßrecht, S. 13 Fn. 10.

[889] Auszug aus dem Runderlasse der AAKA, betr. die Änderung des GVG, v. 21.8.1905, DKolGG (IX) 1905, S. 245.

[890] Vgl. die Kritik bei *Bendix*, Die Änderungen des Gerichtsverfassungsgesetzes und die Verfassung der Schutzgebiets- und Konsulargerichte, in: ZfKKK (8) 1906, S. 885 (889): „Wenn der Weg der Gesetzgebung durch den besprochenen Erlaß der Kolonialabteilung mit Unterstützung der Autorität von drei Staatssekretären umgangen werden sollte, so muß dieser juristisch abwegige Versuch auch politisch ernste Bedenken erregen."

[891] § 6 Abs. 2 der VO, betr. die Rechtsverhältnisse in den deutschen Schutzgebieten, Anhang D. II.

[892] Die Auflistung ist entnommen bei *Doerr*, Deutsches Kolonialstrafprozeßrecht, S. 13 f.

[893] Nach § 1 RStGB war eine mit dem Tode, mit Zuchthaus, oder mit Festungshaft von mehr als fünf Jahren bedrohte Handlung ein Verbrechen, eine mit Festungshaft bis zu fünf Jahren, mit Gefängnis oder mit Geldstrafe von mehr als fünfzig Talern bedrohte Handlung ein Vergehen und eine mit Haft oder mit Geldstrafe bis zu fünfzig Talern bedrohte Handlung eine Übertretung.

6. Vergehen wider die Sittlichkeit nach §§ 180, 183 StGB,
7. Vergehen der Beleidigung, wenn die Verfolgung nur auf Antrag eintrat,
8. Vergehen der Körperverletzung nach §§ 223, 223 a, 230 StGB,
9. Vergehen der Nötigung und der Bedrohung nach § 240, 241 StGB,
10. Vergehen des Diebstahls nach § 242 StGB,
11. Vergehen der Unterschlagung nach § 246 StGB,
12. Vergehen der Begünstigung und der Hehlerei nach §§ 257, 258 Nr. 1, 259 StGB,
13. Vergehen des Betrugs nach § 263 StGB,
14. Vergehen des strafbaren Eigennutzes nach § 286, 288-291, 298 StGB, § 93 Abs. 3 Seemannsordnung vom 2. Juni 1902,[894]
15. Vergehen der Sachbeschädigung nach §§ 303, 304 StGB,
16. gemeingefährliche Vergehen nach §§ 309, 316, 318, 318 a, 327 Abs. 1 und 328 Abs. 1 StGB,
17. Vergehen der Bestechung nach § 333 StGB,
18. Vergehen derjenigen Personen, welche zur Zeit der Tat das 18. Lebensjahr noch nicht vollendet hatten,
19. solche Zuwiderhandlungen gegen die Vorschriften über die Erhebung öffentlicher Abgaben und Gefälle, deren Strafe in dem mehrfachen Betrage einer hinterzogenen Abgabe oder einer anderen Leistung bestand,
20. Zuwiderhandlungen gegen §§ 1-3 des Gesetzes vom 8. Juni 1871, betr. die Inhaberpapiere mit Prämien,[895] nach § 6 dieses Gesetzes,
21. Vergehen nach § 59 Bankgesetz vom 14. März 1875,[896]
22. Vergehen nach § 146 Gewerbeordnung,[897] soweit die Gewerbeordnung in den Schutzgebieten anwendbar war.[898]

Über ihre Zuständigkeit in den genannten Strafsachen hinaus, waren die Bezirksrichter auch Strafverfolgungsbehörden und an Stelle der Staatsanwaltschaft und in gleichem Umfang wie jene zum Einschreiten und zur Erforschung des Sachverhalts berufen.[899] Sie hatten dabei die Rechte und Pflichten, die die RStPO für die Staatsanwaltschaft normierte und daneben die Befugnisse der Amtsrichter, Beschlagnahmen und Durchsuchungen anzuordnen oder Haftbe-

[894] RGBl. 1902, S. 175.
[895] RGBl. 1871, S. 210.
[896] RGBl. 1875, S. 177.
[897] Bekanntmachung wegen Redaktion der Gewerbeordnung, v. 26.7.1900, RGBl. 1900, S. 871.
[898] Zur Anwendbarkeit der GewO in den Schutzgebieten vgl. noch unten 3. Kap. F. I. 2.a)
[899] § 2 SchGG 1900 i.V.m. § 56 KGG 1900.

fehle zu erlassen und die dabei notwendigen richterlichen Entscheidungen zu treffen.[900] Die Bezirksrichter traten ferner auch als Vollstreckungsbehörde an die Stelle der Staatsanwaltschaft. Ihnen oblagen die Zustellungen, die Ladungen, die Vollstreckung von Beschlüssen sowie die Strafvollstreckung.[901] Sie ernannten – mit Ausnahme Kiautschous, wo dies durch den Oberrichter geschah[902] – die Beisitzer des Bezirksgerichts und bestimmten die Personen, die zur Ausübung der Rechtsanwaltschaft zuzulassen waren.[903] Schließlich waren die Bezirksrichter – in Kiautschou der Oberrichter[904] – zur Vornahme von Sühneversuchen im Privatklageverfahren zuständig und waren befugt, andere Personen dauernd oder in bestimmten Fällen damit zu beauftragen.[905]

Die Bezirksgerichte als Gerichtskollegien bestanden aus dem Bezirksrichter als Vorsitzenden und je nach der Art der zu erledigenden Sache zwei oder vier Beisitzern. In der Besetzung mit zwei Beisitzern entschied es in bürgerlichen Rechtsstreitigkeiten, die im Mutterland erstinstanzlich dem Landgericht zugewiesen waren.[906] In Strafsachen war es für Beschwerden gegen Entscheidungen des Bezirksrichters zuständig,[907] in Kiautschou auch – wie gezeigt – in Schöffensachen und den in §§ 74, 75 GVG bezeichneten Angelegenheiten.[908] War in bürgerlichen Sachen die Zuziehung von zwei Beisitzern nicht ausführbar, so trat an die Stelle des Bezirksgerichts der Bezirksrichter.[909]

In der Besetzung mit vier Beisitzern entschied das Gericht in Strafsachen, in denen im Reich das Landgericht in erster Instanz zuständig war und in Schwurgerichtssachen. Die erstinstanzliche Zuständigkeit der Bezirksgerichte in Strafsachen erstreckte sich demnach auf:[910]

---

900 *Doerr*, Deutsches Kolonialstrafprozeßrecht, S. 16.
901 § 2 SchGG 1900 i.V.m. § 53 KGG 1900.
902 §§ 4, 5 der Dienstanweisung für die Ausübung der Gerichtsbarkeit im Kiautschougebiete, v. 23.10.1907, *Mohr*, Handbuch für das Schutzgebiet Kiautschou, S. 66.
903 § 2 SchGG 1900 i.V.m. §§ 12, 17 KGG 1900, §§ 2, 3 der Vfg. d. RK, betr. die Ausübung der Gerichtsbarkeit in den Schutzgebieten Afrikas und der Südsee, v. 25.12.1900, DKolGG (V) 1899-1900, S. 173.
904 § 8 Nr. 1 der Dienstanweisung für die Ausübung der Gerichtsbarkeit im Kiautschougebiete, v. 23.10.1907, *Mohr*, Handbuch für das Schutzgebiet Kiautschou, S. 66.
905 § 3 SchGG 1900 i.V.m. § 19 Nr. 2 KGG 1900, § 6 Nr. 1 der Vfg. d. RK v. 25.12.1900.
906 Vgl. die Übersicht bei *Seelbach*, Grundzüge der Rechtspflege in den Deutschen Kolonien, S. 47 f.
907 § 2 SchGG 1900 i.V.m. § 10 KGG 1900.
908 § 2 SchGG 1900 i.V.m. § 8 Abs. 2 KGG 1900, § 6 Abs. 2 VO, betr. die Rechtsverhältnisse in den deutschen Schutzgebieten, v. 9.11.1900, Anhang D. II.
909 § 2 SchGG 1900 i.V.m. § 9 Abs. 1 KGG 1900.
910 Nach *Doerr*, Deutsches Kolonialstrafprozeßrecht, S. 17 f.

1. alle nicht zur Zuständigkeit des Bezirksrichters als Einzelrichter (in Kiautschou des mit zwei Beisitzern besetzten Gerichts) gehörenden Vergehen und
2. Verbrechen, ausgenommen die gegen Kaiser oder Reich gerichteten Verbrechen des Hochverrats und des Landesverrats (§ 136 Abs. 1 Nr. 1 GVG, § 12 Spionagegesetz v. 3. Juli 1893[911])

War die Zuziehung von vier Beisitzern in Strafsachen nicht ausführbar, so genügten zwei.[912] Die Gründe, weshalb in Zivilsachen nicht zwei, in Strafsachen nicht vier Beisitzer teilgenommen hatten, waren im Sitzungsprotokoll anzugeben.[913] In der Literatur wurde von den Oberrichtern Kameruns und Kiautschous de lege ferenda vorgeschlagen, die Besetzung der Bezirksgerichte in allen Strafsachen auf zwei Beisitzer zu beschränken. Die Zuziehung zweier weiterer Beisitzer erscheine entbehrlich. Der eines schweren Vergehens oder Kapitalverbrechens Angeklagte stehe im Verfahren schon besser als in Deutschland. Schließlich sei es auch nur schwer möglich, im Binnenland stets vier Beisitzer sowie Staatsanwalt und Gerichtsschreiber, also 7 Europäer an demselben Ort zu versammeln.[914]

Eine Eigentümlichkeit bestand schließlich in dem Umstand, daß das Bezirksgericht in der Besetzung mit zwei Beisitzern in zweiter Instanz für Beschwerden gegen Entscheidungen des Bezirksrichters zuständig war,[915] letzterer allerdings zugleich Vorsitzender dieses Beschwerdegerichts sein konnte.[916] Gegen diese „Zwischeninstanz" des Bezirksgerichts in Strafsachen zwischen Bezirksrichter und Obergericht, die nur den „Schein einer Rechtsmittelinstanz" wahre, statt eine solche wirklich zu sein und für die Beteiligten „peinliche Situationen" schaffe, sind in der Literatur denn auch verständliche Bedenken erhoben worden.[917]

---

[911] Gesetz gegen den Verrath militärischer Geheimnisse, RGBl. 1893, S. 205.

[912] § 2 SchGG 1900 i.V.m. § 8 Abs. 2, § 9 Abs. 2 KGG 1900, § 6 Nr. 4 SchGG 1900, § 7 Abs. 1 der VO, betr. die Rechtsverhältnisse in den deutschen Schutzgebieten, v. 9.11.1900, Anhang D. II.

[913] § 2 SchGG 1900 i.V.m. § 9 Abs. 3 KGG 1900; zur Unausführbarkeit der Zuziehung von Beisitzern s. *Doerr*, Deutsches Kolonialstrafprozeßrecht, S. 18.

[914] *Autenrieth*, Beiträge zur Reform der Gerichtsverfassung in den Schutzgebieten, in: ZfKKK (14) 1912, S. 158 (167) und *Crusen*, Die Reform der kolonialen Gerichtsverfassung, in: ZStW (32) 1911, S. 623 (639).

[915] § 2 SchGG 1900 i.V.m. § 10 Nr. 2 KGG 1900.

[916] Mittels § 3 SchGG 1900 i.V.m. § 64 Abs. 1 KGG 1900 wurde die diesbezügliche Regelung der RStPO für nicht anwendbar erklärt.

[917] *Autenrieth*, Beiträge zur Reform der Gerichtsverfassung in den Schutzgebieten, in: ZfKKK (14) 1912, S. 158 (166); hiergegen: *Doerr*, Deutsches Kolonialstrafprozeßrecht, S. 19 Fn. 21.

b) Die Kaiserlichen Obergerichte

Für die Konsulargerichte bildete mit Inkrafttreten des KGG 1900 das Reichsgericht die endgültige Beschwerde- und Berufungsinstanz.[918] Diese Zuständigkeit war zunächst auch für die Kolonien begründet,[919] doch war der Kaiser ermächtigt worden, sie durch Verordnung einem Konsular- oder Schutzgebietsgericht zu übertragen, das aus einem Vorsitzenden und mindestens vier Beisitzern bestehen mußte.[920]

Von dieser Befugnis machte der Kaiser für alle Schutzgebiete Gebrauch. In den Kolonien wurde je ein „Kaiserliches Obergericht" geschaffen. Einzig für Togo war das Obergericht von Kamerun und für das Inselgebiet der Karolinen, Palau und Marianen und ab dem 1. April 1906 auch für die Marshall-Inseln[921] das Obergericht von Neuguinea zuständig. In Kiautschou war die Zuständigkeit des Reichsgerichts zunächst auf das Kaiserliche Konsulargericht in Shanghai übertragen worden.[922] In Abänderung dieser Regelung ordnete die Kaiserliche Verordnung vom 28. September 1907[923] die Errichtung eines eigenen Obergerichtes für das Schutzgebiet an, das seinen Sitz in Tsingtau hatte und die Bezeichnung „Kaiserliches Obergericht von Kiautschou" führte.[924]

Der „Oberrichter", d.h. der zur Ausübung der Gerichtsbarkeit zweiter Instanz ermächtigte Beamte,[925] entschied als Einzelrichter in bürgerlichen Streitigkeiten, in Konkurssachen und in Sachen der freiwilligen Gerichtsbarkeit über das Rechtsmittel der Beschwerde, falls die angefochtene Entscheidung nicht unter

918 §§ 5, 14 KGG 1900.

919 § 2 SchGG 1900 i.V.m. §§ 5, 14 KGG 1900.

920 § 6 Nr. 6 SchGG 1900.

921 Zu diesem Zeitpunkt wurden die Marshall-Inseln mit dem Inselgebiet der Karolinen, Palau und Marianen vereinigt. Das bisher für die Marshall-Inseln zuständige Obergericht in Jaluit wurde aufgelöst. An seine Stelle trat das Obergericht in Herbertshöhe. Vgl. die Ksl. VO, betr. die anderweitige Regelung der Verwaltung und der Rechtsverhältnisse im Schutzgebiet der Marshall-, Brown- und Providence-Inseln, v. 18.1.1906, RGBl. 1906, S. 138; DKolGG (X) 1906, S. 24.

922 § 8 Abs. 1 der VO, betr. die Rechtsverhältnisse in den deutschen Schutzgebieten, Anhang D. II.

923 Allerhöchste VO, betr. die Errichtung eines Gerichtes II. Instanz im Schutzgebiete Kiautschou, RGBl. 1907, S. 735; *Mohr*, Handbuch für das Schutzgebiet Kiautschou, S. 65.

924 § 1 Nr. 1 der Dienstanweisung für die Ausübung der Gerichtsbarkeit im Kiautschougebiete, *Mohr*, Handbuch für das Schutzgebiet Kiautschou, S. 66.

925 § 1 Nr. 1 der Vfg. des RK, betr. die Ausübung der Gerichtsbarkeit in den Schutzgebieten Afrikas und der Südsee, v. 25.12.1900, DKolGG (V) 1899-1900, S. 173.

Mitwirkung von Beisitzern ergangen war.[926] In der Besetzung mit vier Beisitzern war das Obergericht endgültige Beschwerde- und Berufungsinstanz in den vom Bezirksrichter und dem Bezirksgericht verhandelten Zivil- und Konkurssachen, endgültige Beschwerde- und Berufungsinstanz in den vom Bezirksgericht entschiedenen Strafsachen und endgültige Beschwerdeinstanz gegen die Entscheidungen des Bezirksrichters in Angelegenheiten der freiwilligen Gerichtsbarkeit.[927]

Erkennendes Gericht erster und letzter Instanz war das Obergericht nach umstrittener Ansicht[928] für die Untersuchung und Entscheidung in den Strafsachen, in denen sonst das Reichsgericht in erster und letzter Instanz zuständig war, d.h. den Fällen des Hoch- und Landesverrats, sofern diese Verbrechen gegen den Kaiser oder das Reich gerichtet waren[929] und der Verbrechen nach § 12 i.V.m. §§ 1, 3 des Spionagegesetzes vom 3. Juli 1893.[930] Schließlich war nach umstrittener Ansicht das Obergericht in erster und letzter Instanz für Entschädigungsansprüche im Wiederaufnahmeverfahren freigesprochener Personen nach Maßgabe des Gesetzes vom 20. Mai 1898[931] und für unschuldig erlittene Untersuchungshaft gemäß dem Gesetz vom 14. Juli 1904[932] zuständig.[933] Nachdem die Aufgaben der Oberrichter zunächst vielfach von den Gouverneuren wahrgenommen worden waren und sich hiergegen mit Blick auf die Unverträglichkeit der rechtsprechenden mit den gesetzgebenden und verwaltenden Aufgaben des

---

926 § 8 Abs. 4 der VO, betr. die Rechtsverhältnisse in den deutschen Schutzgebieten, Anhang D. II.

927 § 2 SchGG 1900 i.V.m. § 14 KGG 1900.

928 Vgl. *Doerr*, Deutsches Kolonialstrafprozeßrecht, S. 22; a.A.: *Seelbach*, Grundzüge der Rechtspflege in den Deutschen Kolonien, S. 50, *Gerstmeyer*, Schutzgebietsgesetz, § 8 der VO, betr. die Rechtsverhältnisse in den deutschen Schutzgebieten, Anm. 1 sowie *Crusen*, Die Reform der kolonialen Gerichtsverfassung, in: ZStW (32) 1911, S. 623 (639 f.), die die Zuständigkeit des Reichsgerichts in den Fällen des § 136 Abs. 1 GVG annahmen.

929 § 136 Abs. 1 Nr. 1 GVG.

930 Gesetz gegen den Verrath militärischer Geheimnisse, RGBl. 1893, S. 205.

931 Gesetz, betr. die Entschädigung der im Wiederaufnahmeverfahren freigesprochenen Personen, RGBl. 1898, S. 345. Vgl. § 71 KGG 1900.

932 Gesetz, betr. die Entschädigung für unschuldig erlittene Untersuchungshaft, RGBl. 1904, S. 321. Vgl. den Auszug aus dem Runderlasse der AAKA, betr. die Entschädigung für unschuldig erlittene Untersuchungshaft, v. 3.12.1904, DKolGG (VIII) 1904, S. 258.

933 So *Doerr*, Deutsches Kolonialstrafprozeßrecht, S. 22; *v. Hoffmann*, Einführung in das Deutsche Kolonialrecht, S. 70 f. und ders., Verwaltungs- und Gerichtsverfassung der deutschen Schutzgebiete, S. 44; a.A.: *Gerstmeyer*, Schutzgebietsgesetz, § 71 KGG, Anm. 1, der die Zuständigkeit des Bezirksgerichts annahm; vgl. zur Kritik an der Zuständigkeit des Obergerichts das Beispiel bei *Seelbach*, Grundzüge der Rechtspflege in den Deutschen Kolonien, S. 49 f.

obersten Kolonialbeamten Widerspruch erhoben hatte,[934] wurden ab 1903 in den einzelnen Schutzgebieten vermehrt eigene Oberrichter-Stellen geschaffen.[935]

c) Die Diskussion um einen Kolonialgerichtshof

Die Entscheidungen der Obergerichte waren endgültig. Insbesondere bestand für die deutschen Schutzgebiete keine Revisionsinstanz.[936] Dieser Zustand wurde vielfach als unbefriedigend empfunden. Lebhaft wurde daher über die Errichtung eines Kolonialgerichtshofes diskutiert.[937] Auch auf dem ersten Deutsche Kolonialkongreß 1902 wurde in einer Resolution die Einsetzung eines Gerichtshofes im Mutterland als dritter (Revisions-) Instanz gefordert – „sowohl im Interesse der rechtssuchenden Parteien, als auch besonders zur Sicherung einer

---

[934] Vgl. *Köbner*, Kolonialstrafrecht, in: Mitteilungen der IKV (XI) 1904, S. 545 (555 f.).

[935] Vgl. unten 3. Kap. E. I. 3.

[936] *Huber*, Deutsche Verfassungsgeschichte seit 1789, S. 633, meint unzutreffend, das Reichsgericht sei Revisionsinstanz für die Schutzgebiete gewesen.

[937] Vgl. zur Entwicklung der Diskussion in der Reihenfolge des Erscheinens insbesondere *Köbner*, Die Organisation der Rechtspflege in den Kolonien, in: Verhandlungen des Deutschen Kolonialkongresses (1902), S. 331 (352 ff.); ders., Kolonialstrafrecht, in: Mitteilungen der IKV (XI) 1904, S. 564 ff.; *Seelbach*, Grundzüge der Rechtspflege in den Deutschen Kolonien, S. 49 Anm. 1; *Fuchs*, Ein Reichskolonialgericht ?, in: DJZ (XVI) 1909, Sp. 369 f.; *Perels*, Die Errichtung eines Kolonial- und Konsulargerichtshofes; *Holländer*, Der Sitz eines Kolonialsenats, in: ZfKKK (11) 1909, S. 606 ff.; ders., Zum Entwurf des Gesetzes betr. den Kolonialgerichtshof, in: ZfKKK (12) 1910, S. 876 ff.; *Rhode*, Die Errichtung eines Reichs-Kolonialgerichts mit dem Sitz in Berlin, in: Verhandlungen des Deutschen Kolonialkongresses (1910), S. 590 ff.; *v. Hoffmann*, Einführung in das Deutsche Kolonialrecht, S. 71 f; *v. Burgsdorff*, Die Entwicklung der kolonialen Rechtspflege, S. 89 ff.; *Giese*, Zur Errichtung des Kolonial- und Konsulargerichtshofes, in: ZfKKK (13) 1911, S. 331 ff.; *Crusen*, Die Reform der kolonialen Gerichtsverfassung, in: ZStW (32) 1911, S. 623 (643 f.); ders., Die dritte Instanz für die Schutzgebiete, in ZfKKK (14) 1912, S. 545-553; *Neumann*, Die Rechtseinheit im deutschen Kolonialrecht und die Errichtung eines obersten Kolonialgerichtshofes, S. 44 ff.; *Doerr*, Deutsches Kolonialstrafprozeßrecht, S. 10 f. Anm. 6; *Fuchs*, Der Kolonialgerichtshof nach dem neuen Gesetzentwurf, in: DJZ (XVIII) 1913, Sp. 1419 ff.; *Lobe*, Kolonialgerichtshof und Reichsgericht, in: DRiZ (VI) 1914, Sp. 57-63.
Vgl. zudem die jüngeren Beiträge zur Problematik von *Essner*, Der Kampf um das Kolonialgericht oder Kolonialgesetzgebung als Verfassungsproblem, in: Historische Mitteilungen (5) 1992, S. 78 ff.; dies., Das ausgebliebene Kolonialgericht, in: Kolonialmetropole Berlin, S. 41 ff.; *Kopp*, Nichtdeutsche Angeklagte im deutschen Strafverfahren, S. 89 f.; *Grohmann*, Exotische Verfassung, S. 215-222; *Fischer*, Die deutschen Kolonien, S. 90 und *Wagner*, Die deutschen Schutzgebiete, S. 328 ff.

gleichmäßigen Gesetzesauslegung".[938] Nur ganz vereinzelt wurde die Notwendigkeit eines Kolonialgerichtshofes in Zweifel gezogen.[939]

Unter den Befürwortern der Einrichtung einer dritten Schutzgebietsinstanz herrschte weitgehende Einigkeit über die Motive, die mit der angestrebten Schaffung eines Kolonialgerichtshofes verfolgt werden sollten. Hier wurde insbesondere angeführt, der Gerichtshof solle die Rechtseinheit auf dem Gebiet des Kolonialrechts, soweit wünschenswert und möglich, und zwischen dem Kolonialrecht und dem deutschen Recht gewährleisten.[940] Das Nebeneinander von sechs verschiedenen Kolonialgerichten letzter Instanz wurde als eine der Hauptursachen für die Zersplitterung des kolonialen Rechts ausgemacht.[941] Die Gefahr unterschiedlicher Rechtsfortbildung sei umso mehr gegeben, wenn die räumlich weit voneinander entfernten Schutzgebietsgerichte ohne die Kontrolle einer übergeordneten Instanz jahre- oder gar jahrzehntelang Recht sprächen. Zwar müsse auch weiterhin eine lokale, an die örtlichen Voraussetzungen und Verhältnisse angepaßte Rechtsbildung möglich sein. Wo auf bestimmten Rechtsgebieten allerdings einheitliche deutsche Gesetze eingeführt seien, sei die Forderung, diese auch übereinstimmend in den Schutzgebieten und übereinstimmend mit der Praxis des Mutterlandes auszulegen.[942] Eine einheitliche Revisionsinstanz könne schließlich den „Überseeinteressen der Nation eine systematische Rechtsentwicklung verbürgen".[943] Neben dem Argument der kolonialen Rechtseinheit wurde geäußert, ein rechtsgelehrter mutterländischer Gerichtshof könne wesentlich zum Schutz privater Interessen der nichteingeborenen Schutzgebietsbevölkerung beitragen. Bei der weiteren rechtlichen und wirtschaftlichen Entwicklung der Kolonien – es wurde etwa auf die Diamantenfunde und die Konzessionsstreitigkeiten in Südwestafrika hingewiesen – erscheine es notwendig, in wichtigen Rechtssachen einen besonders angesehenen, rechtsgelehrten Gerichtshof mit der Prüfung der unter Umständen sehr verwickelten Rechtsfragen zu befassen.[944]

---

[938] Resolution der III. Sektion v. 10.10.1902, in: Verhandlungen des Deutschen Kolonialkongresses (1902), S. 376.
[939] Vgl. etwa *Fleischmann*, Der Kolonialgerichtshof, in: DJZ (XV) 1910, Sp. 567 ff., der mit Hinweis auf die Justizstatistik das Bedürfnis nach einem Kolonialgerichtshof verneint.
[940] *Crusen*, Die Reform der kolonialen Gerichtsverfassung, in: ZStW (32) 1911, S. 623 (643).
[941] *Neumann*, Die Rechtseinheit im deutschen Kolonialrecht und die Errichtung eines obersten Kolonialgerichtshofes, S. 44.
[942] *Köbner*, Die Organisation der Rechtspflege in den Kolonien, in: Verhandlungen des Deutschen Kolonialkongresses (1902), S. 331 (354 f.).
[943] *Fuchs*, Ein Reichskolonialgericht ?, in: DJZ (XIV) 1909, Sp. 369.
[944] *Köbner*, Die Organisation der Rechtspflege in den Kolonien, in: Verhandlungen des Deutschen Kolonialkongresses (1902), S. 331 (354 f.); vgl. zu den Argumenten auch *Perels*, Die Errichtung eines Kolonial- und Konsular-Gerichtshofes, S. 9 f.

Anders als die Frage nach der Notwendigkeit eines Kolonialgerichtshofes wurden Einzelheiten seiner näheren Ausgestaltung, seiner Zuständigkeit und Zusammensetzung und insbesondere seines Sitzes kontrovers diskutiert. So wurde erwogen, dem eventuell durch erfahrene Kolonialjuristen zu verstärkenden Reichsgericht in Leipzig könnten die Funktionen einer Revisionsinstanz für die Schutzgebiete übertragen werden.[945] Die Bildung eines eigenen Kolonialgerichtes als einem neben dem Reichsgericht und dem Reichsmilitärgericht dritten höchsten deutschen Revisionsgericht berge dagegen eine Gefahr für die Einheit der Rechtsanwendung im gemeinsamen deutschen Rechtsraum.[946] Andere bevorzugten die Idee, das oberste Kolonialgericht als einen besonderen Kolonialsenat des Reichsgerichts mit Sitz in Berlin zu organisieren. Die oberste Reichs-Kolonialinstanz gehöre in die Reichshauptstadt, von wo alle „kolonialen Fäden" ausgingen und wo sie zusammenliefen, wo das auch in den Kolonien subsidiär zum Reichsrecht eingeführte preußische Landesrecht gelte und von erstklassigen verfügbaren Kräften geübt werde.[947]

Manche diskutierten die Einsetzung des Hanseatischen Oberlandesgerichtes in Hamburg als Obergericht für die koloniale Rechtspflege,[948] andere auch die Betrauung desselben Gerichts mit den Aufgaben eines Reichskolonial- und Konsulargerichtshofes mit Zuständigkeiten als Revisions- und Berufungsinstanz..[949] Für Hamburg als Sitz des Gerichts spreche die Verfügbarkeit von mit den kolonialen Verhältnissen vertrautem Personal. Hier sei nicht nur die Zahl der im Handelsrecht, im ausländischen Recht, in den Fremdsprachen und in wirtschaftlichen Zusammenhängen erfahrenen Richter und Rechtsanwälte am größten, hier sei auch „technisches Verständnis" leichter als anderswo verfügbar und im Kolonialinstitut die kolonialwissenschaftliche Forschung bereits zusammengefaßt, so daß auf ein reiches Maß an literarischen und sonstigen Hilfsmitteln zurückgegriffen werden könne.[950] Für Hamburg als Sitz eines obersten Kolonialge-

---

[945] *Köbner*, Die Organisation der Rechtspflege in den Kolonien, in: Verhandlungen des Deutschen Kolonialkongresses (1902), S. 331 (355, 357).

[946] *Lobe*, Kolonialgerichtshof und Reichsgericht, in: DRiZ (VI) 1914, Sp. 57, 59, 63.

[947] *Fuchs*, Ein Reichskolonialgericht?, in: DJZ (XIV) 1909, Sp. 370; *v. Burgsdorff*, Die Entwicklung der kolonialen Rechtspflege, S. 93 f. spricht auch Hamburg und Leipzig als Sitz eines möglichen Kolonialsenats am Reichsgericht Vorzüge zu.

[948] *Köbner*, Die Organisation der Rechtspflege in den Kolonien, in: Verhandlungen des Deutschen Kolonialkongresses (1902), S. 331 (355 f.).

[949] *Perels*, Die Errichtung eines Kolonial- und Konsular-Gerichtshofes, S. 19 ff., 22 ff., 27. Für die Errichtung eines vom Reichsgericht beauftragten Senats des Hanseatischen Oberlandesgerichts spricht *Holländer*, Der Sitz eines Kolonialsenats, in: ZfKKK (11) 1909, S. 606 (608).

[950] *Perels*, Die Errichtung eines Kolonial- und Konsular-Gerichtshofes, S. 17 ff.; ähnlich *Crusen*, Die Reform der kolonialen Gerichtsverfassung, in: ZStW (32) 1911, S. 623 (643) und *Holländer*, Zum Entwurf des Gesetzes betr. den Kolonialgerichtshof, in: ZfKKK (12) 1910,

richts wurden schließlich auch historische Gründe angeführt. Aus den Reichstagsdrucksachen des Jahres 1886 gehe hervor, daß sich bereits hanseatische Kaufleute in Westafrika an den Reichstag mit der Bitte gewandt hätten, das Hanseatische Oberlandesgericht als Obergericht für die Schutzgebiete einzusetzen.[951] Auf Wunsch der Kaufleute ging diese Struktur tatsächlich in das erste Schutzgebietsgesetz vom 16. April 1886 ein. Nach dessen § 3 Nr. 4 konnte das Hanseatische Oberlandesgericht durch Kaiserliche Verordnung als Berufungs- und Beschwerdegericht in bürgerlichen Rechtsstreitigkeiten, in Konkurssachen und in den nicht zur streitigen Gerichtsbarkeit gehörenden Angelegenheiten bestimmt werden. Eine entsprechende Verordnung erging allerdings nicht und schon das Schutzgebietsgesetz in der Fassung vom 15. März 1888 enthielt in der korrespondierenden Norm des § 3 Nr. 9 die Möglichkeit der Anrufung des Hanseatischen Oberlandesgerichts nicht mehr.[952]
Von anderer Seite wurde mit Hinweis auf die Geltung preußischen Rechts in den Kolonien erwogen, koloniale Revisionssachen an das preußische Kammergericht in Berlin,[953] oder einen Senat des Kammergerichts[954] zu übertragen. Die anzustrebende Verstärkung des Gerichts durch einige mit den örtlichen Verhältnissen vertraute Kolonialjuristen sei in Berlin als Sitz der Kolonialabteilung leichter durchführbar als in Leipzig am Sitz des Reichsgerichts.

Nicht wenige Vorschläge gingen dahin, einen besonderen obersten Kolonialgerichtshof zu schaffen.[955] Auch der dem Reichstag am 21. April 1910 vorgelegte „Entwurf eines Gesetzes über die Errichtung eines Kolonial- und Konsulargerichtshofes“[956] sah in den §§ 1, 2 einen selbständigen obersten Gerichtshof mit Sitz in Berlin vor, der aus einem Präsidenten und mindestens neun weiteren

---

S. 876 (881 f.); kritisch: *Giese*, Zur Errichtung des Kolonial- und Konsulargerichtshofes, in: ZfKKK (13) 1911, S. 331 (334).

[951] So *Köbner*, Die Organisation der Rechtspflege in den deutschen Kolonien, in: Verhandlungen des Deutschen Kolonialkongresses (1902), S. 331 (356).

[952] Vgl. hierzu auch *Wagner*, Die deutschen Schutzgebiete, S. 330.

[953] S. *Florack*, Die Schutzgebiete, ihre Organisation in Verfassung und Verwaltung, S. 59 Fn. 9 und *Königsberger*, Koloniale Rechtspflege, in: ZfKKK (6) 1904, S. 107 (110 f.), vgl. die Kritik unter Hinweis auf die Überlastung des Gerichts ebd.

[954] *Seelbach*, Grundzüge der Rechtspflege in den Deutschen Kolonien, S. 49 Anm. 1.

[955] Vgl. etwa *Köbner*, Die Organisation der Rechtspflege in den deutschen Kolonien, in: Verhandlungen des Deutschen Kolonialkongresses (1902), S. 331 (356 f.). *Fuchs*, Ein Kolonialgericht?, in: DJZ 1909, Sp. 369 f., hatte dagegen noch für einen „detachierten“ Kolonialsenat des Reichsgerichts mit Sitz in Berlin plädiert und Bedenken gegen ein selbständiges Reichskolonialgericht geäußert: Reichsgericht und Reichskolonialgericht würden „ihre Autorität gegenseitig in Frage stellen“.

[956] RT-Verh., Sten. Ber., XII. Leg. Per., II. Sess. 1909/10, Anl., Aktenstück Nr. 400. Der Entwurf ist auch abgedruckt bei *Perels*, Die Errichtung eines Kolonial- und Konsulargerichtshofes, S. 33 ff.; vgl. zu den verschiedenen Entwürfen auch BA RKA 1001/5475, Bl. 17 ff.

Mitgliedern bestehen sollte. Zum Mitglied des Gerichtshofes konnte nur ernannt werden, wer die Befähigung zum Richteramt in einem Bundesstaat erlangt und das fünfunddreißigste Lebensjahr vollendet hatte (§ 4). Die Mitglieder sollten nach § 5 des Entwurfs teils auf Lebenszeit, teils, wenn sie gleichzeitig ein sonstiges Amt im Reich oder einem Bundesstaat bekleideten, für die Dauer ihrer anderweitigen Amtszeit ernannt werden. Die Mehrzahl der Mitglieder unter Einschluß des Präsidenten mußte auf Lebenszeit ernannt sein oder einem Oberlandesgericht oder einem Gericht „höherer Ordnung“[957] angehören. Nach den §§ 12 ff. des Gesetzesentwurfs war das neue oberste Reichsgericht als Revisions- und Berufungsinstanz in Kolonial- und Konsulargerichtssachen geplant. Nach § 15 war die Revision – soweit diese für bestimmte Schutzgebiete und in bestimmtem Umfang durch Kaiserliche Verordnung eingeführt worden war (§ 14) – zuzulassen in bürgerlichen Streitigkeiten über nicht vermögensrechtliche Ansprüche sowie über vermögensrechtliche Ansprüche mit einem 5000 Mark übersteigenden Beschwerdegegenstand. Strafsachen waren revisionsfähig, wenn das Kolonial- oder Konsulargericht erster Instanz an Stelle des Schwurgerichts zuständig war.[958]

Nach anhaltendem Meinungsstreit wischen Reichstag und Bundesrat, bisweilen heftiger Kritik aus der Literatur sowie einer erneuten Gesetzesvorlage im Jahre 1913,[959] beschäftigte die Diskussion um den Kolonialgerichtshof und die Frage nach dessen Standort den Reichstag noch bis zum Ausbruch des Ersten Weltkriegs. Gerügt wurde insbesondere die Besetzung des Gerichts mit nebenamtlichen Kolonialbeamten,[960] die „unglückliche Verkettung“ von Kolonial- und Konsularrecht und die umständliche Namensgebung.[961]

Das Scheitern der Einrichtung eines Kolonialgerichtshofes wurde auch auf die wegen der vermutlich nur wenigen Revisionsverfahren zu erwartende geringe Auslastung zurückgeführt, der hohe Kosten gegenüber gestanden hätten.[962] Darüber hinaus ist zuletzt argumentiert worden, das Scheitern des Gerichts hänge ferner mit den Auswirkungen zusammen, die eine einheitliche oberste Kolonialinstanz auf das gesamte deutsche Kolonialstrafrecht hätte hervorrufen können. So hätte der Gerichtshof etwa den Anwendungsbereich der diskretionären Ge-

---

[957] Vgl. zur Kritik an diesem unbestimmten Rechtsbegriff *Perels*, Die Errichtung eines Kolonial- und Konsulargerichtshofes, S. 12 Anm. 1.
[958] S. § 6 Nr. 4 SchGG 1900 i.V.m. § 7 der VO, betr. die Rechtsverhältnisse in den deutschen Schutzgebieten, Anhang D. II.
[959] Hierzu: *Lobe*, Kolonialgerichtshof und Reichsgericht, in: DRiZ (VI) 1914, Sp. 57 ff.
[960] *Perels*, Die Errichtung eines Kolonial- und Konsulargerichtshofes, S. 11 ff.
[961] Vgl. nur *Crusen*, Die dritte Instanz für die Schutzgebiete, in: ZfKKK (14) 1912, S. 545 (545 ff.), der den Namen „Reichskolonialgericht“ (abgekürzt: RKG) vorschlägt.
[962] *Kopp*, Nichtdeutsche Angeklagte im deutschen Strafverfahren, S. 89 f.

walt beschränken können. Zum anderen wäre die Ausweitung seiner Zuständigkeit auf die Eingeborenenstrafsachen zu befürchten gewesen. Im Ergebnis bleibt festzuhalten, daß die deutschen Schutzgebietsgerichte bis zum Untergang des Kolonialreiches keinerlei reichsrechtlicher Kontrolle unterlagen.[963]

Bemerkenswert war die Reaktion der weißen Schutzgebietsbevölkerung auf den dort als akademisch empfundenen Streit unter den deutschen Kolonialjuristen, die sich in einem zeitgenössischen Spottgedicht ausdrückt:

> „Zu Haus ein großer Streit entbricht / hie Hamburg – hie Berlin: /
> Wer kriegt das oberste Gericht / für unsre Kolonien? / [...]
> Uns Kolonisten fragt man nicht, / uns fehlt der Intellekt. /
> Es kümmert uns das Wo ja nicht, / wir sind nur Rechtsobjekt."[964]

2. Die Gerichtspersonen

Zu den „Gerichtspersonen" in den deutschen Schutzgebieten gehörten neben den Kolonialrichtern die Gerichtsbeisitzer und die Personen der Staatsanwaltschaft, ferner die „gerichtlichen Nebenpersonen" wie Gerichtsschreiber, -diener und -vollzugsbeamte. Hier soll zudem ein Überblick über die koloniale Rechtsanwaltschaft gegeben werden.

a) Die Kolonialrichter

Die rechtliche Stellung der Kolonialrichter unterschied sich erheblich von derjenigen der Richter im Mutterland. Gegenüber den sonstigen Kolonialbeamten der Schutzgebiete[965] genossen die Kolonialrichter insbesondere in den ersten 25 Jahren des Bestehens des deutschen Kolonialreichs keine besonders herausgehobene Position. Dies spiegelte sich vor allem darin wider, daß weder das Schutzgebietsgesetz noch die für anwendbar erklärten Vorschriften des Konsulargerichtsbarkeitsgesetzes Bestimmungen über das Richteramt getroffen hatten oder auf Vorschriften des Gerichtsverfassungsgesetzes verwiesen. Insbesondere galt daher nicht § 1 GVG, wonach die richterliche Gewalt durch unabhängige, nur dem Gesetz unterworfene Gerichte ausgeübt werde, obschon diese Bestimmung auch von der zeitgenössischen Kolonialrechtsliteratur als der „oberste, in einem mo-

[963] So auch *Kopp*, Nichtdeutsche Angeklagte im deutschen Strafverfahren, S. 89 f.
[964] Das „Über-Obergericht", Deutsche Tageszeitung v. 20.5.1914, zit. nach *Essner*, Der Kampf um das Kolonialgericht, in: HMRG (5) 1992, S. 78.
[965] Vgl. hierzu allgemein *Tesch*, Die Laufbahn der deutschen Kolonialbeamten, *Sassen*, Deutsches Kolonialbeamtenrecht, in: ZfKKK (12) 1910, S. 486 ff. und *Salge*, Die Rechtsverhältnisse der Kolonialbeamten.

dernen Staatswesen unentbehrliche Grundsatz der Reichsgerichtsverfassung"[966] anerkannt war. Auch die weiteren Vorschriften der §§ 2-11 GVG,[967] die die Erlangung der Fähigkeit zum Richteramt und weitgehende Garantien zur Sicherstellung der reichsrichterlichen Unabhängigkeit – wie die richterliche Anstellung auf Lebenszeit, Unabsetzbarkeit und Unversetzbarkeit sowie Unausschließbarkeit des Rechtsweges wegen vermögensrechtlicher Ansprüche aus dem Dienstverhältnis – regelten, galten für die Kolonialrichter nicht. Eine rechtswissenschaftliche Vorbildung (§§ 2-5 GVG) war wegen des Mangels an Personal nicht zwingende Voraussetzung für eine Verwendung als Kolonialrichter. So sollen in den ersten Jahren „nicht selten Ärzte, Militärpersonen und andere Pioniere der Kolonisation" mit richterlichen Amtsgeschäften beauftragt worden sein und nach bereits erwähnter zeitgenössischer Ansicht „ihre Sache nicht schlecht gemacht" haben.[968] In späteren Jahren wurden dann allerdings „möglichst Beamte mit Richterqualität" mit der Ausübung der Weißen-Rechtspflege betraut.[969]

Im Ergebnis unterschieden sich somit die Kolonialrichter in ihrer persönlichen Rechtsstellung in den Jahren bis 1910 nicht erheblich von den übrigen Kolonialbeamten. Die für letztere erlassenen Gesetze und Verordnungen kamen grundsätzlich auch auf die Kolonialrichter zur Anwendung.[970] Wie die Kolonialbeamten,[971] so hatten auch die Richter der Schutzgebiete einen Eid zu leisten, sofern

966 *Doerr*, Deutsche Kolonialgerichtsverfassung, in: ZfKKK (12) 1910, S. 161 (163).

967 Etwa: § 2 Abs. 1 Die Fähigkeit zum Richteramte wird durch die Ablegung zweier Prüfungen erlangt. § 6 Die Ernennung der Richter erfolgt auf Lebenszeit. § 7 Die Richter beziehen in ihrer richterlichen Eigenschaft ein festes Gehalt mit Ausschluß von Gebühren. § 8 Abs. 1 Richter können wider ihren Willen nur kraft richterliche Entscheidung und nur aus den Gründen und unter den Formen, welche die Gesetze bestimmen, dauernd oder zeitweise ihres Amtes enthoben oder an eine andere Stelle oder in Ruhestand versetzt werden. § 9 Wegen vermögensrechtlicher Ansprüche der Richter aus ihrem Dienstverhältnisse, insbesondere auf Gehalt, Wartegeld oder Ruhegehalt darf der Rechtsweg nicht ausgeschlossen werden.

968 So *Köbner*, Die Organisation der Rechtspflege in den Kolonien, in: Verhandlungen des Deutschen Kolonialkongresses 1902, S. 331 (334).

969 *Doerr*, Deutsche Kolonialgerichtsverfassung, in: ZfKKK (12) 1910, S. 161 (164). Die Beispiele von *Kopp*, Nichtdeutsche Angeklagte im deutschen Strafverfahren, S. 77 f. beziehen sich überwiegend auf die mit der Eingeborenengerichtsbarkeit betrauten Kolonialverwaltungsbeamten.

970 Vgl. Gesetz, betr. die Rechtsverhältnisse der Reichsbeamten, v. 31.3.1873, RGBl. 1873, S. 61; Gesetz, betr. die Rechtsverhältnisse der Kaiserlichen Beamten in den Schutzgebieten, v. 31.5.1887, RGBl. 1887, S. 211; Ksl. VO, betr. die Rechtsverhältnisse der Landesbeamten in den Schutzgebieten, v. 9.8.1896, RGBl. 1896, S. 691; Verordnung, wegen Abänderung und Ergänzung der Verordnung v. 9.8.1896, v. 23.5.1901; RGBl. 1901, S. 189; vgl. auch die Bestimmungen für die Landesbeamten und sonstigen Angestellten in den Schutzgebieten, in der Ende 1902 gültigen Fassung, DKolGG (VI) 1901-1902, S. 565.

971 Vgl. hierzu *Salge*, Die Rechtsverhältnisse der Kolonialbeamten, S. 38 f.

sie diesen nicht bereits als Kaiserliche Beamte geleistet hatten.[972] Immerhin war im Bereich des Disziplinarrechts im Jahre 1896 eine Bestimmung getroffen worden, nach der Ordnungsstrafen gegen kolonialrichterliche Beamte nur vom Reichskanzler verhängt werden konnten.[973] Auf der anderen Seite vereinigten sich in den Kolonialrichtern Kompetenzen, „wie sie das Gerichtsverfassungsgesetz auch nicht annähernd einem Einzelrichter überträgt".[974] Auf den umfassenden Zuständigkeitskatalog vor allem der Bezirksrichter als Einzelrichter[975] und auf das richterliche Verordnungsrecht[976] ist bereits hingewiesen worden. Hinzu kamen noch Befugnisse bei der Ernennung von Beisitzern, gerichtlichen Nebenpersonen sowie Staats- und Rechtsanwälten.[977]

Nicht unproblematisch war die schon erwähnte[978] grundsätzliche Unterordnung der Justiz unter die Verwaltung und die in personeller Hinsicht unterbliebene Trennung von Rechtsetzung, Rechtsprechung und Verwaltung, die etwa dafür sorgen konnte, daß über die Rechtsgültigkeit einer von einem Verwaltungsbeamten erlassenen Vorschrift dieser selbst in seiner Funktion als Kolonialrichter zu entscheiden hatte. Bemerkenswert ist allerdings die überwiegend freundliche Aufnahme dieses Phänomens in der zeitgenössischen Literatur, die einen „großen Fortschritt" gegenüber der Konsulargerichtsbarkeit erkannte:

> „In den Kolonien ist hiergegen ein derartiger Zustand als unerwünscht anerkannt. Daß er aus finanziellen Gründen in einigen Teilen der Schutzgebiete aufrecht erhalten werden muß, ist erklärlich. Ebenso verständlich ist, daß diese Vermengung von Gesetzgebung, Verwaltung und Rechtsprechung in so wenig entwickelten Ländern mit noch nicht so feinen Rechtsverhältnissen weniger schädlich ist, als in einem hochentwickelten Kulturstaat."[979]

Eine grundlegende Veränderung stellte sich erst im Jahre 1910 mit Erlaß des Kolonialbeamtengesetzes[980] ein, das in seinen §§ 48-51 besondere Vorschriften für richterliche Beamte aufstellte. Auch wenn fortan die in der kolonialen Recht-

---

[972] § 1 Nr. 3 der Allerh. Vfg., betr. die Ausübung der Gerichtsbarkeit in den Schutzgebieten Afrikas u. der Südsee, v. 25.12.1900, DKolGG (V) 1899-1900, S. 173.

[973] Art. 8 Nr. 3 der VO v. 9.8.1896 i.V.m. §§ 80-83 des Gesetzes v. 31.3.1873.

[974] *Seelbach*, Grundzüge der Rechtspflege in den Deutschen Kolonien, S. 53.

[975] S. oben 3. Kap. E. I. 1. a).

[976] S. oben 3. Kap. C. IV.

[977] Vgl. unten 3. Kap. E. 3. b), c), d), e).

[978] S. hierzu oben 3. Kap. E. I.; vgl. zudem *Seelbach*, Grundzüge der Rechtspflege in den deutschen Kolonien, S. 74 ff.

[979] *v. Burgsdorff*, Die Entwicklung der kolonialen Rechtspflege, S. 54; ähnlich auch: *Seelbach*, Grundzüge der Rechtspflege in den Deutschen Kolonien, S. 54 f.

[980] KolBG v. 8.6.1910, RGBl. 1910, S. 881; *Zorn/Sassen*, Deutsche Kolonialgesetzgebung, S. 217; s. auch die VO des RK zur Ausführung des KolBG, v. 3.10.1910, RGBl. 1910, S. 1091; *Zorn/Sassen*, Deutsche Kolonialgesetzgebung, S. 236.

sprechung tätigen Verwaltungsbeamten nicht überall durch Berufsrichter ersetzt wurden, die die Fähigkeit zum Richteramt nach §§ 2 ff. GVG besaßen, so wurde nunmehr doch auch amtlicherseits anerkannt, daß die Unabhängigkeit der kolonialen Rechtspflege eine zum Teil gesonderte Regelung der Rechtsverhältnisse der richterlichen Beamten erforderte.[981]

Entscheidend war zunächst die Vorschrift des § 48 Abs. 1 KolBG, die die Regelung des § 1 GVG zum ersten Mal für die Schutzgebiete gesetzlich rezipierte: Soweit die Kolonialbeamten zur Ausübung der Gerichtsbarkeit nach § 2 SchGG 1900 berufen waren, übten sie ihr Amt nunmehr als unabhängige, nur dem Gesetz unterworfene Richter aus. Eine besondere Bedeutung kam dieser Vorschrift für solche richterliche Beamte zu, die zugleich Verwaltungsbeamte waren. Auch sie waren in bezug auf ihre richterliche Tätigkeit an Weisungen ihrer Vorgesetzten nicht gebunden, während sie in ihrer Funktion als koloniale Verwaltungsorgane den Anordnungen der letzteren Folge leisten mußten.[982] Nach § 49 KolBG konnte fortan zum etatmäßigen Richter nur eingestellt werden, wer die Fähigkeit zum Richteramt in einem Bundesstaat erlangt hatte,[983] womit der zuletzt schon gängigen Praxis gefolgt wurde. Nichtetatmäßige Richter, d.h. solche Beamte, die keine in den Besoldungsetats aufgeführten Richterstellen bekleideten, oder Hilfsrichter mußten indessen nach wie vor keinerlei rechtlichen Befähigungsnachweis erbringen.[984]

Ausdruck der kolonialrichterlichen Unabhängigkeit war ferner im Gegensatz zu den übrigen Kolonialbeamten der Rechtsanspruch der etatmäßigen Richter auf die Gehaltszulagen und die anderen etwa im Etat bereitgestellten Zulagen gemäß der Regelung des § 50 KolBG, der die wirtschaftliche Unabhängigkeit der Kolonialbeamten in ähnlicher Form sicherstellte wie die der heimischen Richter.[985] Schließlich wurden den etatmäßigen Richtern durch § 51 KolBG Vorrechte gegenüber den anderen Kolonialbeamten bezüglich der Versetzbarkeit und der Versetzbarkeit in den einstweiligen Ruhestand eingeräumt: Während alle übrigen Kolonialbeamten sich unter den Voraussetzungen des § 11 KolBG die Versetzung in ein Amt desselben oder eines anderen Schutzgebiets oder in ein Reichsamt gefallen lassen mußten, galt dies nicht für die etatmäßigen Richter. Die einstweilige Versetzung in den Ruhestand nach § 12 KolBG war bei ihnen

---

[981] *Doerr*, Die rechtliche Stellung der deutschen Kolonialrichter, in: ZfKKK (13) 1911, S. 803 (804) mit Hinweis auf die amtliche Begründung des Entwurfs eines KolBG.
[982] *Doerr*, Die rechtliche Stellung der deutschen Kolonialrichter, in: ZfKKK (13) 1911, S. 803 (804).
[983] Vgl. § 2 GVG.
[984] *Doerr*, Deutsches Kolonialstrafprozeßrecht, S. 24 f.
[985] Vgl. § 11 Abs. 2 Reichsbesoldungsgesetz, v. 15.7.1909, RGBl. 1909, S. 573; wegen der Besoldung der Kolonialbeamten im allgemeinen vgl. § 2 KolBG.

nur möglich, wenn das bekleidete Amt infolge einer Umbildung der Kolonialbehörden aufhörte.[986]

Die Ernennung der Richter erfolgte dadurch, daß sie der Reichskanzler „zur Ausübung der Gerichtsbarkeit ermächtigte" (§ 2 SchGG 1900). Nach Erlaß des Kolonialbeamtengesetzes[987] erhielten die etatmäßigen Richter eine „Kaiserliche Bestallung", d.h. sie wurden vom Kaiser angestellt, während nichtetatmäßige Richter ihre Anstellungsurkunden im Namen der Kaisers vom Reichskanzler (Reichs- Kolonialamt bzw. Reichs-Marineamt) erhielten.[988]

In der Literatur hieß es hierzu, es sei

> „... rückhaltlos anzuerkennen, daß das Kolonialbeamtengesetz [...] einen erheblichen Fortschritt gegenüber dem früheren, die richterlichen und die anderen Beamten so ziemlich in einen Topf werfenden Rechtszustande bedeutet. Hebung und Wahrung des Ansehens und der Vertrauenswürdigkeit deutscher Rechtspflege in den Kolonien und damit notwendig zusammenhängend Hebung der Rechtsstellung der Kolonialrichter ist eines der wirksamsten Mittel friedlicher Kolonisation, da es mit der Rechtssicherheit die Autorität des kolonisierenden Staates mächtig fördert."[989]

Erwähnenswert ist schließlich die Besoldung der etatmäßigen richterlichen Beamten. Diese setzte sich aus einem veränderlichem Auslandsgehalt, einer gleichbleibenden Kolonialzulage und weiteren Zulagen zusammen.[990] Nach der „Besoldungsordnung I für die Schutzgebietsbeamten der Zivilverwaltung" stand Oberrichtern abhängig vom Dienstalter ein jährliches Gesamteinkommen von 12.300 bis 17.100 Mark zu. Das Gesamteinkommen der Bezirksrichter lag zwischen 8.300 und 13.400 Mark.[991] Das Vergleichseinkommen erstinstanzlicher

---

[986] Vgl. hierzu auch *Doerr*, Die rechtliche Stellung der deutschen Kolonialrichter, in: ZfKKK (13) 1911, S. 803 (806) und *Romberg*, Die Unversetzbarkeit der Kolonialrichter, in: DKolZ 1912, S. 36.

[987] Zur Bestallung der Richter vor Erlaß des KolBG s. *Seelbach*, Grundzüge der Rechtspflege in den Deutschen Kolonien, S. 54 und *v. Hoffmann*, Verwaltungs- und Gerichtsverfassung der deutschen Schutzgebiete, S. 45.

[988] § 3 der VO zur Ausführung des Kolonialbeamtengesetzes, v. 3.10.1910, RGBl. 1910, S. 1091, *Zorn/Sassen*, Deutsche Kolonialgesetzgebung, S. 236.

[989] *Doerr*, Die rechtliche Stellung der deutschen Kolonialrichter, in: ZfKKK (13) 1911, S. 803 (806).

[990] Vgl. § 2 KolBG.

[991] Vgl. *Tesch*, Die Laufbahn der deutschen Kolonialbeamten, S. 188, 194 f., 200 ff. Zum Vergleich: Das Einkommen der Gouverneure lag zwischen 20.000 Mark (Gouverneure von Togo, Neu Guinea und Samoa) und 40.000 Mark (Gouverneure von DOA und DSWA). Hinzu kam eine sog. Repräsentationszulage i.H.v. 6.000 bis 10.000 Mark.

Richter in Preußen lag dagegen mit 6.065 Mark deutlich unter diesen Werten.[992] Die Attraktivität des richterlichen Kolonialdienstes ist schließlich auch auf „Statusunterschiede“ gegenüber den Reichsjuristen zurückgeführt worden.[993]

Nicht unerwähnt bleiben soll zuletzt, daß preußische Gerichtreferendare ab 1912 auf Antrag einen Teil des juristischen Vorbereitungsdienstes bei den Gerichten der Schutzgebiete ableisten konnten. Dieser höchstens einjährige Ausbildungsabschnitt sollte in den Schutzgebieten Deutsch-Südwestafrika, Deutsch-Ostafrika oder Kamerun erfolgen. Die auf 6.000 bis 7.000 Mark geschätzten Kosten hatte der Referendar selbst zu bestreiten. In den Schutzgebieten ausgebildete durchgängig befriedigend beurteilte Referendare sollten nach Ablegung der Assessorenprüfung bevorzugt in den höheren juristischen Justiz- und Verwaltungsdienst der Schutzgebiete eingestellt werden.[994]

b) Die Beisitzer

In den Gerichtsbezirken wurde mit Rücksicht auf die Personalknappheit und den Schutzgebietsetat jeweils nur ein Bezirksrichter eingestellt. Eine Ausnahme bildete lediglich Kiautschou. Allerdings wurde in den Bezirks- und Obergerichten der Schutzgebiete das Laienelement in der Gestalt von Gerichtseisitzern besonders herausgehoben.[995] Auch in dieser Hinsicht bediente sich das Kolonialrecht der entsprechenden Vorschriften des Konsularrechts.[996]

Die Beisitzer übten ihr Laien-Richteramt in vollem Umfang und mit gleichem unbeschränktem Stimmrecht wie die Kolonialrichter aus.[997] Eine Schwierigkeit ergab sich durch die Anwendbarkeit des § 12 Abs. 1 KGG 1900 in bezug auf den Personenkreis, der zu Beisitzern herangezogen werden konnte. Das personell geltende Konsularrecht sah hier für die Dauer eines jeden Geschäftsjahres die Ernennung von vier Beisitzern und mindestens zwei Hilfsbeisitzern durch den Konsul aus den achtbaren Gerichtseingesessenen oder in Ermangelung solcher aus sonstigen achtbaren Einwohnern des Konsularbezirks vor. Für das territorial geltende Kolonialrecht bedeutete dies die grundsätzliche Befähigung aller männlichen, weißen, volljährigen, geschäftsfähigen und der deutschen Sprache

[992] Diesen Wert gibt an für das Jahr 1912/1913 für einen verheirateten Richter erster Instanz mit mittlerem Dienstalter: *Sander*, Ausbildung, Arbeitsmarkt und Politik der Juristen in Deutschland 1800-1945, http://www.forhistiur.de/zitat/0501sander.htm.
[993] So von *Kopp*, Nichtdeutsche Angeklagte im deutschen Strafverfahren, S. 77.
[994] Vgl. Rundschau, DKolZ 1912, S. 182.
[995] S. oben 3. Kap. E. I. 1. a).
[996] § 2 SchGG 1886 i.V.m. §§ 6 ff. KGG 1879 und § 2 SchGG 1900 i.Vm. §§ 8 ff. KGG 1900.
[997] § 2 SchGG 1900 i.V.m. § 11 KGG 1900; § 8 Abs. 2 der VO v. 9.11.1900, Anhang D. II.

mächtigen Personen zum Beisitzeramt, sofern diese nicht die Befähigung zur Bekleidung öffentlicher Ämter verloren hatten. Nicht unfähig zum Beisitzeramt waren ferner die in §§ 33 f. GVG[998] aufgezählten Personen. Wegen des Mangels an geeignetem Personal war der Personenkreis „absichtlich möglichst wenig eingeschränkt". Farbige hingegen waren unfähig zum Beisitzeramt, wenn sie der weißen Bevölkerung nicht rechtlich gleichgestellt waren.[999]

Ein kleines Detail der deutschen Kolonialrechtsgeschichte in der Südsee verdient in diesem Zusammenhang Aufmerksamkeit: Vom mikronesischen Bezirksrichter Fritz wurden 1904 zwei Chamorros[1000] zu stellvertretenden Beisitzern am Bezirksgericht Saipan ernannt. Erst als Fritz den Vorgang ein Jahr später wiederholte,[1001] schritt die AAKA ein, die nun bemerkt hatte, daß sich Südsee-Insulaner hinter den spanischen Namen verbargen. Die Amtsperiode der bereits ernannten stellvertretenden Beisitzer sei zu Ende zu führen, jedoch sei „künftig [...] von der Ernennung Eingeborener zu Beisitzern oder deren Stellvertretern abzusehen".[1002] Bereits 1902 sollen am Bezirksgericht in Ponape auf den Karolinen zwei einheimische Beisitzer mit beratender Stimme zugelassen worden sein. Nach dem Verbot aus Berlin ernannte Fritz den Chamorro Pedro Ada, der inzwischen die Reichsangehörigkeit erworben hatte,[1003] für die Jahre 1906 und 1907 zum stellvertretenden Beisitzer am Bezirksgericht Saipan. In dieser Funktion war Ada mitverantwortlich für das einzige Todesurteil, das in Saipan unter deutscher Verwaltung erging.[1004]
Abweichend von den entsprechenden Regelungen des Gerichtsverfassungsgesetzes[1005] waren auch Ausländer grundsätzlich fähig zur Bekleidung des Beisitzeramtes, sofern sie „achtbar" waren.[1006] Tatsächlich haben auch in mehreren

---

998 § 33 GVG: Personen, die das dreißigste Lebensjahr noch nicht vollendet hatten, die ihren Wohnsitz in der Gemeinde noch nicht zwei volle Jahre hatten, die öffentliche Armenuntertützung empfingen, wegen geistiger oder körperlicher Gebrechen nicht geeignete Personen. § 34 GVG: Beamte.

999 *Doerr*, Deutsches Kolonialstrafprozeßrecht, S. 32 f.

1000 Bezeichnung für die Lokalbevölkerung der Marianen. Ernannt wurden der Lehrer Mariano Sablan und der Kaufmann Nicolas Diaz.

1001 Er ernannte statt Sablan den Kaufmann Juan de los Reyes zum stellvertretenden Beisitzer.

1002 Vgl. den Briefwechsel zwischen der AAKA und dem Bezirksgericht in Saipan, BA RKA 1001/4786, Bl. 64, 72 f., 77, 85.

1003 Vgl. zu Ada bereits oben 3. Kap. B. I. 2.

1004 Vgl. hierzu *Hiery*, Das deutsche Reich in der Südsee, S. 112 f., 289 und *Hardach*, König Kopra, S. 171 f. Das Urteil findet sich bei BA RKA 1001/4786, Bl. 109 ff.

1005 Für Schöffen: § 31 GVG. Für Geschworene: § 84 GVG. Für Handelsrichter: 113 GVG.

1006 *Doerr*, Deutsches Kolonialstrafprozeßrecht, S. 34; *v. Burgsdorff*, Die Entwicklung der kolonialen Rechtspflege, S. 56 f.; *Seelbach*, Grundzüge der Rechtspflege in den Deutschen Kolonien, S. 55; *Kuhn*, Die Deutschen Schutzgebiete, S. 117; *Mallmann*, Rechte und Pflichten in den deutschen Schutzgebieten, S. 107.

Fällen Ausländer ein Beisitzeramt ausgeübt.[1007] Daß Nichtreichsangehörige „im Namen des Reiches rechtsprechen", wurde allerdings als „staatsrechtliches Kuriosum" bewertet,[1008] oder dieser „eigenartige Rechtszustand" auf ein gesetzgeberisches Übersehen der Folgen der Rezeption des § 12 KGG 1900 zurückgeführt.[1009] Teils wurde vertreten, es sei „ein unerträglicher Gedanke, daß in deutschen Ländern über die Angelegenheiten Deutscher ja über diese selbst von Nichtdeutschen Recht gesprochen werden kann. Eine baldige Abänderung dieses Zustands [...] dürfte wohl angebracht sein".[1010]

Sonderregelungen bestanden in den Schutzgebieten von Kamerun und Kiautschou: Nach einer Anordnung des Oberrichters von Kamerun vom 24. Mai 1909[1011] sollten die Beisitzer „nach Möglichkeit" Deutsche sein. Ausländer sollten nur dann in die Liste aufgenommen werden, wenn sie sich mindestens zwei Jahre lang in Deutschland, der Schweiz oder Österreich-Ungarn oder in einem deutschen Schutzgebiet aufgehalten hatten.[1012] In Kiautschou war die Ernennung von Ausländern zu Beisitzern ausgeschlossen. Die Dienstanweisung des Reichskanzlers vom 1. Juni 1901[1013] schrieb die Reichsangehörigkeit als zwingende Voraussetzung des Beisitzeramtes vor. Diese Regelung wurde dann nahezu wortgleich in die Dienstanweisung des Reichskanzlers vom 23. Oktober 1907[1014] übernommen.

Das Beisitzeramt war ehrenamtlich und unentgeltlich auszuüben, nur die Reisekosten wurden vergütet.[1015] Die Vereidigung der Beisitzer erfolgte in Anlehnung

---

1007 Vgl. etwa *Wagner*, Die deutschen Schutzgebiete, S. 333 und *Hiery*, Das deutsche Reich in der Südsee, S. 221, 242, 267: Spanische, englische, amerikanische und japanische (stellvertretende) Gerichtsbeisitzer in Mikronesien.

1008 *Mallmann*, Rechte und Pflichten in den deutschen Schutzgebieten, S. 107.

1009 *Sieglin*, Die koloniale Rechtspflege, S. 63.

1010 *v. Burgsdorff*, Die Entwicklung der kolonialen Rechtspflege, S. 57.

1011 Anordnung des Oberrichters von Kamerun aufgrund des § 1 Ziffer 7 Abs. 4 der Vfg. des RK betr. die Ausübung der Gerichtsbarkeit in den Schutzgebieten Afrikas und der Südsee, v. 25.12.1900, über die Ernennung und Beiziehung von Gerichtsbeisitzern, v. 24.5.1909, i.d.F. v. 28.6.1911, *Ruppel*, Die Landesgesetzgebung für das Schutzgebiet Kamerun, S. 638.

1012 Vgl. zur Auswahl und Berufung der Beisitzer im Schutzgebiet Kamerun noch *Walz*, Die Entwicklung der Strafrechtspflege in Kamerun unter deutscher Herrschaft, S. 318 ff.

1013 § 2 Nr. 1 der Dienstanweisung des RK, betr. die Ausübung der Gerichtsbarkeit im Kiautschougebiete, DKolGG (VI) 1901-1902, S. 576.

1014 § 4 Nr. 1 der Dienstanweisung des RK für die Ausübung der Gerichtsbarkeit im Kiautschougebiete, DKolGG (XI) 1907, S. 459; *Mohr*, Handbuch für das Schutzgebiet Kiautschou, S. 66.

1015 § 2 SchGG 1900 i.V.m. § 12 Abs. 2, § 55 GVG; Vfg. d. RK, betr. die Gewährung von Vergütungen an die bei einem gerichtlichen Verfahren mitwirkenden, am Verhandlungsorte nicht wohnhaften Gerichtspersonen, v. 18.1.1908, DKolGG (XII) 1908, S. 37.

an den Schöffeneid[1016] im Deutschen Reich.[1017] Beisitzer, die sich trotz ordnungsgemäßer Ladung ohne genügende Entschuldigung zu den Sitzungen nicht rechtzeitig einfanden oder sich ihren Obliegenheiten in anderer Weise entzogen – etwa den vorgeschriebenen Eid verweigerten – konnten zu einer Ordnungsstrafe von fünf bis tausend Mark, sowie zur Tragung der verursachten Kosten verurteilt werden.[1018]

c) Die Staatsanwaltschaft

Die Rolle der Staatsanwaltschaft im kolonialen Strafprozeß für Weiße war eine gänzlich untergeordnete. In der zeitgenössischen Literatur war von einer „kümmerlich bedachten Behörde"[1019] die Rede. Auch die Unterordnung des „undeutschen Instituts"[1020] der Staatsanwaltschaft zu Gunsten einer starken Stellung der Kolonialrichter hatte ihre Ursache in der Rezeption des Konsularrechts.

Im Konsularrecht fand in Strafsachen eine Mitwirkung der Staatsanwaltschaft nicht statt.[1021] Hier waren dem Konsul neben seinen richterlichen Geschäften auch die Aufgaben der Staatsanwaltschaft übertragen. Er war Richter und zugleich Ermittlungsbehörde.[1022] An die Stelle der öffentlichen Klage trat in den Fällen, in denen nicht sofort das Hauptverfahren eröffnet wurde, eine Verfügung des Konsuls über die Einleitung des Strafverfahrens, die die dem Angeschuldigten zur Last gelegte Tat unter Hervorhebung ihrer gesetzlichen Merkmale und des anzuwendenden Strafgesetzes enthielt. Wiederum durch den Konsul erging der Beschluß, durch den das Hauptverfahren eröffnet wurde und in dem die Beweismittel anzugeben waren.[1023] Die Zustellungen, Ladungen, die Vollstreckung von Beschlüssen und Verfügungen sowie die Strafvollstreckung lagen in der Hand des Konsuls.[1024] Schließlich konnten auch die der Staatsanwaltschaft zustehenden Rechtsmittel gegen die Entscheidung des Konsulargerichts vom Konsul eingelegt werden.[1025]

[1016] § 51 GVG.

[1017] § 2 SchGG 1900 i.V.m. § 13 KGG 1900, § 8 Abs. 2 der VO v. 9.11.1900, Anhang D. II.; § 2 Nr. 1 der Vfg. des RK, betr. die Ausübung der Gerichtsbarkeit in den Schutzgebieten Afrikas und der Südsee, v. 25.12.1900, DKolGG (V) 1899-1900, S. 173; § 4 Nr. 2 der Dienstanweisung des RK für die Ausübung der Gerichtsbarkeit im Kiautschougebiete, v. 23.10.1907.

[1018] § 2 SchGG 1900 i.V.m. § 12 Abs. 2 KGG 1900, § 56 GVG.

[1019] *v. Burgsdorff*, Die Entwicklung der kolonialen Rechtspflege, S. 57.

[1020] *Crusen*, Die Reform der kolonialen Gerichtsverfassung, in: ZStW (32) 1911, S. 623 (631).

[1021] § 24 Abs. 1 KGG 1879. Vgl. §§ 15, 52 ff. KGG 1900.

[1022] § 56 KGG 1900.

[1023] § 58 KGG 1900.

[1024] § 53 KGG 1900.

[1025] § 65 KGG 1900.

Bezeichnenderweise war die Mitwirkung einer „Staatsanwaltschaft“ nur in Zivilsachen in den Fällen des § 42 KGG 1900[1026] vorgeschrieben. Der Konsul übertrug hier in Rechtsstreitigkeiten, die die Nichtigkeit einer Ehe zum Gegenstand hatten,[1027] in Entmündigungssachen, sowie im Aufgebotsverfahren zum Zwecke der Todeserklärung,[1028] die Verrichtungen der Staatsanwaltschaft einer zur Ausübung der Rechtsanwaltschaft zugelassenen Person, einem achtbaren Gerichtseingesessenen oder sonst einem im Konsulargerichtsbezirk befindlichen Deutschen oder Schutzgenossen.[1029]

Durch die unveränderte Rezeption der konsularrechtlichen Vorschriften[1030] konnte sich das Kolonialrecht von der „hier besonders drückenden Bevormundung seitens des Konsularrechts“[1031] zunächst nicht völlig befreien. In Zivilsachen ergab sich daher auch in den Schutzgebieten die beschriebene Mitwirkung einer die Aufgaben der Staatsanwaltschaft wahrnehmenden Person.[1032] In Strafsachen eröffnete bereits das erste Schutzgebietsgesetz von 1886 die Möglichkeit, daß durch Kaiserliche Verordnung die Mitwirkung der Staatsanwaltschaft in kolonialen Schwurgerichtssachen angeordnet werden konnte. Der Staatsanwalt sollte durch den Kolonialrichter aus der Zahl der Beamten, der zur Ausübung der Rechtsanwaltschaft zugelassenen Personen oder den sonstigen achtbaren Gerichtseingesessenen bestellt werden.[1033]

Nach dem zweiten Schutzgebietsgesetz des Jahres 1888 konnte durch Kaiserliche Verordnung bestimmt werden, daß überhaupt eine Mitwirkung der Staatsanwaltschaft in Strafsachen eintrat.[1034] Das bisherige dem Konsularrecht entlehnte Subordinationsverhältnis zwischen Richter und Staatsanwalt, das durch die richterliche Bestallung des Staatsanwalts für letzteren gegeben war, wäre hiernach hinweggefallen. Die in den ersten Jahren deutscher Kolonialherrschaft erlassenen Kaiserlichen Verordnungen betreffend die Rechtsverhältnisse machten allerdings von dieser Möglichkeit einer Stärkung der Position der Staatsanwaltschaft keinen Gebrauch, sondern rezipierten das Konsulargerichtsbarkeits-

---

[1026] Vgl. § 17 KGG 1879.

[1027] Vgl. §§ 631 f., 634-637 ZPO. Im deutschen Zivilprozeß fand die Mitwirkung der Staatsanwaltschaft bei allen Ehe- und Kindschaftssachen statt, vgl. §§ 606, 607, 640 (644) ZPO 1900, RGBl. 1898, S. 410.

[1028] Vgl. §§ 646, 652, 659, 663, 666, 673, 675, 677-679, 684, 686; 960 ZPO 1900.

[1029] Vgl. zum ganzen auch *v. Burgsdorff*, Die Entwicklung der kolonialen Rechtspflege, S. 58 f.

[1030] Durch § 2 SchGG 1886.

[1031] So *v. Burgsdorff*, Die Entwicklung der kolonialen Rechtspflege, S. 59.

[1032] § 2 SchGG 1886 i.V.m. § 17 KGG 1879, zuletzt § 3 SchGG 1900 i.V.m. § 42 KGG 1900.

[1033] § 3 Nr. 3 a) SchGG 1886.

[1034] § 3 Nr. 4 a) SchGG 1888.

gesetz. Die Mitwirkung einer Staatsanwaltschaft in Strafsachen zweiter Instanz wurde ausdrücklich ausgeschlossen.[1035]

Erst die Kaiserliche Verordnung vom 13. Dezember 1897[1036] ordnete in Strafsachen, sofern es sich um Verbrechen oder Vergehen handelte,[1037] die Mitwirkung einer Staatsanwaltschaft bei der Hauptverhandlung in erster Instanz, bei der Einlegung von Rechtsmitteln sowie bei dem Verfahren in zweiter Instanz an. Der Staatsanwalt wurde aus der Zahl der Beamten, nötigenfalls aus anderen geeigneten Gerichtseingesessenen ausgewählt und von dem obersten Beamten des Schutzgebiets bestellt, dessen Aufsicht und Leitung er unterstand. Nach der Aufhebung[1038] der früheren Verordnungen fand sich diese Bestimmung in § 5[1039] der Kaiserlichen Verordnung vom 9. November 1900 wieder. Nur im Inselgebiet der Karolinen, Palau und Marianen bestimmte der Gouverneur einen Beamten, der seinerseits den Staatsanwalt ernannte und dessen Geschäftsführung beaufsichtigte und leitete. Zusätzlich wurde eine Erweiterung der staatsanwaltlichen Zuständigkeit auf die Entgegennahme von Anträgen auf Entschädigung der im Wiederaufnahmeverfahren freigesprochenen Personen bestimmt.[1040]
Abgesehen von dem Kriterium der „Geeignetheit“ war eine juristische Vorbildung der kolonialen Staatsanwälte ebensowenig wie für die Kolonialrichter vorgeschrieben. Die nach wie vor beschränkte Zuständigkeit der Staatsanwaltschaft kam darin zum Ausdruck, daß die Initiative zur Strafverfolgung und das gesamte

---

[1035] Für DSWA: Ksl. VO, betr. die Rechtsverhältnisse in dem südwestafrikanischen Schutzgebiet, v. 21.12.1887, RGBl. 1887, S. 535, DKolGG (I) 1892, S. 282 u. § 13 Abs. 2 der Ksl. VO v. 10.8.1890, RGBl. 1890, S. 171, DKolGG (I) 1892, S. 283. Für Kamerun u. Togo: § 1 und 14 Abs. 2 der Ksl. VO, betr. die Rechtsverhältnisse in den Schutzgebieten von Kamerun und Togo, v. 2.7.1888, RGBl. 1888, S. 211, DKolGG (I) 1892, S. 181. Für DOA: Ksl. VO, betr. die Rechtsverhältnisse in dem Schutzgebiet der DOAG, v. 18.11.1887, RGBl. 1887, S. 527, DKolGG (I) 1892, S. 363 u. § 14 Abs. 2 der Ksl. VO v. 1.1.1891, RGBl. 1891, S. 1, DKolGG (I) 1892, S. 364.

[1036] Ksl. VO, betr. die Einrichtung einer Staatsanwaltschaft bei den Gerichten der Schutzgebiete, RGBl. 1898, S. 1, DKolGG (II) 1893-1897, S. 371.

[1037] Das RStGB unterschied zwischen Verbrechen, Vergehen und Übertretungen, vgl. § 1 RStGB.

[1038] Durch § 13 der Ksl. VO v. 9.11.1900, Anhang D. II.

[1039] Erlassen aufgrund von § 6 Nr. 2 a) SchGG 1900.

[1040] § 5 Abs. 3 der Ksl. VO v. 9.11.1900 i.V.m. § 71 Abs. 2 S. 1 KGG 1900 u. des Gesetzes, betr. die Entschädigung der im Wiederaufnahmeverfahren freigesprochenen Personen, v. 20.5.1898, RGBl. 1898, S. 345. Vgl. auch den R.E. der AAKA, betr. die Entschädigung für unschuldig erlittene Untersuchungshaft, v. 3.12.1904, DKolGG (VIII) 1904, S. 258, nach dem die zur Vertretung der Staatsanwaltschaft bestellten Personen anzuweisen waren, Anträge auf Gewährung einer Entschädigung entgegenzunehmen.

Vorverfahren bis zur Eröffnung der Hauptverhandlung in den Händen des Kolonialrichters verblieben.[1041]

Stellung und Funktion der kolonialen Staatsanwaltschaft bildeten fortan Gegenstand eines lebhaften Diskurses der Kolonialjuristen. So ordnete der Gouverneur von Deutsch-Ostafrika schon 1898 an, den zu bestellenden Staatsanwälten hätten für die Dauer und den Umfang ihrer dienstlichen Tätigkeit im allgemeinen dieselben Befugnisse zuzustehen, wie den Vertretern der Staatsanwaltschaft bei den heimischen Gerichten. Maßgebend sei „zunächst" die Reichs-Strafprozeßordnung. An Hinweise und Rechtsbelehrungen der Gerichte sei die koloniale Staatsanwaltschaft nicht gebunden.[1042] Noch zehn Jahre später wurde in der Literatur die Angleichung der Stellung der kolonialen Staatsanwaltschaft an diejenige im Mutterland gefordert. Über die bisher erreichten Ansätze hinaus sei am selbständigen Ausbau der Staatsanwaltschaft noch weiterzuarbeiten und ihre Zuständigkeit auszudehnen. Das „eigenartige" durch das Konsularrecht geschaffene Abhängigkeitsverhältnis der Staatsanwaltschaft gegenüber dem Gericht habe dem mutterländischen Grundsatz der Koordination beider Behörden Platz zu machen.[1043] Dagegen betonte ein Runderlaß des Gouverneurs von Kamerun 1910 das Abhängigkeitsverhältnis der Staatsanwaltschaft gegenüber dem Gouvernement:

> „Die zu Staatsanwälten bestellten Beamten haben in ihren Anträgen und Ausführungen sich an die ihnen vom Gouvernement etwa erteilten Weisungen zu halten. Sie werden sich stets vor Augen halten, daß sie die Auffassung der Staatsbehörde und nicht persönliche Meinungen oder Stimmungen zum Ausdruck zu bringen haben."[1044]

Der Oberrichter des Schutzgebiets Kiautschou befürwortete 1911 die gängige Praxis der Bestellung von nebenamtlichen Staatsanwälten, die in erster Instanz lediglich in der Hauptverhandlung mitwirkten. Das Ziel zügiger Rechtspflege verlange eine „Konzentrierung in der Hand des Richters" und nicht zeitraubendes „Hin- und Herschieben der Akten" zwischen Gericht und Staatsanwaltschaft. Dagegen sei die Beschränkung der staatsanwaltlichen Mitwirkung auf Verbrechen und Vergehen nicht zweckmäßig, da es gerade bei Übertretungen –

1041 Vgl. zur Stellung des Kolonial-Staatsanwalts ab 1900 noch *Doerr*, Deutsches Kolonialstrafprozeßrecht, S. 58 ff.

1042 R.E. des Gouverneurs von DOA, betr. Dienstanweisung der Staatsanwälte, v. 9.9.1898, DKolGG (III) 1897-1898, S. 121.

1043 *Sieglin*, Die koloniale Rechtspflege, S. 75 ff.

1044 R.E. des Gouverneurs von Kamerun, betr. Dienstanweisung der Staatsanwälte, v. 15.10.1910, *Ruppel*, Die Landesgesetzgebung für das Schutzgebiet Kamerun, S. 641. Zu Stellung und Funktion der Staatsanwaltschaft in Kamerun vgl. auch *Walz*, Die Entwicklung der Strafrechtspflege in Kamerun unter deutscher Herrschaft, S. 322 f.

etwa Übertretungen der Gouverneursverordnungen – das öffentliche Interesse erfordere könne, die Verwaltungsauffassung durch den Staatsanwalt dem Gericht zur Kenntnis zu bringen.[1045]

d) Die gerichtlichen Nebenpersonen

Unter den „gerichtlichen Nebenpersonen" wurden zusammenfassend die Gerichtsschreiber, Gerichtsdiener und Gerichtsvollzieher verstanden. Die Dienstaufsicht über die bei der betreffenden Gerichtsbehörde angestellten gerichtlichen Nebenpersonen führten die Bezirksrichter, die auch die Vertretung derselben für den Fall der Verhinderung regelten.[1046]

Auch wenn die Einrichtung von Gerichtsschreibereien in den Schutzgebieten im Gegensatz zum Reich[1047] nicht allgemein vorgeschrieben war, so war doch die Bestellung von Gerichtsschreibern durch den Gouverneur oder den Bezirks- oder Oberrichter seit 1900 geregelt.[1048] Die betreffenden Personen hatten eine besondere Befähigung oder Ausbildung nicht nachzuweisen und traten auch nicht zwingend in das Verhältnis eines Kolonialbeamten im Sinne des § 1 KolBG.[1049] Einzig für Kiautschou war vorgeschrieben, daß die Gerichtsschreiber vom Reichskanzler (Reichsmarineamt) angestellt wurden und die Bezeichnung „Sekretär des Kaiserlichen Obergerichts bzw. Gerichts" führten. Der Oberrichter konnte jedoch die Geschäfte einer anderen geeigneten, bei den Gerichten angestellten oder sonst beschäftigten Person übertragen. Eine besondere Ausbildung war auch hier nicht erforderlich.[1050] Vor Antritt ihres Amtes hatten die bestimmten Personen den sogenannten „Gerichtsschreibereid" auf die getreuliche Erfüllung ihrer Pflichten als Gerichtsschreiber zu leisten.[1051] Wie im Reichsstrafprozeß bestand die Haupttätigkeit der Gerichtsschreiber in der Führung der Protokolle über die Hauptverhandlung oder einzelne gerichtliche Handlungen, in der Entgegennahme der außerhalb gerichtlicher Verhandlung erfolgenden Anträge oder Erklärungen von Verfahrensbeteiligten, in der Beglaubigung zuzustellender

---

[1045] *Crusen*, Die Reform der kolonialen Gerichtsverfassung, in: ZStW (32) 1911, S. 623 (633 f.).

[1046] § 1 Nr. 7 Abs. 1 der Vfg. d. RK, betr. die Ausübung der Gerichtsbarkeit in den Schutzgebieten Afrikas und der Südsee, v. 25.12.1900, DKolGG (V) 1899-1900, S. 173.

[1047] Vgl. § 154 GVG.

[1048] § 1 Nr. 6 Abs. 1 der Vfg. d. RK v. 25.12.1900.

[1049] *Doerr*, Deutsches Kolonialstrafprozeßrecht, S. 38.

[1050] § 6 Abs. 1 und 2 der Dienstanweisung d. RK für die Ausübung der Gerichtsbarkeit im Kiautschougebiete, v. 23.10.1907, DKolGG (XI) 1907, S. 459; *Mohr*, Handbuch für das Schutzgebiet Kiautschou, S. 66.

[1051] § 1 Nr. 6 Abs. 3 der Vfg. d. RK v. 25.12.1900 und § 6 Abs. 3 d. Dienstanweisung d. RK v. 23.10.1907.

Schriftstücke,[1052] und dem Unterschreiben von Urteilsausfertigungen oder -auszügen.[1053]

Die Zustellungen, Ladungen, die Vollstreckung von Beschlüssen und Verfügungen sowie die Strafvollstreckung wurden durch den Kolonialrichter veranlaßt,[1054] der sich zur Ausführung dieser Tätigkeiten ihm geeignet erscheinender Personen bedienen konnte – der „Gerichtsdiener". So waren die Richter etwa für die „nach den vorhandenen Mitteln mögliche Sicherheit" der Zustellungen verantwortlich, waren aber befugt, mit der Ausführung dauernd oder in bestimmten Fällen andere Personen zu beauftragen, die ihnen gegenüber weisungsgebunden waren.[1055]

Eigentliche Gerichtsvollzieher gab es nur in Kiautschou. Sie wurden vom Reichskanzler ernannt. Bis zur Ernennung von besonderen Beamten beauftragte der Oberrichter einen der Beamten des Obergerichts oder des Gerichts mit der Wahrnehmung der Geschäfte.[1056] Die Zuständigkeit der Gerichtsvollzieher umfaßte im wesentlichen die gleichen Geschäfte wie im Reich: Zustellungen auf Antrag der betreibenden Partei oder Anordnung des Richters und Zwangsvollstreckungen. Für die Gebühren der Gerichtsvollzieher galten die in Preußen geltenden Bestimmungen, mit der Maßgabe, daß die Kostensätze ebensoviel Dollar und Cent betrugen, wie sie in Preußen Mark und Pfennige betragen würden.[1057] In den übrigen Schutzgebieten wurden die Gebühren der Gerichtsvollzieher als Gerichtsgebühren erhoben, soweit in Zustellungs- und Zwangsvollstreckungssachen die Gerichte und die von ihnen beauftragten Personen an die Stelle der Gerichtsvollzieher traten.[1058]

e) Die Rechtsanwaltschaft

Nur wenige Vorschriften regelten Stellung und Funktion der kolonialen Rechtsanwaltschaft. Nach dem Vorbild des Konsularrechts wurden die in den Schutzgebieten zur Ausübung der Rechtsanwaltschaft zuzulassenden Personen vom

---

1052 § 4 Nr. 1 Abs. 3 der Vfg. d. RK v. 25.12.1900.
1053 *Doerr*, Deutsches Kolonialstrafprozeßrecht, S. 40.
1054 § 3 SchGG 1900 i.V.m. § 53 KGG 1900; vgl. § 2 SchGG 1886 i.V.m. § 24 Abs. 2 KGG 1879.
1055 § 4 Nr. 1 Abs. 2 der Vfg. d. RK v. 25.12.1900.
1056 § 7 der Dienstanweisung d. RK v. 23.10.1907.
1057 Vgl. §§ 2, 4, 8 f., 19 ff., 25 ff. der VO d. Gouverneurs, betr. die Zustellungen, die Zwangsvollstreckung und das Kostenwesen, v. 21.6.1904, DKolGG (VIII) 1904, S. 288; *Mohr*, Handbuch für das Schutzgebiet Kiautschou, S. 92.
1058 § 1 Abs. 2 der Vfg. d. RK, betr. die Regelung des gerichtlichen Kostenwesens in den Schutzgebieten Afrikas und der Südsee, v. 28.11.1901, DKolGG (VI) 1900-1901, S. 425.

Kolonialrichter bestimmt, der die Zulassung auch widerrufen konnte. Gegen einen ablehnenden Bescheid auf Zulassung oder die Rücknahme der Zulassung bestand das Rechtsmittel der Beschwerde an den Reichskanzler. Über die zugelassenen Personen war ein Verzeichnis aufzustellen und öffentlich bekannt zu machen.[1059] In Zivilsachen bestand sowohl in erster Instanz, der das Verfahren vor den Amtsgerichten zu Grunde gelegt wurde, als auch bei der Einlegung von Berufungen kein Anwaltszwang.[1060] Für Strafsachen enthielt das KGG die Bestimmung, daß der Angeklagte sich in der Hauptverhandlung vor dem Berufungsgericht durch einen mit schriftlicher Vollmacht versehenen Verteidiger vertreten lassen konnte. Bei eingelegter Berufung war indes auch zu verhandeln, wenn weder der Angeklagte noch sein Verteidiger erschienen war.[1061]

Eigenständige Bestimmungen für das Kolonialrecht brachte erst die Kaiserliche Verordnung vom 9. November 1900. In Zivilsachen wurde der Anwaltszwang auch vor dem Berufungs- und Beschwerdegericht ausgeschlossen.[1062] In Strafsachen dagegen wurde bestimmt, daß in Schwurgerichtssachen eine Verteidigung auch in der Berufungsinstanz erforderlich war.[1063]

Die Entscheidung über die Zulassung zur Rechtsanwaltschaft lag im Kolonialrecht wie im Konsularrecht in der Hand des Richters. Für die Schutzgebiete Afrikas und der Südsee war bestimmt, daß weder die Reichsangehörigkeit noch eine juristische Vorbildung zur Zulassung erforderlich waren. Der Kolonialrichter konnte erforderlichenfalls auch auf „zuverlässige“ Personen anderer Berufsklassen, die die „nötige Geschäftskenntnis“ besaßen, zurückgreifen. Eine Beeidigung der Rechtsanwälte fand nicht statt.[1064]
Für das Schutzgebiet Kiautschou waren strengere Bestimmungen in § 5 der Dienstanweisung des Reichskanzlers vom 23. Oktober 1907[1065] getroffen worden: Zunächst oblag auch hier die Zulassung zur Rechtsanwaltschaft und die Rücknahme der Zulassung dem Oberrichter und bedurfte der Zustimmung des Gouverneurs. Wie in den anderen Schutzgebieten bestand das Rechtsmittel der Beschwerde gegen ablehnende oder widerrufende Verfügungen. Eine erhebliche Abweichung ergab sich indes dadurch, daß „in der Regel“ nur deutsche Reichs-

---

1059 § 2 SchGG 1886 i.V.m. § 11 KGG 1879 und § 2 SchGG 1900 i.V.m. § 17 KGG 1900.
1060 § 2 SchGG 1900 i.V.m. § 41, 45 Abs. 1 KGG 1900.
1061 § 2 SchGG 1900 i.V.m. § 69 KGG 1900.
1062 § 8 Abs. 3 der Ksl. VO v. 9.11.1900, Anhang D. II.
1063 § 8 Abs. 5 der Ksl. VO v. 9.11.1900; vgl. dagegen § 140 Abs. 1 RStPO.
1064 § 3 der Vfg. d. RK, betr. die Ausübung der Gerichtsbarkeit in den Schutzgebieten Afrikas und der Südsee, v. 25.12.1900, DKolGG (V) 1899-1900, S. 173.
1065 DKolGG (XI) 1907, S. 459; *Mohr*, Handbuch für das Schutzgebiet Kiautschou, S. 66; vgl. § 3 der Dienstanweisung d. RK, betr. die Ausübung der Gerichtsbarkeit im Kiautschougebiete, v. 1.6.1901, DKolGG (VI) 1901-1902, S. 576.

angehörige zugelassen werden sollten, die die Befähigung zum Richteramt in einem deutschen Bundesstaat erworben hatten. Die näheren Voraussetzungen bestimmte der Oberrichter. Dieser hatte bereits im Jahre 1901 festgesetzt, daß der Antragssteller neben der Reichsangehörigkeit und der Fähigkeit zum Richteramt auch seinen Wohnsitz in Tsingtau zu nehmen hatte. Nur „ausnahmsweise" konnten Deutsche, die in einem Bundesstaat die erste juristische Prüfung bestanden hatten, nicht im Schutzgebiet wohnende Deutsche und Nichtdeutsche zugelassen werden. Letztere hatten einen in Tsingtau wohnhaften ständigen Zustellungsbevollmächtigten zu bestellen und dem Oberrichter dessen Namen anzuzeigen.[1066] Ab dem Jahre 1908 konnten in Kiautschou „im Bedürfnisfalle ausnahmsweise" auch Reichsangehörige, die die Befähigung zum Amt eines Gerichtsschreibers erlangt hatten, zur Rechtsanwaltschaft zugelassen werden. Anders noch als 1901 konnte die Zulassung zur Rechtsanwaltschaft wegen mangelnden Bedürfnisses versagt oder nur auf Zeit erteilt werden.[1067]

Die Stellung des Rechtsanwalts in den deutschen Schutzgebieten zeichnete sich somit durch eine nahezu völlige Abhängigkeit gegenüber dem Kolonialrichter aus, der über Zulassung und Widerruf der Anwälte zu entscheiden hatte. Nicht nur in Kiautschou ging im Gegensatz zu den im Reich geltenden Grundsätzen der freien Advokatur der Zulassung zur Rechtsanwaltschaft üblicherweise eine richterliche Bedürfnisprüfung voraus.[1068] Eine Regelung der Rechte und Pflichten der Anwaltschaft war unterblieben. Auch standes- und disziplinarrechtliche Vorschriften galten nicht, da die Rechtsanwaltsordnung des Reiches in den Kolonien nicht für anwendbar erklärt wurde.[1069] Diese Abhängigkeit hatte ihren Ursprung in den Verhältnissen der Konsulargerichtsbezirke, in denen die Anwesenheit eines Reichsjuristen schlicht Zufall gewesen wäre. Für die Funktionen der Rechtsanwaltschaft mußte daher auf juristische Laien zurückgegriffen werden. Eine Überwachung dieser „Rechtsanwälte" durch den Konsul erschien deshalb geboten. Auch in den Schutzgebieten herrschte insbesondere in den ersten Jahren deutscher Kolonialherrschaft ein ausgesprochener Mangel an Rechtsan-

[1066] Bekanntmachung des Oberrichters, betr. die Zulassung der Rechtsanwälte bei dem Kaiserlichen Gerichte von Kiautschou und deren Widerruf, v. 20.7.1901, DKolGG (VI) 1901-1902, S. 580.

[1067] Bekanntmachung des Oberrichters, betr. die Voraussetzungen der Zulassung zur Rechtsanwaltschaft bei den Gerichten des Kiautschou-Gebietes und deren Zurücknahme, v. 24.1.1908, DKolGG (XII) 1908, S. 563; *Mohr*, Handbuch für das Schutzgebiet Kiautschou, S. 88.

[1068] Für DSWA: *Henning*, Die Rechtsanwaltschaft in den deutschen Schutzgebieten, in: JW (42) 1913, S. 419 (421 f.). Die Übertragung der freien Advokatur auf die Schutzgebiete ablehnend: *Crusen*, Die Reform der kolonialen Gerichtsverfassung, in: ZStW (32) 1911, S. 623 (637)

[1069] *Doerr*, Deutsches Kolonialstrafprozeßrecht, S. 67 Fn. 15.

wälten, so daß der Rückgriff auf die bereits bestehenden Regelungen des § 11 KGG 1879 (§ 17 KGG 1900) zunächst nahelag.[1070]

Problematisch wurde die Anwendbarkeit der konsularrechtlichen Vorschriften mit der zunehmenden Besiedelung, die auch ausgebildete Rechtsanwälte in die Schutzgebiete brachte. So befanden sich beispielsweise in Kamerun im Jahre 1907/1908 immerhin je ein Rechtsanwalt in Duala und in Kribi, ein weiterer ließ sich 1909 in Duala nieder.[1071] Es überrascht nicht, daß von Seiten der kolonialen Rechtsanwaltschaft die heftigste Kritik an den bestehenden Verhältnissen geübt wurde. So äußerte sich etwa ein im südwestafrikanischen Schutzgebiet in Swakopmund tätig gewesener Rechtsanwalt:

> „Die nötige Abhängigkeit vom Bezirksrichter, die mit den geschilderten ursprünglichen Verhältnissen zu rechtfertigen war, wird ein Ding der Unmöglichkeit dem Berufsanwalt gegenüber, der dem Richter an Ausbildung und Kenntnissen gleich steht. [Sie] ist nichts weiter mehr als eine gegen die Grundprinzipien der Unabhängigkeit und Freiheit des Anwaltstandes verstoßende Ungeheuerlichkeit."

Der bestehende Zustand sei ein „Krebsschaden", das Schutzgebietsgesetz gebe den Anwalt einer „jammervollen Stellung" preis. Gerade die Bedürfnisprüfung sei „gesetzwidrig und den Grundsätzen des Anwaltsstandes widersprechend":

> „Man kann [...] nur verwundert fragen, wessen Bedürfnis für den Bezirksrichter ausschlaggebend sei, das der anderen, bereits vorhandenen Anwälte, das des Publikums oder etwa gar das des Gerichts."[1072]

Auch in der Kolonialrichterschaft wurde entschiedene Kritik an den bestehenden Zuständen laut: So rügte etwa der langjährige Oberrichter Kameruns und Togos im Jahre 1912:

> „In keinem Punkt ist das geltende Recht unvollständiger und ungenügender als hinsichtlich der Einrichtung der Advokatur."

Gleichwohl verteidigte er die ungewöhnlichen Privilegien des Kolonialrichters gegenüber der Anwaltschaft:

[1070] Vgl. *Walz*, Die Entwicklung der Strafrechtspflege in Kamerun unter deutscher Herrschaft, S. 324 f.

[1071] *Walz*, Die Entwicklung der Strafrechtspflege in Kamerun unter deutscher Herrschaft, S. 325; vgl. auch *Seitz*, Vom Aufstieg und Niederbruch deutscher Kolonialmacht, Bd. II, S. 64; vgl. zur Rechtsanwaltschaft im heutigen Kamerun *Doerken*, Stellung und Funktion des Rechtsanwalts in Kamerun.

[1072] *Henning*, Die Rechtsanwaltschaft in den deutschen Schutzgebieten, in: JW (42) 1913, S. 419 (420 ff.).

> „Daß es nötig ist, die Zulassung von der Cognition eines Organs der Justizverwaltung abhängig zu machen, kann nicht wohl zweifelhaft sein. Eine Übersetzung des Gerichts mit Anwälten muß absolut vermieden werden [...] Ein für tropische Kolonien ungeeigneter Anwalt kann aber verhängnisvoller wirken, als ein ganzes Schock ungeeigneter Kolonialbeamten, und er ist zudem – trotz der freien Widerruflichkeit der Zulassung – schwer wieder abzuschaffen.“[1073]

Ganz ähnlich äußerte sich der Oberrichter Kiautschous im Jahre 1911:

> „Die Übertragung der freien Advokatur auf die Schutzgebiete wird nicht angängig sein. Der freie Wettbewerb auf diesem Gebiete paßt nicht in die schwierigen Verhältnisse der Kolonien. Der Kampf ums Dasein zwischen mehreren nicht genügend beschäftigten Anwälten würde leicht Formen annehmen können, die den allgemeinen Frieden gefährden, namentlich wenn in unruhigen Zeiten die Eingeborenen auf juristischen Beistand rechnen. Es wird daher dabei bleiben müssen, daß die Zulassung nach dem örtlichen Bedürfnis geschieht.“[1074]

Die letztere Sorge des Oberrichters, die Eingeborenen könnten sich in „unruhigen Zeiten“ eines Rechtsbeistandes bedienen, erschien angesichts der weiteren Entwicklung nicht unberechtigt. So sollen 1913 die Dualas zwei deutsche Rechtsanwälte aus Berlin und Hamburg mit der Wahrnehmung ihrer Interessen beauftragt haben, als die kameruner Gouvernementsverwaltung Teile ihrer Grundstücke enteignete. Ob sie sich vorher an einen der drei in Kamerun ansässigen Anwälte gewandt hatten, ist nicht bekannt. Die Vertretung der Eingeboreneninteressen gegen die Verwaltung in dieser politisch heiklen Angelegenheit hätte für die Anwälte aufgrund des Abhängigkeitsverhältnisses gegenüber den mit der Verwaltung eng verbundenen Kolonialrichtern zu erheblichen Problemen führen müssen.[1075]

Neben der Kritik aus den Reihen praktisch tätiger Kolonialjuristen ist schließlich die Bewertung der zeitgenössischen Literatur zu erwähnen. Auch hier wurde die Abhängigkeit des Anwalts vom Ermessen des Kolonialrichters beanstandet und die Befähigung zum Richteramt der um Zulassung ersuchenden Anwälte als Voraussetzung für alle Schutzgebiete gefordert. Nicht zuletzt wurde bedauert, daß die Ausübung der Rechtsanwaltschaft in allen Kolonien nicht ausschließlich deutschen Reichsangehörigen vorbehalten war.[1076]

1073 *Autenrieth*, Beiträge zur Reform der Gerichtsverfassung in den Schutzgebieten, in: ZfKKK (14) 1912, S. 158 (173 f.).

1074 *Crusen*, Die Reform der kolonialen Gerichtsverfassung, in: ZStW (32) 1911, S. 623 (637).

1075 Vgl. *Walz*, Die Entwicklung der Strafrechtspflege in Kamerun unter deutscher Herrschaft, S. 328.

1076 *Sieglin*, Die koloniale Rechtspflege, S. 80; ebenso: *v. Burgsdorff*, Die Entwicklung der kolonialen Rechtspflege, S. 65.

3. Die Gerichtsverfassung der Schutzgebiete

a) Deutsch-Südwestafrika

In Deutsch-Südwestafrika[1077] war seit 1885 zunächst der Kaiserliche Kommissar[1078] mit der Wahrnehmung der richterlichen Geschäfte betraut.[1079] Mit Wirkung vom 1. Januar 1888 trat im Schutzgebiet gemäß der Bestimmung des § 2 Abs. 2 SchGG 1886 das Gesetz über die Konsulargerichtsbarkeit in Kraft.[1080] Bestimmte sich in der Theorie die Gerichtsverfassung für Weiße somit seit diesem Zeitpunkt nach den Vorschriften des Konsulargerichtsbarkeitsgesetzes mit der Maßgabe des § 2 SchGG 1886, so wurde doch erst am 1. Oktober 1890 in Windhuk ein Gericht erster Instanz errichtet, dem auch die Schwurgerichtsbarkeit zugesprochen wurde. Die Ausführung der diesbezüglichen Kaiserlichen Verordnung[1081] regelte eine Dienstanweisung des Reichskanzlers vom 27. August 1890.[1082] Nach Spaltung des Schutzgebiets in mehrere Gerichtsbezirke und einer mehrmaligen Änderung der Grenzen der Bezirke,[1083] bestanden zuletzt[1084] fünf Bezirksgerichte:[1085] Windhuk, Swakopmund, Keetmanshoop, Lüderitzbucht[1086] und Omaruru.[1087]

Zum 1. Oktober 1890 wurde nach § 4 der genannten Kaiserlichen Verordnung am Sitz des Kaiserlichen Kommissars in Windhuk auch eine Gerichtsbehörde zweiter Instanz errichtet. Zur Ausübung der Gerichtsbarkeit zweiter Instanz war zunächst der Kaiserliche Kommissar ermächtigt.[1088] Seit 1899 trat an seine Stel-

---

[1077] Eine Übersicht der erledigten und unerledigt gebliebenen Geschäfte der Kaiserlichen Gerichte aller Schutzgebiete Afrikas und der Südsee für das Kalenderjahr 1907 findet sich bei DKolBl. (XIX) 1908, S. 1210 ff.

[1078] Dies war ab Mai 1885 bis August 1890 Heinrich Göring, der Vater des späteren Reichsmarschalls.

[1079] *v. Hoffmann*, Verwaltungs- und Gerichtsverfassung der deutschen Schutzgebiete, S. 79.

[1080] Ksl. VO, betr. die Rechtsverhältnisse in dem südwestafrikanischen Schutzgebiet, v. 21.12.1887, RGBl. 1887, S. 535; DKolGG (I) 1892, S. 282.

[1081] Ksl. VO, betr. die Rechtsverhältnisse in dem südwestafrikanischen Schutzgebiet, v. 10.8.1890, RGBl. 1890, S. 171; DKolGG (I) 1892, S. 283.

[1082] Dienstanweisung, betr. die Ausübung der Gerichtsbarkeit in dem südwestafrikanischen Schutzgebiet, DKolGG (I) 1892, S. 287.

[1083] Vgl. hierzu *Huber*, Koloniale Selbstverwaltung in Deutsch-Südwestafrika, S. 80.

[1084] Vgl. zum Stand 1903 *Leutwein*, Elf Jahre Gouverneur in Deutsch-Südwestafrika, S. 227.

[1085] Statistisches Jahrbuch für das Deutsche Reich (35) 1914, S. 449.

[1086] 1906 bedingt durch den wirtschaftlichen Aufschwung der Stadt während des Herero- Aufstandes errichtet.

[1087] 1909 errichtet. Bereits 1894/95 (nach *Huber*, s.o.) bzw. 1896 (nach *v. Hoffmann*, Verwaltungs- und Gerichtsverfassung der deutschen Schutzgebiete, S. 79) wurde das Bezirksgericht Otjimbingwe geschaffen, das später allerdings wieder aufgehoben wurde.

[1088] § 2 Nr. 3 der Dienstanweisung v. 27.8.1890.

le ein Vertreter des Gouverneurs, bis 1903 eine eigene etatmäßige Oberrichterstelle für das Schutzgebiet geschaffen wurde.[1089]

Der schnelle Ausbau der kolonialen Justizverwaltung im südwestafrikanischen Schutzgebiet scheint auch der Streitfreudigkeit der weißen Siedler geschuldet gewesen zu sein. So kam es im Jahre 1899 allein im Gerichtsbezirk Windhuk bei einer Bevölkerung von 476 Mann zu 459 bürgerlichen Rechtsstreitigkeiten. Statistisch gesehen ließ damit jeder selbständige Deutsche in diesem Jahr mehr als einen Sachverhalt rechtlich überprüfen.[1090]

b) Togo

In Togo war ab 1885 zunächst der Kaiserliche Kommissar mit der Ausübung der Rechtsprechung beauftragt.[1091] Die Schutzgebietsgerichtsverfassung für die weiße Bevölkerung trat dort am 1. Oktober 1888 in Kraft.[1092] Es wurde ein Gericht erster Instanz, das „Kaiserliche Gericht des Schutzgebiets von Togo" mit Sitz in Lomé, geschaffen und der Kommissar mit der Wahrnehmung der Gerichtsbarkeit betraut.[1093] In Schwurgerichtssachen war allerdings zunächst das Bezirksgericht in Kamerun zuständig,[1094] bis mit Wirkung zum 1. Januar 1901 die Schwurgerichtsbarkeit in den Schutzgebieten allgemein den Gerichten erster Instanz und damit auch dem Bezirksgericht in Lomé übertragen wurde.[1095] Die Gerichtsbarkeit wurde zunächst durch den Kaiserlichen Kommissar, ab November 1893 durch den Landeshauptmann ausgeübt, bis 1897 wegen Überlastung des letzteren ein für die Ausübung der Rechtspflege zuständiger Kanzler bestellt wurde. Da dieser auch mit Verwaltungsgeschäften betraut worden war, wurde er vorerst durch eine Hilfskraft ersetzt, bis schließlich 1906 die Rechtsprechung ganz auf einen Bezirksrichter überging. Eine Einteilung des Schutzgebiets in mehrere Gerichtsbezirke fand bis zum Ende der deutschen Kolonialzeit nicht statt.[1096] Zum Gericht zweiter Instanz wurde schon 1888 das Kameruner Obergericht bestimmt,[1097] das später diese Stellung auch behielt.[1098]

1089 v. *Hoffmann*, Verwaltungs- und Gerichtsverfassung der deutschen Schutzgebiete, S. 79.

1090 *Bley*, Kolonialherrschaft und Sozialstruktur in Deutsch-Südwestafrika 1884-1914, S. 136.

1091 v. *Hoffmann*, Verwaltungs- und Gerichtsverfassung der deutschen Schutzgebiete, S. 64.

1092 § 1 der Ksl. VO, betr. die Rechtsverhältnisse in den Schutzgebieten von Kamerun und Togo, v. 2.7.1888, RGBl. 1888, S. 211; DKolGG (I) 1892, S. 181.

1093 § 4 der VO v. 2.7. 1888 und § 2 Nr. 1, Nr. 3 b) der Dienstanweisung, betr. die Ausübung der Gerichtsbarkeit in den Schutzgebieten von Kamerun und Togo, v. 7.7.1888, DKolGG (I) 1892, S. 186.

1094 § 13 der VO v. 2.7.1888.

1095 § 7 der Ksl. VO, betr. die Rechtsverhältnisse in den Schutzgebieten, v. 9.11.1900, Anhang D. II.

1096 v. *Hoffmann*, Verwaltungs- und Gerichtsverfassung der deutschen Schutzgebiete, S. 64.

1097 § 5 Abs. 1 der VO v.2.7.1888.

c) Kamerun

Seit den späten 1850er Jahren bestand in Kamerun mit dem „Court of Equity“ ein von Weißen und Eingeborenen gleichermaßen anerkannter freiwilliger Gerichtshof, der zur Schlichtung von Handelsstreitigkeiten an den Küstenplätzen gegründet worden war. 1883 wurde der Gerichtshof nach einigen Jahren der Vergessenheit durch den britischen Konsul Hewett erneut ins Leben gerufen und setzte sich aus Vertretern englischer und deutscher Kaufleute zusammen. Nach der deutschen Inbesitznahme des Schutzgebiets war das unter britischer Protektion stehende und gegen deutsche Handelsinteressen instrumentalisierte Gericht den neuen Kolonialherren ein Dorn im Auge, bis es im Dezember 1884 durch den deutschen Admiral Knorr aufgelöst und damit der letzte hoheitliche britische Einfluß in Kamerun beendet wurde.[1099]

Nach der vorübergehenden Betrauung des stellvertretenden Kaiserlichen Kommissars Max Buchner mit der Rechtspflege durch eine Instruktion des Reichskommissars Gustav Nachtigal,[1100] regelte der erste Gouverneur Kameruns Julius v. Soden die Rechtspflege im Schutzgebiet durch eine Verordnung vom 20. Juli 1885 selbst. Es wurde für bürgerliche Streitigkeiten ein „Schiedsgericht“ geschaffen, das sich aus dem Gouverneur oder dessen Stellvertreter als Vorsitzendem, einem Protokollführer und zwei vom Gouverneur auf ein Jahr ernannten Beisitzern zusammensetzte. Für die Rechtsprechung waren in erster Linie die lokalen Gebräuche und Gewohnheiten, und erst nachrangig die „in Deutschland geltenden bürgerlichen Gesetze“ maßgebend. Die Gerichtsbarkeit in Strafsachen blieb dem Gouverneur oder seinem Stellvertreter vorbehalten.[1101]

Am 1. Oktober 1888 trat in Kamerun die Gerichtsverfassung des Schutzgebietsgesetzes in Kraft.[1102] Nach der Errichtung des „Kaiserlichen Gerichts für das Schutzgebiet von Kamerun“ in Duala als Schutzgebietsgericht erster Instanz,[1103]

1098 § 8 Abs. 1 der VO v. 9.11.1900 bestätigte die Zuständigkeit der Gerichtsbehörde zweiter Instanz in Kamerun für das Schutzgebiet von Togo. *Fischer*, Die deutschen Kolonien, S. 92 geht für die Zeit vor 1900 irrig von der Zuständigkeit des Hanseatischen Oberlandesgerichts in Hamburg als Berufungsgericht und in Schwurgerichtssachen des Schwurgerichts in Potsdam aus; vgl. auch *Wagner*, Die deutschen Schutzgebiete, S. 336.

1099 Vgl. *Rudin*, Germans in the Cameroons, S. 198.

1100 Vgl. hierzu *Wagner*, Die deutschen Schutzgebiete, S. 337.

1101 Denkschrift über die deutschen Schutzgebiete, in: RT-Verh., Sten. Ber., VI. Leg. Per., II. Sess. 1885/86, Anl., Aktenstück Nr. 44, S. 134.

1102 § 1 der Ksl. VO, betr. die Rechtsverhältnisse in den Schutzgebieten von Kamerun und Togo, v. 2.7.1888, RGBl. 1888, S. 211, DKolGG (I) 1892, S. 181.

1103 § 4 der VO v. 2.7.1888 und § 2 Nr. 1 der Dienstanweisung des RK, betr. die Ausübung der Gerichtsbarkeit in den Schutzgebieten von Kamerun und Togo, v. 7.7.1888, DKolGG (I) 1892, S. 186.

dem auch die Schwurgerichtssachen übertragen worden waren,[1104] und der Ausübung der Gerichtsbarkeit durch den Kanzler[1105] wurde 1898 eine etatmäßige Richterstelle geschaffen, so daß der Kanzler aus der Rechtspflege ausschied.[1106] 1901 wurde dem Gerichtsbezirk Duala ein nördlicher Gerichtsbezirk Victoria abgetrennt,[1107] der bis 1910 bestand.[1108] Ab dem 1. Januar 1908 kam ein südlicher Gerichtsbezirk Kribi hinzu.[1109] Ebenfalls 1908 wurde mit Lomie auch im Hinterland ein Bezirksgericht eingerichtet.[1110]

Am 1. Oktober 1888 wurde das „Kaiserliche Obergericht der Schutzgebiete von Kamerun und Togo“ mit Sitz in Duala, ab 1904 in Buea,[1111] gebildet und der Gouverneur mit der Ausübung der Gerichtsbarkeit zweiter Instanz ermächtigt.[1112] 1904 bekam Kamerun einen eigenen Oberrichter.[1113] Gouverneur Seitz, der nunmehr von den Aufgaben der Weißenrechtspflege entlastet war, beklagte trotz des Ausbaus der Justizverwaltung die schwerfällige und schleppende Durchführung der Prozesse, die vor allem den großen Entfernungen, den mangelhaften Verkehrsmitteln und dem häufigen Wechsel der weißen Bevölkerung geschuldet gewesen sei.[1114]

1104 § 13 der VO v. 2.7.1888.

1105 § 2 Nr. 3 a) der Dienstanweisung v. 7.7.1888; vgl. hierzu auch *Seitz*, Vom Aufstieg und Niederbruch deutscher Kolonialmacht, Bd. I, S. 42. Der spätere Gouverneur (1907-1910) war als Kanzler 1895-1899 gleichzeitig Richter erster Instanz in Zivil- und Strafprozessen von Weißen gegen Weiße. Zur Ausführung dieser Funktion ist er nach eigenem Bekunden mangels Prozessen nie gekommen. Nur in einem Fall hatte Seitz den beurlaubten Gouverneur in dessen Funktion als Richter zweiter Instanz zu vertreten.

1106 *v. Hoffmann*, Verwaltungs- und Gerichtsverfassung der deutschen Schutzgebiete, S. 53.

1107 Vfg. d. AAKA, betr. die Einrichtung eines Bezirksgerichts in Victoria, v. 9.12.1901, DKolGG (VI) 1901-1902, S. 433.

1108 Vfg. d. StS des RKA, betr. die Aufhebung des Bezirksgerichts in Victoria, v. 21.4.1910, *Ruppel*, Die Landesgesetzgebung für das Schutzgebiet Kamerun, S. 644.

1109 Vfg. d. StS des RKA, betr. die Einrichtung eines Bezirksgerichts in Kribi (Kamerun), v. 16.10.1907, DKolGG (XI) 1907, S. 402; *Ruppel*, Die Landesgesetzgebung für das Schutzgebiet Kamerun, S. 642.

1110 Vfg. d. StS des RKA, betr. die Errichtung eines Bezirksgerichts in Lomie, v. 22.3.1910, *Ruppel*, Die Landesgesetzgebung für das Schutzgebiet Kamerun, S. 643; vgl. hierzu *Seitz*, Vom Aufstieg und Niederbruch deutscher Kolonialmacht, Bd. II, S. 64; *Fischer*, Die deutschen Kolonien, S. 91, berichtet von vier Bezirksgerichten im Jahr 1914: Duala, Kribi, Lomie und Nola; nach dem Statistischen Jahrbuch für das Deutsche Reich (35) 1914, S. 449, bestanden 1914 nur die drei Bezirksgerichte Duala, Kribi und Lomie.

1111 Vfg. der AAKA, betr. den Sitz des Kaiserlichen Obergerichts für die Schutzgebiete Kamerun und Togo, vom 4.12.1903, DKolGG (VII) 1903, S. 278; *Ruppel*, Die Landesgesetzgebung für das Schutzgebiet Kamerun, S. 642.

1112 § 5 der VO v. 2.7.1888 und § 2 Nr. 2, 3c) der Dienstanweisung v. 7.7.1888.

1113 *v. Hoffmann*, Verwaltungs- und Gerichtsverfassung der deutschen Schutzgebiete, S. 53.

1114 *Seitz*, Vom Aufstieg und Niederbruch deutscher Kolonialmacht, Bd. II, S. 64.

d) Deutsch-Ostafrika

Mit dem Kaiserlichen Schutzbrief vom 27. Februar 1885[1115] war zunächst der „Gesellschaft für Deutsche Kolonisation", der späteren Deutsch-Ostafrikanischen Gesellschaft, die Befugnis zur Ausübung der Gerichtsbarkeit verliehen worden. Ein Angestellter der Gesellschaft wurde noch am gleichen Tag mit der Wahrnehmung der Gerichtsbarkeit betraut und dem Generalkonsul in Sansibar unterstellt.[1116] Lange nach der Einführung der Schutzgebietsgerichtsverfassung durch Kaiserliche Verordnung vom 18. November 1887[1117] wurden erst mit Beginn der reichsunmittelbaren Verwaltung am 1. Januar 1891 zwei Gerichte erster Instanz mit Zuständigkeit auch für Schwurgerichtssachen eingerichtet.[1118] Die Gerichtsbezirke wurden 1894 über das Schutzgebiet hinaus auch in die Interessensphären vergrößert[1119] und 1900 auf das ganze Land erstreckt.[1120] Neben den bestehenden Bezirksgerichten in Daressalam und Tanga wurde mit Verfügung der AAKA vom 31.12.1906[1121] noch ein dritter Gerichtsbezirk Muansa errichtet. Bis 1914 kamen die Bezirksgerichte Tabora und Moschi hinzu.[1122] Als Gericht zweiter Instanz wurde am 1. Januar 1891 das „Kaiserliche Obergericht des ostafrikanischen Schutzgebiets" am Sitz des Gouverneurs in Daressalam errichtet. Mit der Ausübung der Gerichtsbarkeit wurde der Gouverneur ermächtigt, der sich hierbei durch den Oberrichter vertreten lassen konnte.[1123]

e) Deutsch-Neuguinea und Südsee-Inselgebiet

Anders als in Deutsch-Ostafrika der DOAG, wurde in Deutsch-Neuguinea die Ordnung der Rechtspflege nicht zunächst der Neu-Guinea-Kompagnie übertra-

---

[1115] DKolGG (I) 1892, S. 323.

[1116] *v. Hoffmann*, Verwaltungs- und Gerichtsverfassung der deutschen Schutzgebiete, S. 87.

[1117] VO, betr. die Rechtsverhältnisse in dem Schutzgebiet der Deutsch-Ostafrikanischen Gesellschaft, RGBl. 1887, S. 527, DKolGG (I) 1892, S. 363.

[1118] §§ 1, 13 der Ksl. VO, betr. die Rechtsverhältnisse in DOA, v. 1.1.1891, RGBl. 1891, S. 1, DKolGG (I) 1892, S. 364.

[1119] VO d. RK, betr. Abgrenzung der Jurisdiktionsbezirke in DOA, v. 16.9.1894, DKolGG (II) 1893-1897, 129.

[1120] VO d. RK, betr. Abgrenzung der Jurisdiktionsbezirke in DOA, v. 7.7.1900, DKolGG (V) 1899-1900, S. 104.

[1121] Vfg. der AAKA, betr. die Errichtung eines Bezirksgerichts in Muansa, v. 31.12.1906, DKolGG (X) 1906, S. 349.

[1122] Statistisches Jahrbuch für das Deutsche Reich (35) 1914, S. 449.

[1123] § 5 der VO v. 1.1.1891 und § 2 Nr. 2, 3 der Dienstanweisung des RK, betr. die Ausübung der Gerichtsbarkeit in DOA, v. 12.1.1891, DKolGG (I) 1892, S. 368 u. Nachtrag v. 25.10.1891.

gen, sondern blieb der Reichsregierung vorbehalten.[1124] Die Gerichtsverfassung des Schutzgebietsgesetzes trat für das Schutzgebiet der NGK am 1. September 1886 in Kraft[1125] und wurde am 1. April 1887 auf die Salomonsinseln ausgedehnt.[1126] Den nunmehr errichteten Gerichten erster Instanz wurde zum 1. Januar 1889 auch die Schwurgerichtsbarkeit übertragen.[1127] Anfangs wurde der Landeshauptmann der NGK mit der Ausübung der Gerichtsbarkeit betraut,[1128] später ein besonderer rechtlich vorgebildeter Beamter. Nach der ersten Übernahme der Verwaltung durch das Reich 1889 übten ein Kanzler und ein zweiter Rechtspflegebeamter die Gerichtsbarkeit erster Instanz aus, bis 1900 je ein Bezirksrichter für das Kaiser-Wilhelm-Land und für den Bismarck-Archipel vorhanden war.[1129]

Zuletzt bestanden Bezirksgerichte in Rabaul für den Bismarck-Archipel und in Friedrich-Wilhelmshafen für das Kaiser-Wilhelmsland, sowie seit 1901 auf Jap für die Westkarolinen und die Marianen und auf Ponape für die Ostkarolinen.[1130] Bis 1906 ein eigener Bezirksrichter für den Bismarck-Archipel eingestellt wurde, wurden die richterlichen Amtsgeschäfte in der gesamten deutschen Südsee von den Bezirksamtmännern wahrgenommen.[1131] Auf den Marshall-Inseln wurde die Schutzgebietsgerichtsverfassung am 1. Dezember 1886 eingeführt.[1132] Ab 1890 bestand in Jaluit ein Gericht erster Instanz mit Zuständigkeit auch in Schwurgerichtssachen.[1133]

Nachdem 1886 zunächst das deutsche Konsulargericht in Apia (Samoa) zum Berufungs- und Beschwerdegericht für die Marshall-Inseln bestimmt worden

---

1124 Vgl. den Ksl. Schutzbrief für die Neu-Guinea-Kompagnie, v.17.5.1885, DKolGG (I) 1892, S. 434.

1125 § 1 der Ksl. VO, betr. die Rechtsverhältnisse in dem Schutzgebiete der NGK, v. 5.6.1886, RGBl. 1886, S. 187, DKolGG (I) 1892, S. 442.

1126 Ksl. VO, betr. die Regelung der Rechtsverhältnisse auf den zum Schutzgebiete der NGK gehörigen Salomonsinseln, v. 11.1.1887, RGBl. 1887, S. 4, DKolGG (I) 1892, S. 447.

1127 § 5 der Ksl. VO, betr. die Rechtsverhältnisse im Schutzgebiete der NGK, v. 13.7.1888, RGBl. 1888, S. 221, DKolGG (I), 1893, S. 444.

1128 Erlaß, betr. die Befugnisse des Landeshauptmanns der NGK, v. 24.6.1886, DKolGG (I) 1892, S. 437.

1129 *v. Hoffmann*, Verwaltungs- und Gerichtsverfassung der deutschen Schutzgebiete, S. 95.

1130 Statistisches Jahrbuch für das Deutsche Reich (35) 1914, S. 449; zu den letzten beiden vgl. auch *Christmann/Hempenstall/Ballendorf*, Die Karolinen-Inseln in deutscher Zeit, S. 42 ff.

1131 *v. Hoffmann*, Verwaltungs- und Gerichtsverfassung der deutschen Schutzgebiete, S. 95, 99, 102.

1132 § 1 der Ksl. VO, betr. die Rechtsverhältnisse in dem Schutzgebiete der Marshall-, Brown- und Providence-Inseln, v. 13.9.1886, RGBl. 1886, S. 291, DKolGG (I) 1892, S. 564.

1133 § 5 der Ksl. VO, betr. die Rechtsverhältnisse im Schutzgebiete der Marshall-Inseln, v. 7.2.1890, RGBl. 1890, S. 55, DKolGG (I) 1892, S. 567.

war,[1134] besaß die Inselgruppe als eigenständiges Schutzgebiet ab 1890 ein eigenes „Kaiserliches Obergericht des Schutzgebietes der Marshall-Inseln" am Sitz des Kaiserlichen Kommissars in Jaluit.[1135] Mit der Vereinigung der Marshall-Inseln mit dem Inselgebiet der Karolinen, Palau und Marianen und der verwaltungsmäßigen Eingliederung in das Schutzgebiet Deutsch-Neuguinea zum 1. April 1906 trat das Obergericht in Herbertshöhe an die Stelle des Obergerichts in Jaluit.[1136]

In Deutsch-Neuguinea wurde die Gerichtsbarkeit zweiter Instanz seit dem 1. September 1886 zunächst ebenfalls durch das Konsulargericht in Apia (Samoa) ausgeübt.[1137] Mit der vorübergehenden Übernahme der Verwaltung durch das Reich trat zum 1. Januar 1889 ein eigenes Obergericht am Sitz des Landeshauptmanns in Herbertshöhe, später in Rabaul an seine Stelle.[1138] Dieses war außerdem für die Karolinen, Palau und Marianen[1139] und seit dem 1. April 1906 auch für die Marshall-Inseln zuständig. Die Gerichtsbarkeit zweiter Instanz wurde durch den Landeshauptmann, seit 1899 durch den Gouverneur des Schutzgebiets ausgeübt.[1140] Ein eigener etatmäßiger Oberrichter für Deutsch-Neuguinea wurde bis zuletzt nicht eingestellt.[1141]

f) Samoa

In Deutsch-Samoa trat die Schutzgebietsgerichtsverfassung am 1. März 1900 in Kraft. In Apia wurde eine Gerichtsbehörde erster Instanz errichtet, der auch die Schwurgerichtssachen übertragen wurden.[1142] Gleichzeitig wurde in Apia als

---

[1134] § 4 der VO v. 13.9.1886.

[1135] § 6 der VO v. 7.2.1890 und Dienstanweisung, betr. die Ausübung der Gerichtsbarkeit im Schutzgebiete der Marshall-, Brown- und Providence-Inseln, v. 2.12.1886, DKolGG (I) 1892, S. 569.

[1136] Ksl. VO, betr. die anderweitige Regelung der Verwaltung und der Rechtsverhältnisse im Schutzgebiet der Marshall-, Brown- und Providence-Inseln, v. 18.1.1906, RGBl. 1906, S. 138, DKolGG (X) 1906, S. 24.

[1137] § 4 Abs. 1 der Ksl. VO, betr. die Rechtsverhältnisse in dem Schutzgebiete der NGK, v. 5.6.1886, RGBl. 1886, S. 187, DKolGG (I) 1892, S. 442.

[1138] § 6 Abs. 1 der Ksl. VO, betr. die Rechtsverhältnisse im Schutzgebiete der NGK, v. 13.7.1888, RGBl. 1888, S. 221, DKolGG (I) 1892, S. 444.

[1139] § 8 Abs. 1 der Ksl. VO, betr. die Rechtsverhältnisse in den deutschen Schutzgebieten v. 9.11.1900, Anhang D. II.

[1140] Dienstanweisung, betr. die Ausübung der Gerichtsbarkeit im Schutzgebiete der NGK, v. 1.11.1886, unter Berücksichtigung der durch die Dienstanweisung v. 3.8.1888 eingeführten Änderungen, DKolGG (I) 1892, S. 449.

[1141] v. *Hoffmann*, Verwaltungs- und Gerichtsverfassung der deutschen Schutzgebiete, S. 95.

[1142] §§ 1, 5 der Ksl. VO, betr. die Rechtsverhältnisse in Samoa, v, 17.2.1900, RGBl. 1900, S. 136; Bekanntmachung der Verkündung der Ksl. VO im Schutzgebiet Samoa, v. 26.3.1900, RGBl. 1900. S. 138.

Berufungs- und Beschwerdegericht eine Gerichtsbehörde zweiter Instanz errichtet.[1143] Ab 1904 besaß die Kolonie einen eigenen Oberrichter, der im Nebenamt mit den Funktionen eines Referenten des Gouverneurs betraut wurde.[1144] Die Strafvollstreckung gegen Nichteingeborene sowie gegen solche Eingeborene, die der Weißen-Gerichtsbarkeit besonders unterstellt waren, oblag dem Bezirksrichter.[1145]

g) Kiautschou

Nach der Einführung der Schutzgebietsgerichtsbarkeit im Schutzgebiet Kiautschou mit Wirkung vom 1. Juni 1898[1146] wurde die Gerichtsbarkeit erster Instanz für die weiße Bevölkerung durch das „Kaiserliche Gericht von Kiautschou" geleistet.[1147] In Kiautschou mangelte es nicht an geeigneten Gerichtsbeisitzern. Die für die anderen Schutzgebiete in Strafsachen erweiterte Zuständigkeit der Bezirksrichter als Einzelrichter um Schöffensachen und Sachen der §§ 74, 75 GVG galt aus diesem Grunde für Kiautschou ausdrücklich nicht. Diese Angelegenheiten wurden daher stets in der Besetzung mit zwei Beisitzern entschieden.[1148] Der mit der Ausübung der Gerichtsbarkeit erster Instanz ermächtigte Beamte wurde zunächst als „Kaiserlicher Richter",[1149] ab 1901 mit Rücksicht auf die ihm gleichzeitig obliegende zweitinstanzliche Tätigkeit in „Chinesensachen" als „Kaiserlicher Oberrichter" bezeichnet.[1150] Nach der Anstellung mehrerer Richter im Schutzgebiet führten diese wieder den Titel „Kaiserlicher Richter". Seit dem 1. Januar 1908 wurde diese Bezeichnung allgemein verbindlich.[1151]

[1143] § 6 Abs. 1 der Ksl. VO v. 17.2.1900.

[1144] *v. Hoffmann*, Verwaltungs- und Gerichtsverfassung der deutschen Schutzgebiete, S. 104 f.

[1145] § 1 der VO d. Gouverneurs v. Samoa, betr. Strafvollstreckung, v. 7.5.1900, DKolGG (V) 1899-1900, S. 78.

[1146] § 1 der Allerhöchsten VO, betr. die Rechtsverhältnisse in Kiautschou, v. 27.4.1898, RGBl. 1898, S. 173, DKolGG (IV) 1898-1899, S. 165.

[1147] § 4 der Ksl. VO v. 27.4.1898 und § 2 Nr. 1 der VO des RK, betr. die Regelung der Rechtsverhältnisse und die Ausübung der Gerichtsbarkeit in Kiautschou, v. 27.4.1898, DKolGG (IV) 1898-1899, S. 167 und *Mohr*, Handbuch für das Schutzgebiet Kiautschou, S. 10; vgl. auch die Dienstanweisungen des RK, betr. die Ausübung der Gerichtsbarkeit im Kiautschougebiete, v. 1.6.1901, DKolGG (VI) 1901-1902, S. 576 und für die Ausübung der Gerichtsbarkeit im Kiautschougebiete, v. 23.10.1907, DKolGG (XI) 1907. S. 459.

[1148] S. § 6 Abs. 2 der VO, betr. die Rechtsverhältnisse in den deutschen Schutzgebieten, Anhang D. II; vgl. hierzu auch oben 3. Kap. E. I. 1. a).

[1149] § 2 Nr. 1 der VO des RK v. 27.4.1898.

[1150] § 1 Nr. 1 der Dienstanweisung des RK v. 1.6.1901.

[1151] § 1 der Dienstanweisung des RK v. 23.10.1907, s. *v. Hoffmann*, Verwaltungs- und Gerichtsverfassung der deutschen Schutzgebiete, S. 131.

Als Berufungs- und Beschwerdegericht für das Schutzgebiet wurde 1898 zunächst das Kaiserliche Konsulargericht in Shanghai bestimmt, das sich für diese Angelegenheiten aus dem Konsul und vier Beisitzern zusammensetzte.[1152] Erst zum 1. Januar 1908 erhielt das Pachtgebiet ein eigenes „Kaiserliches Obergericht von Kiautschou" mit Sitz in Tsingtau.[1153] Der mit der Ausübung der Gerichtsbarkeit zweiter Instanz ermächtigte Beamte führte seither die Bezeichnung „Kaiserlicher Oberrichter". Ihm oblagen unter anderem die Verwaltung der Etatmittel der Gerichte einschließlich der des Gerichtsgefängnisses sowie die Führung der damit verbundenen Verwaltungsgeschäfte. Der Oberrichter hatte am Ende jedes Geschäftsjahres einen zusammenfassenden Bericht über die Ausübung der Rechtspflege im Schutzgebiet zu erstatten und führte die Dienstaufsicht über die bei den Gerichten beschäftigten nichtrichterlichen Beamten. In Fällen der rechtlichen oder tatsächlichen Verhinderung konnte er sich durch die Richter in der Reihenfolge ihres richterlichen Schutzgebietsdienstalters vertreten lassen.[1154]

II. Gerichtsbarkeit für die farbige Schutzgebietsbevölkerung

1. Allgemeine Grundsätze

Die Regelungen über die Gerichtsbarkeit für die Eingeborenen und die diesen rechtlich gleichgestellten farbigen Bevölkerungsgruppen unterschieden sich erheblich von der für die weiße Schutzgebietsbevölkerung geltenden Gerichtsverfassung. Für die Eingeborenen und Farbigen bestand eine besondere, rein auf Landesrecht beruhende Gerichtsorganisation, deren Darstellung insofern für die einzelnen Schutzgebiete gesondert zu erfolgen hat. Für die afrikanischen Schutzgebiete Deutsch-Ostafrika, Kamerun und Togo erging allerdings am 22. April 1896 im Anschluß an die Kolonialskandale „Leist" und „Wehlan"[1155] eine zusammenfassende Verfügung des Reichskanzlers,[1156] die noch im selben Jahr auf das südwestafrikanischen Schutzgebiet ausgedehnt wurde.[1157] Bei der Rege-

[1152] § 5 der Ksl. VO v. 27.4.1898. S. auch § 8 der Ksl. VO v. 9.11.1900, Anhang D. II.
[1153] Allerhöchste VO, betr. Gericht zweiter Instanz für das Schutzgebiet Kiautschou, v. 28.9.1907, RGBl. 1907, S. 735, DKolGG (XI) 1907, S. 458 und *Mohr*, Handbuch für das Schutzgebiet Kiautschou, S. 65.
[1154] § 1 und 2 der Dienstanweisung des RK v. 7.10.1907.
[1155] S. hierzu noch eingehend unten 3. Kap. H.
[1156] Vfg. d. RK wg. Ausübung der Strafgerichtsbarkeit und der Disziplinargewalt gegenüber den Eingeborenen in den deutschen Schutzgebieten von Ostafrika, Kamerun und Togo, DKolGG (II) 1893-1897, S. 215; Anhang D. III.
[1157] Die RK-Vfg. v. 22.4.1896 wurde durch Vfg. des Gouverneurs von DSWA v. 8.11.1896, DKolGG (II) 1893-1897, S. 294, für DSWA unter Berücksichtigung der Schutzverträge in Wirksamkeit gesetzt.

lung der Eingeborenengerichtsbarkeit kamen zudem einige übergreifende Gesichtspunkte zur Anwendung, die vorwegnehmend hervorgehoben werden sollen.

a) Nichttrennung von Justiz und Verwaltung

War im Hinblick auf die Gerichtsbarkeit für die weiße Schutzgebietsbevölkerung noch anerkannt, daß eine Trennung von Justiz und Verwaltung sachlich unentbehrlich und lediglich in personeller Hinsicht nicht immer durchführbar sei,[1158] so bestand im Eingeborenenstrafverfahren das „fundamentale Prinzip"[1159] in der Nichttrennung von Justiz und Verwaltung.

Man bediente sich bei der Eingeborenenrechtspflege des Verwaltungsapparats der Schutzgebiete. In der Regel wurden die leitenden Verwaltungsbeamten – Gouverneure (Landeshauptmänner), Bezirksamtmänner (Amtsvorsteher) und Distriktschefs – mit den Aufgaben der Eingeborenenrechtspflege und insbesondere mit den Funktionen eines Eingeborenenrichters betraut.[1160] Selbst den Stationsvorstehern und amtlichen Expeditionsführern im Innern standen Strafbefugnisse gegenüber den Eingeborenen bis hin zur sofortigen Vollstreckung der Todesstrafe „aus zwingenden Gründen" im Falle eines Aufruhrs, Überfalls oder sonstigen Notstands zu.[1161] Denselben Verwaltungsbeamten waren durch den Reichskanzler aber auch weitreichende Strafverordnungskompetenzen zugestanden und diese in einigen Fällen erheblich überschritten worden, was zu einer Auseinandersetzung mit der kolonialen Zentralverwaltung im Reich führte.[1162] Es kam auch vor, daß ein und derselbe Verwaltungsbeamte zugleich als Bezirksrichter und als Eingeborenenrichter fungierte.[1163] In Togo soll der Amtsvorsteher Lomés als Stationsleiter von den Eingeborenen mit „Kleiner Gouverneur" angesprochen worden sein. Die Kompetenzballung der Stationsleiter wurde hier jüngst als „Rechtlosigkeit des exekutiven Primats" bezeichnet.[1164]

1158 S. oben 3. Kap. E. I.

1159 So *Brinkmann*, Strafrecht und Strafverfahren für die Eingeborenen der deutschen Schutzgebiete, S. 47.

1160 Vgl. § 1 der Vfg. d. RK wg. Ausübung der Strafgerichtsbarkeit und der Disziplinargewalt gegenüber Eingeborenen in den deutschen Schutzgebieten von Ostafrika, Kamerun und Togo, v. 22.4.1896, DKolGG (II) 1893-1897, S. 215; Anhang D. III.

1161 §§ 14, 15 der Vfg. d. RK. v. 22.4.1896.

1162 Vgl. hierzu § 15 Abs. 3 SchGG 1900 und oben 3. Kap. C. III.

1163 *Fischer*, Die deutschen Kolonien, S. 96.

1164 *v. Trotha*, Koloniale Herrschaft, Zur soziologischen Theorie der Staatsentstehung am Beispiel des „Schutzgebiets Togo", S. 110.

Auch in Wahrnehmung ihrer Funktionen als Eingeborenenrichter verblieben die Verwaltungsbeamten in ihrer Position innerhalb der kolonialen Hierarchie. Sie hatten den Anweisungen der vorgesetzten Behörde Folge zu leisten, während diese – vom Stationsleiter bis hin zur Reichskolonialverwaltung – durch die Ausübung der Aufsicht Einfluß auf die örtliche Eingeborenenrechtspflege nahm.[1165] Zudem waren Rechtsverordnungen und Dienstanweisungen der vorgesetzten Behörde, vor allem des Gouvernements, anzuwenden, ohne daß den Eingeborenenrichtern ein Normprüfungsrecht zugestanden hätte.[1166] Eine kolonialrichterliche Unabhängigkeit bestand somit in der Eingeborenenrechtspflege noch weniger als in der Weißengerichtsbarkeit.[1167]

Eine juristische Ausbildung konnten die in der Eingeborenenrechtspflege eingesetzten Personen in der Regel nicht vorweisen. So waren im südwestafrikanischen Schutzgebiet im Jahre 1903 neben Gouverneur Leutwein – Oberst und ehemaliger Kriegsschullehrer – bei insgesamt sechs Bezirksämtern die Leiter der Bezirke Outjo und Omaruru Offiziere im Dienstgrad eines Hauptmanns, der Leiter des Bezirksamtes Gibeon ehemaliger Schutztruppenoffizier im Dienstgrad eines Hauptmanns der Reserve[1168] und der Bezirksleiter von Windhuk ein Bergrat.[1169] Unteroffizieren sollte indes das Recht zur Verfügung von Strafen auch dann nicht zugesprochen werden, wenn sie Stationschefs waren.[1170] Noch im Jahre 1912 wurde für das Schutzgebiet Deutsch-Ostafrika von der „jetzigen Praxis“ berichtet, die Eingeborenengerichtsbarkeit „der Hauptsache nach einem der zufällig bei einem Bezirksamt beschäftigten Sekretäre zu überlassen“.[1171] Auch im Schutzgebiet Togo befand sich unter den langjährigen Bezirksleitern des Hoch- und Hinterlandes kein einziger Jurist. Vielmehr waren mehrere Offiziere, ein Naturwissenschaftler, ein Arzt und ein ehemaliger Missionar vertreten.[1172] Einzig das Bezirksamt Lomé-Stadt war mit einem Juristen besetzt. Eine juristische Vorbildung wurde dort nicht für unbedingt erforderlich gehalten, wo noch

---

[1165] *Ziegler*, Eingeborenenstrafrecht in den deutschen Schutzgebieten, in: Mitteilungen der I.K.V. (XI) 1904, S. 577 (583).

[1166] Vgl. *Doerr*, Deutsche Kolonial-Gerichtsverfassung, in: ZfKKK (11) 1909, S. 161 (172 f.).

[1167] Zur richterlichen Unabhängigkeit der etatmäßigen Kolonialrichter ab 1910 (§ 48 Abs. 1 KolBG) vgl. oben 3. Kap. E. I. 2. a).

[1168] Zum Bezirksamtmann v. Burgsdorff vgl. *Leutwein*, Elf Jahre Gouverneur in Deutsch-Südwestafrika, S. 458 ff.

[1169] *Leutwein*, Elf Jahre Gouverneur in Deutsch-Südwestafrika, S. 224 f. Zur Verwaltungsorganisation im südwestafrikanischen Schutzgebiet und zum „System Leutwein“ vgl. *Zimmerer*, Deutsche Herrschaft über Afrikaner, S. 27 ff., 112 ff., Karten: S. 293 ff.

[1170] § 1 der Vfg. d. Gouverneurs v. 8.11.1896, betr. Änderung der VO, betr. die Strafgerichtsbarkeit der Eingeborenen in DSWA, DKolGG (II) 1893-1897, S. 294.

[1171] DKolZ 1912, S. 334.

[1172] *Erbar*, Ein „Platz an der Sonne“?, S. 55 Anm. 249; vgl. auch *Metzger*, Unsere alte Kolonie Togo, S. 26 f.

„primitive Verhältnisse“ vorherrschten und die wesentlichste Aufgaben des Bezirksamtmannes in der „Gewöhnung der Eingeborenen an das deutsche Verwaltungssystem“ und in der „Erschließung des Bezirks für die deutsche Wirtschaft“ bestünden.[1173]
Ausdruck der Nichttrennung von Justiz und Verwaltung in der Eingeborenenrechtspflege war auch das Fehlen einer eigenen Anklagebehörde in allen Schutzgebieten. Die Strafverfolgung in Eingeborenensachen wurde von dem mit der Gerichtsbarkeit in Strafsachen betrauten Verwaltungsbeamten übernommen. Ermittler, Ankläger und Eingeborenenrichter waren also personenidentisch. Eine Notwendigkeit für die Einrichtung einer kolonialen Staatsanwaltschaft in Eingeborenensachen wurde auch nicht gesehen. So wurde argumentiert:

> „Abgesehen von den vermehrten Kosten und der häufigen Unmöglichkeit, einen zweiten weißen Beamten neben dem Richter zu finden, besteht vorläufig gar kein Bedürfnis für ein speziell besetztes Anklageamt.“

Wegen der uneingeschränkten Geltung des Opportunitätsgrundsatzes[1174] in den Schutzgebieten müsse das Anklagemonopol dem Verwaltungsbeamten aus „strafpolitischen und kolonialpolitischen Gründen“ vorbehalten sein, da nur er die „Bedürfnisse seines Bezirks“ kenne und daher zu beurteilen in der Lage sei, welche Fälle zu verfolgen und wann von der Verfolgung Abstand zu nehmen sei. Bei weiterer kultureller Entwicklung der Eingeborenen sei nach holländischem Vorbild „vielleicht zu empfehlen“, das Amt eines Anklägers in den Verwaltungsbezirken einem angesehenen Häuptling zu übertragen.[1175] Andere Autoren beließen es bei einer bloßen Zustandsbeschreibung,[1176] während die meisten das Problem einer fehlenden Anklagebehörde völlig übergingen.

Die Nichttrennung von Justiz und Verwaltung in der Eingeborenenrechtspflege wurde in der zeitgenössischen Kolonialrechtsliteratur verständnisvoll diskutiert. Selbst Autoren, die sich auf Montesquieu beriefen,[1177] argumentierten für die Vereinigung administrativer Funktionen und der Rechtsprechung in einer Hand.

[1173] So *Asmis*, Kalamba na m'putu, S. 47 f.
[1174] S. zum Opportunitätsgrundsatz noch unten 3. Kap. F. II. 3. b).
[1175] *Karlowa*, Die Strafgerichtsbarkeit über die Eingeborenen in den deutschen Kolonien, S. 66 f. Auf die französische Kolonie Tunis, wo ein Eingeborener, der „Caïd“, die Rolle des Staatsanwalts einnahm, weisen hin *Bauer*, Die Strafrechtspflege über die Eingeborenen der deutschen Schutzgebiete, in: AöR (19) 1905, S. 32 (63) und *Lampe*, Anteil der Eingeborenen an der Verwaltung und Rechtspflege in unseren Kolonien, S. 59.
[1176] Etwa *Bauer*, Die Strafrechtspflege über die Eingeborenen der deutschen Schutzgebiete, in: AöR (19) 1905, S. 32 (45).
[1177] *Brinkmann*, Strafrecht und Strafverfahren für die Eingeborenen der deutschen Schutzgebiete, S. 47; *Karlowa*, Die Strafgerichtsbarkeit über die Eingeborenen in den deutschen Kolonien, S. 54.

Insbesondere wurde hervorgehoben, daß die eingeborene Schutzgebietsbevölkerung keinerlei Tradition einer Gewaltenteilung kenne:

> „Der Hauptgrund ist der, daß der Eingeborene sein Recht bei demjenigen zu suchen gewohnt ist, dessen Autorität er sich unterworfen fühlt [...] Ein kolonialpolitischer Grund zwingt also zu der Maßregel, die Strafgerichtsbarkeit der Verwaltung vorzubehalten. Außerdem sind die rechtlichen Streitigkeiten und Strafsachen der Eingeborenen im Vergleich zu unseren doch häufig sehr komplizierten europäischen Rechtsfällen zu primitive, um sie unabhängigen, nur dem Gesetz unterworfenen Gerichten mit geprüften Richtern im Sinne des § 2 GVG zu übertragen [...] Auf lange Zeit hinaus muß daher das Verwaltungsverfahren, das auch durchaus den geltenden Anforderungen entsprochen hat, die Regel bleiben."[1178]

Andernorts hieß es, eine Trennung der Justiz von der Verwaltung in Eingeborenensachen würde die „Autorität und die organisatorische Tätigkeit der Verwaltung schwer beeinträchtigen",[1179] oder sie sei „schlechterdings unbrauchbar":

> „Unabhängige, nur dem Gesetz verantwortliche Richter wären geradezu ein Hemmnis einer gedeihlichen Entwicklung..."[1180]

Schließlich sind mit den Argumenten der Personalknappheit und der vorgeblichen Notwendigkeit einer „Erziehung der Eingeborenen zu Kulturanschauungen", die weniger durch eine unabhängige Richterstellung, als vielmehr durch eine „Vertrautheit mit den gegebenen Verhältnissen und eine weitgehende Rücksichtnahme auf Billigkeits- und Zweckmäßigkeitsgründe" geleistet werden könne, zwei weitere vielfach genannte Begründungsversuche unternommen worden.[1181]

b) Beteiligung der Eingeborenen an der Rechtspflege

Ein weiteres wesentliches allen deutschen Schutzgebieten gemeinsames Merkmal bestand in der Beteiligung der Eingeborenen an der Rechtspflege.[1182] Das bis zum Ende der deutschen Kolonialherrschaft nicht vollständig aufgezeichnete

---

[1178] *Karlowa*, Die Strafgerichtsbarkeit über die Eingeborenen in den deutschen Kolonien, S. 56 f.; auch nach *Wick*, Die Farbigenrechtspflege in den deutschen Schutzgebieten, S. 76 hatten die „bisher meist der absoluten Gewalt des Häuptlings unterworfenen Eingeborenen kein Bedürfnis und keinen Sinn für eine Teilung der höchsten Gewalt.".

[1179] *Doerr*, Deutsche Kolonial-Gerichtsverfassung, in: ZfKKK (11) 1909, S. 161 (174).

[1180] *Bauer*, Die Strafrechtspflege über die Eingeborenen der deutschen Schutzgebiete, in: AöR (19) 1905, S. 32 (71).

[1181] So etwa von *Brinkmann*, Strafrecht und Strafverfahren für die Eingeborenen der deutschen Schutzgebiete, S. 47 f.

[1182] Vgl. den Überblick bei *Mallmann*, Rechte und Pflichten in den deutschen Schutzgebieten, S. 158 ff.; zur Beteiligung der Eingeborenen an der Kolonialverwaltung vgl. auch *Lampe*, Anteil der Eingeborenen an der Verwaltung und Rechtspflege in unseren Kolonien, S. 18 ff.

Eingeborenenrecht[1183] wurde insbesondere in den Gebieten, in denen eine gefestigte deutsche Verwaltung nicht etabliert war, aufrecht erhalten, soweit es dem Rechtsempfinden der Kolonialherren im weiteren Sinne nicht widersprach. Zur Verwirklichung des Eingeborenenrechts wurde den Häuptlingen die niedere Strafgerichtsbarkeit teils überhaupt übertragen oder belassen – so etwa im Rahmen der Häuptlings- oder Eingeborenenschiedsgerichtsbarkeit in Kamerun[1184] – so daß hier von einem direkten Anteil der Eingeborenen an der kolonialen Rechtspflege gesprochen werden kann.[1185] Überwiegend wurde den Eingeborenen indes eine nur indirekte Beteiligung eingeräumt, indem man sie zu den Gerichtsverhandlungen als Beisitzer oder Auskunftspersonen heranzog.[1186] Obschon den eingeborenen Beisitzern in diesen Fällen kein Stimmrecht zustand, soll ihnen nach zeitgenössischer Einschätzung ein „ganz bedeutender Einfluß" auf die Entscheidung, insbesondere auf das Strafmaß zugekommen sein.[1187]

Eine entsprechende Regelung enthielt die Reichskanzlerverfügung vom 22. April 1896,[1188] nach der für Deutsch-Ostafrika, Kamerun und Togo angeordnet wurde, daß zu den Strafverhandlungen der Wali[1189] (Jumbe,[1190] Dorfälteste) hinzugezogen werden sollte. Bei „schwereren Verbrechen" hatte der Bezirksamtmann (Amtsvorsteher) mehrere angesehene Eingeborene hinzuziehen, ohne daß dadurch „die ausschließliche Verantwortlichkeit des Bezirksamtmanns aufgehoben wird". In Südwestafrika sollte der Kapitän oder sein Stellvertreter zu den Strafverhandlungen herangezogen werden.[1191]

1183 Vgl. hierzu oben 2. Kap.

1184 S. hierzu noch unten 3. Kap. E. II. 2. c).

1185 *Lampe*, Anteil der Eingeborenen an der Verwaltung und Rechtspflege in unseren Kolonien, S. 44 ff.

1186 *Lampe*, Anteil der Eingeborenen an der Verwaltung und Rechtspflege in unseren Kolonien, S. 46 ff.

1187 Nach *Bauer*, Die Strafrechtspflege über die Eingeborenen der deutschen Schutzgebiete, in: AöR (19) 1905, S. 32 (43).

1188 § 13 d. Vfg. d. RK wg. Ausübung der Strafgerichtsbarkeit und der Disziplinargewalt gegenüber den Eingeborenen in den deutschen Schutzgebieten v. DOA, Kamerun und Togo, DKolGG (II) 1893-1897, S. 215; Anhang D. III.

1189 Bezeichnung für den ostafrikanischen eingeborenen Richter.

1190 In Deutsch-Ostafrika wurden sog. „Jumben" als Vorsteher der dörflichen Siedlungsgemeinschaften eingesetzt. Mehrere Jumben konnten einem meist landesfremden (in der Regel arabischen oder suaheli), von der Kolonialverwaltung fest besoldeten „Akiden" unterstehen, die wiederum dem deutschen Verwaltungsbeamten (Bezirksamtmann, Stationsleiter) unterstellt waren; vgl. hierzu *Gründer*, Geschichte der deutschen Kolonien, S. 155 f.; *Tetzlaff*, Koloniale Entwicklung und Ausbeutung, S. 39 ff.

1191 § 13 d. Vfg. d. Gouverneurs v. 8.11.1896, betr. Änderung der VO, betr. die Strafgerichtsbarkeit in DSWA, DKolGG (II) 1893-1897, S. 294.

In Deutsch-Ostafrika fühlte sich der Gouverneur nach der Prüfung der eingereichten Strafbuchauszüge und der zur Bestätigung vorgelegten Urteile bemüßigt, in einem Runderlaß vom 27. Dezember 1900 besonders darauf hinzuweisen, daß

> „...der Bezirksamtmann bezw. Stationschef das Urteil unter alleiniger Verantwortlichkeit fällt und die zugezogenen angesehenen Eingeborenen nicht stimmberechtigte Beisitzer, sondern nur unverantwortliche Berater sind, daß somit die Feststellung der Abstimmung derselben weder erforderlich noch angebracht ist.“[1192]

In Melanesien wurden einheimische „Luluai“ – im weiteren Sinne mit den ostafrikanischen Jumben vergleichbar – neben ihrer Beauftragung mit Verwaltungsaufgaben auch zur Rechtsprechung herangezogen und ihnen zum Zeichen ihrer Autorität Amtsstab und –mütze verliehen.[1193] Auf den Marianen wurden 1904 zwei Chamorro sogar zu stellvertretenden Beisitzern am (Weißen-) Bezirksgericht in Saipan ernannt, bis die AAKA im darauf folgenden Jahr allerdings einschritt und die Ernennung eingeborener Gerichtsbeisitzer untersagte.[1194] Auf Samoa sprachen einheimische Dorfrichter („Faamasino“) in zivil- und strafrechtlichen Bagatellsachen eigenständig Recht. Auf den Marshall-Inseln soll die Standardformel der deutschen Eingeborenenrechtsprechung gelautet haben:

> „Ich habe nun sorgsam Euer Recht studiert und Euere Ältesten gehört und entscheide also.“[1195]

In Kiautschou waren zur Erforschung der chinesischen Rechtsanschauungen „erforderlichenfalls“ die Dorfältesten oder „andere geeignete Persönlichkeiten“ zu hören.[1196] Zur Mithilfe bei der Verwaltung der Stadt Tsingtau und zur Beratung des Gouvernements in chinesischen Angelegenheiten wurde mit Verordnung des Gouverneurs vom 15. April 1902[1197] ein aus zwölf Mitgliedern bestehendes „Chinesisches Komitee“ gegründet, dessen Aufgaben unter anderem in der

---

[1192] Auszug aus dem Runderlaß des Gouverneurs von DOA, betr. die Strafgerichtsbarkeit gegenüber Farbigen, v. 27.12.1900, DKolGG (VI) 1901-1902, S. 266.

[1193] Vgl. *Hiery*, Das Deutsche Reich in der Südsee, S. 115 ff.; ders., Die deutsche Verwaltung Neuguineas, in: Die deutsche Südsee, S. 277 (301 f.).

[1194] Vgl. hierzu schon oben 3. Kap. I. 2. b).

[1195] Nach *Hiery*, Das Deutsche Reich in der Südsee, S. 112 ff.

[1196] § 4 der VO, betr. die Rechtsverhältnisse der Chinesen, v. 15.4.1899, DKolGG (IV) 1898-1899, S. 191; *Mohr*, Handbuch für das Schutzgebiet Kiautschou, S. 72; Anhang D. VI.

[1197] VO des Gouverneurs, betr. die provisorische Errichtung eines chinesischen Komitees, DKolGG (VI) 1901-1902, S. 621. Das Komitee wurde allerdings wieder aufgelöst durch VO des Gouverneurs, betr. Auflösung des chinesischen Kommittees, v. 18.8.1910, *Mohr*, Handbuch für das Schutzgebiet Kiautschou, S. 21.

Schlichtung streitiger Handelssachen unter Chinesen und in der Mitwirkung in Fragen des chinesischen Familien- und Erbrechts bestanden.

Im Hinblick auf den rechtlichen Ursprung der Eingeborenenbeteiligung an der kolonialen Rechtspflege war zu unterscheiden: Sie erfolgte meist aufgrund eines einseitigen freiwilligen deutschen Staatsaktes, in der Regel eines freien Behördenentschlusses. Teilweise ging sie dagegen auf vertragliche Abmachungen zurück, so insbesondere die Vereinbarungen über die Beteiligung der Häuptlinge und Kapitäne einzelner Eingeborenen- und Bastardstämme Südwestafrikas an der Rechtspflege,[1198] aber auch einzelne Verträge mit den Machthabern in Togo und Kamerun. Erstere waren allerdings nach unbestrittener Ansicht mit den Eingeborenenaufständen 1904 hinfällig geworden. Die Verträge seien schließlich nur unter der „selbstverständlichen Voraussetzung der Fortdauer friedlicher Beziehungen" geschlossen worden.[1199]

Die Beteiligung der Eingeborenen an der kolonialen Rechtspflege ist in der zeitgenössischen Literatur durchaus begrüßt worden. So wurde hierin eine der „wertvollsten Garantien einer möglichst gerechten Rechtsprechung über die Eingeborenen" erkannt.[1200] Es wurde als ein „großer Gewinn" für eine kolonisierende Macht bewertet, wenn diese bei den Eingeborenen Einrichtungen vorfand, deren sie sich bei der Ausübung der Gerichtsbarkeit bedienen konnte. Auf diese Weise könne die Rechtsprechung den örtlichen Verhältnissen angepaßt werden, das Vertrauen der Eingeborenen erlangen und unter den Häuptlingen und farbigen Richtern eine „allmähliche Vertrautheit" mit den Grundsätzen des heimischen Rechts erreicht werden. Der Einfluß der Häuptlinge lasse sich auf diesem Wege für die deutschen Interessen „nutzbar" machen.[1201] Schließlich wurde argumentiert:

> „Aber nicht nur Vertrauen wird gewonnen, nicht nur lernen wir das Eingeborenenrecht kennen, auch unseren eigenen Rechtsanschauungen wird, soweit dies erforderlich, der Weg geebnet, die zugezogenen Eingeborenen – natürlich nur angesehene Häuptlinge – werden zu Vermittlern europäischer Rechtsbegriffe gegenüber ihren Stammesgliedern."[1202]

1198 Vgl. hierzu *Leutwein*, Elf Jahre Gouverneur in Deutsch-Südwestafrika, S. 243 ff.

1199 Vgl. *Köbner*, Die Organisation der Rechtspflege in den Kolonien, in: Verhandlungen des Deutschen Kolonialkongresses 1902, S. 331 (358); *Doerr*, Deutsche Kolonial-Gerichtsverfassung, in: ZfKKK (11) 1909, S. 161 (175).

1200 *Bauer*, Die Strafrechtspflege über die Eingeborenen der deutschen Schutzgebiete, in: AöR (19) 1905, S. 32 (42).

1201 *Wick*, Die Farbigenrechtspflege in den deutschen Schutzgebieten, S. 77.

1202 *Karlowa*, Die Strafgerichtsbarkeit über die Eingeborenen in den deutschen Kolonien, S. 59.

c) Die Gerichtssprache

In der Weißenrechtspflege war die Gerichtssprache Deutsch.[1203] Nur auf Samoa, wo Englisch als europäische Zweitsprache der polynesischen Inselwelt neben Samoanisch das Deutsche in den Hintergrund drängte, im amtlichen Verkehr auch von deutschen Regierungsbeamten bevorzugt und im Gouvernementsrat als Verhandlungssprache genutzt wurde, konnte bis Dezember 1912 auch vor Gericht in englischer Sprache verhandelt werden.[1204]

Zur Frage der Gerichtssprache in der Eingeborenengerichtsbarkeit ist den Quellen und der zeitgenössischen Kolonialrechtsliteratur allerdings nur wenig Information zu entnehmen.[1205] Die naheliegende Problematik bestand darin, daß die in der Eingeborenenrechtspflege eingesetzten Verwaltungsbeamten ebenso wie die meisten Europäer – einige Missionare und länger im Land sich aufhaltende Kaufleute ausgenommen – die Sprache der Prozeßbeteiligten nicht beherrschten. Die Eingeborenen wiederum verstanden und sprachen in der Regel kein Deutsch. Die heute zum Teil auch auf das „kulturelle Überlegenheitsgefühl"[1206] der europäischen Richter gegenüber den Eingeborenen zurückgeführte Nichtkenntnis der indigenen Sprachen hing indes ferner mit der häufigen Versetzung der Kolonialbeamten und der möglichen Vielfalt von Sprachen und Dialekten selbst innerhalb desselben Verwaltungsbezirks zusammen.[1207]

Zur Bewältigung des Sprachproblems wurden in der Eingeborenenrechtsprechung in weitem Umfang Dolmetscher eingesetzt. Zur Wahrung des Prinzips der Öffentlichkeit sollte unter Zuziehung von Dolmetschern auch dann in der Landessprache verhandelt werden, wenn der Angeklagte der deutschen Sprache mächtig war, um die Teilnahme an den Verhandlungen „in weitem Maße zu ermöglichen".[1208] Die Mitwirkung selbst mit der deutschen Sprache gut vertrauter Dolmetscherr barg indes die Gefahr unbeabsichtigter Übermittlungsfehler. Noch schwerer wogen allerdings die Fälle, in denen Dolmetscher aus eigennützigen Motiven ihre Funktion zugunsten oder zuungunsten eines Prozeßbeteiligten mißbrauchten. In manchen Fällen sollen Dolmetscher auf diese Weise mehr Ein-

---

1203 *Seelbach*, S. 55.

1204 *Hiery*, Das deutsche Reich in der Südsee, S. 44, 50 f.

1205 *Kopp*, Nichtdeutsche Angeklagte im deutschen Strafverfahren, S. 105, sieht dies als Beleg dafür, daß die „erschwerte Verständigung zwischen Angeklagtem und Gericht seinerzeit nicht für problematisch gehalten wurde."

1206 *Kopp*, Nichtdeutsche Angeklagte im deutschen Strafverfahren, S. 104.

1207 *Walz*, Die Entwicklung der Strafrechtspflege in Kamerun unter deutscher Herrschaft, S. 290.

1208 So *Karlowa*, Die Strafgerichtsbarkeit über die Eingeborenen der deutschen Kolonien, S. 68.

fluß auf Verlauf und Ergebnis des Verfahrens genommen haben, als der Richter selbst.[1209]
In diesem Sinne äußerte sich etwa der ehemalige kameruner Gouverneur Seitz über seine frühere Zeit im Schutzgebiet als Kanzler und Eingeborenenrichter:

> „Eine Hauptschwierigkeit lag in der Sprache [...] Es blieb nur übrig, die Verhandlungen durch Dolmetscher zu führen, und hier lag immer die Gefahr nahe, daß der Dolmetscher die Macht, die in seine Hand gegeben war, zugunsten einer der Parteien mißbrauchte. Es wurden daher bei den bedenklichen Fällen zwei Dolmetscher verschiedenen Stammes oder auch ein Missionar zugezogen."[1210]

In ganz Afrika sollen „Dolmetscherdelikte an der Tagesordnung" gewesen sein. Die Forderung, jeder Schutzgebietsbeamte solle „möglichst schnell so viel von der Eingeborenensprache erlernen, daß er den Dolmetscher kontrollieren" könne,[1211] lag daher auf der Hand.

Eine sprachliche Besonderheit ist im Hinblick auf die deutsche Südsee anzumerken. Hier hatte sich in Neuguinea und auf den angrenzenden Inseln des Bismarck-Archipels eine Kunstsprache, das sog. „Küstenmelanesisch" oder „Tok Pisin" als lingua franca des Schutzgebiets entwickelt. Bereits um die Jahrhundertwende wurde das aus einheimischen, deutschen und englischen Versatzstücken bestehende Pisin[1212] als allgemeine Verkehrssprache vermerkt. Als Gerichtssprache in allen Sachen mit eingeborener Beteiligung war Pisin trotz lebhafter Kritik vor allem aus der Heimat[1213] spätestens 1902 von der Verwaltung zugelassen worden und wurde alsbald unentbehrlich.[1214]

1209 *Walz*, Die Entwicklung der Strafrechtspflege in Kamerun unter deutscher Herrschaft, S. 291.
1210 *Seitz*, Vom Aufstieg und Niederbruch deutscher Kolonialmacht, Bd. I, S. 47.
1211 *Asmis*, Kalamba na m'putu, S. 93; ähnlich: *Karlowa*, Die Strafgerichtsbarkeit über die Eingeborenen in den deutschen Kolonien, S. 68.
1212 Vgl. die Liste der Ausdrücke bei *Mühlhäuser*, Die deutsche Sprache im Pazifik, in: Das deutsche Reich in der Südsee, S. 239 (251 ff.).
1213 Vgl. hierzu *Mühlhäuser*, Die deutsche Sprache im Pazifik, in: Das deutsche Reich in der Südsee, S. 239 (240 ff.).
1214 *Hiery*, Die deutsche Südsee, S. 49 f., 152 f.

2. Die Eingeborenengerichtsbarkeit der Schutzgebiete

a) Deutsch-Südwestafrika

Im deutsch-südwestafrikanischen Schutzgebiet war die Eingeborenengerichtsbarkeit zunächst wesentlich durch die mit den Häuptlingen und Kapitänen der Nama-, Herero- und Bastard-Stämme geschlossenen Schutzverträge gekennzeichnet, die den indigenen Machthabern eine weitgehend selbständige Ausübung der Gerichtsbarkeit über ihre Stammesgenossen beließen und zudem Regelungen bezüglich gemischter Rechtsangelegenheiten enthielten.[1215]

Auf dem Gebiet der Strafrechtspflege wurde die für die anderen afrikanischen Schutzgebiete ergangene Verfügung des Reichskanzlers vom 22. April 1896[1216] mit einigen Änderungen auch in Deutsch-Südwestafrika in Kraft gesetzt.[1217] Hiernach wurden die Strafgerichtsbarkeit und das Strafverfahren über die farbige Bevölkerung durch den Landeshauptmann ausgeübt. In den Bezirkshauptmannschaften trat an seine Stelle der Bezirkshauptmann, der seine Befugnis auf die ihm unterstellten Beamten für deren Amtsbezirk unter eigener Verantwortung übertragen konnte und diesbezüglich an den Landeshauptmann zu berichten hatte. Auf Unteroffiziere sollte indes auch dann keine Strafbefugnis übertragen werden, wenn sie selbständige Stationschefs waren.[1218] Zu den Strafverhandlungen sollte der Kapitän oder sein Stellvertreter hinzugezogen werden.[1219] Allerdings sollten die Regelungen der Verordnung bei inneren Angelegenheiten der Eingeborenen, soweit sie besonderen Kapitänschaften angehörten, nur nach Maßgabe der in den Schutzverträgen getroffenen Bestimmungen gelten.[1220] Eine Berufung gegen Entscheidungen des Bezirksamtmannes an den Oberrichter war nur in Zivilprozessen[1221] vorgesehen, wenn der Wert des Streitgegenstandes 300 Mark überstieg.[1222]

[1215] S. schon oben 3. Kap. B. IV.; vgl. hierzu auch *Köbner*, Die Organisation der Rechtspflege in den Kolonien, in: Verhandlungen des Deutschen Kolonialkongresses 1902, S. 331 (358) und *Wagner*, Die deutschen Schutzgebiete, S. 358 ff.

[1216] Vfg. d. RK, wegen Ausübung der Strafgerichtsbarkeit und der Disziplinargewalt gegenüber den Eingeborenen in den deutschen Schutzgebieten von DOA, Kamerun und Togo, DKolGG (II) 1893-1897, S. 215, Anhang D. III.

[1217] Durch die Vfg. d. Gouverneurs, betr. Änderung der VO, betr. die Strafgerichtsbarkeit der Eingeborenen in Südwestafrika, v. 8.11.1896, DKolGG (II) 1893-1897, S. 294.

[1218] § 1 der Vfg. v. 8.11.1896.

[1219] § 3 der Vfg. v. 8.11.1896.

[1220] § 20 der Vfg. v. 8.11.1896, der zur Vfg. v. 22.4.1896 hinzutrat.

[1221] Hier war die Gerichtsbarkeit nur für gemischte bürgerliche Rechtsstreitigkeiten geregelt, vgl. hierzu oben 3. Kap. B. IV.; vgl. außerdem die VO d. Ksl. Gouverneurs, betr. die Gerichtsbarkeit über die Eingeborenen des Schutzgebiets v. DSWA, einschl. Bastards, in bürgerlichen Rechtsstreitigkeiten, v. 1.1.1899, DKolGG (IV) 1898-1899, S. 24 und die Vfg. d. RK,

Nach den schweren Unruhen im Schutzgebiet waren die sich aus den Schutzverträgen ergebenden Rechte der Eingeborenenkapitäne nach übereinstimmender Ansicht „durch den Bruch des Landfriedens verwirkt". Nunmehr waren andere angesehene und geeignete Eingeborene zu den Verhandlungen heranzuziehen, das verbriefte Recht eigener Gerichtsbarkeit war verfallen. Im Hinblick auf ihre Beteiligung an der kolonialen Rechtspflege standen die Eingeborenen seither ähnlich wie in den anderen Schutzgebieten auch.[1223] Allerdings behielten die im Aufstand „treugebliebenen"[1224] Rehobother Bastards die Gerichtsbarkeit über ihre Stammesangehörigen in Strafsachen.[1225] Insgesamt fand somit in den Jahren nach 1907 zwar noch eine Herbeiziehung der Eingeborenen statt,[1226] jedoch nicht mehr in dem Umfang wie vor den Aufständen.[1227]

b) Togo

Auch in Togo übernahmen Häuptlinge, Sprecher und Dorfälteste die Ausübung der niederen Gerichtsbarkeit über ihre Stammesangehörigen.[1228] Bei weitaus der Mehrzahl dieser Personen soll die Schutzgebietsverwaltung über „ein ganz hervorragendes Richtermaterial" verfügt haben, wie der mit der Aufzeichnung der Stammesrechte beauftragte deutsche Gelehrte Dr. Dr. Rudolf Asmis rückblickend feststellte.[1229] Zur Gewährleistung einer selbständigen Eingeborenenrechtspflege im Sinne der deutschen Kolonialverwaltung sind Angehörige der Häuptlinge und die vermuteten Erben der lokalen Machthaber vielfach auf den Stationen ausgebildet und „erzogen" worden, um sodann wieder in ihre Heimatorte zurückzukehren.[1230]

---

betr. Rechtsgeschäfte und Rechtsstreitigkeiten Nichteingeborener mit Eingeborenen im südwestafrikanischen Schutzgebiet, v. 23.7.1902, DKolGG (VII) 1903, S. 163.

1222 § 4 Abs. 1 der Vfg. d. RK v. 23.7.1902.

1223 Vgl. nur *v. Hoffmann*, Verwaltungs- und Gerichtsverfassung der deutschen Schutzgebiete, S. 30; *Doerr*, Deutsches Kolonialstrafrecht, in: ZfKKK (10) 1908, S. 312 (331); ders., Deutsche Kolonial-Gerichtsverfassung, in: ZfKKK (11) 1909, S. 161 (178 f.); *Lampe*, Anteil der Eingeborenen an der Verwaltung und Rechtspflege in unseren Kolonien, S. 51; *Kuhn*, Die deutschen Schutzgebiete, S. 322; *v. Burgsdorff*, Die Entwicklung der kolonialen Rechtspflege, S. 36; *Sieglin*, Die koloniale Rechtspflege, S. 106; *Fasching*, Die Organisation der Rechtspflege in den deutschen Schutzgebieten, S. 113 f.

1224 *Kuhn*, Die deutschen Schutzgebiete, S. 322.

1225 *Fischer*, Die deutschen Kolonien, S. 170.

1226 A.A. *Zimmerling*, Die Entwicklung der Strafrechtspflege für Afrikaner in DSWA, S. 114, für den feststeht, daß „nach den Kriegen sämtliche Strafverfahren ohne Beteiligung der Einheimischen durchgeführt wurden."

1227 *Fasching*, Die Organisation der Rechtspflege in den deutschen Schutzgebieten, S. 114.

1228 Vgl. allgemein *v. Trotha*, Intermediäre Rechtsordnung, in: Festschrift für Rüdiger Schott, S. 431 ff.

1229 *Asmis*, Kalamba, na m'putu, S. 87.

1230 *v. Hoffmann*, Verwaltungs- und Gerichtsverfassung der deutschen Schutzgebiete, S. 65.

Zunächst hielt sich die Regierung bei inneren Streitigkeiten der Eingeborenen tunlichst zurück und griff nur auf ausdrückliches Ersuchen in die Eingeborenenrechtspflege ein. Die Prozesse, die „Palaver“, wurden durch die hergebrachten aus Häuptlingen und Ältesten zusammengesetzten Gerichte erledigt. Mit der Zeit schaltete sich die deutsche Kolonialverwaltung jedoch zunehmend in die Häuptlingsgerichtsbarkeit ein, begann, sie zu beaufsichtigen, ihr Bestehen von einer Genehmigung abhängig zu machen und für wichtigere Angelegenheiten die örtlichen Kolonialbeamten[1231] zuständig zu erklären. 1894 wurde ein bestimmter „Palavertag“ festgelegt, an dem jeder Eingeborene seine Wünsche und Beschwerden vorbringen konnte.[1232] Mit Rücksicht auf die spezifischen Gegebenheiten und „Bedürfnisse“ der einzelnen Bezirke wurden die Befugnisse der Häuptlinge entsprechend angepaßt und jeweils in einer Häuptlingsgerichtsordnung niedergelegt.[1233]

Erwähnenswert ist, daß zuverlässigen Häuptlingen zur Hebung ihres Ansehens und zur Unterstützung ihrer richterlichen Tätigkeit auf Antrag durch den Bezirksleiter sogenannte „Häuptlingspolizisten“ – oft derselben Familie wie der Häuptling entstammend – beigegeben werden konnten. Die auf den Stationen ausgebildeten und in Polizeiuniformen eingekleideten Häuptlingspolizisten waren nach der Rückkehr in ihre Heimatorte dort für Ruhe und Ordnung verantwortlich und dem Häuptling direkt unterstellt. Schließlich wurden die Häuptlinge anteilig an den „Palavergeldern“ beteiligt und durften zwischen 5% und 10% des Streitwertes bzw. in Strafsachen bis zu 10% der verhängten Geldsumme als Gerichtskosten erheben.[1234]

Eine einschneidende Veränderung auf dem Gebiet der Strafrechtspflege vollzog sich durch das Inkrafttreten der schon erwähnten Verfügung des Reichskanzlers vom 22. April 1896.[1235] Die Häuptlingsgerichte behielten allerdings ihre Zuständigkeit für Straftaten mit einer je nach Bezirk unterschiedlichen Straferwartung zwischen 30 und 50 Mark, das Gericht des Oberhäuptlings bis zu 100 Mark, so-

---

1231 Zu den Stationsleitern, den „wahren Herrschern über die Kolonie Togo“, vgl. *v. Trotha*, Koloniale Herrschaft, S. 86 ff.

1232 *v. Hoffmann*, Verwaltungs- und Gerichtsverfassung der deutschen Schutzgebiete, S. 66.

1233 *Erbar*, Ein „Platz an der Sonne“?, S. 54 f. A.A. *Sebald*, Togo 1884-1914, S. 287, der der Ansicht ist, daß die Aufgaben des Häuptlings „nie genau fixiert“ waren. Vgl. die Vfg. betr. Neuregelung der Häuptlingsgerichtsordnung für den Bezirk Misahöhe bei *v. Trotha*, Intermediäre Rechtsordnung, in: Festschrift für Rüdiger Schott, S. 431 (450 f.).

1234 *Erbar*, Ein „Platz an der Sonne“?, S. 56, 58.

1235 Vfg. d. RK wegen Ausübung der Strafgerichtsbarkeit und der Disziplinargewalt gegenüber den Eingeborenen in den deutschen Schutzgebieten von DOA, Kamerun und Togo, v. 22.4.1896, Anhang D. III.

weit dem nicht ein öffentliches Interesse entgegenstand.[1236] Die Häuptlingsgerichtsbarkeit wurde sogar vielfach gefördert. Nur auf die Beschwerde einer Partei griff der weiße Eingeborenenrichter ein. Gegen dessen Entscheidung war Beschwerde an den Gouverneur zulässig.[1237]

Die Übertragung der Strafgerichtsbarkeit durch die Bezirksamtmänner oder Bezirksleiter auf die ihnen unterstellten Beamten[1238] bzw. auf die Stationsvorsteher und amtlichen Expeditionsführer im Landesinnern[1239] schien nicht immer im Sinne des Gouverneurs zu verlaufen. In einer umfangreichen Dienstanweisung vom 10. Januar 1906[1240] wies er an, daß die Strafbefugnis keineswegs ohne weiteres auf den am Amtssitz zurückbleibenden Bezirksamtssekretär, Polizeimeister oder Stationsbeamten übergehe, wenn der eigentlich zuständige Beamte seinen Amtssitz verlasse. Dies geschehe nur dann, wenn eine ausdrückliche Übertragung durch den vorgesetzten Beamten erfolgt sei. Eine Übertragung habe künftig nur mit der Maßgabe zu geschehen, daß der ermächtigte Beamte höchstens auf Kettenhaft oder Gefängnis mit Zwangsarbeit bis zu 14 Tagen, auf Geldstrafe bis zu 40 Mark und auf Prügel- oder Rutenstrafe bis zu 10 Hieben erkennen könne. Auch sei die Straf- und Disziplinargewalt nur solchen Beamten zu übertragen, die „ihrem Charakter und ihrem bisherigen Verhalten nach volle Garantie für eine verständige Handhabung des ihnen übertragenen Rechts“ böten. Vor der Übertragung seien sie „eingehend“ über ihre Pflichten, die bei der Rechtsprechung zu beachtenden Grundsätze, die Bestimmungen der Reichskanzlerverfügung vom 22. April 1896 und diese Dienstanweisung zu belehren. Ihnen sei

> „...ferner einzuschärfen, daß sie niemals eine Strafe in der ersten Erregung verhängen dürfen, daß sie vielmehr vor Verhängung einer Strafe ruhig und objektiv alle Umstände abzuwägen haben, welche für die Festsetzung des Strafausmaßes in Betracht kommen.“[1241]

In bezug auf die Führer von amtlichen Expeditionen im Landesinneren führte die Dienstanweisung aus, dies seien nur diejenigen Beamten, denen die Ausübung der Strafgerichtsbarkeit und der Disziplinargewalt für die Dauer der Expedition vom Gouverneur oder seinem Stellvertreter ausdrücklich übertragen

---

1236 *Erbar*, Ein „Platz an der Sonne“?, S. 56; zu den einzelnen Bezirken vgl. *v. Hoffmann*, Verwaltungs- und Gerichtsverfassung der deutschen Schutzgebiete, S. 68 ff.

1237 *v. Hoffmann*, Verwaltungs- und Gerichtsverfassung der deutschen Schutzgebiete, S. 67 f.

1238 § 1 der Vfg. d. RK v. 22.4.1896.

1239 § 14 f. der Vfg. d. RK v. 22.4.1896.

1240 Dienstanweisung des Gouverneurs v. Togo, betr. die Ausübung der Strafgerichtsbarkeit und der Disziplinargewalt gegenüber den Eingeborenen gemäß der Vfg. d. RK v. 22.4.1896, v. 10.1.1906, DKolGG (X) 1906, S. 9.

1241 Nr. 1 der Dienstanweisung d. Gouverneurs v. Togo v. 10.1.1906.

werde. Die Expeditionsleiter hätten ein Strafbuch zu führen, das nach Beendigung der Expedition beim Gouvernement einzureichen sei.[1242]

c) Kamerun

In Kamerun war die Organisation der Eingeborenengerichtsbarkeit uneinheitlich geregelt. Die einzige im Schutzgebiet allgemein gültige Vorschrift bestand in der Reichskanzlerverfügung vom 22. April 1896.[1243] Diese ist allerdings in den einzelnen Bezirken und Stationen abhängig vom Stand der tatsächlich ausgeübten Verwaltungsherrschaft ungleichzeitig eingeführt worden.[1244] In dieser Hinsicht ist das Schutzgebiet in drei große Landstriche eingeteilt worden: Das der deutschen Verwaltung gänzlich unterworfene Küstengebiet (Bezirksamtsgebiet), das tiefer im Inneren liegende nur teilweise durch Stationen verwaltete Stationsgebiet und schließlich das Residenturgebiet, in dem Vertreter der deutschen Regierung als Berater der hochentwickelten meist mohammedanischen Binnenvölker das friedliche Vordringen zivilisatorischer Einflüsse zu fördern hatten.[1245]

Im Küstengebiet blieb nach der deutschen Besitzergreifung Kameruns die alte Häuptlingsorganisation bestehen, obschon die eingeborenen Machthaber zunächst ihre sämtlichen Hoheitsrechte an die Firmen Woermann und Jantzen & Thormälen abgetreten hatten, die ihrerseits diese Rechte dem Deutschen Reich abtraten.[1246] Der auch für gemischte Rechtsstreitigkeiten zuständige und unter britischem Vorsitz tagende „Court of Equity" wurde schon zum Jahreswechsel 1884/1885 aufgelöst.[1247] Nachdem der Gouverneur durch Verordnung vom 20. Juli 1885 sich selbst und seinem Stellvertreter die Strafgerichtsbarkeit über die Eingeborenen vorbehalten hatte, waren ab dem 1. Oktober 1888 in den Bezirksämtern auch die jeweiligen Bezirksamtmänner in Eingeborenenstrafsachen zuständig.[1248]

Ab 1890 wurden Gerichtsordnungen für einzelne Stämme und Landschaften mit einer auf die jeweiligen Stammesangehörigen beschränkten personellen Geltung

---

[1242] Nr. 7 der Dienstanweisung d. Gouverneurs v. Togo v. 10.1.1906.

[1243] Vfg. d. RK wegen Ausübung der Strafgerichtsbarkeit und der Disziplinargewalt gegenüber den Eingeborenen in den deutschen Schutzgebieten von DOA, Kamerun und Togo, v. 22.4.1896, Anhang D. III.

[1244] Vgl. § 19 der Vfg. d. RK v. 22.4.1896, nach dem die Vfg. in den einzelnen Bezirken und Stationen mit dem Tage ihrer Veröffentlichung dort in Kraft trat.

[1245] Einteilung nach *v. Hoffmann*, Verwaltungs- und Gerichtsverfassung der deutschen Schutzgebiete, S. 54 ff.

[1246] Vgl. schon oben 1. Kap. C. II. 3.

[1247] Vgl. oben 3. Kap. E. I. 3. c).

[1248] *v. Hoffmann*, Verwaltungs- und Gerichtsverfassung der deutschen Schutzgebiete, S. 56 f. Dies entsprach somit der Regelung in § 1 der Vfg. d. RK v. 22.4.1896.

erlassen, die neben der Gerichtsbarkeit der Häuptlinge auch sogenannte Eingeborenenschiedsgerichte vorsahen.[1249] Nach und nach ergingen in den Jahren bis 1896 insgesamt zwölf nahezu wortgleiche Gerichtsordnungen für den Duallastamm,[1250] für Viktorianer, Bakwiri und Subuleute,[1251] für den Mangambastamm,[1252] für die Landschaften Bosua und Buelle,[1253] für die Landschaft Bodiman,[1254] für den Malimba- und Bakokostamm am unteren Sannaga,[1255] für die Landschaft Dibombari,[1256] für die Landschaft Ndokama,[1257] für die Landschaft Dibamba,[1258] für die Bakokoniederlassungen am unteren Abo,[1259] für die Landschaften Mangamba, Manduka und Besunkang[1260] und für die Landschaft Lungasi.[1261] Streitigkeiten zwischen den Eingeborenen der in den Gerichtsordnungen bezeichneten Dörfer waren in erster Instanz durch den Häuptling des Beklagten zu erledigen, wenn in bürgerlichen Streitigkeiten der Wert des Streitgegenstandes 100 Mark (5 Kru, in einzelnen Gegenden 120 Mark, 10 Kru) nicht überschritt und in Strafsachen eine höhere Strafe als 300 Mark oder sechs Monate Gefängnis nicht zu erwarten war.[1262]

[1249] Vgl. hierzu ausführlich *Walz*, Die Entwicklung der Strafrechtspflege in Kamerun unter deutscher Herrschaft, S. 113 ff. sowie *Rudin*, Germans in the Cameroons, S. 200 f.

[1250] VO v. 7.10.1890 u. VO wegen Abänderung der VO, betr. Einführung eines Eingeborenen-Schiedsgerichts für den Duallastamm, v. 16.5.1892, DKolGG (I) 1892, S. 251; *Ruppel*, Landesgesetzgebung für das Schutzgebiet Kamerun, S. 853.

[1251] VO des Ksl. Gouverneurs v. Kamerun, betr. Einführung eines Eingeborenen-Schiedsgerichts für den Viktoriabezirk, v. 9.12.1893, DKolGG (II) 1893-1897, S. 63.

[1252] VO des Gouverneurs v. Kamerun, betr. Einführung eines Eingeborenen-Schiedsgerichts für den Mangamba-Stamm, v. 26.9.1894, DKolGG (II) 1893-1897, S. 130.

[1253] VO des Gouverneurs v. Kamerun, betr. Einführung eines Eingeborenen-Schiedsgerichts für die Dörfer am mittleren Wuri, v. 12.9.1895, DKolGG (II) 1893-1897, S. 177.

[1254] VO des Gouverneurs v. Kamerun, betr. Einführung eines Eingeborenen-Schiedsgerichts für die Landschaft Bodiman, v. 12.9.1895, DKolGG (II) 1893-1897, S. 178.

[1255] VO des Gouverneurs v. Kamerun, betr. Einführung eines Eingeborenen-Schiedsgerichts für die Anwohner des Sannaga, v. 30.9.1895, DKolGG (II) 1893-1897, S. 182.

[1256] VO d. Gouverneurs v. Kamerun, betr. Einführung eines Eingeborenen-Schiedsgerichts für die Landschaft Dibombari, v. 25.4.1896, DKolGG (II) 1893-1897, S. 218.

[1257] VO des Gouverneurs v. Kamerun, betr. Einführung eines Eingeborenen-Schiedsgerichts für die Landschaft Ndokama, v. 21.5.1896, DKolGG (II) 1893-1897, S. 229.

[1258] VO des Gouverneurs v. Kamerun, betr. Einführung eines Eingeborenen-Schiedsgerichts für die Landschaft Dibamba, v. 21.5.1896, DKolGG (II) 1893-1897, S. 230.

[1259] VO des Gouverneurs v. Kamerun, betr. Einführung eines Eingeborenen-Schiedsgerichts für die Bakoko-Niederlassungen am untern Abo, v. 3.7.1896, DKolGG (II) 1893-1897, S. 247.

[1260] VO des Gouverneurs v. Kamerun, betr. Einführung eines Eingeborenen-Schiedsgerichts für das linke Abo-Ufer, v. 27.7.1896, DKolGG (II) 1893-1897, S. 262.

[1261] VO des Gouverneurs v. Kamerun, betr. Einführung eines Eingeborenen-Schiedsgerichts für die Landschaft Lungasi, v. 20.11.1896, DKolGG (II) 1893-1897, S. 369.

[1262] § 1 der VO für den Duallastamm v. 16.5.1892. Wegen der großen Ähnlichkeit der VOen kann auf den Nachweis für jede einzelne VO verzichtet werden.

Neben diesen Häuptlingsgerichten sahen die Verordnungen die Einrichtung von Eingeborenenschiedsgerichten[1263] vor, die erstinstanzlich zuständig waren für Zivil- und Strafprozesse, die nicht in die Zuständigkeit der Häuptlinge fielen. Die Angehörigen des Dualla-Stammes waren der Gerichtsbarkeit der Häuptlinge in den meisten Landschaften grundsätzlich entzogen und nur den Schiedsgerichten unterworfen, die deshalb auch stets mit einem Dualla besetzt sein sollten. Außerdem war das Eingeborenenschiedsgericht als Berufungsgericht gegen Entscheidungen der Häuptlinge zuständig. Der Jurisdiktion des Schiedsgerichts entzogen waren indes die Verbrechen des Mordes und des Totschlags. Es war auch nicht befugt, eine höhere als eine zweijährige Freiheitsstrafe zu verhängen.[1264] Für die Rechtsprechung des Schiedsgerichts waren die „an Ort und Stelle in Übung stehenden Gebräuche und Gewohnheiten" maßgebend.[1265]

Der Einfluß der deutschen Kolonialverwaltung auf die Eingeborenenrechtsprechung wurde durch die Ernennung der Mitglieder des Schiedsgerichts und deren Stellvertreter durch den Gouverneur gewahrt, der die Ernennung jederzeit widerrufen konnte.[1266] In der Auswahl war der Gouverneur grundsätzlich frei, es wurde allerdings als „natürlich"[1267] betrachtet, daß das Gericht ausschließlich aus Oberhäuptlingen und Häuptlingen zu besetzen war. Das Schiedsgericht ernannte seinen Vorsitzenden selbst, sowie einen Sekretär, der Protokoll über jeden Streitfall zu führen hatte.[1268] Gegen die Entscheidung des Eingeborenenschiedsgerichts war Berufung an den Gouverneur oder seinen Stellvertreter möglich.[1269] Diese waren zudem erstinstanzlich in den Strafsachen zuständig gemacht wurden, die der Jurisdiktion des Schiedsgerichts entzogen waren.[1270] In den Bezirken Viktoria und Edea waren allerdings der Bezirksamtmann bzw. der Leiter der Regierungsstation Berufungsinstanzen für Entscheidungen der in ihrem Bezirk liegenden Schiedsgerichte.[1271]

Mit der Übertragung der Gerichtsbarkeit auf die eingeborenen Machthaber verfolgte die Kolonialverwaltung zwei Ziele: Zum einen sollten die mit den allgemeinen Verwaltungsaufgaben schon oft überforderten Kolonialbeamten entlastet werden. Zum anderen suchte man sich der bereits bestehenden einheimischen

[1263] Vgl. hierzu *Hesse*, Eingeborenen-Schiedsgerichte in Kamerun, in: DKolZ 1896, S. 299 f. und den Bericht von *Seitz*, Aufstieg und Niederbruch deutscher Kolonialmacht, Bd. I, S. 50 f., über eine Sitzung des Eingeborenenschiedsgerichts in Duala.
[1264] § 2 der VO v. 16.5.1892.
[1265] § 3 der VO v. 16.5.1892.
[1266] § 4 der VO v. 16.5.1892.
[1267] *v. Hoffmann*, Verwaltungs- und Gerichtsverfassung der deutschen Schutzgebiete, S. 58.
[1268] § 5 der VO v. 16.5.1892.
[1269] § 6 der VO v. 16.5.1892.
[1270] § 7 der VO v. 16.5.1892.
[1271] §§ 6 der Verordnungen v. 9.12.1893 u. 30.9.1895.

Strukturen zu bedienen, und diese gleichzeitig zu kontrollieren. Die Häuptlinge wiederum waren darauf bedacht, aus der ihnen von der Verwaltung eingeräumten und von ihnen nicht zuletzt wegen der damit verbundenen Einnahmen begehrten Stellung eigene Vorteile zu ziehen, oft zum Nachteil ihrer eigenen Stammesbevölkerung. So stand auch die Verwaltung nach anfänglich positiver Bewertung der Tätigkeit der Eingeborenenschiedsgerichte diesen zuletzt eher reserviert gegenüber.[1272]

Im von der deutschen Verwaltung noch nicht völlig unterworfenen Stationsgebiet im Landesinnern bestand die von deutscher Seite nicht geregelte Gerichtsbarkeit durch die jeweiligen Häuptlinge fort. Allerdings wurde hier versucht, auf die Häuptlinge und die eingeborene Bevölkerung im Sinne einer Annäherung an die Zustände in den Bezirksämtern zu wirken und festere Verwaltungsformen vorzubereiten.[1273]

In das Residenturgebiet im nördlichen Teil des Schutzgebiets mit seinen teilweise hochentwickelten, staatenähnlich organisierten mohammedanischen Völkern konnte die deutsche Verwaltung erst ab 1898 vordringen. Die Rechtsprechung über die eingeborene Bevölkerung verblieb hier in den Händen der lokalen Machthaber, wurde aber durch die Einwirkung von Residenten beeinflußt. Für Streitigkeiten der Machthaber untereinander oder Klagen der Untertanen gegen die Herrscher wurden durch den Residenten einzuberufende „Machthaber-Schiedsgerichte“ eingerichtet, die unter der Voraussetzung der Urteilsbestätigung durch den Residenten oder den Gouverneur sogar auf Absetzung des Herrschers erkennen konnten.[1274]

Nach der Reichskanzlerverfügung vom 22. April 1896[1275] war die Ausübung der Strafgerichtsbarkeit über die Eingeborenen nur noch durch die deutschen Verwaltungsbeamten vorgesehen. Die vorher durch die genannten Gouverneursverordnungen geschaffene Häuptlings- und Eingeborenenschiedsgerichtsbarkeit wurde nicht einmal erwähnt. Streng genommen hätte daher nach dem höherrangigen Reichskanzlerrecht die selbständige Eingeborenenstrafrechtspflege in Kamerun durch die lokalen Machthaber und Schiedsgerichte ihre Rechtsgrundlage verloren. Diese Gremien hätten ihre richterlichen Befugnisse nur auf dem

---

1272 Vgl. *Walz*, Die Entwicklung der Strafrechtspflege in Kamerun unter deutscher Herrschaft, S. 115 ff.

1273 *v. Hoffmann*, Verwaltungs- und Gerichtsverfassung der deutschen Schutzgebiete, S. 59.

1274 *v. Hoffmann*, Verwaltungs- und Gerichtsverfassung der deutschen Schutzgebiete, S. 61; *Winkelmann*, Die Eingeborenenrechtspflege in DOA, Kamerun und Togo unter deutscher Herrschaft, in: ZvglRWiss (53) 1939, S. 189 (193).

1275 Vfg. d. RK wegen Ausübung der Strafgerichtsbarkeit und der Disziplinargewalt in den deutschen Schutzgebieten von DOA, Kamerun und Togo, Anhang D. III.

Gebiet der Zivilrechtspflege behalten.[1276] Indes wurde in der Nichterwähnung ein „bloßer Redaktionsfehler"[1277] der Verfügung vom 22. April gesehen, so daß den Häuptlings- und Eingeborenenschiedsgerichten auch die Strafrechtspflege in den Grenzen ihrer Zuständigkeit noch bis zum Ende der deutschen Kolonialherrschaft – und auch noch darüber hinaus[1278] – verblieb.[1279]

d) Deutsch-Ostafrika

Im deutsch-ostafrikanischen Schutzgebiet war die Strafgerichtsbarkeit über die Eingeborenen und die ihnen gleichgestellten farbigen Personengruppen von Anfang an so organisiert, wie sie erst später durch die Verfügung des Reichskanzlers vom 22. April 1896[1280] formell bestimmt wurde. Entsprechend der schon früh im Schutzgebiet geübten Bestrebungen, die Angehörigen der „höher entwickelten" Stämme den Weißen möglichst gleich zu behandeln und Bildungsgrad und Besonderheiten der Stämme und einzelnen Personen im Rahmen der Strafrechtspflege zu berücksichtigen,[1281] sind die Bevölkerungsgruppen der Goanesen und Parsen mit Gouverneursverordnung vom 3. Oktober 1904[1282] den Nichteingeborenen im Sinne der §§ 4 und 7 SchGG 1900 rechtlich gleichgestellt worden. Diese Bevölkerungsgruppen unterfielen mithin fortan der Weißen-Gerichtsbarkeit.

Gerichtsverhandlungen fanden in Ostafrika seit jeher im „Schauri", d.h. in öffentlichen Sitzungen unter freiem Himmel statt.[1283] Die Strafgerichtsbarkeit[1284] über die farbige Bevölkerung stand nach der Reichskanzlerverfügung vom 22.

1276 So die Bewertung von *Hesse*, Eingeborenen-Schiedsgerichte in Kamerun, in: DKolZ 1896, S. 299 f.; vgl. auch § 19 Abs. 2 der Vfg. d. RK v. 22.4.1896.

1277 *Winkelmann*, Eingeborenenrechtspflege in DOA, Kamerun und Togo unter deutscher Herrschaft, in: ZvglRWiss (53) 1939, S. 189 (195).

1278 Vgl. *Wengler*, Die Eingeborenengerichtsbarkeit in den Mandatsgebieten Togo und Kamerun, in: ZvglRWiss (53) 1939, S. 144 ff.

1279 *Köbner*, Die Organisation der Rechtspflege in den Kolonien, in: Verhandlungen des Deutschen Kolonialkongresses 1902, S. 331 (360 f.).

1280 Vfg. d. RK wegen Ausübung der Strafgerichtsbarkeit und der Disziplinargewalt gegenüber den Eingeborenen in den deutschen Schutzgebieten von DOA, Kamerun und Togo, v. 22.4.1896, Anhang D. III.

1281 S. hierzu schon oben 3. Kap. B. I. 4. b).

1282 VO d. Gouverneurs v. DOA, betr. die rechtliche Gleichstellung der Goanesen und Parsen mit den Nichteingeborenen, DKolGG (VIII) 1904, S. 234.

1283 *Fischer*, Die deutschen Kolonien, S. 97.

1284 Zur Zivilgerichtsbarkeit im Schutzgebiet vgl. den Auszug aus der VO d. Gouverneurs v. DOA, betr. die Gerichtsbarkeit und die Polizeibefugnisse der Bezirkshauptleute, v. 14.5.1891, DKolGG (VI) 1901-1902, S. 33; vgl. auch *v. Hoffmann*, Verwaltungs- und Gerichtsverfassung der deutschen Schutzgebiete, S. 91 f.; *Fischer*, Die deutschen Kolonien, S. 97.

April 1896 in den Küstengebieten dem Gouverneur und in den Bezirksämtern den örtlichen Bezirksamtmännern zu. Letztere waren berechtigt, ihre Befugnis auf die ihnen unterstellten Beamten zu übertragen.[1285] Geldstrafen über 200 Rupien sowie Gefängnisstrafen über sechs Monaten bedurften der Genehmigung des Gouverneurs,[1286] dem auch „einzig und allein" die endgültige Verhängung der Todesstrafe zustand.[1287] Diese Genehmigungspflicht ersetzte in der Eingeborenenstrafrechtspflege die Rechtsmittel, auf die „der Eingeborene keinen Anspruch" hatte.[1288] Auf den Stationen und den amtlichen Expeditionen im Landesinneren trat der Stationsvorsteher bzw. der Expeditionsführer an die Stelle des Bezirksamtmanns,[1289] und konnte „im Falle eines Aufruhrs, eines Überfalls oder in einem sonstigen Notstand" gegenüber Eingeborenen „tunlichst" unter Hinzuziehung zweier Beisitzer summarische Verfahren[1290] einleiten und erforderlichenfalls die Todesstrafe sofort vollstrecken.[1291] Im Ergebnis waren damit die Stationsvorsteher und Expeditionsführer mit noch weiterreichenden Befugnissen ausgestattet als die Bezirksamtmänner und sogar die Gouverneure, die an das regelmäßige Verfahren der §§ 11 ff. der Reichskanzlerverfügung gebunden waren.

Der Gouverneur übertrug die ihm zustehende Eingeborenengerichtsbarkeit zweiter Instanz mit Runderlaß vom 26. Mai 1898[1292] auf den Oberrichter. Hierunter fielen auch die Nachprüfung der Todesurteile und die Bestätigung der seitens der Bezirksamtmänner ergangenen Verurteilungen zu höheren Strafen als 200 Rupien oder sechs Monaten Haft. Die Vollstreckung eines Todesurteils bedurfte jedoch unverändert des ausdrücklichen eigenen Verzichts des Gouverneurs auf sein Begnadigungsrecht.

In den durch die deutsche Verwaltung geleiteten Eingeborenen-Strafverhandlungen sollte der Wali[1293] (Jumbe,[1294] Dorfälteste) hinzugezogen

---

1285 § 1 der Vfg. d. RK v. 22.4.1896.

1286 § 10 der Vfg. d. RK. v. 22.4.1896.

1287 § 11 der Vfg. d. RK v. 22.4.1896.

1288 *Ziegler*, Eingeborenenstrafrecht in den deutschen Schutzgebieten, in: Mitteilungen der IKV (XI) 1904, S. 577 (583).

1289 § 14 der Vfg. d. RK v. 22.4.1896.

1290 S. hierzu noch unten 3. Kap. F. II. 3. a).

1291 § 15 der Vfg. d. RK. v. 22.4.1896.

1292 R.E. des Gouverneurs v. DOA, betr. die Eingeborenen-Gerichtsbarkeit II. Instanz, v. 26.5.1898, DKolGG (VI) 1901-1902, S. 155; vgl. auch die Vfg. d. Gouverneurs v. DOA, betr. die Eingeborenen-Gerichtsbarkeit II. Instanz, v. 9.8.1904, DKolGG (VIII) 1904, S. 209.

1293 Bezeichnung für den ostafrikanischen eingeborenen Richter.

1294 In Deutsch-Ostafrika wurden sog. „Jumben" als Vorsteher der dörflichen Siedlungsgemeinschaften eingesetzt. Mehrere Jumben konnten einem meist landesfremden (in der Regel arabischen oder suaheli), von der Kolonialverwaltung fest besoldeten „Akiden" unterstehen,

werden. Bei schwereren Verbrechen hatte der Bezirksamtmann zwingend mehrere angesehene Eingeborene hinzuzuziehen.[1295] Die Erledigung von Streitigkeiten der Eingeborenen untereinander wurde dagegen – „soweit die bestehenden Bestimmungen Spielraum“ ließen – insbesondere im Landesinneren möglichst den örtlichen Obrigkeiten überlassen.[1296] In einigen kleineren Orten, insbesondere an der Küste, ist den farbigen Akiden und Jumben von den örtlichen Bezirksamtmännern eine beschränkte Zivil- und Strafgerichtsbarkeit über ihre Eingesessenen „versuchsweise“ übertragen worden. An Strafen durften diese bis zu 14 Tagen Kettenhaft und 15 Hiebe verhängen.[1297] Nach Ansicht des damaligen Oberrichters des Schutzgebiets Ziegler hatten sich die Versuche „im Allgemeinen bewährt“.[1298]

e) Deutsch-Neuguinea und Südsee-Inselgebiet

Anders als die Weißen-Gerichtsbarkeit, die im Schutzgebiet der Neu-Guinea-Kompanie von Anfang an dem Reich vorbehalten war,[1299] übte die NGK die Gerichtsbarkeit über die eingeborene Bevölkerung bis zur endgültigen Übernahme der Verwaltung durch das Reich am 1. April 1899[1300] selbst aus. Rechtsgrundlage hierfür war die Kaiserliche Verordnung vom 7. Juli 1888.[1301] Aufgrund dieser Ermächtigung erließ die Direktion der Kompanie die Strafverordnung für die Eingeborenen vom 21. Oktober 1888.[1302] Auf dem Gebiet der Zivilgerichtsbar-

---

die wiederum dem deutschen Verwaltungsbeamten (Bezirksamtmann, Stationsleiter) unterstellt waren; vgl. *Gründer*, Geschichte der deutschen Kolonien, S. 155 f.; *Tetzlaff*, Koloniale Entwicklung und Ausbeutung, S. 39 ff.

[1295] § 13 der Vfg. d. RK v. 22.4.1896.

[1296] Vgl. Ziff. E. des Auszugs aus dem R.E. d. Gouverneurs v. DOA an die Militärstationen und Offizierposten, betr. deren polizeiliche Befugnisse, v. 16.6.1904, DKolGG (VIII) 1904, S. 135.

[1297] *Lampe*, Anteil der Eingeborenen an der Verwaltung und Rechtspflege in unseren Kolonien, S. 50; s. auch *Sippel*, Verwaltung und Recht in Deutsch-Ostafrika, in: Kolonialisierung des Rechts, S. 271 (285).

[1298] *Ziegler*, Eingeborenenstrafrecht in den deutschen Schutzgebieten, in: Mitteilungen der IKV (XI) 1904, S. 577 (583).

[1299] Vgl. den Ksl. Schutzbrief für die NGK, v.17.5.1885, DKolGG (I) 1892, S. 434; s. oben 3. Kap. E. I. 3. e).

[1300] Allerhöchste VO, betr. die Übernahme der Landeshoheit über das Schutzgebiet von DNG durch das Reich, v. 27.3.1899, DKolGG (IV) 1898-1899, S. 50.

[1301] Ksl. VO, betr. die Gerichtsbarkeit über die Eingeborenen im Schutzgebiet der NGK, DKolGG (I) 1892, S. 532. Die Übertragung der Eingeborenenrechtspflege auf die NGK wurde verlängert durch die Allerhöchste VO, betr. die Gerichtsbarkeit der NGK über die Eingeborenen ihres Schutzgebiets, v. 15.10.1897, DKolGG (II) 1893-1897, S. 365.

[1302] DKolGG (I) 1892, S. 555; Anhang D. V.

keit wurde indessen für die einheimische Bevölkerung keinerlei Regelung getroffen.[1303]

Für die Verhandlung und Entscheidung der Strafsachen waren sogenannte Stationsgerichte zuständig, die sich aus einem Gerichtsvorsteher und einem Gerichtsschreiber zusammensetzten. Der Landeshauptmann, ab 1899 der Kaiserliche Gouverneur, bestimmte Sitz und Bezirk der Gerichte und ernannte den Gerichtsvorsteher sowie für Fälle der Behinderung einen Stellvertreter.[1304] Bei schwereren Fällen, in denen auf Todesstrafe[1305] oder Gefängnis mit Zwangsarbeit nicht unter sechs Monaten[1306] zu erkennen war, hatten bei der Verhandlung und Entscheidung zwei Beisitzer mitzuwirken. Diese und die zu jeder richterlichen Verhandlung hinzuzuziehenden Gerichtsschreiber[1307] ernannte der Gerichtsvorsteher aus den Stationsbeamten oder den „achtbaren Weißen" seines Bezirks.[1308]

Gegen die Entscheidungen des Stationsgerichts fanden keine Rechtsmittel statt. Einzig in den Fällen, in denen auf Todesstrafe erkannt wurde, waren die Akten dem Landeshauptmann (Gouverneur) einzureichen. Dieser konnte ergänzende Verhandlungen oder Neuverhandlung der Sache vor demselben oder einem anderen Gericht anordnen. Todesurteile durften erst nach der Bestätigung durch den Landeshauptmann (Gouverneur) vollstreckt werden.[1309] Ihm stand schließlich das Strafmilderungs- und Begnadigungsrecht zu.[1310] Die Verordnung vom 21. Oktober 1888 blieb auch nach dem endgültigen Übergang der Verwaltung auf das Reich 1899 in Geltung und wurde von den Behörden des Schutzgebiets in entsprechender Anwendung beibehalten.[1311] Mit der Ausübung der Gerichtsbarkeit wurden nun die Bezirksamtmänner und Stationschefs ermächtigt.[1312]

Anders als vielerorts in den afrikanischen Schutzgebieten fand die deutsche Schutzmacht in Melanesien zur Zeit der Besitzergreifung keinerlei übergeordne-

---

[1303] Zur Zivilrechtspflege in DNG vgl. *v. Hoffmann*, Verwaltungs- und Gerichtsverfassung der deutschen Schutzgebiete, S. 97 f.

[1304] § 18 der VO v. 21.10.1888.

[1305] § 14 der VO v. 21.10.1888.

[1306] § 15 der VO v. 21.10.1888.

[1307] § 21 der VO v. 21.10.1888.

[1308] § 20 der VO v. 21.10.1888.

[1309] § 39 der VO v. 21.10.1888.

[1310] § 40 der VO v. 21.10.1888.

[1311] *Köbner*, Organisation der Rechtspflege in den Kolonien, in: Verhandlungen des Deutschen Kolonialkongresses 1902, S. 331 (362).

[1312] *v. Hoffmann*, Verwaltungs- und Gerichtsverfassung der deutschen Schutzgebiete, S. 97; vgl. die Bekanntmachung des Gouverneurs v. DNG, betr. Errichtung der Regierungsstation Eitape, v. 3.10.1906, DKolGG (X) 1906, S. 318.

tes indigenes Herrschaftswesen vor. Die Anerkennung eines stammesübergreifend gültigen Rechtssystems sowie das Bestehen einer autoritären herrschenden und richtenden Persönlichkeit lagen völlig außerhalb der Vorstellungskraft der eingeborenen Melanesier. „Rache ging vor Recht, statt dem richtenden gab es ein rächendes Vorgehen.“[1313] Da den Farbigen nach zeitgenössischer Auffassung „vollständig das Verständnis für eine Unterordnung“ unter einen vorgesetzten Machthaber fehlte,[1314] wurden sie auch nicht zu den Strafverhandlungen über ihre Stammesgenossen hinzugezogen. Noch nach der Übernahme der direkten Verwaltung durch das Reich 1899 hielt der erste Gouverneur Neuguineas Bennigsen jedwede Beteiligung von Einheimischen an Rechtsprechung und Verwaltung wegen des Fehlens hergebrachter Hierarchien für unmöglich.[1315] Eine Wende der diesbezüglichen deutschen Kolonialpolitik vollzog sich mit der Amtsübernahme durch den zweiten Gouverneur Hahl 1902. Dieser hatte schon vor der Jahrhundertwende als Kaiserlicher Bezirksrichter in der Gegend von Herbertshöhe drei Eingeborene als „Ortsvorsteher“ eingesetzt. In nur wenigen Jahren wurden dann in der Umgebung von Herbertshöhe und dem Nordrand der Gazelle-Halbinsel, auf Neu-Lauenburg und an der Südküste Neumecklenburgs über hundert Ortsvorsteher eingesetzt, deren wesentliche Aufgaben in der Unterstützung der Verwaltung bei der Strafverfolgung, der Schlichtung von Privatstreitigkeiten und der Förderung des Wegebaus lagen.[1316]

Den auch „Luluai“ genannten Ortsvorstehern wurden zum Zeichen ihrer Autorität Amtsstab und Amtsmütze verliehen und später aus dem Regierungsdienst in ihre Heimatdörfer zurückgekehrte einheimische Polizeisoldaten, sog. „Tultuls“, beigegeben.[1317] Fortan wurden die häufigsten Konflikte ohne die Beteiligung von Europäern direkt durch die Luluai entschieden. Der deutsche Richter war lediglich für Kapitalverbrechen, bei Scheitern der internen Schlichtung und in „gemischten“ Rechtsfällen zuständig. Zwar konnten die einheimischen Luluais auf die auch bisher gebräuchlichen Strafmittel, insbesondere die Kompensation, zurückgreifen. Die Verhängung von körperlichen Strafen blieb ihnen jedoch ausdrücklich untersagt. Strafen in traditionellem Muschelgeld konnten vom Lu-

---

[1313] *Hiery*, Das deutsche Reich in der Südsee, S. 115; vgl. auch 2. Kap. B.

[1314] So *Lampe*, Anteil der Eingeborenen an der Verwaltung und Rechtspflege in unseren Kolonien, S. 53.

[1315] Schreiben des Gouverneurs Bennigsen an die AAKA, v. 20.3.1900, BA RKA 1001/4786, Bl. 12 ff.; nach *Fischer*, Die deutschen Kolonien, S. 102, hatte schon die NGK die Beteiligung der Eingeborenen an Rechtsprechung und Verwaltung beabsichtigt.

[1316] *Wolf*, Der „farbige Ortsvorsteher“ im Schutzgebiet Deutsch Neuguinea, in: ZfKKK (6) 1904, S. 580 (583 ff.)

[1317] Zum Hahlschen „Luluai-System“ vgl. auch *Hiery*, Das deutsche Reich in der Südsee, S. 116 ff. und *Gründer*, Geschichte der deutschen Kolonien, S. 171 f.

luai einbehalten werden, während deutsche Geldstrafen an das zuständige Bezirksamt abzuführen waren.[1318]

Auf den Marshall-Inseln war mit der Verordnung des Reichskanzlers vom 10. März 1890[1319] eine mit der für Neuguinea erlassenen Strafverordnung übereinstimmende Rechtslage geschaffen worden. Hier traten allerdings von Anfang an „Gerichte" an die Stelle der neuguineanischen „Stationsgerichte" und der Kaiserliche Kommissar an die Stelle des von der NGK gestellten Landeshauptmanns.[1320] Auch auf den Marshall-Inseln bediente sich die Regierung bei der Verwaltung der Autorität eingeborener Häuptlinge, da hier anders als in Neuguinea eine geordnete Stammesorganisation schon vor der deutschen Besitzergreifung bestanden hatte.[1321]

Im Südsee-Inselgebiet wurde die Verwaltung nach der Übernahme von Spanien unter Verantwortung des Gouverneurs von Deutsch-Neuguinea[1322] auf den Ostkarolinen zunächst von einem „Vize-Gouverneur", auf den Marianen sowie den Westkarolinen einschließlich Palau von Bezirksamtmännern wahrgenommen, denen jeweils Strafverordnungsbefugnisse für ihre Amtsbezirke zustanden.[1323]

Auf den Ostkarolinen war den Oberhäuptlingen neben der Ausübung der örtlichen Polizei auch die Gerichtsbarkeit in kleineren Straf- und Zivilsachen zugestanden worden. Berufungen an den Vizegouverneur waren zulässig. Größere Sachen wurden vom Bezirksamt in Ponape entschieden. Auch auf den Westkarolinen wurde die niedere Gerichtsbarkeit durch Eingeborenenorgane und die höhere durch das Bezirksamt ausgeübt.[1324] Auf Palau konnte sich der Stations-

---

1318 *Hiery*, Das deutsche Reich in der Südsee, S. 117 f.

1319 Strafverordnung für die Eingeborenen, DKolGG (I) 1892, S. 627, erlassen aufgrund der durch die Ksl. VO, betr. die Gerichtsbarkeit über die Eingeborenen im Schutzgebiete der Marshall-Inseln, v. 26.2.1890, DKolGG (I) 1892, S. 624 erteilten Ermächtigung. Die Strafverordnung wurde geändert durch VO d. RK v. 28.10.1908, DKolGG (XII) 1908, S. 468.

1320 Vgl. §§ 18, 39 f. der beiden VOen.

1321 *v. Hoffmann*, Verwaltungs- und Gerichtsverfassung der deutschen Schutzgebiete, S. 99 f.

1322 Vgl. die Allerhöchste Ordre, betr. die einstweilige Regelung der Verwaltung und der Rechtsverhältnisse im Inselgebiete der Karolinen, Palau und Marianen, v. 18.7.1899, DKolGG (IV) 1898-1899, S. 80.

1323 §§ 1,3 der Vfg. d. RK, betr. die Regelung der Verwaltung und der Rechtsverhältnisse im Inselgebiete der Karolinen, Palau und Marianen., v. 24.7.1899, DKolGG (IV) 1898-1899, S. 83; vgl. noch den Auszug aus der VO des Gouverneurs v. DNG, betr. die vorläufige Regelung der Verwaltung und Rechtsverhältnisse in dem Inselgebiet der Karolinen, Palau und Marianen, v. 26.9.1899, DKolGG (VI) 1901-1902, S. 221.

1324 Kritisch hierzu *Christmann/Hempenstall/Ballendorf*, Die Karolinen-Inseln in deutscher Zeit, S. 42 ff.

leiter der hergebrachten Hierarchie bedienen und beriet alle Angelegenheiten der Verwaltung und der Rechtspflege mit den Vertretern der Eingeborenen.[1325]

Durch die Neuordnung der Verwaltung des Südsee-Inselgebiets durch die Reichskanzler-Verfügung vom 27. Februar 1907[1326] wurden die Marianen zum 1. April 1907 dem Bezirksamtmann für die Westkarolinen und Palau in Jap unterstellt. Die Ausübung der Gerichtsbarkeit über die Eingeborenen oblag nunmehr dem Leiter der Station in Saipan.[1327] Allerdings wurden die einheimischen „Chamorros", die bereits seit der Mitte des 16. Jahrhunderts europäischem Kulturkontakt ausgesetzt waren, mehr als andernorts als den Europäern „gleichberechtigt" behandelt, was sich etwa in der Heranziehung zu stellvertretenden Beisitzern am (Weißen-) Bezirksgericht ausdrückte.[1328]

Bis zuletzt hatte somit für das Inselgebiet keine einheitliche Regelung des Eingeborenen-Strafrechts stattgefunden, und man nahm daher in der Literatur an, daß „die einheimischen Normen maßgebend" sein sollten, soweit nicht der „Kolonialgesetzgeber" einzelne Spezialbestimmungen getroffen habe.[1329] Erst mit Reichskanzlerverordnung vom 24. Juli 1914[1330] wurde die Eingeborenen-Strafverordnung der NGK auf das gesamte Südsee-Inselgebiet ausgedehnt und die Verordnung für die Marshall-Inseln vom 10. März 1890[1331] aufgehoben. Wegen des Kriegsausbruchs sollte diese Verordnung indessen keine praktische Bedeutung mehr erlangen.[1332]

f) Samoa

Auch auf Samoa wurde die Eingeborenengerichtsbarkeit teilweise von Weißen, teilweise von Farbigen ausgeübt. Das deutsche Reich war auch hier bestrebt, die bestehende Eingeborenenorganisation „zu einem passenden Werkzeug der Ver-

---

1325 *v. Hoffmann*, Verwaltungs- und Gerichtsverfassung der deutschen Schutzgebiete, S. 103.

1326 Vfg. d. RK, betr. die anderweitige Regelung der Verwaltung im Inselgebiet der Karolinen, Palau und Marianen, DKolGG (XI) 1907, S. 120. Die Verwaltung über die Ost-Karolinen übte fortan ein „einfacher" Bezirksamtmann aus.

1327 Bekanntmachung des Ksl. Bezirksamtmanns in Jap, betr. die Station in Saipan, v. 29.7.1907, DKolGG (XI) 1907, S. 276; vgl. hierzu *Hardach*, König Kopra, S. 80 ff., 85 f.

1328 S. oben, 3. Kap. E. I. 2. b).

1329 *Doerr*, Deutsches Kolonialstrafrecht, in: ZfKKK (10) 1908, S. 321 (336).

1330 VO d. RK, betr. die Ausdehnung der Strafverordnung für die Eingeborenen von Neuguinea v. 21.10.1888 auf das Inselgebiet der Karolinen, Palau, Marianen und Marshall-Inseln, DKolBl. (XXV) 1914, S. 696.

1331 Strafverordnung für die Eingeborenen, DKolGG (I) 1892, S. 627.

1332 Vgl. *Sack*, Das deutsche Rechtswesen in Mikronesien, in: Die deutsche Südsee 1884-1914, S. 535 (545).

waltung zu machen.“[1333] Nach der Übernahme der westlichen Samoa-Inseln durch die deutsche Verwaltung im Jahre 1900 wurde die bisherige Gerichtsorganisation aus Eingeborenen-Gerichten, den Konsulargerichten der drei kolonisierenden Staaten, dem internationalen Oberrichter und dem Munizipalmagistrat von Apia „in erfreulichster Weise vereinfacht.“[1334]

Während für die weiße Bevölkerung nunmehr allein das Kaiserliche Bezirksgericht und das Obergericht in Apia zuständig waren,[1335] wurden auch die Samoaner und die ihnen rechtlich gleichgestellten Angehörigen anderer farbiger Stämme teilweise der Weißen-Gerichtsbarkeit unterstellt. In Anlehnung an den früheren Rechtszustand unterfielen die Eingeborenen „bis auf Weiteres“ der Weißen-Gerichtsbarkeit in denjenigen Fällen, in denen sie bisher aufgrund der Samoa-Akte[1336] der Gerichtsbarkeit des Obergerichts von Samoa oder des Munizipalrats unterworfen gewesen waren. Dem Bezirksrichter blieb es seinerseits vorbehalten, einzelne Fälle einem anderen Richter zu überweisen und für diese Fälle eine besondere Berufungsinstanz an Stelle des Obergerichts zu bestimmen.[1337] An sich hätte diese Unterstellung der Samoaner unter die Weißen-Gerichtsbarkeit allerdings einer Kaiserlichen Verordnung und nicht einer bloßen Gouverneursverordnung bedurft.[1338] Im Ergebnis unterstanden die Samoaner der Gerichtsbarkeit des Bezirksgerichts somit in allen Landstreitigkeiten, in allen „gemischten“ Zivilprozessen sowie bei allen Verbrechen und Vergehen von Eingeborenen gegen Fremde.[1339] Verstöße von Samoanern gegen die Vorschriften des früheren Munizipalrats unterfielen ebenfalls der Zuständigkeit des Bezirksgerichts in Apia, wenn die Strafe Geldbuße bis zu 200 Dollar oder Gefängnis bis zu 180 Tagen nicht überstieg.[1340] Für die gesamte Nachbarinsel Sawaii war die Zuständigkeit des örtlichen Verwaltungsbeamten in Zivil- und Strafsachen der eingeborenen Bevölkerung bestimmt, letztere bis zu einem maximalen

---

1333 So *v. Hoffmann*, Verwaltungs- und Gerichtsverfassung der deutschen Schutzgebiete, S. 106.

1334 Zur Gerichtsorganisation bis 1900 vgl. *Köbner*, Die Organisation der Rechtspflege in den Kolonien, in: Verhandlungen des Deutschen Kolonialkongresses 1902, S. 331 (362 f.).

1335 Vgl. oben 3. Kap. E. I. 3. f).

1336 Generalakte der Samoa-Konferenz in Berlin, v. 14.6.1889, DKolGG (I) 1892, S. 656.

1337 § 3 Abs. 2 der VO des Gouverneurs v. Samoa, betr. die Rechtsverhältnisse, v. 1.3.1900, DKolGG (V) 1899-1900, S. 33.

1338 § 4 SchGG 1900; vgl. auch *Sack*, Das deutsche Rechtswesen in Polynesien, in: Die deutsche Südsee 1884-1914, S. 676 (677 f.).

1339 Diese Verfahren lagen gemäß Art. III. Abschnitt 9 der Samoa-Akte v. 14.6.1889 in der bisherigen Zuständigkeit des Obergerichts.

1340 Diese Verfahren lagen gemäß Art. V. Abschnitt 4 der Samoa-Akte v. 14.6.1889 in der bisherigen Zuständigkeit des Munizipalrats.

Strafmaß von sechs Monaten Gefängnis und 300 Mark Geldstrafe.[1341] Interessanterweise wurde mit Sawaii die größte Insel Samoas von einem englischen Stationsleiter verwaltet, der überdies der deutschen Sprache nicht mächtig war. Richard Williams war möglicherweise der einzige Ausländer, der im Kaiserreich eine deutsche Beamtenstellung bekleidete.[1342]

In „Bagatellsachen" in der Zivil- und Strafrechtspflege, in denen die weißen Richter weder zuständig waren noch freiwillig von den Samoanern angerufen wurden, wurde die Eingeborenen-Rechtspflege von samoanischen Dorfrichtern, sog. „Faamasino", nach samoanischem Recht ausgeübt.[1343] Das samoanische Strafrecht und Strafprozeßrecht war 1893 vom damaligen schwedischen Oberrichter Zederkranz aufgezeichnet worden.[1344] Die einheimischen Richter sollen „scharf" von der deutschen Verwaltung beaufsichtigt worden sein. Gegen ihre Urteile stand den Samoanern Berufung an den weißen Richter oder sogar den Gouverneur zu.[1345] Insbesondere bei Vergehen gegen Standes- und Ordnungspflichten – nach samoanischem Rechtsverständnis schwerwiegende Delikte – sprachen die Faamasino Recht. Die Beteiligung der Samoaner an der Rechtspflege sowie in der sog. „Land- und Titelkommission" trug dazu bei, traditionelle samoanische Werte gegen europäische Verfremdung zu schützen. Nicht zuletzt deshalb war Samoa die möglicherweise friedlichste deutsche Kolonie. Strafverfahren gegen die Insulaner kamen kaum und die Anwendung der Prügelstrafe ihnen gegenüber praktisch nicht vor.[1346]

g) Kiautschou

Die Sonderstellung des Schutzgebiets Kiautschou innerhalb des deutschen Kolonialreichs drückte sich nicht nur in der Unterstellung unter das Reichsmarine-Amt[1347] und in der Besetzung der Spitzenposition der örtlichen Militär- und Zi-

---

1341 *v. Hoffmann*, Verwaltungs- und Gerichtsverfassung der deutschen Schutzgebiete, S. 107; vgl. auch die Bekanntmachung des Ksl. Gouverneurs v. Samoa, betr. das Gerichtswesen, v. 16.11.1900, DKolGG (V) 1899-1900, S. 162.

1342 Vgl. zu Williams *Hiery*, Das deutsche Reich in der Südsee, S. 220 f.

1343 S. bereits oben 2. Kap. B.; vgl. zum samoanischen Familien- und Erbrecht noch BA RKA 1001/5012.

1344 *Bauer*, Die Strafrechtspflege über die Eingeborenen der deutschen Schutzgebiete, in: AöR (19) 1905, S. 32 (41); *Doerr*, Deutsches Kolonialstrafrecht, in: ZfKKK (10) 1908, S. 321 (337).

1345 *v. Hoffmann*, Verwaltungs- und Gerichtsverfassung der deutschen Schutzgebiete, S. 108.

1346 *Hiery*, Das deutsche Reich in der Südsee, S. 113 f.

1347 Vgl. den Allerhöchsten Erlaß, betr. die Verwaltung des Kiautschou-Gebiets, v. 27.1.1898, DKolGG (IV) 1898-1899, S. 160; *Mohr*, Handbuch für das Schutzgebiet Kiautschou, S. 6.

vilverwaltung durch einen Seeoffizier mit dem Titel Gouverneur aus.[1348] Nach anfänglichen Überlegungen, chinesische Beamte im Hinblick auf die althergebrachte hochentwickelte Rechtskultur des Landes zu Richtern über ihre Landsleute einzusetzen, war die deutsche Regierung bald unter Hinweis auf die „große Bestechlichkeit" der Chinesen hiervon wieder abgerückt.[1349] Es erscheint heute als Paradoxon, daß ausgerechnet die Kiautschou-Chinesen – von allen vom Deutschen Reich kolonisierten Völkern war China das Reich mit der ältesten und „entwickeltsten" Rechtstradition[1350] – unter der deutschen Schutzherrschaft kaum an der Rechtspflege beteiligt wurden.

Nach anfänglicher Ausübung der Chinesen-Rechtspflege durch den Kaiserlichen Bezirksrichter wurde eine dauernde Rechtsgrundlage mit der Verordnung vom 15. April 1899[1351] geschaffen.[1352] Hiernach waren zur Erforschung der chinesischen Rechtsanschauungen immerhin „erforderlichenfalls die Dorfältesten oder andere geeignete Persönlichkeiten zu hören."[1353] In „gemischten" Strafsachen, in denen Chinesen und Nichtchinesen gemeinschaftlich als Täter, Teilnehmer, Begünstigter oder Hehler beschuldigt wurden, oder in „gemischten" Zivilsachen war das Kaiserliche Gericht auch zur Verhandlung und Entscheidung gegen Chinesen zuständig. Hierbei fand das Europäerrecht auch auf die Chinesen Anwendung.[1354]

In Kiautschou wurden sogenannte „Bezirksamtmänner" eingesetzt, die nur die Verwaltung und die Gerichtsbarkeit in Chinesensachen wahrnahmen und sich insofern von den auch für die Verwaltung der weißen Bevölkerung zuständigen Bezirksamtmännern der übrigen Schutzgebiete unterschieden.[1355] Sie waren erst-

---

1348 Vgl. die Allerhöchste VO, betr. Verwaltung des Kiautschou-Gebiets, v. 1.3.1898, DKolGG IV) 1898-1899, S. 161; *Mohr*, Handbuch für das Schutzgebiet Kiautschou, S. 7.

1349 So *Köbner*, Die Organisation der Rechtspflege in den Kolonien, in: Verhandlungen des deutschen Kolonialkongresses 1902, S. 331 (363); *v. Hoffmann*, Verwaltungs- und Gerichtsverfassung der deutschen Schutzgebiete, S. 136 f.; *Bauer*, Die Strafrechtspflege über die Eingeborenen der deutschen Schutzgebiete, in: AöR (19) 1905, S. 32 (43).

1350 S. hierzu oben 2. Kap. C.

1351 VO, betr. die Rechtsverhältnisse der Chinesen, DKolGG (IV) 1898-1899, S. 191; *Mohr*, Handbuch für das Schutzgebiet Kiautschou, S. 72.

1352 Vgl. die Übersicht über die Gerichtsorganisation bei *Mohr*, Handbuch für das Schutzgebiet Kiautschou, S. 71, sowie *v. Hoffmann*, Verwaltungs- und Gerichtsverfassung der deutschen Schutzgebiete, S. 136 ff.; vgl. zudem *Mühlhahn*, Herrschaft und Widerstand in der „Musterkolonie" Kiautschou, S. 262 ff.

1353 § 4 der VO v. 15.4.1899.

1354 § 1 der VO v. 15.4.1899; vgl. schon oben 3. Kap B. IV.

1355 *Köbner*, Die Organisation der Rechtspflege in den Kolonien, in: Verhandlungen des deutschen Kolonialkongresses 1902, S. 363 f.

instanzlich in Zivilsachen bis zu einem Streitwert von 250 Dollar zuständig.[1356] In Strafsachen waren die Bezirksamtmänner befugt, auf Freiheitsstrafen bis zu drei Monaten, Prügelstrafen und Geldstrafen bis zu 500 Dollar zu erkennen. Das Urteil bedurfte keiner schriftlichen Begründung und war dem Angeschuldigten zu verkünden.[1357] Örtlich zuständig – es bestanden Bezirksämter in Tsingtau und Li ts´un[1358] – war der Bezirksamtmann, in dessen Bezirk die Tat begangen oder der Beschuldigte ergriffen wurde, oder in dessen Bezirk der Beschuldigte seinen Wohnsitz hatte.[1359] In allen übrigen Straf- und Zivilsachen war die erstinstanzliche Zuständigkeit des Kaiserlichen Bezirksrichters begründet.[1360] Der Kaiserliche Oberrichter war zuständig in Berufungen gegen die Urteile der Bezirksamtmänner, sofern in Zivilsachen der Wert des Streitgegenstandes 150 Dollar überstieg und in Strafsachen auf eine höhere Strafe erkannt war als Freiheitsstrafe von sechs Wochen oder Geldstrafe von 250 Dollar.[1361] Todesurteile bedurften der Bestätigung durch den Gouverneur, der auch die Art des Vollzugs festlegte.[1362]

Waren somit Chinesen an der Strafrechtspflege nur indirekt beteiligt, indem ihre Rechtsanschauungen zu erforschen und „erforderlichenfalls“ geeignete Personen zu „hören“ waren, so bestand eine gewisse Beteiligungsmöglichkeit durch das auf Drängen chinesischer Kaufleute mit Verordnung vom 15. April 1902[1363] gebildete „Chinesische Komitee.“ Dieses bestand aus 12 Mitgliedern und war zur Mithilfe bei der Verwaltung der chinesischen Stadtgemeinde und zur Beratung des Gouvernements in chinesischen Angelegenheiten errichtet worden. Zudem wirkte es bei der Schlichtung streitiger Handelssachen unter Chinesen und in Fragen des chinesischen Familien- und Erbrechts mit.[1364] Nicht unerwähnt bleiben soll, daß die Bürgschaft des Komitees oder eines seiner Mitglieder die vorläufige Freilassung eines wegen einer Übertretung verhafteten Chinesen zur Folge hatte.[1365] Indes ist das Chinesische Komitee mit Verordnung des Gouver-

---

[1356] § 20 der VO v. 15.4.1899.
[1357] § 12 der VO v. 15.4.1899.
[1358] Zum Bezirksamt Tsingtau gehörten ca. 70.000, zum Bezirksamt Li ts´un ca. 90.000 Chinesen; vgl. die Bekanntmachung, betr. die Abgrenzung der Bezirksämter Tsingtau und Li ts´un, v. 30.12.1899, *Mohr*, Handbuch für das Schutzgebiet Kiautschou, S. 71.
[1359] §§ 11, 20 der VO v. 15.4.1899.
[1360] §§ 13, 21 der VO v. 15.4.1899.
[1361] §§ 15, 21 der VO v. 15.4.1899.
[1362] § 14 der VO v. 15.4.1899.
[1363] VO d. Gouverneurs, betr. die provisorische Errichtung eines chinesischen Komitees, v. 15.4.1902, DKolGG (VI) 1901-1902, S. 621; *Mohr*, Handbuch für das Schutzgebiet Kiautschou, S. 19.
[1364] §§ 1, 2, 5 b), c) der VO v. 15.4.1902.
[1365] § 9 der VO v. 15.4.1902.

neurs vom 18. August 1910[1366] gerade acht Jahre nach seiner Gründung wieder aufgelöst worden. Dies ist zuletzt darauf zurückgeführt worden, daß sich das Komitee entgegen den Erwartungen der deutschen Kolonialverwaltung zu einem wirkungsvollen Instrument chinesischer Handelsinteressen entwickelt habe.[1367]

1366 VO d. Gouverneurs, betr. Auflösung des chinesischen Kommittees, v. 18.10.1910, *Mohr*, Handbuch für das Schutzgebiet Kiautschou, S. 21.

1367 *Leutner*, „Musterkolonie Kiautschou": Die Expansion des Deutschen Reiches in China, S. 179 f.

F. Strafrecht und Strafprozeßrecht

Auf dem Gebiet des materiellen und prozessualen Strafrechts trat der schon dargestellte[1368] koloniale Rechtsdualismus besonders nachdrücklich hervor. Die weiße Schutzgebietsbevölkerung genoß eine weitgehend der deutschen Reichsbevölkerung vergleichbare Rechtsstellung. Einschränkungen ergaben sich allerdings neben dem Fehlen einer Revisionsinstanz[1369] insbesondere durch das Problem der Gültigkeit und Anwendbarkeit einzelner Vorschriften des Reichsstrafrechts und des Reichsstrafprozeßrechts. So galt etwa – bedingt durch die völlig untergeordnete Stellung der kolonialen Staatsanwaltschaft[1370] und abweichend vom Zustand im Reich – das Inquisitionsprinzip als leitender Grundsatz des Strafverfahrens.[1371] Strafbarkeitslücken wurden durch die Schaffung eines besonderen Kolonialstrafrechts geschlossen.

Für die eingeborene Schutzgebietsbevölkerung wurde hingegen insbesondere auf dem Verordnungswege ein regional vielfältiges, besonderes Kolonialstrafrecht eingeführt. Wesentliche Unterschiede zum Weißen-Strafrecht lagen vor allem in der Herausbildung von regional und zeitlich geboten erscheinenden Tatbeständen und neuen, im Reichsstrafrecht nicht (mehr) vorgesehenen Strafformen. Im Strafverfahrensrecht galten der Inquisitionsgrundsatz und das Opportunitätsprinzip. Es bestand die Möglichkeit, das ohnehin schon vereinfachte Verfahren summarisch weiter zu verkürzen. Rechtsmittel wurden nur eingeschränkt gewährt.[1372]

I. Strafrecht und Strafprozeßrecht für die weiße Schutzgebietsbevölkerung

Das Strafrecht und Strafprozeßrecht der weißen Schutzgebietsbevölkerung[1373] beruhte zum Teil auf Gesetz, zum Teil auf Verordnung. Die strafrechtlichen

---

[1368] S. hierzu schon oben 3. Kap. B.
[1369] Vgl. hierzu oben 3. Kap. E. I. 1. c).
[1370] Vgl. hierzu oben 3. Kap. E. I. 2. c).
[1371] Vgl. hierzu noch unten 3. Kap. F. I. 2. b).
[1372] Vgl. hierzu noch im einzelnen unten 3. Kap. F. II.
[1373] Vgl. hierzu *Doerr*, Deutsches Kolonialstrafrecht, in: ZfKKK (10) 1908, S. 321 (323 ff.); *v. Hoffmann*, Einführung in das Deutsche Kolonialrecht, S. 216 ff., 223 ff.; ders., Deutsches Kolonialrecht, S. 139 ff.; *Köbner*, Kolonialstrafrecht, in: Mitteilungen der IKV (XI) 1904, S. 545 (552 ff.); *Fasching*, Die Organisation der Rechtspflege in den deutschen Schutzgebieten, S. 69 ff., 142 ff.; *Lütken*, Das materielle Strafrecht in den deutschen Kolonien, S. 28 ff.; *Kraus*, Reichsstrafrecht und Deutsche Schutzgebiete, S. 19 ff.; *v. Burgsdorff*, Die Entwicklung der kolonialen Rechtspflege, S. 41 ff.; 70 ff.; *Sieglin*, Die koloniale Rechtspflege, S. 53 ff., 84 ff.; *Seelbach*, Grundzüge der Rechtspflege in den Deutschen Kolonien, S. 39 ff.; *v. Stengel*, Die Rechtsverhältnisse der deutschen Schutzgebiete, S. 174 ff.

Normen der Reichsgesetze waren vor ihrer Anwendung auf ihre Gültigkeit und ihre Anwendbarkeit in den Schutzgebieten hin zu untersuchen.

1. Geltung des Reichsstrafrechts

Im Hinblick auf die Frage, welche Vorschriften des Reichsstrafrechts in den Kolonien zur Geltung kommen sollten, hatte § 2 SchGG 1886 i.V.m. § 4 Abs. 1 KGG 1879 formuliert:

> „In Betreff des Strafrechts ist anzunehmen, daß in den Konsulargerichtsbezirken [Schutzgebieten] das Strafgesetzbuch für das Deutsche Reich und die sonstigen Strafbestimmungen der Reichsgesetze gelten."

Aufgrund dieser Bestimmung trat grundsätzlich die gesamte Strafgesetzgebung des Deutschen Reichs auch in den Schutzgebieten in Kraft. Eine Einschränkung ergab sich aber für die in Spezialgesetzen enthaltenen Strafvorschriften. Unter „Strafgesetzen" wurden neben dem RStGB und der RStPO nur Strafgesetze im „engeren Sinne" verstanden. Strafvorschriften, die sich in Reichsgesetzen privatrechtlichen Inhalts befanden, waren ebenfalls in Geltung, da die bürgerlichrechtlichen Vorschriften der Reichsgesetze und des preußischen Allgemeinen Landrechts ihrerseits in Geltung gesetzt worden waren.[1374] Hingegen sollten die in den Verwaltungsgesetzen des Reichs befindlichen Strafbestimmungen erst dann in den Schutzgebieten Geltung erlangen, wenn diese Gesetze selbst dort ausdrücklich eingeführt würden.[1375]

Eine Änderung der formellen Rechtslage ergab sich mit der Revision des Konsulargerichtsbarkeitsgesetzes vom 7. April 1900,[1376] die aufgrund der umfassenden Neugestaltung des Privatrechts durch das Bürgerliche Gesetzbuch und seine Nebengesetze notwendig geworden war und die ihrerseits eine Redaktion des Schutzgebietsgesetzes[1377] erforderlich gemacht hatte.[1378] Fortan galten in den Schutzgebieten nach § 3 SchGG 1900 i.V.m. § 19 Nr. 2 KGG 1900

1374 § 2 SchGG 1886 i.V.m. § 3 KGG 1879.

1375 Vgl. zur Rechtslage bis 1900 *v. Stengel*, Die Rechtsverhältnisse der deutschen Schutzgebiete, S. 174 ff.; Bericht der XIV. Kommission über den derselben zur Vorberathung überwiesenen Entwurf eines Gesetzes, betr. die Rechtspflege (beachte die spätere Änderung der Gesetzbezeichnung in „...Rechtsverhältnisse") in den deutschen Schutzgebieten, RT-Verh., Sten. Ber., VI. Leg. Per., II. Sess. 1885/86., Anl., Aktenstück Nr. 201, S. 985 (992).

1376 Gesetz über die Konsulargerichtsbarkeit, RGBl. 1900, S. 213.

1377 Gesetz, betr. Änderungen d. Gesetzes über die Rechtsverhältnisse der deutschen Schutzgebiete, v. 25.7.1900, RGBl. 1900, S. 809. Das KGG 1900 und das SchGG 1900 traten jeweils am 1.1. 1901 in Kraft.

1378 Zur Geschichte des Schutzgebietsgesetzes s. *Gerstmeyer*, Das Schutzgebietsgesetz, S. XXI ff.

„die dem Strafrecht angehörenden Vorschriften der Reichsgesetze sowie die Vorschriften dieser Gesetze über das Verfahren und die Kosten in Strafsachen."

In Abweichung von der bisherigen Rechtslage wurden nun nicht mehr ganze Reichsgesetze dergestalt eingeführt, daß diese sowohl in ihrem strafrechtlichen als auch einem anderen Rechtsgebiet angehörenden Teil galten. § 19 Nr. 2 KGG 1900 erfaßte nur noch die ausschließlich dem Strafrecht angehörenden Vorschriften, während privatrechtliche Bestimmungen gemäß § 19 Nr. 1 KGG 1900 in Geltung gesetzt waren. Hingegen galt das Verwaltungsrecht des Deutschen Reichs als solches in den Schutzgebieten nicht, da es in § 19 KGG 1900 nicht genannt worden war.[1379]

Uneinigkeit herrschte nun über die Frage, welche Strafbestimmungen unter „die dem Strafrecht angehörenden Vorschriften der Reichsgesetze" fielen. Ein gewichtiger Teil der Literatur, der sich auf den Bericht der XIV. Kommission über den zur Beratung überwiesenen Entwurf eines Schutzgebietsgesetzes vom 16. März 1886[1380] stützen konnte, verstand hierunter entsprechend der bisherigen Rechtslage nur Strafgesetze „im engeren Sinne".[1381] Ganz ähnlich wurde formuliert, in den Schutzgebieten seien nur „reine Strafgesetze" gültig. Nicht reine Strafgesetze waren danach Reichsgesetze, die zum erhöhten Rechtsschutz der in demselben Gesetz niedergelegten privat- oder öffentlichrechtlichen Normen einzelne Strafbestimmungen enthielten. Diejenigen Reichsgesetze, welche nicht reine Strafgesetze waren, seien nur insoweit gültig, als die betreffenden Rechtsnormen, zu deren Schutz sie geschaffen waren, ihrerseits in den Schutzgebieten galten.[1382] Nach anderer Auffassung, die auch die Zweckmäßigkeit „solch unbestimmter Ausdrücke" in Frage stellte, fand die „einschränkende und unsichere Interpretation" der Gegenansicht im Gesetz selbst „keine Stütze". In den Kolonien gelte daher für die weiße Bevölkerung das gesamte materielle Reichsstrafrecht.[1383] Eine Einschränkung auf Reichsgesetze von „reiner" oder „vorwiegend

---

1379 *Doerr*, Deutsches Kolonialstrafrecht, in: ZfKKK (10) 1908, S. 323; vgl. zum „Verwaltungs-Strafrecht" in den Schutzgebieten *Mathies*, Das in den Schutzgebieten geltende Reichsstrafrecht im Verhältnis zum Verwaltungsrecht, in: ZfKKK (14) 1912, S. 319 ff.

1380 Bericht der XIV. Kommission über den derselben zur Vorberathung überwiesenen Entwurf eines Gesetzes, betr. die Rechtspflege (!) in den deutschen Schutzgebieten, RT-Verh., Sten. Ber., VI. Leg. Per., II. Sess. 1885/86, Anl., Aktenstück Nr. 201, S. 985 (992); in den Kommissionsverhandlungen wurde in bezug auf das KGG 1879 festgestellt, daß unter „Strafgesetze" nur Strafgesetze im engeren Sinne zu verstehen seien.

1381 *v. Stengel*, Die Rechtsverhältnisse der deutschen Schutzgebiete, S. 174; *Seelbach*, Grundzüge der Rechtspflege in den Deutschen Kolonien, S. 39; *Gerstmeyer*, Das Schutzgebietsgesetz, § 19 KGG 1900 Anm. 8.

1382 *Köbner*, Kolonialstrafrecht, in: Mitteilungen der IKV (XI) 1904, S. 545 (552).

1383 *Doerr*, Deutsches Kolonialstrafrecht, in: ZfKKK (10) 1908, S. 321 (323 f.); *Fasching*, Die Organisation der Rechtspflege in den deutschen Schutzgebieten, S. 69; *Sieglin*, Die koloniale

strafrechtlicher“ Natur setze eine präzisere Fassung des Konsulargerichtsbarkeitsgesetzes voraus. Es sei jedoch nicht angängig, dem Gesetz „aus praktischen Gründen diesen Willen unterzuschieben“.[1384] Dem wurde mit dem Argument beigepflichtet, eine präzise Einteilung der Reichsgesetze nach ihrer überwiegenden Natur sei zudem nicht möglich und öffne dem „Zweifel Tür und Tor.“[1385]

2. Anwendbarkeit des Reichsstrafrechts

Neben der Frage der Gültigkeit stand das Problem der Anwendbarkeit einzelner Vorschriften des Reichsstrafrechts. Nach § 3 SchGG 1900 i.V.m. § 20 Abs. 1 KGG 1900 fanden die in den Schutzgebieten geltenden Vorschriften keine Anwendung,

> „...soweit sie Einrichtungen und Verhältnisse voraussetzen, an denen es für den Konsulargerichtsbarkeitsbezirk [das Schutzgebiet] fehlt.“

Mit dem Gegensatzpaar von „Gültigkeit“ (§ 19 KGG 1900) und „Anwendbarkeit“ (§ 20 KGG) war zum Ausdruck gebracht, daß die betreffenden Gesetze formell gültig waren. Hieraus wurde gefolgert, daß einer Anwendung dieser Vorschriften dann nichts mehr im Wege stehe, sobald sich die bisher noch fehlenden Einrichtungen und Verhältnisse in den Schutzgebieten entwickelt hätten.[1386] Bis dahin bildeten die Vorschriften in den Kolonien „offene, unausgefüllte Blankettgesetze“.[1387] „Einrichtungen und Verhältnisse“ wurden verstanden als die „natürliche äußerliche Kultur der Schutzgebiete sowie die dort durch menschliche Tätigkeit für das gegenseitige Zusammenleben erzeugten Lebensverhältnisse.“[1388] Hervorgehoben wurde, daß es nicht zuerst auf das Fehlen einer Norm als Voraussetzung für die Nichtanwendbarkeit eines Strafrechtssatzes ankomme, sondern lediglich auf das Fehlen der von diesem Strafrechtssatz vorausgesetzten Einrichtungen und Verhältnisse.[1389]

Rechtspflege, S. 53; *Mathies*, Das in den Schutzgebieten geltende Reichsstrafrecht im Verhältnis zum Verwaltungsrecht, in: ZfKKK (14) 1912, S. 318 f.; *Sassen*, Das Gesetzgebungs- und Verordnungsrecht in den deutschen Kolonien, S. 132.

1384 *Lütken*, Das materielle Strafrecht in den deutschen Kolonien, S. 29.

1385 *Kraus*, Reichsstrafrecht und deutsche Schutzgebiete, S. 29.

1386 *Lütken*, Das materielle Strafrecht in den deutschen Schutzgebieten, S. 31 f.; *Kraus*, Reichsstrafrecht und Deutsche Schutzgebiete, S. 42.

1387 *Doerr*, Deutsches Kolonialstrafrecht, in: ZfKKK (10) 1908, S. 321 (324).

1388 *Kraus*, Reichsstrafrecht und Deutsche Schutzgebiete, S. 33.

1389 *Kraus*, Reichsstrafrecht und Deutsche Schutzgebiete, S. 35.

a) Anwendbarkeit des materiellen Strafrechts

Die Frage nach der Anwendbarkeit bestimmter strafrechtlicher Normen des Reichsrechts wurde drängend während des Herero-Nama-Aufstandes in Deutsch-Südwestafrika. An dem Aufstand hatten sich auch einige Nichteingeborene beteiligt, etwa der Engländer John William Wallace. Der Kaiserliche Bezirksrichter des Bezirksgerichts Windhuk Schottelius äußerte allerdings Bedenken, die Handlungen eines Weißen zu Gunsten der Aufständischen als Hochverrat[1390] oder Landesverrat[1391] im Sinne des RStGB aufzufassen. Die Anwendbarkeit des in bezug auf den Vorwurf des Hochverrats allein in Betracht kommenden § 81 RStGB sei ausgeschlossen, da der Hochverrat hier eine Handlung gegen das Reichsgebiet voraussetze. Das Schutzgebiet sei hingegen nicht Bestandteil des Reichsgebiets im Sinne des Art. 1 BRV.[1392] Auch der Tatbestand des Landesverrats sei unanwendbar, da es an einen „gegen das Deutsche Reich ausgebrochenen Kriege" nach §§ 87 ff. RStGB fehle.[1393] Auch das Reichs-Justizamt, das von der AAKA um Prüfung der Bedenken der Gerichte des südwestafrikanischen Schutzgebiets ersucht worden war, schloß eine direkte oder auch entsprechende Anwendung der Vorschriften über den Hoch- und Landesverrat aus, und folgerte:

> „Daß insoweit eine Lücke der für die Schutzgebiete geltenden Strafgesetze vorliegt, ist unverkennbar. Ob das Bedürfnis der Abhilfe so dringend ist, daß der Erlaß eines besonderen Gesetzes geboten erscheint, glaube ich dem Ermessen der Kolonial-Abteilung anheimstellen zu müssen. Gegebenen Falles würde meines Erachtens nicht eine Ergänzung des Strafgesetzbuches, sondern eine Zusatzbestimmung zu dem Schutzgebietsgesetz in Betracht zu ziehen sein."[1394]

Neben der Unanwendbarkeit der §§ 80 ff. RStGB in den Schutzgebieten war insbesondere die Anwendbarkeit der Vorschriften des von den Übertretungen handelnden 29. Abschnitts des Besonderen Teils des RStGB[1395] in Frage gestellt. Diese setzten vielfach verwaltungsrechtliche Vorschriften des Reichsrechts voraus, die in den Schutzgebieten als solche nicht eingeführt worden waren.[1396] So war etwa § 365 RStGB dort unanwendbar, wo eine Polizeistunde nicht geregelt war. Die Störung der Feier der Sonn- und Festtage nach § 366 Nr. 1 RStGB

1390 §§ 80 ff. RStGB.
1391 §§ 87 ff. RStGB.
1392 Vgl. hierzu oben 1. Kap. D. II.
1393 Schreiben des Ksl. Bezirksrichters Schottelius an Legationsrat Gerstmeyer, v. 4.1.1905, BA RKA 1001/4759, Bl. 108.
1394 Schreiben des RJA an das RKA, v. 19.5.1905, BA RKA 1001/4760, Bl. 20.
1395 §§ 360 – 370 StGB. Diese Übertretungen wurden – vergleichbar mit den heutigen Ordnungswidrigkeiten – mit Haft oder mit Geldstrafe geahndet.
1396 Vgl. § 3 SchGG 1900 i.V.m. § 19 Nr. 1 und 2 KGG 1900.

konnte nur geahndet werden, wenn entsprechende Anordnungen in den Schutzgebieten erlassen waren. § 367 Nr. 2, 3, 8, 14, 15 RStGB, der polizeiliche Anordnungen und Erlaubnisse voraussetzte, war solange nicht anwendbar, bis auch in den Schutzgebieten entsprechende verwaltungsrechtliche Vorschriften und Einrichtungen geschaffen wurden.[1397]

Unanwendbar in den Schutzgebieten waren auch die Vorschriften über die Wilderei der §§ 292 bis 295 RStGB. Die Schutzgebiete kannten keine „Jagdberechtigung“, weder als Jagdrecht des Eigentümers, noch als Jagdregal oder Befugnis aufgrund eines Jagdregals. Es fehlte somit an einer von den genannten Vorschriften vorausgesetzten Einrichtung im Sinne des § 20 KGG 1900. Die Bestrafung wegen Wilderei konnte daher nur nach den Vorschriften der für die einzelnen Schutzgebiete ergangenen öffentlichrechtlichen Jagdverordnungen erfolgen.[1398]

Neben der Anwendbarkeit einzelner Normen des RStGB war auch die Anwendbarkeit der Strafbestimmungen der übrigen Reichsgesetze bisweilen nicht unproblematisch. Diese sollten in den Schutzgebieten ohne weiteres dann zur Anwendung kommen, wenn sie unabhängig und für sich existierten. Soweit sie allerdings vom Inhalt anderer Gesetze abhingen und deren Geltung voraussetzten, konnten sie nur dann zur Anwendung kommen, wenn diese Gesetze selbst in den Kolonien eingeführt waren oder für anwendbar erklärt wurden.[1399]

So wurden in der Literatur etwa die Strafbestimmungen der Konkursordnung[1400] für anwendbar gehalten, weil gemäß § 3 SchGG 1900 i.V.m. § 19 Nr. 1 KGG 1900 die zivilrechtlichen Regelungen des Gesetzes in den Schutzgebieten galten. Die Gewerbeordnung[1401] galt nach einer Auffassung als Verwaltungsgesetz nebst ihren Strafbestimmungen in den Schutzgebieten nicht.[1402] Andernorts wurde hingegen die Strafvorschrift des § 146 Gewerbeordnung, die die Anwen-

---

[1397] Vgl. den Überblick bei *Doerr*, Deutsches Kolonialstrafrecht, in: ZfKKK (10) 1908, S. 321 (324 f.); *Kraus*, Reichsstrafrecht und Deutsche Schutzgebiete, S. 33 f.; *Lütken*, Das materielle Strafrecht in den deutschen Kolonien, S. 32 f.; neuerdings zudem *Fischer*, Die deutschen Kolonien, S. 116.

[1398] *Lüders*, Das Jagdrecht der Deutschen Schutzgebiete, S. 57 f.; vgl. noch unten 3. Kap. F. I. 4.

[1399] *Doerr*, Deutsches Kolonialstrafrecht, in: ZfKKK (10) 1908, S. 321 (325).

[1400] §§ 209 ff. der KO v. 10.2.1877, RGBl. 1877, S. 351.

[1401] Gewerbeordnung für den Norddeutschen Bund v. 21.6.1869, BGBl. 1869, S. 245.

[1402] *v. Stengel*, Die Rechtsverhältnisse der deutschen Schutzgebiete, S. 174; Köbner, Kolonialstrafrecht, in: Mitteilungen der IKV (XI) 1904, S. 552.

dung des sog. Trucksystems[1403] unter Strafe stellte, für anwendbar gehalten, da die zugrundeliegende Regelung über die Lohnzahlung an Fabrikarbeiter zivilrechtlicher Natur sei.[1404] Vom Sprengstoffgesetz sollten nur die strafrechtlichen Normen,[1405] nicht hingegen die verwaltungsrechtlichen Bestimmungen Anwendung finden. Vom „Preßgesetz"[1406] sollten nur die strafrechtlichen Vorschriften der §§ 20 f. Anwendung finden, während die Vorschriften über die Zuwiderhandlungen gegen Polizeivorschriften als „Blankettstrafdrohungen" solange unanwendbar seien, bis die bestreffenden Polizeivorschriften in den Schutzgebieten Geltung erlangt hätten.[1407]

b) Anwendbarkeit des Strafprozeßrechts

Obwohl formell als reichsgesetzliche Vorschrift über das Verfahren in Strafsachen in den Schutzgebieten in Geltung gesetzt,[1408] fand die RStPO dort in wesentlichen Punkten keine Anwendung.

Leitender Grundsatz des kolonialen Strafprozesses und gleichzeitig erheblichster Unterschied zum heimischen Strafverfahren war das Inquisitionsprinzip.[1409] Der völlig untergeordneten Stellung der kolonialen Staatsanwaltschaft mit Mitwirkungsmöglichkeiten nur bei Verbrechen und Vergehen in der Hauptverhandlung erster Instanz, bei der Einlegung von Rechtsmitteln und im Verfahren zweiter Instanz, entsprach eine starke Position des Kolonialrichters, dem auch die Initiative zur Strafverfolgung und das gesamte Vorverfahren bis zur Eröffnung der Hauptverhandlung oblag.[1410] Das Strafverfahren lag damit ganz in der Hand des Kolonialrichters.[1411] Insbesondere führte er als Strafverfolgungsbehörde die der

---

[1403] Nach § 134 GewO waren Fabrikinhaber verpflichtet, die Löhne der Arbeiter in barem Geld auszuzahlen. Beim Trucksystem erfolgte die Entlohnung durch beim Arbeitgeber zu entnehmende Waren.

[1404] *Doerr*, Deutsches Kolonialstrafrecht, in: ZfKKK (10) 1908, S. 321 (326).

[1405] §§ 5-8, 10 f. des Gesetzes gegen den verbrecherischen und gemeingefährlichen Gebrauch von Sprengstoffen, v. 9.6.1884, RGBl. 1884, S. 61.

[1406] Gesetz über die Presse, v. 7.5.1874, RGBl. 1874, S. 65.

[1407] Überblick bei *Doerr*, Deutsches Kolonialstrafrecht, in: ZfKKK (10) 1908, S. 321 (325 ff.); *Lütken*, Das materielle Strafrecht in den deutschen Kolonien, S. 34 ff.; *Gerstmeyer*, Das Schutzgebietsgesetz, § 19 KGG 1900 Anm. 8; *Mathies*, Das in den Schutzgebieten geltende Reichsstrafrecht im Verhältnis zum Verwaltungsrecht, in: ZfKKK (14) 1912, S. 318 (321 ff.); zuletzt *Fischer*, Die deutschen Kolonien, S. 116 f.

[1408] § 3 SchGG 1900 i.V.m. § 19 Nr. 2 KGG 1900.

[1409] Vgl. *Doerr*, Deutsches Kolonialstrafprozeßrecht, S. 80 ff.; ders., Deutsches Kolonial-Strafprozeßrecht, in: ZfKKK (10) 1908, S. 660 ff.; ders., Die Entwicklung des materiellen und formellen deutschen Kolonial-Strafrechts seit 1907, in: ZfKKK (12) 1910, S. 69 f.

[1410] S. oben 3. Kap. E. I. 2. c).

[1411] Vgl. nur § 3 SchGG 1900 i.V.m. §§ 52, 53, 55 KGG 1900.

Staatsanwaltschaft im vorbereitenden Verfahren obliegenden Ermittlungen durch[1412] und besorgte die sonst der Staatsanwaltschaft (§§ 36, 213, 483 RStPO) obliegenden Zustellungen, Ladungen sowie die Strafvollstreckung.[1413] Eine gerichtliche Voruntersuchung fand im kolonialen Strafprozeß nicht statt,[1414] die entsprechenden Vorschriften des Reichsrechts (§§ 176-195 RStPO) waren in den Kolonien unanwendbar. An die Stelle der öffentlichen Klage (§§ 196-198 RStPO) trat in den Fällen, in denen nicht sofort das Hauptverfahren eröffnet wurde, die Verfügung des Richters über die Einleitung des Verfahrens,[1415] so daß bis zu diesem Zeitpunkt der Richter ohne jede Mitwirkungsmöglichkeit der kolonialen Staatsanwaltschaft über Umfang und Verlauf der Untersuchungen zu befinden hatte. Das Gericht bestimmte ferner den Umfang der Beweisaufnahme völlig frei,[1416] was die zeitgenössische Literatur als „ungemeine" Erweiterung, wenn nicht Beseitigung der „Grenzen, innerhalb derer die Gerichte zur selbständigen Tätigkeit berechtigt und verpflichtet" waren, verstand.[1417] Bei der Hauptverhandlung stand damit „das Kolonialgericht freier da, als das mutterländische."[1418] Die Vorschriften über die Einlegung von Rechtsmitteln (§§ 338 ff. RStPO) waren nur teilweise anwendbar. Die im Reich der Staatsanwaltschaft zustehenden Rechtsmittel gegen die Entscheidungen des Bezirksgerichts (§ 338 Abs. 1, 1. Var. RStPO) standen in den Kolonien dem Bezirksrichter zu.[1419] Ausgeschlossen waren die Vorschriften über die dem Kolonialverfahren unbekannte Revision (§§ 374-398 RStPO).[1420] Die Vorschriften über Beschwerden (§§ 346-353 RStPO) und Berufungen (§§ 354-373 RStPO) waren nur eingeschränkt anwendbar, da im Kolonialprozeß Rechtsmittel gegen die wegen Übertretungen erlassenen Entscheidungen überwiegend unzulässig waren.[1421] Strittig beurteilt wurde dagegen die Anwendbarkeit der Vorschriften über die Beschwerde des Verletzten gegen den ablehnenden Bescheid des Bezirksrichters gegen die Einstellung des Verfahrens oder die Nichterhebung der öffentlichen Klage (§§ 170 ff. RStPO).[1422] Die Zurückdrängung des reichsverfahrensrechtlichen Anklageprinzips durch das koloniale Inquisitionsprinzip wurde mit „rein praktischen Gründen der besonderen Verhältnisse halber" begründet.[1423] Dieselben Zweck-

---

[1412] § 3 SchGG 1900 i.V.m. § 56 KGG 1900.

[1413] § 3 SchGG 1900 i.V.m. § 53 KGG 1900.

[1414] § 3 SchGG 1900 i.V.m. § 57 KGG 1900; vgl. aber auch § 6 Nr. 2 b) SchGG 1900.

[1415] § 3 SchGG 1900 i.V.m. § 58 KGG 1900.

[1416] § 3 SchGG 1900 i.V.m. § 60 KGG 1900.

[1417] So *Doerr*, Deutsches Kolonialstrafprozeßrecht, S. 81.

[1418] *v. Hoffmann*, Einführung in das Deutsche Kolonialrecht, S. 223.

[1419] § 3 SchGG 1900 i.V.m. § 65 KGG 1900.

[1420] Vgl. schon oben 3. Kap. E. I. 1. c).

[1421] § 3 SchGG 1900 i.V.m. § 63 KGG 1900.

[1422] Vgl. *Romberg*, Über die Geltung der §§ 170 ff. StPO in den Schutzgebieten, in: ZfKKK (14) 1912, S. 449 ff.

[1423] *Doerr*, Deutsches Kolonialstrafprozeßrecht, S. 81.

mäßigkeitserwägungen mögen mit Blick auf die großen Entfernungen und die Verkehrsschwierigkeiten der Schutzgebiete für die Verlängerung von Fristen[1424] gesprochen haben, oder für die Entscheidung, dem gefangenen Angeklagten keinen Anspruch auf Anwesenheit bei der Hauptverhandlung zuzugestehen.[1425] Indessen konnte der Angeklagte wegen großer Entfernung seines Aufenthaltsortes von der Verpflichtung zum Erscheinen in der Hauptverhandlung entbunden werden, wenn nach dem Ermessen des Gerichts die zu erwartende Freiheitsstrafe voraussichtlich nicht mehr als sechs Monate betrug,[1426] während im Reich die entsprechende Straferwartung bei sechs Wochen liegen mußte (§ 232 RStPO). Ohne weiteres anwendbar waren hingegen etwa die Vorschriften über die Zeugen (§§ 48-71 RStPO) und die Verteidigung (§§ 137-150 RStPO), da sich hier keine kolonialen Besonderheiten ergaben.[1427]

Im Übrigen waren die leitenden Grundsätze des Kolonialstrafverfahrens gegenüber der weißen Schutzgebietsbevölkerung dieselben wie im Reichsstrafprozeß. Ebenso wie im Deutschen Reich kamen daher das Legalitätsprinzip, die Grundsätze der Öffentlichkeit, Mündlichkeit und Unmittelbarkeit des Verfahrens, die freie Beweiswürdigung durch das Gericht sowie die Schriftlichkeit zum Tragen. Wie im Reich war auch in den Kolonien die Gerichtssprache Deutsch.[1428]

3. Die Schutzgebiete als strafrechtliches „In-“ oder „Ausland“

Waren die Schutzgebiete völkerrechtlich und – nach bestrittener Ansicht – auch staatsrechtlich in Beziehung auf das Deutsche Reich „Inland“,[1429] so stellte sich darüber hinaus bei der Anwendung einzelner Reichsgesetze die Frage, ob Normen mit Auslandsbezug auch auf die deutschen Kolonien anzuwenden waren. Eine grundsätzliche Feststellung, ob die Schutzgebiete im Verhältnis zum Deutschen Reich als Inland oder Ausland zu gelten hatten, ließ sich dabei nicht treffen. Vielmehr war die Frage für jede einzelne gesetzliche Vorschrift mit Rücksicht auf ihren Zweck und den Grund der verschiedenartigen Behandlung von In- und Ausland zu entscheiden.[1430]

1424 § 3 SchGG 1900 i.V.m. §§ 62, 66, 71 Abs. 2, S. 2 KGG 1900. Nicht: Verkürzung der Fristen, so irrig *Kopp*, Nichtdeutsche Angeklagte im deutschen Strafverfahren, S. 86.

1425 § 3 SchGG 1900 i.V.m. § 69 Abs. 2 KGG 1900.

1426 § 3 SchGG 1900 i.V.m. § 59 KGG 1900.

1427 Vgl. insgesamt die umfassende Übersicht bei *Doerr*, Die Geltung der Reichs-Strafprozeßordnung in den deutschen Schutzgebieten, in: ZfKKK (14) 1912, S. 11 ff.

1428 Vgl. im einzelnen *Doerr*, Deutsches Kolonialstrafprozeßrecht, S. 81 ff.

1429 Vgl. hierzu oben 1. Kap. D. I. und II.

1430 Eine nach Gesetzesgruppen gegliederte Untersuchung nimmt vor *Sabersky*, Der koloniale Inlands- und Auslandsbegriff, in: ZfKKK (9) 1907, S. 311-379; vgl. auch die Einteilung von *Sassen*, Die staatsrechtliche Natur der deutschen Schutzgebiete, in: ZFKKK (8) 1906, S. 594 (614 ff.).

Um die bisweilen schwierige Frage nach der ratio legis einzelner Vorschriften zu erleichtern, sind in der zeitgenössischen Literatur einige leitende Gesichtspunkte aus den zahlreichen in Frage kommenden Gesetzesbestimmungen abstrahiert worden: Waren für die Unterscheidung von In- und Ausland die aus der räumlichen Entfernung sich ergebenden Verkehrsschwierigkeiten maßgebend, so hatten Deutschland und die einzelnen Schutzgebiete, sowie die Schutzgebiete im Verhältnis zueinander als Ausland zu gelten. Beruhte die Unterscheidung auf der Annahme, daß eine fremde Rechtspflege nicht die gleichen Garantien und Rechtssicherheiten gewähre wie das Deutsche Reich, so wurden die Kolonien als Inland aufgefaßt. Weitere Erwägungen waren etwa der vermutete Unterschied in der rechtlichen Wirkung der Staatsgewalt auf in- und ausländischem Gebiet oder die wirtschaftliche und kulturelle Förderung des Inlandes.[1431]

Für den Bereich des Strafrechts herrschte Streit über die Rechtsstellung der Schutzgebiete. Grund der Uneinigkeit war insbesondere § 8 RStGB, der formulierte:

> „Ausland im Sinne dieses Strafgesetzes ist jedes nicht zum Deutschen Reiche gehörige Gebiet.“

Vereinzelt[1432] wurde vertreten, Ausland im Sinne des Strafgesetzbuches sei alles, was staatsrechtlich außerhalb des zum Deutschen Reich zugehörigen Gebietes liege. Die Schutzgebiete lägen jedoch unzweifelhaft außerhalb des Reichsgebiets und seien daher in strafrechtlicher Beziehung Ausland. Der herrschenden Lehre, die die Kolonien auch staatsrechtlich als Inland ansehe, sei entgegenzuhalten, daß nach § 8 RStGB der Inlandsbegriff keineswegs identisch sei mit dem Geltungsgebiet des Strafgesetzbuches, sondern sich allein nach staatsrechtlichen Grundsätzen bestimme. Es sei mindestens bedenklich, den nach Erwerb der Schutzgebiete möglicherweise – trotz des noch nicht geänderten Art. 1 der Reichsverfassung – erweiterten Inlandsbegriff in das unter anderen Verhältnissen entstandene Strafgesetzbuch hineinzutragen. Neben diesen formellen Erwägungen sprächen auch „innere Gründe“ dafür, in kriminalistischer Beziehung den Inlandsbegriff nicht über die Grenzen des Reichsgebiets im strengsten Sinne des Wortlauts zu erstrecken: Die strafprozessualen Grundsätze der Unmittelbarkeit und Mündlichkeit des Verfahrens würden erschüttert, wenn alle in den Schutzgebieten begangenen Delikte im Inland verfolgt werden müßten. Die als Ausnahme gedachte Verlesung protokollarischer Erklärungen in der Verhand-

---

1431 Vgl. *Sassen*, Die staatsrechtliche Natur der Schutzgebiete, in: ZfKKK (8) 1906, S. 594 (618 f.); *Gerstmeyer*, Schutzgebietsgesetz, S. 78 f., § 26 KGG Anm. 1; *Lütken*, Das materielle Strafrecht in den deutschen Kolonien, S. 43 f.

1432 *Frank*, Das Strafgesetzbuch für das Deutsche Reich, § 8 Anm. I.; ders., Die Strafverfolgung von Delikten in den Schutzgebieten, in: DJZ (I) 1896, S. 128 (130 f.).

lung werde dann an Stelle der mündlichen Vernehmung zur Regel und beeinträchtige die Sicherheit der Urteilsfindung.

Nach überwiegender Ansicht waren die Schutzgebiete hingegen auch in strafrechtlicher Hinsicht „Inland".[1433] So wurde argumentiert, die ratio legis verbiete, das „nicht zum Deutschen Reich gehörige Gebiet" (§ 8 RStGB) mit dem „verfassungsmäßigen Reichsgebiet" gleichzusetzen. Das „Inland als Raumgebiet" sei nicht nur streng territorial als verfassungsmäßig geschlossenes „Staats*land*gebiet" zu bestimmen, sondern weitergehend als das Gebiet, worin außerdem inländische „Staats*gewalt*" dauernd etabliert sei.[1434] Alle der deutschen Staatsgewalt unterliegenden Länder seien aber zum Inland zu rechnen, somit auch die Schutzgebiete.[1435] Teils wurde auch formuliert, das Deutsche Reich und die Schutzgebiete bildeten eine „Einheit" sowohl im Verhältnis zueinander, wie auch bezüglich solcher Straftaten, die weder im Reichsgebiet noch in einem der Schutzgebiete begangen waren.[1436]

Im Gebiet des deutschen Strafrechts begangene oder hiernach abzuurteilende strafbare Handlungen wurden damit überwiegend als im Inland begangen oder abgeurteilt betrachtet.[1437] Die §§ 3,[1438] 4,[1439] 5,[1440] 6,[1441] 7[1442] und 8 RStGB über

[1433] *Doerr*, Deutsches Kolonialstrafrecht, in: ZfKKK (10) 1908, S. 321 (328); *v. Stengel*, Die deutschen Schutzgebiete, in: Die Strafgesetzgebung der Gegenwart II, S. 385 (401 ff.); *Lütken*, Das materielle Strafrecht in den deutschen Kolonien, S. 43; *Seelbach*, Grundzüge der Rechtspflege in den Deutschen Kolonien, S. 15; *Fleischmann*, Die Entwickelung des deutschen Kolonialrechts, in: DJZ (X) 1905, Sp. 1035 (1036).

[1434] Instruktiv hierzu *Binding*, Handbuch des Strafrechts, Bd. 1, S. 405 ff.

[1435] So *Sassen*, Die staatsrechtliche Natur der deutschen Schutzgebiete, in: ZfKKK (8) 1906, S. 594 (619) und *Sabersky*, Der koloniale Inlands- und Auslandsbegriff, in: ZfKKK (9) 1907, S. 311 (365).

[1436] *Kraus*, Reichsstrafrecht und Deutsche Schutzgebiete, S. 51

[1437] *Doerr*, Deutsches Kolonialstrafrecht, in: ZfKKK (10) 1908, S. 321 (328); zum folgenden vgl. *Lütken*, Das materielle Strafrecht in den deutschen Kolonien, S. 44 ff.; *Kraus*, Reichsstrafrecht und Deutsche Schutzgebiete, S. 53 ff.; *Sassen*, Die staatsrechtliche Natur der deutschen Schutzgebiete, in: ZfKKK (8) 1906, S. 594 (619); *Sabersky*, Der koloniale Inlands- und Auslandsbegriff, in: ZfKKK (9) 1907, S. 311 (365 f.); *Seelbach*, Grundzüge der Rechtspflege in den Deutschen Kolonien, S. 15 und *Gerstmeyer*, Schutzgebietsgesetz, § 26 Anm. 1.

[1438] § 3 Die Strafgesetze des Deutschen Reichs finden Anwendung auf alle im Gebiete desselben begangenen strafbaren Handlungen, auch wenn der Täter ein Ausländer ist.

[1439] § 4 (Abs. 1) Wegen der im Auslande begangenen Verbrechen und Vergehen findet in der Regel keine Verfolgung statt. (Abs. 2) Jedoch kann nach den Strafgesetzen des Deutschen Reichs verfolgt werden: 1) ein Ausländer, welcher im Auslande eine hochverräterische Handlung gegen das Deutsche Reich oder einen Bundesstaat, oder ein Münzverbrechen begangen hat; 2) ein Deutscher, welcher im Auslande eine hochverräterische oder landesverräterische Handlung gegen das Deutsche Reich oder einen Bundesstaat, eine Beleidigung gegen einen Bundesfürsten oder ein Münzverbrechen begangen hat; 3) ein Deutscher, welcher im Auslan-

die Bestrafung der im Ausland begangenen Handlungen waren deshalb auf die in den Schutzgebieten verübten Handlungen unanwendbar. Im Sinne von § 9 RStGB[1443] waren die Schutzgebiete ebenso Inland wie im Sinne des § 37 RStGB.[1444] Auch der Zweck des § 140 Abs. 1 RStGB[1445] verlangte, daß die Schutzgebiete mit unter den Ausdruck „Bundesgebiet" zu rechnen waren. Schließlich waren die Kolonien auch im Sinne der §§ 244,[1446] 250 Nr. 5,[1447] 261[1448] und 264 RStGB,[1449] die Strafverschärfungen beim Rückfall vorsahen, als

---

de eine Handlung begangen hat, die nach den Gesetzen des Deutschen Reichs als Verbrechen oder Vergehen anzusehen und durch die Gesetze des Orts, an welchem sie begangen wurde, mit Strafe bedroht ist. (Abs. 3) Die Verfolgung ist auch zulässig, wenn der Täter bei Begehung der Handlung noch nicht Deutscher war. In diesem Falle bedarf es jedoch eines Antrages der zuständigen Behörde des Landes, in welchem die strafbare Handlung begangen worden, und das ausländische Strafgesetz ist anzuwenden, soweit dieses milder ist.

1440 § 5 Im Falle des § 4 Nr. 3 bleibt die Verfolgung ausgeschlossen, wenn 1) von den Gerichten des Auslandes über die Handlung rechtskräftig erkannt und entweder eine Freisprechung erfolgt oder die ausgesprochene Strafe vollzogen, 2) die Strafverfolgung oder die Strafvollstreckung nach den Gesetzen des Auslandes verjährt oder die Strafe erlassen, oder 3) der nach den Gesetzen des Auslandes zur Verfolgbarkeit der Handlung erforderliche Antrag des Verletzten nicht gestellt worden ist.

1441 § 6 Im Auslande begangene Übertretungen sind nur dann zu bestrafen, wenn dies durch besondere Gesetze oder durch Verträge angeordnet ist.

1442 § 7 Eine im Auslande vollzogene Strafe ist, wenn wegen derselben Handlung im Gebiete des Deutschen Reichs abermals eine Verurteilung erfolgt, auf die zu erkennende Strafe in Anrechnung zu bringen.

1443 § 9 Ein Deutscher darf einer ausländischen Regierung zur Verfolgung oder Bestrafung nicht ausgeliefert werden; vgl. auch §§ 84, 87 RStGB.

1444 § 37 Ist ein Deutscher im Auslande wegen eines Verbrechens oder Vergehens bestraft worden, welches nach den Gesetzen des Deutschen Reichs den Verlust der bürgerlichen Ehrenrechte überhaupt oder einzelner bürgerlicher Ehrenrechte zur Folge hat oder zur Folge haben kann, so ist ein neues Strafverfahren zulässig, um gegen den in diesem Verfahren für schuldig Erklärten auf jene Folge zu erkennen.

1445 § 140 Wer dem Eintritte in den Dienst des stehenden Heeres oder der Flotte sich dadurch zu entziehen sucht, daß er ohne Erlaubnis entweder das Bundesgebiet verläßt oder nach erreichtem militairpflichtigem Alter sich außerhalb des Bundesgebiets aufhält, wird mit einer Geldstrafe von fünfzig bis zu Eintausend Talern oder mit Gefängnis von Einem Monat bis zu Einem Jahr bestraft.

1446 § 244 (Abs. 1) Wer im Inlande als Dieb, Räuber oder gleich einem Räuber oder als Hehler bestraft worden ist, darauf abermals eine dieser Handlungen begangen hat, und wegen derselben bestraft worden ist, wird, wenn er einen einfachen Diebstahl (§ 242) begeht, mit Zuchthaus bis zu zehn Jahren, wenn er einen schweren Diebstahl (§243) begeht, mit Zuchthaus nicht unter drei Jahren bestraft.

1447 § 250 Auf Zuchthaus nicht unter fünf Jahren ist zu erkennen, wenn [...] 5) der Räuber bereits einmal als Räuber oder gleich einem Räuber im Inlande bestraft worden ist...

1448 § 261 (Abs. 1) Wer im Inlande wegen Hehlerei einmal und wegen darauf begangener Hehlerei zum zweiten Male bestraft worden ist, wird, wenn sich die abermals begangene Heh-

Inland anzusehen. Ganz überwiegend wurde aus dem Ergebnis der teleologischen Auslegung dieser „wichtigeren Paragraphen des RStGB" darauf geschlossen, daß die Schutzgebiete,

> „...im Strafgesetzbuch durchweg und damit allgemein strafrechtlich als Inland anzusehen sind; einzelne Ausnahmen vermögen hieran nichts zu ändern."[1450]

Im Bereich der Strafprozeßordnung wurde allerdings die Auslandseigenschaft der Schutzgebiete im Sinne des § 119 RStPO[1451] begründet: Für das Zustellungswesen im Strafprozeß, das sich nach den Vorschriften der ZPO richtete, waren die Kolonien Ausland. Mit der Benennung von Zustellungsbevollmächtigten sollte das Vorverfahren vor Verschleppungen durch die Notwendigkeit der Zustellung im Ausland bewahrt werden. Da in die Schutzgebiete eine Auslandszustellung erforderlich war, waren sie Ausland im Sinne des § 119 RStPO.[1452]

4. Das besondere Kolonialstrafrecht

Anders als auf dem Gebiet des bürgerlichen Rechts, wo neben den zivilrechtlichen Vorschriften der Reichsgesetze auch „allgemeine" preußische Landesgesetze – insbesondere die bürgerlichrechtlichen Vorschriften des ALR, soweit nicht durch das BGB außer Kraft gesetzt – eingeführt worden waren,[1453] war im Bereich des Strafrechts nur das Reichsrecht eingeführt.[1454] An die Stelle des Landesstrafrechts trat in den Schutzgebieten ein eigenes besonderes Kolonial-

---

lerei auf einen schweren Diebstahl, einen Raub oder ein dem Raube gleich zu bestrafendes Verbrechen bezieht, mit Zuchthaus nicht unter zwei Jahren bestraft...

[1449] § 264 (Abs. 1) Wer im Inlande wegen Betruges und wegen darauf begangenen Betruges zum zweiten Male bestraft worden ist, wird wegen abermals begangenen Betruges mit Zuchthaus bis zu zehn Jahren und zugleich mit Geldstrafe von fünfzig bis zu zweitausend Talern bestraft.

[1450] So *Lütken*, Das materielle Strafrecht in den deutschen Kolonien, S. 46 f.; vgl. allerdings die Bedenken von *Kraus*, Reichsstrafrecht und Deutsche Schutzgebiete, S. 54 f.

[1451] § 119. Der Angeschuldigte, welcher seine Freilassung gegen Sicherheitsleistung beantragt, ist, wenn er nicht im Deutschen Reiche wohnt, verpflichtet, eine im Bezirk des zuständigen Gerichts wohnhafte Person zur Empfangnahme von Zustellungen zu bevollmächtigen.

[1452] *Sabersky*, Der koloniale Inlands- und Auslandsbegriff, in: ZfKKK (9) 1907, S. 311 (361, 366).

[1453] § 3 SchGG 1900 i.V.m. § 19 Nr. 1 KGG 1900; vgl. hierzu *v. Hoffmann*, Einführung in das Deutsche Kolonialrecht, S. 178 ff.

[1454] § 3 SchGG 1900 i.V.m. § 19 Nr. 2 KGG 1900; vgl. auch den durch das Kolonialrecht nicht rezipierten § 50 KGG 1900, nach dem in den Konsulargerichtsbezirken durch Ksl. VO strafrechtliche Vorschriften des preußischen Landesrechts eingeführt werden konnten.

strafrecht.[1455] Hiermit konnten insbesondere Strafbarkeitslücken, die sich aus der Nichtgeltung des deutschen Landesstrafrechts sowie der verwaltungsstrafrechtlichen Bestimmungen des Reichsrechts[1456] in den Schutzgebieten ergaben, geschlossen werden.

Das besondere Kolonialstrafrecht für die weiße Schutzgebietsbevölkerung beruhte überwiegend auf Verordnungen.[1457] Inhaber dieses Strafverordnungsrechts war zunächst der Deutsche Kaiser. Ihm stand seit dem SchGG 1888 „in Vorschriften über Materien, die nicht Gegenstand des Strafgesetzbuchs für das Deutsche Reich" waren, die Befugnis zu, durch Verordnung Gefängnis bis zu einem Jahr, Haft, Geldstrafe und Einziehung einzelner Gegenstände anzudrohen.[1458] In der Folge ergingen zahlreiche Kaiserliche Kolonialverordnungen, die auch Strafbestimmungen enthielten, so etwa die Bergverordnungen,[1459] die Verordnungen über das Telegraphenwesen,[1460] die Zollverordnung[1461] sowie einige weitere eher unbedeutende Verordnungen.[1462] Darüber hinaus konnte der Kaiser auf dem Verordnungswege an Stelle der Enthauptung eine andere „eine Schärfung nicht enthaltende" Art der Vollstreckung der Todesstrafe anordnen.[1463]
Auch dem Reichskanzler standen Kompetenzen für den Bereich des besonderen Kolonialstrafrechts zu. Die Befugnis zum Erlaß von polizeilichen und sonstigen die Verwaltung betreffenden Verordnungen mit der Androhung von Gefängnis bis zu drei Monaten, Haft, Geldstrafe und Einziehung einzelner Gegenstände für den Fall der Nichtbefolgung war ihm ebenfalls seit 1888 zugesprochen[1464] und stand neben den vom Kaiser delegierten Verordnungskompetenzen.[1465] Der Reichskanzler wiederum delegierte die ihm originär zustehende Verordnungsbefugnis 1903 vollumfänglich auf die Gouverneure und kolonialen Spitzenbeamten der afrikanischen und Südsee-Schutzgebiete und verlieh diesen eine Subde-

---

1455 v. *Hoffmann*, Einführung in das Deutsche Kolonialrecht, S. 216.
1456 S. oben 3. Kap. F. I. 1.
1457 Vgl. zum Folgenden auch oben 3. Kap. C.
1458 § 3 Nr. 3 SchGG 1888; § 6 Nr. 1 SchGG 1900.
1459 §§ 90-92 der Ksl. BergVO für DSWA, v. 8.8.1905, RGBl. 1905, S. 727; §§ 89-91 der Ksl. BergVO für die afrikanischen und Südseeschutzgebiete mit Ausnahme von DSWA, v. 27.2.1906, RGBl. 1906, S. 363.
1460 §§ 4 f. der VO über das Telegraphenwesen im Kiautschou-Gebiet, v. 16.10.1901, RGBl. 1901, S. 379; §§ 4 f. der VO über das Telegraphenwesen in den deutschen Schutzgebieten ausschließlich Kiautschou, v. 15.6.1906, RGBl. 1906, S. 843.
1461 § 2 der Ksl. VO, betr. das Zollwesen, v. 7.11.1902, DKolBl. 1902, S. 603.
1462 Überblick bei *Gerstmeyer*, Schutzgebietsgesetz, § 6 Anm. 3.
1463 § 3 Nr. 8 SchGG 1888; § 6 Nr. 5 SchGG 1900.
1464 § 11 Abs. 2 SchGG 1888; § 15 Abs. 2 SchGG 1900.
1465 Zu letzteren s. oben 3. Kap. C. II.

legationsbefugnis für die ihnen unterstellten Beamten für deren Bereich.[1466] Einzig für Kiautschou war keine solche Regelung getroffen worden und eine weitere Delegation des Verordnungsrechts durch den Gouverneur an andere Beamte nicht vorgesehen.[1467] Schließlich standen bis 1903 auch den Kolonialrichtern der Schutzgebiete sowohl originäre als auch delegierte Strafverordnungskompetenzen zu, die allerdings schon in der zeitgenössischen Literatur wegen der offensichtlichen Mißachtung der Gewaltenteilungsgrundsätze heftiger Kritik ausgesetzt waren und in der Praxis eine eher untergeordnete Rolle einnahmen.[1468]

Unter den von den Gouverneuren erlassenen Verordnungen verdienen die Jagdverordnungen[1469] der Schutzgebiete besondere Beachtung, deren Erlaß auch wegen der Unanwendbarkeit der Vorschriften der §§ 292 bis 295 RStGB über die Wilderei erforderlich geworden war. Zuwiderhandlungen gegen die Jagdverordnungen, etwa bei Schonvergehen oder dem Nichtbeisichführen des Jagd- oder Erlaubnisscheins, konnten mit bis zu drei Monaten Gefängnis, Haft, Geldstrafe oder Einziehung bestraft werden.[1470] Mit weiteren Gouverneursverordnungen wurde das in den Schutzgebieten nicht unmittelbar geltende Reichs-Verwaltungsrecht einschließlich der darin enthaltenen Strafbestimmungen eingeführt. So traten zahlreiche Impfverordnungen[1471] an die Stelle des Reichs-Impfgesetzes.[1472] Das Reichsgesetz über die Presse[1473] wurde mit Ausnahme

[1466] §§ 5, 6 der Vfg. des RK, betr. die seemannsamtlichen und konsularischen Befugnisse und das Verordnungsrecht der Behörden in den Schutzgebieten Afrikas und der Südsee, v. 27.9.1903, DKolGG (VII) 1903, S. 214.
[1467] *Köbner*, Kolonialstrafrecht, in: Mitteilungen der IKV (XI) 1904, S. 545 (554, Nachtrag).
[1468] S. hierzu bereits oben. 3. Kap. C. IV.
[1469] VO d. Gouverneurs, betr. die Ausübung der Jagd im deutsch-südwestafrikanischen Schutzgebiet, v. 15.2.1909, DKolGG (XIII) 1909, S. 65; VO d. Gouverneurs, betr. die Jagd im Schutzgebiet Kamerun, v. 4.3.1908, DKolGG (XII) 1908, S. 74; *Ruppel*, Landesgesetzgebung für das Schutzgebiet Kamerun, S. 1014; Jagdverordnung d. Gouverneurs, betr. die Jagd in DOA, v. 5.11.1908, DKolGG (XII) 1908, S. 478; VO d. Landeshauptmanns v. DNG, betr. die Jagd auf Paradiesvögel in Kaiser-Wilhelmsland, v. 27.12.1892, DKolGG (II) 1893-1897, S. 1; VO d. Gouverneurs v. Samoa, betr. das Verbot des Erlegens und Fangens v. Fasanen und Zahntauben, v. 15.7.1911, DKolBl. 1911, S. 704; Jagdverordnung d. Gouverneurs v. Kiautschou, v. 17.7.1907, DKolGG (XI) 1907, S. 456; *Mohr*, Handbuch für das Schutzgebiet Kiautschou, S. 408.
[1470] Vgl. im einzelnen *Lüders*, Das Jagdrecht der Deutschen Schutzgebiete, S. 61 ff.
[1471] VO d. Ksl. Landeshauptmanns v. Togo, betr. Impfzwang, v. 21.1.1898, DKolGG (III) 1897-1898, S. 19; Polizeiverordnungen d. Gouverneurs v. Kamerun, betr. zwangsweise Impfungen in den Bezirken Kamerun und Buea, v. 10.6.1900 u. 28.12.1900, DKolGG (VI) 1901-1902, S. 247, 267; Polizeiverordnungen d. Gouverneurs v. Kamerun, betr. Einführung des Impfzwanges im Bezirk Kribi, v. 30.1.1904, DKolGG (VIII) 1904, S. 38; VO d. Gouverneurs v. Kiautschou, betr. Schutzpockenimpfung, v. 17.6.1902, DKolGG (VI) 1901-1902, S. 644.
[1472] Reichs-Impfgesetz, v. 8.4.1874, RGBl. 1874, S. 31.
[1473] Reichs-Preßgesetz, v. 7.5.1874, RGBl. 1874, S. 65.

seiner §§ 14, 29 und 31 durch Gouverneurs-Verordnung vom 25. März 1899 in Deutsch-Ostafrika in Kraft gesetzt. Indessen wurde die Strafbestimmung in § 18, die bei Übertretungen des Gesetzes bis zu sechs Monate Gefängnis androhte, wegen der Regelung des § 15 Abs. 2 SchGG 1900 nur bis zu einer Höhe von drei Monaten Gefängnis für gültig gehalten.[1474]

Neben Reichstrafrecht und dem besonderen Kolonial-Verordnungsstrafrecht waren auch völkerrechtliche Verträge eine weitere Rechtsquelle des für die weiße Schutzgebietsbevölkerung gültigen Kolonialstrafrechts. Hervorzuheben ist hier die General-Akte der Brüsseler Antisklavereikonferenz vom 2. Juli 1890.[1475] Aufgrund der in Art. V. des Vertrages ausgesprochenen Verpflichtung der Vertragsmächte, ein den Sklavenhandel bestrafendes Gesetz zu erlassen oder bei ihren gesetzgebenden Körperschaften in Vorschlag zu bringen, sofern nicht entsprechende nationale Gesetze schon bestünden, erging vornehmlich für die afrikanischen Schutzgebiete das Reichsgesetz, betreffend die Bestrafung des Sklavenraubes und des Sklavenhandels vom 28. Juli 1895.[1476] Fortan konnte mit Zuchthaus bestraft werden, wer vorsätzlich an einem auf Sklavenraub gerichteten Unternehmen mitwirkte,[1477] wer Sklavenhandel betrieb oder wer bei der diesem Handel dienenden Beförderung von Sklaven vorsätzlich mitwirkte.[1478] Neben der Freiheitsstrafe war in diesen Fällen auf Geldstrafe bis zu 100.000 Mark zu erkennen.[1479] In der Praxis wurde das Gesetz allerdings für „nahezu wertlos" gehalten, da die Sklavenhändler und Führer von Sklavenraubzügen in der Regel Araber gewesen seien, die der Reichsgesetzgebung nicht unterfielen.[1480]

> „Da die Erfahrung aller Nationen, die mit Afrika in Beziehung stehen, gezeigt hat, welche verderbliche und hervorragende Rolle bei der Ausübung des Sklavenhandels sowie bei den inneren Kriegen zwischen eingeborenen Stämmen die Feuerwaffen spielen,..."

stellte die Brüsseler General-Akte auch die Einfuhr von Feuerwaffen, „besonders von gezogenen und vervollkommneten Gewehren, sowie von Schießpulver,

---

[1474] *Mathies*, Das in den Schutzgebieten geltende Reichsstrafrecht im Verhältnis zum Verwaltungsrecht, in: ZfKKK (14) 1912, S. 318 (326).

[1475] RGBl. 1892, S. 605. DKolGG (I) 1892, S. 127; vgl. zur Geschichte der Sklaverei in den tropischen Kolonien der europäischen Mächte und Deutschlands *v. Hoffmann*, Einführung in das Deutsche Kolonialrecht, S. 134 ff.

[1476] RGBl. 1895, S. 425.

[1477] § 1 Abs. 1 S. 1 des Gesetzes v. 28.7.1895. Veranstalter und Anführer des Unternehmens traf nach § 1 Abs. 1 S. 2 Zuchthaus nicht unter drei Jahren.

[1478] § 2 S. 1 des Gesetzes v. 28.7.1895.

[1479] § 3 S. 1 des Gesetzes v. 28.7.1895.

[1480] *Bauer*, Die Strafrechtspflege über die Eingeborenen der deutschen Schutzgebiete, in: AöR (19) 1905, S. 32 (54 f.). Vgl. zu den für die farbige Bevölkerung erlassenen Bestimmungen über die Bestrafung von Sklavenraub und –handel noch unten 3. Kap. F. II. 1. b) cc).

Kugeln und Patronen“, abgesehen von gewissen Ausnahmen, auf dem afrikanischen Kontinent zwischen dem 20. Grad nördlicher Breite und dem 22. Grad südlicher Breite einschließlich der bis zu 100 Seemeilen entfernten vorgelagerten Inseln unter Verbot.[1481]

> „In gerechter Besorgnis wegen der moralischen und materiellen Folgen, welche der Mißbrauch der Spirituosen bei den eingeborenen Völkerschaften mit sich bringt,...“

verpflichteten sich die Vertragsstaaten schließlich, innerhalb der gleichen Zone den Handel mit Spirituosen und die Herstellung geistiger Getränke zu beschränken oder ganz zu untersagen.[1482]

In Ausführung der von der Reichsregierung übernommenen Verpflichtungen sind für die Schutzgebiete eine Mehrzahl von Verordnungen ergangen. In Deutsch-Ostafrika wurde die Einfuhr von Feuerwaffen jeder Art durch die Verordnung vom 9. Juli 1892 beschränkt und Zuwiderhandlungen gegen die Verordnung mit Geldstrafe bis zu 3000 Rupien, Gefängnis bis zu drei Monaten, sowie mit Einziehung der verbotenen Gegenstände bestraft.[1483] Nach der Gouverneurs-Verordnung für Kamerun vom 1. September 1899,[1484] die den Kleinhandel mit geistigen Getränken und deren Ausschank von einer Erlaubnis abhängig machte und Zuwiderhandlungen unter Strafe stellte, ergingen noch ähnliche Verordnungen für Togo[1485] und Deutsch-Südwestafrika.[1486]

[1481] Art. VIII bis XIV der Brüsseler General-Akte v. 2.7.1890.

[1482] Art. XC bis XCV der Brüsseler General-Akte v. 2.7.1890.

[1483] VO d. Gouverneurs v. DOA, betr. die Einführung von Feuerwaffen jeder Art und die dabei zu erfüllenden Förmlichkeiten, DKolGG (I) 1892, S. 390; vgl. die Strafbestimmungen in § 14 der VO d. Gouverneurs v. DOA, betr. die Führung und den Besitz von Feuerwaffen und Schießbedarf und den Verkehr mit denselben, v. 9.3.1906, DKolGG (X) 1906, S. 130. Vgl. auch die VO d. Gouverneurs v. Samoa, betr. Einfuhr von Feuerwaffen und Munition, v. 1.8.1900, DKolGG (V) 1899-1900, S. 137.

[1484] VO d. Ksl. Gouverneurs, betr. den Kleinhandel mit geistigen Getränken und deren Ausschank, DKolGG (IV) 1898-1899, S. 117.

[1485] VO d. Gouverneurs v. Togo, betr. die Neuregelung des Kleinverkaufs und Ausschanks von Branntwein im Togogebiet, v. 28.3.1900, DKolGG (V) 1899-1900, S. 43.

[1486] VO d. Gouverneurs v. DSWA, betr. die Einfuhr und den Vertrieb von geistigen Getränken in dem südwestafrikanischen Schutzgebiet, v. 18.12.1900, DKolGG (V) 1899-1900, S. 170.

II. Strafrecht und Strafprozeßrecht für die farbige Schutzgebietsbevölkerung

Das Strafrecht und das Strafprozeßrecht für die farbige Schutzgebietsbevölkerung[1487] zeichneten sich dadurch aus, daß einheitliche Bestimmungen, oder gar eine die Schutzgebiete übergreifende Kodifikation fehlten. Bei der Vielzahl der für die Kolonien erlassenen Rechtsvorschriften sind auf dem Gebiet des materiellen Strafrechts der Eingeborenen verhältnismäßig wenige Bestimmungen ergangen. Man beschränkte sich „auf die Aufstellung der allernotwendigsten Regeln".[1488] Insbesondere auf dem Gebiet der strafbaren Handlungen wurden nur äußerst wenige Konkretisierungen bestimmt. In einzelnen Fällen kam es daher zu richterlichen Rechtsfortbildungen nach den Bedürfnissen der Praxis, so etwa zur Herausbildung der im Reichsstrafrecht noch unbekannten Strafbarkeit des „Lügens vor Gericht".[1489] Von einem nach einheitlichen Gesichtspunkten aufgebauten System strafbarer Handlungen konnte „nicht die Rede" sein und die wenigen bestehenden Regeln waren schon nach zeitgenössischem Urteil „nicht sehr eingehend."[1490] Diesem Zustand entsprach fast zwangsläufig die bereits be-

---

[1487] Vgl. hierzu *v. Stengel*, Die Strafrechtspflege über die Eingeborenen in den deutschen Schutzgebieten, in: DJZ (III) 1898, S. 85ff.; *Bauer*, Die Strafrechtspflege über die Eingeborenen der deutschen Schutzgebiete, in: AöR (19) 1905, S. 32 (50 ff.); *Ziegler*, Eingeborenenstrafrecht in den deutschen Schutzgebieten, in: Mitteilungen der IKV (XI) 1904, S. 577 (579 ff.); *Sieglin*, Die koloniale Rechtspflege, S. 103 ff.; *Brinkmann*, Strafrecht und Strafverfahren für die Eingeborenen der deutschen Schutzgebiete, S. 9 ff., 18 ff., 25 ff., 41 ff., 47 ff.; *Doerr*, Deutsches Kolonialstrafrecht, in: ZfKKK (10) 1908, S. 321 (330 ff.); *Karlowa*, Die Strafgerichtsbarkeit über die Eingeborenen in den deutschen Kolonien, S. 21 ff., 70 ff.; *Lütken*, Das materielle Strafrecht in den deutschen Schutzgebieten, S. 47 ff.; *Wick*, Die Farbigenrechtspflege in den deutschen Schutzgebieten, S. 53 ff., 93 ff.; *v. Burgsdorff*, Die Entwicklung der kolonialen Rechtspflege, S. 84 ff.; zuletzt: *Walz*, Die Entwicklung der Strafrechtspflege in Kamerun unter deutscher Herrschaft, S. 55 ff., 76 ff., 173 ff.; *Zimmerling*, Die Entwicklung der Strafrechtspflege für Afrikaner in DSWA, S. 50 ff., 63 ff., 84 ff.; *Sebald*, Togo 1884-1914, S. 291 ff.; *Naucke*, Deutsches Kolonialstrafrecht 1886-1918, in: RhJ (7) 1988, S. 297 (304 ff.); *Wolter/Kaller*, Deutsches Kolonialrecht, in: ZNR (17) 1995, S. 201 (220 ff.); *Kopp*, Nichtdeutsche Angeklagte im deutschen Strafverfahren, S. 86 ff., 90 ff.; ders., Theorie und Praxis des deutschen Kolonialstrafrechts, in: Kolonialisierung des Rechts, S. 71 (77ff.); *Fischer*, Die deutschen Kolonien, S. 167 ff.

[1488] *Brinkmann*, Strafrecht und Strafverfahren für die Eingeborenen der deutschen Schutzgebiete, S. 25. *Naucke*, Deutsches Kolonialstrafrecht 1886-1918, in: RhJ (7) 1988, S. 297 (304) meint zuspitzend, es habe ein materielles Kolonialstrafrecht „gegen" Eingeborene nicht gegeben. Auch nach *Wolter/Kaller*, Deutsches Kolonialrecht, in: ZNR (17) 1995, S. 201 (220 f.) fehlte ein „rechtsstaatliches materielles Strafrecht".

[1489] Vgl. hierzu noch 3. Kap. F. II. 1. b) aa).

[1490] *Brinkmann*, Strafrecht und Strafverfahren für die Eingeborenen der deutschen Schutzgebiete, S. 41 f.

schriebene[1491] starke Stellung des in der Regel nicht juristisch geschulten Eingeborenenrichters, der nach seiner freien richterlichen Überzeugung die Entscheidung über die Strafbarkeit einer Handlung zu treffen hatte, und dem auch zustand, über das „ob" der Strafverfolgung zu befinden.[1492] Dem entsprach zudem die Ausbildung eines regional vielfältigen und an die örtlichen Bedürfnisse angepaßten „Bezirksleiterrechts".

Wenig schmeichelhaft sind noch zwanzig Jahre nach dem Erwerb der ersten Schutzgebiete die bisherigen „Gesetzgebungs-" Arbeiten auf dem Gebiet der Eingeborenen-Strafrechtspflege als bloße „Experimente" bezeichnet und die Schaffung einer einheitlichen Strafrechtskodifikation für die deutschen Kolonien propagiert worden,[1493] die indes bis zum Ende der deutschen Kolonialzeit nicht erging. Die naheliegende Alternative, die Anwendbarkeit des Reichsstrafrechts auf die Eingeborenen und die ihnen rechtlich gleichgestellten Angehörigen anderer farbiger Stämme zu erwägen, wurde zumeist nicht diskutiert. Zum Teil wurde das RStGB mit Blick auf die für die überwiegend nicht juristischen Beamten „viel zu umständlichen" Bestimmungen" und den den kolonialen Verhältnissen „nicht entsprechenden" Strafrahmen des Besonderen Teils als für diese Bevölkerungsgruppen „schlechterdings unanwendbar" abgelehnt.[1494]

Nachdem anfänglich fast allenthalben – lediglich für Deutsch-Neuguinea[1495] und die Marshall-Inseln[1496] waren schon nähere Regelungen getroffen worden – die Ausübung der Strafrechtspflege für die Eingeborenen nahezu schrankenlos möglich war, wurde im Jahre 1896 nach den im Reich vieldiskutierten Exzessen der kameruner Beamten Leist und Wehlan[1497] eilig ein einheitlicher Rahmen für das Kolonialstrafrecht der afrikanischen Schutzgebieten gesteckt. So wurden den Eingeborenen nunmehr erste prozessuale Garantien eingeräumt. Andere „als die in den deutschen Prozeßordnungen zugelassenen Maßnahmen" und die „Verhängung von außerordentlichen Strafen, insbesondere von Verdachtsstrafen"

[1491] 3. Kap. E. II. 1. a).

[1492] Zum Opportunitätsgrundsatz s. noch unten 3. Kap. F. II. 3. c).

[1493] *Bauer*, Die Strafrechtspflege über die Eingeborenen der deutschen Schutzgebiete, in: AöR (19) 1905, S. 32 (33, 68 ff.).

[1494] *Bauer*, Die Strafrechtspflege über die Eingeborenen der deutschen Schutzgebiete, in: AöR (19) 1905, S. 32 (82 f.).

[1495] Strafverordnung für die Eingeborenen, erlassen von der Direktion der NGK, v. 21.10.1888, DKolGG (I) 1892, S. 555; Anhang D. V.

[1496] Strafverordnung für die Eingeborenen, erlassen vom RK, v. 10.3.1890, DKolGG (I) 1892, S. 627.

[1497] S. hierzu bereits oben 3. Kap. C. II. und noch eingehend 3. Kap. H. Nach *Brinkmann*, Strafrecht und Strafverfahren für die Eingeborenen der deutschen Schutzgebiete, S. 13, warfen die äußeren Ereignisse auf die Strafgerichtsbarkeit über die Eingeborenen ein „eigenartiges Licht".

waren fortan untersagt.[1498] Auf dem Gebiet des materiellen Eingeborenenstrafrechts erging die Verfügung des Reichskanzlers für die Schutzgebiete von Ostafrika, Kamerun und Togo vom 22. April 1896,[1499] deren Anwendungsbereich unter Berücksichtigung der bestehenden Schutzverträge durch Verordnung des Landeshauptmanns vom 8. November 1896[1500] auch auf Deutsch-Südwestafrika ausgedehnt wurde.[1501]

Die Reichskanzler-Verfügung vom 22. April 1896 regelte zwar die Ausübung der Strafgerichtsbarkeit und des Strafverfahrens für die farbige Bevölkerung durch die kolonialen Verwaltungsbeamten (§ 1), definierte einen umfangreichen Katalog zulässiger Strafen (§ 2) und verknüpfte das koloniale Dienst- und Arbeitsrecht mit dem Kolonialstrafrecht (§ 17). Einen Hinweis auf die in den Schutzgebieten strafbaren Handlungen gab auch sie jedoch nicht. Für den zeitgenössischen Juristen war „am interessantesten, was nicht in der Verordnung steht." Es fehlten „nämlich drei Grundsäulen unserer heimischen Strafrechtspflege":[1502] Die richterliche Unabhängigkeit der Eingeborenen-„Richter" war nicht gewährleistet.[1503] Der Grundsatz nulla poena sine lege galt in den deutschen Schutzgebieten nicht. Schließlich kam das Legalitätsprinzip nicht zur Anwendung – das Einschreiten im Einzelfall lag ganz im Ermessen des Kolonialrichters.

Hervorzuheben ist zuletzt, daß das deutsche Kolonialstrafrecht nicht klar zwischen Rechtsgebieten unterschied, die im Reich streng voneinander getrennt waren. Koloniale Strafvorschriften entstammten vielfach Verwaltungs- und Polizeiverordnungen. Grundverschiedene rechtliche Einrichtungen wie zivilrechtlicher Schadensersatz und Geldstrafe wurden nicht immer unterschieden. Vor allem aber verband der Kolonialgesetzgeber im „Disziplinarstrafrecht" Bestimmungen des Arbeitsrechts mit den Rechtsfolgen des Strafrechts, eine Methodik, die den Bedürfnissen der kolonialen Praxis überaus entgegen kam.

[1498] Vfg. d. RK, betr. die Gerichtsbarkeit über die Eingeborenen in den afrikanischen Schutzgebieten, v. 27.2.1896, DKolGG (II) 1893-1897, S. 213.

[1499] Vfg. d. RK wegen Ausübung der Strafgerichtsbarkeit und der Disziplinargewalt gegenüber den Eingeborenen in den deutschen Schutzgebieten von Ostafrika, Kamerun und Togo, DKolGG (II) 1893-1897, S. 215; Anhang D. III.

[1500] Änderung der VO, betr. die Strafgerichtsbarkeit der Eingeborenen in Südwestafrika, DKolGG (II) 1893-1897, S. 294.

[1501] *Bauer*, Die Strafrechtspflege über die Eingeborenen der deutschen Schutzgebiete, in: AöR (19) 1905, S. 32 (51) bemerkt, daß die RK-Vfg. v. 22.4.1896 „seinerzeit sozusagen als Notverordnung Hals über Kopf erlassen wurde". Indes hätte nichts näher gelegen, als die „wohlbewährte Verordnung aus den Marshall-Inseln zu übernehmen."

[1502] *Ziegler*, Eingeborenenstrafrecht in den deutschen Schutzgebieten, in: Mitteilungen der IKV (XI) 1904, S. 577 (582).

[1503] Vgl. hierzu eingehend 3. Kap. E. II. 1. a).

1. Die strafbaren Handlungen

Schon in der zeitgenössischen Literatur wurde angemerkt, daß die Zahl der Kolonial-Verordnungen auf dem Gebiet des materiellen Strafrechts und hier insbesondere der strafbaren Handlungen „nicht sehr groß" sei. Auch sei ihr Inhalt „nur ein beschränkter."[1504] Jedoch wurde um Verständnis für diesen „nicht gerade wünschenswerten Zustand" geworben: Im Hinblick auf die „verschiedenartigen sittlichen Wert- und Unwertanschauungen der eingeborenen Bevölkerung" sei „die Regelung der Frage nach der Strafbarkeit des Tuns [...] eine äußerst schwierige".[1505] Bei der „ungenügenden Kenntnis von Land und Leuten" könne eine erschöpfende Aufzählung der strafbaren Handlungen in einer Kodifikation „doch nur ein Stückwerk sein und deshalb ihren Zweck nicht erfüllen."[1506] Noch gegen Ende der deutschen Kolonialzeit wurde 1914 geäußert, an ein „System strafbarer Handlungen, das man für die Schutzgebiete erwarten sollte, das anzustreben eine der ersten Aufgaben der Kolonialgesetzgebung sein muß, ist nicht entfernt zu denken."[1507]

Zugleich wurde aber zugestanden, daß bestimmte Grundsätze des Reichsstrafrechts auch in der Eingeborenenstrafrechtspflege zur Geltung kommen müßten. So seien die Deliktstatbestände des Verbrechens und des Vergehens der kolonialrichterlichen Rechtssprechung „zugrunde zu legen, [...] soweit sie sich zur Übertragung auf koloniale Verhältnisse eignen." Gleiches gelte für die Bestimmungen des Allgemeinen Teils etwa über Versuch und Teilnahme.[1508] Den Eingeborenen müsse „klar gemacht werden, [...] was ihnen verboten ist."[1509] Diese in der Literatur geäußerte Ansicht fand in einem Runderlaß der Gouverneurs

---

1504 *Karolowa*, Die Strafgerichtsbarkeit über die Eingeborenen in den deutschen Kolonien, S. 21. Nach *v. Hoffmann*, Einführung in das Deutsche Kolonialrecht, S. 220, beschränkte sich „bisher der deutsche Kolonialgesetzgeber auf gelegentliches Einschreiten." Nur gelegentlich, „um schweren Mißständen zu begegnen", werde man eigene Strafvorschriften erlassen dürfen.

1505 *Brinkmann*, Strafrecht und Strafverfahren für die Eingeborenen der deutschen Schutzgebiete, S. 42.

1506 *Wick*, Die Farbigenrechtspflege in den deutschen Schutzgebieten, S. 67.

1507 *Lütken*, Das materielle Strafrecht in den deutschen Kolonien, S. 52.

1508 *Karlowa*, Die Strafgerichtsbarkeit über die Eingeborenen in den deutschen Kolonien, S. 21 f.; ähnlich unscharf: *Lütken*, Das materielle Strafrecht in den deutschen Kolonien, S. 53, nach dem der Kolonialrichter „vor allem den besonderen Teil des RStGB, sowie in gewisser Beziehung auch dessen allgemeinen Teil [...] als Vorbild zu Rate ziehen" sollte; ähnlich auch *Doerr*, Deutsches Kolonialstrafrecht, in: ZfKKK (10) 1908, S. 321 (331), jedoch nur für den Begriff des Verbrechens.

1509 *Wick*, Die Farbigenrechtspflege in den deutschen Schutzgebieten, S. 67.

von Togo vom 11. Februar 1907[1510] ihren Niederschlag. Nach der Feststellung, daß die Reichskanzler-Verfügungen vom 27. Februar und 22. April 1896 keine Grundlage für die Aburteilung der Eingeborenendelikte schaffen könnten, wurde ausgeführt:

> „Wenn sonach die Paragraphen des Reichsstrafgesetzbuches und der übrigen Reichsgesetze nicht ohne weiteres auf die Eingeborenen angewandt werden können, so geben sie doch immerhin einen gewissen Anhalt, und es ist Sache der Bezirksämter und Stationen, die in diesen Gesetzen niedergelegten Rechtsanschauungen, soweit sie auf die von den europäischen Verhältnissen immerhin abweichenden Verhältnisse des Landes nur irgend angewendet werden können, allmählich auch in den Eingeborenen großzuziehen. Am geeignetsten geschieht dies durch wiederholten Hinweis auf die Strafbarkeit der fraglichen Handlungen."

Die Anwendung des reichsstrafrechtlichen Grundsatzes „nulla poena sine lege" für das Gebiet der Farbigenstrafrechtspflege wurde einmütig ausgeschlossen. Im RStGB in § 2 niedergelegt,[1511] und für die weiße Schutzgebietsbevölkerung in selbstverständlicher Geltung befindlich,[1512] wurde das Prinzip als für die farbige Bevölkerung ungeeignet abgelehnt. Bemerkenswert ist dabei die Argumentation der zeitgenössischen Literatur. Bisweilen wurde immerhin von einem „unerwünschten Zustand" gesprochen.[1513] Teilweise wurde die Nichtgeltung des Grundsatzes in einen historischen Zusammenhang mit der Rechtsfindung durch den römischen Prätor oder den germanischen Urteilsfinder gestellt.[1514] Zum Teil wurde die Zulässigkeit kolonialrichterlicher Rechtsschöpfung aus der allgemeinen strafrechtlichen Literatur der Zeit hergeleitet,[1515] die sich indes mit dem Kolonialstrafrecht nie näher befaßt hatte.[1516] Schließlich wurde offen die Notwendigkeit richterlicher Rechtsfortbildung für das Gebiet der Farbigenstrafrechtspflege vertreten. Die Einführung des reichsrechtlichen und auch im Hinblick

---

1510 R.E. d. Gouverneurs v. Togo, betr. die Bestrafung der Straftaten der Eingeborenen, DKolGG (XI) 1907, S. 93.

1511 § 2 Abs. 1 RStGB. Eine Handlung kann nur dann mit einer Strafe belegt werden, wenn diese Strafe gesetzlich bestimmt war, bevor die Handlung begangen wurde.

1512 § 3 SchGG 1900 i.V.m. § 19 Nr. 2 KGG 1900.

1513 *Lütken*, Das materielle Strafrecht in den deutschen Kolonien, S. 53, der allerdings diesen Zustand sogleich durch die Schwierigkeit, bei dem „mehr oder weniger großen Gemisch der verschiedenen Rassen" eine Abgrenzung der strafbaren Handlungen zu schaffen, begründet.

1514 *Karlowa*, Die Strafgerichtsbarkeit über die Eingeborenen in den deutschen Kolonien, S. 27; *Ziegler*, Eingeborenenstrafrecht in den deutschen Schutzgebieten, in: Mitteilungen der IKV (XI) 1904, S. 577 (586).

1515 *Karlowa*, Die Strafgerichtsbarkeit über die Eingeborenen in den deutschen Kolonien, S. 28 unter Hinweis auf v. Liszt.

1516 Nach *Naucke*, Deutsches Kolonialstrafrecht 1886-1918, in: RhJ (7) 1988, S. 297 (311 f., Fn. 71) haben sich Beling, Binding und der zitierte v. Liszt nicht sehr um das Kolonialstrafrecht „gekümmert"; vgl. auch oben 3. Kap. A.

auf die weiße Schutzgebietsbevölkerung in Geltung befindlichen nulla poena-Grundsatzes für die farbige Bevölkerung

> „...würde die gerade auf diesem Gebiete zur Fortbildung des Rechts erwünschte rechtsschöpferische Kraft der Rechtsprechung ganz erheblich vermindern.“[1517]

Welche Kraft die rechtsschöpferischen Tätigkeiten der kolonialrichterlichen Beamten tatsächlich entfalten konnten, mußte die AAKA bei der Durchsicht der ihr aus Kamerun eingereichten Berichte feststellen. Auch der Gouverneur des Schutzgebiets hatte entsprechende Fälle zusammengestellt. Hiernach waren in Einzelfällen Eingeborene ohne eine rechtliche Grundlage etwa wegen „ungebührlichen Benehmens gegen Europäer“, fahrlässiger Sachbeschädigung, „Widersetzlichkeit“, „fortgesetzter Faulheit“, „ruhestörenden Lärms“ oder „böswilligen Verlassens ihres Ehemanns“ verurteilt worden.[1518] Der Oberrichter Kameruns bemerkte hierzu kritisch, in der Praxis existierten „zahlreiche Strafnormen, die, der Phantasie entsprungen, in keinem Gesetz eine Stütze oder auch nur ein Analogon“ fanden.[1519] Zwar verstießen die Beamten damit gegen geltendes Schutzgebietsrecht, das ohnehin einen weiten Rahmen strafbarer Handlungen steckte und dabei auf das RStGB Bezug nahm.[1520] Den diesbezüglichen Ermahnungen des Gouverneurs[1521] stand allerdings entgegen, daß etliche Stationschefs über keinen Text des RStGB verfügten. Die Mehrzahl der als Eingeborenenrichter eingesetzten Kolonialbeamten lehnte zudem die Bindung an feststehende Straftatbestände entschieden ab. In diesem Fall sei eine erhebliche Gefährdung der öffentlichen Sicherheit und Ordnung im Schutzgebiet zu besorgen.[1522]

a) Frühe Bindung an die Tatbestände des Reichsstrafrechts

Zusammenfassende Aufzählungen der strafbaren Handlungen fanden sich zunächst nur auf Neu-Guinea und den Marshall-Inseln, später auch in Tsingtau[1523]

1517 *Wick*, Die Farbigenrechtspflege in den deutschen Schutzgebieten, S. 68.

1518 Weitere Nachweise bei *Walz*, Die Entwicklung der Strafrechtspflege in Kamerun unter deutscher Herrschaft, S. 104 f.

1519 Gutachten des kameruner Oberrichters Autenrieth, v. 25.8.1909, BA RKA 1001/5380, Bl. 73.

1520 Vgl. hierzu sogleich.

1521 Nr. II. des R.E. d. Gouverneurs, betr. Straf- und Disziplinargerichtsbarkeit über Eingeborene, v. 5.1.1906, *Ruppel*, Landesgesetzgebung für das Schutzgebiet Kamerun, S. 819; Nr. I. des R.E. d. Gouverneurs, betr. die Gerichtsbarkeit über die Eingeborenen, v. 28.10.1909, *Ruppel*, Landesgesetzgebung für das Schutzgebiet Kamerun, S. 821.

1522 *Walz*, Die Entwicklung der Strafrechtspflege in Kamerun unter deutscher Herrschaft, S. 105 f.

1523 § 5 der VO, betr. die Rechtsverhältnisse der Chinesen, v. 15.4.1899, DKolGG (IV) 1898-99, S. 191; *Mohr*, Handbuch für das Schutzgebiet Kiautschou, S. 72; Anhang D. VI.

sowie in Kamerun[1524] und in Togo.[1525] Bemerkenswert ist, daß die 1888 für das Schutzgebiet der Neuguinea-Kompagnie[1526] und 1890 für die Marshall-Inseln[1527] erlassenen ersten deutschen Kolonial-Strafverordnungen den Katalog der strafbaren Handlungen noch eng am RStGB ausrichteten. Die nahezu wortgleichen Verordnungen führten in § 2 Abs. 1 aus:

> „Die Strafverfolgung ist nur zulässig wegen Handlungen, welche nach den Gesetzen des Deutschen Reiches als Verbrechen oder Vergehen strafbar sind."

Allerdings wurden nach § 2 Abs. 2 der Verordnungen solche Strafvorschriften, die in den nach § 11 SchGG 1888[1528] erlassenen Verwaltungs- und Polizeivorschriften des Reichskanzlers oder der von ihm ermächtigten Schutzgebietsbeamten oder Kolonialgesellschaften enthalten waren,[1529] durch diese Bestimmung nicht berührt. Eine uneingeschränkte Bindung an die Tatbestände des RStGB hat es demnach auch in den frühesten deutschen Kolonial-Strafverordnungen nicht gegeben.

1524 § 2 Abs. 1, Abs. 2, § 4 der Dienstvorschrift d. Gouverneurs v. Kamerun, betr. die Ausübung der Strafgerichtsbarkeit gegenüber den Eingeborenen, v. Mai 1902 (ohne Tagesangabe). DKolGG (VI) 1901-1902, S. 466; *Ruppel*, Landesgesetzgebung für das Schutzgebiet Kamerun, S. 817.

1525 R.E. d. Gouverneurs v. Togo, betr. die Bestrafung der Straftaten der Eingeborenen, v. 11.2.1907, DKolGG (XI) 1907, S. 93.

1526 Strafverordnung für die Eingeborenen, erlassen von der Direktion der NGK, v. 21.10.1888, DKolGG (I) 1892, S. 555, gemäß Allerhöchster VO, betr. die Gerichtsbarkeit der NGK über die Eingeborenen ihres Schutzgebiets, v. 15.10.1897, DKolGG (II) 1893-1897, S. 365, in Geltung geblieben. Vgl. die VO d. RK, betr. Änderung der Strafverordnung für die Eingeborenen von Neuguinea v. 21.10.1888 u. für die Eingeborenen der Marshall-Inseln v. 10.3.1890, v. 28.10.1908, DKolGG (XII) 1908, S. 468.

1527 Strafverordnung für die Eingeborenen, erlassen vom RK, v. 10.3.1890, DKolGG (I) 1892, S. 627.

1528 Dem späteren § 15 SchGG 1900.

1529 Vgl. zu diesem besonderen Verordnungsrecht des Reichskanzlers, der Kolonialgesellschaften und –beamten schon oben 3. Kap. C. II. u. III.

b) Die Herausbildung weiterer Tatbestände

Alle später auf dem Gebiet des Eingeborenen-Strafrechts erlassenen Rechtsvorschriften, die überhaupt Aussagen über die Strafbarkeit einzelner Handlungen trafen, kamen mit dieser noch verhältnismäßig knappen Umschreibung von Straftatbeständen nicht mehr aus. Neben den Tatbeständen des RStGB wurden fortan in den einzelnen Schutzgebieten durch Kolonialgesetzgebung und richterliche Praxis weitere Tatbestände herausgebildet, die den tatsächlichen und rechtlichen „Bedürfnissen“ vor Ort entsprachen, den Sitten und Gewohnheiten der Eingeborenen Rechnung trugen oder auf die Umsetzung völkerrechtlicher Verpflichtungen zurückzuführen waren.

aa) „Lügen vor Gericht“

Schon erheblich weiter als die frühen Strafverordnungen für die Deutsche Südsee ging die lediglich im Wege einer Dienstvorschrift[1530] erlassene Bestimmung des Gouverneurs von Kamerun vom Mai 1902.[1531] Hier wurde angeordnet:

> „Das Strafverfahren darf nur[1532] wegen solcher Handlungen eingeleitet werden, welche durch das Reichs-Strafgesetzbuch oder andere Reichsgesetze oder durch Kaiserliche Verordnung gemäß § 6 des Schutzgebietsgesetzes oder durch Verordnung gemäß § 15 desselben Gesetzes zur Zeit der Begehung der Tat mit Strafe bedroht sind.“[1533]

Bemerkenswert an der Dienstvorschrift ist immerhin die Verankerung des reichsstrafrechtlichen[1534] Rückwirkungsverbots. Allerdings trat neben den gegenüber den Strafverordnungen für Deutsch-Neuguinea und die Marshall-Inseln erheblich erweiterten Katalog strafbarer Handlungen noch der für das Kolonial-

---

[1530] Hierauf macht schon 1911 aufmerksam *v. Hoffmann*, Einführung in das Deutsche Kolonialrecht, S. 220.

[1531] Dienstvorschrift d. Gouverneurs v. Kamerun, betr. die Ausübung der Strafgerichtsbarkeit gegenüber den Eingeborenen, v. Mai 1902 (ohne Tagesangabe), DKolGG (VI) 1901-1902, S. 466; *Ruppel*, Landesgesetzgebung für das Schutzgebiet Kamerun, S. 817; vgl. hierzu das Gutachten des kameruner Oberrichters Autenrieth, BA RKA 1001/5380, Bl. 71.

[1532] *Naucke*, Deutsches Kolonialstrafrecht 1886-1918, in: RhJ (7) 1988, S. 297 (306) nennt diese Eingangsformulierung einen unbewußten juristischen Zynismus, weil die strafrechtliche Beurteilung mit den sprachlichen Mitteln eines strengen rechtsstaatlichen Strafrechts ausgedrückt werde, ohne daß an der „Sache Rechtsstaat“ festgehalten werde. Das materielle Eingeborenen-Strafrecht sei bei der „Bestimmung der strafbaren Handlungen ungebunden“.

[1533] § 2 Abs. 1 der Dienstvorschrift v. Mai 1902.

[1534] § 2 Abs. 1 RStGB.

strafrecht charakteristische[1535] Straftatbestand der falschen uneidlichen Aussage vor Gericht:

> „Farbige Zeugen oder Sachverständige, die vorsätzlich vor Gericht falsch aussagen, sind wegen falscher Aussage vor Gericht angemessen[1536] zu bestrafen."[1537]

Unter „Gericht" wurden indessen auch hier die Kolonialbehörden verstanden. Dem Reichsstrafrecht war ein entsprechender Tatbestand noch unbekannt. Erst 1943 wurde der Tatbestand der falschen uneidlichen Aussage nach österreichischem Vorbild in das Reichsstrafgesetzbuch übernommen.[1538] Ein Zusammenhang zur früheren kolonialen Praxis läßt sich allerdings nicht nachweisen.[1539]

Mit der Aufnahme des Tatbestandes der vorsätzlichen Falschaussage vor Gericht durch die Dienstanweisung vom Mai 1902 war lediglich formell ausgedrückt, was schon bisher in Kamerun gängige Strafpraxis gewesen war.[1540] Auch in den anderen afrikanischen Schutzgebieten war allgemein die Strafbarkeit des „Lügens vor Gericht" von der Rechtsprechung herausgebildet worden.[1541] Diese Form der Strafrechtsfortbildung nach den Bedürfnissen der richterlichen Praxis ist in der zeitgenössischen Literatur übereinstimmend darauf zurückgeführt worden, daß eine Vereidigung Eingeborener „in den weitaus meisten Fällen" nicht erfolgen könne:

> „Da ihnen die Einsicht in das Wesen des Eides vollkommen fehlt und wohl auch religiöse Schwierigkeiten vorliegen, da andererseits aber die Neigung zur Lüge bei den meisten Rassen, die unsere Kolonien bewohnen, eine große ist, so mußte dem Richter eine Stütze gegeben werden, die ihm ermöglichte, einen Ersatz für

[1535] *Doerr*, Deutsches Kolonialstrafrecht, in: ZfKKK (10) 1908, S. 321 (335).

[1536] Die Unbestimmtheit des Strafmaßes ist von der zeitgenössischen Literatur nicht bemerkt worden.

[1537] § 4 der Dienstvorschrift v. Mai 1902.

[1538] Durch Art. 7 der VO zur Angleichung des Strafrechts des Altreichs und der Alpen- und Donau-Reichsgaue (Strafrechtsangleichungsverordnung), erlassen v. RMJ Thierack, v. 29.5.1943, RGBl. 1943 I S. 339; vgl. *Schönke/Schröder-Lenckner*, § 153 Anm. 1.

[1539] Vgl. *Fischer*, Die deutschen Kolonien, S. 170 f., der auch auf die Diskussion um die Einführung einer entsprechenden Regelung und den Vorentwurf einer Neufassung des RStGB aus dem Jahre 1909 hinweist.

[1540] *Walz*, Die Entwicklung der Strafrechtspflege in Kamerun unter deutscher Herrschaft, S. 91.

[1541] *Karlowa*, Die Strafgerichtsbarkeit über die Eingeborenen in den deutschen Kolonien, S. 27 f.; *Ziegler*, Eingeborenenstrafrecht in den deutschen Schutzgebieten, in: Mitteilungen der IKV (XI) 1904, S. 577 (586); *Brinkmann*, Strafrecht und Strafverfahren für die Eingeborenen der deutschen Schutzgebiete, S. 43 f.; *Lütken*, Das materielle Strafrecht in den deutschen Kolonien, S. 59.

> Zeugen- und eventuelle Sachverständigenvereidigung zu haben […] Hier ist ein interessanter Fall gegeben von Rechtserzeugung durch Gerichtsgebrauch."[1542]

Bezeichnend ist der noch weitergehende Begründungsansatz des Oberrichters von Deutsch-Ostafrika. Hiernach sei die Bestrafung des „Lügens vor Gericht" schon deshalb als „Ungehorsam" gerechtfertigt, weil der „Eingeborene, der auf Aufforderung nicht die Wahrheit sagt, gegen seine Gehorsamspflicht sich verfehlt."[1543]

Im deutsch-ostafrikanischen Schutzgebiet scheint die Praxis die Strafbarkeit des „Lügens vor Gericht" zudem dahin ausgedehnt zu haben, daß auch die falsche Aussage des Angeklagten mit Strafe belegt wurde.[1544] Nach der Prüfung der eingereichten Strafbuchauszüge und der zur Bestätigung eingereichten Urteile sah sich der dortige Gouverneur in einem Runderlaß vom 27. Dezember 1900[1545] bemüßigt, darauf hinzuweisen, daß wegen „Lügens vor Gericht" nur Zeugen, nicht aber der Angeklagte bestraft werden könnten. Gegen den Angeklagten könne das „Lügen vor Gericht" nur bei Ausmessung der Strafe für die zur Verhandlung stehende Tat straferhöhend in Betracht kommen, niemals aber eine selbständige Straftat sein.

bb) Die Berücksichtigung einheimischer Sitten und Gebräuche

In den deutschen Schutzgebieten sind nicht nur in weitem Umfang Einheimische zu Aufgaben der Farbigenrechtspflege herangezogen worden.[1546] In vielerlei Hinsicht ist den einheimischen Sitten und Gebräuchen auch durch die Gestaltung des materiellen Strafrechts Rechnung getragen worden. Dies spiegelte sich insbesondere in der Aufnahme von mehreren dem Reichsstrafrecht unbekannten strafbaren Handlungen in die Strafrechtskodifikationen der Kolonien und durch die örtliche richterliche Praxis wider.

1542 *Karlowa*, Die Strafgerichtsbarkeit über die Eingeborenen in den deutschen Kolonien, S. 27; Ähnlich die anderen eben Zitierten.

1543 *Ziegler*, Eingeborenenstrafrecht in den deutschen Schutzgebieten, in: Mitteilungen der IKV (XI) 1904, S. 577 (585 f.).

1544 So *Brinkmann*, Strafrecht und Strafverfahren für die Eingeborenen der deutschen Schutzgebiete, S. 44. Damit hätte der Grundsatz „nemo tenetur se ipsum accussare" im ostafrikanischen Schutzgebiet keine Anwendung gefunden.

1545 Auszug aus dem R.E. d. Gouverneurs v. DOA, betr. die Strafgerichtsbarkeit gegenüber Farbigen, DKolGG (VI) 1901-1902, S. 266.

1546 Vgl. hierzu eingehend 3. Kap. E. II. 1. b) und 2. a) bis g).

In Togo waren bis zum Jahre 1907 noch keinerlei Vorschriften über die Strafbarkeit einzelner Handlungen ergangen. Zwar hatte die Dienstanweisung des Gouverneurs vom 10. Januar 1906[1547] die Reichskanzlerverfügung vom 22. April 1896[1548] in ihren wesentlichen Bestimmungen konkretisiert. Erst der Runderlaß des Gouverneurs vom 11. Februar 1907[1549] stellte jedoch bestimmte Verhaltensweisen der Eingeborenen förmlich unter Strafe. Der Hinweis an die untergeordneten Stellen „auf die augenblickliche Rechtslage in der beregten Materie" geschah mit

> „...Rücksicht darauf, daß einerseits die Kodifikation des Eingeborenenstrafrechts noch längere Zeit in Anspruch nehmen wird und andererseits wiederholt die Bestrafung von Handlungen der Eingeborenen verlangt worden ist, die nach europäischer Auffassung Straftaten darstellen, aber weniger Ausflüsse eines verbrecherischen Willens, als vielmehr überlieferter und tief eingewurzelter Anschauungen, Sitten und Gebräuche sind..."[1550]

Bei „sich bietenden Gelegenheiten" seien die Eingeborenen darauf hinzuweisen, daß sich strafbar mache:

1. wer einer Schwangeren die Frucht abtreibt oder ihr die Mittel zur Abtreibung verschafft;
2. die Schwangere, die selbst abtreibt;
3. wer einen anderen zum Fetischtrinken oder –essen oder zu Handlungen des Fetischdienstes nötigt;
4. wer durch Darreichen eines giftigen Trankes ein Urteil oder eine Entscheidung herbeizuführen versucht, auch wenn die Person, welche den Trank zu sich nimmt, sich der Giftprobe freiwillig unterzieht;
5. wer im Interesse des Fetischdienstes
   a. andere Personen gegen ihren oder ihrer Eltern bzw. deren Stellvertreter Willen körperlich verletzt;
   b. durch sittlich anstoßerregende Handlungen öffentlich grobes Ärgernis verursacht;
6. wer sich von den örtlichen Verwaltungsbehörden nicht anerkannte Häuptlings- oder Richterbefugnisse anmaßt;
7. ein mit Gerichtsbefugnissen ausgestatteter Häuptling, der Gerichtsgebühren oder Strafen in Branntwein einzieht;

1547 Dienstanweisung d. Gouverneurs v. Togo, betr. die Ausübung der Strafgerichtsbarkeit und der Disziplinargewalt gegenüber den Eingeborenen gemäß der Verfügung des RK v. 22.4.1896, DKolGG (X) 1906, S. 9.

1548 Vfg. d. RK wegen Ausübung der Strafgerichtsbarkeit und der Disziplinargewalt gegenüber den Eingeborenen in den deutschen Schutzgebieten von DOA, Kamerun und Togo, DKolGG (II) 1893-1897, S. 215, Anhang D. III.

1549 R.E. d. Gouverneurs v. Togo, betr. die Bestrafung der Straftaten der Eingeborenen, v. 11.2.1907, DKolGG (XI) 1907, S. 93.

1550 1. Abs. d. R.E. v. 11.2.1907.

8. ein mit Gerichtsbefugnissen ausgestatteter Häuptling, welcher während der Gerichtsverhandlung Palmwein, Branntwein oder andere berauschende Getränke zu sich nimmt, oder gestattet, daß die streitenden Parteien oder die geladenen Zeugen dies tun;
9. wer Blutrache nimmt."[1551]

Allerdings sei bei der Strafzumessung zu berücksichtigen, daß vielfach der im RStGB erforderliche „verbrecherische Wille" fehle und deshalb „das in den entsprechenden Paragraphen aufgestellte hohe Strafmaß auch keineswegs zur Anwendung kommen" könne. Es sei Sache der erkennenden Behörde, „unter Berücksichtigung aller Tatbestandsmomente hier das richtige Strafmaß zu treffen und trotz Schonung des Rechtsgefühls der Eingeborenen allmählich zivilisierter Rechtsanschauung zum Siege zu verhelfen."[1552]

Nicht nur in Togo sind auf diese Weise bestimmte Verhaltensweisen der Eingeborenen im Hinblick auf deren Sitten und Gebräuche formell unter Strafe gestellt worden. Die Verordnung, betreffend die Rechtsverhältnisse der Chinesen vom 15. April 1899[1553] stellte von allen deutschen Kolonialverordnungen den umfangreichsten Katalog strafbarer Handlungen auf.[1554] Nach § 5 der Verordnung waren im Schutzgebiet Kiautschou strafbar

„Alle Handlungen, welche
1. durch Verordnung des Gouverneurs mit Strafe bedroht sind,
2. nach den Gesetzen des Deutschen Reiches den Thatbestand eines gegen das Reich, sowie gegen Gesundheit, Leben, Freiheit und Eigenthum eines Anderen gerichteten Verbrechens und Vergehens, oder
3. den Thatbestand einer Uebertretung enthalten, welche im Interesse der öffentlichen Ordnung unter Strafe gestellt ist oder
4. im chinesischen Reich mit Strafe belegt werden..."[1555]

Die bemerkenswerte Berücksichtigung des chinesischen Rechts bei der Festlegung der strafbaren Handlungen ist in der zeitgenössischen Literatur übereinstimmend auf die „relative Kulturhöhe" des chinesischen Volkes zurückgeführt worden.[1556] Indessen ist ebenfalls mit Hinweis auf die „eigenartigen chinesi-

---

[1551] 3. Absatz d. R.E. v. 11.2.1907; vgl. hierzu *Wick*, Die Farbigenrechtspflege in den deutschen Schutzgebieten, S. 70 ff.

[1552] 4. Absatz d. R.E. v. 11.2.1907.

[1553] VO, betr. die Rechtsverhältnisse der Chinesen, MVBl. 1899 S. XXV; DKolGG (IV) 1898-99, S. 191; *Mohr*, Handbuch für das Schutzgebiet Kiautschou, S. 72; Anhang D. VI.

[1554] Vgl. zur VO schon oben 3. Kap. B. I. 4. d).

[1555] *Naucke*, Deutsches Kolonialstrafrecht 1886-1918, in: RhJ (7) 1988, S. 297 (305 f.) charakterisiert die Aufzählung als „regeltechnisch einfach hergestellten lückenlosen Rechtsgüterschutz".

[1556] Vgl. *Brinkmann*, Strafrecht und Strafverfahren für die Eingeborenen der deutschen Schutzgebiete, S. 43; *Karlowa*, Die Strafgerichtsbarkeit über die Eingeborenen in den deutschen Rechtsanschauungen“[1557] in „kriminalpolitisch sehr zweckmäßiger Weise“[1558] für die Handlungen jugendlicher Personen die Möglichkeit der „stellvertretenden Bestrafung“ des Vaters, Bruders, Vormunds oder einer Obhutsperson unabhängig von einem etwaigen Verschulden eingeführt worden.[1559] Auch die Anwendung der Prügelstrafe gegenüber den Chinesen mit einem gegenüber den afrikanischen Schutzgebieten[1560] doppelten Höchstmaß von 100 Schlägen[1561] wurde darauf zurückgeführt, daß diese Strafform im chinesischen Recht „von Alters her große Bedeutung beansprucht und deshalb in Kiautschou beibehalten worden ist.“[1562]

Während somit in Togo und Kiautschou Sitten und Gebräuche der einheimischen Bevölkerung formell Einzug in die örtlichen Strafrechtskodifikationen hielten, wurden auch in den übrigen deutschen Schutzgebieten bestimmte „typisierte“ Verhaltensweisen der Eingeborenen unter Strafe gestellt. Auf Samoa, wo keine das Strafrecht regelnde Verordnung ergangen war, und die vor der deutschen Inbesitznahme erlassen Rechtsvorschriften überwiegend in Geltung verblieben waren, galt das 1893 vom schwedischen Oberrichter Zederkranz aufgezeichnete „sehr entwickelte“ Strafrecht der Eingeborenen fort.[1563] Auf Bitten von Vertretern der samoanischen Selbstverwaltung, das „Schuldenmachen“ zu verbieten, und nach dem Erlaß entsprechender Ortsstatuten durch sämtliche Dorfgemeinden, machte der Gouverneur am 10. Januar 1908 bekannt, daß er „diesen Ortsstatuten durch Verfügung vom heutigen Tage Gesetzeskraft verlie-

---

schen Kolonien, S. 25: „Achtung vor einer uralten Kultur“; ähnlich auch: *Köbner*, Kolonialstrafrecht, in: Mitteilungen der IKV(XI) 1904, S. 545 (570, 572); *Doerr*, Deutsches Kolonialstrafrecht, in: ZfKKK (10) 1908, S. 321 (337 f.); *Bauer*, Die Strafrechtspflege über die Eingeborenen der deutschen Schutzgebiete, in: AöR (19) 1905, S. 32 (53 f.); *Wick*, Die Farbigenrechtspflege in den deutschen Schutzgebieten, S. 68; *Lütken*, Das materielle Strafrecht in den deutschen Kolonien, S. 54.

[1557] *Doerr*, Deutsches Kolonialstrafrecht, in: ZfKKK (10) 1908, S. 321 (337 f.) und *Bauer*, Die Strafrechtspflege über die Eingeborenen der deutschen Schutzgebiete, in: AöR (19) 1905, S. 32 (54), die die Übernahme allerdings nicht weiter kritisieren.

[1558] *Köbner*, Kolonialstrafrecht, in: Mitteilungen der IKV(XI) 1904, S. 545 (574).

[1559] § 7 S. 3 der VO v. 15.4.1899.

[1560] Nach § 6 der RK-Vfg. v. 22.4.1896 durfte die Prügelstrafe die Zahl von 25 Schlägen, die Rutenstrafe die Zahl von 20 Schlägen, bei einmalig möglicher Wiederholung des Vollzugs nicht überschreiten.

[1561] § 6 Nr. 1 der VO v. 15.4.1899.

[1562] *Doerr*, Deutsches Kolonialstrafrecht, in: ZfKKK (10) 1908, S. 321 (337).

[1563] *Bauer*, Die Strafrechtspflege über die Eingeborenen der deutschen Schutzgebiete, in: AöR (19) 1905, S. 32 (40 f.); *Doerr*, Deutsches Kolonialstrafrecht, in: ZfKKK (10) 1908, S. 321 (337); *Karlowa*, Die Strafgerichtsbarkeit über die Eingeborenen in den deutschen Kolonien, S. 24 f.

hen“ habe.[1564] Fortan war das „Schuldenmachen“ den Samoanern verboten, Zuwiderhandlungen gegen dieses „Gesetz“[1565] wurden mit Geldstrafen von 1 bis 20 Mark bestraft. Wer die Geldstrafe nicht zahlen konnte, hatte für eine Mark täglich am Regierungsweg zu arbeiten. Rechtsgeschäfte, die eine Kreditgewährung an Eingeborene zum Inhalt hatten, waren fortan nichtig, so daß solche Forderungen nunmehr von den Gläubigern nicht mehr gerichtlich geltend gemacht werden konnten.[1566]

Als weitere besondere Tatbestände hatte die Gerichtspraxis schließlich schutzgebietsübergreifend die „Veranstaltung von Gottesurteilen“ oder die „Zauberei“ entwickelt. In der Literatur wurde allerdings gefragt, ob es sich hierbei tatsächlich um delicta sui generis handele, oder diese den Eingeborenen eigentümlichen Verhaltensweisen nicht vielmehr unter bestimmte Tatbestände des RStGB subsumiert werden könnten.[1567] In Deutsch-Neuguinea wurde die diesbezügliche bisherige Praxis der örtlichen Eingeborenenrichter in einer der letzten Maßnahmen des Gouverneurs Hahl im Jahre 1914 für das gesamte Schutzgebiet festgeschrieben. Nach einem Schreiben des Gouverneurs an die Regierungsstation Morobe vom 9. Januar 1914[1568] war gegen die Zauberei und die sie ausübenden Personen strafrechtlich einzuschreiten, wenn die entsprechende Handlung die Tatbestandsmerkmale einer nach dem RStGB strafbaren Handlung enthielt, wie etwa Sachbeschädigung, Leichenschändung, Körperverletzung, Giftmord oder Betrug. Andernfalls konnte, sofern eine Strafverfolgung für erforderlich gehalten wurde, „nach den Umständen“ wegen groben Unfugs[1569] eingeschritten werden. Daneben konnte die Behörde polizeiliche Maßnahmen, insbesondere die Ausweisung[1570] aus dem Bezirk, anordnen, wenn der Zauberer „seine Künste dazu benützt, allgemein Unzufriedenheit, Unruhen zu erregen, sich Machtbefugnisse anzueignen pp“. Zudem waren die Zauberer „wie keiner weiteren Ausführung bedarf“ für den angerichteten Schaden zivilrechtlich verantwortlich.[1571]

[1564] Bekanntmachung d. Gouverneurs v. Samoa, betr. das Verbot des Schuldenmachens für die Samoaner, v. 10.1.1908, DKolGG (XII) 1908, S. 33.

[1565] Auf diesen „erweiterten“ Gesetzesbegriff wurde auch bei der „Deutschen Kolonial-Gesetzgebung“ zurückgegriffen, die überwiegend Verordnungen, Verfügungen etc. enthielt.

[1566] *Sack*, Das deutsche Rechtswesen in Polynesien, in: Die deutsche Südsee, S. 676 (685 f.); *Lütken*, Das materielle Strafrecht in den deutschen Kolonien, S. 58.

[1567] *Lütken*, Das materielle Strafrecht in den deutschen Schutzgebieten, S. 59 f.; *Ziegler*, Eingeborenenstrafrecht in den deutschen Schutzgebieten, in: Mitteilungen der IKV (XI) 1904, S. 577 (586 f.).

[1568] Abgedruckt bei *Sack*, Das deutsche Rechtswesen in Melanesien, in: Die deutsche Südsee, S. 322 (337).

[1569] Vgl. § 360 Nr. 11 RStGB: „Mit Geldstrafe bis zu fünfzig Thalern oder mit Haft wird bestraft, wer ungebührlicherweise ruhestörenden Lärm erregt oder wer groben Unfug verübt“.

[1570] Vgl. hierzu noch unten 3. Kap. F. II. 2. g).

[1571] Vgl. *Hiery*, Das deutsche Reich in der Südsee, S. 86 f.

Schwierigkeiten bereitete nicht zuletzt die hohe Bedeutung traditioneller Standespflichten in der mikronesischen Inselwelt. Nach einheimischer Auffassung konnten Verletzungen im äußersten Falle mit dem sofortigen Vollzug der Todesstrafe geahndet werden, während dem deutschen Strafrecht derartige Straftatbestände weitgehend unbekannt waren.[1572] Der Landeshauptmann der Marshall-Inseln, Brandeis, glaubte sich aus diesem Dilemma lösen zu können, indem er die schwerstwiegenden Verstöße einheimischer Standespflichten mit der Verhängung der Prügelstrafe ahndete, die in Gegenwart des Regierungsarztes vollstreckt wurde. Nach der Strafverordnung für die Eingeborenen vom 10. März 1890 zählte die körperliche Züchtigung indes ausdrücklich nicht zu den im Schutzgebiet zulässigen Strafen.[1573] Brandeis unterließ daher die Eintragung der verhängten Prügelstrafen in die Straflisten. Die Aufdeckung des von den Marshall-Insulanern offenbar akzeptierten Vorgehens Brandeis´ führte im Reich zu einem handfesten „Kolonialskandal“[1574] und war Gegenstand lebhafter Reichstagsdebatten.[1575] Der „Fall Brandeis“ ging als einer von zwei Fällen aus der Südsee in das englische Weißbuch über die „Kolonialgreuel“ der Deutschen ein.[1576]

cc) Die Berücksichtigung des Völkerrechts

In Umsetzung der anläßlich der Brüsseler Antisklaverei-Konferenz vom 2. Juli 1890[1577] eingegangenen Verpflichtungen war am 28. Juli 1895 das Reichsgesetz, betreffend die Bestrafung des Sklavenraubes und des Sklavenhandels ergangen.[1578] Obschon eigentlich nur für Europäer erlassen, hätte das Gesetz ähnlich wie andere Vorschriften des Reichsstrafrechts auch für die eingeborene Schutzgebietsbevölkerung entsprechend zur Anwendung kommen können. Um den besonderen Verhältnissen des in Deutsch-Ostafrika in erster Linie von Arabern betriebenen Sklavenhandels Rechnung zu tragen, erging jedoch am 19. August

---

1572 Vgl. aber die §§ 94 ff. RStGB (Beleidigung des Landesherrn) und §§ 98 ff. RStGB (Beleidigung des Bundesfürsten).
1573 § 4 der Strafverordnung für die Eingeborenen, DKolGG (I) 1892, S. 627.
1574 Vgl. zu den Kolonialskandalen noch unten 3. Kap. H.
1575 Vgl. die Äußerungen zum Fall „Brandeis“ im Deutschen Reichstag, RT-Verh., Sten. Ber., XI. Leg. Per., II. Sess. 1905/06, 13. Sitzung v. 15.12.1905, S. 341 (346 D. f., S. 350 B.); 64. Sitzung v. 13.3.1906, S. 1965 (1977, 1988); 66. Sitzung v. 15.3.1906, S. 2019 (2032 f., 2047 ff.), 67. Sitzung v. 16.3.1906, S. 2053 (2077).
1576 Vgl. *Hiery*, Das deutsche Reich in der Südsee, S. 106 ff.
1577 General-Akte der Brüsseler Antisklaverei-Konferenz, RGBl. 1892, DKolGG (I) 1892, S. 127; vgl. zur Geschichte der Sklaverei in den tropischen Kolonien der europäischen Mächte und Deutschlands *v. Hoffmann*, Einführung in das Deutsche Kolonialrecht, S. 134 ff.
1578 RGBl. 1895, S. 425. Vgl. zum Gesetz schon oben 3. Kap. F. I. 4.

1896 eine entsprechende Anweisung des Gouverneurs.[1579] Nach der Gouverneurs-Anweisung waren Menschenraub, Sklavenhandel, Sklaventransport sowie die Sklavenausfuhr unter schwere Strafen gestellt. So wurde etwa der gewerbs- oder gewohnheitsmäßige Menschenraub mit lebenslänglicher Kettenarbeit oder mit dem Tode bestraft.[1580] Nachdem auch im neuen Jahrhundert insbesondere in den abgelegenen Teilen des ostafrikanischen Schutzgebiets noch Sklavenhandel betrieben wurde, bestimmte der Gouverneur in einem Runderlaß vom 10. Dezember 1902,[1581] daß auch der gewerbsmäßige Sklavenhandel[1582] in schweren Fällen mit dem Tode zu bestrafen sei.[1583]

c) Das „Disziplinarstrafrecht“

Eine Schilderung der strafbaren Handlungen des kolonialen Eingeborenenstrafrechts wäre unvollständig ohne einen Blick auf das sogenannte „Disziplinarstrafrecht“[1584]. Das Disziplinarstrafrecht stand für diejenigen Eingeborenen, die in einem Dienst- oder Arbeitsverhältnis standen, neben dem allgemeinen Kolonialstrafrecht, auf dessen Rechtsfolgen es sich in der Regel bezog. In der kolonialen Praxis kam ihm eine kaum zu unterschätzende Bedeutung zu. Für Kamerun ist etwa nachgewiesen worden, daß sich die Zahl der disziplinarisch verhängten Strafen auf dem Niveau der gerichtlichen Strafen bewegte und dieses mitunter überschritt. In den offiziellen Statistiken sind die disziplinarisch verhängten

---

[1579] Anweisung d. Gouverneurs v. DOA, betr. die bei der Bestrafung des Sklavenhandels in DOA zu befolgenden Grundsätze, v. 19.8.1896, DKolGG (II) 1893-1897, S. 267.

[1580] Nr. I. 2 der Anweisung v. 19.8.1896.

[1581] R.E. d. Gouverneurs v. DOA, betr. Maßnahmen zur Bekämpfung des Sklavenhandels, v. 10.12.1902, DKolGG (VI) 1901-1902, S. 558.

[1582] Nach Nr. II. der Anweisung v. 19.8.1896 war der gewerbsmäßige Sklavenhandel bisher mit Kettenarbeit nicht unter drei Jahren zu bestrafen.

[1583] Vgl. zum ganzen noch *Doerr*, Deutsches Kolonialstrafrecht, in: ZfKKK (10) 1908, S. 321 (335); *Brinkmann*, Strafrecht und Strafverfahren für die Eingeborenen der deutschen Schutzgebiete, S. 44 f.; *Bauer*, Die Strafrechtspflege über die Eingeborenen der deutschen Schutzgebiete, in: AöR (19) 1905, S. 32 (54 f.); *Lütken*, Das materielle Strafrecht in den deutschen Kolonien, S. 54 f.

[1584] Vgl. hierzu *v. Stengel*, Die Strafrechtspflege über die Eingeborenen in den deutschen Schutzgebieten, in: DJZ 1898, S. 85 (87); *v. Hoffmann*, Einführung in das Deutsche Kolonialrecht, S. 142 f.; *Lütken*, Das materielle Strafrecht in den deutschen Kolonien, S. 55 ff.; *Karlowa*, Die Strafgerichtsbarkeit über die Eingeborenen in den deutschen Kolonien, S. 25 ff.; *Bauer*, Die Strafrechtspflege über die Eingeborenen der deutschen Schutzgebiete, in: AöR (19) 1905, S. 32 (56 ff.); *Wick*, Die Farbigenrechtspflege in den deutschen Schutzgebieten, S. 72 ff.; *Brinkmann*, Strafrecht und Strafverfahren für die Eingeborenen der deutschen Schutzgebiete, S. 36 ff, 45; zuletzt: *Wolter/Kaller*, Deutsches Kolonialrecht, in: ZNR (17) 1995, S. 201 (222 ff., 231 ff.); für DSWA: *Zimmerling*, Die Entwicklung der Strafrechtspflege für Afrikaner in DSWA, S. 106 ff.; für Kamerun: *Walz*, Die Entwicklung der Strafrechtspflege in Kamerun unter deutscher Herrschaft, S. 220 ff.

Strafen – zwischen 60 % und 100 % davon waren in Kamerun Prügelstrafen – indessen zumeist nicht ausgewiesen worden.[1585]

Eine erste frühe Regelung auf dem Gebiet des Disziplinarstrafrechts war mit der Verordnung der Neu-Guinea-Kompagnie vom 22. Oktober 1888[1586] getroffen worden. § 1 der Verordnung führte aus:

> „Zur Erhaltung der Ordnung und des Gehorsams unter den farbigen Arbeitern, welche in einem festen Arbeitsverhältnis stehen, können Disziplinarstrafen angewendet werden. Als solche sind zulässig:
> 1. Beschränkung der Nahrung und Entziehung von Genußmitteln,
> 2. Arbeit über die gewöhnliche Arbeitszeit hinaus,
> 3. Einsperrung mit oder ohne Anschließung in abgesonderten Räumen,
> 4. körperliche Züchtigung…“

Noch fand sich keine Konkretisierung der disziplinarisch zu bestrafenden Verhaltensweisen der eingeborenen Arbeiter. Eine solche ist erst mit der Gouverneurs-Verordnung vom 20. Juni 1900[1587] in Anlehnung an die dann schon bestehenden Vorschriften für die afrikanischen Schutzgebiete erfolgt.[1588] Anzumerken bleibt auf der Rechtsfolgenseite, daß über den Umweg des Disziplinarstrafrechts der nach der Strafverordnung für die Eingeborenen vom 21. Oktober 1888 eigentlich streng begrenzte Katalog zulässiger Strafen[1589] insbesondere um die Prügelstrafe ergänzt wurde. Einzig die aus Niederländisch-Indien[1590] oder Chi-

---

[1585] Vgl. eingehend *Walz*, Die Entwicklung der Strafrechtspflege in Kamerun unter deutscher Herrschaft, S. 223 ff.

[1586] VO, betr. die Erhaltung der Disziplin unter den farbigen Arbeitern, erlassen von der Direktion der NGK, DKolGG (I) 1892, S. 552.

[1587] VO d. Gouverneurs v. DNG, betr. die Erhaltung der Disziplin unter den farbigen Arbeitern, v. 20.6.1900, DKolGG (VI) 1901-1902, S. 248. Nunmehr waren als Strafen zulässig: Körperliche Züchtigung (Prügel, Rutenstrafe), Einsperrung mit oder ohne Anschließung in abgesonderten Räumen, Geldstrafen; vgl. noch die Zusatz-VO d. Gouverneurs v. DNG zur VO v. 20.6.1900, DKolGG (XI) 1907, S. 61. Der Entwurf einer neuen, arbeiterfreundlicheren Verordnung wurde 1914 durch Gouverneur Hahl beim RKA zur Genehmigung vorgelegt und sollte zum 1.1.1915 in Kraft treten; vgl. die Denkschrift der NGK zum Entwurf der Arbeiterverordnung, BA RKA 1001/2314, Bl. 7 ff; Hiery, S. 89.

[1588] Vgl. hierzu sogleich.

[1589] Nach § 4 der Strafverordnung für die Eingeborenen, DKolGG (I) 1892, S. 555, waren zulässige Strafen die Todesstrafe, Gefängnis mit Zwangsarbeit, Zwangsarbeit ohne Verwahrung im Gefängnis und Geldstrafe.

[1590] Vgl. die VO, betr. die Erhaltung der Disziplin unter den farbigen Arbeitern, v. 19.12.1889, DKolGG (I) 1892, S. 553 u. VO, betr. Ergänzung der VO v. 20.6.1900, v. 11.7.1900, DKolGG (VI) 1901-1902, S. 248.

na[1591] angeworbenen Arbeiter waren hiervon weitgehend ausgenommen. Zur Einführung der Prügelstrafe als einer gerichtlichen Strafe bestand nach Auffassung des Gouverneurs Hahl allerdings noch 1904 „kein Bedürfnis."[1592]

Es lag im Interesse der Neu-Guinea-Kompagnie, die Arbeitskraft ihrer melanesischen Arbeiter nicht durch lange und durch die „Anschließung" noch aufzehrendere Freiheitsstrafen nachhaltig zu beeinträchtigen. Die Prügelstrafe zur „Aufrechterhaltung der öffentlichen Ordnung" – hierunter wurde die Erfüllung der von der NGK angeordneten Arbeitsleistung verstanden – entwickelte sich somit zum gängigsten Instrument disziplinarischer Bestrafung in Deutsch-Neuguinea. In der Literatur ist der Status der melanesischen Arbeiter, die im Ergebnis nicht nur ihre Arbeitskraft, sondern für die Dauer ihres Arbeitsverhältnisses auch die Verfügungsgewalt über ihre gesamten Lebensumstände der NGK unterstellt hatten, als der eines „Halbfreien" beschrieben worden.[1593] Das zugrundeliegende Arbeitsverhältnis erinnere an die frühere europäische „Leibeigenschaft" und die Ausübung der disziplinarischen Sonderrechte durch die NGK an „eine Art Patrimonialgerichtsbarkeit."[1594]

Eine grundlegende und schutzgebietsübergreifende Regelung erfuhr das Disziplinarstrafrecht durch die Verfügung des Reichskanzlers vom 22. April 1896.[1595] § 17 der Verfügung wies unter der Überschrift „Disziplinarbefugnisse der Bezirksamtmänner und der Stationschefs im Innern" an:

> „(1) Eingeborene, welche in ein einem Dienstverhältnis oder einem Arbeitsvertragsverhältnis stehen, können auf Antrag der Dienst- oder Arbeitgeber wegen fortgesetzter Pflichtverletzung und Trägheit, wegen Widersetzlichkeit oder unbegründeten Verlassens ihrer Dienst- oder Arbeitsstellen sowie wegen sonstiger erheblicher Verletzungen des Dienst- oder Arbeitsverhältnisses disziplinarisch von dem mit Ausübung der Strafgerichtsbarkeit betrauten Beamten (§§ 1, 14) mit körperlicher Züchtigung und in Verbindung mit dieser Strafe oder allein mit Kettenhaft nicht über 14 Tage bestraft werden.
> (2) Die in den §§ 2 bis 9 und 12 für die gerichtlichen Strafen gegebenen Vorschriften finden auf die Disziplinarstrafen Anwendung."

[1591] VO d. Gouverneurs v. DNG, wegen Ergänzung d. VO v. 20.6.1900, v. 16.1.1903, DKolGG (VII) 1903, S. 2. Vgl. das Schreiben d. Direktors der AAKA Stuebel an Gouverneur Hahl, v. 31.7.1904, BA RKA 1001/5378, Bl. 199.
[1592] Schreiben Gouverneur Hahls an die AAKA, v. 18.3.1904, BA RKA 1001/5378, Bl. 194.
[1593] *Hiery*, Das deutsche Reich in der Südsee, S. 89.
[1594] *Hiery*, Das deutsche Reich in der Südsee, S. 133. „Die disziplinarische Sonderbehandlung der Melanesier als Arbeiter gehört zweifellos zu den dunkelsten Kapiteln der deutschen Aktivitäten in der Südsee.", ebd., S. 135.
[1595] Vfg. d. RK wegen Ausübung der Strafgerichtsbarkeit und der Disziplinargewalt gegenüber den Eingeborenen in den deutschen Schutzgebieten von DOA, Kamerun und Togo, DKolGG (II) 1893-1897, S. 215; Anhang D. III.

Nach der Übernahme der Regelung auch für Deutsch-Südwestafrika durch Gouverneurs-Verfügung vom 8. November 1896[1596] galten diese Bestimmungen des Disziplinarstrafrechts in allen deutschen Schutzgebieten des afrikanischen Kontinents. Für das Schutzgebiet Kiautschou erging am 1. Juli 1898 eine inhaltlich nahezu gleichlautende Verordnung.[1597]

Noch einen Schritt weiter ging die Verordnung des Gouverneurs von Samoa vom 25. April 1905.[1598] Zwar wurden hiernach die dortigen chinesischen Kontraktarbeiter[1599] einerseits rechtlich den Eingeborenen gleichgestellt[1600] sowie umfangreiche und detaillierte Bestimmungen zum Schutz der Arbeiter, etwa über Unterbringung, Beköstigung und Lohnzahlung,[1601] erlassen. Auf der anderen Seite erfuhren die Chinesen eine disziplinarstrafrechtliche Sonderbehandlung:

> „Ein Kontraktarbeiter, der den Bestimmungen dieser Verordnung zuwiderhandelt und insbesondere:
> 1. sich dem Müßiggang hingibt,
> 2. ohne Grund von der Arbeit wegläuft oder andere hierzu anstiftet,
> 3. sich verborgen hält oder andere Arbeiter, die sich verborgen halten, unterstützt,
> 4. die Pflanzung ohne Erlaubnis verläßt oder über die gestattete Zeit hinaus ausbleibt,
> 5. sich der Widersetzlichkeit, Beleidigung oder Bedrohung des Arbeitgebers oder seiner Vorgesetzten schuldig macht,
>
> wird mit der Entziehung der Erlaubnis zum Ausgehen für die Dauer bis zu zwei Monaten, oder mit Geldstrafe bis zu 30 Mk., oder mit Rutenhieben bis zur Zahl

---

1596 Vfg. d. Gouverneurs v. DSWA, betr. Änderung der VO v. 22.4.1896, v. 8.11.1896, DKolGG (II) 1893-1897, S. 294. Vgl. noch die VO d. Gouverneurs v. DSWA, betr. Dienst- und Arbeitsverträge mit Eingeborenen des südwestafrikanischen Schutzgebiets, v. 18.8.1907, DKolGG (XI) 1907, S. 350.

1597 VO d. Gouverneurs v. Kiautschou, betr. Dienstverletzungen chinesischer Arbeiter und Dienstboten, DKolGG (V) 1899-1900, S. 192; *Mohr*, Handbuch für das Schutzgebiet Kiautschou, S. 164.

1598 VO d. Gouverneurs v. Samoa, betr. die chinesischen Kontraktarbeiter, DKolGG (IX) 1905, S. 136; Samoanisches Gouvernementsblatt (III) 1900-1910, S. 133; vgl. noch BA RKA 1001/5378, Bl. 259 ff.; Neuveröffentlichung am 10.11.1909, DKolGG (XIII) 1909, S. 627.

1599 Vgl. zur Rechtsstellung der chinesischen Kontraktarbeiter auf Samoa noch oben 3. Kap. B. I. 4. c).

1600 Soweit „nicht in dieser Verordnung etwas anderes bestimmt ist", § 3 der VO v. 25.4.1905.

1601 Vgl. §§ 9 ff. der VO v. 25.4.1905, nach denen der Arbeitgeber etwa verpflichtet war, den Arbeitern „geeignete Wohnung zu gewähren", sowie im Krankheitsfall unentgeltlich ärztlich zu versorgen; Zudem: Unterbringung in festen Holzhäusern, „die das Hindurchströmen der freien Luft gewährleisten" und mit den zum „Trinken, Baden, Waschen und Kochen nötigen Einrichtungen versehen" sind; Unentgeltliche Schlafstelle; Tägliche Beköstigung: 850 g Reis, 120 g getrocknetes Fleisch oder 150 g roher Fisch oder Fleisch oder 165 g gesalzener Fisch oder Fleisch, 35 g Schweinefett; Monatliche Lohnzahlung in barem Geld.

> von 20 Schlägen, oder mit Gefängnis bis zu drei Monaten, einzeln oder in Verbindung miteinander, bestraft."[1602]

Auf Betreiben samoanischer Häuptlinge und gemäß den Vorstellungen Gouverneur Solfs waren entsprechende Bestimmungen für die samoanische Bevölkerung der Inseln nicht ergangen.[1603] Auch dies mag als ein Grund gelten, warum das späterworbene Schutzgebiet Deutsch-Samoa die wohl friedlichste deutsche Kolonie bildete, in der die Ausübung der Prügelstrafe gegenüber den Insulanern in allenfalls vernachlässigbarem Umfang geschah.[1604]

Während in allen anderen Schutzgebieten der beschriebene Rechtszustand bis zum Ende der deutschen Kolonialherrschaft fortdauerte, mußte die farbige Arbeiterschaft im deutsch-ostafrikanischen Schutzgebiet im Jahre 1909 eine erheblich weitergehende Regelung des Disziplinarstrafrechts erfahren. Nachdem am 27. Februar 1909 in zwei Verordnungen Anwerbung[1605] und Beschäftigung[1606] der eingeborenen Arbeiter eine eingehende verwaltungsrechtliche Regelung gefunden hatten, erging am 7. Dezember desselben Jahres eine weitere Gouverneurs-Verordnung.[1607] War bis zu diesem Zeitpunkt noch stets von „Disziplinarstrafen" gesprochen worden, wurde nun offen und „dogmatisch aufrichtig"[1608] der reguläre Straftatbestand des „Kontraktbruchs" in das Kolonialstrafrecht eingeführt. Gleichzeitig wurde das zulässige Strafmaß gegenüber der bisher gültigen Regelung des § 17 der Reichskanzler-Verfügung vom 22. April 1896 erheblich erhöht:

> „Eingeborene, die nach Eingehung eines Dienst- oder Arbeitsverhältnisses sich den vertragsmäßig übernommenen Verpflichtungen entziehen, werden auf Antrag des Geschädigten wegen Kontraktbruchs mit Kettenhaft bis zu drei Monaten und in Verbindung mit dieser Strafe oder allein mit körperlicher Züchtigung oder mit Geldstrafe bestraft."[1609]

1602 § 20 Abs. 1 der VO v. 25.4.1905.

1603 *Hiery*, Das deutsche Reich in der Südsee, S. 93 f.

1604 Vgl. hierzu die Statistik unter 3. Kap. F. II. 2. d) cc) und Anhang E. VI.

1605 VO d. Gouverneurs v. DOA, betr. die Anwerbung von Eingeborenen in DOA (Anwerbeverordnung), DKolGG (XIII) 1913, S. 112.

1606 VO d. Gouverneurs v. DOA, betr. die Rechtsverhältnisse eingeborener Arbeiter (Arbeiterverordnung), DKolGG (XIII) 1913, S. 116.

1607 VO d. Gouverneurs v. DOA, betr. die Bestrafung von Eingeborenen wegen Kontraktbruchs, DKolGG (XIII) 1909, S. 650.

1608 So *Wolter/Kaller*, Deutsches Kolonialrecht, in: ZNR (17) 1995, S. 201 (233).

1609 § 1 der VO v. 7.12.1909. § 17 der RK-Vfg. v. 22.4.1896 sah dagegen Kettenhaft „nicht über 14 Tage" vor.

Das gleiche Strafmaß war vorgesehen für Arbeiter, die den Strafbestimmungen der beiden Verordnungen vom 27. Februar 1909 zuwiderhandelten.[1610]

Die Regelungen des Disziplinarstrafrechts, durch die in allen deutschen Schutzgebieten arbeitsrechtliche Fragen mit den Rechtsfolgen des Strafrechts verknüpft worden waren, erfuhren in der zeitgenössischen Literatur eine höchst bemerkenswerte Beachtung: 1898 begnügte sich das Schrifttum noch mit dem allgemeinen Hinweis auf „die besonderen wirtschaftlichen, sozialen und ethnographischen Verhältnisse der Kolonien allenthalben", um die „auf den ersten Blick auffällige Bestimmung" zu verteidigen.[1611] 1905 fiel nach einem Hinweis auf entsprechende Regelungen anderer Kolonialmächte immerhin auf, daß „hier mit dem bei uns fast durchweg zum Durchschlag gekommenen Prinzip, daß Verpflichtungen aus Verträgen zivilrechtlicher Natur sind, den Eingeborenen gegenüber gebrochen wurde." Allerdings sei eine derartige Bestimmung „nach dem übereinstimmenden Urteil aller Kenner unserer kolonialen Verhältnisse, [...] so sehr sich unser europäisch geschultes Rechtsgefühl dagegen sträubt, nicht zu entbehren":

> „Zur Ausnützung der Schätze des Bodens sind die Arbeitskräfte der farbigen Bevölkerung unentbehrlich, und bedauerlicherweise ist die Trägheit derselben, ihre Neigung mitten unter der Arbeit zu entlaufen, wenn nicht gerade der Hunger, die einzige Macht, der sie sich beugen, sie zwingt, sich ihr Brot zu verdienen, eine derart starke, daß ohne Zwangs- und Zuchtmittel gegen den farbigen Arbeiter jede Bodenkultur im Schutzgebiete unmöglich wäre."[1612]

Im Jahre 1911 wurde zugestanden, es müsse dem „außerhalb der kolonialen Verhältnisse Stehenden sehr sonderbar erscheinen", daß eine „rein zivile Materie strafrechtlichen Normen unterliegt". Jedoch habe sich die entsprechende Regelung als „notwendig" und „wirtschaftlich fördernd" herausgestellt:

> „Der Neger zumal arbeitet nur, wenn er muß, d.h. wenn ihn der Hunger treibt. Als Arbeitsfaktor ist er aber auch in Anbetracht der klimatischen Verhältnisse unentbehrlich."[1613]

Im selben Jahr wurde auf den im Vergleich zu europäischen Verhältnissen vorgeblich erhöhten Schutz eingeborener Arbeiter durch die eingehende verwal-

---

1610 § 2 der VO v. 7.12.1909.

1611 *v. Stengel*, Die Strafrechtspflege über die Eingeborenen in den deutschen Schutzgebieten, in: DKZ 1898, S. 85 (87).

1612 *Bauer*, Die Strafrechtspflege über die Eingeborenen der deutschen Schutzgebiete, in: AöR (19) 1905, S. 32 (56 f.).

1613 *Karlowa*, Die Strafgerichtsbarkeit über die Eingeborenen in den deutschen Kolonien, S. 26 f.

tungsrechtliche Regelung der Dienstverhältnisse verwiesen.[1614] Pflichtverletzungen der Arbeiter in den Kolonien zögen oftmals erheblich ernstere Folgen als im Mutterland nach sich, etwa das Verderben einer ganzen Ernte. Daher hielten sich „die Kolonialregierungen für befugt, den farbigen Arbeiter, den sie stärker schützen, auch stärker zur Arbeit anzuhalten, als den europäischen."[1615]

Schließlich wurde noch im Jahre 1914 geäußert:

> „Eine Analogie für einen derartigen zivilrechtlichen Vertragsverhältnissen verliehenen strafrechtlichen Schutz findet sich im Reichsrecht nicht. Es ist eine ganz abnorme, unseren Rechtsanschauungen widerstrebende Maßnahme, wirtschaftlichen Interessen durch solche Strafbestimmungen zu dienen. Immerhin mag sie gerechtfertigt sein Eingeborenen gegenüber, die auf so niedriger Kulturstufe stehen, daß es anders nicht möglich ist, die Erfüllung übernommener Pflichten von ihnen zu erreichen, sie an Arbeit zu gewöhnen. Zur Arbeit aber müssen sie schon darum erzogen werden, weil die Arbeitskräfte der Eingeborenen bei den klimatischen Verhältnissen für die wirtschaftliche Entwicklung unentbehrlich sind, sowie um ihrer eigenen Entwicklung willen."[1616]

Aufschlußreich schloß derselbe Autor:

> „Trotzdem aber dürfte dies ein Grenzwall sein für einen Schutz, der durch Strafvorschriften für Vertragsverhältnisse erstrebt werden darf, ein Verfahren, das nur darum nicht zum Schaden wirkt, weil der Eingeborene das von uns als Unrecht Empfundene nicht als solches fühlt."[1617]

Nach der geltenden Rechtslage standen die Disziplinarbefugnisse in der Regel den Eingeborenenstrafrichtern zu.[1618] Ausnahmen von diesem Grundsatz bestan-

---

[1614] Hiergegen wenden sich *Wolter/Kaller*, Deutsches Kolonialrecht, in: ZNR (17) 1995, S. 201 (243).

[1615] *v. Hoffmann*, Einführung in das Deutsche Kolonialrecht, S. 142 f.; ähnlich bereits 1898 *v. Stengel*, Die Strafrechtspflege über die Eingeborenen in den deutschen Schutzgebieten, in: DJZ 1898, S. 85 (87).

[1616] *Lütken*, Das materielle Strafrecht in den deutschen Kolonien, S. 57 f.

[1617] *Lütken*, Das materielle Strafrecht in den deutschen Kolonien, S. 58.

[1618] § 17 der Vfg. d. RK wegen Ausübung der Strafgerichtsbarkeit und der Disziplinargewalt gegenüber den Eingeborenen in den deutschen Schutzgebieten, v. 22.4.1896, DKolGG (II) 1893-1897, S. 215, Anhang D. III.; § 1 der Vfg. d. Gouverneurs v. DSWA, betr. Änderung d. VO v. 22.4.1896 in DSWA, v. 8.11.1896, DKolGG (II) 1893-1897, S. 294; VO d. Gouverneurs v. Kiautschou, betr. Dienstverletzungen chinesischer Arbeiter und Dienstboten, v. 1.7.1898, DKolGG (V) 1899-1900, S. 192; § 6 d. VO der Gouverneurs v. DNG, betr. die Erhaltung der Disziplin unter den farbigen Arbeitern, v. 20.6.1900, DKolGG (VI) 1901-1902, S. 248.

den ab 1905 auf Samoa für die chinesischen Kontraktarbeiter,[1619] ab 1909 in Deutsch-Ostafrika[1620] und Kamerun[1621] und ab 1912 auch in Deutsch-Südwestafrika[1622] insofern, als hier besondere Arbeiterkommissare für die Ausübung des Disziplinarstrafrechts zuständig gemacht wurden. Um Mißbräuchen vorzubeugen und um die Situation eines „Richters in eigener Sache" zu vermeiden, waren die weißen Arbeitgeber der Eingeborenen trotz der Einräumung eines gewissen „väterlichen Züchtigungsrechts" grundsätzlich nicht mit eigenen Strafbefugnissen ausgestattet.[1623]

Dennoch ist die Übertragung der Disziplinargewalt auf den Dienstherrn gegenüber seinen eingeborenen Arbeitern lebhaft diskutiert worden. Hierzu konnte die kolonialrechtliche Literatur im Jahre 1905 auf die tatsächlichen Verhältnisse insbesondere der ausgedehnteren afrikanischen Schutzgebieten verweisen: Ein Pflanzer, der eine Tagesreise oder noch weiter von der nächsten Station wohne, sei gar nicht in der Lage, den schuldigen Arbeiter dem zuständigen Beamten vorzuführen, da er die Arbeitskraft zweier Leute – die des Delinquenten und eines Begleiters – für eine solch lange Zeit nicht entbehren könne. Andererseits seien alle,

> „...welche Gelegenheit hatten, den Charakter der schwarzen Rasse zu studieren, der Ansicht, daß eine Strafe dem Neger gegenüber nur wirkt, wenn sie der Tat auf dem Fuße folgt, jedoch nach Tagen oder gar Wochen nachfolgende Bestrafung nur als Ungerechtigkeit empfunden wird, weil die Erinnerung an die Tat dem kurzen Gedächtnis des Negers längst entschwunden ist."[1624]

Unter Hinweis auf das in Deutschland in den meisten Bundesstaaten bis 1900 bestehende und in den Kolonien in tatsächlicher Übung befindliche „mäßige Züchtigungsrecht" des Dienstherrn ist sodann vorgeschlagen worden, einigen „besonders vertrauenswürdigen Ansiedlern in jederzeit widerruflicher Weise" die Befugnisse des Disziplinarstrafrechts zu übertragen. Die entsprechenden Pflanzer sollten nach den Vorstellungen der Literatur als „Hilfsorgane" des Bezirksamtmannes verpflichtet werden und gerade durch die Einräumung dieser

---

[1619] § 22 der VO d. Gouverneurs v. Samoa, betr. die chinesischen Kontraktarbeiter, v. 25.4.1905, DKolGG (IX) 1905, S. 136; Neuveröffentlichung am 10.11.1909, DKolGG (XIII) 1909, S. 627.

[1620] § 18 der VO d. Gouverneurs v. DOA, betr. die Rechtsverhältnisse eingeborener Arbeiter (Arbeiterverordnung), v. 27.2.1909, DKolGG (XIII) 1909, S. 116.

[1621] § 27 der Arbeiterverordnung für das Schutzgebiet Kamerun, v. 24.5.1909, DKolGG (XIII) 1909, S. 255.

[1622] §§ 20 f. der VO d. Gouverneurs v. DSWA, betr. die Anwerbung und Arbeitsverhältnisse der eingeborenen Arbeiter, v. 16.12.1911, DKolBl. 1912, S. 196.

[1623] Vgl. *Wick*, Die Farbigenrechtspflege in den deutschen Schutzgebieten, S. 72.

[1624] *Bauer*, Die Strafrechtspflege über die Eingebornen der deutschen Schutzgebiete, in: AöR (19) 1905, S. 32 (57).

Beamtenqualität von der Kolonialverwaltung kontrolliert werden können.[1625] Auch im Kolonialrat wurde die Übertragung von Disziplinarbefugnissen auf die weißen Arbeitgeber mehrere Male kontrovers erörtert.[1626] Die geltende Rechtslage, nach der die Ausübung der Disziplinarbefugnisse dem Eingeborenenrichter oder besonderen Arbeiterkommissaren vorbehalten war, änderte sich allerdings bis zum Ende der deutschen Kolonialherrschaft nicht.

Nicht eindeutig war die Rechtslage bezüglich eines „mäßigen"[1627] oder „väterlichen"[1628] Züchtigungsrechts des weißen Dienstherren.[1629] Eine diesbezügliche Regelung ist für keines der deutschen Schutzgebiete ergangen. In der Literatur wurde das Bestehen dieses Rechts gleichwohl auf Bestimmungen des kolonialen Arbeitsrechts zurückgeführt: Nach den Arbeiterverordnungen für Deutsch-Südwestafrika[1630] und Deutsch-Ostafrika[1631] stand den eingeborenen Arbeitern nur bei „grober" Mißhandlung ein sofortiges Kündigungsrecht zu.[1632] Im Jahre 1904 wurde aus kolonialjuristischen Kreisen geäußert, „Milde zu üben ist Sache der Missionare." Bei den „geringen zur Verfügung stehenden Machtmitteln" könne die deutsche Schutzherrschaft nur durch das „überragende Ansehen, durch die Autorität des Weißen, durch die Furcht der Eingeborenen vor seiner Überlegenheit" aufrecht erhalten bleiben. Die Einräumung eines beschränkten Züchtigungsrechts sei daher zur Wahrung der Autorität des weit abseits wohnenden Pflanzers auf seiner Farm erforderlich.[1633]

Auch der Deutsche Kolonialbund setzte sich für ein Züchtigungsrecht des europäischen Privatmannes gegenüber seinen farbigen Untergebenen ein. Dem Eindruck der Eingeborenen, daß der Privatmann gegenüber dem strafberechtigten

---

1625 *Bauer*, Die Strafrechtspflege über die Eingebornen der deutschen Schutzgebiete, in: AöR (19) 1905, S. 32 (58), der allerdings einräumte, dadurch entfalle nicht das Bedenken, daß diese Ansiedler dann zu „Richtern in eigener Sache" würden.

1626 Vgl. zur IV. Sitzungsperiode 1895/1898 *Walz*, Die Entwicklung der Strafrechtspflege in Kamerun unter deutscher Herrschaft, S. 222 f.; vgl. zur VI. Sitzungsperiode 1901/1904 BA RKA 1001/5378, Bl. 102 (105 f.).

1627 *Bauer*, Die Strafrechtspflege über die Eingebornen der deutschen Schutzgebiete, in: AöR (19) 1905, S. 32 (57 f.).

1628 *Wick*, Die Farbigenrechtspflege in den deutschen Schutzgebieten, S. 72.

1629 Vgl. hierzu noch *Walz*, Die Entwicklung der Strafrechtspflege in Kamerun unter deutscher Herrschaft, S. 229 ff.

1630 § 7 Nr. 1 der VO d. Gouverneurs v. DSWA, betr. Dienst- und Arbeitsverträge mit Eingeborenen des südwestafrikanischen Schutzgebiets, v. 18.8.1907, DKolGG (XI) 1907, S. 350.

1631 § 15 Nr. 2 der VO d. Gouverneurs v. DOA, betr. die Rechtsverhältnisse eingeborener Arbeiter (Arbeiterverordnung), v. 27.2.1909, DKolGG (XIII) 1909, S. 116.

1632 Hieraus folgerte *Wick*, Die Farbigenrechtspflege in den deutschen Schutzgebieten, S. 72, das Bestehen des privaten Züchtigungsrechts.

1633 *Hesse*, Strafgewalt über die Eingeborenen in den Schutzgebieten, in: ZfKKK (6) 1904, S. 122 (124 f.).

Kolonialbeamten ein „Europäer zweiter Ordnung“ sei, müsse entgegengewirkt werden, es „muß das Prestige eines jeden Europäers in der Kolonie gewahrt werden, nicht bloß das der Beamten.“[1634]

Aus den Kreisen der deutschen Kolonialverwaltung wurde das „private Prügeln“ der europäischen Plantagenleiter und ihrer schwarzen Aufseher oftmals mit Skepsis betrachtet. Dennoch kann ein offenes und entschlossenes Einschreiten hiergegen den zeitgenössischen Quellen nicht entnommen werden. So äußerte der ehemalige Gouverneur Kameruns Seitz rückblickend, nirgends sei das „private Prügeln strenger verfolgt“ worden, „als bei uns.“[1635] Bereits unter Seitz' Vorgänger im Amt, Gouverneur Jesco v. Puttkamer, war im Jahre 1905 ein Runderlaß an sämtliche Dienststellen des Schutzgebiets ergangen:

> „Die Verwaltungsorgane sind verpflichtet, darauf zu achten, daß nicht von dem nunmehr vom höchsten Gerichtshofe des Schutzgebiets anerkannten Züchtigungsrechte der Pflanzer bezw. Aufseher gegenüber Eingeborenen für gewisse Verletzungen des Dienstvertrages ein zu ausgiebiger Gebrauch gemacht werde. Sollten sich häufige Mißbräuche dieses Züchtigungsrechts oder sonstige Unzuträglichkeiten zeigen, so wäre auf dem gesetzlichen Wege durch die Strafverfolgungsorgane auf die Rechtsprechung einzuwirken und anher zu berichten, damit nötigenfalls durch gesetzgeberische Maßnahmen rechtzeitig eingegriffen werden könnte.“[1636]

Ein „maßvolles“ Züchtigungsrecht der kameruner Pflanzer und ihrer Aufseher war demnach vom Obergericht in Buea zunächst[1637] anerkannt und auch die örtliche Kolonialverwaltung schien zwar den Mißbräuchen entgegenwirken zu wollen, aber an einer grundsätzlichen Berechtigung der Arbeitgeber zum „privaten Prügeln“ nicht zu zweifeln.

Auch in Deutsch-Ostafrika herrschte eine erhebliche Rechtsunsicherheit auf dem Gebiet des privaten Züchtigungsrechts. Schon im Anschluß an die Reichskanzlerverfügung vom 22. April 1896 soll durch einen Gouvernementsbefehl vom 1. Juni desselben Jahres angeordnet worden sein, daß hierdurch den „nach bisheriger Übung dem Dienstherrn Eingeborenen gegenüber zustehenden mäßigen Züchtigungsrecht nicht vorgegriffen werden“ sollte. Zugleich soll der Begriff „mäßig“ dahingehend präzisiert worden sein, daß bei Prügelstrafe die Zahl von

---

1634 Flugblätter des Deutschen Kolonial-Bundes, v. 26.8.1903, BA RKA 1001/5378, Bl. 129.
1635 *Seitz*, Vom Aufstieg und Niederbruch deutscher Kolonialmacht, Bd. I., S. 57.
1636 R.E. d. Gouverneurs v. Kamerun Nr. 165, betr. Züchtigungsrechte der Pflanzer bezw. Aufseher gegenüber Eingeborenen, v. 10.7.1905, BA RKA 1001/5378, Bl. 277; vgl. noch den Bericht des Gouverneurs an die AAKA in derselben Sache, v. 10.7.1905, BA RKA 1001/5378, Bl. 276.
1637 Vgl. aber das entgegenstehende Urteil des kameruner Obergerichts v. 6.6.1910 und die Besprechung des Urteils in der Presse, BA RKA 1001/5380, Bl. 161 ff.

15 und bei Rutenstrafe die Zahl von 10 Hieben nicht überschritten werden durfte.[1638]

Die von Bernhard Dernburg 1907 nach Aufnahme seiner Amtsgeschäfte als erster Staatssekretär des Reichskolonialamts eingeleiteten Reformen zielten auch auf die Beschränkung der disziplinarisch verhängten körperlichen Züchtigungen ab.[1639] Dies und die nach der Informationsreise Dernburgs nach Afrika aufkommenden Gerüchte, die Reichskolonialverwaltung plane die Abschaffung des schon bisher offiziell nicht anerkannten „privaten" Züchtigungsrechts, sorgten für erhebliche Verstimmung unter den Pflanzern des Schutzgebiets.[1640] Dernburg gestand zwei Jahre darauf den ordentlichen Gerichten des Schutzgebiets die Entscheidung über ein „auf Gewohnheit beruhendes privates Recht zur Züchtigung" der eingeborenen Arbeiter durch die Pflanzer zu. Wenn die dortigen Gerichte bisher in einer Reihe von Fällen bei körperlichen Züchtigungen eine Mißhandlung der betroffenen Eingeborenen als nicht vorliegend erachtet hätten, so werde es „bei der hierdurch geschaffenen Rechtslage bewenden können", wenn nicht „Unzuträglichkeiten ein gesetzgeberisches Einschreiten notwendig machen sollten."[1641]

Mit diesem Abwälzen der Verantwortlichkeit auf die örtliche Judikative wollte sich der Gouverneur des Schutzgebiets, Frhr. v. Rechenberg, indessen nicht zufrieden geben. In seinem Bericht vom 2. September 1909[1642] an das Reichskolonialamt bemerkte v. Rechenberg, daß „solche Mißstände z. Zt. bereits vorliegen." Sie bestünden

> „...nicht etwa in der gewohnheitsmäßigen Überschreitung des Züchtigungsrechts durch die Dienstherren, sondern in der durch das Fehlen einer klaren gesetzlichen Bestimmung hervorgerufenen Rechtsunsicherheit. Es ist meines gehorsamen Dafürhaltens ein unerträglicher Zustand, wenn der oberste Beamte des Schutzgebiets auf Anfragen, die aus Pflanzerkreisen an ihn gerichtet werden, welches der Inhalt und der Umfang eines in der Landesgesetzgebung erwähnten Züchtigungsrechts

[1638] *Bauer*, Die Strafrechtspflege über die Eingeborenen der deutschen Schutzgebiete, in: AöR (19) 1905, S. 32 (57 f.). Der Gouvernementsbefehl ist indes weder dem DKolBl. noch der DKolGG oder der LGGDOA zu entnehmen.

[1639] Vgl. Nr. VI. der Vfg. d. StS d. RKA, betr. die Anwendung körperlicher Züchtigung als Strafmittel gegen Eingeborene der afrikanischen Schutzgebiete, v. 12.7.1907, u. das „Formular B", Anhang D. IV., DKolGG (XI) 1907, S. 320. Vgl. zu den Dernburgschen Reformen noch 3. Kap. F. II. 2. d) cc).

[1640] Vgl. den Bericht d. Ksl. Gouvernements v. DOA an seine Exzellenz den Gouverneur Frhr. v. Rechenberg, RKA, v. 14.12.1907, BA RKA 1001/5379, Bl. 150 f.

[1641] Erlaß des RKA an den Gouverneur in Daressalam, v. April 1909, Konzept, BA RKA 1001/5379, Bl. 155 f.

[1642] Bericht d. Ksl. Gouverneurs v. DOA an das RKA, v. 2.9.1909, BA RKA 1001/5380, Bl. 48 f.

sei, gezwungen ist, die Fragesteller auf die Rechtsprechung zu verweisen, d.h. mit anderen Worten, ihnen den Rat zu geben, sich der Gefahr einer strafrechtlichen Verurteilung auszusetzen, um sich auf diesem Wege die erwünschte Klarheit über ihre Befugnisse zu verschaffen."

Tatsächlich mußte sich im Jahre 1911 ein Farmer, der seine Befugnisse zur „mäßigen" Züchtigung überschritten hatte, gerichtlich verantworten und wurde wegen „fahrlässiger" Körperverletzung nach § 230 RStGB zu „5 Mark Geldstrafe evtl. einem Tag Gefängnis" verurteilt.[1643]

Im Ergebnis bleibt festzuhalten, daß alle auf dem Gebiet des Disziplinarstrafrechts ergangenen Rechtsvorschriften das Recht der Ausübung von Disziplinarstrafen ausschließlich dem Eingeborenenrichter oder besonderen Arbeiterkommissaren vorbehielten. Trotz vielfach in Literatur und aus interessierten Kolonialkreisen geäußerter entsprechender Wünsche, hat eine Übertragung der disziplinarischen Befugnisse – insbesondere des Rechts der körperlichen Züchtigung – auf die europäischen Arbeitgeber formell nie stattgefunden. Dennoch wurde in der Praxis in weitem Umfang insbesondere durch europäische Plantagenleiter und ihre schwarzen Aufseher geprügelt. Zutreffend ist daher darauf hingewiesen worden, daß es für die betroffenen Arbeiter letztlich keinen erheblichen Unterschied bedeutet habe, ob sie nun legal oder illegal geprügelt wurden. Denn der Zweck sei derselbe gewesen: Die Erziehung der Schwarzen zur Arbeit.[1644]

2. Strafensystem und Strafvollstreckung

Verglichen mit den wenigen Bestimmungen des Kolonialrechts, die die Strafbarkeit bestimmter Verhaltensweisen der Eingeborenen festlegten, wurde dem System der kolonialen Strafen eine etwas umfassendere Behandlung zuteil. Dennoch war auch hier „nur das allernotwendigste geschehen."[1645] Die eingehendere Befassung des Kolonialrechts mit den Strafarten und den Umständen ihres Vollzugs wurde darauf zurückgeführt,

> „...daß in den Kolonien gerade die Art der zu verhängenden Strafen von besonderer Wichtigkeit ist, da sie so gewählt sein müssen, daß einmal der Eingeborene das Strafübel empfindet, daß sie sodann aber auch imstande sind, ein Mittel zur Hebung des Kulturniveaus der farbigen Bevölkerung zu bilden."[1646]

1643 Vgl. den Bericht über die Entscheidung des Obergerichts in Daressalam v. 26.4.1911, Amtlicher Anzeiger für DOA, BA RKA 1001/5380, Bl. 200 f.

1644 *Walz*, Die Entwicklung der Strafrechtspflege in Kamerun unter deutscher Herrschaft, S. 232

1645 *Lütken*, Das materielle Strafrecht in den deutschen Kolonien, S. 60.

1646 *Brinkmann*, Strafrecht und Strafverfahren für die Eingeborenen der deutschen Schutzgebiete, S. 25.

Der Strafenbegriff des Kolonialstrafrechts war weit gefaßt. Er umfaßte neben den gerichtlichen Strafen auch disziplinarische Maßnahmen, Maßregeln, Bußgeld-zahlungen und Polizeimaßnahmen. Schließlich wurde auch zivilrechtlicher Schadensersatz „strafrechtlich organisiert“.[1647]

Klarer noch als bezüglich der Festlegung strafbarer Handlungen, wurde die Anwendbarkeit des Reichsstrafrechts auf die in den deutschen Schutzgebieten geboten erscheinenden Strafen verworfen. Der Strafenkatalog des RStGB wurde wegen der besonderen kolonialen Verhältnisse für schlicht „unbrauchbar“ gehalten.[1648] Bemerkenswert ist ein der zeitgenössischen Literatur zu entnehmender Begründungsversuch: Solange noch die Prügelstrafe „in so ausgedehntem Maße wie es in unseren Schutzgebieten der Fall“ nicht zu entbehren und „unbedingt notwenig“ sei, solange sei das eingeborene „Volksempfinden“ noch nicht „reif zum Verständnis“ der milden Strafarten des RStGB. Die kolonisierten Völker würden sich mancher dem RStGB entnommenen Strafe gar nicht bewußt werden, die Kolonialregierung unweigerlich an Autorität einbüßen.[1649] Aus der Abschaffung der Prügelstrafe im Reich wurde somit nicht deren Unanwendbarkeit in den Kolonien gefolgert, sondern umgekehrt dieser Umstand argumentativ in die „Unbrauchbarkeit“ des Strafensystems des RStGB in der Eingeborenenrechtspflege verkehrt.[1650]

Im Ergebnis wurde der Strafenkatalog des Reichsstrafrechts „brutalisiert“.[1651] Noch im Jahre 1914 wurde vertreten:

> „Der Farbige braucht vor allem greifbare Unannehmlichkeiten, schwere Arbeit, körperliches Unbehagen, wenn er empfinden soll, daß er gestraft wird. Würde man ihn nur in seiner Freiheit beschränken, dann würde der Neger, der sich wohl fühlt, wenn er nur nicht zu arbeiten braucht, zufrieden sein, daß er sein Dasein so bequem fristen kann.“[1652]

Diese Tendenz läßt sich auch anhand der Entwicklung der Strafkataloge der Kolonialverordnungen aufzeigen. So sahen die beiden ersten auf dem Gebiet des

---

[1647] *Naucke*, Deutsches Kolonialstrafrecht 1886-1918, in: RhJ (7) 1988, S. 297 (308).

[1648] Vgl. nur *Lütken*, Das materielle Strafrecht in den deutschen Kolonien, S. 60 f.: „Daß eine Übertragung unseres Strafensystems auf die Kolonien undenkbar wäre, ist ohne weiteres klar.“; zudem: *Bauer*, Die Strafrechtspflege über die Eingeborenen der deutschen Schutzgebiete, in: AöR (19) 1905, S. 32 (82 f.); *Brinkmann*, Strafrecht und Strafverfahren für die Eingeborenen der deutschen Schutzgebiete, S. 26; *Karlowa*, Die Strafgerichtsbarkeit über die Eingeborenen in den deutschen Kolonien, S. 30.

[1649] *Karlowa*, Die Strafgerichtsbarkeit über die Eingeborenen in den deutschen Kolonien, S. 30.

[1650] So auch *Kopp*, Nichtdeutsche Angeklagte im deutschen Strafverfahren, S. 92.

[1651] *Naucke*, Deutsches Kolonialstrafrecht 1886-1918, in: RhJ (7) 1988, S. 297 (307).

[1652] *Lütken*, Das materielle Strafrecht in den deutschen Kolonien, S. 61.

deutschen Kolonialstrafrechts ergangenen Verordnungen für das Schutzgebiet der Neu-Guinea-Kompagnie[1653] und für die Marshall-Inseln[1654] noch einen verhältnismäßig begrenzten Katalog zulässiger Strafen vor. Insbesondere die Prügelstrafe zählte nicht dazu.[1655] Für die afrikanischen Schutzgebiete wurde dann mit der Reichskanzler-Verfügung vom 22. April 1896[1656] angeordnet:

> „Die zulässigen Strafen sind: Körperliche Züchtigung (Prügelstrafe, Ruthenstrafe), Geldstrafen, Gefängniß mit Zwangsarbeit, Kettenhaft, Todesstrafe."

Später und regional begrenzt traten in einzelnen Schutzgebieten noch weitere Strafarten hinzu: Reine Freiheitsstrafen in Kiautschou, Ausweisungen von Kiautschou ins chinesische Hinterland oder von Kamerun nach Togo, Entschädigungszahlungen insbesondere in der Südsee sowie die Zwangsansiedlung in sogenannten „Besserungssiedlungen" im Schutzgebiet Togo.

Hatten somit die Strafarten eine verhältnismäßig eingehende Behandlung gefunden, so blieben die Kolonialstrafvorschriften eine für den Eingeborenenrichter verbindliche Verknüpfung von Unrechtstatbestand und Strafe weitgehend schuldig. Einzig die todeswürdigen Verbrechen wurden in den für Deutsch-Neuguinea und die Marshall-Inseln, sowie für Kamerun und Deutsch-Ostafrika ergangenen Bestimmungen abschließend aufgezählt.[1657] Auch das Strafmaß war überwiegend dem Ermessen des Kolonialrichters anheimgestellt. Das Bestimmtheitsgebot des § 2 RStGB[1658] kam in den Kolonien nicht zur Anwendung. In der Literatur wurde von „relativ bestimmten Strafdrohungen" und einem „System der Strafrahmen"[1659] gesprochen, da dem Richter die Entscheidung nicht nur zwischen einem Höchst- und Mindestmaß, sondern auch unter verschiedenen Strafen, mitunter auch in Verbindung miteinander,[1660] zugestanden war.

1653 StrafVO für die Eingeborenen, v. 21.10.1888, DKolGG (I) 1892, S. 555; Anhang D. V.

1654 Strafverordnung für die Eingeborenen, v. 10.3.1890, DKolGG (I) 1892, S. 627.

1655 Nach den §§ 4 ff. der nahezu wortgleichen Verordnungen waren zulässige Strafen: Todesstrafe, Gefängnis mit Zwangsarbeit, Zwangsarbeit ohne Verwahrung im Gefängnis, Geldstrafe.

1656 § 2 der Vfg. d. RK wegen Ausübung der Gerichtsbarkeit und der Disziplinargewalt gegenüber den Eingeborenen in den deutschen Schutzgebieten v. DOA, Kamerun u. Togo, DKolGG (II) 1893-1897, S. 215, Anhang D. III.; in DSWA in Wirksamkeit gesetzt durch Vfg. d. Gouverneurs, betr. Änderung d. VO v. 22.4.1896, v. 8.11.1896, DKolGG (II) 1893-1897, S. 294.

1657 Vgl. hierzu noch sogleich, 3. Kap. F. II. 2. a).

1658 § 2 Abs. 1 RStGB. Eine Handlung kann nur dann mit einer Strafe belegt werden, wenn diese Strafe gesetzlich bestimmt war, bevor die Handlung begangen wurde.

1659 *Brinkmann*, Strafrecht und Strafverfahren für die Eingeborenen der deutschen Schutzgebiete, S. 39.

1660 Vgl. § 6 Abs. 2 der VO, betr. die Rechtsverhältnisse der Chinesen, v. 15.4.1899, DKolGG (IV) 1898-1899, S. 191; Anhang D. VI.

Nachdem in Reaktion auf die Ausfälle der kameruner Kolonialbeamten Leist und Wehlan[1661] 1896 für die afrikanischen Schutzgebiete die Verhängung von „außerordentlichen Strafen, insbesondere von Verdachtsstrafen“ untersagt worden war,[1662] erfuhr die koloniale Rechtssicherheit gut sechs Jahre später einen erneuten Rückschlag. Inhaltlich gleichlautende, kurz hintereinander erlassene Verordnungen der Gouverneure von Kamerun,[1663] Deutsch-Südwestafrika,[1664] Deutsch-Ostafrika,[1665] und Togo[1666] wiesen die der örtlichen Kolonialverwaltung unterstellten Eingeborenenrichter an:

> „Bei der Bestrafung von Eingeborenen auf Grund der von dem Kaiserlichen Gouverneur erlassenen Verordnungen sind die in der Reichskanzler-Verfügung vom 22. April 1896 für zulässig erklärten Strafmittel der Bedeutung des Falles gemäß auch dann anzuwenden, wenn die die Strafbarkeit der Handlung aussprechende Verordnung eine besondere Bestimmung darüber nicht enthält.“

Im Ergebnis wurde in den afrikanischen Schutzgebieten ein „deliktsungebundenes Sanktionensystem“[1667] formell legitimiert und den in der Regel juristisch nicht ausgebildeten Eingeborenenrichtern ein weites Ermessen bei der Festlegung der „der Bedeutung des Falles“ entsprechenden Strafen eingeräumt. Auf bekanntgewordene Mißstände reagierte die Kolonialzentralverwaltung im Reich mit einer Reihe von Weisungen an die afrikanischen Gouvernements wegen „gerechter“ und „humaner“ strafrechtlicher Behandlung der Eingeborenen. So wurden etwa Abdrücke der Reichskanzlerverfügungen vom 27. Februar und 22. April 1896 an die Gouvernements übersandt mit der Bitte, diese in sämtlichen Dienstzimmern der Behörden der Schutzgebiete „an geeigneter augenfälliger Stelle dauernd zum Aushang zu bringen“ und den neu in den Kolonialdienst eintretenden Beamten und deutschen Schutz- oder Polizeitruppenangehörigen „gegen Empfangsbestätigung“ auszuhändigen.[1668]

[1661] Vgl. hierzu noch eingehend 3. Kap. H.

[1662] Vfg. d. RK, betr. die Gerichtsbarkeit über die Eingeborenen in den afrikanischen Schutzgebieten, v. 27.2.1896, DKolGG (II) 1893-1897, S. 213.

[1663] VO d. Gouverneurs v. Kamerun, betr. Strafmittel gegen Eingeborenen, v. 28.6.1902, DKolGG (VI) 1901-1902, S. 482.

[1664] VO d. Gouverneurs v. DSWA, betr. die Ausübung der Strafgerichtsbarkeit gegen Eingeborene im südwestafrikanischen Schutzgebiet, v. 8.8.1902, DKolGG (VI) 1901-1902, S. 495.

[1665] VO d. Gouverneurs v. DOA, betr. die gegen Eingeborene zu erkennenden gerichtlichen Strafen, v. 17.9.1902, DKolGG (VI) 1901-1902, S. 534.

[1666] VO d. Gouverneurs v. Togo, betr. Strafmittel gegen Eingeborene, v. 24.11.1902, DKolGG (VI) 1901-1902, S. 555.

[1667] *Kopp*, Nichtdeutsche Angeklagte im deutschen Strafverfahren, S. 91.

[1668] BA RKA 1001/5498, Bl. 3.

Während die Strafmündigkeit nur in Kiautschou eine Regelung erfahren hatte und auf die Vollendung des 12. Lebensjahres festgesetzt worden war,[1669] bestanden einige Vorschriften über die Strafmilderung. In Deutsch-Neuguinea und auf den Marshall-Inseln waren in betreff der allgemeinen Strafausschließungs- und -Milderungsgründe die Bestimmungen des RStGB „zum Anhalt zu nehmen" und das System der „mildernden Umstände" rezipiert.[1670] In Kiautschou waren jugendliche strafmündige Personen, die das 18. Lebensjahr noch nicht vollendet hatten, nur „in Ausnahmefällen zu Freiheitsstrafen zu verurteilen und dann von anderen Verbrechern getrennt zu halten."[1671] Für Kiautschou sind ferner die Besonderheiten der „bedingten Verurteilung"[1672] und der „vorläufigen Entlassung"[1673] hervorzuheben, die von der Lisztschen Schule mit besonderem Interesse wahrgenommen wurden, da „sie die Verwirklichung strafpolitischer Ideen darstellen, die für den Bereich unseres heimischen Strafrechts von der Wissenschaft lebhaft diskutiert worden sind."[1674]

Bemerkenswert ist zuletzt ein zeitgenössischer Hinweis auf die „Unzulänglichkeit" des kolonialen Strafensystems. Es könne nicht zweifelhaft sein,

> „...daß das aufgeführte Strafensystem nur teilweise geeignet ist, erzieherisch auf die Farbigen einzuwirken und eine nachhaltige Besserung derselben herbeizuführen, wie es andererseits auch insofern unzulänglich ist, als es keine passende Maßregel für den Fall vorsieht, daß ein Eingeborener ein schweres Verbrechen, jedoch ohne einen bewußten verbrecherischen Willen begeht."[1675]

1669 § 7 S. 1 der VO, betr. die Rechtsverhältnisse der Chinesen, v. 15.4.1899, DKolGG (IV) 1898-1899, S. 191; *Mohr*, Handbuch für das Schutzgebiet Kiautschou, S. 72; Anhang D. VI.

1670 §§ 11, 13 der beiden Strafverordnungen für die Eingeborenen, v. 21.10.1888 (NGK), DKolGG (I) 1892, S. 555 u. v. 10.3.1890 (Marshall-Inseln), DKolGG (I) 1892, S. 627.

1671 § 7 S. 2 der VO, betr. die Rechtsverhältnisse der Chinesen, v. 15.4.1899, DKolGG (IV) 1898-1899, S. 191; *Mohr*, Handbuch für das Schutzgebiet Kiautschou, S. 72; Anhang D. VI.

1672 § 10 Abs. 2 der VO v. 15.4.1899: „Personen, welche zum ersten Male zu einer Freiheitsstrafe verurtheilt werden, können gegen Sicherheitsleistung, in besonderen Fällen auch ohne solche, auf freiem Fuß belassen werden."

1673 § 10 Abs. 3 der VO v. 15.4.1899: „In derselben Weise können Gefangene, welche sich während ihrer Strafzeit gut geführt und mindestens die Hälfte ihrer Strafe verbüßt haben, vorläufig entlassen werden.

1674 *Brinkman*, Strafrecht und Strafverfahren für die Eingeborenen der deutschen Schutzgebiete, S. 31.

1675 *Wick*, Die Farbigenrechtspflege in den deutschen Schutzgebieten, S. 62; vgl. hierzu auch den R.E. des Gouverneurs v. Togo, betr. die Bestrafung der Straftaten der Eingeborenen, v. 11.2.1907, DKolGG (XI) 1907, S. 93.

a) Todesstrafe

Während die Verhängung der Todesstrafe im Deutschen Reich auf die Verbrechen des vollendeten Mordes,[1676] des versuchten und vollendeten Hochverrats[1677] sowie auf Verbrechen nach dem Sprengstoffgesetz[1678] und dem Sklavenraubgesetz[1679] begrenzt war, fand diese Strafart in der kolonialen Eingeborenenrechtspflege einen erheblich erweiterten Anwendungsbereich.[1680]

Nach den beiden frühen Strafverordnungen für die Schutzgebiete der Neu-Guinea-Kompagnie und der Marshall-Inseln durfte auf Todesstrafe nur erkannt werden wegen vollendeten Mordes oder Totschlags, sowie bei den gemeingefährlichen Verbrechen der §§ 307 Nr. 1,[1681] 312[1682] und 322 bis 324[1683] RStGB, wenn in diesen Fällen der Tod eines Menschen verursacht worden war.[1684] Schon deutlich weiter ging die Dienstanweisung des Gouverneurs von Kamerun vom Mai 1902.[1685] Nach deren § 3 konnte auf Todesstrafe erkannt werden

> „1. in allen Fällen, in welchen das Reichs-Strafgesetzbuch oder ein anderes Reichsgesetz eine mehr als zehnjährige Freiheitsstrafe androht,
> 2. in den Fällen des § 234 (Menschenraub) und § 315 (Gefährdung eines Eisenbahntransports) des Reichs-Strafgesetzbuchs,
> 3. in den Fällen der §§ 176, 177 des Reichs-Strafgesetzbuchs, wenn die Handlung an einer weißen Person begangen ist (Notzucht etc.),
> 4. in den Fällen des bewaffneten Angriffs bezw. Widerstands gegen einen in der Ausübung seines Amtes begriffenen deutschen Beamten.[1686]

Hiermit wich die kameruner Kolonialverordnung zuungunsten der eingeborenen Bevölkerung erheblich von den Bestimmungen des RStGB ab, das in den ge-

---

1676 § 211 RStGB.

1677 § 80 RStGB.

1678 § 5 Abs. 3 SprengStoffG, v. 9.6.1884, RGBl. 1884, S. 61.

1679 § 1 Abs. 2 SklavenRaubG, v. 28.7.1895, RGBl. 1895, S. 425.

1680 Nach *Brinkmann*, Strafrecht und Strafverfahren für die Eingeborenen der deutschen Schutzgebiete, S. 27, „erheischen die anders gearteten Verhältnisse der Schutzgebiete eine Ausdehnung des Anwendungsgebiets dieser Strafart."

1681 Brandstiftung, wenn der Brand den Tod eines Menschen dadurch verursacht hat, daß sich dieser zur Tatzeit in einer der in Brand gesetzten Räumlichkeiten befand.

1682 Herbeiführen einer Überschwemmung.

1683 Zerstören eines Feuerzeichens zur Sicherung der Schiffahrt; Bewirkung der Strandung oder des Sinkens eines Schiffes; Brunnenvergiftung.

1684 §§ 14 der beiden Strafverordnungen für die Eingeborenen, v. 21.10.1888 (NGK), DKolGG (I) 1892, S. 555 u. v. 10.3.1890 (Marshall-Inseln), DKolGG (I) 1892, S. 627.

1685 Dienstvorschrift d. Gouverneurs v. Kamerun, betr. die Ausübung der Strafgerichtsbarkeit gegenüber den Eingeborenen, v. Mai 1902, DKolGG (VI) 1901-1902, S. 467.

1686 Vgl. hierzu noch *Walz*, Die Entwicklung der Strafrechtspflege in Kamerun unter deutscher Herrschaft, S. 273 f.

nannten Fällen lediglich Zuchthaus bis zu zehn Jahren androhte. Nach zeitgenössischem Urteil hatte die in diesen Fällen drohende Todesstrafe allerdings „ihre vollste Berechtigung“:

> „Denn in der Begehung dieser Straftaten bekundet sich die größte Mißachtung gegenüber der herrschenden Rasse. Wenn auch von mancher Seite Gleichberechtigung der Eingeborenenrassen gefordert wird, also auch gleiche Behandlung in Strafsachen, so können solche Prätentionen nur utopische bleiben, die mit den Anschauungen einer gesunden Realpolitik in kolonialen, vor allem daher wirtschaftlichen Dingen unverträglich sind.“[1687]

In Deutsch-Ostafrika war nach der Anweisung des Gouverneurs, betreffend die bei der Bestrafung des Sklavenhandels zu befolgenden Grundsätze vom 19. August 1896 gegen den Veranstalter und Anführer eines Menschenraubes bzw. einer Sklavenausfuhr auf Todesstrafe zu erkennen, wenn bei der Ausführung oder bei dem Versuch dieser Delikte der Tod einer Person verursacht worden war.[1688] Nach dem Runderlaß vom 10. Dezember 1902 war darüber hinaus der „gewerbsmäßige Sklavenhandel in schweren Fällen“ mit dem Tode zu bestrafen.[1689]

Im Schutzgebiet der Neu-Guinea-Kompagnie und auf den Marshall-Inseln durfte kein Todesurteil vollstreckt werden, bevor es nicht vom Landeshauptmann bzw. Kaiserlichen Kommissar bestätigt worden war.[1690] Gleiches war für Kiautschou geregelt.[1691] Auch in den afrikanischen Schutzgebieten stand die endgültige Entscheidung über den Vollzug der Todesstrafe „einzig und allein“ dem Gouverneur (Landeshauptmann) zu.[1692] Hatten die mit der Ausübung der Eingeborenengerichtsbarkeit betrauten Beamten auf Todesstrafe erkannt, so war dem

---

[1687] *Karlowa*, Die Strafgerichtsbarkeit über die Eingeborenen in den deutschen Kolonien, S. 31.

[1688] Nr. I. 2 der Anweisung d. Gouverneurs v. DOA, betr. die bei der Bestrafung des Sklavenhandels in DOA zu befolgenden Grundsätze, v. 19.8.1896, DKolGG (II) 1893-1897, S. 267.

[1689] R.E. d. Gouverneurs v. DOA, betr. Maßnahmen zur Bekämpfung des Sklavenhandels, v. 10.12.1902, DKolGG (VI) 1901-1902, S. 558.

[1690] §§ 39 Abs. 4 der beiden Strafverordnungen für die Eingeborenen, v. 21.10.1888 (NGK), DKolGG (I) 1892, S. 555 u. v. 10.3.1890 (Marshall-Inseln), DKolGG (I) 1892, S. 627. Die Marshall-Inseln waren indes das einzige deutsche Schutzgebiet, in dem keine Todesstrafe verhängt oder vollzogen wurde; vgl. noch unten die Statistik sowie *Hiery*, Das deutsche Reich in der Südsee, S. 109 Anm. 32.

[1691] § 14 S. 1 der Verordnung, betr. die Rechtsverhältnisse der Chinesen, v. 15.4.1899, DKolGG (IV) 1898-1899, S. 191; *Mohr*, Handbuch für das Schutzgebiet Kiautschou, S. 72.

[1692] § 11 der Vfg. d. RK wegen Ausübung der Gerichtsbarkeit und der Disziplinargewalt gegenüber den Eingeborenen in den deutschen Schutzgebieten v. DOA, Kamerun u. Togo, v. 22.4.1896, DKolGG (II) 1893-1897, S. 215, Anhang D. III.; in DSWA in Wirksamkeit gesetzt durch Vfg. d. Gouverneurs, betr. Änderung d. VO v. 22.4.1896, v. 8.11.1896, DKolGG (II) 1893-1897, S. 294.

Gouverneur unter Einsendung der Akten sofort Bericht zu erstatten. Einem Runderlaß des Gouverneurs von Kamerun vom 27. Juni 1904 ist indes zu entnehmen, daß in „neuerer Zeit wiederholt“ Stationsleiter gegen Eingeborene auf Todesstrafe erkannt hatten und die Strafen sofort vollstreckt worden waren. Der Gouverneur machte hieraufhin die unterstellten Beamten darauf aufmerksam, daß sie in diesen Fällen „auf ihre eigene Verantwortung handeln“ und im Falle der Nichtgenehmigung mit disziplinarischen oder „unter Umständen selbst“ strafrechtlichen Konsequenzen zu rechnen hätten.[1693]

Eine nicht unerhebliche Ausnahme war für die im Landesinnern belegenen Stationen und die dort befindlichen Expeditionen geregelt: Wenn im „Falle eines Aufruhrs, eines Überfalls oder in einem sonstigen Nothstande aus zwingenden Gründen“ das vorgeschriebene Verfahren nicht eingehalten werden konnte, sondern vielmehr eine „sofortige Vollstreckung der Todesstrafe an einem Eingeborenen erforderlich“ erschien, so war vom Stationsvorsteher oder Expeditionsführer „thunlichst unter Hinzuziehung von mindestens zwei Beisitzern“ ein summarisches Verfahren einzuleiten und das Verhandlungsprotokoll sowie das Urteil nebst Gründen nachträglich dem Gouverneur mit Bericht einzureichen.[1694]

Während die Vollstreckung der Todesstrafe an Weißen in den Schutzgebieten nach § 9 der Verordnung vom 9. November 1900[1695] durch Enthaupten, Erschießen oder Erhängen erfolgte und der Gouverneur die Entscheidung hierüber im Einzelfall zu treffen hatte,[1696] war die Vollstreckung für die eingeborene Schutzgebietsbevölkerung uneinheitlich geregelt. Für die afrikanischen Schutzgebiete waren zunächst keine näheren Bestimmungen getroffen worden, so daß die Art der Vollstreckung vollkommen dem Ermessen des die Vollstreckung anordnenden und leitenden Beamten überlassen war.[1697] Für Deutsch-Ostafrika erging jedoch ein Runderlaß des Gouverneurs vom 9. Januar 1904,[1698] der das Erschießen der Eingeborenen untersagte und stattdessen ausführliche „Regeln, welche bei Vollstreckungen durch den Strang als Richtschnur zu nehmen sind, und welche auch einen noch Unkundigen in den Stand setzen dürften, die Exekution sachgemäß vorzunehmen“, aufstellte. Diese Regeln wurden mit Dienstanweisung

[1693] R.E. d. Gouverneurs v. Kamerun, betr. Verhängung der Todesstrafe gegen Eingeborene, v. 27.6.1904, *Ruppel*, Landesgesetzgebung für das Schutzgebiet Kamerun, S. 831.

[1694] § 15 der Vfg. d. RK v. 22.4.1896.

[1695] § 9 der Ksl. VO, betr. die Rechtsverhältnisse in den deutschen Schutzgebieten v. 9.11.1900, RGBl. 1900, S. 1005; DKolGG (V) 1899-1900, S. 158; Anhang D. II.

[1696] Im Reich war nach § 13 RStGB die Todesstrafe durch Enthaupten zu vollstrecken.

[1697] *Brinkmann*, Strafrecht und Strafverfahren für die Eingeborenen der deutschen Schutzgebiete, S. 29.

[1698] Auszug aus dem R.E. d. Gouverneurs v. DOA, betr. die Vollstreckung der Todesstrafe an Eingeborenen nebst Anlage, DKolGG (VIII) 1904, S. 30; vgl. noch BA RKA 1001/5499, Bl. 83 ff.

vom 10. Januar 1906 auch für Togo übernommen.[1699] Für Neuguinea und die Marshall-Inseln war zunächst die Vollstreckung der Todesstrafe durch Erhängen vorgeschrieben.[1700] Für Neuguinea wurde durch Verordnung des Gouverneurs vom 7. April 1899[1701] neu bestimmt, daß die Todesstrafe durch Erschießen oder Erhängen zu vollstrecken sei, während es auf den Marshall-Inseln bei der bisherigen Rechtslage blieb. Dort ist es – als einzigem deutschem Schutzgebiet – auch niemals zur Verurteilung eines Eingeborenen zum Tode gekommen.[1702] Völlig freie Hand bei der Auswahl der Vollstreckungsart war hingegen dem Gouverneur von Kiautschou gewährt worden.[1703]

Nach alledem hat die im Reich lebhaft geführte Diskussion[1704] um die Abschaffung der Todesstrafe die deutschen Kolonien nicht erreicht.[1705] Insbesondere in den afrikanischen Schutzgebieten, hier vor allem in Deutsch-Ostafrika und Kamerun, etablierte sich die Todesstrafe als gerichtliche Strafart in der Eingeborenenrechtspflege. In Deutsch-Ostafrika erreichte die Statistik in den Berichtsjahren 1905/1906 und 1906/1907 während des Maji-Maji-Aufstandes[1706] einen traurigen Höhepunkt. Statistisch gesehen wurde in diesen Jahren im ostafrikanischen Schutzgebiet etwa alle 1,5 Tage ein Eingeborener hingerichtet. In der Deutschen Südsee spielte die Todesstrafe dagegen keine herausgehobene Rolle.

Die Statistik der Todesstrafe in den deutschen Schutzgebieten ist um so bemerkenswerter, wenn ihr die Vergleichswerte für das Deutsche Reich gegenübergestellt werden. In Preußen war zwar die Zahl der jährlichen Todesurteile unter

---

1699 Nr. 5 der Dienstanweisung d. Gouverneurs v. Togo, betr. die Ausübung der Strafgerichtsbarkeit und der Disziplinargewalt gegenüber den Eingeborenen gem. der Vfg. d. RK v. 22.4.1896, DKolGG (X) 1906, S. 9.

1700 §§ 5 der beiden Strafverordnungen für die Eingeborenen, v. 21.10.1888 (NGK), DKolGG (I) 1892, S. 555 u. v. 10.3.1890 (Marshall-Inseln), DKolGG (I) 1892, S. 627.

1701 VO d. Ksl. Gouverneurs v. DNG, betr. Vollstreckung der Todesstrafe, DKolGG (IV) 1898-1899, S. 56.

1702 Vgl. noch unten die Statistik sowie *Hiery*, Das deutsche Reich in der Südsee, S. 109 Anm. 32.

1703 § 14 S. 2 der Verordnung, betr. die Rechtsverhältnisse der Chinesen, v. 15.4.1899, DKolGG (IV) 1898-1899, S. 191; Anhang D. VI.

1704 Vgl. zur Diskussion um die Abschaffung der Todesstrafe anläßlich der Beratungen der Entwürfe des RStGB *Schmidt*, Einführung in die Geschichte der deutschen Strafrechtspflege, S. 343 f.

1705 Vgl. nur die unkritischen Bemerkungen von *Lütken*, Das materielle Strafrecht in den deutschen Kolonien, S. 62 f.: „...wir brauchen hier nicht Stellung zu nehmen zu der Frage, ob die Todesstrafe überhaupt ihre Berechtigung hat; zweifellos ist sie in den Schutzgebieten unentbehrlich und mußte hier auch die obige Erweiterung erfahren. Die einzelnen Fälle bedürfen kaum einer besonderen Rechtfertigung..."

1706 Zum Maji-Maji-Aufstand vgl. noch *Peters*, Koloniale Entwicklung und Ausbeutung, S. 212 ff.

Wilhelm II. gegenüber Wilhelm I. etwa um den Faktor Fünf gestiegen. Im gesamten Deutschen Reich – mit einer Bevölkerung von ca. 65 Millionen[1707] gut vier Mal so groß wie alle deutschen Schutzgebiete zusammen – ergingen jedoch in der Zeit von 1897 bis 1911 durchschnittlich knapp 39 Todesurteile im Jahr. Im Schnitt wurden davon jährlich 23 Hinrichtungen vollzogen.[1708] Die deutschen Schutzgebiete kamen etwa im gleichen Zeitraum auf durchschnittlich über 105 Todesurteile im Jahr. Nur in vereinzelten Ausnahmefällen sind einige wenige Begnadigungen verzeichnet.

[1707] Im Jahre 1910 nach dem Statistischen Jahrbuch für das Deutsche Reich (35) 1914, S. 1.

[1708] Zahlen nach *Evans*, Rituale der Vergeltung, Die Todesstrafe in der deutschen Geschichte, S. 525 ff., 530.

Berichts-jahr	Anzahl der gerichtlich verhängten Todesstrafen in						
	DSWA	Togo	Kamerun	DOA	DNG	Samoa	Summe:
1900/01	5	7	14	32[1]	-	1	**59**
1901/02	1	1	9	27	k.A.	-	**38**
1902/03	-	15	8	19	-	-	**42**
1903/04	k. A.	7	1	50	2[2]	-	**60**
1904/05	k. A.	4	15	31	23[3]	-	**73**
1905/06	k. A.	6	40	245	4	1	**296**
1906/07	2	7	23	252	2	-	**286**
1907/08	4[4]	3	28	51	-	-	**86**
1908/09	2	-	38	68	1	-	**109**
1909/10	6	1	28	31	2	- (1)[5]	**69**
1910/11	2	1	54	34	16	-	**107**
1911/12	14	2	29	16	1	-	**62**
1912/13	10	10	34	20	6	-	**80**
Insgesamt:	**46**	**64**	**321**	**876**	**57**	**3**	**1367**

Zusammengestellt unter Zugrundelegung der Angaben aus den Amtlichen Jahresberichten.

[1] Ein Verurteilter starb vor der Vollstreckung, drei Todesurteile wurden nicht bestätigt.
[2] Davon einer begnadigt zu Gefängnis mit Zwangsarbeit auf Lebensdauer.
[3] Davon fünf begnadigt.
[4] Eine Todesstrafe im Bezirksamt Lüderitzbucht im Gnadenwege in 5 Jahre Kettenhaft umgewandelt.
[5] Eine Verurteilung eines chinesischen Kontraktarbeiters.

b) Freiheitsstrafen

In der öffentlichen Wahrnehmung im Deutschen Reich kam den kolonialen Freiheitsstrafen eine eher untergeordnete Rolle zu. In Deutschland waren in Öffentlichkeit, Presse, kolonialrechtlicher Literatur und den kolonialpolitischen Debatten im Deutschen Reichstag die körperlichen Züchtigungen eher von Interesse als die aus dem Reichsstrafrecht vermeintlich bekannten kolonialen Freiheitsstrafen. Indessen wurden in den deutschen Schutzgebieten drei Formen dieser Strafart unterschieden, die zum Teil erheblich von der Strafform „Freiheitsstrafe" im Reich[1709] abwichen: Kettenhaft – die schwerste Form der Freiheitsstrafe – und Gefängnisstrafe mit Zwangsarbeit in den afrikanischen und Südsee-Kolonien sowie die „reine" Freiheitsstrafe, die lediglich in Kiautschou verhängt wurde.

aa) Kettenhaft

Nach der Reichskanzler-Verfügung vom 22. April 1896[1710] zählte die Kettenhaft zu den zulässigen Strafen in den afrikanischen Schutzgebieten. In der deutschen Südsee wurde sie indes nicht eingeführt,[1711] ebensowenig wie in Kiautschou. Nachdem die Reichskanzler-Verfügung nähere Anweisungen über die Vollstreckung dieser dem Reichsrecht unbekannten Strafart nicht enthielt und auch später keine einheitlichen Bestimmungen hierüber ergangen waren, regelten die Gouverneure der afrikanischen Schutzgebiete das Nähere selbst.

In einer die Reichskanzler-Verfügung vom 22. April 1896 konkretisierenden Dienstanweisung vom 10. Januar 1906 schloß der Gouverneur Togos von der Reihenfolge der in § 2 genannten zulässigen Strafarten auf ihre Schwere: „Demnach ist Kettenhaft eine schwerere Strafart als Gefängnis mit Zwangsarbeit. Beide stehen etwa in dem Verhältnis wie nach deutschem Recht die Zuchthaus-

---

[1709] Nach dem RStGB wurde zwischen Zuchthaus, Gefängnis, Festungshaft und einfacher Haft unterschieden, vgl. §§ 14 ff. RStGB.

[1710] § 2 der Vfg. d. RK wegen Ausübung der Gerichtsbarkeit und der Disziplinargewalt gegenüber den Eingeborenen in den deutschen Schutzgebieten v. DOA, Kamerun u. Togo, v. 22.4.1896, DKolGG (II) 1893-1897, S. 215, Anhang D. III.; in DSWA in Wirksamkeit gesetzt durch Vfg. d. Gouverneurs, betr. Änderung d. VO v. 22.4.1896, v. 8.11.1896, DKolGG (II) 1893-1897, S. 294.

[1711] Nach Auffassung der AAKA bestand ein „Charakterunterschied" zwischen den afrikanischen „Negern" und den Südsee-Insulanern, der die Anwendung dieser Strafe dort ausschließe, vgl. *Hiery*, Das deutsche Reich in der Südsee, S. 120.

strafe zur Gefängnisstrafe. Was die Vollstreckung betrifft, so ist der Kettengefangene stets angekettet zu halten [und] zur Arbeit heranzuziehen."[1712]

Für Deutsch-Ostafrika war ab 1904 lediglich geregelt, daß die Kettenhaft an Indern nur durch Einzelfesselung erfolgen durfte. Das Zusammenketten von Indern mit anderen Farbigen war fortan unzulässig.[1713] Die Härte dieser Strafart wird deutlich in den Bestimmungen des Runderlasses des Gouverneurs von Deutsch-Ostafrika vom 9. November 1906.[1714] Hiernach war

> „...bekannt, daß eine fünfjährige Kettenstrafe von den Verurteilten nur selten überstanden wird. Es ist bei Abmessung der Strafzeit darauf zu achten, daß eine längere Kettenstrafe in weit höherem Maße als eine längere Freiheitsstrafe in Europa Gefahren für das Leben und die Gesundheit des Verurteilten mit sich bringt, so daß eine Kettenstrafe von einem Jahr etwa einer fünfmal längeren Freiheitsstrafe in Europa gleichkommt."

Gouverneur v. Rechenberg bestimmte daher im Anschluß umfangreiche Anforderungen an Unterbringung, Hygiene und Verpflegung der eingeborenen Kettenhäftlinge. Insbesondere seien die Sträflinge – „wo die Verhältnisse es irgend zulassen" – während der Nacht von der Kette zu befreien.[1715] Der Gouverneur schloß:

> „Wird in entsprechender Weise für die Gesundheit der Gefangenen gesorgt, so können und sollen sie auch zu strenger Arbeit herangezogen werden. Nur wenn beides zusammentrifft, ist der Zweck der zeitigen Freiheitsstrafe zu erreichen."

Nur wenige Tage später bestimmte der Gouverneur von Kamerun in einem Runderlaß vom 15. November 1906,[1716] die Kettenhaft entspreche der heimischen Zuchthausstrafe. Aus diesem Grunde seien sämtliche zu Kettenhaft verurteilten Personen zu denjenigen Zwangsarbeiten heranzuziehen, die die betreffende Dienststelle eingeführt habe. Vorschriften zum Schutz der Kettenhäftlinge

---

1712 Dienstanweisung d. Gouverneurs v. Togo, betr. die Ausübung der Strafgerichtsbarkeit und der Disziplinargewalt gegenüber den Eingeborenen gem. d. RK-Vfg. v. 22.4.1896, DKolGG (X) 1906, S. 9.

1713 Auszug aus dem R.E. d. Gouverneurs v. DOA, betr. die Vollstreckung der Kettenhaft an Indern, v. 10.2.1904, DKolGG (VIII) 1904, S. 42.

1714 Auszug aus dem R.E. d. Gouverneurs v. DOA, betr. die Verpflegung und Behandlung der Kettengefangenen, v. 9.11.1906, DKolGG (X) 1906, S. 340. Der vollständige R.E. findet sich bei BA RKA 1001/5118, Bl. 18.

1715 „Auch sollte in viel weiterem Maße als bisher an Stelle der Kette von der Fußfessel Gebrauch gemacht werden."; vgl. zu diesem Punkt noch den R.E. d. Gouverneurs v. 26.10.1911, BA RKA 1001/5118, Bl. 31.

1716 R.E. d. Gouverneurs v. Kamerun, betr. die Strafvollstreckung gegen Eingeborene, v. 15.11.1906, DKolGG (X) 1906, S. 342.

enthielt der Runderlaß nicht. Erst die Dienstanweisung des Gouverneurs vom 27. September 1911[1717] regelte Einzelheiten des Vollzugs der Freiheitsstrafen und bestimmte, daß die Kettenhaft durch „Entziehung der Freiheit unter Arbeitszwang“, sowie unter „Zusammenschließung zweier oder mehrere Gefangener mittels Halsrings und Kette“ zu erfolgen habe.[1718]

Im Übrigen kamen für Kettenhäftlinge dieselben Bestimmungen zur Anwendung, die auch für die „regulären“ eingeborenen Gefangenen galten. Die Einführung der Kettenhaft in den afrikanischen Schutzgebieten zog indessen zuletzt den treffenden Vorwurf nach sich, hier seien „an die Sklaverei erinnernde Instrumentarien eingesetzt, deren Bekämpfung die Kolonisten doch angeblich beabsichtigten.“[1719]

bb) Gefängnisstrafe mit Zwangsarbeit

Gefängnisstrafe unter Heranziehung der Gefangenen zur Zwangsarbeit[1720] existierte als Gerichtsstrafe in allen afrikanischen Schutzgebieten,[1721] in Deutsch-Neuguinea sowie auf den Marshall-Inseln.[1722] Für die afrikanischen Kolonien waren Vorschriften über die Dauer der Freiheitsstrafen zunächst nicht ergangen, so daß sie grundsätzlich in unbeschränkter Höhe verhängt werden konnten.[1723] Freiheitsstrafen über sechs Monate bedurften allerdings der Genehmigung des Gouverneurs (Landeshauptmanns).[1724] Für Deutsch-Neuguinea und die Marshall-Inseln war eine Mindestdauer der Gefängnisstrafe von drei Tagen und eine

---

[1717] Dienstanweisung d. Gouverneurs v. Kamerun, betr. die Vollstreckung von Freiheitsstrafen an Eingeborenen, *Ruppel*, Landesgesetzgebung für das Schutzgebiet Kamerun, S. 838.

[1718] Vgl. zur neuen Gefängnisordnung eingehend *Walz*, Die Entwicklung der Strafrechtspflege in Kamerun unter deutscher Herrschaft, S. 271 ff.

[1719] *Kopp*, Nichtdeutsche Angeklagte im deutschen Strafverfahren, S. 95.

[1720] Vgl. dagegen die Rechtslage im Deutschen Reich: Nach § 15 RStGB waren lediglich die zu Zuchthausstrafen Verurteilten „zu den eingeführten Arbeiten anzuhalten“, während nach § 16 RStGB die zu Gefängnisstrafen Verurteilten auf „eine ihren Fähigkeiten und Verhältnissen angemessene Weise beschäftigt werden“ konnten.

[1721] § 2 der Vfg. d. RK wegen Ausübung der Gerichtsbarkeit und der Disziplinargewalt gegenüber den Eingeborenen in den deutschen Schutzgebieten v. DOA, Kamerun u. Togo, v. 22.4.1896, DKolGG (II) 1893-1897, S. 215, Anhang D. III.; in DSWA in Wirksamkeit gesetzt durch Vfg. d. Gouverneurs, betr. Änderung d. VO v. 22.4.1896, v. 8.11.1896, DKolGG (II) 1893-1897, S. 294.

[1722] §§ 6 der beiden Strafverordnungen für die Eingeborenen, v. 21.10.1888 (NGK), DKolGG (I) 1892, S. 555 u. v. 10.3.1890 (Marshall-Inseln), DKolGG (I) 1892, S. 627.

[1723] *Brinkmann*, Strafrecht und Strafverfahren für die Eingeborenen der deutschen Schutzgebiete, S. 29 f.

[1724] § 10 der RK-Vfg. v. 22.4.1896.

Beschränkung auf höchstens fünf Jahre vorgeschrieben.[1725] In den meisten deutschen Schutzgebieten überwogen gerade die kurzen, nichtgenehmigungspflichtigen Freiheitsstrafen und stellten neben der körperlichen Züchtigung die wichtigste koloniale Strafform dar.[1726]

Über den Vollzug der Freiheitsstrafen bestanden nur für die Deutsche Südsee einheitliche Vorschriften. Hiernach wurden die Verurteilten zu „Arbeiten, welche ihren Körperkräften entsprechen, unter Aufsicht angehalten" und bei Tätigkeiten in Gebäuden ein- oder „nöthigenfalls" auch angeschlossen. Die Gefangenen erhielten keinen Lohn, jedoch „die zur Lebenserhaltung nothwendige Beköstigung."[1727] Umfangreiche Bestimmungen waren für das deutsch-ostafrikanische Schutzgebiet erlassen worden. 1897 regelte ein Runderlaß des Gouverneurs erste Einzelheiten der Verpflegung der eingeborenen Gefangenen. Diesen war hiernach eine „durchaus ausreichende, kräftige, abwechslungsreiche Kost zu verabreichen." Der Gouverneur stellte überdies den Bezirken eine „unerwartete Revision" der Beköstigung in Aussicht.[1728] Eingehendere Vorschriften über den Strafvollzug der eingeborenen Gefangenen des ostafrikanischen Schutzgebiets enthielt auch der Runderlaß des Gouverneurs vom 11. Juni 1903,[1729] der etwa die Heranziehung der Gefangenen zu „fiskalischen Arbeiten" oder wenigstens zu Arbeiten „im *öffentlichen*[1730] Interesse" vorschrieb. Ein späterer Runderlaß des Gouverneurs vom 15. Dezember 1909[1731] gab den Eingeborenenrichtern aufschlußreiche Leitlinien für die Verhängung von Freiheitsstrafen an die Hand:

> „Die Erfahrung hat gezeigt, daß Freiheitsstrafen von fünf Jahren und darüber von Eingeborenen in so seltenen Fällen überstanden werden, daß mit dem Überstehen nicht gerechnet werden kann und solche Strafen als tatsächlich gleichbedeutend mit der lebenslänglichen anzusehen sind. Die Behörden werden deshalb ersucht, überall da, wo nicht auf lebenslängliche Freiheitsstrafen erkannt wird, die Strafe auf eine geringere als fünfjährige Dauer zu bemessen. Zeitige Freiheitsstrafe von längerer Dauer werden bei der Urteilsbestätigung entsprechend herabgesetzt werden."

1725 §§ 9 der beiden Strafverordnungen für die Eingeborenen, v. 21.10.1888 (NGK), DKolGG (I) 1892, S. 555 u. v. 10.3.1890 (Marshall-Inseln), DKolGG (I) 1892, S. 627.

1726 Vgl. hierzu die Statistiken unter Anhang E.

1727 §§ 6 der beiden Strafverordnungen.

1728 Diese sei „integrierender Teil des Gefängniswesens der Bezirke", R.E. d. Gouverneurs v. DOA, betr. die Verpflegung der eingeborenen Gefangenen, v. 9.8.1897, DKolGG (VI) 1901-1902, S. 143.

1729 R.E. d. Gouverneurs v. DOA, betr. die Verpflegung und Beschäftigung der eingeborenen Gefangenen, v. 11.6.1903, DKolGG (VII) 1903, S. 130.

1730 Hervorhebung im Original.

1731 R.E. d. Gouverneurs v. DOA, betr. Bemessung der gegen Eingeborene erkannten Freiheitsstrafen, v. 15.12.1909, DKolGG (XIII), S. 653.

Ferner sei bekannt, daß Eingeborene, die am Ort der Strafverbüßung „ein ihnen ungewohntes, namentlich kälteres Klima oder eine ungewohnte Art der Beköstigung“ vorfänden, häufig schnell erkrankten oder gar verstarben. Auch hierauf sei „mehr, als es anscheinend bisher geschehen ist, Rücksicht zu nehmen.“ Schließlich sei für das Strafmaß und die Beurteilung der Straftat auch das Alter des Beschuldigten von Bedeutung und daher in Zukunft neben der Stammeszugehörigkeit festzustellen.

Für Kamerun war ab 1906 lediglich vorgeschrieben, daß bei begründetem Verdacht der Fluchtgefahr die zu Gefängnis mit Zwangsarbeit verurteilten Eingeborenen in Ketten gelegt werden könnten.[1732] Bei der Auferlegung der Arbeiten sei zudem auf das Alter, die Konstitution sowie auf den Gesundheitszustand der Gefangenen Rücksicht zu nehmen. Ältere Gefangene und Frauen seien nur zu leichteren Arbeiten – „wozu das Tragen von Steinen nicht gerechnet werden kann“ – heranzuziehen.[1733] Umfassende Bestimmungen ergingen dann mit der Dienstanweisung des Gouverneurs vom 27. September 1911.[1734] In zwanzig Paragraphen wurden nunmehr Einzelheiten der Strafvollstreckung wie die Unterbringung und Verpflegung der Gefangenen, hygienische Aspekte, Krankheits- und Todesfälle sowie Gefangenenarbeit und Gefangenendisziplin geregelt. Zudem wurde die Führung von „Strafgefangenenbüchern“, „Untersuchungsgefangenenbüchern“ und „Gefangenenkrankenbüchern“ vorgeschrieben.[1735]

Waren somit insbesondere in Deutsch-Ostafrika und in Kamerun eingehende Regelungen über den Strafvollzug getroffen worden, so brachte das Fehlen hinreichend bestimmter Strafrahmen in den Strafvorschriften der Schutzgebiete gerade bei den Freiheitsstrafen eine erhebliche Rechtsunsicherheit mit sich. Regionales „Bezirksleiterrecht“ – noch verstärkt durch den häufigen Wechsel der mit der Ausübung der Eingeborenengerichtsbarkeit betrauten Beamten – stand der Herausbildung einer einheitlichen lokalen oder gar schutzgebietsübergreifenden Spruchpraxis entgegen.[1736] Nur für Eigentumsdelikte war in Kamerun in einem

---

[1732] „Dies wird in den übrigen Gebieten ebenfalls möglich sein“, *Wick*, Die Farbigenrechtspflege in den deutschen Schutzgebieten, S. 57 Anm. 9.

[1733] R.E. d. Gouverneurs v. Kamerun, betr. die Strafvollstreckung gegen Eingeborene, v. 15.11.1906, DKolGG (X) 1906, S. 342.

[1734] Dienstanweisung d. Gouverneurs v. Kamerun, betr. die Vollstreckung von Freiheitsstrafen an Eingeborenen, geändert durch R.E. d. Gouverneurs v. 10.5.1912, *Ruppel*, Landesgesetzgebung für das Schutzgebiet Kamerun, S. 838.

[1735] Vgl. die Anlagen I. bis IV. zu der Dienstanweisung v. 27.9.1911, *Ruppel*, Landesgesetzgebung für das Schutzgebiet Kamerun, S. 843 ff.

[1736] Vgl. die Nachweise für einzelne Bezirke Kameruns bei *Walz*, Die Entwicklung der Strafrechtspflege in Kamerun unter deutscher Herrschaft, S. 254 f.

späten Runderlaß des Gouverneurs vom 6. Januar 1911[1737] eine Konkretisierung bestimmt worden. Der Gouverneur hielt es hiernach wegen der „außerordentlichen Zunahme" dieser Delikte für „unbedingt erforderlich", schwerer als „bisher vielfach üblich" zu strafen und ordnete an, „nur in besonderen Ausnahmefällen" ein Strafmaß von unter sechs Monaten Gefängnis mit Zwangsarbeit und 25 Prügelhieben zu unterschreiten.

Wenngleich der ehemalige Gouverneur Kameruns rückblickend äußerte, die Gefängnisstrafe sei von den Eingeborenen „als Strafe kaum empfunden worden" und sei eigentlich nichts anderes gewesen „als eine Art leichte Zwangsarbeit mit sicherem Nachtquartier",[1738] so geben doch die amtlichen Unterlagen des Reichskolonialamts eine hiervon bisweilen abweichende Auskunft.[1739] So war noch 1912 in Deutsch-Ostafrika von einer „mancherorts sehr hohen Krankheits- und Sterblichkeitsziffer" unter den eingeborenen Gefangenen die Rede, die durch Maßnahmen der Verwaltungsbehörden und des Sanitätspersonals auf ein „erträgliches Maß" herabzudrücken sei.[1740]

Aus Deutsch-Südwestafrika wurde von der Inhaftierung von Kindern unter zwölf Jahren berichtet.[1741] Zudem sollen nach Presseberichten im Keetmannshooper Gefängnis eine 4,8 Meter mal 4 Meter große und 3 Meter hohe Zelle der Unterbringung von 20 bis 30 eingeborenen Gefangenen gedient haben und sich im Gefängnis wahre „Orgien" zwischen inhaftierten schwarzen Prostituierten und weißen Gefangenen abgespielt haben.[1742] Indessen wurde die getrennte Unterbringung von weißen und eingeborenen Gefangenen im südwestafrikanischen Schutzgebiet vorangetrieben,[1743] und wegen der Gefängnisverhältnisse beantragt, daß alle weißen Strafgefangenen, die eine höhere als zweijährige Haftstrafe zu verbüßen hätten, zum Zwecke der Strafverbüßung nach Deutschland zu überführen seien.[1744] 1912 wurde zum Schutz der Kinder eingeborener Mütter,

---

1737 R.E. d. Gouverneurs v. Kamerun, betr. Bestrafung der Eigentumsvergehen Eingeborener, v. 6.1.1911, *Ruppel*, Landesgesetzgebung für das Schutzgebiet Kamerun, S. 824.

1738 *Seitz*, Vom Aufstieg und Niederbruch deutscher Kolonialmacht, Bd. II, S. 67.

1739 Vgl. die Akten zum „Gefängniswesen in den Kolonien", BA RKA 1001/5116-5123.

1740 R.E. d. Gouverneurs v. DOA an sämtliche Verwaltungs- und Sanitätsstellen und Regierungsärzte, v. 6.5.1912, BA RKA 1001/5118, Bl. 32 f.

1741 Vgl. den Fall des als Bezirksamtmann eingesetzten Referendars Dr. Merensky, BA RKA 1001/5119, Bl. 18 ff. Hiernach waren wiederholt Kinder, unter anderem ein 8jähriges Mädchen, in „Untersuchungshaft" genommen worden.

1742 Bericht der Königlich privilegierten berlinischen Zeitung, v. 1.9.1904, BA RKA 1001/5119, Bl. 24.

1743 Bericht des Gouverneurs v. Schuckmann an das RKA, v. 30.4.1908, BA RKA 1001/5119, Bl. 48 ff.

1744 Bericht des Ksl. Gouverneurs v. DSWA an das RKA, v. 11.4.1910, BA RKA 1001/5119, Bl. 61 (63).

die sich in Untersuchungs- oder Strafhaft befanden, verboten, daß letztere zu schweren Arbeiten herangezogen würden, da sie dabei die Milch verlören. Zuletzt machte der Gouverneur es

> „...allen Ämtern zur besonderen Pflicht, in jeder Weise dafür zu sorgen, daß in den Gefängnissen keine Eingeborenen sterben.“[1745]

cc) „Reine“ Freiheitsstrafe

Die „reine“ Freiheitsstrafe kam als Strafform nur im Schutzgebiet Kiautschou vor. Die Verordnung vom 15. April 1899[1746] unterschied zwischen zeitigen Freiheitsstrafen bis zu 15 Jahren und lebenslangen Freiheitsstrafen. Über die Vollstreckung der Freiheitsstrafe war bestimmt, daß sie mit Zwangsarbeit verbunden werden konnte. Die Art der Beschäftigung bestimmte der mit der Ausübung der Polizeigewalt betraute Beamte. „Widerspenstige Personen“ durften bei der Arbeit gefesselt werden. Zugleich wurden die Rechtsinstitute der „bedingten Verurteilung“ und der „vorläufigen Entlassung“ eingeführt: Personen, die zum ersten Mal zu einer Freiheitsstrafe verurteilt wurden, konnten gegen Sicherheitsleistung, in „besonderen Fällen auch ohne solche“, auf freiem Fuß belassen werden. Gefangene, die sich während ihrer Strafzeit gut geführt und mindestens die Hälfte ihrer Strafe verbüßt hatten, konnten vorläufig entlassen werden.[1747] Personen, die das 18. Lebensjahr noch nicht vollendet hatten, waren „nur in Ausnahmefällen“ zu Freiheitsstrafen zu verurteilen und dann von anderen Gefangenen getrennt zu halten.[1748]

Auch in Kiautschou erfuhren chinesische und europäische Gefangene einen voneinander getrennten Strafvollzug. Von insgesamt vier Gefängnissen war eines der europäischen Bevölkerung vorbehalten. Die chinesischen Gefangenen waren etwa im Straßenbau oder bei der Abfuhr von Fäkalien aus den öffentlichen Toiletten eingesetzt. Spätere Planungen zum Bau eines großen Zentralgefängnisses und zur Einführung eines rationell durchorganisierten Gefangenen-Arbeitsdienstes konnten indes wegen des Kriegsausbruchs nicht mehr verwirklicht werden.[1749]

[1745] R.E. d. Ksl. Gouverneurs v. DSWA, v. 2.2.1912, BA RKA 1001/5119, Bl. 127.

[1746] § 6 Nr. 3 u. 4 der VO, betr. die Rechtsverhältnisse der Chinesen, DKolGG (IV) 1898-1899, S. 191; *Mohr*, Handbuch für das Schutzgebiet Kiautschou, S. 72.

[1747] § 10 der VO v. 15.4.1899.

[1748] § 7 S. 2 der VO v. 15.4.1899.

[1749] Vgl. *Mühlhahn*, Herrschaft und Widerstand in der „Musterkolonie“ Kiautschou, S. 263.

c) Zwangsarbeit ohne Verwahrung im Gefängnis

Zwangsarbeit als selbständige Strafform – ohne die Verwahrung des Verurteilten im Gefängnis – existierte nur in Deutsch-Neuguinea und auf den Marshall-Inseln.[1750] Nach den Bestimmungen der Strafverordnungen dieser Schutzgebiete hatten die zu Zwangsarbeit ohne Verwahrung im Gefängnis Verurteilten „die ihnen auferlegten Arbeiten in der dafür bestimmten Zeit pünktlich zu verrichten." Sie erhielten hierfür keine Entlohnung und hatten sich selber zu beköstigen oder für die ihnen gereichte Beköstigung eine dafür festzusetzende Entschädigung zu entrichten. Das Nichteinfinden zur Arbeit oder das Sich-Entziehen von derselben konnte mit Haft geahndet werden. Die betreffenden Eingeborenen wurden dann gleich den zu Gefängnis mit Zwangsarbeit Verurteilten behandelt.[1751] Während die nähere Behandlung der zu Zwangsarbeit ohne Verwahrung im Gefängnis Verurteilten besonderer Regelung vorbehalten war,[1752] war die Dauer der Zwangsarbeit auf mindestens einen Tag und höchstens ein Jahr festgesetzt.[1753] Bemerkenswerterweise ist die Zwangsarbeit wegen der Nichtentlöhnung der Verurteilten in der zeitgenössischem kolonialrechtlichen Literatur „ihrem Charakter nach [...] am meisten noch als Vermögensstrafe" bezeichnet worden.[1754]

d) Körperliche Züchtigung

„Kernstück"[1755] des deutschen kolonialen Strafensystems war die körperliche Züchtigung. Von allen Phänomenen des Kolonialrechts konnten die Leibesstrafen bis heute die größte Aufmerksamkeit erheischen. Eine Fülle zeitgenössischer[1756] und jüngerer[1757] Literatur, mehrere kolonialpolitische Debatten im

---

1750 §§ 4 der beiden Strafverordnungen für die Eingeborenen, v. 21.10.1888 (NGK), DKolGG (I) 1892, S. 555 u. v. 10.3.1890 (Marshall-Inseln), DKolGG (I) 1892, S. 627; vgl. aber zum gesetzlichen Arbeitszwang in DOA *Schrader*, Die Zwangsarbeit in Ostafrika nach deutschem und britischem Kolonialrecht, S. 19 ff.

1751 §§ 7 der beiden Strafverordnungen für die Eingeborenen.

1752 §§ 8 der beiden Strafverordnungen für die Eingeborenen.

1753 §§ 9 S. 2 der beiden Strafverordnungen für die Eingeborenen.

1754 *Karlowa*, Die Strafgerichtsbarkeit über die Eingeborenen in den deutschen Kolonien, S. 33.

1755 Nach *Walz*, Die Entwicklung der Strafrechtspflege in Kamerun unter deutscher Herrschaft, S. 185.

1756 Vgl. nur (in der Reihenfolge des Erscheinens) *Brinkmann*, Strafrecht und Strafverfahren für die Eingeborenen der deutschen Schutzgebiete, S. 33 f.; *Hesse*, Strafgewalt über die Eingeborenen in den Schutzgebieten, in: ZfKKK (6) 1904, S. 122-125; *Hermann*, Die Prügelstrafe nach deutschem Kolonialrecht, in: ZfKKK (10) 1908, S. 72-83; *Karlowa*, Die Strafgerichtsbarkeit über die Eingeborenen in den deutschen Kolonien, S. 34-37; *Lütken*, Das mate-

Reichstag[1758] sowie die kolonialinteressierte öffentliche Meinung[1759] nahmen an der dem Reichstrafrecht fremden Strafform teils heftigen Anstoß, teils wurde der koloniale Rückgriff auf das frühere deutsche Strafmittel vehement verteidigt. Prügelstrafe und „väterliches Züchtigungsrecht" der weißen Pflanzer bildeten schließlich neben den schweren Eingeborenenaufständen den zentralen Anklagepunkt der alliierten Kritik an der deutschen Kolonialherrschaft, die das deutsche Versagen auf dem Gebiet der Kolonialisierung belegen sollten.[1760]

In Deutschland war die Prügelstrafe als Kriminalstrafe im Revolutionsjahr 1848 innerhalb von nur 16 Tagen in den drei größten Einzelstaaten abgeschafft worden: Entsprechende Bestimmungen waren für Preußen am 6. Mai,[1761] für Bayern am 12. Mai und für Österreich am 22. Mai 1848 ergangen. Von den anderen Partikularstaaten fiel die Prügelstrafe in Nassau, Braunschweig, Baden und Hessen-Darmstadt bereits vor 1848, während etwa Hannover und Kurhessen unbewegt von den revolutionären Ereignissen bis 1867, Sachsen bis 1868, sowie Sachsen-Altenburg und Mecklenburg bis zum Inkrafttreten des Strafgesetzbuches für den Norddeutschen Bund am 1. Januar 1871[1762] an der Prügelstrafe als Kriminalstrafe festhielten.[1763] Nachdem die Abschaffung überwiegend als zivilisatorischer Fortschritt gefeiert wurde und von den großen Mächten Europas nur noch England an der körperlichen Züchtigung als gerichtlicher Strafform festhielt hatte, konnten sich Stimmen, die die Wiedereinführung der Prügelstrafe in das Reichsstrafrecht propagierten und etwa auf die abschreckende Wirkung, den

---

rielle Strafrecht in den deutschen Kolonien, S. 65-67; *Wick*, Die Farbigenrechtspflege in den deutschen Schutzgebieten, S. 58-61.

[1757] Vgl. nur *Müller*, Kolonien unter der Peitsche; *Schröder*, Prügelstrafe und Züchtigungsrecht in den deutschen Schutzgebieten Schwarzafrikas; *Walz*, Die Entwicklung der Strafrechtspflege in Kamerun unter deutscher Herrschaft, S. 185-248; *Zimmerling*, Die Entwicklung der Strafrechtspflege für Afrikaner in DSWA, S. 90-105; *Wolter/Kaller*, Deutsches Kolonialrecht, in: ZNR (17) 1995, S. 201 (221 f.); *Kopp*, Nichtdeutsche Angeklagte im deutschen Strafverfahren, S. 91-93, 97-99.

[1758] Vgl. nur die Reichstagsdebatten aus Anlaß der Etatberatungen für die Schutzgebiete für das Etatjahr 1896/97, RT-Verh., Sten. Ber., IX. Leg. Per., IV. Sess. 1895/97, 59., 60. u. 61. Sitzung v. 13., 14. u. 16.3.1896, S. 1419 ff.

[1759] Vgl. nur die „Vossische Zeitung" v. 7.9.1904, BA RKA 1001/5378, Bl. 202: „Warum werden die Prügelstrafen in den deutschen Kolonien nicht abgeschafft?"

[1760] Vgl. *Schröder*, Prügelstrafe und Züchtigungsrecht in den deutschen Schutzgebieten Schwarzafrikas, S. 121 ff.; *Gründer*, Geschichte der deutschen Kolonien, S. 217.

[1761] Allerhöchster Erlaß, betr. die Abschaffung der Strafe der körperlichen Züchtigung, v. 6.5.1848, preußGS 1848, S. 123; BGBl. 1867, S. 300.

[1762] Vgl. §§ 1, 2 des Einführungs-Gesetzes zum Strafgesetzbuch für den Norddeutschen Bund, v. 31.5.1870, BGBl. 1870, S. 195.

[1763] Vgl. *Feder*, Die Prügelstrafe, S. 18 ff.

kostengünstigen und schnellen Vollzug und die baldige Rückkehr des Delinquenten zu seiner Familie abstellten, nicht durchsetzen.[1764]

Auch nach ihrer Beseitigung als gerichtliche Strafe konnte sich die körperliche Züchtigung noch bis zum Ende des Kaiserreichs in Preußen, Sachsen, Mecklenburg, Schwarzburg-Rudolstadt, Oldenburg, Hamburg und Lübeck als Disziplinarstrafe in den Zuchthäusern zur Erhaltung der Gefängnisdisziplin behaupten, während sie in ganz Süddeutschland schon vorher beseitigt worden war.[1765] Im preußischen Heer durften nach dem Allerhöchsten Erlaß vom 6. Mai 1848[1766] keine militärgerichtlichen Prügelstrafen mehr verhängt werden. 1872 fielen auch die disziplinarischen Züchtigungen von Soldaten fort.[1767] In Preußen wurde darüber hinaus unter Berufung auf § 77 der Gesindeordnung vom 8. November 1810[1768] ein Züchtigungsrecht des Dienstherrn gegenüber seinem Gesinde hergeleitet, bis Ende 1918 die Gesindeordnungen aller deutschen Staaten aufgehoben wurden. Das bis dahin landesrechtlich geregelte Züchtigungsrecht der Eltern gegenüber ihren Kindern wurde mit der Bestimmung des § 1631 Abs. 2 BGB[1769] für das gesamte Deutsche Reich festgeschrieben. Gleiches galt für das Verhältnis des Vormunds zu seinem Mündel.[1770] Während im Ausbildungsverhältnis § 119 GewO[1771] dem Lehrherrn ein „väterliches" Züchtigungsrecht gegenüber seinem Lehrling zusprach, war die Herleitung des landesrechtlich verankerten Züchtigungsrechts des Lehrers gegenüber seinem Schüler strittig, nicht jedoch dessen Bestand.[1772]

In den deutschen Kolonien kam die Prügelstrafe von Anfang an zur Anwendung. Erste Fälle der Verhängung sind für das Schutzgebiet Kamerun dokumentiert:

[1764] Zur Diskussion um die Abschaffung der Prügelstrafe als Kriminalstrafe in den deutschen Einzelstaaten bzw. ihrer Wiedereinführung im Deutschen Reich vgl. nur *Thomsen*, Die Freunde der Prügelstrafe, in: DJZ (9) 1906, Sp. 513 ff.; *v. Hentig*, Die Prügelstrafe, in: Monatsschrift für Kriminalpsychologie (9) 1912/13, S. 697-707.

[1765] Vgl. *Feder*, Die Prügelstrafe, S. 54 ff.

[1766] Allerhöchster Erlaß, betr. die Abschaffung der Strafe der körperlichen Züchtigung, v. 6.5.1848, preußGS 1848, S. 123; BGBl. 1867, S. 300.

[1767] Vgl. *Schröder*, Prügelstrafe und Züchtigungsrecht in den deutschen Schutzgebieten Schwarzafrikas, S. 8 f.

[1768] Die Vorschrift geht auf § 77 ALR II 5 zurück.

[1769] § 1631 Abs. 2 BGB: „Der Vater kann kraft des Erziehungsrechts angemessene Zuchtmittel gegen das Kind anwenden. Auf seinen Antrag hat das Vormundschaftsgericht ihn durch Anwendung geeigneter Zuchtmittel zu unterstützen."

[1770] § 1800 BGB i.V.m. § 1631 BGB.

[1771] § 119 GewO: „Der Lehrling ist der väterlichen Zucht des Lehrherrn unterworfen und in Abwesenheit des Lehrherrn auch dem denselben vertretenden Gesellen oder Gehülfen zur Folgsamkeit verpflichtet."

[1772] Vgl. zum ganzen noch *Schröder*, Prügelstrafe und Züchtigungsrecht in den deutschen Schutzgebieten Schwarzafrikas, S. 9 ff.

Bereits im Januar 1885 ordnete der deutsche Admiral Knorr, der das westafrikanische Geschwader kommandierte und mit der Auflösung des „Court of Equity" den letzten britischen Einfluß in Kamerun beendet hatte,[1773] gegenüber unbotmäßigen Häuptlingen die Verhängung körperlicher Züchtigungen an.[1774] Die im ersten Jahrzehnt deutscher Schutzherrschaft an keinerlei formelle Schranken gebundene und tatsächlich vielfach[1775] ausgeübte Prügelstrafe erhielt erst 1896 nach den Ausschreitungen der kameruner Kolonialbeamten Leist und Wehlan[1776] einen für die afrikanischen Schutzgebiete gezogenen rechtlichen Rahmen. Noch erheblich weiter reichende Regelungen wurden für Kiautschou getroffen.[1777] In der Deutschen Südsee war die Zulässigkeit körperlicher Züchtigungen indessen nur über den „rechtlichen Umweg" der disziplinarischen Bestrafung – insbesondere von chinesischen und melanesischen Kontraktarbeitern – gegeben.

aa) Die Rechtslage in den afrikanischen Schutzgebieten

Die Reichskanzler-Verfügung vom 22 April 1896[1778] unterschied zwei Arten der körperlichen Züchtigung. Die Vollstreckung der „schwereren" Prügelstrafe erfolgte mit einem vom Gouverneur zu genehmigenden Züchtigungsinstrument, die Vollstreckung der „leichteren" Rutenstrafe mit einer leichten Rute oder Gerte. Das Urteil konnte auf ein- oder mehrmaligen Vollzug lauten. Bei jedem Vollzug der Prügelstrafe durfte die Zahl von 25 Schlägen, bei dem Vollzug der Rutenstrafe die Zahl von 20 Schlägen nicht überschritten werden. Der zweite Vollzug durfte nicht vor Ablauf von zwei Wochen erfolgen,[1779] nach zeitgenössischer Auffassung eine

[1773] S. hierzu oben 3. Kap. E. I. 3. c).

[1774] *Walz*, Die Entwicklung der Strafrechtspflege in Kamerun unter deutscher Herrschaft, S. 186 f.

[1775] Leider existieren für die Zeit vor 1900 keine offiziellen Strafstatistiken. Den in den Schutzgebieten geführten Strafverzeichnissen für die Eingeborenen läßt sich allerdings entnehmen, daß schon in dieser Zeit vielfach von der Prügelstrafe Gebrauch gemacht wurde. Vgl. etwa für Kamerun das Verzeichnis der in der Zeit vom 1.4.1891 bis 31.3.1893 bestraften Eingeborenen, BA RKA 1001/4770, Bl. 125.

[1776] S. hierzu noch eingehend 3. Kap. H.

[1777] Mit der VO, betr. die Rechtsverhältnisse der Chinesen, v. 15.4.1899, DKolGG (IV) 1898-1899, S. 191; *Mohr*, Handbuch für das Schutzgebiet Kiautschou, S. 72; Anhang D. VI.

[1778] Vfg. d. RK wegen Ausübung der Strafgerichtsbarkeit und der Disziplinargewalt gegenüber den Eingeborenen in den deutschen Schutzgebieten von DOA, Kamerun und Togo, DKolGG (II) 1893-1897, S. 215; Anhang D. III.; in DSWA in Wirksamkeit gesetzt durch Vfg. d. Gouverneurs, betr. Änderung d. VO v. 22.4.1896, v. 8.11.1896, DKolGG (II) 1893-1897, S. 294.

[1779] § 6 der RK-Vfg. v. 22.4.1896.

„...ganz unbillige Bestimmung, da der Neger nach zwei Wochen bei seinem kurzen Gedächtnis die weitere Strafe als ungerecht empfindet und kaum begreift, warum er trotz Wohlverhaltens in der Zwischenzeit nochmals gestraft wird. Diese Arbeitsteilung entbehrt daher der erzieherischen Wirkung."[1780]

Gegen Araber und Inder,[1781] in Deutsch-Südwestafrika gegen Eingeborene „besseren Standes",[1782] war die Anwendung körperlicher Züchtigung untersagt. Für Kamerun regelte indessen ein Runderlaß vom 22. Oktober 1909,[1783] daß Prügelstrafen in „unvermeidlichen" Fällen auch gegenüber Häuptlingen zulässig seien. Jedoch seien diese „unter allen Umständen" vorher ihres Amtes zu entheben. Wenn aus „politischen Gründen die Absetzung des Häuptlings bedenklich wäre", sei „jedenfalls" von der Verhängung der Prügelstrafe abzusehen.

Gegenüber Frauen waren körperliche Züchtigungen unzulässig.[1784] Auch jugendliche Personen unter 16 Jahren waren von Anfang an von der Prügelstrafe ausgenommen.[1785] 1906 ergingen noch weitere Vorschriften, nach denen in Togo die Prügelstrafe an „alten Leuten" sowie an „Leuten von schwächlicher Konstitution" nicht vollstreckt werden durfte[1786] und in Deutsch-Ostafrika Personen im Alter von mehr als 35 Jahren von der Anwendung ausgeschlossen waren.[1787]

Der Vollstreckung hatte stets ein zu diesem Zweck vom Eingeborenenrichter bestimmter Europäer, und, „wo ein solcher vorhanden", ein Arzt beizuwohnen.[1788] Dem Beginn der Züchtigung hatte eine Untersuchung des Delinquenten auf seinen körperlichen Zustand voranzugehen.[1789] Dem hinzugezogenen Arzt oder Europäer stand das Recht zu, die Vollstreckung zu untersagen oder einzuhalten, „falls der Gesundheitszustand des Verurtheilten dies geboten erscheinen" ließ.[1790]

1780 *Doerr*, Deutsches Kolonialstrafrecht, in: ZfKKK (10) 1908, S. 321 (334); ähnlich noch *Bauer*, Die Strafrechtspflege über die Eingeborenen der deutschen Schutzgebiete, in: AöR (19) 1905, S. 32 (57).

1781 § 3 der RK-Vfg. v. 22.4.1896.

1782 § 3 der Vfg. d. Gouverneurs v. DSWA v. 8.11.1896.

1783 R.E. d. Gouverneurs v. Kamerun, betr. Verhängung der Prügelstrafe gegen Häuptlinge, v. 22.10.1909, DKolGG (XIII) 1909, S. 498; vgl. hierzu noch BA RKA 1001/5380, Bl. 61, 110.

1784 § 4 der RK-Vfg. v. 22.4.1896.

1785 § 5 der RK-Vfg. v. 22.4.1896, die Anwendung der Rutenstrafe blieb indes erlaubt.

1786 Nr. 4 der Dienstanweisung d. Gouverneurs v. Togo, betr. Ausübung der Strafgerichtsbarkeit und der Disziplinargewalt gegenüber den Eingeborenen gem. der Vfg. d. RK v. 22.4.1896, v. 10.1.1906, DKolGG (X) 1906, S. 9.

1787 § 1 der Vfg. d. Gouverneurs v. DOA, betr. Ausübung der Strafgerichtsbarkeit gegen Eingeborene, v. 6.7.1906, DKolGG (X) 1906, S. 274.

1788 § 7 der RK-Vfg. v. 22.4.1896.

1789 § 8 der RK-Vfg. v. 22.4.1896.

1790 § 9 der RK-Vfg. v. 22.4.1896.

bb) Die Rechtslage in Kiautschou

In Kiautschou war eine Differenzierung der körperlichen Strafen unterblieben. Hier zählte lediglich die „Prügelstrafe" zu den nach der Verordnung vom 15. April 1899 zulässigen Strafen, und konnte bis zu einer Höhe von 100 Schlägen verhängt werden.[1791] Daß damit im Vergleich zu den afrikanischen Schutzgebieten die Verhängung der doppelten Anzahl von Schlägen gegen Angehörige dieser „uralten, in ihrer Art sicher hochentwickelten Kultur" formell legitimiert war, wurde zeitgenössisch immerhin als „eigenartig" bewertet. Der gängige Rechtfertigungsversuch, die Prügelstrafe sei „neu eingeführt in keiner unserer Kolonien"[1792] und entspreche „durchaus" dem „Rechtsempfinden" der kolonisierten Völker,[1793] verlor jedenfalls für das Pachtgebiet Kiautschou spätestens mit der Abschaffung der körperlichen Strafen im Chinesischen Reich[1794] seine Grundlage.

In Kiautschou waren nur Frauen von der Verhängung der Prügelstrafe ausgeschlossen.[1795] Die Vollstreckung erfolgte mit einem vom Gouverneur zu genehmigenden Züchtigungsinstrument. Das Urteil konnte auf ein- oder mehrmaligen Vollzug lauten, wobei bei jedem Vollzug die Zahl von 25 Schlägen nicht überschritten werden durfte. Eine Bestimmung über die zwischen zwei Vollzügen zu verstreichende Frist war für Kiautschou nicht ergangen. Bei der Vollstreckung war „auf den Körperzustand des Verurteilten Rücksicht zu nehmen."[1796] Vorschriften über die Hinzuziehung eines Arztes oder einer Sanitätsperson bestanden indessen nicht. Mangels anderslautender Bestimmungen war davon auszugehen, daß die in „kriminalpolitisch sehr zweckmäßiger Weise"[1797] eingeführte Möglichkeit der stellvertretenden Bestrafung des Vaters, älteren Bruders, Vormunds oder einer Obhutsperson für die Handlungen jugendlicher Personen[1798] auch für die Anwendung der Prügelstrafe galt.

[1791] § 6 Nr. 1 der VO, betr. die Rechtsverhältnisse der Chinesen, v. 15.4.1899, S. 191, DKolGG (IV) 1898-1899; *Mohr*, Handbuch für das Schutzgebiet Kiautschou, S. 72; Anhang D. VI.

[1792] *Wick*, Die Farbigenrechtspflege in den deutschen Schutzgebieten, S. 59.

[1793] Für viele: *Lütken*, Das materielle Strafrecht in den deutschen Kolonien, S. 65; *Karlowa*, Die Strafgerichtsbarkeit über die Eingeborenen in den deutschen Kolonien, S. 34; ähnlich *Wick*, Die Farbigenrechtspflege in den deutschen Schutzgebieten, S. 58.

[1794] Vgl. *Mühlhahn*, Herrschaft und Widerstand in der „Musterkolonie" Kiautschou, S. 264.

[1795] § 8 der VO v. 15.4.1899. Allerdings begann die Strafmündigkeit erst mit den vollendeten 12. Lebensjahr, § 7 S. 1 der VO v. 15.4.1899.

[1796] § 9 der VO v. 15.4.1899.

[1797] So die Bewertung von *Köbner*, Kolonialstrafrecht, in: Mitteilungen der IKV (XI) 1904, S. 545 (574).

[1798] § 7 S. 3 der VO v. 15.4.1899.

cc) „Humanisierung“ der körperlichen Züchtigung?

Die beschriebene formelle Rechtslage erfuhr in der zweiten Hälfte der deutschen Kolonialherrschaft eine vielfache Ausdifferenzierung. Zahlreiche Mißbräuche, im Reich bekanntgewordene „Kolonialskandale“ sowie die an die Kolonialzentralverwaltung in Berlin übersandten Berichte aus den Schutzgebieten deckten Unzulänglichkeiten der bestehenden Rechtslage auf. An der Institution „Prügelstrafe“ wurde indessen bis zuletzt unverändert festgehalten. Ihr konnte nach zeitgenössischem Verständnis schlicht „nicht entraten werden, wenn nicht das Ansehen der Deutschen Verwaltung auf das Ernstlichste gefährdet werden soll.“[1799]

Ein erster kritischer Runderlaß der AAKA an die Gouverneure der vier afrikanischen Schutzgebiete erging am 12. Januar 1900.[1800] Nach Durchsicht der von dort eingegangenen amtlichen Jahresberichte bemerkte der Geheime Legationsrat und vortragende Rat in der Kolonialabteilung v. König,

> „…daß die Zahl der gegen Eingeborene erkannte Strafurtheile in den einzelnen Schutzgebieten in einem bedauerlichen Mißverhältniß zu der Anzahl der der Deutschen Herrschaft überhaupt thatsächlich unterworfenen Personen steht.[1801] Insbesondere ist in fast allen der bezeichneten Schutzgebiete auf die Strafe der körperlichen Züchtigung in einer so überaus großen Anzahl von Fällen erkannt worden, daß zu befürchten steht, der Reichstag und die öffentliche Meinung werden hieraus ungünstige Schlüsse auf die Erfolge der Deutschen Kulturarbeit in unseren Kolonien ziehen.[1802]
>
> Ich verkenne durchaus nicht die Schwierigkeiten, mit welchen Ew. Hochwohlgeboren bei der Erziehung der Eingeborenen zu einem arbeitsamen und gesitteten Leben zu rechnen haben, bin aber der Meinung, daß Ew. Hochwohlgeboren dieses Ziel mehr durch Belehrung und durch verständnisvolles Eingehen auf die berech-

---

1799 *Köbner*, Kolonialstrafrecht, in: Mitteilungen der IKV (XI) 1904, S. 545 (574); ihm folgend: *Brinkmann*, Strafrecht und Strafverfahren für die Eingeborenen der deutschen Schutzgebiete, S. 33; *Karlowa*, Die Strafgerichtsbarkeit über die Eingeborenen in den deutschen Kolonien, S. 34; *Lütken*, Das materielle Strafrecht in den deutschen Kolonien, S. 65; *Wick*, Die Farbigenrechtspflege in den deutschen Schutzgebieten, S. 58.

1800 R.E. d. AAKA, betr. die Strafurteile gegen Eingeborene, DKolGG (V) 1899-1900, S. 15; vgl. den R.E. in Urschrift, BA RKA 1001/5378, Bl. 4.

1801 Bemerkenswerterweise findet sich in einer weiteren auszugsweisen Veröffentlichung des R.E. [DKolGG (VI) 1901-1902, S. 233] ein abweichender abgeschwächter Wortlaut: „…daß die Zahl […] eine sehr große ist“, der allerdings nicht mit dem urschriftlichen R.E. übereinstimmt, vgl. BA RKA 1001/5378, Bl. 4.

1802 *Hermann*, Die Prügelstrafe nach deutschen Kolonialrecht, in: ZfKKK (10) 1908, S. 72 (76) hielt es für „hervorragend ungeschickt, […] daß so ausdrücklich zugestanden wird, das Kolonialamt habe erst unter dem Druck des Reichstages und der öffentlichen Meinung Veranlassung genommen, gegen einen ihm wohl bekannten Mißbrauch einzuschreiten.“

tigten Eigenthümlichkeiten der Eingeborenen erreichen werden, als durch Verhängung von Strafen, deren Wirkung um so zweifelhafter erscheint, je häufiger von ihnen Gebrauch gemacht wird. Ew. Hochwohlgeboren ersuche ich deshalb ergebenst, auf das Sorgfältigste darauf zu achten, daß auf Strafen gegen Eingeborene, insbesondere körperliche Züchtigung, nur in solchen Fällen erkannt wird, in welchen die Schwere der Vergehen ein solches Vorgehen rechtfertigt, bezw. wo die sonstigen Mittel zur sittlichen Hebung der Eingeborenen nach den gemachten Erfahrungen versagen.

Ich werde meinerseits die Befähigung der Ew. Hochwohlgeboren unterstellten Stationschefs und sonstigen zur Ausübung der Rechtspflege über die Eingeborenen berufenen Organe insbesondere danach beurtheilen, inwieweit es ihnen gelingt, ihrer Hauptaufgabe, der Erziehung der Eingeborenen, unter thunlichster Einschränkung des Gebrauches von Strafmitteln gerecht zu werden, und wollen Ew. Hochwohlgeboren dafür Sorge tragen, daß diese Auffassung zur Kenntniß der betheiligten Amtsstellen gelangt."

Diese eindringlichen Ermahnungen der weit entfernten Berliner Kolonialabteilung scheinen indessen bei den mit den praktischen Problemen des kolonialen Alltags befaßten afrikanischen Schutzgebietsbeamten keinen nennenswerten Eindruck hinterlassen zu haben. Als in den folgenden Jahren wiederholt Nachrichten von Todesfällen zur Kenntnis der AAKA gelangten, die auf die vorherige Erteilung von Prügelstrafen zurückgeführt wurden, wurde in Berlin erwogen, inwieweit die bestehenden Vorschriften über die Handhabung der körperlichen Züchtigung gegenüber den Eingeborenen einer Änderung oder Ergänzung bedürften. Zu diesem Zweck erging am 14. März 1904 ein weiterer Runderlaß an die Gouverneure der afrikanischen Kolonien, in dem um die Beantwortung einer Reihe diesbezüglicher Fragen ersucht wurde.[1803] Die daraufhin in Berlin eingegangenen Berichte geben in vielfacher Hinsicht Aufschluß über Umstände und Einzelheiten des Vollzugs der körperlichen Züchtigungen in den einzelnen Schutzgebieten.

So antwortete etwa Gouverneur Leutwein mit Bericht vom 30. August 1904[1804] auf die Frage nach dem im südwestafrikanischen Schutzgebiet verwandten Züchtigungsinstrument:

[1803] R.E. der AAKA, v. 14.3.1904, BA RKA 1001/5378, Bl. 166. Gefragt wurde (1) nach etwaigen Ausführungsbestimmungen zu § 6 der RK-Vfg. v. 22.4.1896; (2) nach den Instrumenten, mit denen die Prügelstrafe vollstreckt wurde; (3) nach der Erforderlichkeit besonderer Vorschriften für den Fall der Vollstreckung auf Märschen oder bei anderen körperlichen Strapazen, wenn ein Arzt oder Heilgehilfe nicht zur Stelle sei; (4), ob Unglücksfälle im Schutzgebiet bekannt geworden seien, und schließlich, ob Beschränkungen der Prügelstrafe, insbesondere der Zahl der Hiebe, angezeigt seien.

[1804] Bericht des Ksl. Gouverneurs v. DSWA auf den Erlaß der AAKA v. 14.3.1904, v. 30.8.1904, BA RKA 1001/5378, Bl. 207 ff.

„Die Prügelstrafe wird mit dem sogenannten Shambock, einer kurzen Peitsche aus dem Felle eines Dickhäuters, vollzogen. Das untere Ende, das allein den Körper trifft, ist glatt und geschmeidig ohne jeden Knoten und Unebenheiten und kann keine gesundheitsgefährliche Verletzungen verursachen. Bei der lederartigen Haut der Eingeborenen – Hottentotten sowohl wie Kaffern – vermögen selbst 25 Hiebe eine nur geringe Schmerzempfindung hervorzurufen. Die Schläge werden auf die entblößten Hinterbacken verabfolgt. Der Delinquent wird auf eine Kiste gelegt, zwei Mann halten seine ausgestreckten Arme, zwei seine ausgestreckten Beine, sodaß eine Bewegung ausgeschlossen ist. Die Lendengegend ist durch Schurz oder Jacke, die Beine sind durch die herabgelassenen Hosen geschützt."

Bei der „Kürze und Handlichkeit der Peitsche" sei ein Fehlschlagen ausgeschlossen. Die Frage der AAKA nach im Zusammenhang mit der Prügelstrafe aufgetretenen Unglücksfällen und etwaig erforderlichen weiteren Beschränkungen, beantwortete Leutwein abschlägig: Unglücksfälle seien nicht bekannt geworden. „Von vielen Seiten" werde vielmehr als „dringende Verbesserung" empfohlen, die Prügelstrafe häufiger als bisher anzuwenden und die Zahl der bei jedem Vollzug zulässigen Hiebe sowie die Häufigkeit des Vollzugs zu erhöhen. Zudem empfahl Leutwein die Neufassung des § 7 der Reichskanzler-Verfügung:

„In einer Besiedlungskolonie wie Südwestafrika, wo die Tätigkeit des Arztes und seines Lazarettpersonals vollständig durch die Fürsorge für die weiße Bevölkerung [...] in Anspruch genommen wird, [...] erscheint es [...] als eine übel angebrachte Humanität, wenn ein Arzt seine im Interesse der Weißen besser zu verwendende kostbare Zeit damit verlieren muß, nach dem Polizeihofe zu laufen und einem Eingeborenen, der ohne Wimperzucken seine 25 hinnimmt, den Puls zu fühlen."[1805]

In ähnlicher Weise äußerte sich der Gouverneur des ostafrikanischen Schutzgebiets, Graf v. Götzen, in seinem Bericht vom 23. September 1904.[1806] Die Prügelstrafe werde

„...durch einen Chargierten oder älteren Askari der Polizei- beziehungsweise Militärstationen der Schutztruppe vollstreckt. Der zu Bestrafende muß sich auf ein niedriges bettähnliches Gestell oder auf die Erde legen. [...] Um Verletzungen anderer Körperteile zu verhüten, werden überdies Personen, welche um sich schlagen, an den Armen und Beinen festgehalten. [...] Weitere Beschränkungen der Prügelstrafe, insbesondere in Betreff der Zahl der Hiebe, vermag ich nicht für angezeigt zu erachten. [...] Die Zahl der zulässigen Hiebe ist aber schon jetzt so gering, daß bei einer weiteren Herabsetzung derselben die Strafe in vielen Fällen ihren Eindruck verfehlen würde und somit die [sic!] Verwaltung ein wichtiges Mittel, um widerspenstige Eingeborene zu erziehen und zur Ordnung zu bringen, aus der Hand genommen wäre."

1805 Bericht des Ksl. Gouverneurs v. DSWA v. 30.8.1904, BA RKA 1001/5378, Bl. 208 f.

1806 Bericht des Ksl. Gouverneurs v. DOA auf den Erlaß der AAKA v. 14.3.1904, v. 23.9.1904, BA RKA 1001/5378, Bl. 210 f.

In seinem ausführlichen Bericht vom 18. April 1905[1807] argumentierte Graf Zech, Gouverneur des Schutzgebiets Togo, gegen den Erlaß besonderer Vorschriften, die die Befolgung von Ausführungsbestimmungen zu § 6 der Reichskanzler-Verfügung vom 22. April 1896 gewährleisten sollten. Diese seien für das Schutzgebiet Togo nicht getroffen worden. Eine

> „absolute Sicherheit, daß die Ausführungsbestimmungen eingehalten werden, wird wohl schwerlich durch eine weitere Bestimmung erzielt werden können. Es gibt Dinge, bei denen sich die vorgesetzte Behörden auf das Pflichtgefühl der ausführenden Organe verlassen müssen. Verfehlungen gegen Amtspflichten können schließlich in den Schutzgebieten ebensowohl vorkommen, wie im heimischen Verhältnis."

Hinsichtlich des Vollzugs der Prügelstrafe im Schutzgebiet Togo berichtete der Gouverneur:

> „Die Prügelstrafe wird mit einem Tauende ausgeführt, welches den mit Strafbefugnissen ausgestatteten Dienststellen zugestellt worden ist. [...Die] Dienststellen sind besonders darauf hingewiesen worden, bei Ausführung der Prügelstrafe Verletzungen der vorderen Körperteile zu vermeiden. Eine Vorschrift, daß Bauch und Lendengegend durch angelegte Kleidungsstücke gegen schlecht gezielte Hiebe zu schützen sind, besteht nicht. Ich bezweifle auch, ob der Erlaß einer solchen Vorschrift den beabsichtigten Zweck erfüllen würde, wobei zu bemerken ist, daß in den Hinterlandbezirken Volksstämme vorkommen, welche überhaupt keine Kleider tragen."

Auf die Frage nach etwaigen in Zusammenhang mit der Prügelstrafe stehenden „Unglücksfällen" antwortete Zech, es habe drei solcher Fälle gegeben und nannte auch den Fall seines Vorgängers Waldemar Horn. Unter Horn war auf einer Inspektionsreise ein eingeborener Koch nach der Verabreichung von 25 Hieben in der glühenden Sonne an einen Pfahl gefesselt worden und verdurstet, da ihm jedes Trinkwasser verweigert worden war. Nach der Selbstanzeige des Gouverneurs und seiner Beurlaubung war Horn vom Kameruner Obergericht wegen Körperverletzung im Amt nach § 340 RStGB zu einer Geldstrafe von 900 Mark verurteilt worden.[1808]

Unter Berufung auf sämtliche Bezirksleiter des Schutzgebiets, die zu diesbezüglichen Berichten aufgefordert worden waren, hielt Zech schließlich eine Be-

[1807] Bericht des Ksl. Gouverneurs v. Togo auf den Erlaß der AAKA v. 14.3.1904, v. 18.4.1905, BA RKA 1001/5378, Bl. 238 ff.

[1808] Vgl. *Erbar*, Ein „Platz an der Sonne"?, S. 252 ff.; *Sebald*, Togo 1884-1914, S. 539 f.; vgl. hierzu auch die Reichstagsverhandlungen des Winters 1905/1906: RT-Verh., Sten. Ber., XI. Leg. Per., II. Sess. 1905/07, 13. Sitzung v. 15.12.1905, S. 341 ff.; 70./71. Sitzungen v. 19./20.3.1906, S. 2121 (2148), 2153 (2154 f.).

schränkung der Zahl der Hiebe oder der Prügelstrafe überhaupt auf bestimmte „Rohheitsdelikte“ nicht für angezeigt.[1809]

Zuletzt äußerte sich der Gouverneur Kameruns, Jesco v. Puttkamer, in einem Schreiben an die AAKA vom 6. Mai 1905.[1810] Als Züchtigungsinstrument diene

> „...bei halbwüchsigen Personen überall eine Rute oder Gerte oder ein dünner Rohrstock, bei Erwachsenen ein Tauende, dessen Dicke zwischen 1 ½ cm und 2 ½ cm schwankt.“

In einzelnen Stationen seien daneben Reitpeitschen oder -gerten aus Leder oder ein „Rotangstock“[1811] in Gebrauch. Die Vollziehung der Strafe geschehe

> „...in der Weise, daß der zu Bestrafende über ein Faß, einen Holzbock, oder einen glatten Baumstamm gelegt wird. Hände und Füße werden mit Stricken an Pflöcken festgebunden oder festgehalten; dadurch werden heftige Bewegungen des Körpers unmöglich gemacht und damit vermieden, daß der Hieb eine falsche Körperstelle trifft. Es werden nur die Hinterbacken entblößt, die Hüftgegend wird durch die Kleider oder das Lendentuch geschützt. Die Schläge werden stets nur auf den Hinterbacken oder den oberen Teil der Oberschenkel gerichtet.“

Ebenso wie die Gouverneure der anderen afrikanischen Schutzgebiete lehnte auch v. Puttkamer weitere Beschränkungen der Prügelstrafe ab.

Nach Eingang der Berichte der afrikanischen Gouverneure drängte die Reichskolonialverwaltung auf eine Vereinheitlichung der Vorschriften über die Handhabung der körperlichen Strafen. Hierzu ergingen am 31. Oktober 1905 zwei Runderlasse. Mit Erlaß an die Gouverneure in Buea und Lomé ordnete die AAKA unter Berufung auf „hier vorliegende ärztliche Gutachten“ an, daß fortan in allen afrikanischen Schutzgebieten ausschließlich der bisher schon in Deutsch-Ost- und Südwestafrika in Gebrauch befindliche „Shambock“ oder „Kiboko“ angewandt werde. Die Herstellung dieses Züchtigungsinstruments wurde dabei detailliert vorgeschrieben:

> „Dieses Instrument wird aus dem Hautstreifen eines Dickhäuters (bezw. aus zwei zusammengenähten Streifen, falls die Haut in einfacher Lage nicht dick genug sein sollte) hergestellt. Er ist etwa 80 – 100 cm lang, am Schlagende rund und glatt und hat dort einen Durchmesser von ca. 1 cm. Am Schlagende dürfen sich

---

[1809] Bericht des Ksl. Gouverneurs v. Togo auf den Erlaß der AAKA v. 14.3.1904, v. 18.4.1905, BA RKA 1001/5378, Bl. 240 f.

[1810] Bericht des Ksl. Gouverneurs v. Kamerun auf den Erlaß der AAKA v. 14.3.1904, v. 6.5.1905, BA RKA 1001/5378, Bl. 254 ff.

[1811] Stock aus dem Holz der Drachenblut-Palme.

unter keinen Umständen Knoten oder sonstige Vorsprünge befinden und darf in die Rille der Haut kein Draht oder dergleichen eingenäht sein."[1812]

Mit Erlaß vom selben Tag wurden die Gouverneure in Windhuk und Daressalam gebeten, „auch im dortigen Schutzgebiet" Anordnungen wegen der Herabsetzung der Hiebzahl bei Expeditionen und zum Schutz der nicht zu treffenden Körperteile zu erlassen. Ferner wurden die Gouverneure ersucht,

> „die Anwendung von Instrumenten, die von der anliegenden Beschreibung abweichen, zu verbieten und insbesondere den Gebrauch von Schambocks, in die Drähte eingenäht oder die mit Knoten versehen sind, zu untersagen."[1813]

In der Folge erließen die Gouverneure von Deutsch-Südwestafrika,[1814] Togo[1815] und Deutsch-Ostafrika[1816] Rechtsvorschriften, die ein anderes Züchtigungsinstrument als den „Shambock" oder „Kiboko" verboten und die Höchstzahl der auf Märschen und bei ähnlichen körperlichen Anstrengungen zulässigen Prügelschlägen auf 15, die der Rutenschläge auf 10 herabsetzten, oder die körperliche Züchtigung in diesen Fällen aufschoben. Der stellvertretende Gouverneur Kameruns, Oberst Müller, gestattete sich indessen in Abwesenheit des Gouverneurs v. Puttkamer einige kritische Ausführungen gegenüber der AAKA:

> „Das Schambock oder Kiboko genannte Züchtigungsinstrument ist vor langer Zeit bereits hier in Gebrauch gewesen, allein mit Rücksicht darauf, daß es – besonders in der im Erlaß Nr. 1039[1817] beschriebenen Form – nicht als Züchtigungs- sondern vielmehr als Marterinstrument betrachtet werden mußte, wieder abgeschafft worden. [...]
> Das hiesige Gouvernement ist seit jener Zeit fortgesetzt bemüht gewesen, die Vollstreckung der Prügelstrafe möglichst mild zu gestalten, und es muß als ein Er-

---

[1812] Erlaß der AAKA an die Gouverneure in Buea und Lomé, auf deren Berichte v. 6.5.1905 u. 18.4.1905, v. 31.10.1905, BA RKA 1001/5378, Bl. 271.

[1813] Erlaß der AAKA an die Gouverneure in Windhuk und Daressalam, auf deren Berichte v. 30.8.1904 u. 23.9.1904, v. 31.10.1905, BA RKA 1001/5378, Bl. 275.

[1814] R.E. d. Gouverneurs v. DSWA, betr. die Vollziehung von Prügelstrafen, v. 22.9.1905, DKolGG (IX) 1905, S. 284; siehe noch BA RKA 1001/5379, Bl. 6.

[1815] Dienstanweisung d. Gouverneurs v. Togo, betr. die Ausübung der Strafgerichtsbarkeit und der Disziplinargewalt gegenüber den Eingeborenen gem. der RK-Vfg. v. 22.4.1896, v. 10.1.1906, DKolGG (X) 1906, S. 9; siehe noch das diesbezügliche Schreiben des Gouverneurs an die AAKA v. 22.1.1906, BA RKA 1001/5379, Bl. 7 ff.

[1816] Vfg. d. Gouverneurs v. DOA, betr. die Ausübung der Strafgerichtsbarkeit gegen Eingeborene, v. 6.7.1906, DKolGG (X) 1906, S. 274. Siehe noch die diesbezüglichen Schreiben des Gouverneurs an die AAKA v. 7.4.1906, BA RKA 1001/5379, Bl. 17 ff. u. 6.7.1906, BA RKA 1001/5379, Bl. 31 ff.

[1817] Erlaß d. AAKA an d. Gouvernement in Buea, v. 31.10.1905, BA RKA 1001/5378, Bl. 271.

folg dieser Bemühungen betrachtet werden, wenn [...] die jetzt im Schutzgebiet in Gebrauch befindlichen Züchtigungsmittel Rute, Rohrstock, Tauende etc. bedeutend milder sind als der im Erlaß Nr. 1039 erwähnte Schambock oder Kiboko. Die Einführung des letzteren würde somit keinen Fortschritt, sondern einen Rückschritt bedeuten. Sie würde außerdem bei den Eingeborenen Bestürzung und bei den in dieser Frage sehr aufmerksamen Missionen Verwunderung hervorrufen, und es würden in Beziehung auf beide politisch sehr unliebsame Weiterungen mit Sicherheit zu erwarten sein."[1818]

Eine den Shambock auch in Kamerun einführende Rechtsvorschrift erging nach diesen Ausführungen des Obersten Müller sowie nach einem entsprechenden Antrag des neuen Gouverneurs Seitz an das RKA vom 21. September 1908,[1819] der auf Gutachten der Bezirksamtmänner und Regierungsärzte von Duala und Victoria fußte, bis zuletzt nicht.
Auch der Gouverneur der „Musterkolonie" Togo, Graf Zech, führte gegen die aus dem fernen Berlin angeordnete Einführung der Nilpferdpeitsche einen letztlich erfolgreichen Feldzug. Nur wenige Monate nach der Einführung des „Shambocks" in Togo beantragte Zech am 6. November 1906 unter Berufung auf einen Bericht des Stationsleiters von Atakpame, Hauptmann v. Doering, erstmals die Wiederzulassung des Tauendes als Züchtigungsmittel.[1820] Doering hatte vorher an das Gouvernement berichtet, der „Shambock" stelle eine – wohl unbeabsichtigte – Grausamkeit dar. Es sei fast unvermeidlich, daß durch Hiebe mit der Nilpferdpeitsche „Löcher in die Haut" gerissen würden. Der Delinquent bleibe aufgrund der für ihn äußerst schwierigen Wundpflege nach der Verabfolgung der Schläge oft noch wochenlang arbeitsunfähig.[1821] Nach einem ähnlichen Bericht des Bezirksamtmanns Dr. Kersting, vorgeblicher Schwierigkeiten bei der Beschaffung vorschriftsmäßiger Nilpferdpeitschen und zwei weiteren Anträgen des Gouverneurs an die Reichskolonialverwaltung vom 15. Mai 1907[1822] und 25. Januar 1909,[1823] wurde schließlich mit Gouverneurs-Verfügung vom 2. Juli 1909[1824] das Tauende in Togo wieder eingeführt. Damit waren die Versuche der Reichskolonialverwaltung, in den afrikanischen Kolonien mit dem ostafri-

1818 Bericht des stellv. Gouverneurs Müller an die AAKA, v. 30.4.1906, BA RKA 1001/5379, Bl. 27 f.
1819 Bericht des Ksl. Gouverneurs v. Kamerun an das RKA, BA RKA 1001/5379, Bl. 176 ff.
1820 Bericht des Ksl. Gouverneurs v. Togo an die AAKA, BA RKA 1001/5379, Bl. 49.
1821 Bericht des Stationsleiters von Atakpame an das Gouvernement, v. 9.8.1906, BA RKA 1001/5379, Bl. 50 f.
1822 Bericht des Ksl. Gouverneurs v. Togo an die AAKA, BA RKA 1001/5379, Bl. 82 f.
1823 Bericht des Ksl. Gouverneurs v. Togo an das RKA, BA RKA 1001/5380, Bl. 23 f.
1824 Vfg. d. Gouverneurs, betr. Änderung der Dienstanweisung bezüglich der Ausübung der Strafgerichtsbarkeit und der Disziplinargewalt gegenüber den Eingeborenen v. 10.1.1906, v. 2.7.1909, DKolGG (XIII) 1909, S. 359. Das Tauende sollte hiernach eine Länge von ungefähr 60 cm und eine Stärke von ca. 2-2 ½ cm aufweisen und war vor dem ersten Gebrauch mit einem Hammer oder Holzstück weichzuklopfen.

kanischen „Shambock" ein einheitliches Züchtigungsinstrument zu etablieren, endgültig gescheitert.

Eine letzte Änderung erfuhr die Rechtslage im Rahmen der von Bernhard Dernburg, dem ersten Staatssekretär des neu geschaffenen Reichskolonialamts, im Jahre 1907 auf den Weg gebrachten Reformen. Dernburg, der auf seiner Ostafrika-Reise[1825] den Eindruck gewonnen hatte, die Prügelstrafe sei „nicht übermäßig grausam" und ihre Anwendung geschehe durchaus „in geordneter Weise",[1826] verfolgte denn auch nicht das Ziel einer gänzlichen Abschaffung der körperlichen Züchtigungen. Vielmehr kam es ihm darauf an, die Anwendung der Prügelstrafe insgesamt einzuschränken, eine strengere Kontrolle der anordnenden und ausführenden Beamten zu ermöglichen und jede Verhängung körperlicher Züchtigungen in Zukunft von einer gründlichen Einzelfallabwägung des Eingeborenenrichters, die insbesondere die Schwere der Tat berücksichtigte, abhängig zu machen. Zu diesem Zweck erging am 12. Juli 1907 ein Runderlaß Dernburgs an die Gouverneure der afrikanischen Schutzgebiete.[1827] Dernburg bemerkte:

> „In letzter Zeit hat sich die Öffentlichkeit wieder mehrfach mit der Handhabung der Prügelstrafe in den Schutzgebieten beschäftigt. Ich weise namentlich auch auf die Reichstagsdebatten des letzten Winters hin. Der Kritik, welche dabei geübt worden ist, wird die Berechtigung zum Teil nicht abgesprochen werden können. Die hier eingereichten Auszüge aus den Strafbüchern lassen erkennen, daß die Strafe der körperlichen Züchtigung noch immer auffallend häufig und vielfach in einem augenscheinlich zu hohem Maße verhängt wird. Bei einer Reihe von Dienststellen scheint die Zahl von 25 Schlägen – die höchste, welche auf einmal vollstreckt werden darf – die Regel zu bilden. Auch sind, wennschon nur in vereinzelten Fällen, Ausschreitungen vorgekommen, welche hauptsächlich darauf zurückzuführen sind, daß die betreffenden Beamten übereilt und unter der Wirkung einer augenblicklichen Erregung gehandelt haben."

Dernburg habe sich daher entschlossen, „im Aufsichtswege" eine entsprechende Verfügung zu erlassen. Diese verfolge den Zweck, die mit der Strafgerichtsbarkeit betrauten Dienststellen zu veranlassen, die Prügelstrafe künftig erst nach „gründlicher Untersuchung des Falles", insbesondere unter „hinreichender Würdigung der Schwere der Straftat" zu verhängen und über deren vorschriftsmäßige Vollstreckung Rechenschaft abzulegen. Die entsprechenden Stellen sollten

---

[1825] Seit der Afrika-Reise des Kolonialdirektors Kayser 1892 hatte keiner seiner Nachfolger mehr die Schutzgebiete persönlich inspiziert, vgl. zu Dernburgs Reisen nach Ost- und Südafrika *Schiefel*, Bernhard Dernburg, S. 66 ff.

[1826] Nach *Schiefel*, Bernhard Dernburg, S. 111.

[1827] Erlaß des StS des RKA an die Gouverneure der afrikanischen Schutzgebiete zur Vfg., betr. die Anwendung körperlicher Züchtigung als Strafmittel, v. 12.7.1907, DKolGG (XI) 1907, S. 323. Das Original des Erlasses findet sich bei BA RKA 1001/5379, Bl. 87 ff.

indes keinesfalls in „ihrem richterlichen Ermessen und in der Wahl der Mittel zur Wahrung ihrer Autorität" gegenüber den Eingeborenen beschränkt werden. Dernburg erwartete dabei,

> „...daß die Verfügung mittelbar auch eine Einschränkung der Anwendung der Prügelstrafe zur Folge haben wird, wie sie entsprechend der fortschreitenden kulturellen und sittlichen Hebung der eingeborenen Bevölkerung als Ziel wird im Auge behalten werden müssen."

Die dem Runderlaß beiliegende Verfügung Dernburgs vom 12. Juli 1907[1828] schrieb für jeden Fall der Verhängung von körperlichen Züchtigungen – sowohl gerichtliche als auch disziplinarische Bestrafungen waren hiervon erfaßt – die Führung eines Protokolls vor, das von dem mit der Ausübung der Strafgerichtsbarkeit gegenüber Eingeborenen betrauten Beamten zu unterschreiben war.[1829] Das Protokoll hatte die Bezeichnung der strafbaren Handlung, Angaben über die Anhörung des Beschuldigten und über die Erhebung der von ihm angebotenen Entlastungsbeweise sowie die Urteilsformel zu enthalten.[1830] Fortan durften Prügel- und Rutenstrafen „niemals" durch den Eingeborenenrichter selbst vollstreckt werden. Indessen war die Vollstreckung, über die ein eigenes Protokoll aufzunehmen war, von diesem persönlich oder von einem Arzt zu überwachen.[1831] Schließlich war in Fällen, in denen auf eine Prügelstrafe von mehr als 15 Schlägen oder eine Rutenstrafe von mehr als 10 Schlägen erkannt wurde, eine gesonderte Urteilsbegründung erforderlich und abschriftlich dem Gouverneur einzureichen.[1832]

Inwieweit die von Dernburg verfolgten und in dem Erlaß sowie der Verfügung vom 12. Juli 1907 formulierten Ziele tatsächlich erreicht wurden, ist nicht eindeutig zu klären. So ist den Amtlichen Jahresberichten aller afrikanischen Schutzgebiete der Berichtsjahre 1900/1901 bis 1912/1913 eine stetige Zunahme der körperlichen Züchtigungen zu entnehmen.[1833] Indessen lassen die Statistiken zwei Faktoren unberücksichtigt. So erhöhte sich zum einen die Zahl der tatsächlich von der deutschen Verwaltung erreichten Eingeborenen mit der fortschrei-

---

1828 Vfg. d. StS d. RKA, betr. die Anwendung körperlicher Züchtigung als Strafmittel gegen Eingeborene der afrikanischen Schutzgebiete, DKolGG (XI) 1907, S. 320; *Ruppel*, Landesgesetzgebung für das Schutzgebiet Kamerun, S. 832. Die Verfügung ist auch aufgenommen in den Anhang D. IV.

1829 Die entsprechenden Formularvordrucke A und B finden sich im Anhang D. IV.

1830 Nr. I. der Vfg. d. StS d. RKA v. 12.7.1907.

1831 Nr. II. u. III. der Vfg. d. StS d. RKA v. 12.7.1907.

1832 Nr. IV. d. Vfg. d. StS d. RKA v. 12.7.1907.

1833 Vgl. die Tabelle am Ende des Kapitels, sowie die Strafstatistiken für die einzelnen Schutzgebiete im Anhang E.

tenden Erschließung des Hinterlandes in dem genannten Zeitraum erheblich. Diesbezüglich aufschlußreich sind auch die Forderungen der Gouverneure nach erneuter Zusendung der benötigten Formblätter „A“ und „B“.[1834] Zum anderen sind in den Berichten die disziplinarisch verhängten körperlichen Züchtigungen, die in keiner offiziellen Statistik ausgewiesen sind, nicht berücksichtigt. Die relative Zunahme der körperlichen Züchtigung, die sich im wachsenden Anteil dieser Strafform an der Gesamtzahl aller gerichtlichen Verurteilungen ausdrückt, weist indessen darauf hin, daß das Dernburgsche Ziel einer Rückführung der Prügelstrafe bis zuletzt unerreicht blieb.

Fraglich bleibt auch, ob die weiteren Ziele der Dernburgschen Reformen – Herabsetzung des durchschnittlichen Strafmaßes und die „Humanisierung“ des Vollzugs mit Hilfe der neu eingeführten Protokollierungspflichten – erreicht werden konnten. Für Kamerun ist jedenfalls aus der Rechtsprechungspraxis nachgewiesen worden, daß weiterhin regelmäßig auf das Höchststrafmaß von 25 Hieben erkannt wurde und die nunmehr notwendig gewordenen Urteilsbegründungen meist kurz und allgemein ausfielen.[1835]

Die afrikanischen Gouvernements und die weiße Schutzgebietsbevölkerung beurteilten die Dernburgsche Verfügung vom 12. Juli 1907 und die weiteren Liberalisierungstendenzen des Staatssekretärs zumeist kritisch.[1836] Nach Ansicht des südwestafrikanischen Gouvernements enthielt die Verfügung „das äußerst zulässige Maß der Einschränkung der körperlichen Züchtigung“.[1837] Der Gouverneur Togos beschwerte sich in Berlin über eine „erhebliche Mehrbelastung mit Schreibarbeit für die Bezirksleiter.“[1838] Auch die „Deutsch-Ostafrikanische Zei-

---

[1834] In ihren Berichten auf den Erlaß des StS des RKA v. 12.7.1907 gaben die Gouverneure ihren jährlichen Bedarf an Formularen an: DOA: 15.000 Formulare A, 7.500 Formulare B; Kamerun: 400 A, 500 B; Togo: 1.500 A, 1.500 B; DSWA: 200 A, 300 B; vgl. BA RKA 1001/5379, Bl. 115-122. Mit Erlaß des RKA vom 27.11.1907, BA RKA 1001/5379, Bl. 129, wurden den Gouverneuren bewilligt: DOA: 3.000 Formulare A, 2.000 Formulare B; Kamerun: 400 A, 500 B; Togo: 1.500 A, 1.500 B; DSWA: 200 A, 300 B. Der Gouverneur von Kamerun forderte mit Schreiben vom 11.6.1908, BA RKA 1001/5379, Bl. 172, weitere 2.500 Formulare A und 3.500 Formulare B und mit Schreiben vom 4.1.1909, BA RKA 1001/5380, Bl. 12, „10 weitere Blocks von 100 bzw. 500 Formularen A und B“ an.

[1835] *Walz*, Die Entwicklung der Strafrechtspflege in Kamerun unter deutscher Herrschaft, S. 203 ff.

[1836] *Müller*, Kolonien unter der Peitsche, S. 128 Anm. 12, sieht im jährlichen Ansteigen der Prügelstrafe angesichts der Dernburgschen Weisungen eine „offene Kampfansage der Kolonialbürokratie gegen den Staatssekretär.“

[1837] Bericht d. Ksl. Gouverneurs v. DSWA an das RKA, v. 17.11.1908, BA RKA 1001/5379, Bl. 207.

[1838] Bericht d. Ksl. Gouverneurs v. Togo an das RKA, v. 12.4.1910, BA RKA 1001/5380, Bl. 156.

tung" verurteilte unter der Überschrift „Ein Akt gegen die Gerechtigkeit?" den nunmehr erforderlichen „Schreibkrams" und meinte in spöttischer Anspielung auf den jüngsten Besuch Dernburgs im dortigen Schutzgebiet:

> „Aber Herr Dernburg ist ja jetzt Afrikaner geworden. Vielleicht ist es also doch noch möglich, daß er den Weg zu dem tiefsten Papierkorb findet, in den diese Verordnung gehört."[1839]

In den deutschen Schutzgebieten ist die Prügelstrafe in ganz unterschiedlichem Ausmaß zur Anwendung gekommen. Für die Berichtsjahre 1900/01 bis 1912/13 liegen für die Schutzgebiete Afrikas und der Deutschen Südsee detaillierte Zahlenangaben vor, aus denen sich der Anteil der gerichtlich verhängten Prügelstrafen an den insgesamt gerichtlich verhängten Strafen errechnen läßt. Nach diesen Werten wurde in den deutschen Kolonien etwa in jedem fünften Strafurteil gegen Eingeborene auf Prügel- oder Rutenstrafe erkannt. Die Zahlenangaben für das südwestafrikanische Schutzgebiet stechen hierbei hervor: Hier betrug der Anteil der auf Prügelstrafe lautenden Strafurteile im Untersuchungszeitraum fast 50 %. Kamerun verdankte seinen zweifelhaften Ruf als „25er-Land" – in Anspielung auf das die Regel bildende zulässige Höchstmaß bei dem Vollzug der Prügelstrafe – immerhin dem guten Drittel aller Urteile, die auf körperliche Züchtigung lauteten. In der Deutschen Südsee spielten die körperlichen Strafen hingegen keine wesentliche Rolle. Zu beachten ist indes, daß die Statistiken die disziplinarisch verhängten Züchtigungen vollkommen unberücksichtigt lassen – offizielles Zahlenmaterial hierüber existiert nicht.

[1839] Deutsch-Ostafrikanische Zeitung Nr. 52, v. 21.9.1907, BA RKA 1001/5379, Bl. 123 f.

Berichtsjahr	**Anzahl der gerichtlich verhängten Prügel- und Rutenstrafen in**						
	DSWA	**Togo**	**Kamerun**	**DOA**	**DNG**	**Samoa**	**Summe:**
1900/01	151 (34,5 %)[1]	119 (7,8 %)	351 (33,3 %)	979 (16,9 %)	-	-	**1.600 (18,0 %)**
1901/02	257 (50,5 %)	162 (12,9 %)	315 (33, 2 %)	1.601 (22,5 %)	k.A.	-	**2.335 (22,3 %)**
1902/03	473 (54,7 %)	181 (12,0 %)	407 (35,9 %)	1.655 (19,2 %)	5 (6,9 %)	1 (0,2 %)	**2.722 (21,6 %)**
1903/04	340 (?)[2]	194 (13,9 %)	293 (20,7 %)	2.289 (23,1 %)	86 (18,3 %)	3 (0,7 %)	**3.205 (20,4 %)**[3]
1904/05	187 (?)	161 (8,5 %)	367 (19,4 %)	2.253 (22,4 %)	-	-	**2.968 (18,8 %)**
1905/06	294 (?)	290 (11,8 %)	665 (29,3 %)	2.735 (24,9 %)	-	-[4]	**3.984 (21,9 %)**
1906/07	336 (43,9 %)	363 (12,5 %)	906 (33,5 %)	2.244 (20,4 %)	-	-	**3.849 (20,9 %)**
1907/08	534 (45,4 %)	434 (12,8 %)	924 (29,3 %)	1.791 (14,4 %)	-	-	**3.683 (17,3 %)**
1908/09	703 (43,8 %)	620 (14,7 %)	1.334 (31,2 %)	1.371 (10,5 %)	21 (4,4 %)	-	**4.049 (16,8 %)**
1909/10	928 (44,7 %)	566 (10,9 %)	1.513 (33,1 %)	2.435 (16,5 %)	1 (0,2 %)	-[4]	**5.443 (19,7 %)**
1910/11	1.262 (53,2 %)	735 (13,1 %)	1.909 (30,0 %)	2.078 (12,9 %)	-	-	**5.984 (18,9 %)**
1911/12	1.655 (51,4 %)	733 (12,2 %)	2.851 (33,7 %)	2.150 (12,3 %)	-	-	**7.389 (20,1 %)**
1912/13	1.713 (53,6 %)	832 (12,8 %)	4.800 (42,7 %)	2.858 (15,1 %)	-	-	**10.203 (24,4 %)**
Insgesamt:	**8.833 (49,6**	**5.390 (12,3**	**16.635 (33,6**	**25.439 (16,9**	**113 (2,1 %)**	**4 (0,0 %)**	**57.414 (20,6 %)**

Zusammengestellt unter Zugrundelegung der Angaben aus den Amtlichen Jahresberichten und der Übersicht bei BA RKA 1001/5380, Bl. 7 f.

[1] Die Angaben in Klammern beschreiben den Anteil der gerichtlichen Prügelstrafen an der Gesamtheit aller gerichtlich verhängten Strafen.

[2] Für die Berichtsjahre 1903/04 bis 1905/06 liegen keine Angaben über die insgesamt in DSWA gerichtlich verhängten Strafen vor.

[3] Relative Werte für die Berichtsjahre 1903/04 bis 1905/06 ohne Berücksichtigung von DSWA.

[4] Aber: 1905/06 15 und 1909/10 254 gerichtliche Prügelstrafen gegen chinesische Kontraktarbeiter.

e) Geldstrafe und Bußgeldzahlung

Geldstrafen zählten in allen afrikanischen Schutzgebieten,[1840] in Deutsch-Neuguinea,[1841] auf den Marshall-Inseln[1842] sowie in Kiautschou[1843] zu den zulässigen Strafmitteln in der Eingeborenenrechtspflege. Die den amtlichen Jahresberichten zu entnehmenden Strafstatistiken erhellen die Häufigkeit, mit der in allen deutschen Schutzgebieten auf Geldstrafen erkannt wurde. In Samoa bildeten Geldstrafen die mit Abstand häufigste Strafform.[1844] Eine formelle kodifizierte Rechtsgrundlage bestand gerade hier hingegen nicht.

In den afrikanischen Kolonien war dem Strafmaß keinerlei Grenze gesetzt. Allerdings bedurften Geldstrafen, die in Ostafrika 200 Rupien, und in Kamerun und Togo 300 Mark überstiegen, der Genehmigung des Gouverneurs, bis zu deren Erteilung die Vollstreckung auszusetzen war, es sei denn, daß sie durch diese Verzögerung unmöglich gemacht wurde.[1845] Die Dernburgschen Reformansätze mit dem Ziel einer Beschränkung der körperlichen Züchtigungen enthielten auch die Vorstellung, geringfügige Vergehen und Übertretungen durch Geldstrafen zu ahnden. Nach Ansicht des Staatssekretärs stand nichts im Wege, „entsprechend den Lohn- und Einkommensverhältnissen der Eingeborenen" auch auf Geldstrafen unter dem heimischen Mindestsatz von einer Mark[1846] zu erkennen und diese „nötigenfalls" in Naturalien einzutreiben.[1847] Letzteres hatte auch schon ein Runderlaß des ostafrikanischen Gouverneurs vom 27. Dezember 1900 vorgesehen.[1848]

1840 § 2 der Vfg. d. RK wegen Ausübung der Strafgerichtsbarkeit und der Disziplinargewalt gegenüber den Eingeborenen in den deutschen Schutzgebieten von DOA, Kamerun und Togo, DKolGG (II) 1893-1897, S. 215; Anhang D. III.; in DSWA in Wirksamkeit gesetzt durch Vfg. d. Gouverneurs, betr. Änderung d. VO v. 22.4.1896, v. 8.11.1896, DKolGG (II) 1893-1897, S. 294.

1841 § 4 der Strafverordnung für die Eingeborenen, v. 21.10.1888, DKolGG (I) 1892, S. 555; Anhang D. V.

1842 § 4 der Strafverordnung für die Eingeborenen, v. 10.3.1890, DKolGG (I) 1892, S. 627.

1843 § 6 Nr. 2 der VO, betr. die Rechtsverhältnisse der Chinesen, v. 15.4.1899, DKolGG (IV) 1898-1899, S. 191; *Mohr*, Handbuch für das Schutzgebiet Kiautschou, S. 72; Anhang D. VI.

1844 Vgl. die Strafstatistiken der einzelnen Schutzgebiete im Anhang E.

1845 § 10 der Vfg. d. RK v. 22.4.1896.

1846 Vgl. § 27 RStGB.

1847 Erlaß d. StS d. RKA an die Gouverneure der afrikanischen Schutzgebiete zur Vfg., betr. die Anwendung körperlicher Züchtigung als Strafmittel, v. 12.7.1907, DKolGG (XI) 1907, S. 323.

1848 Auszug aus dem R.E. d. Gouverneurs v. DOA, betr. die Strafgerichtsbarkeit gegenüber Farbigen, v. 27.12.1900, DKolGG (VI) 1901-1902, S. 267.

In der deutschen Südsee belief sich der Mindestbetrag der Geldstrafe auf eine Mark, der Höchstbetrag war auf dreihundert Mark festgesetzt. Konnte eine Geldstrafe wegen Unvermögens des Verurteilten nicht beigetrieben werden, so war die Summe derart von seinem laufenden Lohn abzuziehen, daß ihm „eine zur Befriedigung der unentbehrlichen Lebensbedürfnisse ausreichende Summe, in der Regel die Hälfte des Arbeitslohnes“, verblieb. Stand der Verurteilte in keinem festen Arbeitsverhältnis, war die Entrichtung der Geldstrafe in Naturalien möglich. Erst wenn die Geldstrafe auf keinem der genannten Wege einzuziehen war, wurde sie in Zwangsarbeit ohne Gefängnis oder „nach Umständen“ in Zwangsarbeit mit Gefängnis umgewandelt.[1849] In Kiautschou war der Höchstbetrag der Geldstrafe auf 5.000 Dollar festgesetzt. Auch hier konnten Geldstrafen in Freiheitsstrafen umgewandelt werden, wobei der Betrag von einem Dollar einer „1 bis 5tägigen Freiheitsstrafe“ gleichzuachten war.[1850]

Von den Geldstrafen im eigentlichen Sinne zu trennen war die Möglichkeit der Zuerkennung einer Bußgeldzahlung an den Geschädigten im Rahmen des Strafurteils, die mit Blick auf das hergebrachte Restitutionssystem der einheimischen Bevölkerung in Kamerun[1851] sowie in Deutsch-Neuguinea und auf den Marshall-Inseln[1852] vorgesehen war.

f) Ausweisung und Deportation

Während die Deportation von Reichsangehörigen in die Kolonien als Strafe[1853] oder – nachdem sich entsprechende Fälle tatsächlich ereignet hatten – die Ausweisung von Reichsangehörigen aus den Schutzgebieten[1854] in der kolonialrecht-

---

[1849] §§ 10 der beiden Strafverordnungen für die Eingeborenen, v. 21.10.1888 (NGK), DKolGG (I) 1892, S. 555 u. 10.3.1890 (Marshall-Inseln), DKolGG (I) 1892, S. 627; *Brinkmann*, Strafrecht und Strafverfahren für die Eingeborenen der deutschen Schutzgebiete, S. 35, hielt dies für „eigenartige, jedenfalls aber sehr zweckmäßige Grundsätze“.

[1850] § 6 Abs. 4 der VO v. 15.4.1899.

[1851] § 5 der Dienstvorschrift d. Gouverneurs v. Kamerun, betr. die Ausübung der Strafgerichtsbarkeit gegenüber den Eingeborenen, v. Mai 1902, DKolGG (VI) 1901-1902, S. 467; vgl. hierzu noch *Walz*, Die Entwicklung der Strafrechtspflege in Kamerun unter deutscher Herrschaft, S. 279 f.

[1852] §§ 17 der beiden Strafverordnungen für die Eingeborenen, v. 21.10.1888 (NGK), DKolGG (I) 1892, S. 555 u. 10.3.1890 (Marshall-Inseln), DKolGG (I) 1892, S. 627; vgl. zur diesbezüglichen Rechtspraxis in DNG *Hiery*, Das deutsche Reich in der Südsee, S. 117 ff.

[1853] Vgl. *Korn*, Empfiehlt sich der Versuch der Deportation nach Kolonien als Strafe und der Vorschlag bedingter Begnadigung für den Fall der Auswanderung?, in: DJZ (III) 1898, S. 374 ff.; *Heimberger*, Zur reichsrechtlichen Regelung des Strafvollzugs, in: DJZ (X) 1905, Sp. 43 (48 f.).

[1854] Vgl. *Hoepfner*, Ist eine Ausweisung Reichsangehöriger aus den Schutzgebieten zulässig?, in: DJZ (XV) 1910, Sp. 419 ff.

lichen Literatur diskutiert wurden, bestanden auch für die indigene Schutzgebietsbevölkerung teilweise Sonderregeln, die die Ausweisung und Deportation von Eingeborenen aus ihrer Heimat ermöglichten. So bestand in Kiautschou als Besonderheit die Möglichkeit der Ausweisung von Chinesen aus dem Schutzgebiet in das chinesische Hinterland. In der Literatur wurde die Ausweisung als die einzige koloniale „Nebenstrafe" verstanden,[1855] da auf sie nur in Verbindung mit einer anderen Strafe erkannt werden konnte.[1856] Bei der Ausweisung war dem Beschuldigten für den Fall seiner Rückkehr in das Schutzgebiet eine alsdann sofort vollstreckbare Strafe anzudrohen.[1857] Im zeitgenössischen Schrifttum hieß es hierzu anerkennend:

> „Die Durchführung des von der I.K.V.[1858] so lebhaft vertretenen rechtspolitischen Gedankens der Unschädlichmachung des Verbrechers ist in einer für das Schutzgebiet recht zweckmäßigen, auf europäische Verhältnisse freilich kaum anwendbaren Art erfolgt..."[1859]

Für Kamerun wurde daneben von der Möglichkeit von Deportationen Eingeborener nach Togo berichtet. Diese Deportationen wurden indessen nicht als Strafen, sondern als „Polizeimaßregeln" aufgefaßt.[1860] Die genaue rechtliche Einordnung dürfte den betroffenen Personen angesichts des von ihnen berichteten ausgeprägten Heimatgefühls[1861] indessen eher gleichgültig gewesen sein.

Über die Zulässigkeit von Ausweisungen Eingeborener aus ihrem Schutzgebiet herrschte Streit. Überwiegend wurde vertreten, den Eingeborenen stehe ein allgemeines Wohnrecht in ihrem Schutzgebiet zu. Die Ausweisung eines Eingeborenen sei damit zwar zulässig aus dem Reichsgebiet im Sinne des Art. 1 BRV, aus einem anderen Schutzgebiet, dem er nicht angehöre, sowie auch aus einzelnen Orten oder Gegenden seines Schutzgebiets. Ausweisungen von Eingeborenen aus ihrem Schutzgebiet im ganzen seien dagegen unzulässig.[1862] Die Aus-

---

1855 *Karlowa*, Die Strafgerichtsbarkeit über die Eingeborenen in den deutschen Kolonien, S. 37; *Brinkmann*, Strafrecht und Strafverfahren für die Eingeborenen der deutschen Schutzgebiete, S. 35 f.; *v. Hoffmann*, Einführung in das deutsche Kolonialrecht, S. 221; *Wick*, Die Farbigenrechtspflege in den deutschen Schutzgebieten, S. 61 f.

1856 § 6 Abs. 2 der VO, betr. die Rechtsverhältnisse der Chinesen, v. 15.4.1899, DKolGG (IV) 1898-1899, S. 191; *Mohr*, Handbuch für das Schutzgebiet Kiautschou, S. 72; Anhang D. VI.

1857 § 6 Abs. 3 der VO v. 15.4.1899.

1858 Internationale Kriminalistische Vereinigung.

1859 *Köbner*, Kolonialstrafrecht, in: Mitteilungen der IKV (XI) 1904, S. 545 (573).

1860 *Bauer*, Die Strafrechtspflege über die Eingeborenen der deutschen Schutzgebiete, in: AöR (19) 1905, S. 32 (52); *Doerr*, Deutsches Kolonialstrafrecht, in: ZfKKK (10) 1908, S. 321 (332); *Wick*, Die Farbigenrechtspflege in den deutschen Schutzgebieten, S. 62 Fn. 35.

1861 Vgl. *Seitz*, Vom Aufstieg und Niederbruch deutscher Kolonialmacht, Bd. II., S. 67 f.

1862 *Kruckow*, Ausweisungen aus den Schutzgebieten, S. 44; *Sassen*, Das Recht der Freizügigkeit in den deutschen Kolonien, in: ZfKKK (13) 1911, S. 391 (396).

weisung von Chinesen aus dem Schutzgebiet Kiautschou wurde für zulässig erachtet. Hierzu wurde auf den zwischen dem Deutschen Reich und China geschlossenen „Pachtvertrag" vom 6. März 1898[1863] verwiesen, der der im Pachtgebiet wohnenden chinesischen Bevölkerung „jederzeit" den Schutz der Deutschen Regierung zusicherte, „vorausgesetzt, daß sie sich den Gesetzen und der Ordnung entsprechend verhält". Darin sei eine stillschweigend übernommene Verpflichtung des Chinesischen Reichs zu sehen, solche Kiautschou-Chinesen, die gegen diese vertraglichen Verpflichtungen verstießen, in seinem Staatsgebiet aufzunehmen. Da damit keine Heimatlosigkeit der Ausgewiesenen eintrete, verstoße die Ausweisung wegen der vertraglichen Übernahmepflichten Chinas weder gegen das allgemeine Völkerrecht noch gegen das deutsche Staatsrecht.[1864]

g) Zwangsansiedlung in einer „Besserungssiedlung"

In Togo wurde im Jahre 1902 auf Bezirksleiterebene eine weitere Strafform ersonnen: Die Zwangsansiedlung von Eingeborenen in sogenannten „Besserungssiedlungen". Die beiden Bezirksleiter von Sokode-Bassari und Atakpame, Dr. Kersting und Hauptmann v. Doering, errichteten – ausgehend von der Erkenntnis, daß die in der Reichskanzler-Verfügung vom 22. April 1896 vorgesehenen Strafen den kolonialen Erfordernissen nicht in allen Fällen ausreichend Genüge täten – beide etwa zur gleichen Zeit und nach dem gleichen Schema in ihren Bezirken in menschenleeren Gegenden eine Strafsiedlung. Hierhin sollen neben Straftätern auch andere mißliebige Elemente – vielfach auch ältere Personen und in Ungnade gefallene Häuptlinge – ohne Rücksicht auf deren Stammeszugehörigkeit überstellt worden sein.[1865]

Eine Rechtsgrundlage für das Vorgehen der beiden Bezirksleiter bestand dabei zunächst nicht. Erst der Runderlaß des Gouverneurs Graf Zech vom 23. Oktober 1909[1866] sah nach den wohl positiven „Erfahrungen, die man mit der Anlage von Besserungssiedlungen in den Bezirken Atakpame und Sokode-Bassari" bis dahin gemacht hatte,[1867] allgemein die Errichtung von Besserungssiedlungen vor und regelte diesbezügliche Einzelheiten. So wurde in der eingeborenen Bevölkerung ein durch die „Einrichtung einer geordneten Verwaltung", die „Geltendma-

---

[1863] Art. V. Abs. 3 des Kiautschou-Vertrags, *Mohr*, Handbuch für das Schutzgebiet Kiautschou, S. 1; *Leutner*, „Musterkolonie Kiautschou": Die Expansion des Deutschen Reiches in China, Dok. 40, S. 164 ff.

[1864] *Kruckow*, Ausweisungen aus den Schutzgebieten, S. 45 f.

[1865] Vgl. *Sebald*, Togo 1884-1914, S. 302-305; *Erbar*, Ein „Platz an der Sonne"?, S. 48 f.

[1866] R.E. d. Gouverneurs v. Togo, betr. die Begründung von Besserungssiedlungen, v. 23.10.1909, DKolGG (XIII) 1909, S. 498.

[1867] Die deutschen Schutzgebiete in Afrika und der Südsee 1909/1910, Amtliche Jahresberichte, S. 94.

chung gesitteter Rechtsanschauungen", sowie infrastrukturelle Verbesserungen neu hervorgerufenes „Freiheitsgefühl" ausgemacht, das insbesondere bei jüngeren Leuten zu „bedenklichen Auswüchsen" geführt habe, die „leicht dauernde Schädigungen des Gesamtorganismus der Schutzgebietsbevölkerung zur Folge haben" könnten. Aus einem Teil von „wandernden Leute" habe sich

> „...ein arbeitsscheues Proletariat herausgebildet, aus dem sich wieder die gewohnheits- und gewerbsmäßigen Verbrecher rekrutieren. Um diesem [sic!] Übel zu steuern, werden derartige Elemente, insbesondere Landstreicher und gewerbsmäßige Prostituierte, die die bürgerlichen Kontrollvorschriften nicht innehalten, ferner gewohnheits- oder gewerbsmäßige Verbrecher und überhaupt Leute, die wiederholt wegen Eigentumsvergehen bestraft sind, ohne daß eine Besserung bei ihnen zu beobachten ist, ihren heimatlichen Verhältnissen wieder näher gebracht und wieder an ein geordnetes Leben und produktive Arbeit gewöhnt werden müssen. Die gesunkene Arbeitslust dieser Leute wird man aber am leichtesten heben können, wenn man sie wieder jener Tätigkeit zuführt, an die sie von Jugend auf gewöhnt sind, d.h. in erster Linie der landwirtschaftlichen Produktion."[1868]

Zech stellte es in das Ermessen des Bezirksleiters, in jedem Einzelfall darüber zu befinden, ob sich dieser Zweck durch die einfache Zurückführung des „Besserungsbedürftigen" in seinen Familienverband erreichen lasse.

> „Erscheinen jedoch diese Maßnahmen von vornherein als aussichtslos oder ist ein diesbezüglicher Versuch fehlgeschlagen, so empfehle ich, die Besserungsbedürftigen in einer eine Kontrolle gestattenden Nähe des Verwaltungssitzes in Dörfern (Besserungssiedlungen) anzusiedeln, in denen sie sich unter Aufsicht der Behörde als selbständige Bauern oder Handwerker zu betätigen haben. Ein Wegzug aus der Siedlung wäre erst dann zu gestatten, sobald eine dauernde Besserung eingetreten ist."[1869]

Zum Schutz der übrigen Bevölkerung und aus erzieherischen Gründen seien daneben auch wegen Mordes und anderer schwerer Straftaten Verurteilte in die Besserungssiedlungen zu überstellen, bei denen „infolge ihres tiefen Kulturstandes ein eigentlich verbrecherischer Wille nicht vorhanden ist" und somit eine Bestrafung mit dem Tode und mehrjährige Freiheitsstrafen nicht angemessen seien. Eine Rückkehrmöglichkeit wurde dieser Gruppe von Verbannten dagegen nicht zugestanden.[1870]

[1868] R.E. d. Gouverneurs v. Togo, betr. die Begründung von Besserungssiedlungen, v. 23.10.1909, DKolGG (XIII) 1909, S. 498.

[1869] R.E. d. Gouverneurs v. Togo, betr. die Begründung von Besserungssiedlungen, v. 23.10.1909, DKolGG (XIII) 1909, S. 498.

[1870] Vgl. d. R.E. d. Gouverneurs v. Togo, v. 23.10.1909 u. *Zech*, Besserungssiedlungen, in: Deutsches Koloniallexikon, Bd. I., S. 189.

Zwar bedurfte nach dem Runderlaß vom 23. Oktober 1909 die Neueinrichtung von Besserungssiedlungen fortan der Zustimmung des Gouvernements. Dennoch kam gerade bei der Entscheidung über Einweisung in und Wegzug aus den „Besserungssiedlungen" die Machtfülle der togoischen Bezirksleiter zum Ausdruck. Die Einweisung in diese Strafsiedlungen stellte damit für die betroffenen Eingeborenen wohl weniger einen „erfreulichen Versuch"[1871] dar. Sie war vielmehr Ausdruck des völligen Unterworfenseins unter die Entscheidungen der regionalen „Kleinen Gouverneure".[1872]

Der deutsche Gelehrte Dr. Dr. Rudolph Asmis zog nach einem Besuch der Besserungssiedlung an der Chra gleichwohl ein eher positives Resümee: Zwar bedeute die Zwangsansiedlung „fern von der Heimat für den Neger eine außerordentlich empfindliche Strafe", denn „der Neger Togos" habe ein „ausgesprochenes Heimatgefühl" und der

> „...Gedanke, dauernd fern von den Orten, auf denen er groß geworden ist, wo seine Verwandten und Freunde wohnen, wo seine Toten begraben liegen, zu leben, ist für ihn im ersten Augenblick die schwerste Strafe, die für die Zurückbleibenden abschreckender wirkt als der Tod."[1873]

Andererseits sei von dem Charakter als Strafsiedlung „äußerlich nichts zu merken gewesen", die Siedler lebten innerhalb des Dorfes als „freie Bauern" und auch die Kriminalität in dem „aufblühenden, zukunftsreichen Dorf" sei gering.[1874]

[1871] *Wick*, Die Farbigenrechtspflege in den deutschen Schutzgebieten, S. 63.

[1872] So die Bezeichnung der Eingeborenen für den Stationsleiter von Lomé, vgl. *v. Trotha*, Koloniale Herrschaft, Zur soziologischen Theorie der Staatsentstehung am Beispiel des „Schutzgebiets Togo", S. 110.

[1873] *Asmis*, Die Besserungssiedlung an der Chra, in: Kol. Rundschau (3) 1911, S. 529 (532).

[1874] *Asmis*, Die Besserungssiedlung an der Chra, in: Kol. Rundschau (3) 1911, S. 529 (536, 540).

3. Das Strafverfahren

Der grundsätzlich im deutschen Kolonialrecht angelegte Dualismus[1875] wirkte sich auch auf das Kolonialstrafprozeßrecht[1876] der Schutzgebiete aus. Die Eingeborenen und die ihnen rechtlich gleichgestellten Angehörigen anderer farbiger Stämme unterlagen somit den verfahrensrechtlichen Vorschriften der Reichsgesetze nur, soweit dies durch besondere Kaiserliche Verordnung bestimmt wurde. Da indessen eine solche Kaiserliche Verordnung bis zum Ende der deutschen Kolonialherrschaft nicht erging, konnte auch auf dem Gebiet des Strafverfahrensrechts keine rechtliche Gleichstellung erreicht werden.

In wesentlichen Einzelheiten lehnten sich die für die einzelnen Schutzgebiete ergangenen verfahrensrechtlichen Bestimmungen und die örtliche Gerichtspraxis gleichwohl an die entsprechenden Vorschriften der RStPO an. Ausdrücklich ausgesprochen wurde dies in dem Runderlaß des Gouverneurs von Deutsch-Ostafrika vom 27. Dezember 1900, wonach „im großen und ganzen die Vorschriften der zivilen Strafprozeßordnung zum Anhalt zu nehmen“ waren.[1877] Schon 1896 hatte sich der Reichskanzler nach den Ausschreitungen der kamerunner Kolonialbeamten Leist und Wehlan gezwungen gesehen, für die afrikanischen Schutzgebiete anzuordnen:

> „In dem Gerichtsverfahren über Eingeborene sind zur Herbeiführung von Geständnissen und Aussagen andere als die in den deutschen Prozeßordnungen zugelassenen Maßnahmen untersagt. Ingleichen ist die Verhängung von außerordentlichen Strafen, insbesondere von Verdachtsstrafen verboten.“ [1878]

Zwischen dem Reichsstrafprozeßrecht und dem kolonialen Eingeborenenprozeß waren somit einige Gemeinsamkeiten zu verzeichnen. So kamen in der Hauptverhandlung ebenso wie im Reichsprozeßrecht die Prinzipien der Öffentlichkeit und Mündlichkeit zum Tragen. Entsprechende Regelungen waren schon früh für

---

[1875] § 4 SchGG 1900 i.V.m. § 2 Ksl. VO v. 9.11.1900. S. hierzu eingehend oben 3. Kap. B.

[1876] Vgl. hierzu *Brinkmann*, Strafrecht und Strafverfahren für die Eingeborenen der deutschen Schutzgebiete, S. 47 ff., 53 ff.; *Bauer*, Die Strafrechtspflege über die Eingeborenen der deutschen Schutzgebiete, in: AöR (19) 1905, S. 32 (41 ff.); *Doerr*, Deutsches Kolonial-Strafprozeßrecht, in: ZfKKK (10) 1908, S. 660 (670 ff.); *v. Hoffmann*, Einführung in das deutsche Kolonialrecht, S. 225 ff.; *Karlowa*, Die Strafgerichtsbarkeit über die Eingeborenen in den deutschen Kolonien, S. 70 ff.; *Wick*, Die Farbigenrechtspflege in den deutschen Schutzgebieten, S. 75 ff., 93 ff., 100 ff.; *Walz*, Die Entwicklung der Strafrechtspflege in Kamerun unter deutscher Herrschaft, S. 91 ff., 280 ff.; *Kopp*, Nichtdeutsche Angeklagte im deutschen Strafverfahren, S. 86 ff.

[1877] Auszug aus dem R.E. d. Gouverneurs v. DOA, betr. die Strafgerichtsbarkeit gegenüber Farbigen, DKolGG (VI) 1901-1902, S. 266.

[1878] DKolGG (II) 1893-1897, S. 213.

Deutsch-Neuguinea[1879] und die Marshall-Inseln[1880] getroffen worden und später auch für Kamerun[1881] ergangen. Auch wenn in den übrigen Schutzgebieten keinerlei bindende Vorschriften bestanden, wurden auch dort die Gerichtsverhandlungen öffentlich und mündlich geführt. Aus Deutsch-Ostafrika wurde berichtet, dort hätten die Gerichtsverhandlungen „in der Regel in offenen Hallen, die auf freien Plätzen errichtet sind, vor einer zahlreichen Zuhörerschaft" stattgefunden.[1882] Diese Art der Durchführung der in Deutsch-Ostafrika als „Schauri" bezeichneten Gerichtsverhandlungen fand nach zeitgenössischer Interpretation ihre Berechtigung in der Notwendigkeit, das Vertrauen der Eingeborenen zu gewinnen, und demzufolge eine gewisse Kontrolle durch die Farbigen zuzulassen.[1883] Zugleich wurde argumentiert, dieses Verfahren „nach Art der mittelalterlichen Gerichtstage" empfehle sich „bei der starken Aufnahmefähigkeit der Naturvölker für sinnlich wahrnehmbare Eindrücke" durchaus, „zumal wenn die Verhandlungen mit einer gewissen absichtsvollen Feierlichkeit geführt werden."[1884] Eine gewisse Ausnahme vom Grundsatz der Öffentlichkeit und Mündlichkeit galt indessen in Kiautschou. Der Bezirksamtmann hatte in Fällen, in denen er seine Strafgewalt nicht für ausreichend hielt, alle Untersuchungshandlungen vorzunehmen und die Akten dem Kaiserlichen Richter einzusenden. Diesem stand es frei, weitere Beweise zu erheben oder die Untersuchung persönlich zu führen. Er entschied „auf Grund der Akten."[1885]

Das im Farbigenstrafprozeß ergehende Urteil war in den afrikanischen Schutzgebieten[1886] ebenso schriftlich abzufassen wie in der deutschen Südsee. Eine schriftliche Begründung war indessen für die afrikanischen Kolonien nur in den Fällen summarischer Verfahren zur Verhängung von Todesstrafen vorgeschrie-

---

[1879] § 32 der Strafverordnung für die Eingeborenen, v. 21.10.1888, DKolGG (I) 1892, S. 555; Anhang D. V.

[1880] § 32 der Strafverordnung für die Eingeborenen, v. 10.3.1890, DKolGG (I) 1892, S. 627.

[1881] § 7 der Dienstvorschrift d. Gouverneurs v. Kamerun, betr. die Ausübung der Strafgerichts-barkeit, v. Mai 1902, DKolGG (VI) 1901-1902, S. 467; *Ruppel*, Landesgesetzgebung für das Schutzgebiet Kamerun, S. 817.

[1882] *Ziegler*, Eingeborenenstrafrecht in den deutschen Schutzgebieten, in: Mitteilungen der IKV (XI) 1904, S. 577 (589).

[1883] *Wick*, Die Farbigenrechtspflege in den deutschen Schutzgebieten, S. 101.

[1884] *Karlowa*, Die Strafgerichtsbarkeit über die Eingeborenen in den deutschen Kolonien, S. 73.

[1885] § 13 der Verordnung, betr. die Rechtsverhältnisse der Chinesen, v. 15.4.1899, DKolGG (IV) 1898-1899, S. 191; Anhang D. VI.

[1886] § 13 S. 3 der Vfg. d. RK wegen Ausübung der Strafgerichtsbarkeit und der Disziplinargewalt gegenüber den Eingeborenen in den deutschen Schutzgebieten v. DOA, Kamerun und Togo, v. 22.4.1896, DKolGG (II) 1893-1897, S. 215; Anhang D. III., in DSWA in Kraft gesetzt durch Vfg. d. Gouverneurs, betr. Änderung der VO v. 22.4.1896, v. 8.11.1896, DKolGG (II) 1893-1897, S. 294.

ben.[1887] In der deutschen Südsee waren die Urteilsgründe durch den Gerichtsvorsteher binnen drei Tagen nach der Verkündung des Urteils zu den Akten zu bringen. [1888] Für Kiautschou war hingegen ausdrücklich geregelt, daß es einer schriftlichen Urteilsbegründung nicht bedurfte.[1889] Daneben bestanden Vorschriften über die Protokollierung der Hauptverhandlung in allen afrikanischen Schutzgebieten[1890] und der deutsche Südsee.[1891] Im Rahmen der Dernburgschen Reformen auf dem Gebiet der Eingeborenenstrafrechtspflege wurde darüber hinaus mit dem Ziel der Beschränkung der körperlichen Züchtigungen im Jahre 1907 vorgeschrieben, daß in allen Fällen, in denen auf körperliche Züchtigung erkannt wurde, Protokolle unter Benutzung vorgefertigter Formularvordrucke anzufertigen waren. War auf Prügelstrafe von mehr als 15 Schlägen oder Rutenstrafe von mehr als 10 Schlägen erkannt, so war dem Protokoll überdies eine schriftliche Urteilsbegründung anzuschließen.[1892] Einen Sonderweg beschritt wiederum Kiautschou. Hier war geregelt, der richterliche Beamte entscheide „nach seinem Ermessen" über die Protokollierung der Zeugenaussagen und der Vereidigung von Nichtchinesen.[1893] Weitere Gemeinsamkeiten des kolonialen Eingeborenenstrafprozesses mit dem Reichsstrafprozeßrecht ergaben sich schließlich auf dem Gebiet der Beweismittel. Grundsätzlich waren hier dieselben Beweismittel zugelassen wie im Weißenrecht.[1894] Eine wesentliche Ausnahme bildete allerdings der Zeugenbeweis.[1895]

Bestanden somit in mehreren Bereichen Übereinstimmungen zwischen den – auch für die nichteingeborene Schutzgebietsbevölkerung anzuwendenden[1896] – Vorschriften der Reichsstrafprozeßordnung und den Bestimmungen des Einge-

1887 §§ 15, 16 der RK-Vfg. v. 22.4.1896.

1888 §§ 37 der beiden Strafverordnungen für die Eingeborenen, v. 21.10.1888 (DNG), DKolGG (I) 1892, S. 555 u. v. 10.3.1890 (Marshall-Inseln), DKolGG (I) 1892, S. 627.

1889 § 12 Abs. 2 der Verordnung, betr. die Rechtsverhältnisse der Chinesen, v. 15.4.1899.

1890 § 13 S. 2. der RK-Vfg. v. 22.4.1896; § 10 der Dienstvorschrift d. Gouverneurs v. Kamerun, betr. die Ausübung der Strafgerichtsbarkeit gegenüber den Eingeborenen, v. Mai 1902, DKolGG (VI) 1901-1902. S. 467.

1891 §§ 34 Abs. 3, 38 der beiden Strafverordnungen für die Eingeborenen v. 21.10.1888 u. 10.3.1890.

1892 Nr. I. u. IV. der Vfg. d. StS d. RKA, betr. die Anwendung körperlicher Züchtigung als Strafmittel gegen Eingeborene der afrikanischen Schutzgebiete, v. 12.7.1907, u. Formulare „A" u. „B", DKolGG (XI) 1907, S. 320; Anhang D. IV.

1893 § 12 Abs. 3 der Verordnung, betr. die Rechtsverhältnisse der Chinesen, v. 15.4.1899.

1894 Vgl. § 8 Abs. 1 der Dienstvorschrift d. Gouverneurs v. Kamerun, betr. die Ausübung der Gerichtsbarkeit gegenüber den Eingeborenen, v. Mai 1902, DKolGG (VI) 1901-1902, S. 467; §§ 23 ff. der beiden Strafverordnungen für die Eingeborenen v. 21.10.1888 (DNG) u. 10.3.1890 (Marshall-Inseln); vgl. im einzelnen auch *Brinkmann*, Strafrecht und Strafverfahren für die Eingeborenen der deutschen Schutzgebiete, S. 58 ff.

1895 Vgl. hierzu noch unten 3. Kap. F. II. 3. d).

1896 § 3 SchGG 1900 i.V.m. § 19 Nr. 2 KGG 1900, im einzelnen s. oben 3. Kap. F. I. 2. b).

borenen-Strafprozesses, so waren mit Blick auf die „besonderen kolonialen Erfordernisse“ auch erhebliche Abweichungen zu verzeichnen.

a) Opportunitätsgrundsatz

In der Farbigenrechtspflege galt anders als im Reichsstrafprozeß nicht das Legalitätsprinzip sondern der Opportunitätsgrundsatz. Es stand im pflichtgemäßen Ermessen des zuständigen Eingeborenenrichters, im Einzelfall über die Verfolgung einer zu seiner Kenntnis gelangten strafbaren Handlung zu befinden. Wenngleich dieser Grundsatz in allen deutschen Schutzgebieten zum Tragen kam, so bestanden ausdrückliche Regelungen nur für Deutsch-Neuguinea und die Marshall-Inseln[1897] sowie für Kamerun.[1898]

Neben diesen allgemeinen Bestimmungen war in Kamerun mit Runderlaß des Gouverneurs vom 22. Oktober 1909[1899] noch der politisch heikle Fall der Verhängung von Prügelstrafen gegen eingeborene Häuptlinge geregelt: Vor der Verhängung von Prügelstrafen seien Häuptlinge stets ihres Amtes zu entkleiden, um nicht in ihrer Autorität geschwächt zu werden. Wenn aus politischen Gründen indessen die Absetzung des Häuptlings „bedenklich“ sei, so sei von der Verhängung der Prügelstrafe „jedenfalls“ abzusehen. Die einzige Ausnahme vom kolonialen Opportunitätsgrundsatz war ebenfalls für Kamerun angeordnet. Nachdem der Gouverneur des Schutzgebiets eine „außerordentliche Zunahme der Verbrechen und Vergehen wider das Eigentum, namentlich von Europäern“ festgestellt hatte, wies er mit Runderlaß vom 6. Januar 1911[1900] die unterstellten Lokalbehörden an, „jeder Anzeige, insbesondere solchen von Europäern über von Eingeborenen begangene Eigentumsdelikte, mit größter Sorgfalt nachzugehen.“

Die mit den modernen Gedanken von Rechtsgleichheit und Rechtsstaatlichkeit schwer zu vereinende[1901] Anwendung des reinen Opportunitätsgrundsatzes in der kolonialen Eingeborenenstrafrechtspflege fand gleichwohl im zeitgenössischen Schrifttum einen überwiegenden Beistand. Sie wurde 1904 vom Oberrich-

---

[1897] §§ 3, 31 Abs. 1 der beiden Strafverordnungen für die Eingeborenen, v. 21.10.1888 (DNG), DKolGG (I) 1892, S. 555 u. v. 10.3.1890 (Marshall-Inseln), DKolGG (I) 1892, S. 627.

[1898] § 6 der Dienstvorschrift d. Gouverneurs v. Kamerun, v. Mai 1902, DKolGG (VI) 1901-1902, S. 467; *Ruppel*, Landesgesetzgebung für das Schutzgebiet Kamerun, S. 817.

[1899] R.E. d. Gouverneurs v. Kamerun, betr. Verhängung der Prügelstrafe gegen Häuptlinge, v. 22.10.1909, DKolGG (XIII) 1909, S. 498.

[1900] R.E. d. Gouverneurs v. Kamerun, betr. die Bestrafung der Eigentumsvergehen Eingeborener, v. 6.1.1911, *Ruppel*, Landesgesetzgebung für das Schutzgebiet Kamerun, S. 824.

[1901] So auch *Wagner*, Die deutschen Schutzgebiete, S. 349.

ter des ostafrikanischen Schutzgebiets mit den „ganz verschiedenen Kulturstufen“ begründet, auf denen die Eingeborenen stünden. Diese erforderten zunächst das „Beschneiden der wildesten Auswüchse“, bevor „es an die geringfügigen“ gehe. Als strafpolitischer Leitgedanke sei stets an die Erziehung der auf „niederer Kulturstufe stehenden“ Eingeborenen „zu einer höheren Kultur“ zu denken. Unter Umständen sei es indes „zweckmäßiger“, zu versuchen, „dieses Ziel durch entsprechende Belehrung zu erreichen, statt sofort mit Strafe einzuschreiten.“[1902] 1905 hieß es mit Blick auf die „tatsächlichen Machtverhältnisse“, diese machten es – insbesondere bei den von „mächtigen Häuptlingen“ begangenen Straftaten – häufig erforderlich, „ein oder auch beide Augen zuzudrücken.“[1903] Ganz ähnlich wurde noch 1908 argumentiert. Erst die „Festigung der deutschen Herrschaft und Ordnung“ werde auch hier eine „wohltuende Änderung mit sich bringen.“[1904]

Diese Einschätzung sollte sich bis zum Ende der deutschen Kolonialzeit nicht grundlegend ändern. Im Jahre 1911 wurde geäußert, der örtliche Verwaltungsbeamte „kennt die Bedürfnisse seines Bezirks“ und könne „allein beurteilen“, wann von einer Verfolgung Abstand zu nehmen sei.[1905] Der Beamte könne dabei von kriminalpolitischen, erzieherischen Erwägungen geleitet sein oder aus „rein verwaltungspolitischen Motiven“, zur Verhinderung von Aufständen handeln.[1906] Noch im Jahre 1914 wurde das Opportunitätsprinzip in der Eingeborenenstrafrechtspflege für unbedingt erforderlich gehalten. So wurde etwa auf das Fehlen eines „erschöpfenden“ und „zusammenfassenden“ Strafgesetzbuches für die deutschen Schutzgebiete verwiesen:

> „Bei Anwendung des Legalitätsprinzips würden also einerseits manche nicht ausdrücklich mit Strafe bedrohte Handlungen, deren Verfolgung aber unbedingt erforderlich erscheint, nicht verfolgt werden können, während andererseits – dies ist der durchschlagende Grund in den Gebieten, wo die deutsche Verwaltung noch weniger gefestigt ist – manche Straftaten, bei denen aus besonderen Gründen, weniger des Rechts als vielmehr der Politik und der Zweckmäßigkeit, von der Einleitung eines Strafverfahrens am besten Abstand genommen würde, verfolgt werden müßten.“[1907]

[1902] *Ziegler*, Eingeborenenstrafrecht in den deutschen Schutzgebieten, in: Mitteilungen der IKV (XI) 1904, S. 577 (587); vgl. noch den insoweit ähnlichen R.E. der AAKA, betr. die Strafurtheile gegen Eingeborene, v. 12.1.1900, DKolGG (V) 1899-1900, S. 15.

[1903] *Bauer*, Die Strafrechtspflege über die Eingeborenen der deutschen Schutzgebiete, in: AöR (19) 1905, S. 32 (44).

[1904] *Doerr*, Deutsches Kolonialstrafprozeßrecht, in: ZfKKK (10) 1908, S. 660 (670 f.).

[1905] *Karlowa*, Die Strafgerichtsbarkeit über die Eingeborenen in den deutschen Kolonien, S. 66.

[1906] *Karlowa*, Die Strafgerichtsbarkeit über die Eingeborenen in den deutschen Kolonien, S. 71.

[1907] *Wick*, Die Farbigenrechtspflege in den deutschen Schutzgebieten, S. 100 f.

Im selben Jahr hieß es an anderer Stelle – nach ausführlicher Begründung der „vollen Berechtigung" des Opportunitätsgrundsatzes – es werde

> „...noch einer langen Entwicklung bedürfen, bis dem kolonialen Richter die Möglichkeit entzogen werden kann, eine Straftat unter besonderen Verhältnissen zu übersehen, und bis mit dem Opportunitätsprinzip seine Schattenseiten abgestellt werden können."[1908]

Die Anwendung des Opportunitätsgrundsatzes bedeutete für die Eingeborenen eine Einbuße an Rechtsgleichheit und Rechtssicherheit. Zu beachten ist demgegenüber, daß den mit der Ausübung der Eingeborenengerichtsbarkeit betrauten Kolonialbeamten schon aufgrund der tatsächlichen Machtverhältnisse in ihren Bezirken vielfach nichts anderes übrig blieb, als in bestimmten Fällen von der Strafverfolgung abzusehen, in anderen dagegen einzuschreiten. Gerade in der Geltung des Opportunitätsprinzips äußerte sich die schon beschriebene[1909] machtvolle Stellung der lokalen Verwaltungsbeamten gegenüber den Eingeborenen „ihres" Bezirks. Mißbräuche einzelner Beamter wurden hierdurch – wenn nicht gefördert – so doch zumindest erleichtert. In der jüngeren Literatur ist mit Blick auf gewisse neuguineanische Rechtsgewohnheiten – namentlich die Blutrache –, die bei einer strikten strafrechtlichen Verfolgung nahezu täglich Hinrichtungen von „Straftätern" ohne jeden „verbrecherischen Willen" erfordert hätten, vertreten worden, die von der deutschen Kolonialregierung beschrittene Prozedur sei „angemessen" gewesen und „aller Wahrscheinlichkeit nach die einzig praktikable."[1910] Verfehlt wäre es dagegen, die Anwendung des Opportunitätsgrundsatzes in Kamerun als Einführung einer „strafprozessualen Garantie"[1911] zu begreifen.

1908 *Lütken*, Das materielle Strafrecht in den deutschen Kolonien, S. 52.
1909 Vgl. oben 3. Kap. E. II. 1. a).
1910 *Hiery*, Das deutsche Reich in der Südsee, S. 120.
1911 So aber *Fischer*, Die deutschen Kolonien, S. 171; hiergegen wendet sich auch *Wagner*, Die deutschen Schutzgebiete, S. 349.

b) Inquisitionsgrundsatz

Der Kolonialstrafprozeß gegen Eingeborene war ein reiner Inquisitionsprozeß.[1912] Ermittler, Ankläger und Richter im kolonialen Eingeborenenprozeß waren personenidentisch.[1913] Das Fehlen einer Staatsanwaltschaft in Eingeborenensachen führte dazu, daß das Vorverfahren zur Sammlung des be- und entlastenden Tatsachenmaterials sowie die Anklage in der Hand desselben Kolonialbeamten lagen, wie die Hauptverhandlung und die Urteilsfällung. Der eingeborene Angeklagte erschien dem zeitgenössischen Schrifttum „weniger als Partei, denn als Objekt[1914] der Erforschung der materiellen Wahrheit".[1915] Dementsprechend war für die deutsche Südsee angeordnet, in „jeder Lage des Verfahrens" hätten Vorsteher und Gericht „von Amtswegen auch die zu Gunsten des Angeschuldigten sprechenden Umstände festzustellen und zu beachten".[1916]

Mit der Verwirklichung eines reinen Inquisitionsprozesses in der Eingeborenenstrafrechtspflege konnte indessen zweierlei erreicht werden. Zum einen war die Autorität der mit der Wahrnehmung der Rechtsprechung in Eingeborenensachen betrauten regionalen Verwaltungsbeamten gesichert. Diesen war nach ihrer „freien richterlichen Überzeugung" bei der Urteilsfällung „der weiteste Spielraum gelassen."[1917] Darüber hinaus kann ein weiterer Vorteil für die deutsche Kolonialverwaltung gar nicht hoch genug bemessen werden: Die durch den Verzicht auf eine koloniale Staatsanwaltschaft in Eingeborenensachen erreichte Einsparung eines zweiten weißen Schutzgebietsbeamten vor Ort bedeutete eine willkommene „Ersparung des Beamtenmaterials".[1918]

1912 *Karlowa*, Die Strafgerichtsbarkeit über die Eingeborenen in den deutschen Kolonien, S. 72, vergleicht den kolonialen Eingeborenenprozeß mit dem Inquisitionsprozeß des gemeinen Rechts.

1913 Vgl. zur Nichttrennung von Justiz und Verwaltung schon oben 3. Kap. E. II. 1. a).

1914 Nach *Bauer*, Die Strafrechtspflege über die Eingeborenen der deutschen Schutzgebiete, in: AöR (19) 1905, S. 32 (75), sollte „aber der Farbige keineswegs zum bloßen Prozeßobjekt herabgedrückt werden".

1915 *Brinkmann*, Strafrecht und Strafverfahren für die Eingeborenen der deutschen Schutzgebiete, S. 56 f.

1916 §§ 29 der beiden Strafverordnungen für die Eingeborenen v. 21.10.1888 (DNG) u. 10.3.1890 (Marshall-Inseln). Vgl. § 158 Abs. 2 RStPO.

1917 *Doerr*, Deutsches Kolonialstrafprozeßrecht, in: ZfKKK (10) 1908, S. 660 (672).

1918 *Wick*, Die Farbigenrechtspflege in den deutschen Schutzgebieten, S. 100, nach dem sich ein „Bedürfnis zur Abänderung dieses Zustands bis jetzt [1914] noch nicht herausgestellt" hatte.

c) Summarisches Verfahren

Das Verfahren in der Eingeborenenstrafrechtspflege hatte „möglichst einfach, klar und kurz“ zu sein.[1919] Nach anderer Ansicht bedurften die Schutzgebiete, „und zwar alle in gleicher Weise“,

> „...eines Verfahrens, welches nicht nur gerechte, sondern vor allem rasche und energische Strafrechtspflege gewährleistet. Ich bin der festen Überzeugung, daß die moralische Einbuße, welche die deutsche Regierung durch einen (natürlich tunlichst zu meidenden) Justizmord erleidet, lange nicht so groß ist als der Schaden, welchen ihr eine bedächtige und vorsichtige Rechtsprechung, die allzuoft einen Schuldigen mangels ausreichender Beweise entrinnen läßt, zufügen kann. Deshalb tunlichst kein Vorverfahren,[1920] Anberaumung der Hauptverhandlung unmittelbar, wenn es irgend angeht, einige Tage nachdem dem Richter der oder die der Tat Verdächtigen bekannt geworden sind; die Verhandlung selbst möglichst kurz, frei von allen unnützen Schreibereien und Formalien, jedoch in breitester Öffentlichkeit und möglichst eindrucksvoll.“[1921]

War sich das Schrifttum über diese Anforderung an den kolonialen Eingeborenenstrafprozeß auch weitgehend einig, so bestanden doch nur für Deutsch-Neuguinea und die Marshall-Inseln entsprechende Bestimmungen. Hier war auch das Vorverfahren geregelt:

> „Das Verfahren ist summarisch und nicht weiter auszudehnen, als erforderlich, um festzustellen, ob die angeschuldigte Person zu verfolgen ist oder nicht. Jedoch sind Beweise, deren Verlust für die spätere Verhandlung zu besorgen ist, alsbald vollständig zu erheben.“[1922]

Schon das „ordentliche Verfahren“ in Eingeborenenstrafsachen war somit durch eine gewisse Knappheit gekennzeichnet. Eine noch weiterreichende Erleichterung bot sich in den afrikanischen Kolonien durch die Möglichkeit summarischer Verfahren.[1923] Von der zeitgenössischen Literatur noch schlicht als „be-

---

[1919] *Wick*, Die Farbigenrechtspflege in den deutschen Schutzgebieten, S. 101.

[1920] Nach *Karlowa*, Die Strafgerichtsbarkeit über die Eingeborenen in den deutschen Kolonien, S. 80 f., werde sich hingegen ein Vorverfahren nicht „gänzlich vermeiden lassen“. Es sei aber zu empfehlen, „es in kürzester Zeit zusammenzufassen.“

[1921] *Bauer*, Die Strafrechtspflege über die Eingeborenen der deutschen Schutzgebiete, in: AöR (19) 1905, S. 32 (75).

[1922] §§ 31 Abs. 2 der beiden Strafverordnungen für die Eingeborenen, v. 21.10.1888 (DNG), DKolGG (I) 1892, S. 555 u. v. 10.3.1890 (Marshall-Inseln), DKolGG (I) 1892, S. 627.

[1923] §§ 15, 16 der Vfg. d. RK wegen Ausübung der Strafgerichtsbarkeit und der Disziplinargewalt gegenüber den Eingeborenen in den deutschen Schutzgebieten v. DOA, Kamerun und Togo, v. 22.4.1896, DKolGG (II) 1893-1897, S. 215; Anhang D. III., in DSWA in Kraft ge-

sondere Verfahrensart“ verstanden,[1924] erscheint sie heute eher als ein „Tiefpunkt der deutschen Strafrechtspflege gegen die Eingeborenen“.[1925]

Das bisher skizzierte Strafverfahren gegen Eingeborene reduzierte sich in den küstenfernen Stationen der Schutzgebiete oder bei Expeditionen „im Falle eines Aufruhrs, eines Überfalls oder in einem sonstigen Nothstande“ auf ein summarisches „Verfahren“, dem schon die Verfahrenseigenschaft überhaupt abgesprochen werden kann: Konnte in den genannten Fällen „aus zwingenden Gründen“ das ordentliche Verfahren zur Verhängung von Todesstrafen an Eingeborenen[1926] nicht eingehalten werden, erschien vielmehr eine sofortige Vollstreckung erforderlich, so war vom Stationsleiter oder Expeditionsführer gegen den Angeschuldigten – „thunlichst“ unter Hinzuziehung von mindestens zwei Beisitzern – ein summarisches Verfahren einzuleiten. Der Gouverneur war dann nachträglich zu informieren durch Übersendung des gefällten Urteils und eines Protokolls, in dem auch, falls Beisitzer nicht zugezogen werden konnten, die Gründe hierfür darzulegen waren.[1927]

Sofern in einem Teil oder an einem Ort des Schutzgebiets durch den Gouverneur, seine Stellvertreter, „in dringenden Fällen“ auch durch einen selbständigen Gouvernementsbeamten oder selbständigen Militärbefehlshaber der Kriegszustand erklärt worden war, trat gegenüber allen Eingeborenen, „welche sich strafbar machen“, das eben geschilderte summarische Verfahren in Kraft.[1928] Obschon der Nachweis noch aussteht, in welchem Umfang tatsächlich von der Möglichkeit summarischer Verfahren etwa während des Herero-Aufstandes 1904 bis 1907 im südwestafrikanischen Schutzgebiet Gebrauch gemacht wurde,[1929] so ist doch eine zeitgenössische Bemerkung in diesem Zusammenhang bezeichnend. Im Kriegszustand – so wurde im Jahre 1905 geäußert – würden

> „…überhaupt die Gesetze und Verordnungen außer Kraft treten und durch eine militärische Gerichtsbarkeit ersetzt werden. Vielfach kann auch von einer solchen

---

setzt durch Vfg. d. Gouverneurs, betr. Änderung der VO v. 22.4.1896, v. 8.11.1896, DKolGG (II) 1893-1897, S. 294.

[1924] *Brinkmann*, Strafrecht und Strafverfahren für die Eingeborenen der deutschen Schutzgebiete, S. 60; *Karlowa*, Die Strafgerichtsbarkeit über die Eingeborenen in den deutschen Kolonien, S. 87.

[1925] *Kopp*, Nichtdeutsche Angeklagte im deutschen Strafverfahren, S. 89.

[1926] § 11 der RK-Vfg. v. 22.4.1896; vgl. hierzu oben 3. Kap. F. II. 2. a).

[1927] § 15 der RK-Vfg. v. 22.4.1896.

[1928] § 16 der RK-Vfg. v. 22.4.1896.

[1929] Vgl. *Zimmerling*, Die Entwicklung der Strafrechtspflege für Afrikaner in DSWA 1884-1914, S. 54, der indessen in dem summarischen Verfahren den Versuch erkennt, „möglichen Auswüchsen entgegenzuwirken und die Expeditionsleiter auch nachträglich noch in die Verantwortung nehmen zu können.“

keine Rede mehr sein. So wird gegenüber den aufständischen Hereros in Deutsch-Südwestafrika von einem Gerichtsverfahren irgend welcher Art keine Rede sein, sie werden einfach durch die bewaffnete Macht des Reiches gezüchtigt und es wird sich dabei nicht umgehen lassen, gegen ganze Dörfer Zwangsmaßregeln zu ergreifen."[1930]

d) Der Farbige als Zeuge vor Gericht

In Deutsch-Neuguinea und auf den Marshall-Inseln,[1931] ab 1902 auch in Kamerun,[1932] bestanden Vorschriften über die in der Eingeborenenstrafrechtspflege zulässigen Beweismittel, die im wesentlichen den auch im Reichsstrafprozeß zulässigen Beweismitteln entsprachen.[1933] Eine erhebliche Abweichung ergab sich allerdings auf dem Gebiet des Zeugenbeweises. Der „Natur der Sache" entsprach es – so wurde mit Hinweis auf die „Unbrauchbarkeit" des eingeborenen Zeugenbeweises oder dessen „geringe Bedeutung" wiederholt vertreten –, daß dem Grundsatz der freien richterlichen Beweiswürdigung im kolonialen Farbigenprozeß ein deutlich weiterer „Spielraum" verblieb als im Reichstrafverfahren.[1934]

Ganz dem gängigen Bild von den Eingeborenen als „Kindern" entsprechend, die es durch Verbote und Strafen zu „erziehen" galt,[1935] wurde die Vereidigung von Farbigen mit dem Argument unterlassen, diese seien nicht eidesfähig im Sinne des § 56 RStPO.[1936] Ausdrücklich ausgeschlossen wurde die Vereidigung farbiger Zeugen und Sachverständiger indessen lediglich in Kamerun, wo die

---

1930 *Bauer*, Die Strafrechtspflege über die Eingeborenen der deutschen Schutzgebiete, in: AöR (19) 1905, S. 32 (47).

1931 §§ 23 der beiden Strafverordnungen für die Eingeborenen, v. 21.10.1888 (DNG), DKolGG (I) 1892, S. 555 u. v. 10.3.1890 (Marshall-Inseln), DKolGG (I) 1892, S. 627.

1932 § 8 der Dienstvorschrift d. Gouverneurs v. Kamerun, betr. die Ausübung der Strafgerichtsbarkeit gegenüber den Eingeborenen, v. Mai 1902, DKolGG (VI) 1901-1902, S. 467.

1933 Vgl. den Überblick bei *Brinkmann*, Strafrecht und Strafverfahren für die Eingeborenen der deutschen Schutzgebiete, S. 58 ff.

1934 Vgl. *Bauer*, Die Strafrechtspflege über die Eingeborenen der deutschen Schutzgebiete, in: AöR (19) 1905, S. 32 (45); *Karlowa*, Die Strafgerichtsbarkeit über die Eingeborenen in den deutschen Kolonien, S. 77.

1935 Für viele vgl. nur *Bauer*, Die Strafrechtspflege über die Eingeborenen der deutschen Schutzgebiete, in: AöR (19) 1905, S. 32 (34 f.).

1936 *Karlowa*, Die Strafgerichtsbarkeit über die Eingeborenen in den deutschen Kolonien, S. 75; vgl. § 56 RStPO: Unbeeidigt sind zu vernehmen: 1. Personen, welche zur Zeit der Vernehmung das sechzehnte Lebensjahr nicht vollendet oder wegen mangelnder Verstandesreife oder wegen Verstandesschwäche von dem Wesen und der Bedeutung des Eides keine genügende Vorstellung haben…

Dienstvorschrift des Gouverneurs vom Mai 1902[1937] zudem die Falschaussage vor Gericht zur strafbaren Handlung erklärte und damit die schon bisher gängige Gerichtspraxis bestätigte.[1938] Wenn somit in den übrigen Schutzgebieten auch kein ausdrückliches Vereidigungsverbot bestand, so wurde die regelmäßige Unzulässigkeit von Vereidigungen der Farbigen gleichwohl mit Blick auf deren „niedrigen Kulturzustand" angenommen, der ihnen Wesen und Bedeutung des Eides verschließe.[1939] Andernorts hieß es, die deutsche Regierung habe zu Recht Bedenken getragen, „bei den heidnischen Volksstämmen Eide zu verlangen und dann mit Meineidsstrafen vorzugehen."[1940]

Immer wieder wurde auf den vorgeblichen Hang zur Lüge und auf die allgemeine Unglaubwürdigkeit der Schwarzen verwiesen. Auch hierbei übernahmen Vertreter der Kolonialrechtswissenschaft – ohne überhaupt je die Schutzgebiete besucht zu haben – ungeprüft Aussagen der sogenannten „Kolonialpraktiker":

> „Im sonstigen geht die herrschende Anschauung dahin, daß den Aussagen farbiger Zeugen wegen ihrer großen Lügenhaftigkeit, ihrer herostratischen Sucht, im Vordergrund eines gewissen Interesses zu stehen, und ihrer Neigung zur Autosuggestion außerordentlich geringe Glaubwürdigkeit beizulegen sei. Auch dieses Motiv, daß sich doch bei uns – namentlich bei Kindern, hysterischen Frauen und Ungebildeten – ebenfalls immer wieder bei jedem großen Prozeß beobachten läßt, deutet auf eine mangelnde Verstandesreife hin."[1941]

Der Deutsche Kolonial-Bund machte sich in einem Flugblatt für eine Verschärfung der geltenden Rechtslage stark: Es gehe nicht an, daß wie in der Vergangenheit auf die Aussagen Eingeborener hin Europäer angeklagt und verurteilt würden. Eine „Gleichbewertung" des Zeugnisses von Europäern und Eingeborenen sei „durchaus ungerechtfertigt, die Autorität der Europäer schädigend und der moralischen und geistigen Entwicklung der weißen Rasse in keiner Weise Rechnung tragend". Allen „Kennern unzivilisierter Völker" sei bekannt, daß

1937 §§ 4, 8 Abs. 3 der Dienstvorschrift des Gouverneurs v. Kamerun, betr. die Ausübung der Strafgerichtsbarkeit gegenüber den Eingeborenen, v. Mai 1902, DKolGG (VI) 1901-1902, S. 467.

1938 Vgl. hierzu oben 3. Kap. F. II. 1. b) aa).

1939 *Wick*, Die Farbigenrechtspflege in den deutschen Schutzgebieten, S. 78; ebenso: *Brinkmann*, Strafrecht und Strafverfahren für die Eingeborenen der deutschen Schutzgebiete, S. 58.

1940 *Doerr*, Deutsches Kolonialstrafrecht, in: ZfKKK (10) 1908, S. 321 (335).

1941 *Karlowa*, Die Strafgerichtsbarkeit über die Eingeborenen in den deutschen Kolonien, S. 76. Karlowa, Sohn des Universitätsprofessors Dr. iur. Hans Karlowa, hatte nach Abitur und Eintritt in ein Feldartillerieregiment die Universitäten Straßburg, Heidelberg und Berlin besucht und Vorlesungen bei den Kolonialrechtlern Heinrich Schnee und Otto Köbner gehört. Die deutschen Schutzgebiete hatte er bis dahin offenbar nicht besucht, ebd., nach S. 89.

> „...die Angehörigen dieser Rassen den Begriff des Unmoralischen und Ehrwidrigen bei Abgabe eines falschen Zeugnisses oder dem Aussagen der Unwahrheit nicht kennen, sondern sich in ihren Antworten und Darstellungen stets von anderen Motiven leiten lassen, die den augenblicklichen Verhältnissen entspringen, wie z.B. Furcht, Rachsucht, Aussicht auf Vorteil und dgl. Ja, es ist sogar von den Negern Afrikas ganz allgemein bekannt, daß sie je nach Art der Fragestellung ein und demselben Fragenden oftmals genau die entgegengesetzten Antworten innerhalb kurzer Zeit auf dieselbe Frage geben...“

Bemerkenswert ist die vom Deutschen Kolonial-Bund gegenüber Kolonialregierung und Öffentlichkeit sodann befürwortete Einführung einer Bestimmung nach dem Vorbild Niederländisch-Indiens, nach der erst die Aussagen von sieben Eingeborenen der eines einzigen Europäers gleich zu achten seien. In den „meisten Fällen“ könne dann einer ungerechten Behandlung und Verurteilung von Europäern vorgebeugt und zugleich das „Prestige“ derselben wesentlich gehoben werden.[1942]

Neben dieser Argumentation der Kolonialrechtsliteratur, ist später auf tiefer liegende politische Gründe für die Nichtbeeidigung farbiger Zeugen verwiesen worden. Die durch die kolonialverfahrensrechtlichen Besonderheiten erreichten erheblichen Vorteile wie Schnelligkeit und Effektivität der strafrichterlichen Tätigkeit wären beeinträchtigt worden, wenn der Grundsatz der freien Beweiswürdigung und damit die praktisch unbegrenzte Ermessensfreiheit der rechtsprechenden Beamten durch die Beeidigung farbiger Zeugen eingeschränkt worden wäre. Die Entlastung afrikanischer Angeklagter durch unter Eid geleistete Aussagen farbiger Zeugen hätte die Verurteilung erheblich erschwert. Zudem konnte erreicht werden, daß in Strafverfahren gegen Eingeborene, in denen es um zu Lasten von Europäern begangene Delikte ging, die entlastenden Aussagen schwarzer Zeugen die eidliche Aussage des Europäers – in der Regel des Verletzten – kaum entkräften konnten.[1943]

Daß schwarze Angeklagte und Zeugen vor dem Eingeborenenrichter auch die Unwahrheit gesagt haben, wird sich im Ergebnis wohl kaum bestreiten lassen. Bestimmte Eigentümlichkeiten und Verhaltensweisen der Naturvölker – noch dazu in der angespannten Situation eines Gerichtsverfahrens – mögen dazu beigetragen haben, daß Äußerungen Eingeborener von deutschen Kolonialbeamten als „Lügen vor Gericht“ gedeutet wurden. Die verbreiteten grundlegenden Zweifel der richterlichen Beamten an der Glaubwürdigkeit farbiger Angeklagter und

---

[1942] Flugblätter des Deutschen Kolonial-Bundes, v. 26.8.1903, BA RKA 1001/5379, Bl. 129. Zu den Forderungen des Deutschen Kolonial-Bundes vgl. *Leutwein*, Elf Jahre Gouverneur in DSWA, S. 242.

[1943] Vgl. *Walz*, Die Entwicklung der Strafrechtspflege in Kamerun unter deutscher Herrschaft, S. 293 f.

Zeugen minderten indessen die Verteidigungsmöglichkeiten der Eingeborenen. Dies mag wohl insbesondere für den Fall zugetroffen haben, daß die Straftat zu Lasten eines Europäers oder gar zu Lasten der deutschen Kolonialverwaltung begangen worden war. Der richterliche Beamte fungierte dann zugleich als Ankläger, Richter und in seiner Funktion als Bezirksamtmann und Repräsentant der Verwaltung auch als „Verletzter“.[1944]

e) Verteidigung

Nur verhältnismäßig wenig ist über die Verteidigung von Eingeborenen bekannt. Hierüber waren – wie über die meisten anderen Einzelheiten des kolonialen Strafverfahrensrechts auch – nur für die Deutsche Südsee und Kamerun nähere Bestimmungen ergangen. Für Deutsch-Neuguinea und die Marshall-Inseln war geregelt, daß ein Anspruch des Angeschuldigten auf einen Verteidiger außer bei todeswürdigen Verbrechen auch in den Fällen des Aufruhrs, der schweren Körperverletzung, der Notzucht und des Raubes bestand. Er konnte ihn wählen oder durch den Gerichtsvorsteher von Amts wegen bestellen lassen und war über dieses Recht zu belehren. Die Tätigkeit des Verteidigers begann erst mit der mündlichen Verhandlung. Er hatte das Recht der Akteneinsicht und des freien Verkehrs mit dem Angeschuldigten, letzteres indessen nur unter Aufsicht.[1945]

Weniger weit gingen die Vorschriften für das Schutzgebiet Kamerun. Hier war es zwar dem farbigen Angeklagten grundsätzlich gestattet, einen Verteidiger zu nehmen. In Fällen, in denen auf Todesstrafe erkannt werden durfte,[1946] sollte ihm auf sein Verlangen auch ein weißer Verteidiger bestellt werden.[1947] Damit war aber gerade nicht eine „notwendige“[1948] Verteidigung vorgeschrieben. Vielmehr trifft die zeitgenössische Feststellung zu, die „Verteidigung des Angeklagten durch einen besonderen Verteidiger ist ausdrücklich nirgends ausgeschlossen, wie sie andererseits auch in keinem Falle notwendig ist.“[1949]

[1944] Vgl. *Walz*, Die Entwicklung der Strafrechtspflege in Kamerun unter deutscher Herrschaft, S. 295 f.

[1945] §§ 30 i.V.m. §§ 14, 15 der beiden Strafverordnungen für die Eingeborenen, v. 21.10.1888 (DNG), DKolGG (I) 1892, S. 555 u. v. 10.3.1890 (Marshall-Inseln), DKolGG (I) 1892, S. 627.

[1946] § 3 der Dienstvorschrift d. Gouverneurs v. Kamerun, betr. die Ausübung der Strafgerichtsbarkeit gegenüber den Eingeborenen, v. Mai 1902, DKolGG (VI) 1901-1902, S. 467.

[1947] § 9 der Dienstvorschrift v. Mai 1902.

[1948] So aber *Karlowa*, Die Strafgerichtsbarkeit über die Eingeborenen in den deutschen Kolonien, S. 79.

[1949] *Wick*, Die Farbigenrechtspflege in den deutschen Schutzgebieten, S. 103.

Unklar ist bis heute, inwieweit eingeborene Angeklagte von ihrem Recht, im Strafverfahren einen rechtlichen Beistand zu bestellen, tatsächlich Gebrauch gemacht haben. Für Kamerun ist der Fall mehrerer Akwa-Häuptlinge nachgewiesen worden, denen in einem Verfahren wegen Beleidigung deutscher Beamter ein katholischer Missionar und – auf ihr ausdrückliches Verlangen hin – noch ein Baptist und ein Basler Missionar als Verteidiger zur Seite gestellt wurden. Dennoch ergingen in diesem Fall harte Freiheitsstrafen zwischen zwei Monaten und einem Jahr und sechs Monaten Gefängnis mit Zwangsarbeit.[1950] In welchem Umfang die beiden in Duala und Kribi niedergelassenen deutschen Rechtsanwälte, die in erster Linie die Interessen der europäischen Siedler im Schutzgebiet wahrnahmen,[1951] darüber hinaus die Verteidigung von angeklagten Afrikanern übernahmen, ist nicht völlig zu klären. Für die Zeit zwischen Januar und Juli 1910 sollen von insgesamt 360 vor dem Bezirksamt Duala verhandelten Strafsachen, in drei Fällen die angeklagten Eingeborenen von dem deutschen Anwalt Fricker verteidigt worden sein. Für Kribi wird von ähnlichen Verhältnissen ausgegangen. Für die im Landesinneren des Schutzgebiets gelegenen Bezirke ist indessen anzunehmen, daß hier eine Verteidigung durch einen europäischen Rechtsbeistand praktisch nicht stattfand.[1952]

f) Rechtsmittel

In der Eingeborenenstrafrechtspflege der deutschen Schutzgebiete bestand grundsätzlich nur eine Instanz. Rechtsmittel gegen die Entscheidungen der mit der Ausübung der Strafgerichtsbarkeit betrauten Kolonialbeamten standen den Eingeborenen damit prinzipiell nicht zu. Ausdrücklich ausgesprochen war dieser Grundsatz indessen nur in den Strafverordnungen für die Eingeborenen Deutsch-Neuguineas und der Marshall-Inseln.[1953] Nur in wenigen Ausnahmefällen – in Kiautschou sowie in den Verfahren vor den Eingeborenengerichten in Kamerun und auf Samoa–, die auf die „anders gearteten lokalen Verhältnisse“ zurückgeführt wurden,[1954] war gegen das erstinstanzliche Erkenntnis das Rechtsmittel der Berufung zugelassen.

[1950] Vgl. zum Strafverfahren gegen die Akwa-Häuptlinge *Walz*, Die Entwicklung der Strafrechtspflege in Kamerun unter deutscher Herrschaft, S. 141 ff.

[1951] Vgl. hierzu oben 3. Kap. E. I. 2. e).

[1952] Vgl. *Walz*, Die Entwicklung der Strafrechtspflege in Kamerun unter deutscher Herrschaft, S. 296 ff.

[1953] §§ 39 Abs. 1 der beiden Strafverordnungen für die Eingeborenen, v. 21.10.1888 (DNG), DKolGG (I) 1892, S. 555 u. v. 10.3.1890 (Marshall-Inseln), DKolGG (I) 1892, S. 627.

[1954] *Karlowa*, Die Strafgerichtsbarkeit über die Eingeborenen in den deutschen Kolonien, S. 83.

In Kiautschou war mit Rücksicht auf das hochentwickelte Rechtsgefühl des Jahrtausende alten chinesischen Kulturvolks gegen die Urteile der Bezirksamtmänner die Berufung an den Kaiserlichen Richter zugelassen, wenn auf eine höhere Strafe erkannt war, als Freiheitsstrafe von sechs Wochen oder Geldstrafe von 250 Dollar. Die Berufung war innerhalb von drei Tagen nach der Verkündung des Urteils bei dem Bezirksamtmann, dessen Entscheidung angegriffen wurde, zu Protokoll zu erklären. Der weitere Verfahrensverlauf war derselbe wie in den Fällen, in denen der Richter erstinstanzlich erkannte, insbesondere entschied auch hier der Richter lediglich „auf Grund der Akten".[1955]

In Kamerun war gegen die Entscheidungen der in erster Instanz in Bagatellsachen zuständigen Häuptlinge Berufung an die neu eingerichteten Eingeborenen-Schiedsgerichte zulässig, für deren Rechtsprechung die „an Ort und Stelle in Übung stehenden Gebräuche und Gewohnheiten maßgebend" waren. Gegen die Entscheidungen der Schiedsgerichte wiederum war Berufung an den Kaiserlichen Gouverneur oder seinen Stellvertreter zugelassen, die binnen einer Woche – in einzelnen Stämmen und Landschaften binnen 14 Tagen – nach Verkündung der Entscheidung schriftlich oder mündlich beim Gouvernementssekretär eingelegt werden mußte. In den Bezirken Viktoria und Edea waren allerdings der Bezirksamtmann bzw. der Leiter der Regierungsstation Berufungsinstanzen für Entscheidungen der in ihrem Bezirk liegenden Schiedsgerichte.[1956] Rechtsmittel gegen die Entscheidungen der Bezirksamtmänner waren dagegen in Kamerun – wie in allen übrigen deutschen Schutzgebieten Afrikas und der Südsee auch – ausgeschlossen.

Schließlich bestand auch auf Samoa die Möglichkeit, Entscheidungen der in Bagatellsachen zuständigen samoanischen Richter, der „Faamasino", mit der Berufung an den weißen Richter oder auch den Gouverneur anzugreifen. Anders als in Kamerun ist diese Möglichkeit indessen nie ausdrücklich festgeschrieben worden.[1957]

Schon im zeitgenössischen Schrifttum wurde im Ausschluß jeglicher Rechtsmittel gegen die Entscheidungen der Verwaltungsbeamten ein Zustand erblickt, „dessen Abänderung, wenigstens soweit es sich um schwere Straftaten handelt,

---

[1955] § 15 i.V.m. § 13 der VO, betr. die Rechtsverhältnisse der Chinesen, v. 15.4.1899, DKolGG (IV) 1898-1899, S. 191; *Mohr*, Handbuch für das Schutzgebiet Kiautschou, S. 72; Anhang D. VI.

[1956] Vgl. die VO wegen Abänderung der VO, betr. Einführung eines Eingeborenen-Schiedsgerichts für den Duallastamm, v. 16.5.1892, DKolGG (I) 1892, S. 249, und die elf weiteren Verordnungen, mit denen Eingeborenenschiedsgerichte für einzelne Stämme und Landschaften Kameruns eingeführt wurden; vgl hierzu bereits oben 3. Kap. E. II. 2. c).

[1957] *v. Hoffmann*, Verwaltungs- und Gerichtsverfassung der deutschen Schutzgebiete, S. 108.

aus Gründen der Rechtssicherheit nötig erscheint."[1958] In diesem Zusammenhang wurde vielfach auf das Erfordernis des Genehmigungsvorbehalts der afrikanischen Gouverneure verwiesen. Diesen waren Urteile auf Geldstrafen, die 300 Mark, in Deutsch-Ostafrika 200 Rupien überstiegen, sowie auf Gefängnisstrafen über sechs Monate, zur Genehmigung vorzulegen,[1959] und ihnen vierteljährlich über die in den Bezirken vollstreckten Strafen zu berichten.[1960] Ihnen stand darüber hinaus – mit Ausnahme des bereits beschriebenen „summarischen Verfahrens" – „einzig und allein" die Entscheidung über den endgültigen Vollzug der Todesstrafe zu.[1961]

Im Jahre 1904 wurde daher lapidar formuliert: „Die Genehmigung vertritt in der Eingeborenenstrafrechtspflege die Stelle der Rechtsmittel, auf welche der Eingeborene keinen Anspruch hat."[1962] Daß sich die auf die „schwerwiegenden" Fälle beschränkte Genehmigungspflicht indessen in wesentlichen Punkten von dem Rechtsmittel der Berufung unterschied, und überdies in der gesamten Deutschen Südsee nicht eingeführt worden war, wurde dabei in der Regel übersehen.

Weder war mit dem Genehmigungserfordernis eine Neuverhandlung der Strafsache verbunden, noch waren etwa neue Beweismittel zulässig. Die Wirkungen eines Rechtsmittels – Devolutiveffekt und Suspensiveffekt – traten nur insoweit ein, als die erstinstanzliche Entscheidung das Strafmaß von 300 Mark bzw. 200 Rupien oder sechs Monaten Gefängnis überschritt. Da dem erstinstanzlich Verurteilten jeder Einfluß auf eine Änderung des Urteils verwehrt war, war schließlich auch das Verbot einer reformatio in peius unbekannt. So ist mit Blick auf diese erheblichen Abweichungen zuungunsten der farbigen Angeklagten im Jahre 1911 zugestanden worden: „Hier zeigt sich charakteristisch, daß ein Rechts-

---

[1958] *Wick*, Die Farbigenrechtspflege in den deutschen Schutzgebieten, S. 95.

[1959] § 10 der Vfg. d. RK wegen Ausübung der Strafgerichtsbarkeit und der Disziplinargewalt gegenüber den Eingeborenen in den deutschen Schutzgebieten v. DOA, Kamerun und Togo, v. 22.4.1896, DKolGG (II) 1893-1897, S. 215; Anhang D. III., in DSWA in Kraft gesetzt durch Vfg. d. Gouverneurs, betr. Änderung der VO v. 22.4.1896, v. 8.11.1896, DKolGG (II) 1893-1897, S. 294.

[1960] § 18 der RK-Vfg. v. 22.4.1896.

[1961] § 11 der RK-Vfg. v. 22.4.1896.

[1962] *Ziegler*, Eingeborenenstrafrecht in den deutschen Schutzgebieten, in: Mitteilungen der IKV (XI) 1904, S. 577 (583); Vgl. auch *Wick*, Die Farbigenrechtspflege in den deutschen Schutzgebieten, S. 95, *Brinkmann*, Strafrecht und Strafverfahren für die Eingeborenen der deutschen Schutzgebiete, S. 62; *Doerr*, Deutsches Kolonialstrafprozeßrecht, in: ZfKKK (10) 1908, S. 660 (674); *Bauer*, Die Strafrechtspflege über die Eingeborenen der deutschen Schutzgebiete, in: AöR (19) 1905, S. 32 (44).

mittel im eigentlichen Sinne gar nicht existiert, sondern nur ein schwacher Ersatz."[1963]

Ein rechtliches Problem bestand schließlich in der Frage, ob erstinstanzliche Urteile, die der Bestätigung nicht bedurften, durch die vorgesetzte Behörde im Aufsichtswege aufgehoben oder abgeändert werden durften. Während etwa der frühere Oberrichter des ostafrikanischen Schutzgebiets Ziegler eine entsprechende Position vertrat, entschied die AAKA, daß nichtgenehmigungspflichtige Urteile mit der Verkündung rechtskräftig würden und nur im Gnadenwege aufgehoben oder gemildert werden könnten.[1964] Diese Entscheidung wurde im Schrifttum begrüßt: „Es ist dies auch im Interesse des Ansehens des Richters ein durchaus wünschenswerter Zustand."[1965]

g) Begnadigungsrecht

Das Begnadigungsrecht stand in allen deutschen Schutzgebieten dem Gouverneur zu.[1966] Für die afrikanischen Schutzgebiete waren diesbezügliche Regelungen indessen zunächst unterblieben. Nur für die Deutsche Südsee war bestimmt, daß der Gouverneur (Landeshauptmann, Kaiserliche Kommissar) erkannte Strafen im Gnadenwege mildern oder ganz erlassen konnte und bei der Umwandlung in eine mildere Strafe nicht an das in den Verordnungen für Strafumwandlungen vorgeschriebene Verhältnis gebunden war.[1967] Einem Runderlaß des Gouverneurs von Kamerun vom 26. Juni 1903[1968] ist indessen zu entnehmen, daß „in letzter Zeit" in mehreren Fällen Bezirksamtmänner und Stationschefs gerichtliche Strafen, die von ihnen oder ihren Vorgängern bereits rechtskräftig verhängt worden waren, im Gnadenwege nachträglich wieder aufgehoben, ganz oder teilweise erlassen, oder Umwandlungen von Freiheits- in Geldstrafen vor-

1963 *Karlowa*, Die Strafgerichtsbarkeit über die Eingeborenen in den deutschen Kolonien, S. 85, der allerdings im Folgenden dennoch zu dem Ergebnis kommt, so lange die kulturelle Entwicklung einzelner Stämme nicht auffallende Fortschritte mache, könne man sich mit einer Instanz begnügen und allenfalls bei einzelnen höher entwickelten Stämmen eine zweite Instanz zulassen.

1964 Vgl. *Ziegler*, Eingeborenenstrafrecht in den deutschen Schutzgebieten, in: Mitteilungen der IKV (XI) 1904, S. 577 (583 f.).

1965 *Bauer*, Die Strafrechtspflege über die Eingeborenen der deutschen Schutzgebiete, in: AöR (19) 1905, S. 32 (44); vgl. zum Thema de lege ferenda noch ebd., S. 76 f.

1966 *Doerr*, Deutsches Kolonialstrafprozeßrecht, in: ZfKKK (10) 1908, S. 660 (674); *Bauer*, Die Strafrechtspflege über die Eingeborenen der deutschen Schutzgebiete, in: AöR (19) 1905, S. 32 (44).

1967 §§ 40 der beiden Strafverordnungen für die Eingeborenen, v. 21.10.1888 (DNG), DKolGG (I) 1892, S. 555 u. v. 10.3.1890 (Marshall-Inseln), DKolGG (I) 1892, S. 627.

1968 R.E. d. Gouverneurs v. Kamerun, betr. Ausübung des Begnadigungsrechtes gegenüber den Eingeborenen, *Ruppel*, Landesgesetzgebung für das Schutzgebiet Kamerun, S. 824.

genommen hatten. Gouverneur v. Puttkamer machte daraufhin die unterstellten Stellen darauf aufmerksam, daß „die Ausübung des Begnadigungsrechtes den Farbigen gegenüber ausschließlich mir vorbehalten ist." Für den Fall, daß ein Verurteilter „der Begnadigung würdig" erscheine oder „politische Erwägungen" eine nachträgliche Strafmilderung „angezeigt" erscheinen ließen, sei „unter eingehender Darlegung der Gründe an mich zu berichten." Die untergeordneten mit der Ausübung der Strafgerichtsbarkeit gegenüber den Eingeborenen betrauten Verwaltungsstellen seien indessen nur im Falle schwerer Erkrankungen von Strafgefangenen „und ähnlichem" ermächtigt, selbständig einen vorläufigen Strafaufschub zu gewähren oder eine Strafunterbrechung anzuordnen. In allen diesen Fällen sei „aber gleichfalls stets sofort hierher zu berichten."[1969]

In welchem Umfang die Gouverneure tatsächlich von ihrem Gnadenrecht Gebrauch gemacht haben, ist nicht mit Gewißheit zu klären. Die den amtlichen Jahresberichten über die Entwicklung der deutschen Schutzgebiete zu entnehmenden Strafstatistiken nennen nur einige wenige Fälle von Begnadigungen. Bemerkenswert ist, daß mit der Begnadigung eines zur Todesstrafe verurteilten Eingeborenen zu einer fünfjährigen Kettenhaftstrafe in Deutsch-Südwestafrika im Berichtsjahr 1907/1908 nur ein einziger Fall einer Begnadigung außerhalb Deutsch-Neuguineas dokumentiert ist.[1970]

[1969] R.E. d. Gouverneurs v. Kamerun, betr. Ausübung des Begnadigungsrechtes gegenüber den Eingeborenen, *Ruppel*, Landesgesetzgebung für das Schutzgebiet Kamerun, S. 824.
[1970] S. hierzu die Strafstatistiken aus den Schutzgebieten, Anhang E.

G. Die strafrechtliche Ungleichbehandlung von Europäern und Farbigen

Es liegt nahe, daß die im deutschen Kolonialstrafrecht voneinander getrennten Rechtssysteme für Europäer und Farbige auch eine tatsächliche strafrechtliche Ungleichbehandlung bedingten. Fast zwangsläufig führte der Dualismus in den Bereichen der Gerichtsbarkeit, des materiellen Strafrechts sowie des Strafverfahrensrechts auch zu einer faktischen Schlechterstellung der farbigen Schutzgebietsbevölkerung.

Während sich Kolonialpolitik und -verwaltung insbesondere nach den von Bernhard Dernburg auf den Weg gebrachten Reformen von Seiten der weißen Kolonisten vielfach den Vorwurf der „Negrophilie“ gefallen lassen mußten,[1971] sprechen die zeitgenössischen Quellen eine andere Sprache. So wurde etwa im Rahmen des Deutschen Kolonialkongresses 1910 verlangt, ein von einem Europäer begangenes Delikt müsse unterschiedlich beurteilt werden können. Es sei entscheidend, ob es sich bei dem Verletzten um einen Europäer oder einen Eingeborenen handele. Der Referent – ein Danziger Regierungsrat und vormaliger Bezirksrichter in Deutsch-Ostafrika – beeilte sich indessen zu betonen, „daß die Beurteilung keineswegs immer eine mildere zu sein hat, wenn auf der Passivseite Eingeborene stehen.“[1972] Bemerkenswert ist das erste „aus der kolonialen Jurisprudenz des täglichen Lebens“ herausgegriffene Beispiel: Nach Ansicht des Autors erwecke die Prügelstrafe bei den „weitaus meisten Negerstämmen wohl unangenehme Empfindungen, aber keine Beleidigung des Ehrgefühls, die in der deutschen Heimat für ihre Beseitigung maßgebend wurde.“

Das führe dazu, daß

> „wir doch einen Europäer, der einem Eingeborenen eine Ohrfeige gibt, nicht nur mit einem geringeren Strafmaß zu messen haben, wie einen, der einen Europäer schlägt, sondern ihn unter eine besondere Strafrechtsnorm stellen, vielleicht straflos lassen müssen. Wer sich einmal an einem Negerschädel mit einer Ohrfeige versucht, ist schon bestraft genug. Das fühlt er noch am nächsten Tag. Der schlägt so bald nicht wieder. Soll er nun, wenn auch nur mit Geld bestraft, in seinem Strafregister die Notiz führen: „Bestraft wegen Mißhandlung“ oder „wegen tätlicher Beleidigung“?“

Wenn dagegen manche Südsee-Völker ein derart „feines Ehrgefühl hätten“, daß etwa ein Polynesier sich auf der Stelle das Leben genommen haben soll, als er

---

[1971] Vgl. hierzu *Schröder*, Prügelstrafe und Züchtigungsrecht in den deutschen Schutzgebieten Schwarzafrikas, S. 118 ff.

[1972] *v. Weickhmann*, Über die Schaffung eines selbständigen kolonialen Strafrechts, in: Verhandlungen des Deutschen Kolonialkongresses 1910, S. 470 (475).

von einem Europäer geschlagen worden sei, so sei hier nicht nur die Prügelstrafe auszuschließen, sondern auch Tätlichkeiten gegen Eingeborene erheblich schwerer zu bestrafen als solche gegen Europäer.[1973]

Wurde somit auf dem Deutschen Kolonialkongreß 1910 noch einer an den vorgeblich hergebrachten Rechtsanschauungen der Eingeborenen ausgerichteten strafrechtlichen Differenzierung von Delikten der weißen Schutzgebietsbevölkerung das Wort geredet, so ist diese Abwägung in der kolonialen Praxis doch vielfach unterblieben. Bei vergleichbaren Delikten hatten Eingeborene und die ihnen rechtlich gleichgestellten „Angehörigen anderer farbiger Stämme" in der Regel schlicht ein höheres Strafmaß zu erwarten als Europäer.

Dies bemerkte bereits Theodor Leutwein, langjähriger Gouverneur des südwestafrikanischen Schutzgebiets. Rückblickend trat Leutwein den Vorwürfen entgegen, die deutsche Kolonialverwaltung sei zu milde gegenüber den Eingeborenen vorgegangen, was diese als Schwäche empfunden hätten. Erst hierdurch hätten die Eingeborenen „den Mut" zu den schweren Aufständen der Jahre 1904 bis 1907 gefunden.[1974] Leutwein begegnete den Vorwürfen mit einer Aufstellung der in seiner Amtszeit in Deutsch-Südwestafrika begangenen Tötungsdelikte und deren Ahndung:

„Während meiner Amtszeit[1975] im Schutzgebiet kamen zu Tode:

	A. Weiße durch Handlungen Eingeborener.	
	Namen	Sühne
a) 1894	Engländer Christi	1 Todesurteil u. 1 Freiheitsstrafe,
b) 1895	ein Reiter der Schutztruppe	6 Todesurteile,
c) 1895	Bur Smith	2 Todesurteile,
d) 1896	Engländer Feyton	1 Todesurteil,
e) 1899	Ansiedler Claasen und Dürr	2 Todesurteile,
f) 1900	ein weißer Polizist	3 Todesurteile.

[1973] *v. Weickhmann*, Über die Schaffung eines selbständigen kolonialen Strafrechts, in: Verhandlungen des Deutschen Kolonialkongresses 1910, S. 470 (476).
[1974] Vgl. zu diesem Vorwurf etwa die Ausführungen von *Hesse*, Strafgewalt über die Eingeborenen in den Schutzgebieten, in: ZfKKK (6) 1904, S. 122 (124).
[1975] Theodor Leutwein (1849-1921), Landeshauptmann bzw. Gouverneur von DSWA v. 15.3.1894 (a.i.) bzw. 27.6.1895 bis 19.8.1905.

	B. Eingeborene durch Handlungen Weißer.	
a) 1896	Hottentotten Jantje und Kurieb	1. Instanz: 5 ½ Jahre Zuchthaus, 2. Instanz: 3 Monate Gefängnis,
b) 1901	Herero Leonhardt	1 Jahr Gefängnis,
c) 1902	Herero Kamauru	2 Jahre Gefängnis,
d) 1903	Tochter des Häuptlings Zacharias von Otjimbingwe	1. Instanz: Freisprechung, 2. Instanz: 3 Jahre Gefängnis.“[1976]

Bemerkenswert sind auch Leutweins weitere Ausführungen:

> „Diese Zusammenstellung möge erkennen lassen, welche Bewandtnis es im Grunde mit der angeblichen Milde gegen die Eingeborenen unter dem bisherigen System gehabt hat. Sie ergibt, daß das Leben des Weißen höher eingeschätzt worden ist, als dasjenige des Eingeborenen, was auch der ziffermäßigen Unterlegenheit der Weißen entsprochen hat. Immerhin ist aber die Ahndung dieser Vergehen gegen das Leben Eingeborener von weißer Seite als unstreitig zu milde zu bezeichnen. Denn während das weiße Gericht bei seinen Stammesgenossen stets Milderungsgründe gefunden und bloß Totschlag angenommen hat, kennen die Eingeborenen solch eine subtile Auffassung nicht. Für sie ist Mord und Totschlag genau dasselbe.
>
> Abgesehen von den aufgezählten Verletzungen Eingeborener mit nachgefolgtem Tode, sind nach Ausweis der Akten des Lazaretts Windhuk in den Jahren 1901/03 noch acht Eingeborene wegen körperlicher Verletzungen, die durch Mißhandlung seitens Weißer, meist der Dienstherrschaft, herbeigeführt wurden, in Lazarettbehandlung gewesen. Die gerichtliche Sühne hatte in diesen Fällen stets in Geldstrafen bestanden, die im Nichteintreibungsfalle in entsprechende Gefängnisstrafen umzuwandeln waren. Umgekehrt sind Fälle tätlichen Angriffs Eingeborener auf Weiße stets mit Kettenhaft und Hieben bestraft worden.“[1977]

Auch deutsche Politiker und Wirtschaftsführer äußerten sich zu dem Problem. So nannte Walter Rathenau (1867-1922), der 1907 und 1908 Bernhard Dernburg auf seinen beiden Informationsreisen nach Ost- und Südafrika begleitete, die Möglichkeit einer Gleichbehandlung von Weißen und Schwarzen „ausgeschlossen“, da „Furcht und Respekt die Grundlage unserer Machtlage“ bildeten, „wobei dann freilich zu fordern ist, daß der Respekt auch im ethischen Sinne durch eine vorbildliche Führung der Europäer bestärkt werde.“

> „Daß diese Ungleichheit sich auch auf die Rechtspflege erstrecke, ist darin begründet, daß Ehren- und Freiheitsstrafen auf den Neger nicht wirken und daß Verhaftung oder Verurteilung von Weißen durch Farbige in diesem Gedanken-

---

[1976] *Leutwein*, Elf Jahre Gouverneur in Deutsch-Südwestafrika, S. 431.

[1977] *Leutwein*, Elf Jahre Gouverneur in Deutsch-Südwestafrika, S. 431 f.; vgl. hierzu noch die weiteren Beispiele aus der Rechtsprechungspraxis bei *Zimmerling*, Die Entwicklung der Strafrechtspflege für Afrikaner in DSWA 1884-1914, S. 115 ff.

kreise unzulässig ist. Es ist zuzugeben, daß wir in der Kolonie Rassenjustiz betreiben und ohne solche zur Zeit nicht bestehen können. Um so mehr aber ist der Schwarze berechtigt zu verlangen, daß er innerhalb seiner Justiz gesichert sei, daß Übergriffe aus dem Rechtsgebiet der Europäer nicht stattfinden und daß diese innerhalb ihres Rechtsgebietes gleichfalls einer unerbittlichen Gerechtigkeit unterworfen seien. Diese Forderungen sind heute unerfüllt."[1978]

Die Beobachtungen Leutweins und Rathenaus bezüglich der rechtlichen Ungleichbehandlung der Farbigen finden ihre Bestätigung in den den Amtlichen Jahresberichten über die Entwicklung der deutschen Schutzgebiete zu entnehmenden Kriminalstatistiken.[1979] Genaues Zahlenmaterial über einen längeren Zeitraum liegt hierzu etwa aus Deutsch-Ostafrika vor:

[1978] *Rathenau*, Auszüge aus den „Erwägungen über die Erschließung des Deutsch-Ostafrikanischen Schutzgebietes", in: Tagebuch 1907-1922, S. 75 (81).

[1979] Vgl. die Kriminalstatistiken für die Schutzgebiete, Anhang E.

Übersicht über die in Deutsch-Ostafrika gegen Europäer ergangenen Strafurteile

Berichtsjahr	**Bezeichnung der strafbaren Handlung** (Gruppe II.: Verbrechen und Vergehen gegen die Person)	**Zahl der Fälle**	**Verurteilungen**					**Freisprechungen**
			Zuchthaus	**Gefängnis** über 6 Monate	**Gefängnis** unter 6 Monate	**Haft**	**Geldstrafe**	
1901/ 1902	- Widernatürliche Unzucht	2	-	-	1	-	Verweis	-
	- Beleidigung	8	-	-	-	-	7	1
	- Körperverletzung	6	-	-	2	-	4	-
	- Freiheitsberaubung	1	-	-	1	-	-	-
	- Nötigung	3	-	-	-	-	2	1
	- Bedrohung	3	-	-	1	-	1	1
1902/ 1903	- Notzucht	1	-	-	-	-	-	1
	- Ärgernis durch unzüchtige Hdlg.	1	-	-	1	-	-	-
	- Beleidigung	4	-	-	-	-	4	-
	- Mord (Versuch)	1	-	-	-	-	-	1
	- Totschlag (Versuch)	1	-	-	1	-	-	-
	- Körperverletzung	12	-	-	5	-	4	3
	- Freiheitsberaubung	1	-	-	1	-	-	-
	- Nötigung	3	-	-	1	-	1	1
1903/ 1904	- Beleidigung	9	-	-	1	-	5	3
	- Körperverletzung	9	-	-	3	-	2	4
1904/ 1905	- Totschlag, -versuch	2	2	-	-	-	-	-
	- Körperverletzung	5	-	-	-	-	4	1
	- Fahrlässige Körperverletzung	3	-	-	-	-	2	1
	- Beleidigung	6	-	-	-	-	3	3
1905/ 1906	- Körperverl. u. Anstiftung hierzu	9	-	2	1	-	5	1
	- Beleidigung	5	-	-	1	-	2	2
	- Bedrohung	1	-	-	-	-	-	1
1906/ 1907	- Körperverletzung	11	-	1	-	-	10	-
	- Beleidigung	9	-	-	1	-	5	3
	- Nötigung	3	-	1	-	-	2	-
	- Totschlag	2	1	1	-	-	-	-
	- Fahrlässige Tötung	1	-	1	-	-	-	-
	- Widernatürliche Unzucht	1	-	-	1	-	-	-
1907/ 1908	- Körperverletzung	27	-	-	1	-	20	6
	- Beleidigung	8	-	-	-	-	8	-
	- Freiheitsberaubung	3	-	1	2	-	-	-
	- Sittlichkeitsverbrechen	1	-	-	-	-	-	1
1908/ 1909	- Körperverletzung	24	-	-	5	-	18	1
	- Beleidigung	6	-	-	-	-	6	-
	- Bedrohung	5	-	-	1	-	4	-
	- Sittlichkeitsverbrechen u. –verg.	3	-	2	-	-	-	1
	- Nötigung	2	-	-	-	-	2	-
	- Freiheitsberaubung	1	-	-	-	-	-	1
	- Fahrlässige Tötung	1	-	1	-	-	-	-
Σ:		**204**	**3**	**10**	**31**	**-**	**121**	**38**

Übersicht über die in Deutsch-Ostafrika gegen Eingeborene ergangenen Strafurteile
Gruppe II.: Verbrechen und Vergehen gegen die Person (wider die Sittlichkeit, wider das Leben, Körperverletzung, wider die persönliche Freiheit u.s.w.)

Berichtsjahr	**Zahl der zur Todesstrafe Verurteilten**	**Zahl der zu Freiheitsstrafen Verurteilten**			**Zahl der zu Geldstrafen Verurteilten**	**Zahl der zu Prügel- oder Rutenstrafe Verurteilten**	**Summe der gerichtlich Verurteilten**
		von einem Jahr und mehr	von 6 bis unter 12 Monaten	unter sechs Monaten			
1900/ 1901	26	81	49	562	74	104	896
1901/ 1902	14	58	82	697	80	153	1.084
1902/ 1903	17	126	102	843	115	247	1.450
1903/ 1904	38	109	116	995	151	371	1.780
1904/ 1905	31	74	85	1.014	76	323	1.603
1905/ 1906	37	99	91	843	85	271	1.426
1906/ 1907	19	82	85	881	94	200	1.361
1907/ 1908	33	116	92	1.215	218	157	1.831
1908/ 1909	53	146	147	1.266	228	160	2.000
Σ:	**268**	**891**	**849**	**8.316**	**1.121**	**1.986**	**13.431**

Zusammengestellt unter Zugrundelegung der Angaben aus den Amtlichen Jahresberichten.

Die Werte verdeutlichen das Ausmaß der von Rathenau beschriebenen „Rassenjustiz“ exemplarisch am ostafrikanischen Schutzgebiet.[1980] Bei einer geboten vorsichtigen Interpretation der Kriminalstatistiken[1981] zeigt sich zunächst, daß im untersuchten Zeitraum bei insgesamt 204 gegen Europäer ergangenen Strafurteilen lediglich in 3 Fällen auf Zuchthaus und in 10 Fällen auf eine Freiheitsstrafe von über einem halben Jahr erkannt wurde. „Härtere“ Freiheitsstrafen machten somit gerade 6,4 % aller im Schutzgebiet gegenüber Nichteingeborenen

[1980] Vgl. mit einer ähnlichen Tendenz die von *Walz*, Die Entwicklung der Strafrechtspflege in Kamerun unter deutscher Herrschaft, S. 351, zusammengestellte Kriminalstatistik für Europäer in Kamerun.
[1981] Vgl. hierzu unten Anhang E.

verhängten Strafen aus. Todesstrafen wurden Weißen gegenüber der Statistik zufolge nicht verhängt. Tötungsdelikte wurden mit Zuchthaus- und – auch kürzeren – Gefängnisstrafen geahndet. Der Schwerpunkt der Weißenstrafrechtspflege bestand in der Verurteilung der Angeklagten zu Geldstrafen (59,3 %), während geringere Freiheitsstrafen mit 15,2 % und Freisprüche mit 18,6 % zu Buche schlugen.

Ganz anders die im selben Zeitraum bei vergleichbaren Delikten gegenüber Eingeborenen verhängten Strafen. In neun Jahren wurden wegen „Verbrechen und Vergehen gegen die Person" insgesamt 268 Todesurteile ausgesprochen, immerhin in fast 2 % aller im Schutzgebiet verhängten Strafurteile. Mit großem Abstand überwogen Verurteilungen zu kürzeren Freiheitsstrafen unter sechs Monaten – die Statistiken unterschieden nicht zwischen Verurteilungen zu Kettenhaft und zu Gefängnisstrafe mit Zwangsarbeit –, auf die in 61,9 % aller Fälle erkannt wurde. In immerhin 14,8 % aller Strafurteile vor dem Eingeborenenrichter lautete das Urteil auf Prügel- oder Rutenstrafe. Nicht erfaßt waren allerdings die im Schutzgebiet zahlreich verhängten körperlichen Disziplinarstrafen, die das Niveau der gerichtlich verhängten Prügel- und Rutenstrafen erreicht haben könnten.[1982] Es folgten Geldstrafen mit 8,3%, sowie mittlere (6,3 %) und längere Freiheitsstrafen über ein Jahr (6,6 %), wobei anzumerken ist, daß damit doppelt so häufig auf solche „härteren" Freiheitsstrafen erkannt wurde wie in der Weißenrechtspflege.

Die tatsächliche strafrechtliche Ungleichbehandlung von europäischer und eingeborener Schutzgebietsbevölkerung läßt sich auf vielschichtige Gründe zurückführen. Es scheint, als sei zumindest in der frühen deutschen Kolonialzeit die ausgesprochene Milde der kolonialen Strafjustiz gegenüber Europäern von Seiten der Reichskolonialverwaltung – nicht zuletzt auch aufgrund der Einflußnahme namhafter wirtschaftlich interessierter Kreise – gebilligt, wenn nicht gar gefördert worden. So hatte der damalige Kolonialdirektor Kayser im Jahre 1893 aufgrund einer Unterredung mit dem Hamburger Großreeder und nationalliberalen Reichstagsabgeordneten Adolph Woermann den kameruner Behörden die Weisung erteilt, in der Rechtspflege gegenüber Europäern milde und rücksichtsvoll vorzugehen. Anlaß waren Gewalttaten zweier in Kribi tätiger Angestellter Woermanns gegen Afrikaner gewesen. Das anschließende Strafverfahren unter Richter Leist[1983] führte mithin lediglich zu einer Schmerzensgeldzahlung an die schwarzen Opfer und zum Freispruch der weißen Täter. Immerhin bat Kayser in einem Schreiben an Woermann diesen jedoch, darauf hinzuwirken, daß sich sei-

1982 Vgl. hierzu oben 3. Kap. F. II. 1. c).
1983 Vgl. zu Richter Leist noch sogleich 3. Kap. H.

ne Angestellten bessern mögen. Auf die Dauer könnten solch milde Urteile nicht ohne ernstliche Folgen gefällt werden.[1984]

Auch von Seiten einiger Bezirksrichter und Kolonialbeamter wurde die unzulängliche Strafrechtspflege gegenüber der weißen Schutzgebietsbevölkerung bemerkt. So stellte der Bezirksrichter von Victoria fest, das „Mißverhältnis zwischen der Zahl der eingegangenen Strafanzeigen und der geführten Ermittlungsverfahren zu der Zahl der Hauptverhandlungen" sei „besonders augenfällig". Er führe dies auf Schwierigkeiten bei der Beweiserhebung in dem ausgedehnten Schutzgebiet zurück.[1985] Der langjährige Leiter des südwestafrikanischen Bezirksamtes Lüderitzbucht[1986] äußerte sich im Jahre 1913 in einem Schreiben an das Gouvernement in Windhuk geradezu vernichtend über die Rechtsprechung im Schutzgebiet:

> „Die Gerichte versagen vollkommen. Wenn das Beweismaterial geradezu erdrückend ist, gelingt es vielleicht in dem einen oder anderen Falle in der I. Instanz eine Verurteilung zu einer Geldstrafe herbeizuführen. Dann wird Berufung eingelegt. [...] Der Angeklagte hat aus dem ersten Urteil gelernt, wohin er seine Verteidigung zu lenken hat, den Eingeborenen wird nicht geglaubt, noch so zweifelhafte unter Eid geleistete Aussagen Weißer finden Glauben. So endet die Sache mit einem glänzenden Freispruch."[1987]

Einen kaum hoch genug zu bemessenden Einfluß auf die in Europäersachen ausgesprochen milde Strafjustiz übten zudem die weißen Laienrichter aus. Die Bezirksgerichte entschieden in Strafsachen in der Besetzung mit zwei Besitzern bei Beschwerden gegen Entscheidungen der Einzelrichter und in der Besetzung mit vier Beisitzern in Sachen, in denen im Reich das Landgericht zuständig war sowie in Schwurgerichtssachen.[1988] Den mit gleichem Stimmrecht ausgestatteten Laien-Beisitzern – in der Regel Deutsche, aber in nicht wenigen Fällen auch „achtbare" weiße Ausländer[1989] – kam damit bei schwereren Delikten, zumal bei Strafsachen von Europäern gegenüber Afrikanern, eine erhebliche Bedeutung

---

[1984] *Rüger*, Die Entstehung und Lage der Arbeiterklasse unter dem deutschen Kolonialregime in Kamerun (1895-1905), in: Kamerun unter deutscher Kolonialherrschaft, S. 149 (219 Anm. 18).

[1985] Jahresbericht des Bezirksgerichts Victoria 1906/1907, zit. nach *Walz*, Die Entwicklung der Strafrechtspflege in Kamerun unter deutscher Herrschaft, S. 346; vgl. auch die Äußerungen weiterer Bezirksrichter und Kolonialbeamter ebd., S. 346 ff.

[1986] Rudolph Böhmer, 1906-1914 Bezirksamtmann in Lüderitzbucht.

[1987] Schreiben des Ksl. Bezirksamts Lüderitzbucht an das Ksl. Gouvernement in Windhuk, v. 21.4.1913, zit. nach *Silvester/Gewald*, Words Cannot Be Found, An annotated Reprint of the 1918 Blue Book, Appendix 3, S. 340.

[1988] Vgl. oben 3. Kap. E. I. 1. a).

[1989] Vgl. oben 3. Kap. E. I. 2. b).

zu, da sie den Berufsrichter jederzeit überstimmen konnten. Entscheidend war folglich, welche Berufs- und Interessengruppen ihre Vertreter als Beisitzer in die Bezirksgerichte entsenden konnten. Für Kamerun war angeordnet, daß „nach Möglichkeit“ die wichtigsten im Schutzgebiet tätigen Berufsstände der Kaufleute, Pflanzer, Missionare und Beamten in jeweils „angemessener Zahl“ Berücksichtigung finden sollten.[1990] Tatsächlich dürfte die Gruppe der Kaufleute und Pflanzer entsprechend ihrem überwiegenden Anteil an der männlichen erwachsenen Gesamtbevölkerung die meisten Beisitzer in Kamerun gestellt und engagiert ihre Interessen vertreten haben[1991] – so etwa in Fällen von „väterlicher Züchtigung“ farbiger Arbeiter.[1992] Ähnliches trifft auch für die übrigen afrikanischen Schutzgebiete zu. So bemerkte im Jahre 1913 Oskar Hintrager, damals stellvertretender Gouverneur Deutsch-Südwestafrikas, es sei „eine bekannte Tatsache, daß bei den Eingeborenenmißhandlungen die Laienbeisitzer sich wenn immer möglich gegen empfindliche Bestrafung sperren“. Gerade auf diese Milde der Strafrechtspflege gegenüber Europäern führte Hintrager die von ihm ausgemachte starke Zunahme von Mißhandlungen der Eingeborenen zurück.[1993]

Bemerkenswert ist, daß aus den Kreisen der Kaufleute und Pflanzer mit Blick auf die allzu eingeborenenfreundlichen Missionare die Forderung erhoben wurde, nur „der erwerbstätige Afrikaner“ dürfe als Gerichtsbeisitzer Einfluß auf die Rechtsprechung haben. Der Oberrichter Kameruns bemerkte hierzu, diese „sehr wenig bescheidenen Wünsche“ seien eine „Mahnung dafür, die Rechtsprechung nicht einzelnen Interessengruppen auszuliefern.“ Ganz anders als die Geistlichen in Deutschland stünde der Missionar in den Kolonien „mitten im Wirtschaftsleben“ und seine „Kenntnis des Eingeborenen und seiner Rechtsschutzbedürfnisse“ seien nicht selten „für die Rechtsfindung unentbehrlich“.[1994]

Nicht zuletzt dürfte der Umstand, daß in den Schutzgebieten fern der deutschen Heimat vielfach koloniale Zweckgemeinschaften, geschäftliche oder gesellschaftliche Verbindungen und private Freundschaften unter der überschaubaren Zahl weißer Siedler entstanden waren, dazu beigetragen haben, daß diese Gruppe nach außen hin nicht selten feste Geschlossenheit wahrte, die sich auch auf

---

[1990] § 3 der Anordnung d. Oberrichters aufgrund d. § 1 Ziff. 7 Abs. 4 d. Vfg. d. RK v. 25.12.1900, über die Ernennung und die Beiziehung von Gerichtsbeisitzern, v. 24.5.1909, *Ruppel*, Landesgesetzgebung für das Schutzgebiet Kamerun, S. 638.

[1991] Vgl. *Walz*, Die Entwicklung der Strafrechtspflege in Kamerun unter deutscher Herrschaft, S. 355 ff.

[1992] Vgl. hierzu oben 3. Kap. F. II. 1. c).

[1993] Schreiben d. Ksl. Gouverneurs v. DSWA an d. StS d. RKA, v. 31.5.1913, zit. nach *Müller*, Kolonien unter der Peitsche, S. 141 f.

[1994] *Autenrieth*, Beiträge zur Reform der Gerichtsverfassung in den Schutzgebieten, in: ZfKKK (14) 1912, S. 158 (169 f.).

die Strafjustiz erstreckt haben dürfte. Die Schwierigkeit, unter diesen Umständen für die einzelnen Verhandlungen geeignete Beisitzer zu finden, bemerkte schon der damalige kameruner Oberrichter.[1995] Aufschlußreich ist in diesem Zusammenhang auch eine Notiz des ehemaligen Gouverneurs Seitz, der von einer Reise in das kameruner Hinterland berichtete:

> „Hier herrschte Leben. Es sollte demnächst das Bezirksgericht tagen, vorläufig tagten die von weither zusammengekommenen Beisitzer des Gerichts mit den Angeklagten und feierten zunächst ein fröhliches Wiedersehen."[1996]

H. Koloniale „Justizskandale": Die Fälle „Leist" und „Wehlan"

Über die übliche strafrechtliche Ungleichbehandlung im kolonialen Alltag hinaus erlitt die farbige Bevölkerung insbesondere der afrikanischen Schutzgebiete in nicht wenigen Fällen auch Mißhandlungen und Rechtsmißbräuche von offizieller deutscher Seite. Wenn auch die Vermutung nahe liegt, daß eine Vielzahl derartiger Geschehnisse im Reich nie Bekanntheit erlangte und in den Kolonien selbst ohne Folgen blieb, so sind doch andere Ereignisse zu regelrechten „Kolonialskandalen" erwachsen, die Presse, Politik und Publikum im Deutschen Reich erregten und nicht zuletzt Auslöser der ersten umfassenderen Rechtsvorschriften auf dem Gebiet der Eingeborenen-Strafrechtspflege waren.

Einer der „aufsehenerregendsten Kolonialskandale der deutschen Kolonialgeschichte"[1997] und zugleich Beleg der praktisch unbegrenzten Machtfülle einzelner Kolonialbeamter, die Willkür und Mißbrauch Tür und Tor öffnete, geht zurück auf Aktionen des kameruner Gerichts-Assessors Wehlan und seines Vorgesetzten, des stellvertretenden Gouverneurs und Kanzlers Heinrich Leist,[1998] zu Anfang der 1890er Jahre. Die Affäre wurde ins Rollen gebracht durch die zunächst anonym erschienenen „Tagebuchblätter eines in Kamerun lebenden Deutschen". Verfasser des 1894 zuerst im Berliner Tageblatt, später auch in anderen deutschen Zeitschriften – etwa der Neuen deutschen Rundschau[1999] – einer

---

[1995] *Autenrieth*, Beiträge zur Reform der Gerichtsverfassung in den Schutzgebieten, in: ZfKKK (14) 1912, S. 158 (170).
[1996] *Seitz*, Vom Aufstieg und Niederbruch deutscher Kolonialmacht, Bd. II., S. 79.
[1997] *Gründer*, Geschichte der deutschen Kolonien, S. 139.
[1998] Leist, Heinrich, geb. 1. Mai 1859, zu Meitzendorf, 1887 Gerichtsassessor, 1888/89 Staatseisenbahnverwaltung, 1889 Einberufung in das Auswärtige Amt, 1890 Übertritt zur Kolonialverwaltung, Kanzler in Kamerun, vertrat Juni 1893 bis Februar 1894 den beurlaubten Gouverneur. Leist war später Rechtsanwalt in Chicago, wo er an den Folgen eines Unfalls starb, Deutsches Kolonial-Lexikon (1920), Bd. II, S. 449.
[1999] *Anonymus [d.i. Vallentin]*, Tagebuchblätter eines in Kamerun lebenden Deutschen, in: Neue deutsche Rundschau (5) 1894, S. 335 – 353.

breiten deutschen Öffentlichkeit zugänglichen Tagebuchs war Dr. Wilhelm Vallentin, in den Jahren 1893 und 1894 selbst als Kolonialbeamter im Schutzgebiet Kamerun tätig. Gegen Vallentin wurde in der Folge ein Disziplinarverfahren eingeleitet, das allerdings mit der für ihn glimpflichen Ermahnung ausging, Veröffentlichungen dieser Art seien einem Kolonialbeamten untersagt.[2000]

Vallentins Tagebuchblätter berichteten zunächst grausame Einzelheiten über die von Assessor Wehlan in den Jahren 1892 bis 1893 ins kameruner Hinterland geführten Expeditionen zur Unterwerfung des Bakoko-Stammes. So sollen auf Anweisung Wehlans beim Niederbrennen von Dörfern „einigen alten Weibern die Hälse“ abgeschnitten worden sein. Drei gefangene Schwarze sollen „am Fuße des Flaggenmastes, unter der wehenden deutschen Reichsfahne“ regelrecht verhungert sein, andere Gefangene tagelang „in der glühendsten Hitze auf dem Schiffe („Soden“) an die Reelings derartig festgeschnürt worden [sein], daß in die blutrünstigen und aufgeschwollenen Glieder Würmer sich eingenistet hatten.“ Dem Verschmachten nahe, wurden die Gefangenen später „einfach wie wilde Tiere niedergeschossen.“[2001] Unter dem Datum vom 31. März 1893 berichtete Vallentin von der Rückkehr Wehlans von seinem letzten „Feldzuge“. Gefangene seien nicht gemacht worden. Da diese „hier doch alle stürben“, habe er ihnen ein „Paar auf den Kopp geben lassen“. Beim Essen habe sich der Kolonialjurist Wehlan mit den zweifelhaften Fähigkeiten seiner schwarzen Soldaten gebrüstet:

> „Die Soldaten, namentlich einer, hätten es famos 'raus, den Feinden die Haut über den Schädel zu ziehen. Am Unterkiefer würde mit dem Messer ein Schnitt gemacht, dann mit den Zähnen angepackt, und der ganze Skalp über Gesicht und Kopf herübergezogen. Ist das nicht eine ideale Kriegsführung?“[2002]

Neben diesen Untaten Wehlans bei den kriegerischen Expeditionen ins Innere des Schutzgebiets standen die Verfehlungen des Assessors bei der Ausübung der Strafrechtspflege gegen Eingeborene. Recht genaue Zahlen über die frühe Gerichtspraxis im Schutzgebiet Kamerun sind einem Bericht des stellvertretenden Gouverneurs Leist an Reichskanzler v. Caprivi vom 2. Februar 1894 zu entnehmen. Hiernach lagen in dem zweijährigen Zeitraum vom 1. April 1891 bis 31. März 1893 die richterlichen Geschäfte in der Kolonie nahezu ausschließlich in den Händen von Leist und Wehlan. Kanzler Leist selber hatte in dem fraglichen

---

[2000] *Giesebrecht*, Neue Mitteilungen über die Kamerunaffaire, in: Neue deutsche Rundschau (5) 1894, S. 927 (928).

[2001] *Anonymus [d.i. Vallentin]*, Tagebuchblätter eines in Kamerun lebenden Deutschen, in: Neue deutsche Rundschau (5) 1894, S. 336 f.

[2002] *Anonymus [d.i. Vallentin]*, Tagebuchblätter eines in Kamerun lebenden Deutschen, in: Neue deutsche Rundschau (5) 1894, S. 339 f.

Zeitraum achtmal auf Freiheitsstrafen bis zu einem Jahr erkannt, sowie acht Geldstrafen, davon sieben bis zur Höhe von 199 Mark, 19 Prügelstrafen und eine Todesstrafe verhängt. Assessor Wehlan verhängte 44 Freiheitsstrafen bis zur Höhe von vier Jahren, 75 auch höhere Geldstrafen bis zur Höhe von 900 Mark und 104 Prügelstrafen, zudem eine Todesstrafe.[2003] Die Todesurteile wurden von Leist wegen „Anstiftung einer Rebellion"[2004] und von Wehlan wegen Mordes[2005] ausgesprochen. Einzelheiten sind dem beigefügten „Verzeichnis der in der Zeit vom 1. April 1891 bis 31. März 1893 bestraften Eingeborenen" zu entnehmen, das annähernd zweihundert Fälle auflistet und sich daher für eine weitere eingehende Auswertung eignen dürfte.[2006]

Zur „Illustration der hiesigen Rechtsverhältnisse" führte Vallentin einige Beispiele aus der Gerichtspraxis Wehlans an, die die Willkürherrschaft des Kolonialbeamten bei der Ausübung der Strafrechtspflege gegenüber den Eingeborenen bezeugen.

> „Am 4. V. 93. Gerichtstag, abgehalten von Assessor Wehlan! [...]
> Eine Frau (Schwarze) verklagt ihren Mann, weil er sie schlecht behandle. Ohne irgend welche Beweisaufnahme und Zeugenverhör wird der Mann zu 50 Hieben verurteilt und die Strafe sogleich vollstreckt.
>
> Ein Schwarzer, Aug. Bell, ist beschuldigt, eine Uhr gestohlen zu haben. Er wird vorgeführt. Das erste, was ihm vorgehalten wird, ist: es giebt nur zweierlei Wege, entweder, er gesteht, er habe den in Frage stehenden Diebstahl begangen, oder er bekommt 50 Hiebe. Bell sagt aus: „Nein, ich habe die Uhr nicht gestohlen". Sofort wird er abgeführt und erhält 50 Hiebe mit der Rhinocerospeitsche. Wieder vorgeführt, gesteht er auf weiteres Befragen, daß er die Uhr gestohlen habe. Er wird darauf zu 6 Jahren (schreibe und sage sechs Jahren) Gefängnis, 100 Mk. Geldstrafe und 15 Hieben am ersten Sonnabend jeden Monats verurteilt.
>
> Aug. Bell soll während jener vorerwähnten Verhandlung ca. 80 Hiebe bekommen haben, sowohl dafür, daß er nicht gleich eingestand, daß er die Uhr gestohlen hätte, als auch wenn er, bei der Niederschrift des Protokolls, die verlangten Antworten nachsprechend, stotterte. Was aber 80 Hiebe an einem Nachmittag zu bedeuten haben, das kann nur der in vollem Umfang ermessen, der jemals einer derartigen Prozedur beigewohnt hat. Ein rohes, gehacktes Beefsteak ist nichts dagegen! -

---

[2003] Bericht d. Ksl. Gouverneurs v. Kamerun an den RK, v. 2.2.1894, BA RKA 1001/4770, Bl. 121 ff.

[2004] Lfd. Nr. 4 des Verzeichnisses der in der Zeit vom 1. April 1891 bis 31. März 1893 bestraften Eingeborenen, BA RKA 1001/4770, Bl. 126.

[2005] Lfd. Nr. 195 des Verzeichnisses der in der Zeit vom 1. April 1891 bis 31. März 1893 bestraften Eingeborenen, BA RKA 1001/4770, Bl. 141.

[2006] Dem Verzeichnis sind neben den Namen und Wohnort der bestraften Eingeborenen auch die Bezeichnung der begangenen Straftat, die erkannte Strafe, die Verbüßung der Strafe, der Name des erkennenden Richters sowie die Nummer des Gerichtsjournals zu entnehmen.

Ein weiterer Fall! Herr Assessor Wehlan vermutet, daß sein Boy ihm Cigarren gestohlen habe. Auf Grund dieser *Vermutung* wird der Boy von *ihm*[2007] zu 20 Hieben verurteilt. […]“

Auch die unwürdige Form der Wehlanschen Verhandlungsführung läßt sich den Tagebuchblättern entnehmen:

Es nimmt sich in der Tat seltsam aus, wenn der Vorsitzende nur in brüllendem Tone redet und sich andauernd grober Schimpfwörter, wie Aas, Hund, Luder, Schweinehunde bedient.“[2008]

Bemerkenswert ist Vallentins abschließende Vermutung, der Gouverneur habe „von allen diesen Geschichten wohl kaum etwas“ gewußt. Die mangelnde Aufsicht der vorgesetzten Stellen über ihre untergeordneten Beamten scheint denn auch maßgeblich zu den Amtsmißbräuchen deutscher Kolonialbeamter im allgemeinen und dem kameruner „Fall Wehlan“ im besonderen beigetragen zu haben.[2009]

Vielleicht schlimmer noch als die Gerichtspraxis Wehlans wirkten sich die Verfehlungen des Kanzlers Leist aus, dem für die Zeit der Abwesenheit des Gouverneurs v. Zimmerer[2010] die Leitung des Schutzgebiets übertragen war. Zur Vorgeschichte: Im Sommer 1891 hatte Hauptmann Frhr. v. Gravenreuth im Auftrag der deutschen Reichsregierung 370 Sklaven vom König Behanzin von Dahomey „gekauft“ und mit diesen „Arbeitskontrakte“ geschlossen. Der Kaufpreis von 320 Mark für jeden Sklaven bzw. 280 Mark für jede Sklavin wurde indessen als „vorgeschossener Lohn“ für fünf Jahre verstanden, so daß den angeworbenen Schwarzen lediglich „freie Beköstigung und Bekleidung sowie freie Passage nach Kamerun“ gewährt wurde.[2011] Die Soldaten wurden nach ihrer Ankunft überwiegend in die Polizeitruppe des Schutzgebiets integriert. Für Unmut unter den Dahomey-Soldaten sorgte der Umstand, daß die übrigen Rekruten regulär besoldet wurden, sie selber hingegen vielfach Schläge und eine Kürzung ihrer ohnehin knappen Verpflegungsration erfuhren.[2012] Zudem soll sich Kanzler Leist

---

2007 Hervorhebungen im Original.

2008 *Anoymus [d.i. Vallentin]*, Tagebuchblätter eines in Kamerun lebenden Deutschen, in: Neue deutsche Rundschau (5) 1894, S. 340 f.

2009 Vgl. *Walz*, Die Entwicklung der Strafrechtspflege in Kamerun unter deutscher Herrschaft, S. 62 f.

2010 Eugen v. Zimmerer, Gouverneur in Togo v. 3.8.1888 – 14.4.1891 und Gouverneur in Kamerun v. 15.4.1891 – 13.8.1895.

2011 Vgl. § 2 des „Arbeitskontrakts“, zit. nach *Rüger*, Der Aufstand der Polizeisoldaten (Dezember 1893) in: Kamerun unter deutscher Kolonialherrschaft, S. 103 f.

2012 *Rüger*, Der Aufstand der Polizeisoldaten (Dezember 1893) in: Kamerun unter deutscher Kolonialherrschaft, S. 108 f., 114 f.

unter Ausnutzung seiner Macht in mehreren Fällen an Dahomey-Frauen sexuell vergangen haben.[2013]

Am 15. Dezember 1893 waren einige von Leist zur Arbeit auf die gouvernementseigene Kaffeeplantage geschickte Dahomey-Frauen frühzeitig zurückgekehrt, um ihren Männern das Essen zu bereiten. Der in Wut versetzte Leist ordnete sofort die öffentliche Auspeitschung der Frauen an. Zu diesem Zwecke wurden die Frauen auf dem Exerzierplatz des Gouvernements zusammengetrieben, auf einen entsprechenden Ausruf Leists[2014] entblößt und über ein leeres Zementfaß gezogen.[2015] Dies alles vollzog sich vor den Augen ihrer eilig herbeigerufenen Männer:

> „Während die Soldaten zum Zuschauen in Reih und Glied angetreten waren, erhielten ihre Weiber jedes 10 Hiebe mit der Flußpferdpeitsche, und Herr Leist stand dabei und sah der Exekution zu. Weithin tönte das Geheul der Gezüchtigten.“[2016]

Das „öffentliche Durchpeitschen der Soldatenweiber“ gab den entscheidenden Anstoß zum Aufstand der Dahomey-Soldaten noch am selben Abend, der erst am 23. Dezember 1893 blutig niedergeschlagen werden konnte und mit der umgehenden Hinrichtung aller am Aufstand beteiligten Soldaten[2017] und der Verschleppung der Frauen zur Zwangsarbeit auf Plantagen endete. Die näheren Ereignisse des Dezembers 1893 sind mittlerweile minutiös nachgezeichnet,[2018] so daß hier lediglich der Hinweis auf die besondere Tragik genügen mag, daß mit

---

[2013] Vgl. *Rüger*, Der Aufstand der Polizeisoldaten (Dezember 1893) in: Kamerun unter deutscher Kolonialherrschaft, S. 111 Anm. 35.

[2014] Leist soll den ausführenden Soldaten zugerufen haben: „Runter mit dem Zeug!“.

[2015] Zu den Einzelheiten der Exekution vgl. *Rüger*, Der Aufstand der Polizeisoldaten (Dezember 1893) in: Kamerun unter deutscher Kolonialherrschaft, S. 117 f.

[2016] Vgl. *Anonymus [d.i. Vallentin]*, Tagebuchblätter eines in Kamerun lebenden Deutschen, in: Neue deutsche Rundschau (5) 1894, S. 351.

[2017] *Anonymus [d.i. Vallentin]*, Tagebuchblätter eines in Kamerun lebenden Deutschen, in: Neue deutsche Rundschau (5) 1894, S. 353: „Am 26., 27., 28. XII. 93 immer dasselbe. Patrouillen; ab und zu Schüsse. Die aufständischen Dahomesoldaten sind in den Busch geflohen. Allmählich werden sie eingefangen. Täglich werden einige gebracht, teilweise kommen sie, von Hunger getrieben, selbst. Alles was kommt, wird gehängt.“

[2018] Vgl. insbesondere *Rüger*, Der Aufstand der Polizeisoldaten (Dezember 1893) in: Kamerun unter deutscher Kolonialherrschaft, S. 99-147; *Rudin*, Germans in the Cameroons, S. 210-212; *Nuhn*, Kamerun unter dem Kaiseradler, S. 137-54; *Anonymus [d.i. Vallentin]*, Tagebuchblätter eines in Kamerun lebenden Deutschen, in: Neue deutsche Rundschau (5) 1894, S. 349-353; *Schröder*, Prügelstrafe und Züchtigungsrecht in den deutschen Schutzgebieten Schwarzafrikas, S. 35-37; *Gründer*, Geschichte der deutschen Kolonien, S. 139 f.

dem in der Beamtenmesse sitzenden Gerichtsassessor Otto Riebow,[2019] dem Herausgebers des ersten Bandes der „Deutschen Kolonialgesetzgebung“, den die Aufständischen für Leist hielten und von hinten durch das Fenster erschossen, das erste Opfer der Meuterei sich vorher mehrfach für die Belange der Dahomey eingesetzt hatte.

Die Kameruner Geschehnisse des Dezembers 1893 veranlaßten nach ihrem Bekanntwerden im Deutschen Reich den damaligen Kolonialdirektor Dr. Kayser, Reichskanzler zu Hohenlohe im März 1895 zur Herausgabe eines nachdrücklichen Erlasses über das Verhalten der Beamten und Offiziere in den Kolonien zu bewegen. Dort hieß es unter deutlicher Anspielung auf die Ausfälle von Leist und Wehlan, jedoch ohne diese ausdrücklich zu nennen:

> „Pflichttreue Beamte und Offiziere werden bei Ausübung ihres Berufes in den Kolonien, dessen Schwierigkeiten ich in vollem Umfange schätze, bei mir stets Schutz und Vertretung finden. Dem gegenüber werde ich mit aller Strenge und mit allen mir nach den Gesetzen und den disziplinarischen Vorschriften zugestandenen Mitteln Ausschreitungen und Übergriffen Einzelner, sowie jeglichem Mißbrauch der Amts- und Dienstgewalt entgegentreten.“[2020]

Nach der Aufforderung an das Führungspersonal, maßvoll aufzutreten und auch die untergeordneten Organe hierzu anzuhalten, fuhr der Erlaß fort:

> Endlich darf jeder im Dienst der Kolonie stehende Beamte und Offizier niemals außer Acht lassen, daß auch er zu seinem Theil berufen ist, an der Erziehung der Eingeborenen zu Christenthum, Kultur und Arbeit beizutragen; er wird dabei neben Gerechtigkeit und Strenge auch Geduld und Milde zu üben haben und sich stets bewußt bleiben müssen, daß er in den überseeischen Schutzgebieten denselben Grad von Sittlichkeit und Zucht zu beobachten hat, den er als ehrliebender Mann in der Heimath und in der zivilisierten Welt zu wahren verpflichtet ist.
> Ich kann es daher nicht für gerechtfertigt halten, daß Verfehlungen gegen die vorerwähnten Grundsätze in Folge einer nicht zu billigenden Milde der Vorgesetzten vertuscht oder verheimlicht werden.“[2021]

[2019] Riebow, Otto, geb. 8.12.1855 zu Scharchow i. Pomm. Als Gerichtsassessor 1891 in das AAKA einberufen. Verfaßte den ersten Band der bis 1909 fortgesetzten "Deutschen Kolonialgesetzgebung". Anfang Sept. 1893 in Kamerun eingetroffen, wurde er am 15. Dez. desselben Jahres bei Ausbruch der Meuterei der Dahomésoldaten im Speisezimmer der Messe in Duala erschossen. In wie hohem Maße er sich auch in Kamerun allgemeine Sympathien erworben hatte, zeigte das Verhalten des Dualahäuptlings Manga Bell, der unter eigener Lebensgefahr mit den Meuterern in Verbindung trat, um Riebows Leichnam zu bestatten, Deutsches Kolonial-Lexikon (1920), Bd. III, S. 172.

[2020] Erlaß des RK, betr. das Verhalten der Beamten und Offiziere in den Schutzgebieten, v. 25.3.1895, DKolGG (II) 1893-1897, S. 153.

[2021] Erlaß des RK, betr. das Verhalten der Beamten und Offiziere in den Schutzgebieten, v. 25.3.1895, DKolGG (II) 1893-1897, S. 153.

Mit dem Erscheinen der Vallentinschen Tagebuchblätter in zahlreichen deutschen Periodika wurde indessen aus der zunächst intern gehaltenen Angelegenheit der Reichskolonialverwaltung eine öffentliche Sache, die schließlich zu einem handfesten „Kolonialskandal" erwuchs. Insbesondere kolonialkritische Kreise – allen voran die deutsche Sozialdemokratie – nutzten die Affären „Leist und Wehlan" zu einer Generalabrechnung mit der deutschen Kolonialpolitik.[2022]

Noch zusätzliche Nahrung erhielten die kolonialkritischen Stimmen durch erhebliche Schwierigkeiten bei der juristischen Aufbereitung der Taten Leists und Wehlans im Deutschen Reich. Gegen Heinrich Leist wurde zunächst ein Disziplinarverfahren vor der Kaiserlichen Disziplinarkammer in Potsdam angestrengt. Hier wurde ihm ein Dienstvergehen nach § 10 des Reichsbeamtengesetzes[2023] vorgeworfen. Bezüglich des ersten Anschuldigungspunktes – Veranlassung des Aufstandes der Dahomey-Soldaten durch die grausame Bestrafung ihrer Frauen – wurde Leist indessen freigesprochen, und lediglich wegen des zweiten Anschuldigungspunktes – Nötigung von im Gefängnis untergebrachten Frauen zum Beischlaf – des Dienstvergehens schuldig gesprochen. Das Strafmaß fiel allerdings milde aus und bestand in der Versetzung in ein anderes Amt von gleichem Rang bei Verminderung des Diensteinkommens um ein Fünftel. Die Disziplinarkammer ging dabei von der Erwartung aus,

> „...daß, wenn auch eine Verwendung des Angeschuldigten auf seinem bisherigen Posten nicht in Frage kommen kann, er doch durch seine Fähigkeiten in den Stand gesetzt ist, sich an anderen Stellen nützlich zu erweisen und bemüht sein wird, durch verdoppelten Eifer und Pflichterfüllung gut zu machen, was er auf seinem ersten Posten verfehlt hat."[2024]

Die Berufung der AAKA gegen die Entscheidung der Potsdamer Disziplinarkammer führte indessen im Jahre 1895 zur Dienstentlassung Leists durch Urteil des Disziplinargerichtshofs in Leipzig nach § 75 Abs. 2 des Reichsbeamtengesetzes.[2025]

[2022] Vgl. nur die Äußerungen August Bebels im Reichstag, RT-Verh., Sten. Ber., IX. Leg. Per., IV. Sess. 1895/97, 59. Sitzung v. 13.3.1896, S. 1430 ff.

[2023] § 10 des Gesetzes, betr. die Rechtsverhältnisse der Reichsbeamten, v. 31.3.1873, RGBl. 1873, S. 61: „Jeder Reichsbeamte hat die Verpflichtung, das ihm übertragene Amt der Verfassung und den Gesetzen entsprechend gewissenhaft wahrzunehmen und durch sein Verhalten in und außer Amte der Achtung, die sein Beruf erfordert, sich würdig zu erweisen."

[2024] Disciplinar-Urteil gegen den Kanzler Leist, Zweites Beiblatt zu Nr. 600 der National-Zeitung v. 3.11.1894, BA RKA 1001/4771, Bl. 9 ff.

[2025] Deutsches Kolonial-Lexikon (1920), Bd. II., S. 449.

Gleichzeitig wurde erwogen, Leist auch strafrechtlich zu verfolgen. Zu einer Anklageerhebung kam es jedoch nicht. Der preußische Staats- und Justizminister Schönstedt, der im Rahmen der ausführlichen kolonialpolitischen Reichstagsdebatten vom 13., 14. und 16. März 1896[2026] zur rechtlichen Beurteilung der Auswüchse der deutschen Kolonialbeamten Stellung bezog, führte dies auf Schwierigkeiten bei der Sachverhaltsaufklärung zurück. Es habe sich insbesondere nicht eindeutig die rechtliche Stellung der „sogenannten Pfandweiber" klären lassen, mit denen Leist sexuelle Kontakte gepflegt habe, vor allem, ob etwa ein „Obhutsverhältnis" bestanden habe.[2027] Über die langwierigen Ermittlungen habe sich Leist dann nach Nordamerika begeben, wo er in Chicago als Anwalt tätig sei. „Dadurch war die Sache für unsere Strafrechtspflege gegenstandslos geworden, mindestens so lange bis es Herrn Leist etwa einfallen möchte, nach Deutschland zurückzukommen."[2028]

Ähnlich unbefriedigend und schleppend verlief das juristische Nachspiel im Fall Wehlan. Erst am 7. Januar 1896 erkannte die Disziplinarkammer Potsdam auf 500 Mark Geldstrafe und Versetzung in ein anderes Amt desselben Ranges.[2029] Die damit weitgehend dem erstinstanzlichen Urteil gegen Leist nachempfundene Entscheidung der Potsdamer Kammer stieß vielfach auf Unverständnis. So äußerte der linksliberale Abgeordnete Dr. Theodor Barth im Reichstag seine Bedenken, ob nicht etwa die öffentliche Meinung allgemein die Qualitäten der Kolonialbeamten anzweifeln werde, wenn für die „unmenschlichsten Grausamkeiten" und „schlimmsten Ausschreitungen" lediglich eine „kleine Geldstrafe" genüge. Die Entscheidung der Disziplinarkammer, Wehlan für würdig zu befinden, in gleichwertiger Stellung „weiter zu fungiren", zog Barths Spott nach sich:

> „In welche Stellung soll man diesen Mann bringen? Ich kann mir keine denken, es sei denn, daß man ihn zum Mitglied des Disziplinargerichtshofes zu Potsdam macht."[2030]

Der Berichtserstatter der Budgetkommission im Deutschen Reichstag, der Zentrumsabgeordnete Prinz v. Arenberg, hatte bereits einen Tag vorher darauf aufmerksam gemacht, daß das Auswärtige Amt „formell ganz korrekt" handele, wenn es Wehlan „morgen von Kamerun nach Togo versetzte auf die Gefahr hin,

---

2026 RT-Verh., Sten. Ber. IX. Leg. Per., IV. Sess. 1895/97, 59., 60. u. 61. Sitzung. v. 13., 14. u. 16.3.1896, S. 1419 ff.

2027 Vgl. § 174 Abs. 2 RStGB.

2028 Diese Äußerung Schönstedts rief Heiterkeit im Plenum hervor, RT-Verh. Sten. Ber., IX. Leg. Per., IV. Sess. 1895/97, 60. Sitzung v. 14.3.1896, S. 1459 C.

2029 *Rüger*, Der Aufstand der Polizeisoldaten (Dezember 1893), in: Kamerun unter deutscher Kolonialherrschaft, S. 146 Anm. 60.

2030 Abgeordneter Dr. Barth, in: RT-Verh., Sten. Ber., IX. Leg. Per., IV. Sess. 1895/97, 60. Sitzung v. 14.3.1896, S. 1462 D.

daß er dieselbe Wirthschaft dort wieder anfängt".[2031] Gegen das Wehlansche Disziplinarurteil erging Berufung an den Reichsdisziplinarhof in Leipzig. Dort wurde indessen die Entscheidung der Potsdamer Kammer mit Urteil vom 6. Juli 1896 als ausreichend bestätigt.[2032]

Ähnlich wie bei Leist scheiterten auch bei Wehlan die Bemühungen der Reichsregierung, die kameruner Untaten des Kolonial-Assessors einer strafrechtlichen Verfolgung zuzuführen. Im Gespräch war eine etwaige Strafbarkeit Wehlans wegen Mißbrauchs seiner Amtsbefugnisse nach den §§ 340 ff. RStGB, wobei insbesondere § 343 RStGB – Anwendung von Zwangsmitteln zur Erpressung von Aussagen und Geständnissen – diskutiert wurde. Die rechtliche Schwierigkeit lag darin begründet, daß die Amtsbefugnisse der deutschen Kolonialrichter in den afrikanischen[2033] Schutzgebieten bisher keinerlei Regelungen erfahren hatten. Daher wurde überwiegend ein widerrechtliches Überschreiten derselben schlechterdings für unmöglich gehalten. In der Budgetkommmission des Deutschen Reichstags erklärte Kolonialdirektor Dr. Kayser hierzu, das Reichsstrafgesetzbuch gelte auch für die in den Schutzgebieten tätigen Beamten.[2034] Die Kolonialregierung habe bisher den Schutz der Eingeborenen gegen einen etwaigen Mißbrauch der Amtsgewalt darin gesehen, daß sie den § 343 RStGB auf die deutschen Eingeborenenrichter für anwendbar erachtet habe. Sie sei in dieser Auffassung jedoch nach einem Antrag an das preußische Justizministerium, Wehlan strafrechtlich zu verfolgen, erschüttert worden.[2035]

Der preußische Justizminister Schönstedt hatte nach einem entsprechenden Schriftwechsel zwischen dem Auswärtigen Amt und seiner Behörde, in dem erste Zweifel an der Anwendbarkeit der §§ 340 ff. RStGB laut wurden, ein Gutachten des Oberstaatsanwalts beim Kammergericht angefordert. Dieses schloß die Anwendbarkeit der Bestimmungen des Reichstrafgesetzbuches auf den vorliegenden Fall klar aus. Nach eingehender eigener Prüfung schloß sich das preußische Justizministerium dieser Rechtsauffassung an. Justizminister Schönstedt

---

[2031] Abgeordneter Prinz v. Arenberg, in: RT-Verh., Sten. Ber. IX. Leg. Per., IV. Sess. 1895/97, 59. Sitzung v. 13.3.1896, S. 1421 C.

[2032] *Rüger*, Der Aufstand der Polizeisoldaten (Dezember 1893), in: Kamerun unter deutscher Kolonialherrschaft, S. 146 Anm. 60.

[2033] Für die Deutsche Südsee waren hingegen schon Strafverordnungen für die Eingeborenen ergangen, die auch die Amtsbefugnisse der mit der Ausübung der Eingeborenengerichtsbarkeit betrauten Beamten regelten. Vgl. die beiden Strafverordnungen für die Eingeborenen, v. 21.10.1888 (NGK), DKolGG (I) 1892, S. 555 u. v. 10.3.1890 (Marshall-Inseln), DKolGG (I) 1892, S. 627.

[2034] Vgl. § 2 SchGG 1886 i.V.m. § 4 Abs. 1 KGG 1879.

[2035] Die Erklärung des Kolonialdirektors Dr. Kayser in der Budget-Kommission des Deutschen Reichstags wurde vom Berichterstatter Prinz v. Arenberg im Plenum verlesen, RT-Verh., Sten. Ber., IX. Leg. Per., IV. Sess. 1895/97, 59. Sitzung v. 13.3.1896, S. 1421 D f.

warnte zudem das Auswärtige Amt, ein voraussichtlich erfolgloses Gerichtsverfahren würde die „Erregung der öffentlichen Meinung nicht beschwichtigen.“ Ein der Öffentlichkeit überwiegend unverständliches Urteil könnte überdies „dem Ansehen der Justiz Eintrag thun.“[2036]

Wenn auch Schönstedt an seiner Mißbilligung der Taten Wehlans keinen Zweifel ließ, so relativierte er sie doch gleichzeitig. Bei den „unzivilisirten, wilden, jeder Erziehung, sittlichen und geistigen Erziehung entbehrenden Völkerschaften“ werde man sich immer fragen, ob von Seiten der Beamten mit den Mitteln operiert werden könne, „wie wir sie in unserem zivilisirten Lande für ausreichend halten“. Schließlich habe es in Preußen noch bis 1849 außerordentliche Verdachtsstrafen gegeben und in Hannover sei die Folter bis zum Jahre 1806, „also noch in diesem Jahrhundert“, tatsächlich zur Anwendung gekommen. Schönstedt folgerte ironisch:

> „Nun, ich glaube, daß zu Anfang dieses Jahrhunderts die Hannoveraner doch auf einer etwas höheren Kulturstufe standen als jetzt die Kameruner.“[2037]

Entscheidend für die Nichtanwendbarkeit der §§ 340 ff. RStGB sei indessen, daß

> „...dem Assessor Wehlan nach seiner Instruktion volles freies Ermessen ertheilt [war] in Bezug auf das Verfahren wie in Bezug auf die zu verhängenden Strafen; darüber hat kein Zweifel bestanden. Allerdings war die gerechtfertigte Erwartung die, daß er von diesen weitgehenden Befugnissen in angemessener Weise Gebrauch machen würde und sie nicht mißbrauchen würde. Wenn er sich eines solchen Mißbrauchs schuldig gemacht hat, ist dies gewiß ein schwerer Verstoß gegen das Sittengesetz; aber der Strafrichter hat nicht zu fragen, ob etwas gegen das Sittengesetz verstößt, sondern nur, ob ein widerrechtlicher, strafgesetzlich strafbarer Tatbestand vorliegt, und ein solcher lag hier nicht vor.“[2038]

Auch die im Rahmen der Expeditionen von Wehlan angeordneten grausamen Tötungen von Gefangenen seien rechtlich nicht zu beanstanden. In diesen Fällen war Wehlan „als Kriegsherr“ tätig, aber:

[2036] Preußischer Staats- und Justizminister Schönstedt, in: RT-Verh., Sten. Ber., IX. Leg. Per., IV. Sess. 1895/97, 60. Sitzung v. 14.3.1896, S. 1460.
[2037] Justizminister Schönstedt, in: RT-Verh., Sten. Ber., IX. Leg. Per., IV. Sess. 1895/97, 60. Sitzung v. 14.3.1896, S. 1461 A.
[2038] Justizminister Schönstedt, in: RT-Verh., Sten. Ber., IX. Leg. Per., IV. Sess. 1895/97, 60. Sitzung v. 14.3.1896, S. 1461 B.

> „Unser zivilisirtes Kriegsrecht giebt es in den Kriegen, die dort mit den eingeborenen Völkerschaften geführt werden, nicht.“[2039]

Schließlich habe auch der angesehene Göttinger Rechtslehrer v. Bar in einem aktuellen Aufsatz die strafrechtliche Verantwortlichkeit der Kolonialbeamten bei Mißhandlungen von Eingeborenen in den deutschen Schutzgebieten abgelehnt und auf die Disziplinargerichtsbarkeit verwiesen: „Ein anderer Weg existirt zur Zeit rechtlich nicht“.[2040]

Es blieb damit bei einer rein disziplinarischen Bestrafung der beiden Kolonialbeamten. Als Reaktion auf den „Kolonialskandal Leist/Wehlan“ wurde aufgrund einer eilig ergangenen Kabinettsordre des Kaisers vom 25. Februar 1896[2041] zwei Tage später eine Verfügung des Reichskanzlers erlassen, nach der in den Gerichtsverfahren gegen Eingeborene zur Herbeiführung von Geständnissen und Aussagen andere als die in den deutschen Prozeßordnungen zugelassenen Maßnahmen untersagt wurden. Zugleich wurde die Verhängung von außerordentlichen Strafen, insbesondere von Verdachtsstrafen verboten.[2042] Die durch die Untaten Leists und Wehlans offenbarte Strafbarkeitslücke war damit geschlossen.

Das Ergebnis, Assessor Wehlan nicht auch strafrechtlich für seine Gewalttätigkeiten zur Verantwortung ziehen zu können, wurde jedoch vielfach als unbefriedigend empfunden. Der linksliberale Reichstagsabgeordnete Barth erhob gegenüber der deutschen Kolonialregierung den Vorwurf schwerer Versäumnisse:

> „Dieser Zustand der Dinge hätte nicht eintreten können, wenn dasjenige, was jetzt erst ganz vor kurzem geschehen ist, nämlich im Wege einer Verordnung seitens des Herrn Reichskanzlers die Amtsgewalt dieser Beamten zu umgrenzen, schon früher geschehen wäre; und dazu hätte Veranlassung doch schon seit Jahren vorgelegen.“[2043]

Barth stellte zudem Eignung und Auswahl der deutschen Kolonialbeamten in Frage. Vielfach habe sich „kolonialer Größenwahn“ gezeigt. Der sich immer stärker bemerkbar machende „Tropenkoller“ sei nicht nur auf die klimatischen Verhältnisse zurückzuführen:

2039 Justizminister Schönstedt, in: RT-Verh., Sten. Ber., IX. Leg. Per., IV. Sess. 1895/97, 60. Sitzung v. 14.3.1896, S. 1461 B.

2040 Justizminister Schönstedt, in: RT-Verh., Sten. Ber., IX. Leg. Per., IV. Sess. 1895/97, 60. Sitzung v. 14.3.1896, S. 1462 A.

2041 Allerhöchste VO, betr. die Gerichtsbarkeit über die Eingeborenen in den afrikanischen Schutzgebieten, v. 25.2.1896, DKolGG (II) 1893-1897, S. 213.

2042 Vfg. d. RK, betr. die Gerichtsbarkeit über die Eingeborenen in den afrikanischen Schutzgebieten, v. 27.2.1896, DKolGG (II) 1893-1897, S. 213.

2043 Abgeordneter Barth, in: RT-Verh., Sten. Ber., IX. Leg. Per., IV. Sess. 1895/97, 60. Sitzung v. 14.3.1896, S. 1462 B.

„Die Herrscherherrlichkeit im Lande der Wilden steigt den Knechts- und Bedientenseelen zu Kopfe, der Subalterngeist schnappt über...“[2044]

Auf eine ähnlich anschauliche Formel brachte es der freisinnige Abgeordnete Eugen Richter auf den Vorhalt des Abgeordneten Frhr. v. Manteuffel, die Offiziere im Kolonialdienst hätten es doch immerhin besser gehalten als die Assessoren:

„Militarismus und Assessorismus in den Kolonien! Das verhält sich so zu einander wie Scylla und Charybdis! Am schlimmsten ist es aber, wenn beide nebeneinander regieren.“[2045]

Deutliche Kritik kam auch von Seiten der Sozialdemokratie. August Bebel lieferte sich im Reichstag einen heftigen Schlagabtausch mit Kolonialdirektor Kayser. In der Nilpferdpeitsche sah er das „Hauptkulturmittel“[2046] der Deutschen. Bebel beharrte zum einen auf der Anwendbarkeit der Vorschriften des RStGB gegenüber den Kolonialbeamten und geißelte zum anderen das „fast unglaublich“ milde Urteil der beteiligten Disziplinarrichter. An die Kolonialregierung gewandt schloß Bebel:

„Ich muß sagen: wenn solche Folgen Ihre Kolonialpolitik gebiert, dann haben Sie alle Ursache, so rasch als möglich mit derselben aufzuräumen, dem ganzen Afrika den Rücken zu kehren und Ihre Zivilisations- und Kulturarbeit hier in Deutschland zu vollenden!“[2047]

Die kontroversen kolonialpolitischen Reichstagsdebatten des März 1896 standen damit ganz im Zeichen der Exzesse der Beamten Leist und Wehlan, aber auch etwa der Untaten des Dr. Peters in Deutsch-Ostafrika.[2048] Am 22. April 1896 erging schließlich die Verfügung des Reichskanzlers wegen Ausübung der Strafgerichtsbarkeit und der Disziplinargewalt gegenüber den Eingeborenen,[2049] die

2044 Abgeordneter Barth, in: RT-Verh., Sten. Ber., IX. Leg. Per., IV. Sess. 1895/97, 60. Sitzung v. 14.03.1896, S. 1463 B, C.

2045 Abgeordneter Richter, in: RT-Verh., Sten Ber., IX. Leg. Per. IV. Sess. 1895/97, 61. Sitzung v. 16.3.1896, S. 1496 B.

2046 Abgeordneter Bebel, in: RT-Verh., Sten. Ber., IX. Leg. Per., IV. Sess. 1895/97, 59. Sitzung v. 13.3.1896, S. 1431 B.

2047 Abgeordneter Bebel, in: RT-Verh., Sten. Ber., IX. Leg. Per., IV. Sess. 1895/97, 59. Sitzung v. 13.3.1896, S. 1439 B.

2048 Vgl. das nur aus zwei Sätzen bestehende Todesurteil, das Peters als Richter in eigener Sache gegen seine schwarze Konkubine verhängte, nachdem er sie nachts zusammen mit seinem Diener angetroffen hatte. Der Wortlaut des Urteils wurde von Kolonialdirektor Kayser im Reichstag verlesen, RT-Verh., Sten. Ber., IX. Leg. Per., IV. Sess. 1895/1897, 60. Sitzung v. 14.3.1896, S. 1456 A.

2049 Vfg. d. RK wegen Ausübung der Strafgerichtsbarkeit und der Disziplinargewalt gegenüber den Eingeborenen in den deutschen Schutzgebieten v. DOA, Kamerun u. Togo, DKolGG

für die afrikanischen Schutzgebiete Einzelheiten des Kolonialstrafrechts regelte, die Befugnisse der mit der Ausübung der Gerichtsbarkeit in Eingeborenensachen betrauten Beamten festlegte und bis zum Ende der deutschen Kolonialzeit gültig blieb. Genau zwölf Jahre nach der Unterschutzstellung des ersten deutschen Schutzgebiets war damit endlich eine Rechtsgrundlage für die Eingeborenen-Strafrechtspflege in den afrikanischen Kolonien geschaffen worden.

J. Das Verhältnis von Reichs- und Kolonialstrafrecht

Mit dem Kolonialstrafrecht existierte im deutschen Kaiserreich neben Reichsstrafrecht und Beamtendisziplinar-, bzw. Militärstrafrecht noch ein weiteres, von der zeitgenössischen Strafrechtswissenschaft in der Regel unbeachtetes Sanktionenrecht. Es erscheint als zu einfach, dabei von einem bloßen „Nebeneinander" auszugehen. Vielmehr könnte das Kolonialstrafrecht auch Rückschlüsse auf das Reichsstrafrecht erlauben, die im Rahmen dieser Untersuchung indessen allenfalls skizziert werden können.

Die heutige Beschreibung der Zeit zwischen Reichsgründung und Niedergang des Kaiserreichs als „rechtsstaatlich-sozialer" Strafrechtsepoche[2050] wird den Verhältnissen in den deutschen Kolonien jedenfalls nicht gerecht. Sie läßt das rechtsstaatswidrige und unsoziale deutsche Kolonialstrafrecht unberücksichtigt. Den großen deutschen Strafrechtswissenschaftlern der Zeit ist der Vorwurf gemacht worden, sie hätten sich intensiver mit dem Kolonialstrafrecht auseinandersetzen müssen – schließlich waren es ihre juristischen Methoden, die das Kolonialstrafrecht ausfüllten. Statt dessen scheinen zeitgenössische Strafrechtswissenschaft und spätere Strafrechtsgeschichte bisher die kritische und unbequeme Auseinandersetzung mit den Einzelheiten des kolonialen Strafrechts weitgehend unterlassen zu haben.[2051]

Über die nur vordergründige Auflistung der Phänomene des Kolonialstrafrechts hinaus könnte ein weiterreichender Zusammenhang zwischen Reichs- und Kolonialstrafrecht zu ziehen sein. Der Frankfurter Strafrechtshistoriker Wolfgang Naucke hat hierzu einen bemerkenswerten Beitrag geliefert. Hiernach sei das Kolonialstrafrecht nicht etwa ein „anderes Strafrecht als das Reichsstrafrecht". Vielmehr sei im scheinbar so fortschrittlichen Reichsstrafrecht das Kolonialstrafrecht schon angelegt gewesen: „Das Kolonialstrafrecht ist abgewandeltes

---

(II) 1893-1897, S. 215, Anhang D. III., in DSWA in Wirksamkeit gesetzt durch Vfg. betr. Änderung der VO v. 22.4.1896, v. 8.11.1896, DKolGG (II) 1893-1897, S. 294.

2050 So die Einteilung von *Schmidt*, Einführung in die Geschichte der deutschen Strafrechtspflege, S. 353 ff.

2051 *Naucke*, Deutsches Kolonialstrafrecht 1886-1918, in: RhJ (7) 1988, S. 297 (298, 311 f.).

Reichsstrafrecht. Dieses Reichsstrafrecht enthält jenes Kolonialstrafrecht schon in sich."[2052]

Das Kolonialstrafrecht habe sich durch das Reichsstrafrecht nicht verhindern lassen. Das Reichsstrafrecht habe sich als „außerordentlich schwach" gegenüber den Forderungen des Kolonialstrafrechts erwiesen. Es habe sich gezeigt, daß das Reichsstrafrecht Zersetzungskräfte enthalten habe, die eine Unterordnung des Strafrechts unter die Kriminalpolitik zuließen. Gesetzlichkeit und Gerechtigkeit seien nicht etwa unumstößliche Grenzen des Reichsstrafrechts gewesen, sondern „kulturabhängige Kennzeichen", die im Reich nur aus Gründen der Zweckmäßigkeit galten, in den Kolonien dagegen nicht. Wie das Reichsstrafrecht sei das Kolonialstrafrecht „moderne Kriminalpolitik" – und nicht etwa eine nur vorübergehende Episode oder Degeneration des Strafrechts. Das Kolonialstrafrecht sei „aus dem Geist des Reichsstrafrechts" entstanden. Nicht etwa sei das Reichsstrafrecht als rechtlicher Maßstab für das Kolonialstrafrecht herangezogen, sondern vielmehr als für die Kolonien unzweckmäßig verworfen worden. Im Kolonialstrafrecht habe sich das Reichsstrafrecht zu der „lange erhofften politischen Wirksamkeit befreit".[2053]

Verblüffend sei zudem die Sicherheit der deutschen Juristen bei der Entwicklung und Ausgestaltung des Kolonialstrafrechts aus dem Reichsstrafrecht gewesen. Bei der Einbindung staatlich-kolonialer Strafmacht habe man die reichsstrafrechtlichen Begrenzungen als unbequem empfunden. Daher habe man diese Schranken zerstört und neue, wirksamere Modelle entwickelt. Auch die Schnelligkeit dieser Entwicklung sei bemerkenswert und der Umstand, daß Widerstand nicht erwachsen sei. In den Einzelheiten des Kolonialstrafrechts zeige sich die Absurdität des Listzschen Satzes, daß das Strafrecht die Grenze der Kriminalpolitik sei: „eine inhaltlose, im schlechten Sinne theoretische Floskel."[2054]

[2052] *Naucke*, Deutsches Kolonialstrafrecht 1886-1918, in: RhJ (7) 1988, S. 297 (312).
[2053] *Naucke*, Deutsches Kolonialstrafrecht 1886-1918, in: RhJ (7) 1988, S. 297 (312 f.).
[2054] *Naucke*, Deutsches Kolonialstrafrecht 1886-1918, in: RhJ (7) 1988, S. 297 (314).

Viertes Kapitel: „Kolonialschuld“ und „Kolonialschuldlüge“

„Freier, unbefangener und völlig unparteiischer Ausgleich aller kolonialen Ansprüche, auf der genauen Beachtung des Grundsatzes beruhend, daß beim Entscheid in solchen Souveränitätsfragen die Interessen der betreffenden Bevölkerungen ebenso ins Gewicht fallen, wie die berechtigten Ansprüche der Regierung, deren Rechtstitel zu entscheiden ist.“

Punkt 5 des 14-Punkte Programms von Präsident *Woodrow Wilson*, 8. Januar 1918.[2055]

„Es ist ebenso notwendig, der kolonialen Schuldlüge entgegenzutreten wie der Kriegsschuldlüge.“

Heinrich Schnee, letzter Gouverneur von DOA, 1924.[2056]

Das Deutsche Reich verlor die tatsächliche Gewalt über seine Kolonien schon bald nach Kriegsausbruch. Einzig in Deutsch-Ostafrika vermochten deutsche Kolonialtruppen unter ihrem Kommandeur Paul v. Lettow-Vorbeck (1870-1964) dem militärischen Gegner noch anhaltenden Widerstand entgegenzusetzen. Lettow-Vorbeck, dem die britischen Strategien schon aus der Teilnahme am Kampf gegen die chinesischen Boxer 1900/1901 vertraut waren und der bei der Niederschlagung des Herero-/Nama-Aufstandes 1904-1907 Erfahrungen im Guerillakampf gewonnen hatte, gelang es, einen ersten Landungsversuch der Engländer bei Tanga im November 1914 zu vereiteln und die zahlenmäßig weit überlegenen britischen, belgischen und portugiesischen Truppen mit einer gezielten Nadelstich-Taktik noch weitere vier Jahre zu binden. Erst am 25. November 1918 mußte sich die größtenteils aus Askari bestehende Truppe der feindlichen Übermacht südlich des Tanganjika-Sees nahe der Stadt Abercorn ergeben.[2057] Am 2. März 1919 ritt der später so bezeichnete „Löwe von Afrika“ an der Spitze seiner übriggebliebenen Ostafrika-Kämpfer unter dem Jubel Zehntausender durch das Brandenburger Tor und wurde am Pariser Platz von Vertretern der Reichs- und Stadtregierung, der Armee und Marine begeistert willkommen geheißen.[2058]

2055 Nach http://www.dhm.de/lemo/html/wk1/kriegsverlauf/14punkte/index.html.
2056 *Schnee*, Die koloniale Schuldlüge, S. 15.
2057 Vgl. *Gründer*, Die deutschen Kolonien, S. 169.
2058 Vgl. hierzu *Zeller*, Das Ende der deutschen Kolonialgeschichte – Der Einzug Lettow-Vorbecks und seiner „Heldenschar“ in Berlin, in: Kolonialmetropole Berlin, S. 229 ff.

Die während des Krieges geführte koloniale Kriegszieldiskussion,[2059] die die Schaffung eines zusammenhängenden mittelafrikanischen Kolonialreiches mit Küstenstützpunkten am Indischen wie am Atlantischen Ozean forderte, kam durch die militärische Niederlage Deutschlands zum Erliegen. Der faktisch schon vollzogene Verlust der deutschen Schutzgebiete wurde durch den Versailler Vertrag,[2060] den Außenminister Hermann Müller und Verkehrs- und Kolonialminister Johannes Bell am 28. Juni 1919 unterschrieben, auch formell legitimiert. Die heftig umstrittene Anerkennung einer deutschen „Kriegsschuld"[2061] bedeutete letztlich auch den Verzicht des Reichs auf seine Schutzgebiete, der mit Artt. 119 ff. des Versailler Vertrages völkerrechtlich festgeschrieben wurde:

> „Deutschland verzichtet zugunsten der alliierten und assoziierten Hauptmächte auf alle seine Rechte und Ansprüche bezüglich seiner überseeischen Besitzungen."[2062]

Hiermit waren die Siegermächte von früheren Aussagen ihrer offiziellen Repräsentanten abgerückt, „keinen Fußbreit"[2063] von Deutschlands Kolonien zu verlangen. Die Unterzeichnerstaaten der Berliner Kongoakte vom 26. Februar 1885 hatten sich bereits zuvor über die seinerzeit wechselseitig zugesicherte Neutralität des afrikanischen Kolonialbesitzes hinweggesetzt.[2064]

Als Mandatsmächte über die ehemaligen deutschen Besitzungen wurden vom jungen Völkerbund[2065] die alliierten und assoziierten Mächte Frankreich, England, Belgien, Neuseeland, Japan, Australien und Südafrika eingesetzt. Begrün-

---

2059 Vgl. *Gründer*, Die deutschen Kolonien, S. 213 ff.

2060 Gesetz über den Friedensschluß zwischen Deutschland und den alliierten und assoziierten Mächten, v. 16.7.1919, RGBl. 1919, 687.

2061 Vgl. Art. 231 des Versailler Vertrages: „Die alliierten und assoziierten Regierungen erklären und Deutschland erkennt an, daß Deutschland und seine Verbündeten als Urheber aller Verluste und aller Schäden verantwortlich sind, welche die alliierten und assoziierten Regierungen und ihre Angehörigen infolge des ihnen durch den Angriff Deutschlands und seiner Verbündeten aufgezwungenen Krieges erlitten haben."

2062 Art. 119 des Versailler Vertrages.

2063 Finanzminister Lloyd George am 10.11.1914, zit. nach *Poeschel*, Die Kolonialfrage im Frieden von Versailles, S. 127.

2064 Vgl. Artt. 10-12 der Generalakte der Berliner Konferenz („Kongoakte"), v. 26.2.1885, RGBl 1885, S. 215, DKolGG (I) 1893, S. 102 (110 ff.).

2065 Ursprüngliche Mitglieder des Völkerbundes waren die folgenden Signatarmächte des Friedensvertrages von Versailles: USA, Belgien, Bolivien, Brasilien, Britisches Reich, China, Cuba, Ecuador, Frankreich, Griechenland, Guatemala, Haiti, Hedjaz, Honduras, Italien, Japan, Liberia, Nikaragua, Panama, Peru, Polen, Portugal, Rumänien, der serbisch-kroatisch-slowenische Staat, Siam, Tschecho-Slovakei, Uruguay. Diese Mächte nahmen die in den ersten 26 Artikeln des Friedensvertrages niedergelegte Völkerbundssatzung an.

det wurde diese faktische Annexion des deutschen Kolonialbesitzes mit dem völligen Unvermögen, das Deutschland als kolonisierende Nation gezeigt habe:

> „Deutschlands Versagen auf dem Gebiet der kolonialen Zivilisation ist zu deutlich klargestellt worden, als daß die alliierten und assoziierten Mächte ihr Einverständnis zu einem zweiten Versuch geben und die Verantwortung dafür übernehmen könnten, 13 bis 14 Millionen Eingeborener von neuem einem Schicksal zu überlassen, von dem sie durch den Krieg befreit worden sind."[2066]

Die Vorwürfe der Siegermächte und die Behauptung einer „deutschen Kolonialschuld" stützten sich dabei im wesentlichen auf eine britische Dokumentation zur deutschen Kolonialherrschaft in Südwestafrika. Die britische Kronverwaltung in Windhuk unter ihrem ersten Zivilverwalter für Südwestafrika Edmund Gorges[2067] hatte schon bald nach der Niederlage der deutsch-südwestafrikanischen Schutztruppen und noch während des Krieges in Europa einen „Report on the Natives of South-West Africa and their Treatment by Germany"[2068] zusammengestellt, der im August 1918 beiden Häusern des britischen Parlaments vorgelegt und in London veröffentlicht wurde. Dieses englische „Blaubuch" enthielt neben Einzelabhandlungen über das Verhältnis der südwestafrikanischen Stämme zur deutschen Verwaltung – namentlich über die schweren Eingeborenenaufstände – auch umfangreiches Material über das deutsche Kolonialstrafrecht. Insbesondere die Prügelstrafe und das „väterliche Züchtigungsrecht" bildeten dabei die Hauptanklagepunkte des Reports. Hierzu wurden Unterlagen aus den Akten des Gouvernements in Windhuk zusammengestellt sowie belastendes Bildmaterial, das etwa die Grausamkeiten bei der Anwendung der Prügelstrafe belegen sollte. Eine ausgewogene Beurteilung der deutschen Kolonialherrschaft war indessen nicht beabsichtigt. Zusammenfassend kam der britische Report mit Blick auf das im südwestafrikanischen Schutzgebiet angewandte deutsche Kolonialstrafrecht zu dem Ergebnis:

> „In German South-West Africa, therefore, the native was oppressed by a criminal law of mediaeval severity administered, not in a calm judicial atmosphere of a court, but in the heat and turmoil of everyday administration by executive offi-

[2066] Aus der Antwort der alliierten und assoziierten Mächte auf die Bemerkungen der deutschen Delegation zu den Friedensbedingungen, zit. nach *Poeschel*, Die Kolonialfrage im Frieden von Versailles, S. 22.

[2067] Edmund Howard Lacam Gorges, erster Zivil-Administrator von Südwestafrika vom 1.11.1915 – 30.9.1920.

[2068] Das englische Blaubuch von 1918 wurde im Jahr 2003 neu veröffentlicht: *Silvester/Gewald*, Words Cannot Be Found, German Colonial Rule in Namibia, An Annotated Reprint of the 1918 Blue Book.

cials; and, if he came before a judicial tribunal, laboured under most serious disabilities."[2069]

Die deutsche Kolonialregierung mochte den britischen Report und weitere alliierte Kolonialkritik[2070] nicht unwidersprochen hinnehmen. Noch vor der Unterzeichnung des Versailler Vertrages erschien ein vom Reichskolonialamt herausgegebenes „deutsches Weißbuch" als Erwiderung auf die als einseitige Kolonialpropaganda empfundene britische Veröffentlichung. Unter dem Titel „Die Behandlung der einheimischen Bevölkerung in den kolonialen Besitzungen Deutschlands und Englands" wurden die britischen Behauptungen scharf zurückgewiesen. Hierzu wurde auf frühere anerkennende Äußerungen britischer Offizieller über die deutsche Kolonisationsarbeit verwiesen und demgegenüber die Behandlung der Einheimischen in den englischen Kolonien kritisch beleuchtet.

Insbesondere die Kritik am deutschen Kolonialstrafrecht wurde als ungerecht verworfen. Das Fehlen eines materiellen und prozessualen Strafrechts sei geboten gewesen, da die „Zustände bei den Eingeborenen noch zu wenig gefestigt" gewesen seien. Eine sachgemäße Rechtsprechung sei zudem nur durch den mit den Sitten, Gebräuchen und Rechtsanschauungen der Eingeborenen vertrauten Verwaltungsbeamten – den „Vertrauensmann der Bezirkseingesessenen" – möglich gewesen:

> „Daher war es gerade im Interesse der Eingeborenen selbst geboten, mit der Strafrechtspflege den Verwaltungsbeamten und nicht einen den Verhältnissen fernstehenden Richter zu betrauen."[2071]

Das „Interesse der Bevölkerung" erfordere eine Trennung von Justiz und Verwaltung „bis auf weiteres" nicht, noch lasse es sie zu. Das von englischer Seite beanstandete Disziplinarstrafrecht und das „väterliche Züchtigungsrecht" des Dienstherrn halte die deutsche Regierung für notwendig und habe hiermit „im allgemeinen günstige Erfahrungen" gemacht.[2072] Das gesamte englische Blau-

---

[2069] *Silvester/Gewald*, Words Cannot Be Found, German Colonial Rule in Namibia, An Annotated Reprint of the 1918 Blue Book, S. 265.

[2070] Vgl. hierzu *Schröder*, Prügelstrafe und Züchtigungsrecht in den deutschen Schutzgebieten Schwarzafrikas, S. 121 ff.

[2071] Die Behandlung der einheimischen Bevölkerung in den kolonialen Besitzungen Deutschlands und Englands, Eine Erwiderung auf das Blaubuch vom August 1918, hrsg. v. RKA, S. 70.

[2072] Die Behandlung der einheimischen Bevölkerung in den kolonialen Besitzungen Deutschlands und Englands, Eine Erwiderung auf das Blaubuch vom August 1918, hrsg. v. RKA, S. 72.

buch sei schließlich geprägt von „Unkenntnis und Verständnislosigkeit gegenüber der deutschen Strafrechtspflege".[2073]

Ebenso wie der britische Report war auch das deutsche Weißbuch mit einigem Bildmaterial[2074] angereichert, das wiederum als Beweis englischer Kolonialgreuel dienen sollte. Die Verbitterung über den nicht mehr zu verhindernden Verlust der deutschen Schutzgebiete keine 35 Jahre nach den ersten überseeischen Gebietserwerbungen läßt sich bereits erahnen. In Anlage und Tendenz, das jeweils andere Kolonialsystem herabzusetzen, ist eine gewisse Parallele der beiden Propagandaschriften festzustellen. Die gezielte Auswahl des verwandten – und oftmals nicht näher belegten – Materials sowie der damit verfolgte und von vornherein feststehende Zweck der Abhandlungen mindern den Aussagewert des englischen Blaubuchs wie des deutschen Weißbuchs aus heutiger Sicht gleichermaßen.

In den Jahren nach 1919 verlor die Kolonialfrage für die breite deutsche Öffentlichkeit zunehmend an Bedeutung. Zum Träger kolonialer Revisionsforderungen machten sich indessen die kolonialen Interessenverbände – nicht selten durch eigene wirtschaftliche und ideelle Interessen ihrer Mitglieder bewegt. Allen voran suchten die „Deutsche Kolonialgesellschaft" (DKG) und die 1922 unter ihrer Führung gegründete „Koloniale Reichsarbeitsgemeinschaft" (KORAG), Einfluß auf Parteien, Wirtschaft und Verwaltung auszuüben.[2075]

Unter der Präsidentschaft des letzten südwestafrikanischen und vormaligen kameruner Gouverneurs Seitz tagte im September 1924 ein letztes Mal der Deutsche Kolonialkongreß. Mit Dr. Heinrich Schnee, Dr. Erich Schulz-Ewerth und Albrecht Frhr. v. Rechenberg konnten gleich drei weitere ehemalige Gouverneure zu kolonialpolitischen Vorträgen gewonnen werden. Schnee (1871-1949), letzter Gouverneur von Deutsch-Ostafrika und Herausgeber des „Deutschen Kolonial-Lexikons", formulierte dabei den deutschen Anspruch auf Eintritt des Reichs als gleichberechtigtes Mitglied in den Völkerbund und auf erneute Über-

---

[2073] Die Behandlung der einheimischen Bevölkerung in den kolonialen Besitzungen Deutschlands und Englands, Eine Erwiderung auf das Blaubuch vom August 1918, hrsg. v. RKA, S. 79.

[2074] Vgl. nur die Abbildung der „siebenschwänzigen Katze", des amtlichen Züchtigungsinstruments zur Vollstreckung der Prügelstrafen in dem Gefängnis in Jamestown (Accra) Goldküste, ebd., nach S. 100.

[2075] Vgl. *Gründer*, Die deutschen Kolonien, S. 213 ff., 218 ff.; *Pogge v. Strandmann*, „Deutsches Land in fremder Hand" – Der Kolonialrevisionismus, in: Kolonialmetropole Berlin, S. 232-239.

nahme von Kolonien als Mandatsmacht: „Es handelt sich dabei um ein unbedingtes Lebensbedürfnis des deutschen Volkes."[2076]

Zum Standardwerk des deutschen Kolonialrevisionismus entwickelte sich eine im selben Jahr erschienene Schrift Schnees. Die „Koloniale Schuldlüge" erreichte in ihrer 12. Auflage im Jahre 1940 immerhin 50.000 Exemplare – weit mehr als jede andere kolonialrevisionistische Arbeit – und wurde ins Englische,[2077] Französische, Spanische und Italienische übersetzt.[2078] Die eingängige Begrifflichkeit von der „Kolonialen Schuldlüge" als Entsprechung zur allgemeinen „Kriegsschuldlüge" ging schon bald in den deutschen Sprachgebrauch ein und charakterisierte die breite Unzufriedenheit mit dem als Diktat empfundenen Versailler Friedensvertrag. Schnee, nunmehr kolonialpolitischer Sprecher der rechtsliberalen Volkspartei im Deutschen Reichstag, lobte, überall in den Schutzgebieten habe bei Kriegsausbruch „Friede und Ordnung" geherrscht. Die vollkommene Wandlung der „früher gefürchtetsten, kriegstüchtigsten und raublustigsten Stämme" zu treuen und ergebenen „Mitarbeitern am Kolonisationswerk" habe aber naturgemäß nicht ohne Erhebungen der bisher dominierenden Stämme gegen die deutsche Herrschaft vonstatten gehen können.[2079]

Schnee wies auch die Vorwürfe zurück, in den deutschen Kolonien sei übermäßig und unkontrolliert geprügelt worden. Zwar seien in den Anfängen der Kolonisation aller Nationen nicht wenige Leute mit einem „Überschuß an Tatkraft" aber mangelndem „Verständnis für die Psyche der Eingeborenen" in verantwortungsvolle Stellungen geraten, was insbesondere auf dem Gebiet des Prügelns leicht zu Übergriffen geführt habe. Diese „Kinderkrankheiten der Kolonisation" habe aber die deutsche Kolonialregierung verhältnismäßig schnell überwinden können. Außerdem habe in den deutschen Schutzgebieten „absolute Ordnung" bei der Eintragung von Prügelstrafen in die Strafregister und bei der Beobachtung der sonstigen zum „Schutz der Eingeborenen" erlassenen Vorschriften geherrscht.[2080] Freilich überging Schnee in diesem Zusammenhang, daß noch in seiner Gouverneurszeit am Ende der deutschen Kolonialzeit die Zahl der gerichtlich verhängten Prügelstrafen ein weiteres Mal drastisch angestiegen war,

[2076] *Schnee*, Mandatspolitik, in: Verhandlungen des Deutschen Kolonialkongresses 1924, S. 3 (12 f.).
[2077] *Schnee*, German Colonization Past and Future: the Truth about the German Colonies. Der englische Historiker William Harbutt Dawson konnte dazu gewonnen werden, ein Vorwort zu dem Buch beizusteuern, das im Auszug auch der deutschen Ausgabe vorangestellt wurde.
[2078] *Gründer*, Die deutschen Kolonien, S. 220.
[2079] *Schnee*, Die koloniale Schuldlüge, S. 56.
[2080] *Schnee*, Die koloniale Schuldlüge, S. 61 f.

und im deutsch-ostafrikanischen Schutzgebiet mehr als in allen anderen deutschen Kolonien geprügelt wurde.[2081]

Auch Schnees grundlegende Einschätzung, die deutsche Eingeborenenrechtsprechung habe sich in „höchstem Maße" das Vertrauen der Eingeborenen erworben und sei auch für die „Verhältnisse der Eingeborenen besser geeignet" gewesen, als eine „langwierige Prozeßordnung",[2082] erscheint angesichts von Rechtsdualismus und erheblicher strafrechtlicher Schlechterstellung der meisten ostafrikanischen Bevölkerungsgruppen nicht weniger oberflächlich als vielfach die gängigen Anwürfe von alliierter Seite.

[2081] In absoluten Zahlen; vgl. die Übersicht über die in DOA gegen Eingeborene ergangenen Strafurteile, Anhang E. IV. und die Übersicht über die in den deutschen Schutzgebieten gerichtlich verhängten Prügelstrafen, 3. Kap. F. II. 2. d) cc).
[2082] *Schnee*, Die koloniale Schuldlüge, S. 63 f.

Fünftes Kapitel: Das europäische Kolonial(straf)recht

„...wahrscheinlich ist dieses [deutsche] Kolonialstrafrecht eine neue Form gemeinen, europäischen Strafrechts, das das deutsche Reich spät von anderen Kolonialmächten übernimmt."

Wolfgang Naucke, 1988.[2083]

Die europäischen Kolonialmächte – mit Ausnahme Italiens allesamt schon deutlich länger auf dem Gebiet der kolonialen Expansion tätig als das Deutsche Reich – hatten im Laufe der Jahre unterschiedliche Konzeptionen ihrer Kolonialisierung entwickelt. Es standen sich insbesondere die britischen Vorstellungen einer „indirect rule" und das französischen Modell einer möglichst raschen Assimilation der überseeischen Bevölkerung gegenüber. Die teils grundlegend verschiedenen Entwürfe der europäischen Mächte schlugen sich auch in den Einzelheiten des jeweiligen Kolonialrechts nieder. Auf dem Gebiet der Eingeborenenrechtspflege lassen sich gleichwohl Entwicklungen und Tendenzen ausmachen, die die Konkurrenten im Wettlauf um einen „Platz an der Sonne" zum Teil wieder einten. So erreichte keine der europäischen Kolonialmächte das Ideal einer gemeinsamen Gerichtsbarkeit für Europäer und Eingeborene – trotz ernsthafter Assimilierungsbestrebungen im Empire française. Ebensowenig wie das Deutsche Reich meinte auch Großbritannien im Rahmen der „native justice" ohne die umfängliche Möglichkeit körperlicher Züchtigungen auskommen zu können. Demgegenüber sind bei allen kolonisierenden Nationen – in naturgemäß unterschiedlicher Weise – Vertreter der unterworfenen Völker an der Ausübung der Eingeborenenrechtspflege beteiligt worden.

Zwar ist es zutreffend, daß das „tu-quoque-Argument" die von der deutschen Kolonialherrschaft begangenen Rechtsverstöße „eventuell zu relativieren, nicht aber ungeschehen zu machen"[2084] vermag. Ein kurzer Vergleich von Einzelheiten und Entwicklungen des Kolonialstrafrechts anderer europäischer Nationen[2085] – England, Frankreich und der Niederlande – mag indessen ein Indiz dafür geben, daß das deutsche Kolonialstrafrecht trotz mancher Unterschiede im Detail nichts ist als ebenjene „neue Form gemeinen europäischen Strafrechts", die das kolonialunerfahrene Deutsche Reich gegen Ende des 19. Jahrhunderts

---

[2083] *Naucke*, Deutsches Kolonialstrafrecht 1886-1918, in: RhJ (7) 1988, S. 297 (315).

[2084] So *Kopp*, Nichtdeutsche Angeklagte im deutschen Strafverfahren, S. 111.

[2085] Zu Verwaltung und Rechtspflege in den italienischen Kolonien (diritto indigeno) vgl. *Engeli*, Die Grundsätze des italienischen Kolonialrechts, S. 86 ff.; zum portugiesischen Kolonialstrafrecht vgl. *Bauer*, Die Strafrechtspflege über die Eingeborenen der deutschen Schutzgebiete, in: AöR (19) 1905, S. 32 (67 f.).

von seinen europäischen Nachbarn übernahm.[2086] Wenn es denn eine deutsche Eigenheit gegeben hat, so mag diese nicht so sehr im kolonialen Rechtsdualismus und einer auf die Spitze getriebenen Prügelkultur, sondern vielmehr in dem Versuch erkannt werden, eine besondere technische Perfektion bei der Rechtssetzung und Rechtsfindung zu erreichen, wie sie in den Dernburgschen Reformen zur Herabsetzung der körperlichen Züchtigungen zum Ausdruck kam.[2087]

A. England

Das britische Kolonialreich kannte keine einheitliche Gesetzgebung für seine Kolonien. Ausgehend von dem Gedanken einer „indirect rule", nach dem den überseeischen Gebieten möglichst bald die Selbstverwaltung ihrer Angelegenheiten zu überlassen war, beschränkte sich die gesetzgebende Tätigkeit des Mutterlandes nur auf grundsätzliche Bereiche – nahezu die gesamte übrige Gesetzgebung lag in den Händen der Lokalbehörden. Für diese galt die Maßregel, nach Möglichkeit die einheimischen Gesetze und Gewohnheiten zu berücksichtigen. Dies war etwa in der East African Order in Council von 1902 zum Ausdruck gebracht worden:

> „In making ordinances, the Commissioner shall respect the existing native laws and customs, except so far as the same may be opposed to justice and morality."[2088]

Die britische Eingeborenenstrafrechtspflege[2089] wurde in fast allen Kolonien durch lokale Verwaltungsbeamte ausgeübt. In Wahrnehmung ihrer richterlichen Tätigkeit führten diese den Titel „administrators of native law". Im Gegensatz zu den meisten deutschen Schutzgebieten, wo die Urteile der Eingeborenenrichter unanfechtbar waren und lediglich für höhere Strafen ein Genehmigungserfordernis an die Stelle der Rechtsmittel getreten war,[2090] bestand in den britischen Kolonien in der Regel ein „native high court" als Berufungsinstanz.

In Britisch-Ostafrika etwa wurde die Strafrechtspflege über die Eingeborenen von dem Verwaltungsbeamten jedes Distrikts oder seinem Stellvertreter ausge-

---

[2086] Die von *Naucke*, Deutsches Kolonialstrafrecht 1886-1918, in: RhJ (7) 1988, S. 297 (315), eingeforderte vergleichende Geschichte des Kolonialstrafrechts kann indessen auch hier nur angerissen werden.

[2087] Vgl. nur die Vfg. d. StS d. RKA v. 12.7.1907 u. d. Formblätter A und B, Anhang D. IV.

[2088] Nach *Bauer*, Die Strafrechtspflege über die Eingeborenen der deutschen Schutzgebiete, in: AöR (19) 1905, S. 32 (59 Anm. 28).

[2089] Vgl. instruktiv zu den Unterschieden zwischen britischer „native justice" und französischer „justice indigène" *Wengler*, Die Eingeborenengerichtsbarkeit in den Mandatsgebieten Togo und Kamerun, in: ZvglRWiss (53) 1939, S. 144 ff.

[2090] Vgl. oben 3. Kap. F. II. 3. f).

übt. Dieser entschied als Einzelrichter, hatte aber das Recht und in besonders schweren Strafsachen auch die Pflicht, einen oder mehrere farbige Beisitzer zur Verhandlung hinzuziehen. Diesen stand indessen nur eine beratende Stimme zu.[2091] Soweit nicht besondere Verfahrensvorschriften durch den „High Court for East Africa and Uganda“ getroffen worden waren, kamen dort die Vorschriften der indischen Strafprozeßordnung zur Anwendung. Neben seiner Zuständigkeit in Berufungssachen hatte der „High Court“ Todesurteile zu begutachten und dem Gouverneur zur Bestätigung vorzulegen, sowie alle Urteile, die auf mehr als 25 Stockschläge, 500 Rupien Geldstrafe oder sechs Wochen Gefängnis lauteten, zu bestätigen. Er entschied in der Besetzung mit drei europäischen Richtern. Der Gouverneur konnte den eingeborenen Herrschern in beliebigem Umfang die Rechtsprechung über ihre Stammesangehörigen belassen oder rückübertragen. In bedeutsamen Fällen bedurften die Erkenntnisse der Häuptlinge allerdings seiner Bestätigung.[2092] Im britischen Protektorat Uganda bestand darüber hinaus noch die Besonderheit, daß der Gouverneur über sämtliche Bewohner eines bestimmten Bezirks Strafabgaben verhängen konnte, wenn die Bewohner dieses Distrikts die Strafverfolgung behindert hatten, oder wenn schwere Verbrechen unaufgeklärt blieben.[2093]

Eingehende Vorschriften über das materielle Strafrecht bestanden nicht. Vielmehr wurde in allen britischen Kolonien eine begrenzte Anzahl objektiver Verbrechenstatbestände – sog. „mala in se“ – unterschieden und nach englischem Criminal Law beurteilt: 1. Tötung, 2. Körperverletzung, 3. Verletzung der immateriellen Rechtsgüter, 4. Eigentumsvergehen, 5. Betrug, 6. Meineid. Alle anderen strafbaren Handlungen unterfielen demgegenüber „civilization and law“ der Eingeborenen. Angestrebt wurde, das indigene Recht weitestgehend zu schonen und wo irgend möglich auch aufzuzeichnen. Allein in Indien waren daher in den verschiedenen Bezirken ein gutes Dutzend Eingeborenenstrafgesetzbücher verfaßt worden und in Anwendung bei den Gerichten. Auch in Südafrika bestand mit dem Natal Native Code eine Kodifikation des Eingeborenenrechts.[2094]

Aufschlußreich ist ein Blick auf die Handhabung der Prügelstrafe in den britischen Kolonien. Als einzige europäische Großmacht hatte das englische Mutter-

---

2091 *Bauer*, Die Strafrechtspflege über die Eingeborenen der deutschen Schutzgebiete, in: AöR (19) 1905, S. 32 (59 f.).

2092 *Bauer*, Die Strafrechtspflege über die Eingeborenen der deutschen Schutzgebiete, in: AöR (19) 1905, S. 32 (60).

2093 *Sassen*, Die Rechtsverhältnisse des englischen Protektorats Uganda, in: ZfKKK (12) 1910, S. 522 (533).

2094 *Bauer*, Die Strafrechtspflege über die Eingeborenen der deutschen Schutzgebiete, in: AöR (19) 1905, S. 32 (60 f.).

land selbst an der Prügelstrafe als gerichtlicher Strafform festgehalten.[2095] Ohne eine Unterscheidung nach Ethnien – also auch für Europäer – war die körperliche Züchtigung außerdem in allen Kolonien in Anwendung, und dort teils durch Spezialgesetze eingeführt, teils durch direkte Anwendung des englischen Rechts in Gebrauch. Eine Ausnahme bildeten lediglich die südafrikanische Kap-Kolonie und Natal. Hier galt römisch-holländisches Recht, das die Prügelstrafe als Kriminalstrafe nicht kannte. Als Disziplinarmittel in den dortigen Strafanstalten waren körperliche Züchtigungen indessen zulässig.[2096]

Eine eingehende rechtliche Regelung erfuhr die Prügelstrafe in Britisch-Indien. Dem indischen Strafgesetzbuch von 1860 unbekannt, wurde die Prügelstrafe hier durch den Whipping Act (Act No. VI of 1864) vom 18. Februar 1864[2097] eingeführt. Im Gegensatz zum deutschen Recht[2098] fand eine Privilegierung von Rassen oder Ständen dabei nicht statt. Körperliche Züchtigung durfte nur gegen männliche Delinquenten bis zu einem Alter von 45 Jahren verhängt werden. Beim Vollzug durfte die Zahl von 30 Hieben nicht überschritten werden. Jugendliche unter 16 Jahren konnten wegen aller Delikte mit Ausnahme der todeswürdigen körperlich gezüchtigt werden. Nach einem komplexen System, das der Whipping Act aufstellte, war Prügelstrafe zulässig

1. anstelle von Gefängnis bei
    a) Diebstahl,
    b) Erpressung,
    c) Hehlerei,
    d) Hausfriedensbruch;
2. anstelle von oder zusätzlich zu Gefängnis bei denselben Delikten im Rückfall,
3. zusätzlich zu Gefängnis bei
    a) Fälschung von Beweismitteln,
    b) Fälschlicher Bezichtigung widernatürlicher Unzucht,
    c) Sittlichkeitsverbrechen,
    d) Raub,
    e) qualifizierter Hehlerei,
    f) Urkundenfälschung,

[2095] Vgl. oben 3. Kap. F. II. 2. d).

[2096] Vgl. *Feder*, Die Prügelstrafe, S. 49 f.; ders., Die Prügelstrafe in den englischen und französischen Kolonien, S. 7, BA RKA 1001/5379, Bl. 77 (unveröffentlicht).

[2097] The Whipping Act, 1864 (Act No. VI of 1864), as modified up to the 1st August 1905, BA RKA 1001/5379, Bl. 77 a.

[2098] Vgl. die Privilegierung von Arabern und Indern durch § 3 der Vfg. d. RK wg. Ausübung der Strafgerichtsbarkeit und der Disziplinargewalt gegenüber den Eingeborenen in den deutschen Schutzgebieten von Ostafrika, Kamerun und Togo, DKolGG (II) 1893-1897, S. 215; Anhang D. III.; vgl. hierzu auch die Anm. v. *Bauer*, Die Strafrechtspflege über die Eingeborenen der deutschen Schutzgebiete, in: AöR (19) 1905, S. 32 (52 Anm. 19 a).

g) Hausfriedensbruch in der Absicht, eines der vorgenannten Delikte zu begehen,

im Rückfall,

4. zusätzlich zu Gefängnis bei Notzucht, zu deren Begehung sich mehrere verbunden hatten.[2099]

Die Vollstreckung erfolgte unverzüglich nach Rechtskraft des Urteils. Ein Richter oder Gefängnisbeamter wohnte ihr bei. Erwachsene wurden mit einem leichten Rohr gezüchtigt und die Hiebe ohne Unterbrechung verabfolgt. Ein Gerichtsarzt bescheinigte – wenn zur Stelle – die medizinische „Unbedenklichkeit" der Strafe. Die Prügelstrafe kam in Britisch-Indien überaus häufig zur Anwendung. Ihre Anwendung soll nach deutschen Quellen äußerst grausam gewesen sein und nicht selten den Tod des Delinquenten verursacht haben.[2100] Auch aus den afrikanischen Kolonien Englands wurden von offizieller deutscher Seite mehrere Fälle von Mißhandlungen Eingeborener mittels körperlicher Züchtigungen angeprangert.[2101] Die Prügelstrafe war hier entweder durch besondere Gesetze eingeführt (Goldküste 1892, Sudan 1897, Britisch-Ostafrika 1902) oder durch direkte Anwendung des englischen Rechts in Gebrauch (Sierra Leone und Gambia). Auch in Kanada, auf den westindischen Inseln, Britisch-Guayana, Australien, Tasmanien und Neuseeland war die Prügelstrafe als Gerichtsstrafe zugelassen.[2102] Schließlich war die Prügelstrafe auch auf den teils mikronesischen, teils polynesischen britischen Gilbert- und Ellice-Inseln offiziell eingeführt[2103] – ganz im Gegensatz zum deutschen Vorgehen in der Südsee, wo auf die Prügelstrafe als Gerichtsstrafe verzichtet worden war.[2104]

Aufschlußreich ist ferner ein Blick auf das britische Kolonialrecht in den ehemals deutschen Schutzgebieten. Nach der Übernahme der Mandatsherrschaft über Teile der ehemaligen deutschen Kolonie Togo wurde die deutsche Eingeborenengerichtsbarkeit durch ein System von „native courts" einerseits und europäischen „magistrate's courts", „chief commissioner courts" sowie einem „supreme court" andererseits ersetzt. Dabei waren die „native courts" nur zuständig, wenn alle beteiligten Personen Eingeborene waren. Sie setzten sich entspre-

---

2099 Nr. 2, 3, 4, 4a des Whipping Acts.

2100 Vgl. *Feder*, Die Prügelstrafe, S. 49 f.; ders., Die Prügelstrafe in den englischen und französischen Kolonien, S. 4, BA RKA 1001/5379, Bl. 77 (unveröffentlicht).

2101 RKA, Die Behandlung der einheimischen Bevölkerung in den kolonialen Besitzungen Deutschlands und Englands, S. 99-102.

2102 Vgl. *Feder*, Die Prügelstrafe, S. 50; ders., Die Prügelstrafe in den englischen und französischen Kolonien, S. 7 ff., BA RKA 1001/5379, Bl. 77 (unveröffentlicht).

2103 *Hiery*, Das deutsche Reich in der Südsee, S. 112.

2104 Beachte aber die Verhängung disziplinarischer Prügelstrafen insbesondere gegen chinesische Kontraktarbeiter und Melanesier, vgl. bereits oben 3. Kap. B. I. 4. c); 3. Kap. F. II. 1. c) und 3. Kap. F. II. 2. d).

chend dem Prinzip der indirect rule in der Regel aus Personen zusammen, die nach dem Eingeborenenrecht zum Richter berufen waren. Das Verfahren richtete sich grundsätzlich nach „native law and custom".[2105] Die europäischen Gerichte wandten dagegen stets – auch wenn es sich um Mischprozesse oder Prozesse handelte, an denen ausschließlich Eingeborene beteiligt waren – europäisches Verfahrensrecht an. Hingegen war die Anwendung des materiellen Eingeborenenrechts in diesen Fällen gewährleistet. In ähnlicher Weise war die Eingeborenengerichtsbarkeit auch für das britische Mandatsgebiet von Kamerun geregelt, das der Kolonie Nigeria angegliedert war.[2106]

Im ehemaligen deutsch-ostafrikanischen Schutzgebiet Tanganyika wurde unter britischer Mandatsherrschaft eine dreistufige Gerichtsverfassung aus „High Court", mehreren „Subordinate Courts" und „Native Courts" errichtet. Europäer- und Eingeborenenrechtspflege wurden dabei nicht mehr so scharf voneinander geschieden wie noch während der deutschen Kolonialherrschaft.[2107] In der Eingeborenrechtspflege kam es auf die grundsätzliche Anwendung des indigenen Rechts ebenso an wie auf ein möglichst rasches Verfahren. Überflüssige Förmlichkeiten galt es zu vermeiden. Dementsprechend war in Art. 24 der Tanganyika Order in Council geregelt:

> „In all cases civil and criminal to which natives are parties every court shall
> (a) be guided by native law so far as it is applicable and is not repugnant to justice and morality or inconsistent with any order in Council or Ordinance or any Regulation or Rule made under any Order in Council or Ordinance; and shall
> (b) decide all such cases according to substantial justice without undue regard to technicalities of procedure and without undue delay."[2108]

Ein wesentlicher Unterschied zur Eingeborenenrechtspflege unter deutscher Herrschaft lag in dem Umstand, daß nunmehr vor den weißen Gerichten auch die Eingeborenen grundsätzlich zu vereidigen waren.[2109]

2105 Damit blieb die schon von der deutschen Kolonialverwaltung zugelassene „Häuptlingsgerichtsbarkeit" weiter bestehen, vgl. hierzu *Fischer*, Die deutschen Kolonien, S. 254 f.

2106 Vgl. hierzu eingehend *Wengler*, Die Eingeborenengerichtsbarkeit in den Mandatsgebieten Togo und Kamerun, in: ZvglRWiss (53) 1939, S. 144 (146 ff., 156 ff.); zum englischen Kolonialrecht in Sansibar vgl. *Hammen*, Kolonialrecht und Kolonialgerichtsbarkeit in den ehemaligen deutschen Schutzgebieten, in: VRÜ (32) 1999, S. 191 (208 f.).

2107 Vgl. hierzu eingehend *Winkelmann*, Die Eingeborenenrechtspflege im britischen Mandatsgebiet Tanganyika, in: ZvglRWiss (53) 1939, S. 327 ff.; *Fischer*, Die deutschen Kolonien, S. 214 ff., vgl. noch *Eggebrecht*, Praktische Unterschiede zwischen deutschen und englischen Verwaltungsmethoden im ostafrikanischen Mandatsgebiet, in: Koloniale Rundschau (31) 1940, S. 169 ff. sowie *Schrader*, Die Zwangsarbeit in Ostafrika nach deutschem und britischem Kolonialrecht.

2108 Nach *Winkelmann*, Die Eingeborenenrechtspflege im britischen Mandatsgebiet Tanganyika, in: ZvglRWiss (53) 1939, S. 340.

Die Strafen für Eingeborene entsprachen den Strafen für die nichteingeborene Bevölkerung. Zulässige Strafen waren 1. Todesstrafe, 2. Gefängnis, 3. Körperstrafe, 4. Geldstrafe, 5. Forfeiture („Verfall"), 6. Payment of compensation („Buße"). Die Gefängnisstrafe konnte nach dem Ermessen des Gerichts mit „hard labour" verbunden werden. Im Hinblick auf die Prügelstrafe war ein Höchstmaß von 24 Schlägen gegen Erwachsene und 12 Schläge gegen Jugendliche unter 16 Jahren festgeschrieben, wobei die Strafe ohne unnötigen Aufschub innerhalb von sechs Monaten zu vollstrecken war. Erwachsene erfuhren ein „whipping", Jugendliche ein leichteres „caning". Anders als nach deutschem Recht war ein geteilter Vollzug unzulässig. Ausgenommen von körperlichen Züchtigungen waren Frauen, Männer über 45 Jahren und zum Tode Verurteilte. Die Strafe wurde grundsätzlich nicht öffentlich vollzogen. Zwischen dem Vollzug zweier Züchtigungen hatten mindestens 14 Tage zu verstreichen.[2110]

Für das unter südafrikanischem Mandat stehende ehemalige südwestafrikanische Schutzgebiet ist schließlich erwähnenswert, daß im Jahre 1934 mit der Immorality Proclamation Nr. 19 der Geschlechtsverkehr zwischen männlichen Europäern und einheimischen Frauen unter Strafe gestellt wurde.[2111] Dies entsprach zwar exakt den nationalsozialistischen Vorstellungen eines „kolonialen Blutschutzes". In der seit zwanzig Jahren beendeten deutschen Kolonialära hingegen hatten die zweifellos schweren Diskriminierungen von Mischehen und Mischverbindungen nie die Schwelle zur Poenalisierung überschritten.[2112]

B. Frankreich

Leitendes Prinzip im französischen Kolonialrecht[2113] – und gleichzeitig direkter Gegensatz zur englischen „indirect rule" wie auch zur deutschen Eingeborenenpolitik – war die Assimilation.[2114] Ziel war es, die Eingeborenen im „Empire français" möglichst rasch in rechtlicher und politischer Hinsicht zu Franzosen werden zu lassen. Demgemäß wurde im Rahmen der Eingeborenenjustiz („justi-

---

2109 *Winkelmann*, Die Eingeborenenrechtspflege im britischen Mandatsgebiet Tanganyika, in: ZvglRWiss (53) 1939, S. 341.

2110 *Winkelmann*, Die Eingeborenenrechtspflege im britischen Mandatsgebiet Tanganyika, in: ZvglRWiss (53) 1939, S. 345 ff.

2111 *Fischer*, Die deutschen Kolonien, S. 251 Anm. 367; *Wagner*, Die deutschen Schutzgebiete, S. 271 Anm. 257.

2112 Vgl. hierzu eingehend oben 3. Kap. B. III.

2113 Vgl. den Überblick bei *v. Stengel*, Französisches Kolonialrecht, in: ZfKKK (10) 1908, S. 65 ff.; ders., Algier und Tunis, in: ZfKKK (10) 1908, S. 609 ff.

2114 Auch die Portugiesen bemühten sich um eine rechtliche und politische Assimilation ihrer Kolonialuntertanen, vgl. *Bauer*, Die Strafrechtspflege über die Eingeborenen der deutschen Schutzgebiete, in: AöR (19) 1905, S. 32 (67 f.).

ce indigène") auf die Erhaltung und Berücksichtigung des einheimischen Rechts wenig Wert gelegt. In der Regel bestand keine selbständige Eingeborenengerichtsbarkeit. Die Strafrechtspflege über die Eingeborenen wurde meist von den auch für Europäer zuständigen Richter ausgeübt. Abweichungen vom reinen Assimilationsgedanken bestanden dagegen insbesondere in Französisch-Westafrika, in Diego Suarez,[2115] wo besondere Eingeborenengerichte errichtet wurden, und in Tahiti, wo die hergebrachte Häuptlingsgerichtsbarkeit bestehen blieb.[2116]

Im 1830 besetzten Algerien führte die französische Assimilationspolitik zu einer Teilung der Kolonie in drei Klassen von Verwaltungsbezirken. Abhängig vom Zivilisationsgrad und Pazifizierungserfolgen wurde zwischen „commune indigène", „commune mixte" und „commune de plein droit" unterschieden. In der commune indigène waren Rechtsprechung und Verwaltung rein militärisch und die Stationsleiter mit weitreichenden Kompetenzen ausgestattet. In der commune mixte übten die Verwaltungsbeamten die Eingeborenenstrafrechtspflege unter Zugrundelegung des arabischen Rechts aus. In der commune de plein droit hingegen geschah die Rechtsprechung durch ordentliche Richter nach französischem Recht – ohne Unterscheidung nach Abstammung oder Nation. Bis 1886 wurden in allen drei Verwaltungsbezirken farbige Gerichtsbeisitzer zur Eingeborenenrechtsprechung herangezogen. Danach wurden nur noch in der commune de plein droit angesehene Eingeborene zum Amt eines Geschworenen zugelassen.[2117]

Im 1881 errichteten Protektorat Tunesien war eine Durchbrechung des Assimilationsgrundsatzes zu verzeichnen. Dort wurde eine eigene Eingeborenenjurisdiktion geschaffen: Ein von drei eingeborenen Richtern besetzter Gerichtshof entschied über alle von Tunesiern gegenüber ihren Landsleuten begangenen Verbrechen. Die Rolle des Staatsanwalts vertrat ebenfalls ein Eingeborener – der „Caïd".[2118] Zur Vermeidung von Rechtsbeugungen, insbesondere von Bestechung, stand die Rechtsprechung unter strenger Kontrolle der französischen Behörden, denen insbesondere die Vollstreckung der von dem Gericht erkannten

---

2115 Französisches Protektorat im Norden Madagaskars.

2116 *Bauer*, Die Strafrechtspflege über die Eingeborenen der deutschen Schutzgebiete, in: AöR (19) 1905, S. 32 (61 f.).

2117 *Bauer*, Die Strafrechtspflege über die Eingeborenen der deutschen Schutzgebiete, in: AöR (19) 1905, S. 32 (62 f.).

2118 Die Übertragung des Amtes eines öffentlichen Anklägers auf einen angesehenen Häuptling nach französischem Vorbild wurde in der Literatur auch für die deutschen Kolonien erwogen: *Lampe*, Anteil der Eingeborenen an der Verwaltung und Rechtspflege in unseren Kolonien, S. 59 („nicht unpraktisch"); *Karlowa*, Die Strafgerichtsbarkeit über die Eingeborenen in den deutschen Kolonien, S. 67 („vielleicht zu empfehlen").

Strafen und das Recht, jederzeit im Aufsichtswege einzugreifen, vorbehalten waren.[2119]

Auch in Französisch-Westafrika (Afrique Occidentale Française, A.O.F.) unterstanden die Eingeborenen einer besonderen Gerichtsbarkeit.[2120] Eine Ausnahme war nur für die Bewohner solcher Distrikte getroffen worden, die ausschließlich europäischen Gerichten unterfielen. Die Eingeborenengerichtsbarkeit bediente sich – ähnlich dem deutschen System der Bezirksamtsleiter und Distriktschefs – der allgemeinen Verwaltungsorganisation. Anders als im deutschen Kolonialrecht[2121] stand den Eingeborenen allerdings grundsätzlich die Einlegung von Rechtsmitteln in Strafsachen offen. Die örtlichen Dorfvorsteher waren als „tribunal de village" zur Verhängung von Polizeistrafen zuständig. Gegen ihre Entscheidungen war die Berufung an das „tribunal de province" zulässig, das zudem mit der Gerichtsbarkeit erster Instanz in Zivilsachen betraut war. Das Gericht hatte seinen Sitz in der Hauptstadt des betreffenden Verwaltungsbezirks und bestand aus dem örtlichen Verwaltungsbeamten – dem „chef de la province" – als Vorsitzenden und zwei eingeborenen Beisitzern. Gegen Urteile des Provinzgerichts war Berufung an das „tribunal de cercle" auf der nächst höheren Verwaltungsebene zulässig, das sich wiederum aus dem Vorsitzenden und zwei eingeborenen Beisitzern zusammensetzte. An der Spitze der Eingeborenengerichtsbarkeit stand am Sitz des höchsten Europäergerichts, des „Cour d'appel", die „chambre d'homologation". Diese setzte sich aus dem Vizepräsidenten des Cour d'appel als Vorsitzenden, zwei von dem Präsidenten desselben Gerichts ernannten Räten, zwei von dem Generalgouverneur von A.O.F. ernannten Beamten und zwei eingeborenen Beisitzern zusammen. Letzteren stand indessen an keinem der genannten Gerichte eine mitbeschließende Stimme zu. Sie hatten sich lediglich an den Beratungen zu beteiligen.[2122]

Auf dem Gebiet des materiellen Rechts war in fast allen Kolonien der code pénal mit nur wenigen Änderungen eingeführt. Der früher auf den Antillen und in Guayana in Anwendung gewesene besondere code pénal colonial wurde dagegen wieder aufgehoben. Nur in sehr begrenzter Weise wurde überhaupt den Rechtsanschauungen der Eingeborenen Rechnung getragen, indem in den Einführungsgesetzen zum code pénal Zugeständnisse an die lokalen Verhältnisse gemacht wurden. Beachtliche Abweichungen zu dem für Europäer geltenden

[2119] *Bauer*, Die Strafrechtspflege über die Eingeborenen der deutschen Schutzgebiete, in: AöR (19) 1905, S. 32 (63).
[2120] Vgl. umfassend *Asmis*, Das Eingeborenenrecht Französisch-Westafrikas, in: ZfKKK (12) 1910, S. 745 ff.
[2121] Vgl. oben 3. Kap. F. II. 3. f).
[2122] N.N., Die Eingeborenengerichtsbarkeit in Französisch-Westafrika (Senegal, Senegambien-Niger, Guinea, Elfenbeinküste, Dahomey), in: ZfKKK (6) 1904, S. 147 f.

Strafrecht bestanden lediglich in Annam[2123] und Cochinchina. In Annam verblieben bei Taten ohne Europäerbezug die dortigen hergebrachten Rechtssätze und -gewohnheiten ausdrücklich in Geltung, soweit sie nicht im Widerspruch zum code pénal modifié standen. Bei Verbrechen gegen Europäer war hingegen stets nach dem code pénal métropolitain zu entscheiden.[2124]

Anders als im British Empire und im Deutschen Kolonialreich spielten körperliche Züchtigungen in den französischen Kolonien, zumindest der Rechtslage, nach keine herausragende Rolle. Im französischen Mutterland war die Prügelstrafe bereits im Jahre 1791 im Zuge der Revolution beseitigt worden. Entsprechend den französischen Vorstellungen einer raschen Assimilation der Eingeborenen war die Verhängung körperlicher Strafen in selbstverständlicher Weise dann ausgeschlossen worden, wenn französische Kolonialgerichte nach französischem Gesetz Recht sprachen. Aber auch soweit den Eingeborenen eine eigene Gerichtsbarkeit belassen worden war, war die Anwendung von Prügelstrafen entweder ausdrücklich untersagt oder sollte durch die Aufsicht der französischen Behörden unmöglich gemacht werden.[2125] Nach diesen Grundsätzen war in Annam in Indochina die dort seit mehreren Jahrtausenden gebräuchliche Prügelstrafe kurzerhand abgeschafft worden. Zwar wurde mit Dekret vom 1. November 1901 die annamitische Strafgesetzgebung – eng mit den chinesischen Strafrechtstraditionen verbunden – beibehalten. Die körperliche Züchtigung wurde indessen durch die den Eingeborenen bis dahin unbekannte Freiheitsstrafe ersetzt. In gleicher Weise wurde mit Dekret vom 31. August 1905 die Ersetzung der Prügelstrafe durch die Gefängnisstrafe für Tonking angeordnet.[2126] Den westafrikanischen Eingeborenengerichten von Guinea, der Elfenbeinküste und Dahomey war durch Dekret vom 15. April 1902 die Anwendung körperlicher Züchtigungen, „die die Zivilisation verwirft“, untersagt worden. Auf Madagaskar war dem französischen Residenten durch Dekret vom 9. Juni 1896 die Befugnis erteilt worden, die Anwendung von Strafen durch die Eingeborenengerichte zu verhindern, „wenn sie den Prinzipien der Humanität, denen unsere Occupation auf der Insel zum Siege verhelfen soll, zuwiderlaufen.“[2127] Für Tahiti und die übrigen ozeanischen Besitzungen wurden mit Dekret vom 17. September 1897 zwar die hergebrachten Rechtstraditionen aufrecht erhalten, doch sollte

---

[2123] Die Kolonie Annam entspricht etwa dem späteren Nord-Vietnam ohne Tongking.
[2124] *Bauer*, Die Strafrechtspflege über die Eingeborenen der deutschen Schutzgebiete, in: AöR (19) 1905, S. 32 (63 f.).
[2125] Vgl. *Feder*, Die Prügelstrafe, S. 50 f.; ders., Die Prügelstrafe in den englischen und französischen Kolonien, S. 15 f., BA RKA 1001/5379, Bl. 77 (unveröffentlicht).
[2126] *Feder*, Die Prügelstrafe, S. 51; ders., Die Prügelstrafe in den englischen und französischen Kolonien, S. 16 f., BA RKA 1001/5379, Bl. 77 (unveröffentlicht).
[2127] *Feder*, Die Prügelstrafe, S. 51 f.; ders., Die Prügelstrafe in den englischen und französischen Kolonien, S. 17 f., BA RKA 1001/5379, Bl. 77 (unveröffentlicht).

sie der Gouverneur auf dem Verordnungswege allmählich dem französischen Recht anpassen. In der zeitgenössischen Literatur wurden indessen Zweifel dahingehend laut, ob nicht die genannten Dekrete „in der Praxis auf dem Papier geblieben sind“. Insbesondere von Indochina wurde berichtet, dort habe die Prügelstrafe tatsächlich vielfach unverändert fortbestanden.[2128]

Der amtliche Verzicht auf die Prügelstrafe als Strafmittel in der französischen Eingeborenenrechtspflege blieb nicht unbeanstandet. Insbesondere in Französisch-Westafrika soll „bis in die höchsten Ämter hinauf“ Kritik an der zurückhaltenden Politik geübt und für eine Verschärfung des Strafensystems geworben worden sein. Für eine große Zahl von Delikten sei die Prügelstrafe die einzig wirksame Strafe. Die örtliche Strafrechtspflege sah derweil Möglichkeiten vor, die Bestrafung für den eingeborenen Delinquenten auf andere Weise „fühlbarer“ zu gestalten. Bemerkenswert ist etwa die Liste der innerhalb des Gefängniswesens in Dakar zulässigen Disziplinarstrafen, die über die im deutschen Kolonialstrafvollzug zulässigen Mittel[2129] noch hinausging:

1. Zellule – Einzelhaft, zulässig bis zu 30 Tagen;
2. Fers – Fußeisen, zulässig bis zu 8 Tagen; Die Füße werden in Knöchelhöhe in zwei an einer schweren Eisenstange befindliche Ringe geschlossen, so daß der Delinquent gezwungen ist, zu sitzen;
3. Menottes – Handeisen, zulässig bis zu 2 Stunden innerhalb von 24 Stunden; Die Hände werden in zwei dicht aneinander liegende Ringe geschlossen;
4. Demi ration – Halbe Ration bis zur Dauer von 8 Tagen;
5. Poucettes – Daumenschrauben, die nur vorübergehend für kurze Zeit angelegt wurden, um Widersetzlichkeit oder Unbotmäßigkeit zu unterdrücken.[2130]

Frankreich übernahm wie England die B-Mandatsherrschaft über Teile der ehemals deutschen Schutzgebiete Kamerun und Togo.[2131] Im französischen Mandatsgebiet Togo wurde nach dem Vorbild der in Französisch-Westafrika bestehenden Gerichtsbarkeit die „justice indigène“ von der „justice française“ abgegrenzt. In Strafsachen ohne Europäerbezug waren die „juridictions indigènes“, ausschließlich für Eingeborene bestimmte Gerichte, zuständig. Eingangsinstanz war das „tribunal du premier degré“, das aus dem Vorsitzenden und zwei eingeborenen Beisitzern bestand und in Strafsachen auf Geldstrafe bis zur Höhe von 2000 Francs, auf bis zu 10 Jahre Aufenthaltsverbot und bis zu 10 Jahre Gefängnis erkennen konnte. Ein „tribunal du deuxième degré“ war ausschließlich in

---

2128 Vgl. *Feder*, Die Prügelstrafe, S. 52; ders. Die Prügelstrafe in den englischen und französischen Kolonien, S. 18, BA RKA 1001/5379, Bl. 77 (unveröffentlicht).
2129 Vgl. oben 3. Kap. F. II. 2. b).
2130 Nach *Asmis*, Das Eingeborenenrecht Französisch-Westafrikas, in: ZfKKK (12) 1910, S. 745 (783 ff.).
2131 Vgl. hierzu eingehend *Fischer*, Die deutschen Kolonien, S. 223 ff., 230 ff.

Zivilsachen zuständig. „Tribunaux criminels“ waren um zwei europäische Beisitzer verstärkte Gerichte mit Zuständigkeit für schwere Verbrechen, die auch auf Todesstrafe erkennen konnten. In Lomé bestand das „tribunal colonial d'appel“ als Berufungsgericht für Urteile der tribunaux du premier degré in Strafsachen. Es setzte sich aus dem Präsidenten, zwei administrateurs coloniaux und zwei eingeborenen Beisitzern zusammen. Die „chambre d'annulation“ in Dakar schließlich war identisch mit derjenigen für Französisch-Westafrika. Die juridictions indigènes wandten das hergebrachte Eingeborenenstrafrecht nur insoweit an, als es dem europäischen Rechtsempfinden nicht widersprach. Die Aufsicht über die Eingeborengerichte wurde durch den Kommissar der Republik und den Generalstaatsanwalt ausgeübt.[2132]

In ähnlicher Form wurde die Eingeborenengerichtsbarkeit auch in den Teilen Kameruns geregelt, die als B-Mandat unter französische Verwaltung fielen.[2133] Vom reinen Assimilationsgedanken hatte man sich durch die klare Trennung von justice indigène und justice française indessen auch hier gelöst.

C. Niederlande

Niederländisch-Indien („Nederlands-Indie“), das in seiner Ausdehnung im wesentlichen dem heutigen Indonesien entsprach, wurde im Dezember 1799 mit der Auflösung der bankrotten Vereenigde Oost-Indische Compagnie durch das niederländische Königreich übernommen. Es bildete die bedeutendste holländische Kolonie.

Auf den Inseln Java und Madura war die Strafrechtspflege über die Eingeborenen in ähnlicher Form geregelt, wie in den anderen Teilen des Inselreichs: In der untersten Instanz waren „Distriktsgerechten“ lediglich zuständig für Verhandlungen über Beleidigungen, in denen auf eine Strafe von bis zu 20 fl. erkannt wurde. Hier entschied der eingeborene Häuptling und eine vom holländischen Distriktsresidenten angeordnete Anzahl von Beisitzern.[2134] Gegen die Urteile der Distriktsgerechten war Berufung an die „Regentschapsgerechten“ zugelassen, die neben dem eingeborenen Chef einer mehrere Distrikte umfassenden Regentschaft und eingeborenen Beisitzern aus einem Gerichtsschreiber bestanden. Erstinstanzlich bei leichteren Vergehen zuständig, entschied das Regentschaftsgericht auf Strafen bis zu 6 Tagen Gefängnis. Hiergegen war wiederum Berufung

[2132] Vgl. *Wengler*, Die Eingeborenengerichtsbarkeit in den Mandatsgebieten Togo und Kamerun, in: ZvglRWiss (53) 1939, S. 144 (166 ff.).
[2133] Vgl. *Wengler*, Die Eingeborenengerichtsbarkeit in den Mandatsgebieten Togo und Kamerun, in: ZvglRWiss (53) 1939, S. 144 (177 ff.).
[2134] *Bauer*, Die Strafrechtspflege über die Eingeborenen der deutschen Schutzgebiete, in: AöR (19) 1905, S. 32 (64).

n den „Landraden" möglich. Dieser Gerichtshof – zuständig auch in den den vorgenannten Gerichten nicht zugewiesenen Sachen – entschied in der Besetzung von sechs eingeborenen Richtern und dem aus dem Kreis der angesehensten Häuptlinge ernannten Vorsitzenden. Nicht selten führte indessen ein sprachkundiger Europäer den Vorsitz. Auch der Gerichtsschreiber war Europäer. Ihm oblag zugleich die Zuständigkeit für die Strafvollstreckung. Als Revisionsinstanz bestand schließlich der „Hoog Gerechtshof" in Batavia,[2135] ein ausschließlich aus Europäern zusammengesetztes Kollegialgericht.[2136]

Neben dieser „ordentlichen Gerichtsbarkeit" bestand in Eingeborenensachen mit der „Rechtsbanken van omgang" noch ein außerordentlicher Gerichtshof. In fünf dafür eingeteilten Bezirken der Kolonie waren jeweils ein weißer Richter und Gerichtsschreiber ernannt, die das Land bereisten und vor Ort durch Zuziehung einer gewissen Anzahl eingeborener Beisitzer den Gerichtshof bildeten. Zuständig in Sachen, die der Resident vor sie verwies sowie bei todeswürdigen Verbrechen und Amtsvergehen der eingeborenen Beamten, waren ihre Urteile in gleichem Maße reversibel wie diejenigen der Landraden.[2137] Der Eingeborenengerichtsbarkeit entzogen waren dagegen Verfahren bei Polizeiübertretungen – die Polizeigewalt wurde durch den europäischen Residenten und seine an allen größeren Orten als Einzelrichter bestellten Vertreter ausgeübt – sowie alle strafbaren Handlungen, die von eingeborenen Fürsten im Range eines Regenten oder höher begangen wurden.

Im holländischen Kolonial-Strafprozeß gegen Eingeborene trat vor allen Gerichten ein öffentlicher Ankläger auf. Ähnlich wie in Französisch-Tunesien der „Caïd" war dies bei den Distrikts- und Regentschaftsgerichten stets, bei den Landraden und Rechtsbanken van omgang regelmäßig ein eingeborener Häuptling[2138] – eine Regelung, die in der deutschen Literatur wohlwollend diskutiert wurde.[2139]

[2135] Dem heutigen Jakarta.

[2136] *Bauer*, Die Strafrechtspflege über die Eingeborenen der deutschen Schutzgebiete, in: AöR (19) 1905, S. 32 (65).

[2137] *Bauer*, Die Strafrechtspflege über die Eingeborenen der deutschen Schutzgebiete, in: AöR (19) 1905, S. 32 (65 f.).

[2138] *Bauer*, Die Strafrechtspflege über die Eingeborenen der deutschen Schutzgebiete, in: AöR (19) 1905, S. 32 (66).

[2139] *Karlowa*, Die Strafgerichtsbarkeit über die Eingeborenen in den deutschen Kolonien, S. 67, erwägt die Übertragung des Amts des öffentlichen Anklägers auf einen angesehenen Eingeborenen nach holländischem Vorbild auch für die deutschen Schutzgebiete: „Gerade aus dem Gesichtspunkte der Eingeborenenbeteiligung heraus würde sich diese Maßnahme nicht nur als ein Mittel zur Stärkung der Häuptlingsautoritäten gegenüber den Eingeborenen darstellen und damit eine Gelegenheit, durch die Häuptlinge auf die Bevölkerung in unserem Interesse zu wirken, sondern vor allem würden diese farbigen Beamten hinreichend mit euro-

Auf die Zustimmung des Deutschen Kolonialbundes stieß auch die Vorschrift, nach der in Niederländisch-Indien erst die übereinstimmende Aussage von sieben Eingeborenen der eines einzigen Europäers gleich zu achten sei. Durch diesen „zweckmäßigen Gesetzesparagraphen“ werde freilich nicht unter allen Umständen,

> „...so doch in den meisten Fällen einer ungerechten Behandlung und Verurteilung des Europäers vorgebeugt und gleichzeitig das Prestige desselben wesentlich gehoben“.[2140]

Auch die niederländische Kolonialrichterausbildung wurde in einem Referat anläßlich des Zweiten Deutschen Kolonialkongresses im Jahre 1905 herausgestellt. Als ein „Muster“ könne „uns“ die obligatorische Qualifikation nicht nur mit dem Doktor iuris dienen. Ferner werde noch eine Prüfung nach zweijährigem Studium an der Universität Leyden verlangt, das sich auf die malaiische und javanische Völker- und Landeskunde und insbesondere die Rechtsgebräuche der Eingeborenen erstrecke. In Batavia bestehe zudem ein Institut zur Ausbildung der Beamten, das ebenfalls die Richterqualifikation vermittele.[2141]

Im Bereich des materiellen Strafrechts bestand ein besonderes „Strafwetbork for Inlanders“. Dieses, nach Aufbau und Inhalt wesentlich von dem Strafrecht für Europäer verschieden, fand mit Ausnahme von Sonderzuweisungen an den “Raden van justitie” auf alle von Eingeborenen begangene Straftaten Anwendung. Bemerkenswert ist nicht zuletzt, daß in ganz Niederländisch-Indien, „der höheren Kulturstufe der Bevölkerung entsprechend“, [2142] die Prügelstrafe wenigstens nominell abgeschafft war. Lediglich als Zuchtmittel in den Gefängnissen war sie gestattet.[2143]

---

päischen Rechtsanschauungen vertraut gemacht und es würde aus solchen Beamten auch der Richter für die niedere Gerichtsbarkeit auszuwählen sein.“

[2140] Flugblätter des Deutschen Kolonial-Bundes, BA RKA 1001/5378, Bl. 129.

[2141] *Meyer*, Die Rechtspflege in gemischten Angelegenheiten, in: Verhandlungen des Deutschen Kolonialkongresses 1905, S. 401 (404).

[2142] *Doerr*, Deutsches Kolonialstrafrecht, in: ZfKKK (10) 1908, S. 321 (331); vgl. auch die VO d. Ksl. Kommissars v. DNG, betr. die Erhaltung der Disziplin unter den farbigen Arbeitern, v. 19.12.1889, DKolGG (I) 1892, S. 553. Hiernach waren in DNG körperliche Züchtigungen als Disziplinarstrafe gegen aus Niederländisch-Indien angenommene farbige Arbeiter nicht zulässig, außer während der Dauer der Freiheitsstrafen, die sie auf Grund der Verurteilung wegen eines Verbrechens oder Vergehens verbüßten.

[2143] *Bauer*, Die Strafrechtspflege über die Eingeborenen der deutschen Schutzgebiete, in: AöR (19) 1905, S. 32 (67); *Feder*, Die Prügelstrafe, S. 52.

Schlußbetrachtungen

Die nur dreißig Jahre währende deutsche Kolonialexpansion ist nicht frei von Widersprüchen. Unbestrittenen Leistungen – Aufbau einer zum Teil heute noch nutzbaren Infrastruktur, Verbesserung der medizinischen Versorgung, Errichtung von Schulen oder auch die Durchsetzung von Suaheli als stammesübergreifender ostafrikanischer Landessprache, um nur einige zu nennen – stehen deutliche Untaten auf dem Gebiet des Kolonialrechts gegenüber. Von den führenden Strafrechtswissenschaftlern des ausgehenden 19. Jahrhunderts nahezu unbemerkt, entwickelte sich in den deutschen Schutzgebieten ein ausdifferenziertes dualistisches Kolonialstrafrecht, das als exekutives Sonderrecht von Kaiser, Kanzler und den Kolonialbehörden ohne nennenswerte Beteiligung des Deutschen Reichstags nach den örtlichen Gegebenheiten und Bedürfnissen der einzelnen Kolonien gestaltet werden konnte.

Die weiße Schutzgebietsbevölkerung genoß dabei eine der deutschen Reichsbevölkerung angenäherte Rechtsstellung. Einschränkungen ergaben sich zunächst durch einen nur zweistufigen Instanzenzug aus Kaiserlichen „Bezirks-“ und „Obergerichten“. Eine bemerkenswerte Diskussion entsponn sich um die Errichtung eines Kolonialgerichtshofs als einheitlicher Revisionsinstanz der deutschen Schutzgebietsgerichtsbarkeit. Aus einer komplizierten Verweisungstechnik auf Vorschriften des Konsulargerichtsbarkeitsgesetzes ergab sich eine erhebliche Kompetenzerweiterung der nicht zwingend rechtswissenschaftlich ausgebildeten Kolonialrichter gegenüber den reichsdeutschen Strafrichtern. Die Stellung der Staatsanwaltschaft im kolonialen Strafprozeß war hingegen gänzlich untergeordnet. Auf dem Gebiet des materiellen Strafrechts und des Strafverfahrensrechts ergaben sich für die europäische Bevölkerung zumeist eher geringfügige Abweichungen von den Bestimmungen des RStGB und der RStPO, hier jedoch insbesondere durch die Geltung des Inquisitionsprinzips.

Von strafrechtshistorisch größerem Interesse ist das gegenüber der indigenen Schutzgebietsbevölkerung entwickelte diskriminierende Sonderrecht. Ausgehend von sozialdarwinistischen Grundüberzeugungen, die sich in einem zivilisatorisch-rassischen Überlegenheitsgefühl der weißen Kolonialherren ausdrückten, sah man im deutschen Kolonialreich die Eingeborenen als Kinder, die es zum Zwecke ihrer „Hebung“ zu erziehen galt. Diesen politischen Zweck sollte nicht zuletzt das Kolonialstrafrecht sichern. Mit Verboten und Strafen sollte auf das Verhalten der Eingeborenen gewirkt werden. Eine Assimilation nach französischem oder portugiesischem Vorbild wurde hingegen nicht erwogen.

Das Kolonialstrafrecht erfüllte gleich in mehrfacher Hinsicht die von der Kolonialpolitik erhobenen Anforderungen. Neben dem populären Erziehungsgedanken standen dabei die wirtschaftlichen Interessen des Reichs und einflußreicher Kaufleute und Pflanzer in den Schutzgebieten selbst im Vordergrund. Bei der Erschließung und Besiedelung der neuen Gebiete war man auf die Arbeitskraft der Einheimischen angewiesen. Nur sie ertrugen die oft harte Arbeit auf den europäischen Plantagen oder Expeditionen, waren an die den Weißen unzuträglichen („Tropenkoller") klimatischen Verhältnisse angepaßt und überhaupt in ausreichender Zahl vorhanden. Auch Bernhard Dernburgs Äußerung von den Eingeborenen als „wichtigstem Aktivum" der deutschen Kolonien unterstrich gerade den wirtschaftlichen Wert der indigenen Bevölkerung für die Deutschen. Besonders deutlich werden diese Zusammenhänge im sogenannten Disziplinarstrafrecht, das die „fortgesetzte Pflichtverletzung und Trägheit" und „Widersetzlichkeit" farbiger Arbeiter unter Strafe stellte und zum Antragsdelikt zugunsten der weißen Arbeitgeber erhob. Umstritten war die Anerkennung eines eigenen „väterlichen" Züchtigungsrechts der weißen Pflanzer. Die Eingeborenen erschienen nur mehr als bloße Objekte kolonialen Strafens. Obschon nirgends kodifiziert, kann eine „allgemeine Gehorsamspflicht" der Eingeborenen gegenüber den weißen Kolonialherrn angenommen werden – so wie sie schon der Dar-Es-Salaamer Oberrichter Ziegler in einem Vortrag vor der IKV vertrat.

Das deutsche Kolonialstrafrecht war verwirklichtes Zweckstrafrecht. Zweckmäßig war es, auf die vorhandenen örtlichen Verwaltungsorgane zurückzugreifen und diese mit der Rechtsprechung in Eingeborenensachen zu betrauen. Richterliche Unabhängigkeit und Gewaltenteilungsgrundsätze wurden dagegen nicht für angezeigt gehalten. Zweckmäßig war es, bei der Verschiedenheit der unterworfenen Völker und Kulturen diesen mit den örtlichen Gebräuchen vertrauten Organen eine größtmögliche Freiheit bei der Frage nach der Strafbarkeit einer Handlung einzuräumen. Es kam damit zur Herausbildung regionalen „Bezirksleiterrechts". Der nullum crimen, nulla poena sine lege- Grundsatz wurde dagegen für die Eingeborenenrechtsprechung verworfen. Rechtssicherheit bestand nicht. Das kodifizierte Kolonialstrafrecht war alles andere als die Lisztsche „magna charta des [eingeborenen] Verbrechers", da die gesetzlichen Voraussetzungen seiner Bestrafung eben nicht geregelt waren.

Zweckmäßig war es ferner, die Eingeborenen in gewissen Umfang an der Rechtspflege teilhaftig werden zu lassen. Hierdurch sollte nicht nur dem Unmut der unterworfenen Völker gegen die koloniale Rechtsordnung vorgebeugt werden, durch die Beteiligung wurden die herangezogenen Häuptlinge auch zu Mittlern zwischen den Kulturen. Nicht zuletzt hätte es den deutschen Kolonialherren schlicht an Personal gefehlt, ihre verwaltende und rechtsprechende Tätigkeit auch in die oftmals kaum erschlossene Tiefe des Hinterlandes auszudehnen. Zweckmäßig waren weiterhin auch die im Kolonialstrafrecht verhängten Strafen. Die den Amtlichen Jahresberichten zu entnehmenden Kriminalstatistiken belegen ein deutliches Überwiegen von kürzeren Freiheits-, sowie Prügel- und Geldstrafen. Hiermit war gesichert, daß die wertvolle Arbeitskraft der farbigen Delinquenten schon während der Verbüßung der in der Regel mit Zwangsarbeit verbundenen Gefängnisstrafe oder aber nach dem schnellen und kostengünstigen Vollzug der körperlichen Züchtigung wieder zur Verfügung stand. Zweckmäßig war zuletzt die Genehmigungspflicht für Kapital- und Schwerststrafen, die an die Stelle von Rechtsmitteln trat und einen Verzicht auf den als entbehrlich empfundenen Instanzenweg zu rechtfertigen schien.

Schließlich läßt sich im deutschen Kolonialstrafrecht auch ein reich bestelltes Experimentierfeld der zeitgenössischen Kolonialjuristen erkennen. Die Strafbarkeit des „Lügens vor Gericht" – in Ostafrika auch die des Angeklagten – wurde für die afrikanischen Schutzgebiete entwickelt. In Kiautschou wurde die als zweckmäßig empfundene und dem chinesischen Recht entnommene Möglichkeit der stellvertretenden Bestrafung des Vaters, älteren Bruders, Vormunds oder einer Obhutsperson für die Handlungen jugendlicher Personen geregelt. Im Reich nur theoretisch diskutiert, wurden hier auch die Rechtsinstitute der bedingten Verurteilung und vorläufigen Entlassung verwirklicht. In Togo schließlich wurde auf Bezirksleiterebene die Zwangsansiedlung von Straftätern und anderen mißliebig gewordenen Eingeborenen in sogenannten „Besserungssiedlungen" ersonnen und praktiziert, eine formelle Rechtsgrundlage hierfür indessen erst Jahre später geschaffen.

Das deutsche Kolonialstrafrecht war ausgeübte Strafmacht. Die Zahl der in den Schutzgebieten verhängten Todesurteile übertraf die im Reich vollzogenen Todesstrafen regelmäßig um einen mehrfachen Faktor – bei einer über viermal so hohen Bevölkerungszahl in der Heimat. Die im Reich überwundene Prügelstrafe erwuchs in den überseeischen Gebieten zu einer neuen Blüte. Wie sich den Quellen entnehmen läßt, kam es bei der Ausübung der Prügelstrafe nicht selten zu unerhörten Grausamkeiten. Es erscheint indessen angebracht, hierbei in zeitlicher Hinsicht zu differenzieren: Teilt man mit einer gängigen Annahme die deutsche Kolonialära in drei grundlegende Abschnitte – Erwerbsprozeß (1884-1890), Phase der tatsächlichen Besitzergreifung (1890-1907) und Reifeprozeß (1907-1914) – so fallen die auf das Verhalten einzelner Schutzgebietsbeamter zurückgehenden „Kolonialskandale" ganz überwiegend in die mittlere Phase, die auch durch die großen Eingeborenen-Erhebungen gekennzeichnet war.

In kaum zu überschätzender Weise war die Eingeborenen-Strafrechtspflege schließlich von den regional verantwortlichen Verwaltungsbeamten abhängig. Dabei spiegeln jedoch die Unerfahrenheit der deutschen Kolonialverwaltung insgesamt, die Überforderung einzelner Beamter, falsch verstandener Diensteifer und Schneid oder übertriebener Gehorsam das koloniale Gesamtbild nur unzureichend wider. Einzelnen Beamten und Gouverneuren wird eine ausgesprochene Befähigung und ein entwickeltes Verständnis für die Eigenarten und Belange der Eingeborenen nicht abgesprochen werden können. Im Ergebnis aber taten sich unter den deutschen Kolonien wie auch zwischen den Bezirken ein und derselben Kolonie erhebliche Abweichungen auf. Das Schlagwort des „Assessorismus“ wird der Situation dagegen nur dann gerecht, wenn es weniger auf die in der Regel nicht vorhandene juristische Ausbildung der Bezirkamtmänner und Distriktschefs abstellt, als vielmehr die deutliche Tendenz der deutschen Kolonialverwaltung zur Bürokratisierung beschreibt.

Das deutsche Kolonialstrafrecht läßt sich überdies in einen europäischen Zusammenhang einordnen. Das verspätete deutsche Kolonialreich übernahm – bewußt oder unbewußt – wesentliche Grundlagen seines Kolonialrechts von den erfahreneren Kolonialprotagonisten. Schließlich läßt das deutsche Kolonialstrafrecht auch Rückschlüsse auf das vordergründig so fortschrittliche Reichsstrafrecht zu. Die Annahme einer rechtsstaatlich-sozialen Strafrechtsepoche für die Zeit zwischen der Reichsgründung und dem Untergang des Kaiserreichs übersieht die Verhältnisse in den deutschen Schutzgebieten.

Anhang

A. Zeittafel

1871

- Deutsch-Französischer Krieg
- Gründung des Zweiten Deutschen Reiches
- Otto v. Bismarck Reichskanzler (1871-1890)
- Überlegungen, Hinterindien als Kriegsziel von Frankreich zu fordern

1879

- 10. Juli: Gesetz über die Konsulargerichtsbarkeit (KGG 1879)

1884

- Erwerb von Deutsch-Südwestafrika, Kamerun, Togo und Deutsch-Neuguinea
- November bis Februar 1885: Westafrika-Konferenz in Berlin

1885

- Erwerb von Deutsch-Ostafrika und den Marshall-Inseln
- „Kolonialreferat" im Auswärtigen Amt

1886

- 17. April: Schutzgebietsgesetz (SchGG 1886)

1888

- Dreikaiserjahr: Wilhelm I. – Friedrich Wilhelm III. – Wilhelm II.
- 15. März: SchGG 1888
- 21. Oktober: Strafverordnung für die Eingeborenen, erlassen von der NGK

1890

- Entlassung Bismarcks durch Kaiser Wilhelm II.
- Leo Graf v. Caprivi Reichskanzler (1890-1894)
- Errichtung einer Kolonial-Abteilung im Auswärtigen Amt (AAKA)
- 10. März: RK-Strafverordnung für die Eingeborenen der Marshall-Inseln
- 1. Juli: Deutsch-Englisches Helgoland-Sansibar-Abkommen

1894

- Chlodwig Fürst zu Hohenlohe-Schillingfürst Reichskanzler (1894-1900)
- Fälle „Leist/Wehlan" in Kamerun

1896

- 22. April: Verfügung des Reichskanzlers wegen Ausübung de Strafgerichtsbarkeit und der Disziplinargewalt gegenüber Eingeborenen i den deutschen Schutzgebieten von Ostafrika, Kamerun und Togo
- 8. November: Durch Vfg. d. Gouverneurs wird die RK-Vfg. v. 22.4.189 unter Berücksichtigung der Schutzverträge auch in DSWA i Wirksamkeit gesetzt

1898

- Erwerb von Kiautschou: „Pachtvertrag" mit China
- Gründung der „Deutschen Kolonialschule" in Witzenhausen a. d. Werra

1899

- Erwerb der Karolinen, Marianen und Palau durch Kauf von Spanien

1900

- Bernhard v. Bülow Reichskanzler (1900-1909)
- Erwerb von Deutsch-Samoa
- Boxeraufstand in China (bis 1901)
- 7. April: Gesetz über die Konsulargerichtsbarkeit (KGG 1900)
- 25. Juli: Gesetz, betr. Änderungen des Gesetzes über die Rechtsverhältnisse der deutschen Schutzgebiete (SchGG 1900)

1902

- Erster Deutscher Kolonialkongreß in Berlin (Präs.: Johann Albrecht Herzog zu Mecklenburg)

1904

- Beginn schwerer Aufstände der Herero und Nama in DSWA

1905

- Maji-Maji-Aufstand in DOA
- Höhepunkt der gegenüber den Eingeborenen verhängten Todesurteile in DOA in den Berichtsjahren 1905/06 und 1906/07
- Zweiter Deutscher Kolonialkongreß in Berlin (Präs.: Johann Albrecht Herzog zu Mecklenburg)

1907

- Niederschlagung der Aufstände in DSWA (General v. Trotha)
- 25. Januar/5. Februar: „Hottentottenwahlen" zum Deutschen Reichstag
- 17. Mai: Errichtung eines Reichskolonialamts (RKA)
- Bernhard Dernburg erster Staatssekretär des RKA

- Dernburgsche Reformen mit dem Ziel einer „Humanisierung" der Prügelstrafe

1909
- Theobald v. Bethmann Hollweg Reichskanzler (1909-1917)

1910
- Dritter Deutscher Kolonialkongreß in Berlin (Präs.: Johann Albrecht Herzog zu Mecklenburg)

1911
- „Panthersprung" nach Agadir
- Weiterer Gebietserwerb in Kamerun durch das D-F Marokko-Abkommen

1914
- Ausbruch des Ersten Weltkriegs
- Besetzung und effektiver Verlust der deutschen Schutzgebiete
- Aber anhaltender Widerstand in DOA (General von Lettow-Vorbeck)

1918
- 11. November: Waffenstillstand auf der Grundlage der „14 Punkte" Wilsons
- 25. November: Kapitulation der deutschen Truppen in DOA
- Britisches Blaubuch über deutsche Kolonialgreuel: „Report on the natives"

1919
- Deutsches Weißbuch: „Die Behandlung der einheimischen Bevölkerung"
- 21. März: Reichskolonialministerium
- 28. Juni: Unterzeichnung des Versailler Vertrages
- Gründung des Völkerbundes
- Rechtlicher Verlust der deutschen Kolonien, Art. 119 ff. Versailler Vertrag
- 7. November: Reichsministerium für Wiederaufbau
- Diskussion um deutsche „Kolonialschuld" und „Kolonialschuldlüge"

1922
- Japan übergibt Kiautschou an China

1924
- Letzter Deutscher Kolonialkongreß in Berlin (Präs.: Gouverneur a.D. Seitz)

B. Kartenteil

I. Das koloniale Afrika

II. Deutsch-Südwestafrika

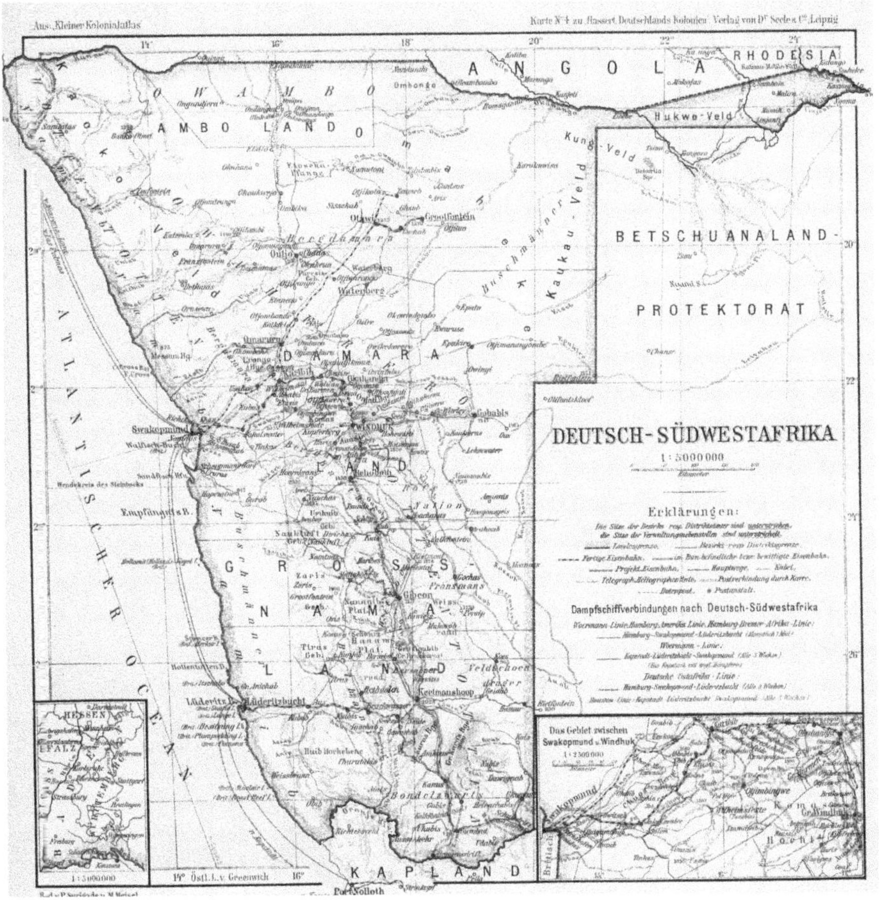

III. Togo

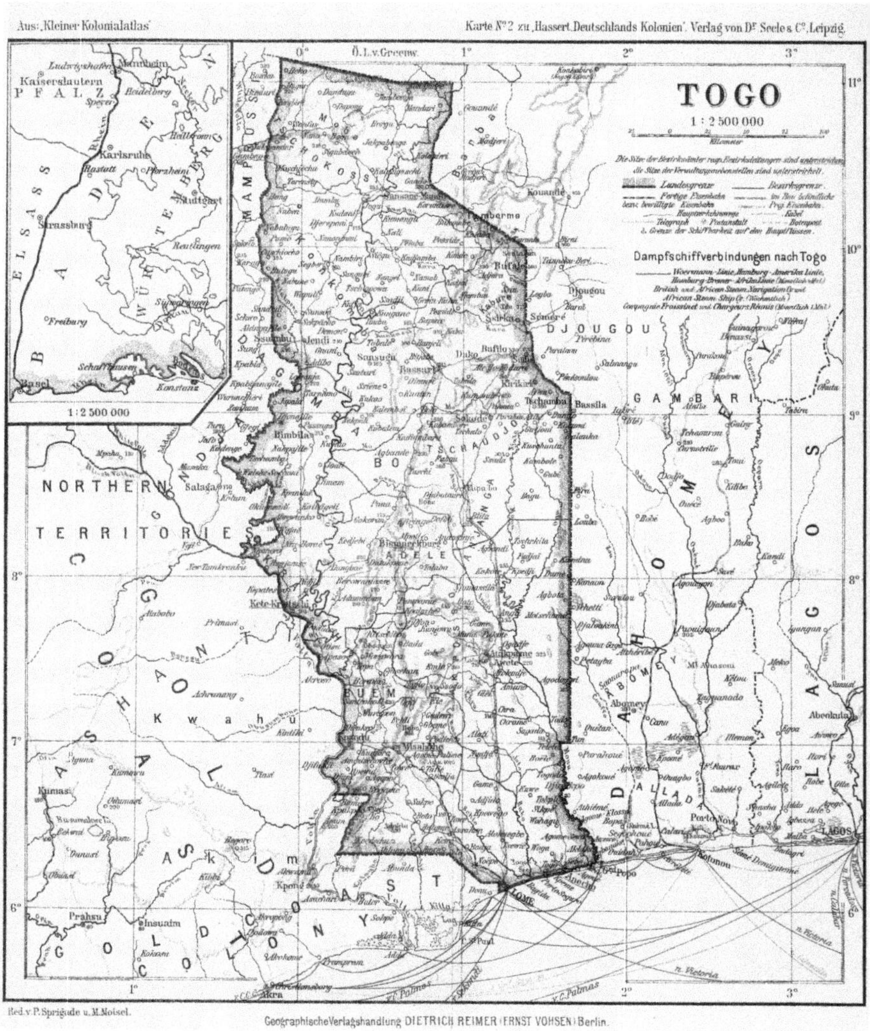
Aus: ‚Kleiner Kolonialatlas'
Karte N° 2 zu ‚Hassert, Deutschlands Kolonien'. Verlag von Dr. Seele & C°. Leipzig.
TOGO
1 : 2 500 000
Dampfschiffverbindungen nach Togo
Ö. L. v. Greenw.
PFALZ
ELSASS
BADEN
WÜRTTEMBERG
Mannheim
Kaiserslautern
Karlsruhe
Strassburg
Reutlingen
Freiburg
Basel
1 : 2 500 000
NORTHERN TERRITORIES
GOLD COAST COLONY
DAHOMEY
DJOUGOU
GAMBARI
Salaga
Bimbila
Kete-Kratschi
BUEM
Misahöhe
Kpandu
Kumasi
Prahsu
Akra
LOME
Anecho
Abomey
Porto Novo
Kotonou
LAGOS
Abeokuta
Kouandé
Djougou
Bassila
Red. v. P. Sprigade u. M. Moisel.
Geographische Verlagshandlung DIETRICH REIMER (ERNST VOHSEN) Berlin.

V. Kamerun

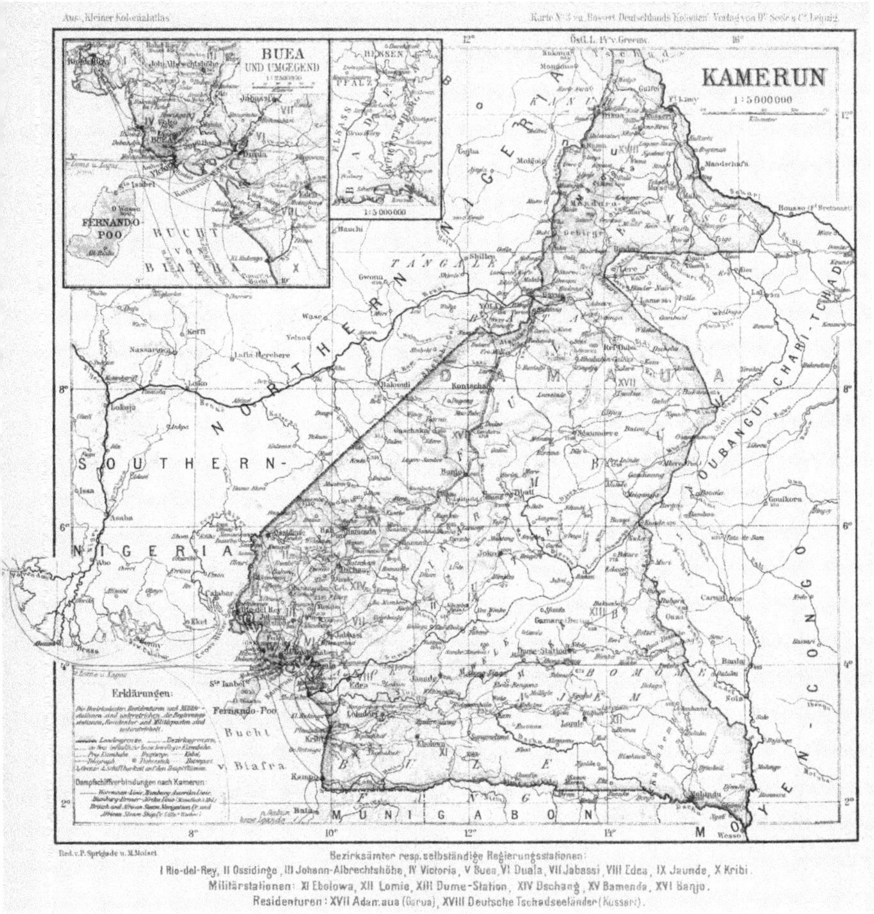
KAMERUN
1 : 5 000 000
BUEA UND UMGEGEND
FERNANDO-POO
BUCHT VON BIAFRA
SOUTHERN-NIGERIA
NORTHERN NIGERIA
MUNI
GABON
Erklärungen:
Dampfschiffverbindungen nach Kamerun:
Red. v. P. Sprigade u. M. Moisel
Bezirksämter resp. selbständige Regierungsstationen:
I Rio-del-Rey, II Ossidinge, III Johann-Albrechtshöhe, IV Victoria, V Buea, VI Duala, VII Jabassi, VIII Edea, IX Jaunde, X Kribi.
Militärstationen: XI Ebolowa, XII Lomie, XIII Dume-Station, XIV Dschang, XV Bamenda, XVI Banjo.
Residenturen: XVII Adamaua (Garua), XVIII Deutsche Tschadseeländer (Kusseri).

V. Deutsch-Ostafrika

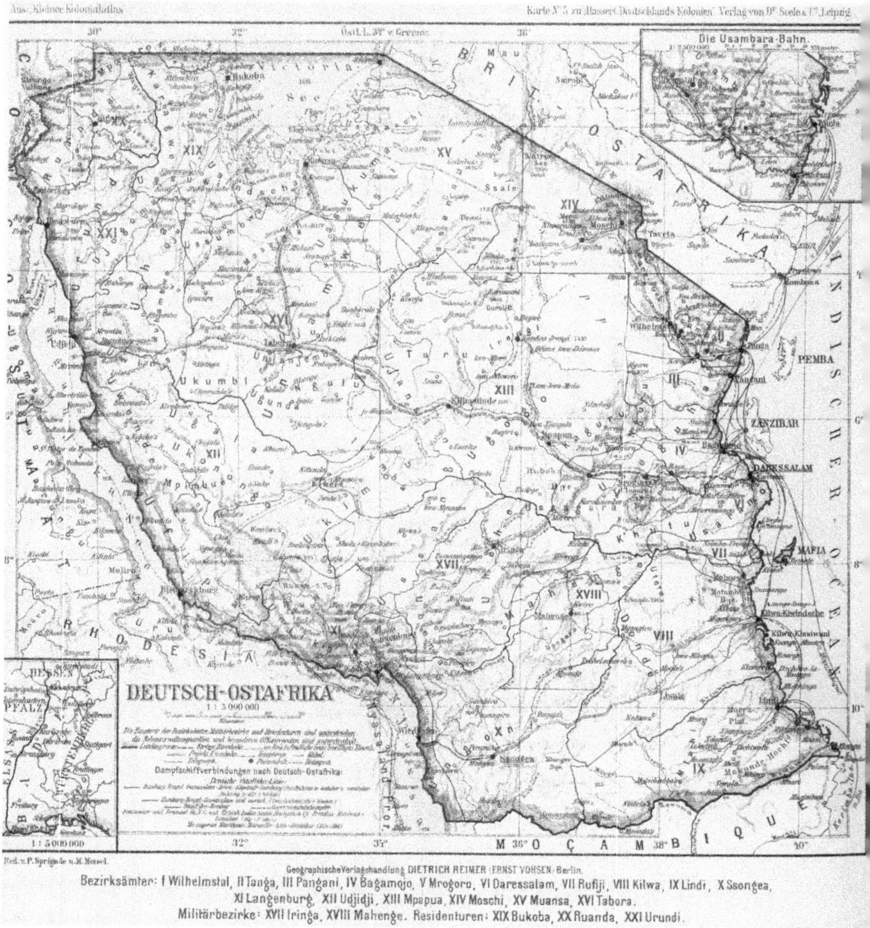

VI. Deutsche Südsee

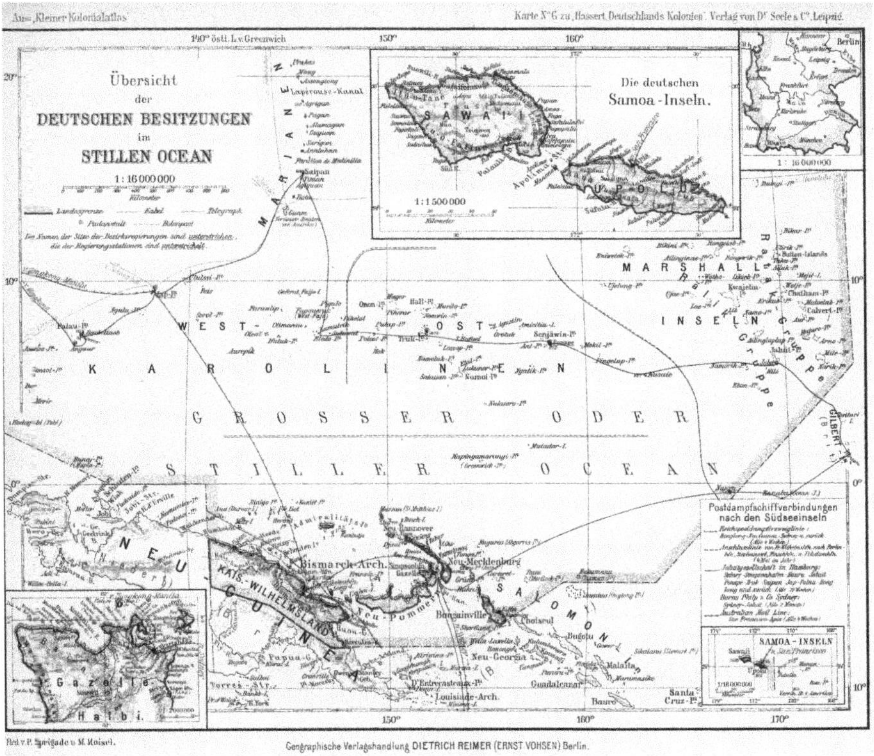

VII. Kiautschou

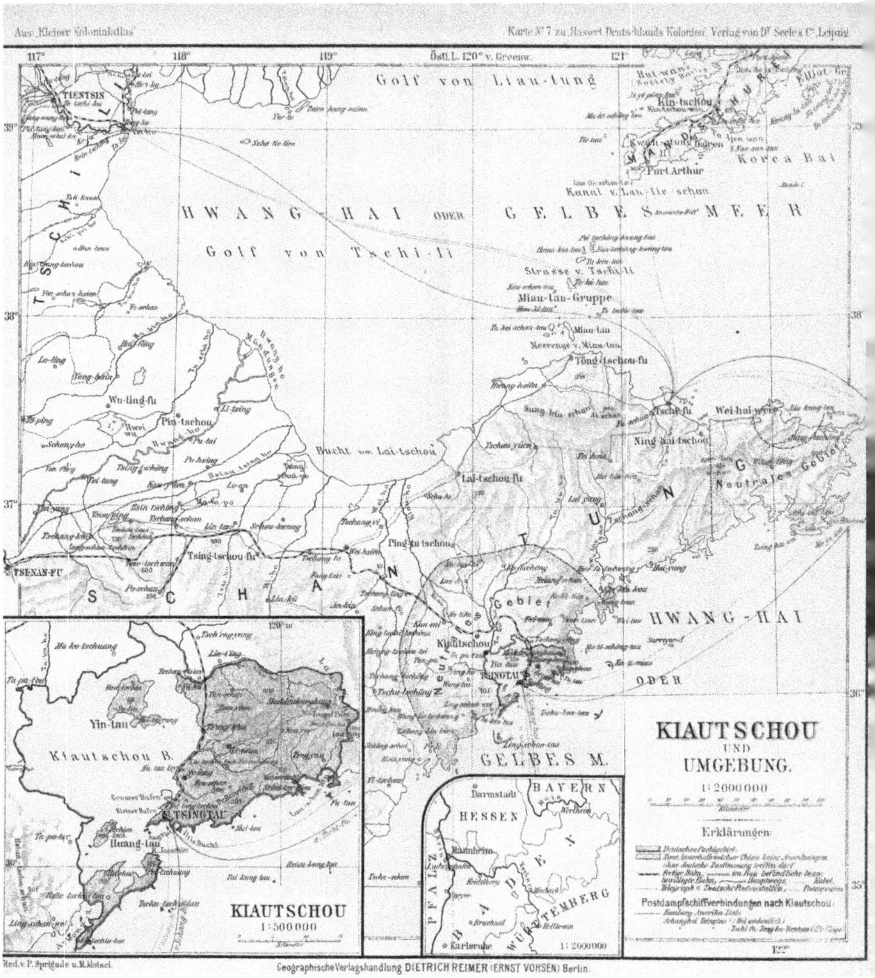

C. Verzeichnis der leitenden Kolonialbeamten

I. Die Leiter der zentralen Kolonialverwaltung des Deutschen Reiches

1. 1884-1885
Dezernat „Handelsbeziehungen zu Asien, Afrika, Australien" in der Handelspolitischen Abteilung des Auswärtigen Amtes

Vortragender Rat:	GLR Heinrich v. Kusserow (1836-1900)

2. 1885-1890
Dezernat „Kolonialangelegenheiten und Entsendung von Kriegsschiffen zum Schutz deutscher Interessen" in der Politischen Abteilung (IA) des Auswärtigen Amtes

Vortragender Rat:	GLR Heinrich v. Kusserow (1836-1900)
	GLR Prof. Dr. Friedrich Richard Krauel, (1848-1918, Dirigent)

3. 1890-1907
Kolonial-Abteilung des Auswärtigen Amtes (AAKA)

Abteilungsdirigenten bzw. ab 1894 Abteilungsdirektoren:

01.04.1890 – 29.06.1890	Prof. Dr. Friedrich Richard Krauel (1848-1918)
30.06.1890 – 14.10.1896	Dr. Paul Kayser (1845-1898)
15.10.1896 – 31.03.1898	Dr. Oswald Frhr. v. Richthofen (1847-1906)
31.03.1898 – 06.05.1900	Dr. Gerhard v. Buchka (1851-1935)
12.06.1900 – 16.11.1905	Dr. Oskar Wilhelm Stübel (1846-1921)
16.11.1905 – 05.07.1906	Prinz Ernst zu Hohenlohe–Langenburg (1863-1950)
05.09.1906 – 16.05.1907	Dr. Bernhard Dernburg (1865-1937)

4. 1907-1920
Reichskolonialamt (RKA) bzw. Reichskolonialministerium

Staatssekretär bzw. Reichsminister:

17.05.1907 – 09.06.1910	Dr. Bernhard Dernburg (1865-1937)
10.06.1910 – 03.11.1911	Dr. Friedrich Frhr. v. Lindequist (1862-1945)
20.11.1911 – 13.12.1918	Dr. Wilhelm Heinrich Solf (1862-1936)
13.02.1919 – 01.04.1920	Dr. Johannes Bell (1868-1949)

5. 1920-1924
Reichsministerium für Wiederaufbau, Abteilung K

Direktor:

1920 – 1924	MinDir Dr. Meyer-Gerhard

6. 1924-1945
Auswärtiges Amt, Unterabteilung K bzw. Referat Pol. X

Leiter der Unterabteilung IIIk bzw. des Referats Pol. X

1924 – 1936	Dirigent VLR Dr. Brückner
1936 – 1937	VLR Gunzert
1937 – 1938	LR Dr. Strohm und LR Dr. Zeitschel
1938 – 1943[?]	Ges. R. I. Kl. Dr. Harald Bielfeld, seit Dez. 1938
1943	LR Dr. Koltzsch
1943 – 1945	Ges. Dr. Dr. Rudolf Asmis

Quelle: *Hollmann*, Einleitung zum Findbuch Reichskolonialamt, S. LV.

I. Die leitenden Verwaltungsbeamten in den Schutzgebieten

1. Deutsch-Südwestafrika

Mai 1885 – Aug. 1890	Dr. Heinrich Ernst Göring, Ksl. Kommissar a.i.
März 1891 – 15.03.1894	Curt v. François, seit Nov. 1893 mit dem Titel eines Landeshauptmanns
15.03.1894 – 19.08.1905	Theodor Leutwein, Landeshauptmann, seit dem 18.04.1898 mit dem Titel eines Gouverneurs
19.08.1905 – 20.05.1907	Dr. Friedrich v. Lindequist
20.05.1907 – 20.06.1910	Bruno v. Schuckmann
ab 28.08.1910	Dr. Theodor Seitz

2. Togo

1884 – 1885	Heinrich Randad, provisorischer Konsul
Juni 1885 – 1887	Ernst Falkenthal (1858-1911), Kommissar
1887 – 03.08.1888	Jesco v. Puttkamer (1855-1917), a.i.
03.08.1888 – 14.04.1891	Eugen v. Zimmerer (1843-1918), Kommissar
16.12.1891 – 13.08.1895	Jesco v. Puttkamer, seit Nov. 1893 mit dem Titel eines Landeshauptmanns
18.11.1895 – 20.01.1902	August Köhler (1858-1902), seit April 1898 mit dem Titel eines Gouverneurs
01.12.1902 – 11.05.1905	Waldemar Horn, de facto bis Dez. 1903
11.05.1905 – 07.11.1910	Julius Graf v. Zech auf Neuhofen (1868-1914)
07.11.1910 – 31.03.1911	Hans Georg v. Doering, a.i. (1866-1921)
31.03.1911 – 19.06.1912	Edmund Brückner (1871-1935)
ab 19.06.1912	Adolf Friedrich Herzog zu Mecklenburg (1873-1969)

3. Kamerun

14.07.1884 – 17.05.1885	Dr. Max Buchner, Ksl. Kommissar a.i. mit Charakter als Konsul
26.05.1885 – 14.02.1891	Julius Frhr. v. Soden, Gouverneur
15.04.1891 – 13.08.1895	Eugen v. Zimmerer
13.08.1895 – 09.05.1907	Jesco v. Puttkamer
09.05.1907 – 27.08.1910	Dr. Theodor Seitz
28.08.1910 – 29.01.1912	Dr. Otto Gleim
29.01.1912 – 1915	Dr. Karl Ebermaier

4. Deutsch-Ostafrika

1885 – 1889	Dr. Carl Peters, Reichskommissar
08.02.1889 – 21.02.1891	Hauptmann Hermann Wissmann, Reichskomissar
14.02.1891 – 15.09.1893	Julius Frhr. v. Soden, Gouverneur
15.09.1893 – 25.02.1895	Friedrich Frhr. v. Scheele
26.04.1895 – 03.12.1896	Dr. Hermann v. Wissmann
03.12.1896 – 12.03.1901	Edmund v. Liebert
12.03.1901 – 15.04.1906	Gustav Adolf Graf v. Götzen
15.04.1906 – 22.04.1912	Albrecht Frhr. v. Rechenberg
ab 22.04.1912	Dr. Heinrich Schnee

5. Deutsch-Neuguinea

Kaiser-Wilhelmsland mit Bismarck-Archipel, Salomon-Inseln, Karolinen, Marianen und Palau

1885 – 1886	Gustav v. Oertzen, Kaiserliches Kommissar
17.05.1885 – März 1888	Admiral a.D. Georg Frhr. v. Schleinitz, Landeshauptmann der NGK
01.03.1888 – 31.10.1889	Geh. Oberpostrat Reinhold Kraetke, Landeshauptmann
21.08.1889 – 15.06.1892	Fritz Rose, Kaiserlicher Kommissar a.i., seit 30.09.1890 etatmäßig
20.06.1892 – 1895	Georg Schmiele, Landeshauptmann der NGK
15.02.1896 – 28.08.1896	KKpt. A.D. Rüdiger, komm. Landeshptm. der NGK
09.10.1896 – 13.08.1897	Curt v. Hagen, komm. Landeshptm. der NGK
11.09.1897 – 1898	RA Hugo Skopnik, komm. Landeshauptm. der NGK
26.03.1899 – 19.06.1902	Rudolf v. Bennigsen, Gouverneur
ab 10.11.1902	Dr. Albert Hahl

Marshall-Inseln

1885 – 1886	Gustav v. Oertzen, Ksl. Kommissar
1886 – 1888	Konsul Dr. Wilhelm Knappe
1888 – 1890	Vizekonsul Dr. Sonnenschein
April 1890 – 1891	Vizekonsul Biermann
März 1892 – 1893	Dr. Wilhelm Schmidt
10.12.1893 – März 1898	Dr. Georg Irmer, Ksl. Landeshauptmann
24.03.1898 – 28.03.1906	Eugen Brandeis, etatmäßig seit 22.02.1900

6. Samoa

25.01.1900 – 19.12.1911	Dr. Wilhelm Solf, Gouverneur
ab 19.06.1912	Dr. Erich Schultz-Ewerth

7. Tsingtau

Gouverneure (dem Reichsmarineamt unterstellt):

Febr. 1898 – April 1898	Kapitän z.S. Oskar Truppel
07.03.1898 – 10.10.1898	Kapitän z.S. Carl Rosendahl (angetr. am 16.04.1898)
19.02.1899 – 27.01.1901	Kapitän z.S. Paul Jaeschke
20.02.1901 – 17.08.1911	Kapitän z.S. Oskar (v.) Truppel
ab 19.08.1911	Kapitän z.S. Alfred Meyer-Waldeck

Quelle: *Gründer*, Geschichte der deutschen Kolonien, S. 258 ff. u.a.

D. Rechtsquellen

I. Schutzgebietsgesetz (SchGG) vom 25. Juli 1900

Schutzgebietsgesetz vom 25. Juli 1900 (RGBl. 1900, S. 809), bekanntgemacht am 10. September 1900 (RGBl. 1900, S. 813), in Kraft getreten am 1. Januar 1901.

§ 1

Die Schutzgewalt in den deutschen Schutzgebieten übt der Kaiser im Namen des Reiches aus.

§ 2

Auf die Gerichtsverfassung in den Schutzgebieten finden die Vorschriften der §§ 5, 7 bis 15, 17, 18 des Gesetzes über die Konsulargerichtsbarkeit vom 7. April 1900 (RGBl. 1900, S. 213) mit der Maßgabe entsprechende Anwendung, daß an die Stelle des Konsuls der von dem Reichskanzler zur Ausübung der Gerichtsbarkeit ermächtigte Beamte und an die Stelle des Konsulargerichts das in Gemäßheit der Vorschriften über das letztere zusammengesetzte Gericht des Schutzgebiets tritt.

§ 3

In den Schutzgebieten gelten die im § 19 des Gesetzes über die Konsulargerichtsbarkeit bezeichneten Vorschriften der Reichsgesetze und preußischen Gesetze. Die Vorschriften der §§ 20 bis 22, des § 23 Abs. 1 bis 3 und 5, der §§ 26, 29 bis 31, 33 bis 35, 37 bis 45, 47, 48, 52 bis 75 des Gesetzes über die Konsulargerichtsbarkeit finden entsprechende Anwendung.

§ 4

Die Eingeborenen unterliegen der im § 2 geregelten Gerichtsbarkeit und den im § 3 bezeichneten Vorschriften nur insoweit, als dies durch Kaiserliche Verordnung bestimmt wird. Den Eingeborenen können durch Verordnung bestimmte andere Theile der Bevölkerung gleichgestellt werden.

§ 5

Die Militärgerichtsbarkeit wird durch dieses Gesetz nicht berührt.

§ 6

Durch Kaiserliche Verordnung kann:

1. in Vorschriften über Materien, welche nicht Gegenstand des Strafgesetzbuchs für das Deutsche Reich sind, Gefängnis bis zu einem Jahre, Haft, Geldstrafe und Einziehung einzelner Gegenstände angedroht werden;
2. vorgeschrieben werden, daß in Strafsachen
    a) die Mitwirkung einer Staatsanwaltschaft mit der Maßgabe eintritt, daß, soweit die Staatsanwaltschaft zuständig ist, die Vorschriften der §§ 56, 65 und des § 71 Abs. 2 Satz 1 des Gesetzes über die Konsulargerichtsbarkeit außer Anwendung bleiben,

b) eine Voruntersuchung stattfindet, deren Regelung der Verordnung vorbehalten bleibt;

c) der § 9 Abs. 2 des Gesetzes über die Konsulargerichtsbarkeit keine Anwendung findet;

3. angeordnet werden, daß in Strafsachen, wenn der Beschluß über die Eröffnung des Hauptverfahrens eine Handlung zum Gegenstande hat, welche zur Zuständigkeit der Schöffengerichte oder zu den in den §§ 74, 75 des Gerichtsverfassungsgesetzes bezeichneten Vergehen gehört, in der Hauptverhandlung eine Zuziehung von Beisitzern nicht erforderlich ist;
4. die Gerichtsbarkeit in den zur Zuständigkeit der Schwurgerichte gehörenden Sachen den Gerichten der Schutzgebiete in der Weise übertragen werden, daß für diese Sachen, soweit nicht auf Grund der Nr. 2 etwas Anderes bestimmt wird, die Vorschriften Anwendung finden, welche für die im § 8 Abs. 2 des Gesetzes über die Konsulargerichtsbarkeit bezeichneten Straftaten gelten;
5. an Stelle der Enthauptung eine andere, eine Schärfung nicht enthaltende Art der Vollstreckung der Todesstrafe angeordnet werden;
6. die nach dem Gesetz über die Konsulargerichtsbarkeit begründete Zuständigkeit des Reichsgerichts einem Konsulargericht oder einem Gerichtshof in einem Schutzgebiet übertragen und über die Zusammensetzung des letzteren Gerichtshofs sowie über das Verfahren in Berufungs- und Beschwerdesachen, die vor einem dieser Gerichte zu verhandeln sind, mit der Maßgabe Anordnung getroffen werden, daß das Gericht aus einem Vorsitzenden und mindestens vier Beisitzern bestehen muß;
7. für die Zustellungen, die Zwangsvollstreckung und das Kostenwesen die Anwendung einfacherer Bestimmungen vorgeschrieben werden;
8. für die gerichtliche und notarielle Beurkundung von Rechtsgeschäften mit Ausschluß der Verfügung von Todeswegen ein einfacheres Verfahren vorgeschrieben sowie die Zuständigkeit der Notare eingeschränkt werden;
9. die Verlängerung aller zur Geltendmachung von Rechten und zur Erfüllung von Pflichten gesetzlich festgestellten Fristen angeordnet werden.

§ 7

(1) Auf die Eheschließung und die Beurkundung des Personenstandes in den Schutzgebieten finden die §§ 2 bis 9, 11, 12 und 14 des Gesetzes vom 4. Mai 1870 (Bundes-Gesetzbl. S. 599, RGBl. 1896 S. 614) entsprechende Anwendung. Die Ermächtigung zur Eheschließung und zur Beurkundung des Personenstandes wird durch den Reichskanzler ertheilt.(2) Die Form einer Ehe, die in einem Schutzgebiet geschlossen wird, bestimmt sich ausschließlich nach den Vorschriften des bezeichneten Gesetzes.

(3) Die Eingeborenen unterliegen den Vorschriften der Abs. 1, 2 nur insoweit, als dies durch Kaiserliche Verordnung bestimmt wird. Den Eingeborenen können durch Kaiserliche Verordnung bestimmte andere Theile der Bevölkerung gleichgestellt werden.

§ 8

Die Befugnisse, welche den Konsuln im Auslande nach anderen als den beiden in den §§ 2 und 7 bezeichneten Gesetzen zustehen, können durch den Reichskanzler Beamten in den Schutzgebieten übertragen werden.

§ 9

(1) Ausländern, welche in den Schutzgebieten sich niederlassen, sowie Eingeborenen kann durch Naturalisation die Reichsangehörigkeit von dem Reichskanzler verliehen werden. Der Reichskanzler ist ermächtigt, diese Befugnis einem anderen Kaiserlichen Beamten zu übertragen.

(2) Auf die Naturalisation und das durch dieselbe begründete Verhältnis der Reichsangehörigkeit finden die Bestimmungen des Gesetzes über die Erwerbung und den Verlust der Bundes- und Staatsangehörigkeit vom 1. Juni 1870 (Bundes-Gesetzbl. S. 355, RGBl. 1896 S. 615) sowie Artikel 3 der Reichsverfassung und § 4 des Wahlgesetzes für den Deutschen Reichstag vom 31.Mai 1869 (Bundes-Gesetzbl. S. 145) entsprechende Anwendung.

(3) Im Sinne des § 21 des bezeichneten Gesetzes sowie bei Anwendung des Gesetzes wegen Beseitigung der Doppelbesteuerung vom 13. Mai 1870 (Bundes-Gesetzbl. S. 119) gelten die Schutzgebiete als Inland.

§ 10

(1) Durch Kaiserliche Verordnung können Eingeborene der Schutzgebiete in Beziehung auf das Recht zur Führung der Reichsflagge (Gesetz, betreffend das Flaggenrecht der Kauffahrteischiffe, vom 22. Juni 1899, RGBl. S. 319) den Reichsangehörigen gleichgestellt werden.

(2) Die Führung der Reichsflagge in Folge der Verleihung dieses Rechts hat nicht die Wirkung, daß das betreffende Schiff als deutsches Seefahrzeug im Sinne des § 1 Abs. 1 Nr. 1 und § 3 Abs. 1 des See-Unfallversicherungsgesetzes vom 30. Juni 1900 (RGBl. S. 716) gilt.

§ 11

(1) Deutschen Kolonialgesellschaften, welche die Kolonisation der deutschen Schutzgebiete, insbesondere den Erwerb und die Verwerthung von Grundbesitz, den Betrieb von Land- oder Plantagenwirthschaft, den Betrieb von Bergbau, gewerblichen Unternehmungen und Handelsgeschäften in denselben zum ausschließlichen Gegenstand ihres Unternehmens und ihren Sitz entweder im Reichsgebiet oder in einem Schutzgebiet oder in einem Konsulargerichtsbezirke haben oder denen durch Kaiserliche Schutzbriefe die Ausübung von Hoheitsrechten in den deutschen Schutzgebieten übertragen ist, kann auf Grund eines vom Reichskanzler genehmigten Gesellschaftsvertrags (Status) durch Beschluß des Bundesraths die Fähigkeit beigelegt werden, unter ihrem Namen Rechte, insbesondere Eigenthum und andere dingliche Rechte an Grundstücken zu erwerben, Verbindlichkeiten einzugehen, vor Gericht zu klagen und verklagt zu werden. In solchem Falle haftet den Gläubigern für alle Verbindlichkeiten der Kolonialgesellschaft nur das Vermögen derselben.

(2) Das Gleiche gilt für deutsche Gesellschaften, welche den Betrieb eines Unternehmens der im Abs. 1 bezeichneten Art in dem Hinterland eines deutschen Schutzgebiets oder in sonstigen dem Schutzgebiete benachbarten Bezirken zum Gegenstand und ihren Sitz entweder im Reichsgebiet oder in einem Schutzgebiet oder in einem Konsulargerichtsbezirke haben.

(3) Der Beschluß des Bundesraths und im Auszuge der Gesellschaftsvertrag sind durch den Reichsanzeiger zu veröffentlichen.

§ 12

Der Gesellschaftsvertrag hat insbesondere Bestimmungen zu enthalten:

1. über den Erwerb und Verlust der Mitgliedschaft;
2. über die Vertretung der Gesellschaft Dritten gegenüber;
3. über die Befugnisse der die Gesellschaft leitenden und der die Leitung beaufsichtigenden Organe derselben;
4. über die Rechte und Pflichten der einzelnen Mitglieder;
5. über die Jahresrechnung und Vertheilung des Gewinns;
6. über die Auflösung der Gesellschaft und die nach derselben eintretende Vermögensvertheilung;

§ 13

Die Gesellschaften, welche die im § 11 erwähnte Fähigkeit durch Beschluß des Bundesraths erhalten haben, unterstehen der Aufsicht des Reichskanzlers. Die einzelnen Befugnisse desselben sind in den Gesellschaftsvertrag aufzunehmen.

§ 14

Den Angehörigen der im Deutschen Reich anerkannten Religionsgemeinschaften werden in den Schutzgebieten Gewissensfreiheit und religiöse Duldung gewährleistet. Die freie und öffentliche Ausübung dieser Kulte, das Recht der Erbauung gottesdienstlicher Gebäude und der Errichtung von Missionen der bezeichneten Religionsgemeinschaften unterliegen keinerlei gesetzlicher Beschränkung noch Hinderung.

§ 15

(1) Der Reichskanzler hat die zur Ausführung des Gesetzes erforderlichen Anordnungen zu erlassen.

(2) Der Reichskanzler ist befugt, für die Schutzgebiete oder für einzelne Teile derselben polizeiliche und sonstige die Verwaltung betreffende Vorschriften zu erlassen und gegen die Nichtbefolgung derselben Gefängnis bis zu drei Monaten, Haft, Geldstrafe und Einziehung einzelner Gegenstände anzudrohen.

(3) Die Ausübung der Befugnis zum Erlasse von Ausführungsbestimmungen (Abs. 1) und von Verordnungen der im Abs. 2 bezeichneten Art kann vom Reichskanzler der mit einem Kaiserlichen Schutzbriefe für das betreffende Schutzgebiet versehenen Kolonialgesellschaft sowie Beamten des Schutzgebiets übertragen werden.

§ 16

Für Schutzgebiete, in denen das Gesetz über die Konsulargerichtsbarkeit vom 10. Juli 1879 (RGBl. S. 197) und das Gesetz, betreffend die Eheschließung und die Beurkundung des Personenstandes von Reichsangehörigen im Auslande, vom 4. Mai 1870 noch nicht in Kraft gesetzt sind, wird der Zeitpunkt, in welchem die §§ 2 bis 7 dieses Gesetzes in Kraft treten, durch Kaiserliche Verordnung bestimmt.

II. Kaiserliche Verordnung vom 9. November 1900

Kaiserliche Verordnung, betr. die Rechtsverhältnisse in den deutschen Schutzgebieten vom 9. November 1900, RGBl. 1900, S. 1005; DKolGG (V) 1899-1900, S. 158; DKolBl. 1900, S. 859.

§ 1

Das Gesetz, betreffend Aenderungen des Gesetzes über die Rechtsverhältnisse der deutschen Schutzgebiete (RGBl. 1888 S. 75, RGBl. 1899 S. 365, vom 25. Juli 1900 (RGBl. S. 809) tritt in den Schutzgebieten am 1. Januar 1901 in Kraft.

§ 2

Den Eingeborenen werden im Sinne des § 4 und des § 7 Abs. 3 des Schutzgebietsgesetzes die Angehörigen fremder farbiger Stämme gleichgestellt, soweit nicht der Gouverneur (Landeshauptmann) mit Genehmigung des Reichskanzlers Ausnahmen bestimmt. Japaner gelten nicht als Angehörige fremder farbiger Stämme.

§ 3

Die im § 19 des Gesetzes über die Konsulargerichtsbarkeit vom 7. April 1900 (RGBl. S. 213) bezeichneten, dem bürgerlichen Rechte angehörenden Vorschriften bleiben außer Anwendung, soweit sie die Rechte an Grundstücken, das Bergwerkseigenthum sowie die sonstigen Berechtigungen betreffen, für welche die sich auf Grundstücke beziehenden Vorschriften gelten. Soweit diese Verhältnisse noch nicht durch Kaiserliche Verordnung geregelt sind, ist der Reichskanzler und mit dessen Genehmigung der Gouverneur (Landeshauptmann) bis auf weiteres befugt, die erforderlichen Bestimmungen zu treffen.

§ 4

Die Vorschriften der Gesetze über den Schutz von Werken der Literatur und Kunst, von Photographien, von Erfindungen, von Mustern und Modellen, von Gebrauchsmustern und von Waarenbezeichnungen finden Anwendung.

§ 5

(1) In Strafsachen tritt, sofern es sich um Verbrechen oder Vergehen handelt, die Mitwirkung einer Staatsanwaltschaft bei der Hauptverhandlung in erster Instanz, bei der Einlegung von Rechtsmitteln und bei dem Verfahren in zweiter Instanz ein.

(2) Der Staatsanwalt wird von dem Gouverneur (Landeshauptmann), in dem Inselgebiet der Karolinen, Palau und Marianen von dem durch den Gouverneur zu bestimmenden Beamten bestellt. Die Auswahl erfolgt aus der Zahl der Beamten des Schutzgebiets. Sofern dies nicht ausführbar ist, können andere geeignete Personen als Staatsanwälte bestellt werden. Der Staatsanwalt untersteht der Aufsicht und Leitung desjenigen Beamten, welcher ihn bestellt hat.

(3) Soweit der Staatsanwalt zuständig ist, bleiben die Vorschriften des § 65 und des § 71 Abs. 2 Satz 1 des Gesetzes über die Konsulargerichtsbarkeit außer Anwendung.

§ 6

(1) In Strafsachen findet die Hauptverhandlung ohne die Zuziehung von Beisitzern statt, wenn der Beschluß über die Eröffnung des Hauptverfahrens eine Handlung zum Gegenstande hat, welche zur Zuständigkeit der Schöffengerichte oder zu den in den §§ 74, 75 des Gerichtsverfassungsgesetzes bezeichneten Vergehen gehört.

(2) Diese Vorschrift findet für das Schutzgebiet von Kiautschou keine Anwendung.

§ 7

Die Gerichtsbarkeit in den zur Zuständigkeit der Schwurgerichte gehörenden Sachen wird den Gerichten erster Instanz übertragen. Für diese Sachen finden die Vorschriften Anwendung, welche für die im § 8 Abs. 2 des Gesetzes über die Konsulargerichtsbarkeit vom 7. April 1900 bezeichneten Strafsachen gelten.

§ 8

(1) Die nach dem Gesetz über die Konsulargerichtsbarkeit vom 7. April 1900 begründete Zuständigkeit des Reichsgerichts wird für das Schutzgebiet von Togo der Gerichtsbehörde zweiter Instanz im Schutzgebiete von Kamerun, für das Schutzgebiet von Kiautschou dem Kaiserlichen Konsulargericht in Schanghai, für das Inselgebiet der Kasolinen, Palau und Marianen der Gerichtsbehörde zweiter Instanz im Schutzgebiete von Deutsch-Neu-Guinea, für die übrigen Schutzgebiete der in einem jeden derselben errichteten Gerichtsbehörde zweiter Instanz mit der Maßgabe übertragen, daß das Gericht aus dem zur Ausübung der Gerichtsbarkeit zweiter Instanz ermächtigten Beamten und vier Beisitzern besteht.(2) Auf die Beisitzer und den Gerichtsschreiber finden die Vorschriften des § 11 Abs. 1 und der §§ 12, 13 des Gesetzes über die Konsulargerichtsbarkeit entsprechende Anwendung.

(3) Auf das Verfahren in der Berufungs- und Beschwerdeinstanz finden, soweit für dieses nicht besondere Vorschriften getroffen sind, die das Verfahren in erster Instanz betreffenden Vorschriften entsprechende Anwendung. Der § 9 des Gesetzes über die Konsulargerichtsbarkeit bleibt außer Anwendung.

(4) In bürgerlichen Rechtsstreitigkeiten, in Konkurssachen und in den Angelegenheiten der freiwilligen Gerichtsbarkeit erfolgt die Entscheidung über das Rechtsmittel der Beschwerde unter Mitwirkung der Beisitzer, wenn die angefochtene Entscheidung unter Mitwirkung von Beisitzern ergangen ist.

(5) In den in § 7 bezeichneten Strafsachen ist die Vertheidigung auch in der Berufungsinstanz nothwendig. In der Hauptverhandlung ist die Anwesenheit des Vertheidigers erforderlich; der § 145 der Strafprozeßordnung findet Anwendung.

§ 9

(1) Die Todesstrafe ist durch Enthaupten, Erschießen oder das Erhängen zu vollstrecken.

(2) Der Gouverneur (Landeshauptmann) bestimmt, welche der drei Vollstreckungsarten im einzelnen Falle stattzufinden hat.

§ 10

(1) Für die Zustellungen, die Zwangsvollstreckungen und das Kostenwesen können einfachere Bestimmungen zur Anwendung kommen.

(2) Der Reichskanzler und mit dessen Genehmigung der Gouverneur (Landeshauptmann) sind befugt, die erforderlichen Anordnungen zu treffen.

§ 11

(1) Der Reichskanzler ist befugt, Notare zu ernennen.

(2) Die Zuständigkeit der Notare wird auf die Beurkundung von Rechtsgeschäften unter Lebenden beschränkt.

§ 12

Der Gouverneur (Landeshauptmann) ist befugt, im Gnadenweg einen Strafaufschub bis zu sechs Monaten zu bewilligen.

§13

Die Verordnung, betreffend die Rechtsverhältnisse in dem Schutzgebiete der Neu-Guinea-Kompagnie, vom 5. Juni 1886 (RGBl. S. 187), die Verordnung, betreffend die Regelung der Rechtsverhältnisse auf den zum Schutzgebiete der Neu-Guinea-Kompagnie gehörigen Salomonsinseln, vom 11. Januar 1887 (RGBl. S. 4), die Verordnung, betreffend die Rechtsverhältnisse im Schutzgebiete der Neu-Guinea-Kompagnie, vom 13. Juli 1888 (RGBl. S. 221), die Verordnung, betreffend die Rechtsverhältnisse in dem Schutzgebiete der Marshall-, Brown- und Providence-Inseln, vom 13. September 1886 (RGBl. S. 291), die Verordnung, betreffend die Rechtsverhältnisse im Schutzgebiete der Marshall-Inseln, vom 7. Februar 1890 (RGBl. S. 55), die Verordnung, betreffend die Rechtsverhältnisse in dem südwestafrikanischen Schutzgebiete, vom 10. August 1890 (RGBl. S. 171), die Verordnung, betreffend die Rechtsverhältnisse in Deutsch-Ostafrika, vom 1. Januar 1891 (RGBl. S. 1), die Verordnung, betreffend die Rechtsverhältnisse in Kiautschou, vom 27. April 1898 (RGBl. S. 173), die Verordnung, betreffend die Rechtsverhältnisse im Inselgebiet der Karolinen, Palau und Marianen, vom 18. Juli 1899 (RGBl. S. 542), die Verordnung, betreffend die Rechtsverhältnisse in Samoa, vom 17. Februar 1900 (RGBl. S. 136), die Verordnung, betreffend die Eheschließung und die Beurkundung des Personenstandes für die Schutzgebiete von Togo und Kamerun, vom 21. April 1886 (RGBl. S. 128), die Verordnung, betreffend die Eheschließung und die Beurkundung des Personenstandes für das südwestafrikanische Schutzgebiet, vom 8. November 1892 (RGBl. S. 1037) sowie die Verordnung, betreffend die Einrichtung einer Staatsanwaltschaft bei den Gerichten der Schutzgebiete, vom 13. Dezember 1897 (RGBl. 1898 S. 1) treten außer Kraft.

§ 14

(1) Diese Verordnung tritt zu dem in § 1 bestimmten Zeitpunkt in Kraft.

(2) In dem Inselgebiet der Karolinen, Palau und Marianen treten die §§ 2 bis 7 des Schutzgebietsgesetzes (RGBl. 1900 S. 813) zugleich mit den übrigen Vorschriften dieses Gesetzes in Kraft.

II. Verfügung des Reichskanzlers vom 22. April 1896

Verfügung des Reichskanzlers wegen Ausübung der Strafgerichtsbarkeit und der Disziplinargewalt gegenüber Eingeborenen in den deutschen Schutzgebieten von Ostafrika, Kamerun und Togo; DKolBl. 1896, S. 241; DKolGG (II) 1893-1897, S. 215; *Ruppel*, Landesgesetzgebung für das Schutzgebiet Kamerun, S. 814.

Auf Grund der Allerhöchsten Verordnung vom 25. Februar 1896[1] wird wegen Ausübung der Strafgerichtsbarkeit und der Disziplinargewalt gegenüber Eingeborenen für die deutschen Schutzgebiete in Ostafrika, Kamerun und Togo im Anschluß an die Verfügung vom 27. desselben Monats[2] das Folgende bestimmt.

I. Zuständigkeit

§ 1.

In den Küstengebieten wird die Strafgerichtsbarkeit und das Strafverfahren über die farbige Bevölkerung von dem Gouverneur (Landeshauptmann) ausgeübt. In den Bezirksämtern tritt an die Stelle des Gouverneurs (Landeshauptmanns) der Bezirksamtmann (Amtsvorsteher). Der Letztere ist berechtigt, seine Befugnis auf die ihm unterstellten Beamten für deren Amtsbezirke unter eigener Verantwortung zu übertragen, ist aber gehalten, über den Umfang, in welchem er von diesem Rechte Gebrauch gemacht hat, an den Gouverneur (Landeshauptmann) zu berichten.

II. Gerichtliche Strafen

§ 2

Die zulässigen Strafen sind: Körperliche Züchtigung (Prügelstrafe, Ruthenstrafe), Geldstrafen, Gefängniß mit Zwangsarbeit, Kettenhaft, Todesstrafe.

§ 3

Gegen Araber und Inder ist die Anwendung körperlicher Züchtigung als Strafmittel ausgeschlossen.

---

[1] Ksl. Verordnung, betr. die Gerichtsbarkeit über die Eingeborenen in den afrikanischen Schutzgebieten, v. 25.2.1896, DKolGG (II) 1893-1897, S. 213.

[2] Vfg. des RK, betr. die Gerichtsbarkeit über die Eingeborenen in den afrikanischen Schutzgebieten, v. 27.2.1896, DKolGG (II) 1893-1897, S. 213. Diese untersagte andere als die in den deutschen Prozeßordnungen zur Herbeiführung von Geständnissen und Aussagen zulässigen Maßnahmen und die Verhängung außerordentlichen Strafen, insbesondere Verdachtsstrafen, in den Schutzgebieten.

§ 4

Gegen eine Frauensperson irgendwelchen Alters darf auf Prügel- oder Ruthenstrafe nicht erkannt werden.

§ 5

Gegen eine männliche Person unter 16 Jahren darf nur auf Rutenstrafe erkannt werden.

§ 6

(1) Die Vollstreckung der Prügelstrafe erfolgt mit einem von dem Gouverneur (Landeshauptmann) genehmigten Züchtigungsinstrument, die Vollstreckung der Ruthenstrafe mit einer leichten Ruthe oder Gerte.

(2) Das auf Prügel- oder Rutenstrafe lautende Urteil kann auf einmaligen oder auf zweimaligen Vollzug ergehen.

(3) Bei jedem Vollzug der Prügelstrafe darf die Zahl von 25 Schlägen, bei dem Vollzug der Rutenstrafe die Zahl von 20 Schlägen nicht überschritten werden.

(4) Der zweite Vollzug darf nicht vor Ablauf von zwei Wochen erfolgen.

§ 7

Der Vollstreckung der Prügel- oder Ruthenstrafe hat stets ein von dem zur Ausübung der Strafgerichtsbarkeit befugten Beamten (§ 1) zu diesem Zweck bestimmter Europäer, desgleichen, wo ein solcher vorhanden, ein Arzt beizuwohnen.

§ 8

Vor Beginn der Züchtigung ist der zu Bestrafende auf seinen körperlichen Zustand zu untersuchen.

§ 9

Dem hinzugezogenen Arzt oder in seiner Ermangelung dem der Strafvollstreckung beiwohnendem Europäer steht das Recht zu, die Vollstreckung der Prügel- oder Ruthenstrafe zu untersagen oder einzuhalten, falls der Gesundheitszustand des Verurteilten dies geboten erscheinen läßt.

§ 10

Geldstrafen, welche in Ostafrika 200 Rupies, in Kamerun und Togo 300 M übersteigen, ebenso Gefängnißstrafen über sechs Monate bedürfen der Genehmigung des Gouverneurs (Landeshauptmanns), welchem sofort von der Verhängung der Strafe Bericht zu erstatten ist. Die Vollstreckung ist, wenn sie nicht durch die damit verbundene Verzögerung unmöglich gemacht wird, bis zum Eintreffen der Genehmigung auszusetzen.

§ 11

Die endgültige Verhängung der Todesstrafe steht einzig und allein dem Gouverneur (Landeshauptmann) zu. In Fällen, wo der Bezirksamtmann (Amtsvorsteher) auf solche erkannt hat, ist sofort dem Gouverneur unter Einsendung des Aktenmaterials Bericht zu erstatten.

§ 12

Über Strafsachen ist ein besonderes Strafbuch nach dem folgenden Muster zu führen:

Lfd. Nr.	Name	Straftat	Strafe	Tag des Urteils	Bemerkungen
1	Mohamed bin Ali	Diebstahl	20 Ruthenschläge	26. Juni 1896	
2	Amur bin Soliman	Mord	Todesstrafe	1. August 1896	Bestätigt durch den Gouverneur am 12. Novbr. 1896
3					
4					

§ 13

Zu den Strafverhandlungen soll der Wali (Jumbe, Dorfälteste) hinzugezogen werden. Bei schweren Verbrechen hat der Bezirksamtmann (Amtsvorsteher) mehrere angesehene Eingeborene zuzuziehen, ohne daß dadurch die ausschließliche Verantwortlichkeit des Bezirksamtmanns aufgehoben wird. Über die Verhandlung ist ein Protokoll aufzunehmen. Das Urtheil ist schriftlich abzufassen.

§ 14

Für die Stationen und amtlichen Expeditionen im Innern finden die in den §§ 2 bis 13 dieser Verordnung enthaltenen Bestimmungen mit der Maßgabe entsprechende Anwendung, daß hinsichtlich der Ausübung der Strafgerichtsbarkeit (§ 1) an die Stelle des Bezirksamtmannes der Stationsvorsteher bzw. der Expeditionsführer tritt.

§ 15

(1) Kann in den im Innern belegenen Stationen oder bei den dort befindlichen Expeditionen (§ 14) im Falle eines Aufruhrs, eines Überfalls oder ein einem sonstigen Notstande aus zwingenden Gründen das im § 11 vorgeschriebene Verfahren nicht eingehalten werden, erscheint vielmehr eine sofortige Vollstreckung der Todesstrafe an einem Eingeborenen erforderlich, so ist von dem Stationsvorsteher bzw. Expeditionsführer gegen den Angeschuldigten thunlichst unter Hinzuziehung von mindestens zwei Beisitzern ein summarisches Verfahren einzuleiten und das über die stattgefundenen Verhandlungen aufzunehmende Protokoll

sowie das gefällt Urteil nebst Gründen nachträglich dem Kaiserlichen Gouverneur (Landeshauptmann) mit Bericht einzureichen.

(2) Haben zu dem summarischen Verfahren die vorgeschriebenen Beisitzer nicht zugezogen werden können, so sind die Gründe hierfür in dem Protokoll darzulegen.

§ 16

Wenn in einem Theil oder an einem Orte des Schutzgebietes durch den Kaiserlichen Gouverneur (Landeshauptmann) oder seine Stellvertreter oder in Fällen dringender Gefahr durch einen selbständigen Gouvernementsbeamten oder einen selbständigen Militärbefehlshaber der Kriegszustand erklärt ist, so tritt gegenüber allen Eingeborenen, welche sich strafbar machen, das summarische Verfahren in der im § 15 dieser Verordnung bezeichneten Weise in Kraft.

III. Disziplinarbefugnisse der Bezirksamtmänner und der Stationschefs im Innern

§ 17

(1) Eingeborene, welche in einem Dienstverhältnis oder einem Arbeitsvertragsverhältnis stehen, können auf Antrag der Dienst- oder Arbeitsgeber wegen fortgesetzter Pflichtverletzung und Trägheit, wegen Widersetzlichkeit oder unbegründeten Verlassens ihrer Dienst- oder Arbeitsstellen sowie wegen sonstiger erheblicher Verletzungen des Dienst- oder Arbeitsverhältnisses disziplinarisch von dem mit der Ausübung der Strafgerichtsbarkeit betrauten Beamten (§§ 1, 14) mit körperlicher Züchtigung und in Verbindung mit dieser Strafe oder allein mit Kettenhaft nicht über 14 Tage bestraft werden.

(2) Die in den §§ 2 bis 9 und 12 für die gerichtlichen Strafen gegebenen Vorschriften finden auf die Disziplinarstrafen Anwendung.

IV. Schlußbestimmungen

§ 18

Die Bezirksamtmänner (Amtsvorsteher) und die Stationsvorsteher sowie gegebenenfalls die Expeditionsführer und im Fall deren Abwesenheit ihre Vertreter haben vierteljährlich über die vollstreckten Strafen an den Gouverneur (Landeshauptmann) zu berichten. Diese Berichte sind dem Auswärtigen Amt, Kolonial-Abteilung, vorzulegen.

§ 19

(1) Diese Verordnung tritt mit dem Tage ihrer Veröffentlichung in den einzelnen Bezirken und Stationen in Kraft.

(2) Gleichzeitig treten die entgegenstehenden Bestimmungen, insbesondere die Verordnung des Kaiserlichen Gouverneurs von Ostafrika, betreffend die Abänderung der Gerichtsbarkeit und der Polizeibefugnisse der Bezirksamtmänner, vom 29. Juni 1893 außer Kraft.

Berlin, den 22. April 1896 Der Reichskanzler Fürst zu Hohenlohe

IV. Verfügung des Staatssekretärs des RKA vom 12. Juli 1907

Verfügung des Staatssekretärs des Reichs-Kolonialamts, betreffend die Anwendung körperlicher Züchtigung als Strafmittel gegen Eingeborene der afrikanischen Schutzgebiete, vom 12. Juli 1907; DKolBl. 1907, S. 790; DKolGG (XI) 1907, S. 320; *Ruppel*, Landesgesetzgebung für das Schutzgebiet Kamerun, S. 832.

I. In allen Fällen, in welchen gegen einen Eingeborenen körperliche Züchtigung (Prügel- oder Rutenstrafe) als gerichtliche Strafe verhängt wird, ist über die Verhandlung, auf Grund deren die Strafe festgesetzt wird, unter Benutzung des Formulars A ein Protokoll aufzunehmen, welches von dem mit der Ausübung der Strafgerichtsbarkeit betrauten Beamten zu unterschreiben ist. Das Protokoll hat insbesondere die Bezeichnung der strafbaren Handlung zu enthalten. Auch muß aus ihm hervorgehen, daß der Beschuldigte über die ihm zur Last gelegte Tat gehört worden ist, und daß die von ihm zu seiner Entlastung angebotenen Beweise soweit tunlich erhoben worden sind. Endlich ist in das Protokoll auch die Urteilsformel aufzunehmen.

II. Prügel- oder Rutenstrafen dürfen niemals durch den mit der Ausübung der Strafgerichtsbarkeit betrauten Beamten selbst vollstreckt werden. Die Vollstreckung ist indes von ihm oder einem Arzte persönlich zu überwachen.

III. Über die Vollstreckung von Prügel- und Rutenstrafen unter Beobachtung der bestehenden Vorschriften ist ebenfalls ein Protokoll aufzunehmen. (Formular A Rückseite.)
Das Protokoll ist von dem mit der Ausübung der Strafgerichtsbarkeit betrauten Beamten oder dem hinzugezogenen Arzt zu unterschreiben. Besondere Vorkommnisse bei der Vollstreckung und Verletzungen sind zu beurkunden. Protokolle, welche einen derartigen Vermerk enthalten, sind dem Gouverneur in Abschrift einzureichen.

IV. In Fällen, in denen eine Prügelstrafe von mehr als 15 oder eine Rutenstrafe von mehr als 10 Schlägen festgesetzt wird, ist dem Protokolle eine Begründung des Urteils anzuschließen. In der Begründung sind die für erwiesen erachteten Tatsachen anzugeben, in welchen die Merkmale der strafbaren Handlung gefunden werden. Ferner sind die Umstände anzuführen, welche für die Zumessung der Strafe bestimmend gewesen sind. Die Begründung ist von dem mit der Ausübung der Strafgerichtsbarkeit betrauten Beamten zu unterschreiben. Eine Abschrift des Protokolls ist dem Gouverneur einzureichen.

V. Die gemäß Nr. III und IV dieser Verfügung eingereichten Abschriften sind beim Gouvernement einer Durchsicht zu unterwerfen, bei welcher der Oberrichter, im Schutzgebiet Togo der Bezirksrichter in Lomé mitzuwirken hat.
Die Abschriften zu Nr. III sind auch dem Referenten für Medizinalangelegenheiten vorzulegen. Beanstandungen sind vom Gouverneur den beteiligten Dienststellen bekannt zu geben.

VI. Diese Verfügung findet entsprechende Anwendung, wenn Prügel- oder Rutenstrafen von einem mit der Ausübung der Strafgerichtsbarkeit betrauten Beamten auf Grund des § 17 der Verfügung des Reichskanzlers vom 22. April 1896 als Disziplinarstrafen verfügt werden. In diesem Falle ist das Formular B zu benutzen.

VII. Die über die Führung von Strafbüchern erlassenen Vorschriften werden durch diese Verfügung nicht berührt.

Berlin, den 12. Juli 1907

Der Staatssekretär des Reichs-Kolonialamts.
D e r n b u r g.

Formular A.

Eingetragen im Strafbuch Nr. ....

Verhandelt

...., den ....

Vor dem unterzeichneten, mit der Ausübung der Strafgerichtsbarkeit gegen Eingeborene betrauten Beamten erschein .... – vorgeführt – d

....

....

welche..... beschuldigt w....rd ....,

....

....

D... Erschienene...., hierüber gehört, bestreite.... – gesteh.... – die Beschuldigung.... – ein.

D... als Zeug.... Vernommene..

....

bestätig.... die Beschuldigung.... Auf Antrag d.... Beschuldigten.......................................

w... rd ferner als Zeug.... vernommen:

....

welche

....

....

– Weitere Entlastungsbeweise hat der Beschuldigte nicht angeboten. – Die Erhebung der weiter angebotenen Entlastungsbeweise erscheint nicht tunlich, weil ....Es wird folgendes Urteil verkündet: D ....

w...rd....wegen...

zu einer Prügel/Ruten strafe von .... Schlägen verurteilt, welche – auf einmal – zweimal mit je ...... Schlägen zu vollziehen ist.

v.w.o.

....

Unterschrift: ....

Amtscharakter: ....

(Rückseite)

Urteilsgründe

(Nur anzugeben bei Verhängung von mehr als 15 Prügel-/10 Rutenschlägen.)

....

....

....

....

Strafvollstreckung

Die – erstmalige – körperliche Züchtigung ist heute den Vorschriften gemäß in meiner Gegenwart vollzogen worden.

...., den ....

Unterschrift: ....

Amtscharakter: ....

Der zweite Vollzug der Prügel-/Rutenstrafe ist heute in meiner Gegenwart erfolgt.

...., den ....

Unterschrift: ....

Amtscharakter: ....

Formular B.

Eingetragen im Strafbuch Nr. ....

Verhandelt

...., den ....

D .... als Dienst-/
Arbeitsgeber ha......... den Antrag auf disziplinarische Bestrafung d
....
....
wegen...
....
bei dem unterzeichneten, mit der Ausübung der Strafgerichtsbarkeit gegen Eingeborene betrauten Beamten gestellt. Es erschein.... – vorgeführt – d.... Genannte...., welche...., mit der Beschuldigung bekannt gemacht, diese eingesteh.... – bestreite.... Als Zeuge w....rd.... gehört:
....
welche...
....

Es wird eine Disziplinarstrafe verhängt, daß
....
....
wegen
....
....
mit .... Prügel-/Rutenschlägen, welche auf einmal – zweimalig mit je .... Schlägen – zu vollziehen sind, zu bestrafen ....

v.w.o.

Unterschrift: ....
Amtscharakter: ....

(Rückseite)

Gründe

(Nur anzugeben bei Verhängung von mehr als 15 Prügel-/10 Rutenschlägen.)
....
....
....
....

Strafvollstreckung

Die – erstmalige – körperliche Züchtigung ist heute den Vorschriften gemäß in meiner Gegenwart vollzogen worden.

...., den ....
Unterschrift: ....
Amtscharakter: ....

Der zweite Vollzug der Prügel-/Rutenstrafe ist heute in meiner Gegenwart erfolgt.

...., den ....
Unterschrift: ....
Amtscharakter: ....

V. Strafverordnung der Neu-Guinea-Kompagnie vom 21. Oktober 1888

Strafverordnung für die Eingeborenen, erlassen von der Direktion der Neu-Guinea-Kompagnie, DKolGG (I) 1892, S. 555. [Vom Abdruck der nahezu wortgleichen Strafverordnung für die Eingeborenen im Schutzgebiet der Marshall-Inseln, v. 10.3.1890, DKolGG (I) 1892, S. 627, wurde abgesehen.]

Auf Grund der Kaiserlichen Verordnung, betreffend die Gerichtsbarkeit über die Eingeborenen im Schutzgebiete der Neu-Guinea-Kompagnie vom 7. Juli 1888 (D.R.A. 1888 Nr. 176) wird nachstehende Strafverordnung für die Eingeborenen erlassen:

§ 1.

Voraussetzungen der Anwendung.

Eingeborene des Schutzgebietes, sowie die ihnen rechtlich gleichgestellten Angehörigen anderer farbiger Stämme, sofern sie nicht durch Naturalisation die Reichsangehörigkeit erworben haben und infolge dessen der ordentlichen Gerichtsbarkeit unterstellt sind, können von den dafür einzusetzenden Gerichten der Neu-Guinea-Kompagnie wegen rechtswidriger Handlungen verfolgt und bestraft werden.

§ 2.

Strafbare Handlungen.

(1) Die Strafverfolgung ist nur zulässig wegen Handlungen, welche nach den Gesetzen des Deutschen Reiches als Verbrechen oder Vergehen strafbar sind.

(2) Durch diese Bestimmung werden Strafvorschriften, welche auf Grund des § 11 des Gesetzes betreffend die Rechtsverhältnisse der deutschen Schutzgebiete (RGBl. 1888, S. 75) für die Eingeborenen erlassen werden, nicht berührt.

§ 3.

Entscheidung über die Verfolgung.

Ob die nach § 2 strafbaren Handlungen zur Strafverfolgung geeignet sind, oder ob diese Verfolgung zu unterbleiben hat, wird von dem dafür zuständigen Beamten (Gerichtsvorsteher) nach den Umständen des Falles entschieden.

§ 4.

Zulässige Strafen.

Die zulässigen Strafen sind: Todesstrafe, Gefängniß mit Zwangsarbeit, Zwangsarbeit ohne Verwahrung im Gefängniß, Geldstrafe.

§ 5.

Todesstrafe.

Die Todesstrafe wird durch Erhängen vollstreckt.

§ 6.

Gefängniß mit Zwangsarbeit.

Die zu Gefängnis mit Zwangsarbeit Verurtheilten werden zu Arbeiten, welche ihren Körperkräften entsprechen, unter Aufsicht angehalten, und, soweit die Arbeiten nicht im Freien geschehen, in zur Absperrung geeigneten Räumen ein- oder nötigenfalls angeschlossen. Sie erhalten keine Löhnung, jedoch die zur Lebenserhaltung nothwendige Beköstigung.

§ 7.

Zwangsarbeit ohne Gefängnis.

Die zur Zwangsarbeit ohne Verwahrung im Gefängniß Verurtheilten haben die ihnen auferlegten Arbeiten in der dafür bestimmten Zeit pünktlich zu verrichten. Sie erhalten keine Löhnung und müssen sich selbst beköstigen oder für die ihnen gereichte Beköstigung eine dafür festzusetzende Entschädigung entrichten. Finden sie sich zur Arbeit nicht ein oder entziehen sie sich derselben, so können sie in Haft genommen werden und werden gleich den zu Gefängniß mit Zwangsarbeit Verurtheilten behandelt.

§ 8.

Behandlung der zur Zwangsarbeit Verurtheilten.

Ueber die Dauer der täglichen Arbeitszeit, die zu gewährenden Ruhepausen, die zu verabreichende Kost, die dafür event. zu entrichtende Vergütung, die Einrichtung des Gefängnisses und die zur Erhaltung der Disziplin anzuwendenden Mittel wird durch besondere Reglements Bestimmung getroffen.

§ 9.

Dauer der Freiheitsstrafen.

Die Gefängnißstrafe mit Zwangsarbeit beträgt mindestens drei Tage und geht bis zu fünf Jahren. Die Zwangsarbeit ohne Verwahrung im Gefängniß beträgt mindestens einen Tag und geht bis zu einem Jahre.

§ 10.

Geldstrafen; Betrag; Beitreibung.

(1) Der Mindestbetrag der Geldstrafe ist eine Mark, der Höchstbetrag dreihundert Mark.

(2) Kann eine Geldstrafe wegen Unvermögens des Verurtheilten nicht beigetrieben werden, so ist der Betrag von den nächst fällig werdenden Lohnbezügen desselben derart in Abzug zu bringen, daß eine zur Befriedigung der unentbehrlichen Lebensbedürfnisse ausreichende Summe, in der Regel die Hälfte des Arbeitslohnes, ihm verbleibt.

(3) Steht der Verurtheilte nicht in einem festen Arbeitsverhältniß, so kann ihm die Entrichtung der Geldstrafe in Naturalien nach einem von dem Gerichtsvorsteher zu bestimmenden Werthsverhältniß gestattet werden.

(4) Ist die Geldstrafe auf keinem dieser Wege einzuziehen, so wird sie in Zwangsarbeit ohne Gefängniß oder nach den Umständen in Zwangsarbeit mit Gefängniß umgewandelt.

§ 11.
Mildernde Umstände.

Beim Vorhandensein mildernder Umstände kann unter den angedrohten Mindestbetrag der Freiheitsstrafe und statt der Freiheitsstrafen auf Geldstrafe erkannt werden.

§ 12.
Strafumwandlung.

Bei Strafumwandlungen ist der Betrag einer Mark gleich einem Tage Zwangsarbeit ohne Gefängniß, und drei Tage solcher Zwangsarbeit sind einem Tage Zwangsarbeit mit Gefängniß gleich zu achten.

§ 13.
Versuch; Theilnahme; Strafausschließung und Strafmilderung.

In Betreff des Versuches einer strafbaren Handlung, der Theilnahme an einer solchen und der Strafausschließungs- und Milderungsgründe sind die Bestimmungen des deutschen Strafgesetzbuches zum Anhalt zu nehmen.

§ 14.
Todeswürdige Verbrechen.

Auf Todesstrafe darf nur erkannt werden:

1. wegen des vollendeten Verbrechens des Mordes oder Todtschlags,
2. wegen Brandstiftung im Falle des § 307 Nr. 1 des Strafgesetzbuches,
3. wegen der in den §§ 312, 322 bis 324 des Strafgesetzbuches bezeichneten Handlungen, wenn dadurch der Tod eines Menschen verursacht worden ist.

§ 15.
Andere schwere Verbrechen.

(1) Auf Gefängniß mit Zwangsarbeit nicht unter sechs Monaten ist zu erkennen:

1. wegen Aufruhrs,
2. wegen schwerer Körperverletzung,
3. wegen Nothzucht,
4. wegen Raubes.

(2) Ist in den vorgedachten Fällen durch die strafbare Handlung der Tod eines Menschen verursacht worden, so ist auf Gefängniß mit Zwangsarbeit nicht unter zwei Jahren zu erkennen.

§ 16.
Bestrafung sonstiger Verbrechen und Vergehen.

Im Uebrigen hat das erkennende Gericht nach den Umständen des Falles zu beurtheilen, ob die strafbare Handlung mit Gefängniß und Zwangsarbeit, mit Zwangsarbeit ohne Gefängniß, oder mit Geldstrafe, oder gleichzeitig mit der einen und der anderen dieser Strafe zu ahnden.

§ 17.

Entschädigung des Verletzten.

Wo nach den Anschauungen und Gewohnheiten der Eingeborenen dem Verletzten von dem Thäter eine Entschädigung zu leisten ist, kann in dem Urtheil zugleich auf die Gewährung einer solchen Entschädigung erkannt werden.

§ 18.

Verfahren. Stationsgerichte.

(1) Für die Verhandlung und Entscheidung der Strafsachen sind Stationsgerichte zuständig, welche aus einem Gerichtsvorsteher und einem Gerichtsschreiber bestehen.

(2) Der Landeshauptmann bestimmt Sitz und Bezirk jedes Gerichts und ernennt den Vorsteher desselben, sowie für Fälle der Behinderung einen Stellvertreter.

§ 19.

Mitwirkung von Beisitzern.

In den Fällen der §§ 14 und 15 haben bei der Entscheidung zwei Beisitzer mitzuwirken, nachdem sie an der mündlichen Verhandlung theilgenommen haben. In allen anderen Fällen verhandelt und entscheidet der Gerichtsvorsteher ohne Zuziehung von Beisitzern.

§ 20.

Ernennung des Gerichtsschreibers und der Beisitzer.

Den Gerichtsschreiber ernennt der Gerichtsvorsteher aus den Stationsbeamten oder den achtbaren Weißen seines Bezirkes. Er beruft aus denselben auch die Beisitzer, wenn deren Zuziehung erforderlich wird.

§ 21.

Theilnahme des Gerichtsschreibers.

Der Gerichtsschreiber ist zu jeder richterlichen Verhandlung zuzuziehen.

§ 22.

Dolmetscher.

Der Zuziehung eines Dolmetschers bedarf es nur, wenn keine der an der Verhandlung theilnehmenden Personen des Gerichts der Sprache des Angeschuldigten mächtig ist.

§ 23.

Beweismittel. Geständniß.

(1) Das Geständniß des Angeschuldigten kann als Grundlage des Verfahrens nur dienen, wenn es freiwillig, unumwunden und glaubhaft ist.

(2) Lediglich auf Grund des Geständnisses kann die Verurtheilung nur ausgesprochen werden, wenn der Angeschuldigte dasselbe vor dem erkennenden Gericht wiederholt.

§ 24.

Zeugen.

Die Ladung der Zeugen erfolgt durch den Gerichtsvorsteher in möglichst einfacher Form. Daß und wie sie erfolgt sei, ist in den Akten zu vermerken. Auch Farbige sind Zeuniß abzulegen verpflichtet. Ein Farbiger, welcher ohne genügenden Grund ausbleibt, ist nötigenfalls zwangsweise vorzuführen. Verweigert er sein Zeugniß, so kann er mit Geldstrafe bis zu dreißig Mark belegt werden, welche, wenn sie nicht beizutreiben ist, in Gefängniß mit Zwangsarbeit umgewandelt wird.

§ 25.

Verpflichtung und Vereidigung der Zeugen.

(1) Weiße werden von dem Gerichtsvorsteher in der Hauptverhandlung vor der Vernehmung durch Handschlag verpflichtet, nach bestem Wissen die reine Wahrheit zu sagen, nichts zu verschweigen und nichts hinzuzusetzen.

(2) Erachtet das erkennende Gericht die Aussage eines weißen Zeugen trotz der Verpflichtung durch Handschlag nicht für gewissenhaft, dessen Zeugniß aber für dergstalt wesentlich, daß von ihm die Entscheidung der Sache abhängt, so kann es die Verhandlung aussetzen und bei dem richterlichen Beamten des Bezirkes die eidliche Vernehmung des Zeugen beantragen, sofern dies nach der Reichs-Strafprozeßordnung zulässig ist.

(3) Sitzt der richterliche Beamte des Bezirkes vor, so kann er, bezw. das Stationsgericht, die Vereidigung des Zeugen beschließen.

§ 26.

Augenschein.

Die Einnahme eines Augenscheins ist durch den Gerichtsvorsteher regelmäßig vorzunehmen, wenn eine zur Verfolgung geeignete strafbare Handlung bekannt wird, welche Spuren am Thatort hinterlassen hat. Der vorgefundene Thatbestand ist in dem darüber aufzunehmenden Protokoll sorgfältig niederzulegen. Zu einer Leichenschau ist ein Arzt, wenn ein solcher in der Nähe sich befindet, zuzuziehen, welcher in geeigneten Fällen auch die Leichenöffnung und weitere Untersuchung innerer Theile vorzunehmen hat.

§ 27.

Durchsuchungen und Beschlagnahme.

(1) Durchsuchungen werden unter Leitung des Gerichtsvorstehers und, sofern keine besonderen Gründe entgegenstehen, im Beisein des Angeschuldigten vorgenommen.

(2) Gegenstände, welche als Beweismittel für die Untersuchung von Bedeutung sein können, sind von dem Gerichtsvorsteher mit Beschlag zu belegen.

§ 28.

Verhaftung.

(1) Der Angeschuldigte ist zu verhaften, sobald er der Flucht verdächtig, oder wenn anzunehmen ist, daß er Spuren der That vernichten, oder daß er Zeugen oder Mitschuldige beeinflussen werde, oder wenn die Verhaftung im Interesse der Disziplin geboten ist.

(2) Durch die Haft ist er nur so weit zu beschränken, als es zur Sicherung ihres Zweckes oder zur Aufrechterhaltung der Ordnung erforderlich ist.

(3) Nach der Verhaftung ist er alsbald verantwortlich zu vernehmen.

(4) Die Verhandlung und Entscheidung ist thunlichst zu beschleunigen.

§ 29.

Umstände zu Gunsten des Angeschuldigten.

In jeder Lage des Verfahrens haben Vorsteher und Gericht von Amtswegen auch die zu Gunsten des Angeschuldigten sprechenden Umstände festzustellen und zu beachten; namentlich sind bei Abmessung der Strafe die Umstände, welche die Schuldbarkeit mindern, gebührend zu berücksichtigen.

§ 30.

Vertheidigung.

Auf einen Vertheidiger hat der Angeschuldigte nur Anspruch, wenn die Anklage auf eines der in den §§ 14 und 15 bezeichneten Verbrechen gerichtet ist. Er kann ihn wählen oder die Bestellung von Amtswegen verlangen. Die letztere geschieht durch den Gerichtsvorsteher. Von dem Anspruch auf Vertheidigung ist dem Angeschuldigten Mittheilung zu machen. Der Vertheidiger tritt erst bei der mündlichen Verhandlung in Thätigkeit. Demselben sind die Akten mitzutheilen und ist ihm Unterredung mit dem Angeschuldigten unter Aufsicht zu gestatten.

§ 31.

Eröffnung und Ausdehnung des Verfahrens.

(1) Der Gerichtsvorsteher eröffnet das Verfahren, sobald er von einer strafbaren Handlung Kenntniß erhält, welche nach seiner Ueberzeugung zur Strafverfolgung geeignet ist (§ 3).

(2) Das Verfahren ist summarisch und nicht weiter auszudehnen, als erforderlich, um festzustellen, ob die angeschuldigte Person zu verfolgen ist oder nicht. Jedoch sind Beweise, deren Verlust für die spätere Verhandlung zu besorgen ist, alsbald vollständig zu erheben.

§ 32.

Mündliche Verhandlung.

(1) Die Entscheidung erfolgt auf Grund einer mündlichen Verhandlung, welche der Gerichtsvorsteher anberaumt, sobald er das Vorverfahren für abgeschlossen erachtet.

(2) Der Gerichtsvorsteher ladet zu derselben den Angeschuldigten, die Zeugen und etwaige Sachverständige und benachrichtigt die Beisitzer, wo deren Mitwirkung erforderlich ist, sowie den etwaigen Vertheidiger.

(3) Ist der Angeschuldigte in Haft, so wird er vorgeführt.

§ 33.

Leitung und Gang der Verhandlung.

Der Gerichtsvorsteher leitet die Verhandlung. Wirken Beisitzer mit, so steht ihnen zu, Fragen an Zeugen und Sachverständige zu richten. Dasselbe Recht hat der Angeschuldigte oder dessen Vertheidiger.

§ 34.

Beweisaufnahme.

(1) Nach dem Aufruf der Zeugen, welche demnächst wieder abzutreten haben, wird der Angeschuldigte über die Anschuldigung vernommen und zur Beweisaufnahme geschritten.

(2) Der Inhalt jeder wesentlichen Bekundung ist dem Angeschuldigten verständlich zu machen, und ist er zu befragen, was er darauf zu erwidern habe.

(3) Ueber die gesammte Verhandlung ist ein Protokoll aufzunehmen.

§ 35.

Entscheidung.

Nach Erschöpfung der Beweisaufnahme, zu deren Ergänzung die Verhandlung nötigenfalls vertagt werden kann, wird das Urtheil gefällt, welches entweder auf Freisprechung oder auf Bestrafung lautet.

§ 36.

Gewinnung des Urtheils.

Das Gericht entscheidet nach freier Ueberzeugung, welche es auf Grund der Verhandlung sich bildet. Haben Beisitzer mitgewirkt, so entscheidet die Stimmenmehrheit. Der jüngste Beisitzer giebt seine Stimme zuerst, der Vorsitzende die seinige zuletzt ab.

§ 37.

Form und Verkündung des Urtheils.

In den Urtheilen ist die Formel, welche die Freisprechung von oder die Verurtheilung wegen der Gegenstand der Anklage bildenden Handlung ausspricht, von den Gründen zu trennen. Die Gründe theilt der Gerichtsvorsteher nach der Verlesung der Urtheilsformel mündlich kurz mit und bringt sie binnen drei Tagen schriftlich zu den Akten.

§ 38.

Protokoll; Urtheilsgründe.

Das Protokoll über die Verhandlung ist von dem Gerichtsvorsteher und dem Gerichtsschreiber, die Urtheilsgründe sind nur von Ersterem zu unterzeichnen.

§ 39.

Rechtsmittel; Prüfung und Bestätigung von Todesstrafen.

(1) Gegen die Entscheidungen des Stationsgerichts findet ein Rechtsmittel nicht statt.

(2) Ist auf Todesstrafe erkannt, so sind die Akten durch den Gerichtsvorsteher mittelst Berichtes dem Landeshauptmann einzureichen.

(3) Derselbe ist berechtigt, nach Prüfung der Sache ergänzende Ermittelungen oder unter Aufhebung des Verfahrens eine neue Verhandlung der Sache vor demselben oder einem anderen Stationsgericht anzuordnen.

(4) Kein Todesurteil darf vollstreckt werden, bevor es von dem Landeshauptmann bestätigt ist.

§ 40.

Begnadigungsrecht des Landeshauptmanns.

Der Landeshauptmann kann erkannt Strafen im Wege der Gnade mildern oder ganz erlassen; bei der Umwandlung in eine gelindere Strafe ist er an das in § 12 vorgeschriebene Verhältniß nicht gebunden.

§ 41.

Strafvollstreckung.

Die Vollstreckung der Strafe erfolgt unter Leitung des Gerichtsvorstehers gemäß der Urtheilsformel und nach den allgemeinen oder besonderen Anordnungen, welche über den Strafvollzug erlassen werden.

§ 42.

Kosten; Beitreibung zugesprochener Entschädigungen.

(1) Sind durch das Verfahren besondere Kosten entstanden, so sind dieselben in einem abgerundeten Betrage dem Verurtheilten zur Last zu legen und in gleicher Weise wie Geldstrafen beizutreiben.

(2) Entschädigungen zu Gunsten des Verletzten, welche nach § 17 erkannt sind, unterliegen ebenfalls der Beitreibung durch das Stationsgericht; jedoch findet im Unvermögensfalle Umwandlung in Freiheitsstrafe nicht statt.

§ 43.

(1) Diese Strafverordnung tritt am 1. Januar 1889 in Wirksamkeit.

(2) Die zur Ausführung derselben erforderlichen Bestimmungen erläßt der Landeshauptmann.

Berlin, den 21. Oktober 1888.

Neu-Guinea-Kompagnie.
Die Direktion.

A. v. Hansemann, Vorsitzender.   Herzog.

VI. Verordnung des Gouverneurs von Kiautschou vom 15. April 1899

Verordnung, betr. die Rechtsverhältnisse der Chinesen, MVBl. 1899, S. XXV; DKolGG (IV) 1898-1899, S. 191; *Mohr*, Handbuch für das Schutzgebiet Kiautschou, S. 72.

Unter Aufhebung der Verordnung, betreffend die Rechtsverhältnisse der Chinesen vom 1. Juli 1898, wird Folgendes bestimmt:

I. Allgemeine Bestimmungen.

§ 1.

Werden bei einer strafbaren Handlung Chinesen und Nichtchinesen als Thäter, Theilnehmer, Begünstigter oder Hehler gemeinschaftlich beschuldigt, oder sind Chinesen und Nichtchinesen in einen bürgerlichen Rechtsstreit verwickelt, so ist das Kaiserliche Gericht auch zur Verhandlung und Entscheidung gegen Chinesen zuständig. In diesem Falle findet das für Nichtchinesen geltende Recht auch auf Chinesen Anwendung.

§ 2.

In den Fällen, welche nicht unter § 1 fallen, wird die Gerichtsbarkeit über Chinesen durch den Richter und vom Gouverneur ernannte Beamte (Bezirksamtmänner) ausgeübt.

§ 3.

(1) Die Bezirksamtmänner haben, soweit sie noch nicht als Reichsbeamte beeidigt sind, vor ihrem Diensteintritt folgenden Eid zu leisten:

(2) „Ich schwöre bei Gott dem Allmächtigen und Allwissenden, die Pflichten eines Bezirksamtmannes treu und gewissenhaft zu erfüllen. So wahr mit Gott helfe!"

§ 4.

Zur Erforschung der chinesischen Rechtsanschauungen sind erforderlichenfalls die Dorfältesten oder andere geeignete Persönlichkeiten zu hören.

II. Strafrechtspflege.

§ 5.

Alle Handlungen, welche

1. durch Verordnung des Gouverneurs mit Strafe bedroht sind,
2. nach den Gesetzen des Deutschen Reiches den Thatbestand eines gegen das Reich, sowie gegen Gesundheit, Leben, Freiheit und Eigenthum eines Anderen gerichteten Verbrechens und Vergehens, oder
3. den Thatbestand einer Uebertretung enthalten, welche im Interesse der öffentlichen Ordnung unter Strafe gestellt ist oder
4. im chinesischen Reich mit Strafen belegt werden, sind strafbar.

§ 6.

(1) Die zulässigen Strafen sind: 1. Prügelstrafe bis zu 100 Schlägen, 2. Geldstrafen bis zu $ 5000, 3. zeitige Freiheitsstrafe bis zu 15 Jahren, 4. lebenslängliche Freiheitsstrafe, 5. Todesstrafe.

(2) Auf sie kann allein oder in Verbindung miteinander oder mit Ausweisung aus dem Schutzgebiet erkannt werden.

(3) Bei der Ausweisung ist dem Beschuldigten für den Fall seiner Rückkehr eine Strafe anzudrohen, welche sofort vollstreckt werden kann, wenn der Beschuldigte wieder innerhalb des Schutzgebiets betroffen wird.

(4) Bei Umwandlungen von Geldstrafen in Freiheitsstrafen ist der Betrag von $ 1 einer 1- bis 5tätigen Freiheitsstrafe gleich zu achten.

§ 7.

Die Strafmündigkeit beginnt mit dem vollendeten 12. Lebensjahre. Personen, welche das 18. Lebensjahr noch nicht vollendet haben, sind nur in Ausnahmefällen zu Freiheitsstrafen zu verurtheilen und dann von anderen Verbrechern getrennt zu halten. Für die Handlungen jugendlicher Personen kann deren Vater, älterer Bruder, Vormund oder diejenige Person zu einer Strafe verurtheilt werden, deren Obhut der jugendliche Verbrecher anvertraut ist.

§ 8.

Gegen eine Person weiblichen Geschlechts darf auf Prügelstrafe nicht erkannt werden.

§ 9.

Die Vollstreckung der Prügelstrafe erfolgt mit einem vom Gouverneur genehmigten Züchtigungsinstrument. Das auf Prügelstrafe lautende Urtheil kann auf ein- oder mehrmaligen Vollzug ergehen. Bei jedem Vollzug darf die Zahl von 25 Schlägen nicht überschritten werden. Bei der Vollstreckung ist auf den Körperzustand des Verurtheilten Rücksicht zu nehmen.

§ 10.

(1) Die Freiheitsstrafe kann mit Zwangsarbeit verbunden werden. Die Art der Beschäftigung bestimmt der mit der Ausübung der Polizeigewalt betraute Beamte. Widerspenstige Personen dürfen bei der Arbeit gefesselt werden.

(2) Personen, welche zum ersten Male zu einer Freiheitsstrafe verurtheilt werden, können gegen Sicherheitsleistung, in besonderen Fällen auch ohne solche, auf freiem Fuß belassen werden.

(3) In derselben Weise können Gefangene, welche sich während ihrer Strafzeit gut geführt und mindestens die Hälfte ihrer Strafe verbüßt haben, vorläufig entlassen werden.

(4) Wird eine Person, welche vorläufig auf freiem Fuße belassen oder aus der Haft entlassen ist, innerhalb eines Jahres seit ihrer Verurtheilung oder Entlassung wiederum verurtheilt, so ist die erste Strafe ganz zu vollstrecken und die Sicherheit der Staatskasse verfallen.

(5) Die nach Absatz 2 und 3 nothwendigen Verfügungen trifft der Beamte, welcher das End-urtheil erlassen hat, oder sein rechtlich berufener Stellvertreter.

§ 11.

Zur Verfolgung einer strafbaren Handlung ist derjenige Bezirksamtmann zuständig, in dessen Bezirk die That begangen oder der Beschuldigte ergriffen ist, oder derjenige, in dessen Bezirk der Beschuldigte seinen Wohnsitz hat. In der Regel ist die Untersuchung von demjenigen Bezirksamtmann zu beenden, welcher die erste Untersuchung vorgenommen hat.

§ 12.

(1) Die Bezirksamtmänner sind befugt, auf Freiheitsstrafen bis zu drei Monaten, Prügelstrafen und Geldstrafen bis zu $ 500 allein oder in Verbindung miteinander oder mit Ausweisung zu erkennen.

(2) Das Urtheil, welches einer schriftlichen Begründung nicht bedarf, ist dem Angeschuldigten zu verkünden. Das Urtheil ist in ein Spruchbuch nach anliegendem Muster[1] einzutragen.

(3) Ueber die Protokollierung der Zeugenaussagen und der Vereidigung von Nichtchinesen welche als Zeugen vernommen werden, entscheidet der richterliche Beamte nach seinem Ermessen.

§ 13.

Hält der Bezirksamtmann seine Strafgewalt nicht für ausreichend, so hat er alle erforderlichen Untersuchungshandlungen vorzunehmen und die Akten dem Richter einzusenden. Dem Richter steht es frei, weitere Beweise zu erheben oder die Untersuchung persönlich zu führen. Er entscheidet auf Grund der Akten.

§ 14.

Urtheile, durch welche auf Todesstrafe erkannt ist, bedürfen der Bestätigung durch den Gouverneur. Dieser bestimmt die Art, in welcher die Todesstrafe zu vollstrecken ist.

§ 15.

(1) Gegen die Urtheile der Bezirksamtmänner ist die Berufung an den Richter zulässig, wenn auf höhere Strafe erkannt ist, als Freiheitsstrafe von sechs Wochen oder Geldstrafe von 250 Dollars.

(2) Die Berufung ist innerhalb von drei Tagen nach der Verkündung des Urtheils bei dem Bezirksamtmann, dessen Entscheidung angefochten wird, zu Protokoll zu erklären. Ist die Berufung zulässig, so richtet sich das weitere Verfahren nach § 13.

§ 16.

Gerichtskosten werden nicht erhoben. Die Geldstrafen fließen zur Staatskasse.

[III. Civilrechtspflege, §§ 17 – 26]

§ 27.

Diese Verordnung tritt mit ihrer Verkündung in Kraft.

Tsingtau, den 15. April 1899.

Der Kaiserliche Gouverneur.

J a e s c h k e.

---

[1] Auf den Abdruck des Spruchbuchmusters wurde verzichtet.

E. Kriminalstatistiken aus den Schutzgebieten

Für die Zeit vor 1901 liegen keine umfassenden Angaben über die in den deutschen Schutzgebieten gegenüber Europäern und Eingeborenen ergangenen Strafurteile vor. Für die Berichtsjahre 1901/1902 bis 1912/1913 hingegen ist von Seiten des Reichskolonialamts – zunächst als Beilage zum Deutschen Kolonialblatt, ab dem Jahre 1909 in der Form eines selbständig verlegten Jahresberichts – jährlich umfängliches statistisches Material zu den deutschen Schutzgebieten veröffentlicht worden, das auch detaillierte Angaben zur kolonialen Strafrechtspflege enthielt. Grundlage des von den einzelnen Kolonialverwaltungen nach Berlin übersandten Zahlenmaterials war ein im Jahre 1901 von der AAKA verbindlich angeordnetes Berichtsschema.[2144]

Die amtlichen Kriminalstatistiken weisen indessen eine Reihe von Schwächen auf, die ihrer nicht zu bestreitenden Akribie entgegenstehen. So ist den absoluten Angaben über die verhängten Strafurteile kein Bezug zu den jeweiligen Bevölkerungszahlen – Europäer wie Eingeborene – gegenübergestellt. Unberücksichtig bleibt ferner, daß die Zahl der von der deutschen Kolonialverwaltung tatsächlich erreichten Eingeborenen von Jahr zu Jahr stetig anstieg. In der Rubrik „Freiheitsstrafen" wurde nicht zwischen den auf „Kettenhaft" und den auf „reguläre Gefängnisstrafe" lautenden Strafurteilen differenziert. Es finden sich keinerlei Angaben über die disziplinarisch verhängten körperlichen Züchtigungen, die indessen einen erheblichen Anteil aller in den deutschen Schutzgebieten ergangenen Prügelstrafen ausgemacht haben dürften. Nicht zuletzt bleiben die seit 1898 vom Reichs-Marineamt herausgegebenen „Denkschriften betreffend die Entwickelung des Kiautschou-Gebiets" vergleichbares Zahlenmaterial zur Strafrechtspflege im chinesischen „Pachtgebiet" schuldig.

[2144] Vgl. den R.E. d. Gouverneurs v. DOA, betr. die Jahresübersichten über die gegen Eingeborene ergangenen Strafurteile, v. 19.3.1901, DKolGG (VI) 1901-1902, S. 290.

I. Deutsch-Südwestafrika

Übersicht über die gegen Europäer ergangenen Strafurteile

Berichtsjahr	**Zahl der Fälle**	**Verurteilungen**					**Freisprechungen**
		Zuchthaus	**Gefängnis**		**Haft**	**Geldstrafe**	
			über sechs Monate	unter sechs Monate			
1901/1902	222[1]	4	8	33	13	131	17
1902/1903	249	2	7	23	3	197	17
1903/1904	- keine Angaben -						
1904/1905	- keine Angaben -						
1905/1906	415	8	44	79	22	223	39
1906/1907	833	13	61	87	14	456	202
1907/1908	745	6	61	76	10	418	174
1908/1909	759	17	60	109	5	422	146
1909/1910	654	4	45	134	8	332	131
1910/1911	519	**Zum Tode** 1[2] / 2	38	131	4	236	107
1911/1912	569	1	25	68	-	342	133
1912/1913	494	**Zum Tode** 2[2] / 13	23	63	-	292	101

[1] In vier Fällen Höhe der Strafe nicht bekannt.

[2] Die drei einzigen in den deutschen Schutzgebieten gegenüber Weißen verhängten Todesurteile ergingen in DSWA wegen „Verbrechen und Vergehen gegen die Person“.

Übersicht über die gegen Eingeborene ergangenen Strafurteile

Berichtsjahr	**Zahl der zur Todesstrafe Verurteilten**	**Zahl der zu Freiheitsstrafen Verurteilten**			**Zahl der zu Geldstrafen Verurteilten**	**Zahl der zu Prügel- oder Rutenstrafe Verurteilten**	**Summe der gerichtlich Verurteilten**
		von einem Jahr und mehr	von 6 bis unter 12 Monaten	unter sechs Monaten			
1900/ 1901	5	14	64	227	79	151	438
1901/ 1902	1	26	89	247	25	257	509
1902/ 1903	-	55	148	379	20	473	799
1903/ 1904	- keine Angaben -						
1904/ 1905	- keine Angaben -						
1905/ 1906	- keine Angaben -						
1906/ 1907	2	30	41	290	66	336	765
1907/ 1908	4[1]	30	67	421	119	534	1.175
1908/ 1909	2	38	53	574	235	703	1.605
1909/ 1910	6	54	62	782	241	928	2.073
1910/ 1911	2	55	79	775	198	1.262	2.371
1911/ 1912	14	119	101	1.002	327	1.655	3.218
1912/ 1913	10	122	101	900	348	1.713	3.194

Quelle: Amtliche Jahresberichte
Siehe noch die Strafverzeichnisse der Eingeborenen in DSWA[2]

[1] Eine Todesstrafe im Bezirksamt Lüderitzbucht im Gnadenwege in 5 Jahre Kettenhaft umgewandelt.
[2] BA RKA 1001/5077 bis 5080.

II. Togo

Übersicht über die gegen Europäer ergangenen Strafurteile

Berichtsjahr	Zahl der Fälle	Verurteilungen					Freisprechungen
		Zuchthaus	Gefängnis		Haft	Geldstrafe	
			über sechs Monate	unter sechs Monate			
1901/1902	5	-	-	-	-	5	-
1902/1903	9	-	1	-	-	8	-
1903/1904	7	-	-	1	-	2	4
1904/1905	14	-	-	-	-	12	2
1905/1906	15	-	-	1	-	13	1
1906/1907	22	-	-	-	-	22	-
1907/1908	24	-	-	-	-	18	6
1908/1909	55	-	-	-	-	49	6
1909/1910	61	-	1	-	-	51	9
1910/1911	57	-	1	1	-	49	6
1911/1912	53	-	-	-	-	49	4
1912/1913	46	-	-	-	-	31	15

Übersicht über die gegen Eingeborene ergangenen Strafurteile

Berichtsjahr	**Zahl der zur Todesstrafe Verurteilten**	**Zahl der zu Freiheitsstrafen Verurteilten**			**Zahl der zu Geldstrafen Verurteilten**	**Zahl der zu Prügel- oder Rutenstrafe Verurteilten**	**Summe der gerichtlich Verurteilten**
		von einem Jahr und mehr	von 6 bis unter 12 Monaten	unter sechs Monaten			
1900/ 1901	7	64	101	393	839	119	1.523
1901/ 1902	1	65	99	350	574	162	1.251
1902/ 1903	15	40	195	626	449	181	1.506
1903/ 1904	7	38	103	678	376	194	1.396
1904/ 1905	4	75	214	869	579	161	1.902
1905/ 1906	6	66	224	938	931	290	2.455
1906/ 1907	7	107	173	1.058	1.191	363	2.899
1907/ 1908	3	90	134	1.309	1.412	434	3.382
1908/ 1909	-	114	179	1.468	1.846	620	4.227
1909/ 1910	1	99	117	2.138	2.287	566	5.208
1910/ 1911	1	96	169	2.327	2.274	735	5.602
1911/ 1912	2	79	168	2.702	2.325	733	6.009
1912/ 1913	10	129	258	3.314	1.960	832	6.503

Quelle: Amtliche Jahresberichte
Siehe noch die Strafverzeichnisse der Eingeborenen in Togo[1]

[1] BA RKA 1001/5087 bis 5090.

II. Kamerun

Übersicht über die gegen Europäer ergangenen Strafurteile

Berichtsjahr	**Zahl der Fälle**	**Verurteilungen**					**Freisprechungen**
		Zuchthaus	**Gefängnis**		**Haft**	**Geldstrafe**	
			über sechs Monate	unter sechs Monate			
1901/1902	22	-	2	7	1	11	1
1902/1903	12	-	-	5	-	7[1]	-
1903/1904	44	-	-	10	-	32	1
1904/1905	58	-	-	11	3	33	11[2]
1905/1906	48	-	-	11	-	20	17
1906/1907	61	-	2	10	-	42	7
1907/1908	51	-	1	5	-	34	11
1908/1909	108	-	1	7	-	77	23
1909/1910	114	-	2	8	-	77	27
1910/1911	94	-	2	2	2	69	19
1911/1912	113	-	3	14	-	64	32
1912/1913	72	-	3	6	-	57	6

[1] Darunter ein Strafbefehl wegen eines Jagdvergehens.
[2] Darunter ein Vergleich im Falle einer Beleidigung.

Übersicht über die gegen Eingeborene ergangenen Strafurteile

Berichtsjahr	**Zahl der zur Todesstrafe Verurteilten**	**Zahl der zu Freiheitsstrafen Verurteilten**			**Zahl der zu Geldstrafen Verurteilten**	**Zahl der zu Prügel- oder Rutenstrafe Verurteilten**	**Summe der gerichtlich Verurteilten**
		von einem Jahr und mehr	von 6 bis unter 12 Monaten	unter sechs Monaten			
1900 /1901	14	73	62	422	133	351	1.055
1901/ 1902	9	82	58	349	135	315	948
1902/ 1903	8	110	90	395	124	407	1.134
1903/ 1904	1	168	205	613	137	293	1.417
1904/ 1905	15	188	214	950	157	367	1.891
1905/ 1906	40	219	256	916	172	665	2.268
1906/ 1907	23	177	452	1.027	115	906	2.700
1907/ 1908	28	222	460	1.225	291	924	3.150
1908/ 1909	38	239	447	1.937	285	1.334	4.280
1909/ 1910	28	196	309	2.194	333	1.513	4.573
1910/ 1911	54	274	437	2.805	881	1.909	6.360
1911/ 1912	29	522	712	3.671	687	2.851	8.472
1912/ 1913	34	584	721	4.147	943	4.800	11.229

Quelle: Amtliche Jahresberichte
Strafverzeichnisse der Eingeborenen in Kamerun[1]

[1] BA RKA 1001/5081 bis 5086.

IV. Deutsch-Ostafrika

Übersicht über die gegen Europäer ergangenen Strafurteile

Berichtsjahr	Zahl der Fälle	Verurteilungen					Freisprechungen
		Zuchthaus	Gefängnis		Haft	Geldstrafe	
			über sechs Monate	unter sechs Monate			
1901/1902	50	-	-	15	1	22[1]	11
1902/1903	71	-	5	15	-	33	18
1903/1904	54	-	2	12	2	25	13
1904/1905	38	2	6	-	-	17	12[2]
1905/1906	29	-	2	5	1	16	5
1906/1907	47	2	7	6	-	21	11
1907/1908	63	-	2	9	-	38	14
1908/1909	76	-	5	10	-	47	14
1909/1910	125	-	1	6	-	103	15
1910/1911	164	-	4	20	3	108	29
1911/1912	236	-	5	19	1	178	33
1912/1913	353	1	5	28	-	265	54

[1] 1 Verweis.

[2] „und einmal Einziehung im objektiven Verfahren".

Übersicht über die gegen Eingeborene ergangenen Strafurteile

Berichtsjahr	**Zahl der zur Todesstrafe Verurteilten**	**Zahl der zu Freiheitsstrafen Verurteilten**			**Zahl der zu Geldstrafen Verurteilten**	**Zahl der zu Prügel- oder Rutenstrafe Verurteilten**	**Summe der gerichtlich Verurteilten**
		von einem Jahr und mehr	von 6 bis unter 12 Monaten	unter sechs Monaten			
1900/ 1901	32[1]	205[2]	266[3]	3.735[4]	559	979	5.776
1901/ 1902	27	193	321	4.345	620	1.601	7.107
1902/ 1903	19	272	480	5.335	879	1.655	8.640
1903/ 1904	50	238	552	5.616	1.173	2.289	9.918
1904/ 1905	31	223	429	6.154	968	2.253	10.058
1905/ 1906	245	450	859	5.769	938	2.735	10.996
1906/ 1907	252	446	704	6.165	1.189	2.244	11.000
1907/ 1908	51	270	456	8.325	1.524	1.791	12.417
1908/ 1909	68	417	613	8.052	2.483	1.371	13.004
1909/ 1910	31	349	736	8.749	2.424	2.435	14.724
1910/ 1911	34	298	832	9.014	3.828	2.078	16.084
1911/ 1912	16	246	881	10.718	3.432	2.150	17.443
1912/ 1913	20	368	932	11.534	3.150	2.858	18.868

Quelle: Amtliche Jahresberichte
Siehe noch die Strafverzeichnisse der Eingeborenen in DOA[5]

[1] Ein Verurteilter starb vor der Vollstreckung, 3 Todesurteile wurden nicht bestätigt.
[2] Davon 37 Verurteilungen zu Kettenhaft.
[3] Davon 54 Verurteilungen zu Kettenhaft.
[4] Davon 791 Verurteilungen zu Kettenhaft.
[5] BA RKA 1001/5075 bis 5076.

V. Deutsch-Neuguinea

Übersicht über die gegen Europäer ergangenen Strafurteile

Berichtsjahr	**Zahl der Fälle**	**Verurteilungen**					**Freisprechungen**
		Zuchthaus	**Gefängnis** über sechs Monate	**Gefängnis** unter sechs Monate	**Haft**	**Geldstrafe**	
1901/1902	– keine Angaben –						
1902/1903	28	-	-	3	-	20	5
1903/1904	15	-	-	4	-	8	3
1904/1905	15	-	-	2	-	10	3
1905/1906	22	-	-	3	-	15	4
1906/1907	20	-	-	-	-	12	8
1907/1908	25	-	1	1	-	20	3
1908/1909	27	-	1	3	-	21	2
1909/1910	41	-	-	6	-	29	6
1910/1911	47	-	-	-	-	40	7
1911/1912	36	-	-	2	-	31	3
1912/1913	44	-	-	4	-	38	2

Übersicht über die gegen Eingeborene ergangenen Strafurteile

Berichtsjahr	**Zahl der zur Todesstrafe Verurteilten**	**Zahl der zu Freiheitsstrafen Verurteilten**			**Zahl der zu Geldstrafen Verurteilten**	**Zahl der zu Prügel- oder Rutenstrafe Verurteilten**	**Summe der gerichtlich Verurteilten**
		von einem Jahr und mehr	von 6 bis unter 12 Monaten	unter sechs Monaten			
1900/ 1901	-	10	15	16	8	-	49
1901/ 1902	- keine Angaben -						
1902/ 1903	-	8	9	34	16	5	72
1903/ 1904	2[1]	44	25	226	86	86[2]	469
1904/ 1905	23[3]	77	28	176	68	-	372
1905/ 1906	4	74[4]	29	218[5]	76	-	401
1906/ 1907	2	40	54	181	124	-	401
1907/ 1908	-	66	34	114	131	-	345
1908/ 1909	1	56	47	173	176	21	474
1909/ 1910	2	66	50	275	220	1	614
1910/ 1911	16	97	78	261	175	-	627
1911/ 1912	1	94	85	250	199	-	629
1912/ 1913	6	94	71	398	317	-	886

Quelle: Amtliche Jahresberichte
Siehe noch die Strafverzeichnisse der Eingeborenen[6]

[1] Begnadigt zu Gefängnis Zwangsarbeit auf Lebensdauer.

[2] Davon 84 im alten Schutzgebiet Neuguinea. „Offenbar in Verkennung seiner Befugnisse" hatte der Stationschef Boluminski, Eingeborene, die ihm disziplinarisch unterstellt waren, auch gerichtlich zu bestrafen geglaubt, Bericht des Ksl. Gouverneurs v. DNG an die AAKA, v. 18.3.1904, BA RKA 1001/5378, Bl. 194.

[3] Davon 5 begnadigt.

[4] Davon 23 begnadigt.

[5] Davon 1 begnadigt.

[6] BA RKA 1001/5091 (DNG); 5092 (Karolinen); 5093 (Marshall-Inseln).

VI. Samoa

Übersicht über die gegen Europäer ergangenen Strafurteile

Berichtsjahr	**Zahl der Fälle**	**Verurteilungen**					**Freisprechungen**
		Zuchthaus	**Gefängnis**		**Haft**	**Geldstrafe**	
			über sechs Monate	unter sechs Monate			
1901/1902	5	1	-	1	-	3	-
1902/1903	26	-	-	4	1	15	6
1903/1904	14	-	-	-	-	8	1
1904/1905	15	-	-	4	-	9	1[1]
1905/1906	20	-	-	-	-	13	7
1906/1907	10	-	-	-	-	8	2
1907/1908	20	-	-	1	-	12	7
1908/1909	16	-	-	1	-	9	6
1909/1910	36	-	-	4	-	19	13
1910/1911	27	-	-	-	1	19	7
1911/1912	35	-	-	3	-	26	6
1912/1913	28	-	-	2	-	21	4

[1] Eine Einstellung.

Übersicht über die gegen Eingeborene ergangenen Strafurteile

Berichtsjahr	**Zahl der zur Todesstrafe Verurteilten**	**Zahl der zu Freiheitsstrafen Verurteilten**			**Zahl der zu Geldstrafen Verurteilten**	**Zahl der zu Prügel- oder Rutenstrafe Verurteilten**	**Summe der gerichtlich Verurteilten**
		von einem Jahr und mehr	von 6 bis unter 12 Monaten	unter sechs Monaten			
1900/ 1901	1	1	6	25	10	-	43
1901/ 1902	-	-	5	50	289	-	344
1902/ 1903	-	-	3	100	325	1	429
1903/ 1904	-	3	1	84	319	3	410
1904/ 1905	-	5	17	90	394	-	506
1905/ 1906	1	14	22	116	505	- (15)[1]	673
1906/ 1907	-	3	11	62	549	-	625
1907/ 1908	-	1	2	78	770	-	851
1908/ 1909	-	21	17	121	375	-	534
1909/ 1910	- (1)	16 (7)	19 (3)	113 (476)	264 (67)	- (254)	412 (808)
1910/ 1911	-	1	8	74	369	-	452
1911/ 1912	- (-)	3 (-)	10 (-)	52 (241)	989 (6)	- (?)	1.054 (249)
1912/ 1913	- (-)	10 (4)	39 (8)	55 (277)	950 (277)	- (?)	1.054 (485)

Quelle: Amtliche Jahresberichte
Siehe noch die Strafverzeichnisse der Eingeborenen[2]

[1] Die Angaben in Klammern verweisen auf die Verurteilungen chinesischer Kontraktarbeiter.
[2] BA RKA 1001/ 5094

Quellen- und Literaturverzeichnis
A. Quellen aus Archivbeständen

Bundesarchiv, Abt. Berlin Lichterfelde – Bestand Reichskolonialamt (RKA)

Zitierweise:
BA Bestandsname Bestandssignatur/Nummer des Aktenbandes, ggf. Blattnummer, z.B. BA RKA 1001/5380, Bl. 1.

Benutzte Aktenbände:

2089	Aufstände in DSWA 1904. – Differenzen zwischen Generalleutnant Lothar v. Trotha u. Gouverneur Theodor Leutwein über das Verhältnis von militärischen und politischen Maßnahmen Bd. 1 (November 1904 – Juli 1905)
2314	Arbeiterfragen und Arbeitsverhältnisse in DNG, einschließlich Gewinnung fremder, v. a. indischer und chinesischer Arbeitskräfte Bd. 17 (Juli 1914 – Sept. 1917, 1936)
4759 – 4760	Rechtspflege in Deutsch-Südwestafrika Bd. 6 (Sept. 1903 – März 1905) u. Bd. 7 (Apr. 1905 – März 1911, 1922)
4770 – 4771	Rechtspflege in Kamerun Bd. 1 (Sept. 1885 – Okt. 1894) u. Bd. 2 (Nov. 1894 – Febr. 1901)
4786	Rechtspflege auf den Karolinen
5000	Rechtsgewohnheiten der Eingeborenen in DOA Bd. 1 (Jan. 1892 – Juni 1896)
5002	Rechtsgewohnheiten der Eingeborenen in DSWA
5012	Rechtsgewohnheiten der Eingeborenen auf Samoa
5075 – 5076	Strafverzeichnisse der Eingeborenen – DOA

	Bd. 1 (Dez. 1886 – Dez. 1900) u. Bd. 2 (Jan. 1902 – Febr. 1913)
5077 – 5080	Strafverzeichnisse der Eingeborenen – DSWA Bd. 1 (Sept. 1896 – Dez. 1899) bis Bd. 4 (Juli 1903 – Mai 1912)
5081 – 5086	Strafverzeichnisse der Eingeborenen – Kamerun Bd. 1 (Mai 1896 – Aug. 1901) bis Bd. 6 (Sept. 1904 – Jan. 1913)
5087 – 5090	Strafverzeichnisse der Eingeborenen – Togo Bd. 1 (Okt. 1896 – Dez. 1900) bis Bd. 4 (Juni 1905 – Febr. 1912)
5091 – 5094	Strafverzeichnisse der Eingeborenen – DNG, Karolinen, Marshall-Inseln, Samoa
5116 – 5123	Gefängniswesen in den Kolonien
5378 – 5380	Prügelstrafe, Allgemeines, und Züchtigungsrecht der Pflanzungsleiter Bd. 1 (Jan. 1900 – Nov. 1905) bis Bd. 3 (Jan. 1909 – Aug. 1920)
5475	Kolonial- und Konsulargerichtshof. Errichtung eines Revisionsgerichts Bd. 1 (Okt. 1903 – Okt. 1910)
5498	Weisungen an die afrikanischen Gouvernements wegen humaner strafrechtlicher Behandlung der Eingeborenen
5499	Strafgerichtsbarkeit gegen Eingeborene in DOA
5506	Verordnungsrecht und Rechtsstellung der Gouverneure
5539	Allgemeine Dienstaufsicht über die Kolonialgerichte, Allgemeines
6677 – 6680	Errichtung und Entwicklung der Kolonialzentralverwaltung Bd. 1 (Sept. 1889 – Aug. 1900) bis Bd. 4 (Dez. 1906 – Apr. 1910)

6939 – 6997 Kolonialrat. – Schriftwechsel, Vorlagen, Sitzungen, Sitzungsprotokolle, Auflösung

9084 Rechtspflege in den deutschen Kolonien in der Südsee

B. Gedruckte Quellen, Amtliche Veröffentlichungen, Nachschlagewerke

Amtliche Jahresberichte, s. Jahresberichte.

Andreas, Willy (Hrsg.): Bismarck, Die gesammelten Werke, Band 7, Gespräche, Erster Band: Bis zur Aufrichtung des Kaiserreichs, 2. Auflage, Berlin, 1924.

Das Schutzgebietsgesetz nebst seinen Ergänzungsgesetzen sowie der Kaiserlichen Verordnung, betreffend die Rechtsverhältnisse in den deutschen Schutzgebieten, und den Ausführungsbestimmungen über die Ausübung der Gerichtsbarkeit, hrsg. v. Reichs-Marine-Amt, Berlin, 1901.

Denkschrift betreffend die Entwicklung des Kiautschou-Gebiets, hrsg. v. Reichs-Marineamt, Bd. 1 (1898-1904), Bd. 2 (1904-1913), Berlin.

Deutscher Kolonialatlas mit illustriertem Jahrbuch, hrsg. auf Veranlassung der Deutschen Kolonialgesellschaft, Berlin, 1912.

Deutsches Kolonialblatt, Amtsblatt für die Schutzgebiete des deutschen Reichs, Band (I) 1890 ff., hrsg. in der Kolonial-Abtheilung des Auswärtigen Amts; Band (XVIII) 1907 ff., hrsg. im Reichs-Kolonialamt, Berlin, 1890-1914; Band (XXX) 1919 ff., hrsg. v. der Kolonialzentralverwaltung im Reichsministerium für Wiederaufbau; Berlin, 1919-1921; zit.: DKolBl. Jahr, S.

Deutsches Kolonial-Lexikon, Bd. I-III, hrsg. v. Heinrich Schnee, Leipzig, 1920.

Die deutsche Kolonialgesetzgebung. Sammlung der auf die deutschen Schutzgebiete bezüglichen Gesetze, Verordnungen, Erlasse und internationalen Vereinbarungen mit Anmerkungen, Sachregister, Auf Grund amtlicher Quellen hrsg. in Berlin von Riebow (I. Teil) 1892; Alfred Zimmermann (II) 1893-1897, (III), 1897-1898, (IV) 1898-1899, (V) 1900; Schmidt-Dargitz / Köbner (VI) 1901-1902, (VII) 1903, (VIII. Band) 1904, (IX) 1905; Köbner / Gerstmeyer (X) 1906, (XI) 1907, (XII) 1908, (XIII) 1909; zit.: DKolGG (Teil/Band) Jahr, S.

Die Behandlung der einheimischen Bevölkerung in den kolonialen Besitzungen Deutschlands und Englands, Eine Erwiderung auf das englische Blaubuch vom August 1918: Report on the natives of South-West Africa and their treatment by Germany, hrsg. v. RKA, Berlin, 1919.

Fisher, M. H. / Frauendienst, W. / Rich N. (Hrsg.): Die geheimen Papiere Friedrich von Holsteins, Band II, Tagebuchblätter, Göttingen, Berlin, Frankfurt, 1957.
Gatter, Frank Thomas (Hrsg.): Protokolle und Generalakte der Berliner Afrika-Konferenz 1884-1885, Bremen, 1984.

Gerstmeyer, Johannes: Das Schutzgebietsgesetz nebst der Verordnung betr. die Rechtsverhältnisse in den Schutzgebieten und dem Gesetz über die Konsulargerichtsbarkeit in Anwendung auf die Schutzgebiete sowie den Ausführungsbestimmungen und ergänzenden Vorschriften, Berlin, 1910.

Gesetz-Sammlung für die Königlichen Preußischen Staaten; zit: preußGS.

Jahresberichte über die Entwickelung der Schutzgebiete in Afrika und der Südsee, Beilage zum Deutschen Kolonialblatt, 1890-1909; Die deutschen Schutzgebiete in Afrika und der Südsee, Amtliche Jahresberichte, 1909-1913, hrsg. vom Reichs-Kolonialamt, Berlin.

Landes-Gesetzgebung des Deutsch-Ostafrikanischen Schutzgebiets, Systematische Zusammenstellung der in Deutsch-Ostafrika geltenden Gesetze, Verordnungen usw., Hrsg. durch das Ksl. Gouvernement von DOA, 2. Auflage, Tanga, Daressalam, 1911;
zit.: LGGDOA

Landesgesetzgebung des Schutzgebietes Togo, Geordnete Zusammenstellung der in Togo geltenden Gesetze, Verordnungen, Verfügungen, Erlasse und Bekanntmachungen einschließlich der wichtigeren öffentlichrechtlichen Verträge und der Satzungen der in Togo tätigen Kolonialgesellschaften, zum dienstlichen Gebrauch hrsg. durch das Ksl. Gouvernement von Togo, Berlin, 1910; zit.: LGGTog

Marineverordnungsblatt, hrsg. v. Reichs-Marine-Amt, Berlin, zit. MVBl.

Mohr, F. W. (Hrsg.): Handbuch für das Schutzgebiet Kiautschou, Tsingtau, 1911.

Poeschel, Hans (Hrsg.): Die Kolonialfrage im Frieden von Versailles, Dokumente zu ihrer Behandlung, Berlin, 1920.

Poschinger, Heinrich Ritter von (Hrsg.): Fürst Bismarck und die Parlamentarier, Dritter Band, 1879-1890, Breslau 1896.

Reichsgesetzblatt, zit.: RGBl.

Ruppel, Julius (Hrsg.): Die Landesgesetzgebung für das Schutzgebiet Kamerun; Sammlung der in Kamerun zur Zeit geltenden völkerrechtlichen Verträge, Gesetze, Verordnungen und Dienstvorschriften mit Anmerkungen und Registern; auf Grund amtlicher Quellen herausgegeben, Berlin, 1912.

Samoanisches Gouvernementsblatt, Apia, 1900-1914.

Statistisches Jahrbuch für das Deutsche Reich, hrsg. v. Kaiserlichen Statistischen Amte, 35. Jahrgang, Berlin, 1914

Stenographische Berichte über die Verhandlungen des Reichstages nebst Anlagen, Berlin.

Verhandlungen des Deutschen Kolonialkongresses zu Berlin, am 10. und 11. Oktober 1902, Berlin, 1903 (I.); am 5., 6. und 7. Oktober 1905, Berlin, 1906 (II.); am 6., 7. und 8. Oktober 1910, Berlin 1910 (III.); am 17. und 18. September 1924, Berlin, 1924 (IV.).

Zorn, Philipp; Sassen, Franz Josef (Hrsg.): Deutsche Kolonialgesetzgebung, 2. Auflage, Berlin, 1913.

C. Zeitschriften

Annalen des Deutschen Reichs für Gesetzgebung, Verwaltung und Statistik Staatswissenschaftliche Zeitschrift und Materialiensammlung, hrsg. v. Georg Hirth u. Max Seydel, München, Leipzig (AnnDR).

Archiv für öffentliches Recht (zit. AöR).

Beiträge zur Kolonialpolitik und Kolonialwirtschaft (BzKK), Berlin.

Der Tropenlandwirt, Zeitschrift für die Landwirtschaft in den Tropen und Subtropen, Beiheft Nr. 16, Witzenhausen, 1983.

Deutsche Juristen-Zeitung (DJZ), begründet von Laband, Stenglein, Staub, Berlin, 1886 – 1936.

Deutsche Kolonialzeitung (DKolZ), Organ der Deutschen Kolonialgesellschaft, Berlin, 1887 – 1922.

Deutsche Richterzeitung (DRiZ), Organ des Deutschen Richterbundes, Köln, Berlin, Bonn, 1909.

forum historiae iuris (FHI), Erste europäische Internetzeitschrift für Rechtsgeschichte, http://www.forhistiur.de.

Historische Mitteilungen, hrsg. im Auftrag der Ranke-Gesellschaft, Vereinigung Geschichte im Öffentlichen Leben e.V. (HMRG), Stuttgart, 1989–.

Juristische Wochenschrift (JW), hrsg. v. Deutschen Anwaltsverein, Berlin.

Koloniale Monatsblätter, Zeitschrift für Kolonialpolitik, Kolonialrecht und Kolonialwirtschaft (KolMBl), Berlin, 1913 – 1914 (Fortsetzung der ZfKKK).

Monatsschrift für Kriminalpsychologie und Strafrechtsreform, München, Berlin, 1905 – 1936.

Neue deutsche Rundschau, Berlin, 1894 – 1903.

Rabels Zeitschrift für ausländisches und internationales Privatrecht (RabelsZ), Tübingen.

Rechtshistorisches Journal (RhJ), Frankfurt a. M. 1982 – 2001.

Verfassung und Recht in Übersee (VRÜ), Baden-Baden, 1968–.

Zeitschrift für Kolonialpolitik, Kolonialrecht und Kolonialwirtschaft (ZfKKK), hrsg. von der Deutschen Kolonialgesellschaft, Berlin, 1899 – 1912.

Zeitschrift für neuere Rechtgeschichte, Wien (ZNR).

Zeitschrift der Savigny-Stiftung für Rechtsgeschichte (Germ. Abt.), Wien (ZRG).

Zeitschrift für die gesamte Strafrechtswissenschaft, Berlin (ZStW).

Zeitschrift für vergleichende Rechtswissenschaft, Stuttgart (ZvglRWiss).

D. Einzelliteratur

Anonymus [d.i. Vallentin, Wilhelm]: Tagebuchblätter eines in Kamerun lebenden Deutschen, in: Neue deutsche Rundschau (5) 1894, S. 335-353.

Asmis, Rudolf: Das Eingeborenenrecht Französisch-Westafrikas, in: ZfKKK (12) 1910, S. 745-795.

ders.: Die Stammesrechte des Bezirkes Atakpame (Schutzgebiet Togo), in: ZvglRWiss (25) 1911, S. 67-130.

ders.: Die Stammesrechte der Bezirke Misahöhe, Anecho und Lome-Land (Schutzgebiet Togo), in: ZvglRWiss (26) 1911, S. 1-133.

ders.: Die Besserungssiedlung an der Chra (Schutzgebiet Togo), Ein Beitrag zur Lehre vom Strafvollzug in den Kolonien, in: Koloniale Rundschau (3) 1911, S. 529-540.

ders.: Die Stammesrechte des Bezirkes Sansane-Mangu (Schutzgebiet Togo), in: ZvglRWiss (27) 1912, S. 71-128.

ders.: Kalamba na m´putu, Koloniale Erfahrungen und Beobachtungen, Berlin, 1942.

Autenrieth, H.: Beiträge zur Reform der Gerichtsverfassung in den Schutzgebieten, in: ZfKKK (14) 1912, S. 158-179.

Aydelotte, William Osgood: Wollte Bismarck Kolonien? in: Deutschland und Europa, Historische Studien zur Völker- und Staatenordnung des Abendlandes, Festschrift für Hans Rothfels, hrsg. v. Werner Conze, Düsseldorf, 1951, S. 41-68.

Bade, Klaus J.: Friedrich Fabri und der Imperialismus in der Bismarckzeit, Revolution – Depression – Expansion, Freiburg im Breisgau, 1975.

ders. (Hrsg.): Imperialismus und Kolonialmission, Kaiserliches Deutschland und koloniales Imperium, Wiesbaden, 1982.

Bauer, Paul: Die Strafrechtspflege über die Eingeborenen der deutschen Schutzgebiete, in: AöR 19 (1905), S. 32 ff, S. 433 ff.

Bauer, Wolfgang: Tsingtau 1914 bis 1931, Japanische Herrschaft, wirtschaftliche Entwicklung und die Rückkehr der deutschen Kaufleute, München, 2000 (zugl. Diss., Freiburg, 1999).

Bendix, Ludwig: Die rechtliche Natur der sogenannten Oberhoheit in den deutschen Schutzgebieten, Göttingen, 1902 (zugl. Diss., Göttingen, 1902).

ders.: Die Änderungen des Gerichtsverfassungsgesetzes und die Verfassung der Schutzgebiets- und Konsulargerichte, in: ZfKKK (8) 1906, S. 885-889.

Beta, Ottomar [d. i.: Ottomar Heinrich Bettziech]: Das Buch von unseren Kolonien, Leipzig, 1908.

Betz, H.: Chinesische Strafrechtsfälle, in: ZvglRWiss (21) 1908, S. 393-424.

Bierwagen, Rainer M.: Entwicklung der ordentlichen Gerichtsbarkeit in Ostafrika in kolonialer und postkolonialer Zeit am Beispiel Tanzania, in: ZZP 101 (1988), S. 50-69.

Binding, Karl: Handbuch des Strafrechts, 1. Band, in: Systematisches Handbuch der Deutschen Rechtswissenschaft, 7. Abtheilung, 1. Teil, 1. Band, Leipzig, 1885.

Bismarck, Otto von: Gedanken und Erinnerungen, Reden und Briefe, hrsg. v. Reinhard Jaspert, Berlin, o. J.

Bley, Helmut: Kolonialherrschaft und Sozialstruktur in Deutsch-Südwestafrika 1894-1914, Hamburg, 1968.

Bringer, Peter: Stellung und Funktion des Richters in Kamerun unter besonderer Berücksichtigung der Strafrechtspflege, in: Strafrechtspflege in Kamerun, Untersuchungen zum Justizwesen in einem afrikanischen Entwicklungsland, Teil 1, hrsg. v. Hans-Heinrich Jescheck u. Kurt Madlener, Baden-Baden, 1981 (zugl. Diss., Freiburg, 1981).

Brinkmann, H.: Strafrecht und Strafverfahren für die Eingeborenen der deutschen Schutzgebiete, Borna-Leipzig, 1904 (zugl. Diss., Erlangen, 1904).

Bückendorf, Jutta: „Schwarz-weiß-rot über Ostafrika", Deutsche Kolonialpläne und afrikanische Realität, Münster, 1997 (zugl. Diss., Bamberg, 1995).

Bühler, Andreas Heinrich: Der Namaaufstand gegen die deutsche Kolonialherrschaft in Namibia von 1904-1913, Frankfurt a. M., London, 2003.

Burgsdorff, Curt von: Die Entwicklung der kolonialen Rechtspflege, Leipzig, 1911 (zugl. Diss., Leipzig, 1911).

Busch, Moritz: Tagebuchblätter, Zweiter Band, Graf Bismarck und seine Leute während des Krieges mit Frankreich 1870-1871 bis zur Rückkehr nach Berlin Wilhelmstr. 76 – Denkwürdigkeiten aus den Jahren 1871 bis 1880 – Darzin, Schönhausen, Friedrichsruh – Leipzig, 1902.

Canis, Konrad: Bismarck als Kolonialpolitiker, in: Kolonialmetropole Berlin, hrsg. von Ulrich van der Heyden, Joachim Zeller, Berlin, 2002.

Chalmers, D. R. C., The Colonial Legal System in German New Guinea: 1884-1914, in: ZvglRWiss (79) 1980, S. 209-224.

Christmann, Helmut / Hempenstall, Peter John / Ballendorf, Dirk Anthony (Hrsg.): Die Karolinen- Inseln in deutscher Zeit, Eine kolonialgeschichtliche Fallstudie, Münster, Hamburg, 1991.

Christ-Socin, H.: Der Berliner Kongo-Vertrag vom 26. Februar 1885, in: ZfKKK (13) 1911, S. 569-590.

Crusen, H: Die Reform der kolonialen Gerichtsverfassung, in: ZStW (32) 1911, S. 623-644.

ders.: Die dritte Instanz für die Schutzgebiete, in: ZfKKK (14) 1912, S. 545-553.

Darwin, Charles: Die Abstammung des Menschen, Übersetzung und Einführung von Heinrich Schmidt, Leipzig, 1932.

Doerr, Friedrich: Deutsches Kolonialstrafrecht, in: ZfKKK (10) 1908, S. 321-338.

ders.: Deutsches Kolonial-Strafprozeßrecht, in: ZfKKK (10) 1908, S. 660-676.

ders.: Deutsche Kolonial-Gerichtsverfassung, in: ZfKKK (11) 1909, S. 161-182.

ders.: Die Entwicklung des materiellen und formellen deutschen Kolonial – Strafrechts seit 1907, in: ZfKKK (12) 1910, S. 69-72.

ders.: Die rechtliche Stellung der deutschen Kolonialrichter, in: ZfKKK (13) 1911, S. 803-806.

ders.: Die Geltung der Reichs-Strafprozeßordnung in den deutschen Schutzgebieten, in: ZfKKK (14) 1912, S. 11-28.

ders.: Deutsches Kolonialstrafprozessrecht, Leipzig, 1913.

Dörken, Axel: Stellung und Funktion des Rechtsanwalts in Kamerun unter besonderer Berücksichtigung der Strafverteidigung, in: Strafrechtspflege in Kamerun, Untersuchungen zum Justizwesen in einem afrikanischen Entwicklungsland, Teil 2, hrsg. v. Hans-Heinrich Jescheck u. Kurt Madlener, Baden-Baden, 1982 (zugl. Diss., Freiburg, 1982).

Dungern, Friedrich Frhr. v.: Die völkerrechtlichen Grundlagen der neueren Koloniälgründungen, Borna-Leipzig, 1907 (zugl. Diss., Leipzig, 1907).

Eggebrecht, Hans: Praktische Unterschiede zwischen deutschen und englischen Verwaltungsmethoden im ostafrikanischen Mandatsgebiet, in: Koloniale Rundschau (31) 1940, S. 169-175.

Eid, Uschi: An den deutschen Völkermord in Afrika denken, in: F.A.Z. v. 08.08.2004, S. 2.

Engel, Lothar: Die rheinische Missionsgesellschaft und die deutsche Kolonialherrschaft in Südwestafrika 1884-1915, in: Imperialismus und Kolonialmission, Kaiserliches Deutschland und koloniales Imperium, hrsg. v. Klaus J. Bade, Wiesbaden, 1982, S. 142-164.

Engeli, Heinrich: Die Grundsätze des italienischen Kolonialrechts, Abhandlungen aus dem Staats- und Verwaltungsrecht sowie Kolonial- und Völkerrecht, hrsg. v. Friedrich Giese, 64. Heft, Breslau, 1941.

Erbar, Ralph: Ein „Platz an der Sonne"? Die Verwaltungs- und Wirtschaftsgeschichte der deutschen Kolonie Togo 1884-1914, Stuttgart, 1991 (zugl. Diss., Mainz, 1991).

Essner, Cornelia: Der Kampf um das Kolonialgericht oder Kolonialgesetzgebung als Verfassungsproblem, in: Historische Mitteilungen (5) 1992, S. 78-95.

dies: Das ausgebliebene Kolonialgericht, in: Kolonialmetropole Berlin, hrsg. von Ulrich van der Heyden, Joachim Zeller, Berlin, 2002, S. 41-43.

Evans, Richard J.: Rituale der Vergeltung, Die Todesstrafe in der deutschen Geschichte 1532-1987, deutsch v. Holger Fliessbach, Berlin, 2001.

Fabri, Friedrich: Bedarf Deutschland der Colonien? Eine politisch-ökonomische Betrachtung, Gotha, 1879.

Fasching, Theodor: Die Organisation der Rechtspflege in den deutschen Schutzgebieten, München 1914 (zugl. Diss., Greifswald, 1914).

Feder, Ernst: Die Prügelstrafe in den englischen und französischen Kolonien, BA RKA 1001/5379, Bl. 77 ff. (unveröffentlicht).

ders.: Die Prügelstrafe, Berlin, 1911.

Fieldhouse, David K.: Die Kolonialreiche seit dem 18. Jahrhundert, Frankfurt am Main, Hamburg, 1965.

Firth, Stewart G.: Die Bostoner Mission in den deutschen Marshall-Inseln, in: Imperialismus und Kolonialmission, Kaiserliches Deutschland und koloniales Imperium, Wiesbaden, 1982, S. 257-268.

Fischer, Hans-Jörg: Die deutschen Kolonien, Die koloniale Rechtsordnung und ihre Entwicklung nach dem ersten Weltkrieg, Berlin, 2001 (zugl. Diss., Heidelberg, 2000).

Fleischmann: Die Entwickelung des deutschen Kolonialrechts, in: DJZ (X) 1905, Sp. 1035-1039.

ders.: Der Kolonialgerichtshof, in: DJZ (XV) 1910, Sp. 567-569.

ders.: Die Mischehen in den deutschen Schutzgebieten vom Rechtsstandpunkte, mit anschließender Diskussion, in: Verhandlungen des Deutschen Kolonialkongresses 1910, Berlin, 1910, S. 548-567.

Florack, Franz: Die Schutzgebiete, ihre Organisation in Verfassung und Verwaltung, in: Abhandlungen aus dem Staats-, Verwaltungs- und Völkerrecht, hrsg. v. Philipp Zorn u. Fritz Stier-Somlo, 1. Band, Tübingen 1905.

ders.: Die Errichtung des Reichskolonialamtes, in: ZfKKK (8) 1906, S. 519-532.

Frank, Reinhard: Die Strafverfolgung von Delikten in den Schutzgebieten, in: DJZ (I) 1896, S. 128-131.

ders.: Das Strafgesetzbuch für das Deutsche Reich, nebst dem Einführungsgesetze, 11.-14. Auflage, Tübingen, 1915.

Friedrich, J. K. Julius: Eingeborenenrecht und Eingeborenenpolitik, in: ZfKKK (11) 1909, S. 466-489.

ders.: Strafrechtsgewohnheiten der Eingeborenen in deutschen Schutzgebieten, in: ZfKKK (13) 1911, S. 283-300.

Fuchs, Viktor: Ein Reichskolonialgericht?, in: DJZ (XIV) 1909, Sp. 369 f.

ders.: Der Kolonialgerichtshof nach dem neuen Gesetzentwurf, in: DJZ (XVIII) 1913 Sp. 1419-1422.

Gall, Lothar: Bismarck, Der weiße Revolutionär, Biographie, Berlin, München, 2001.

Gareis, Karl: Deutsches Kolonialrecht, Eine orientierende Schilderung der außereuropäischen Erwerbungen des deutschen Reiches und Darstellung ihrer Rechtsordnung nebst dem Text und Erläuterungen der diese Schutzgebiete betreffenden Gesetze und kaiserlichen Verordnungen, 2. Auflage, Gießen, 1902.

Gerstmeyer, Johannes: Die rechtlichen Grundlagen der deutschen Kolonialherrschaft, in: Deutsche Kolonialpolitik in Dokumenten, Gedanken und Gestalten aus den letzten fünfzig Jahren, hrsg. v. Ernst Gerhard Jacob, Leipzig, 1938, S. 181-191.

Giese, Friedrich: Zur Errichtung des Kolonial- und Konsulargerichtshofes, in: ZfKKK (13) 1911, S. 331-335.

Giesebrecht, Franz: Neue Mitteilungen über die Kamerunaffaire, in: Neue deutsche Rundschau (5) 1894, S. 927-930.

Giesen, Dieter: Kolonialpolitik zwischen Irritation und Illusion, Prolegomena zu einer Rechts- und Sozialgeschichte deutscher Kolonialbestrebungen im Pazifik am Beispiel Samoas (1857-89), in: Festschrift zum 125jährigen Bestehen der Juristischen Gesellschaft zu Berlin, hrsg. von Dieter Wilke, Berlin, New York, 1984, S. 177-226.

Götz, Adolf: Die brandenburgisch-preußische Kolonisation in Guinea unter Friedrich Wilhelm, dem Großen Kurfürsten, in: ZfKKK (8) 1906, S. 767-780.

Goldschmidt, J.: Strafen (Haupt- und Nebenstrafen) und verwandte Maßregeln unter Berücksichtigung der den Inhalt der Strafe bestimmenden Grundsätze des Strafvollzugs, in: Vergleichende Darstellung des Deutschen und Ausländischen Strafrechts, Vorarbeiten zur Deutschen Strafrechtsreform, Allgemeiner Teil, IV. Band, Berlin, 1908, S. 81-470.

Graudenz, Karlheinz / Schindler, Hanns Michael: die deutschen Kolonien, Geschichte der deutschen Schutzgebiete in Wort, Bild und Karte, 8. Auflage, Augsburg, 1995.

Grohmann, Marc: Exotische Verfassung, Die Kompetenzen des Reichstags für die deutschen Kolonien in Gesetzgebung und Staatsrechtswissenschaft des Kaiserreichs (1884-1914), Tübingen, 2001 (zugl. Diss., Berlin 1999/2000).

Großfeld, Bernhard / Wilde, Margitta: Josef Kohler und das Recht der deutschen Schutzgebiete, in: RabelsZ (58) 1994, S. 59-75.

Gründer, Horst: Geschichte der deutschen Kolonien, Paderborn, 1985.

ders.: „Neger, Kanaken und Chinesen zu nützlichen Menschen erziehen" – Ideologie und Praxis des deutschen Kolonialismus, in: Überseegeschichte, Beiträge der jüngeren Forschung, Festschrift anläßlich der Gründung der Forschungsstiftung für vergleichende europäische Überseegeschichte 1999 in Bamberg, hrsg. von Thomas Beck, Horst Gründer, Horst Pietschmann und Roderich Ptak, Stuttgart, 1999, S. 254-266.

ders. (Hrsg.): „... da und dort ein junges Deutschland gründen", Rassismus, Kolonien und kolonialer Gedanke vom 16. bis zum 20. Jahrhundert. , München, 1999.

ders.: Der „Wettlauf" um Afrika und die Berliner Westafrika-Konferenz 1884/85, in: Kolonialmetropole Berlin, hrsg. von Ulrich van der Heyden und Joachim Zeller, Berlin, 2002, S. 19-23.

Hachenburg: Juristische Rundschau, Artikel, in: DJZ (XVII) 1912, Sp. 730.

Hagen, Maximilian v.: Bismarcks Kolonialpolitik, Stuttgart, Gotha, 1923.

Hailbronner, Kay / Renner, Günter: Staatsangehörigkeitsrecht, unter Mitarbeit von Marianne Wiedemann, 4. Auflage, München, 2005.

Hallgarten, George W. F.: War Bismarck ein Imperialist? Die Außenpolitik des Reichsgründers im Licht der Gegenwart, in: Geschichte in Wissenschaft und Unterricht (22) 1971, S. 257-265.

Hammen, Horst: Kolonialrecht und Kolonialgerichtsbarkeit in den ehemaligen deutschen Schutzgebieten – Ein Überblick, in: Verfassung und Recht in Übersee (32) 999, S. 191-209.

Hänsch, Felix: Der gegenwärtige Stand und die Weiterentwicklung der Farbigen-Statistik in den deutschen Schutzgebieten, in: ZfKKK (13) 1911, S. 381-390.

Hardach, Gerd: König Kopra: Die Marianen unter deutscher Herrschaft 1899-1914, Stuttgart, 1990 (zugl. Diss., Zürich, 1989/90).

ders.: Die deutsche Herrschaft in Mikronesien, in: Die deutsche Südsee 1884-1914, hrsg. v. Hermann Joseph Hiery, S. 508-534.

Hassert, Kurt: Deutschlands Kolonien, Erwerbungs- und Entwicklungsgeschichte, Landes- und Volkskunde und wirtschaftliche Bedeutung unserer Schutzgebiete, 2. Auflage, Leipzig, 1910.

Hauschild, Herbert: Das Reichsgesetz über die Erwerbung und den Verlust der Reichs- und Staatsangehörigkeit vom 1. Juni 1870 in seiner Anwendung auf die deutschen Schutzgebiete, Tübingen, 1906 (zugl. Diss., Leipzig, o. J.).

Hausen, Karin: Deutsche Kolonialherrschaft in Afrika, Wirtschaftsinteressen und Kolonialverwaltung in Kamerun vor 1914, Zürich, Freiburg i. Br., 1970 (zugl. Diss., Berlin (FU), 1969).

Heimberger: Zur reichsrechtlichen Regelung des Strafvollzugs, in: DJZ (X) 1905, Sp.43-49.

Hempenstall, Peter J.: Europäische Missionsgesellschaften und christlicher Einfluß in der deutschen Südsee: das Beispiel Neuguinea, in Imperialismus und Kolonialmission, Kaiserliches Deutschland und koloniales Imperium, Wiesbaden, 1982, S. 226-242.

ders.: Mikronesier und Deutsche, in: Die deutsche Südsee 1884-1914, hrsg. v. Hermann Joseph Hiery, S. 582- 603.

Henning, Franz: Die Rechtsanwaltschaft in den deutschen Schutzgebieten, in: Juristische Wochenschrift 42 (1913), S. 419-422.

Henrici, Ernst: Das Volksrecht der Epheneger, in: ZvglRWiss (11) 1895, S. 131-152.

v. Hentig, Hans: Die Prügelstrafe. Eine Ablehnung, in: Monatsschrift für Kriminalpsychologie (9) 1912/13, S. 697-707.

ders.: Die Strafe, Band 1, Frühformen und kulturgeschichtliche Zusammenhänge; Band 2, Die modernen Erscheinungsformen, Berlin, Göttingen, Heidelberg, 1954/55.

Hering, Rainer: Konstruierte Nation, Der Alldeutsche Verband 1890 bis 1939, Hamburg, 2003.

Hermann, R.: Die Prügelstrafe nach deutschem Kolonialrecht, in: ZfKKK (10) 1908, S. 72-83.

Hesse, Hermann: Eingeborenen-Schiedsgerichte in Kamerun, in: DKolZ 1896, S. 299-300.

Heyden, Ulrich van der: Rote Adler an Afrikas Küste, Die brandenburgisch-preußische Kolonie Großfriedrichsburg an der westafrikanischen Küste, Berlin, 1993.

ders.: Das brandenburgische Kolonialabenteuer unter dem Großen Kurfürsten, in: Kolonialmetropole Berlin, hrsg. v. Ulrich van der Heyden und Joachim Zeller, Berlin, 2002, S. 15-18.

Heyden, Ulrich van der / Zeller, Joachim (Hrsg.): Kolonialmetropole Berlin, Eine Spurensuche, Berlin, 2002.

Hiery, Hermann Joseph: Das Deutsche Reich in der Südsee (1900-1921), Eine Annäherung an die Erfahrungen verschiedener Kulturen, Göttingen, 1995.

ders.(Hrsg.): Die deutsche Südsee 1884-1914, Ein Handbuch, Paderborn, München, Wien, Zürich, 2001.

ders.: Die deutsche Verwaltung Neuguineas 1884-1914, in: Die deutsche Südsee 1884-1914, hrsg. von Hermann Joseph Hiery, S. 277-311.

ders.: Die deutsche Verwaltung Samoas 1900-1914, in: Die deutsche Südsee 1884-1914, hrsg. von Hermann Joseph Hiery, S. 649-675.

Hildebrand, Klaus: Vom Reich zum Weltreich, Hitler, NSDAP und koloniale Frage 1919-1945, München, 1969.

Hinz, Manfred O.: "Waidgerechtigkeit" versus afrikanische Tradition. Deutsches Jagdrecht in Namibia?, in: Kolonialisierung des Rechts, Zur kolonialen Rechts- und Verwaltungsordnung, S. 337-348.

Hoepfner: Ist eine Ausweisung Reichsangehöriger aus den Schutzgebieten zulässig?, in: DJZ (XV) 1910, Sp. 419-420.

Hoffmann, Hermann Edler v.: Deutsches Kolonialrecht, Leipzig, 1907.

ders.: Das Recht der Gouvernementsräte, in: ZfKKK (9) 1907, S. 835-844, 924-934; (10) 1908, S. 26-44.

ders.: Verwaltungs- und Gerichtsverfassung der deutschen Schutzgebiete, Leipzig, 1908.

ders.: Einführung in das deutsche Kolonialrecht, Leipzig, 1911.

Hogrefe, L.: Die Laufbahn der deutschen Kolonialbeamten, in: Koloniale Monatsblätter (15) 1913, S. 121-126.

Hoischen, Oliver: Heikle Mission, Heidemarie Wieczorek-Zeul entschuldigt sich bei den Herero, in: F.A.Z. v. 15.08.2004, S. 7.

Holländer, Albert: Der Sitz eines Kolonialsenats, in: ZfKKK (11) 1909, S. 606-608

ders.: Zum Entwurf des Gesetzes betr. den Kolonialgerichtshof, in: ZfKKK (12) 1910, S. 876-883.

Hollmann, Michael: Einleitung zum Findbuch Reichskolonialamt, Bestand R 1001, Teilband 1, Findbücher zu den Beständen des Bundesarchivs, Bd. 98, Koblenz, 2003.

Huber, Ernst Rudolf: Deutsche Verfassungsgeschichte seit 1789, Bd. IV: Struktur und Krisen des Kaiserreiches, Rev. Nachdr. der 2. Aufl., Stuttgart, Berlin, Köln, 1994.

Huber, Hansjörg Michael: Koloniale Selbstverwaltung in Deutsch-Südwestafrika, Frankfurt a. M., Berlin, Bern, Brüssel, New York, Wien, 2000 (zugl. Diss., München, 1999).

Jacob, Ernst Gerhard: Deutsche Kolonialpolitik in Dokumenten, Gedanken und Gestalten aus den letzten fünfzig Jahren, Leipzig, 1938.

Jaeck, Hans-Peter: Die deutsche Annexion, in: Kamerun unter deutscher Kolonialherrschaft, hrsg. von Helmuth Stoecker, S. 27-95.

Jescheck, Erich: Die Schutzgewalt in den deutschen Schutzgebieten, Breslau, 1911 (zugl. Diss., Breslau, 1910).

Johag, Stefan: Die Verwaltung Samoas, in: Kolonialisierung des Rechts, Zur kolonialen Rechts- und Verwaltungsordnung, hrsg. von. Rüdiger Voigt u. Peter Sack, Baden-Baden, 2001, S. 239-246.

Karlowa, Hans: Die Strafgerichtsbarkeit über die Eingeborenen in den deutschen Kolonien (zugl. Diss., Heidelberg, 1911).

Kloubert, Rainer: Traditionelle und moderne Strafgerichtsbarkeit in China, Freiburg i. Br., 1978 (zugl. Diss., Freiburg i. Br., 1978).

Koch, Hansjürgen W.: Der Sozialdarwinismus, Seine Genese und sein Einfluß auf das imperialistische Denken, München, 1973.

Köbner, Otto: Die Rechtsstellung der deutschen Kolonialbevölkerung, Vortrag, gehalten am 26.11.1903, in: Mitteilungen der Internationalen Vereinigung für vergleichende Rechtswissenschaft und Volkswirtschaftslehre, 1903, S. 211-222.

ders.: Kolonialstrafrecht, Vortrag, in: Mitteilungen der Internationalen Kriminalistischen Vereinigung (IKV), (XI) 1904, S. 545-577.

ders.: Die Organisation der Rechtspflege in den Kolonien, in: Verhandlungen des Deutschen Kolonialkongresses 1902, S. 331-366.

ders.: Die Organisation der Rechtspflege in den Kolonien, Berlin, 1903.

ders.: Die Reform des Kolonialrechts, in: Verhandlungen des Deutschen Kolonialkongresses 1910, Berlin, 1910, S. 386-412.

König, Bernhard v.: Die Kolonialbehörden, deren Zuständigkeit und Verfahren, in: BzKK (2) 1900-1901, S. 1-31.
ders.: Die Beamten in den Schutzgebieten, in: BzKK (2) 1900-1901, S. 33-46.

ders.: Das Verordnungsrecht des Kaisers und des Reichskanzlers nach dem Schutzgebietsgesetz, in: ZfKKK (14) 1912, S. 289-298.

Königsberger, Paul: Koloniale Rechtspflege, in: ZfKKK (6) 1904, S. 107-111.

Kohler, Josef: Fragebogen zur Erforschung der Rechtsverhältnisse der sogenannten Naturvölker, namentlich in den deutschen Kolonialländern, in: ZvglRWiss (12) 1897, S. 427-440.

ders.: Aus dem chinesischen Civilrecht, in: ZvglRWiss (6) 1885, S. 351-387.

ders.: Das Recht der Marshallinsulaner, in: ZvglRWiss (12) 1897, S. 441-454.

ders.: Rechte der deutschen Schutzgebiete, I. Das Recht der Herero, in: ZvglRWiss (14) 1900, S. 294-319; II. Das Recht der Papuas, in: ZvglRWiss (14) 1900, S. 321-394; III. Das Recht der Marshallinsulaner, in: ZvglRWiss (14) 1900, S. 409-455.

ders.: Das chinesische Strafgesetzbuch, in: ZvglRWiss (18) 1905, S. 184-208.

ders.: Über das Recht der Herero, in: ZvglRWiss (19) 1906, S. 29-36.

ders.: Zum Rechte der Papuas, in: ZvglRWiss (19) 1906, S. 162-168.

ders.: Das chinesische Strafgesetzbuch, in: ZvglRWiss (19) 1906, S. 251-268.

ders.: Das chinesische Strafgesetzbuch, Gesetze über die Eheschließung im Ta tsching Lü li, in: ZvglRWiss (20) 1907, S. 1-14.

ders.: Ueber die Rechte melanesischer Stämme auf Neuguinea, in: ZvglRWiss (25) 1911, S. 241-252.

Kopp, Thomas: Nichtdeutsche Angeklagte in deutschen Strafverfahren, Ihr Schutz im Normal-, Kolonial- und Militärzustand seit der Reichsgründung 1871, Baden-Baden 1997 (zugl. Diss., Hannover, 1997).

ders.: Theorie und Praxis des deutschen Kolonialstrafrechts, in: Kolonialisierung des Rechts, Zur kolonialen Rechts- und Verwaltungsordnung, hrsg. von Rüdiger Voigt, Peter Sack, 1. Auflage, Baden-Baden, 2001, S. 71-93.

Korn: Empfiehlt sich der Versuch der Deportation nach Kolonien als Strafe und der Vorschlag bedingter Begnadigung für den Fall der Auswanderung?, in: DJZ (III) 1898, S. 374-376.

Knoll, Arthur J.: Die Norddeutsche Missionsgesellschaft in Togo 1890-1914, in: Imperialismus und Kolonialmission, Kaiserliches Deutschland und koloniales Imperium, hrsg. v. Klaus J. Bade, Wiesbaden, 1982, S. 165-188.

ders.: An indigenous Law Code for the Togolese. The Work of Dr. Rudolf Asmis, in: Kolonialisierung des Rechts, Zur kolonialen Rechts- und Verwaltungsordnung, Baden-Baden, 2001, S. 247-270.

Kraus, Herbert: Reichsstrafrecht und Deutsche Schutzgebiete, Berlin, 1911.

Kruckow, Egon: Ausweisungen aus den deutschen Schutzgebieten, (zugl. Diss.) Berlin, 1913.

Kuhn, Hellmuth: Die deutschen Schutzgebiete, Erwerb, Verwaltung und Gerichtsbarkeit, Berlin, 1913.

Kum´a Ndumbe III., Alexandre: Was wollte Hitler in Afrika? NS-Planungen für eine faschistische Neugestaltung Afrikas, Aus dem Französischen übersetzt, Frankfurt am Main, 1993.

Laband, Paul: Das Staatsrecht des Deutschen Reiches, 5. Auflage, 2. Band, Tübingen, Leipzig, 1911.

ders.: Deutsches Reichsstaatsrecht, Das öffentliche Recht der Gegenwart, Band I, Tübingen, 1907.

Lampe, August: Anteil der Eingeborenen an der Verwaltung und Rechtspflege in unseren Kolonien, Greifswald, 1918 (zugl. Diss., Greifswald, 1918).

Leclerc, Gérard, Anthropologie und Kolonialismus, Frankfurt a. M. 1976.

Lederer, Claudia: Die rechtliche Stellung der Muslime innerhalb des Kolonialrechtssystems im ehemaligen Schutzgebiet Deutsch-Ostafrika, Würzburg, 1994.

Leutner, Mechthild (Hrsg.): „Musterkolonie Kiautschou“: Die Expansion des Deutschen Reiches in China, Deutsch-chinesische Beziehungen 1897 bis 1914, Eine Quellensammlung, bearbeitet von Klaus Mühlhahn, Berlin, 1997.

Leutwein, Theodor: Elf Jahre Gouverneur in Deutsch-Südwestafrika, 2. Auflage, Berlin, 1907.

v. Liszt, Franz: Der Zweckgedanke im Strafrecht, Marburger Universitätsprogramm 1882, in: Strafrechtliche Aufsätze und Vorträge, Erster Band, 1875 bis 1891, Berlin, 1905, S. 126-179.

ders.: Die deterministischen Gegner der Zweckstrafe, in: Strafrechtliche Aufsätze und Vorträge, Zweiter Band, 1892 bis 1904, Berlin, 1905, S. 25-74.

Lobe,...: Kolonialgerichtshof und Reichsgericht, in: DRiZ (VI) 1914, Sp. 57-63.

Lombroso, Cesare: Der Verbrecher in anthropologischer, ärztlicher und juristischer Beziehung (Übersetzung aus dem Italienischen, l'uomo delinquente), Hamburg, 1887.

Lüders, Ewald: Das Jagdrecht der deutschen Schutzgebiete, Hamburg, 1913.

Lütken, Edgar: Das materielle Strafrecht in den deutschen Schutzgebieten, Greifswald, 1914 (zugl. Diss., Greifswald, 1914).

Mallmann, Rudolf: Rechte und Pflichten in den deutschen Schutzgebieten. Eine Studie über die Rechtsstellung der Bewohner der deutschen Kolonien auf der Grundlage ihrer Staatsangehörigkeit, Berlin, 1913.

Mathies, Otto: Das in den Schutzgebieten geltende Reichsstrafrecht im Verhältnis zum Verwaltungsrecht, in: ZfKKK (14) 1912, S. 318-327.

Metzger, O. F.: Unsere alte Kolonie Togo, Melsungen, 1941.

Meyer, Felix: Die Bedeutung des Eingeborenenrechts, in: Verhandlungen des Deutschen Kolonialkongresses, Berlin, 1902, S. 377-385.

ders.: Reform des Eingeborenenrechts, in: Verhandlungen des Deutschen Kolonialkongresses, Berlin, 1910, S. 571-580.

Moses, John A.: Zwischen Puritanismus und Ultramontanismus: die ‚Politik der Diagonalen' auf Deutsch-Samoa 1900-1914, in: Imperialismus und Kolonialmission, Kaiserliches Deutschland und koloniales Imperium, Wiesbaden, 1982, S. 243-256.

Mühlhahn, Klaus: Herrschaft und Widerstand in der „Musterkolonie“ Kiautschou, Interaktionen zwischen China und Deutschland, 1897-1914, München, 2000 (zugl. Diss., Berlin, 1998).

ders.: Staatsgewalt und Disziplin. Die chinesische Auseinandersetzung mit dem Rechtssystem der deutschen Kolonie Kiautschou, in: Kolonialisierung des Rechts, Zur kolonialen Rechts- und Verwaltungsordnung, hrsg. v. Rüdiger Voigt u. Peter Sack, Baden-Baden, 2001, S. 125-156.

Müller, Fritz Ferdinand: Kolonien unter der Peitsche, Eine Dokumentation, Berlin (O), 1962.

Naucke, Wolfgang: Deutsches Kolonialstrafrecht 1886-1918, in: Rechtshistorisches Journal, Bd. 7 (1988), S. 297-315.

Nestvogel, Renate: Mission und Kolonialherrschaft in Kamerun, in: Imperialismus und Kolonialmission, Kaiserliches Deutschland und koloniales Imperium, hrsg. v. Klaus J. Bade, Wiesbaden, 1982, S. 205-225.

Neumann, Max: Die Rechtseinheit im deutschen Kolonialrecht und die Errichtung eines obersten Kolonialgerichtshofs, Leipzig, 1911 (zugl. Diss. Erlangen, 1911).

Paech,...: Die Vertretung des Reichskanzlers in Kolonialangelegenheiten, in: ZfKKK (7) 1905, S. 203-207.

Pehl, Hans: Die deutsche Kolonialpolitik und das Zentrum (1884-1914), Limburg a. d. Lahn, 1934 (zugl. Diss., Frankfurt a. M., 1934).

Perels, Kurt: Die Errichtung eines Kolonial- und Konsulargerichtshofes, Kritische Erörterungen, Hamburg, 1910.

Peters, Carl: Die Gründung von Deutsch-Ostafrika, Kolonialpolitische Erinnerungen und Betrachtungen, Berlin, 1906.

Peters, Emil: Der Begriff sowie die staats- und völkerrechtliche Stellung der Eingeborenen in den deutschen Schutzgebieten nach deutschem Kolonialrechte, Göttingen, 1906 (zugl. Diss., Göttingen, 1906).

Pflanze, Otto: Bismarcks Herrschaftstechnik als Problem der gegenwärtigen Historiographie, in: Historische Zeitschrift (234) 1982, S. 561-599.

Pogge von Strandmann, Hartmut: Der Kolonialrat, in: Kolonialmetropole Berlin, hrsg. v. Ulrich van der Heyden, Joachim Zeller, Berlin, 2002, S. 32-34.

ders.: „Deutsches Land in fremder Hand" – Der Kolonialrevisionismus, in: Kolonialmetropole Berlin, hrsg. v. Ulrich van der Heyden, Joachim Zeller, Berlin 2002, S. 232-239.

Preuß, Max: Die Rechtspflege in gemischten Angelegenheiten, in: Verhandlungen des deutschen Kolonialkongresses 1905, S. 381-400.

Radwanski, Hans: Die Schutzgewalt in den deutschen Schutzgebieten, Borna-Leipzig, 1913 (zugl. Diss., Breslau, 1912).

Rathenau, Walter: Tagebuch 1907-1922, hrsg. u. kommentiert v. Hartmut Pogge v. Strandmann, Düsseldorf, 1967.

Reichelt, Solveig: „Wer regierte Deutsch-Südwest?", Der Aufbau des Verwaltungs- und Rechtssystems in der ehemaligen Kolonie Deutsch-Südwestafrika (1884-1914), Entwicklungen und Probleme (zugl. Diss., Bremen, 2001).

Rhode, M.: Die Errichtung eines Reichs-Kolonialgerichts mit dem Sitz in Berlin, in: Verhandlungen des Deutschen Kolonialkongresses 1910, Berlin 1910, S. 590-600.

Richter, Klaus: Deutsches Kolonialrecht in Ostafrika 1885-1891, Frankfurt a.M., Berlin, Bern, Bruxelles, New York, Oxford, Wien, 2001.

Richter, Werner: Bismarck, Frankfurt am Main, 1962.

Rivinius, Karl J.: Imperialistische Welt- und Missionspolitik: der Fall Kiautschou, in: Imperialismus und Kolonialmission, Kaiserliches Deutschland und koloniales Imperium, S. 269-288.

Romberg,...: Die rechtliche Natur der Konzessionen und Schutzbriefe in den deutschen Schutzgebieten, in: ZfKKK (10) 1908, S. 369-412.
ders.: Über die Geltung der §§ 170 ff. StPO in den Schutzgebieten – Beschlüsse des Kaiserlichen Gerichts von Kiautschou Abt. II., vom 29. Juni und 24. Juli 1911, in: ZfKKK (14) 1912, S. 449-451.

ders.: Die Unversetzbarkeit der deutschen Kolonialrichter, in: DKolZ 1912, S 36.

Rommel, Mechthild / Rautenberg, Hulda: Die Kolonialen Frauenschulen von 1908 – 1945, Der Tropenlandwirt, Zeitschrift für die Landwirtschaft in den Tropen und Subtropen, Beiheft Nr. 16, Witzenhausen, 1983.

Rudin, Harry R.: Germans in the Cameroons 1884-1914, A Case Study in Modern Imperialism, London, 1938.

Rüger, Adolf: Die Entstehung und Lage der Arbeiterklasse unter dem deutschen Kolonialregime in Kamerun (1895-1905), in: Kamerun unter deutscher Kolonialherrschaft, hrsg. v. Helmuth Stoecker, S. 149-242.

Rüping, Hinrich / Jerouschek, Günter: Grundriß der Strafrechtsgeschichte, 4. Auflage, München, 2002.

Sabersky, Fritz: Der koloniale Inlands- und Auslandsbegriff – Der Inlands- und Auslandsbegriff der Reichsgesetze in seiner Anwendung auf das Verhältnis von Mutterland und Schutzgebieten, in: ZfKKK (9) 1907, S. 311-379.

Sack, Peter: Law in New Guinea and the Risks of Academic Pioneers, Some comments on D.R.C. Chalmers, „The Colonial Legal System in German New Guinea: 1884-1914“, in: ZvglRWiss (82) 1983, S. 231-241.

ders.: Racism and Colonial Law: the Legal Position of „Natives“ in German New Guinea, in: Sprache, Symbole und Symbolverwendungen in Ethnologie, Kulturanthropologie, Religion und Recht, Festschrift für Rüdiger Schott zum 65. Geburtstag, hrsg. von Werner Krawietz, Leopold Pospisil und Sabine Steinbrich, Berlin, 1993, S. 399-427.

ders.: Kolonialrecht und Kolonialverwaltung in Melanesien, in: Kolonialisierung des Rechts, Zur kolonialen Rechts- und Verwaltungsordnung, hrsg. von Rüdiger Voigt und Peter Sack, Baden-Baden, 2001, S. 211-238.

ders.: Das deutsche Rechtswesen in Melanesien, in: Die deutsche Südsee 1884-1914, hrsg. von Hermann Joseph Hiery, S. 322-342.

ders.: Das deutsche Rechtswesen in Mikronesien, in: Die deutsche Südsee 1884-1914, hrsg. von Hermann Joseph Hiery, S. 535-557.

ders.: Das deutsche Rechtswesen in Polynesien, in: Die deutsche Südsee 1884-1914, hrsg. von Hermann Joseph Hiery, S. 676-689.

Salge, Ernst: Die Rechtsverhältnisse der Kolonialbeamten, Borna-Leipzig, 1910 (zugl. Diss., Münster, 1908).
Sander, Tobias: Ausbildung, Arbeitsmarkt und Politik der Juristen in Deutschland 1800-1945, in: http://www.forhistiur.de/zitat/0501sander.htm.

Sassen, Franz Josef: Die staatsrechtliche Natur der deutschen Schutzgebiete, in: ZfKKK (8) 1906, S. 594-620.

ders.: Das Gesetzgebungs- und Verordnungsrecht in den deutschen Kolonien, in: Abhandlungen aus dem Staats-, Verwaltungs- und Völkerrecht, hrsg. v. Philipp Zorn u. Fritz Stier-Somlo, 5. Band, Tübingen, 1909.

ders.: Deutsches Kolonialbeamtenrecht, in: ZfKKK (12) 1910, S. 486-502.

ders.: Das Recht der Freizügigkeit in den deutschen Schutzgebieten, in: ZfKKK (13) 1911, S. 391-399.

Schack, Friedrich: Das deutsche Kolonialrecht in seiner Entwicklung bis zum Weltkriege, Die allgemeinen Lehren, Eine berichtende Darstellung der Theorie und Praxis nebst kritischen Bemerkungen, Hamburg, 1923.

ders.: Die gemischte Gerichtsbarkeit des Kolonialrechts, in: Koloniale Rundschau (31) 1940, S. 37-45.

Schiefel, Werner: Bernhard Dernburg 1865-1937, Kolonialpolitiker und Bankier im wilhelminischen Deutschland, Zürich, Freiburg, 1974.

Schildknecht, Jörg: Bismarck, Südwestafrika und die Kongokonferenz, Die völkerrechtlichen Grundlagen der effektiven Okkupation und ihre Nebenpflichten am Beispiel des Erwerbs der ersten deutschen Kolonie, Hamburg, 2000 (zugl. Diss., Hamburg, 1999).

Schinzinger, Francesca: Die Kolonien und das Deutsche Reich, Die wirtschaftliche Bedeutung der deutschen Besitzungen in Übersee, Wiesbaden, 1984.

Schönke, Adolf / Schröder, Horst: Strafgesetzbuch, Kommentar, 26. Auflage, München, 2001.

Schmidt, Hans Heinz: Erwerb und rechtliche Natur der Schutzgewalt in den Schutzgebieten, Borna-Leipzig, 1911 (zugl. Diss., Leipzig, 1911).
Schmidt, Eberhard, Einführung in die Geschichte der deutschen Strafrechtspflege, 3. Auflage, Göttingen, 1965.

Schnee, Heinrich: Mandatspolitik, Vortrag, gehalten auf dem Deutschen Kolonialkongreß 1924, in: Verhandlungen des Deutschen Kolonialkongresses 1924, S. 4-14.

ders.: Die Koloniale Schuldlüge, 5. Auflage, München, 1928.

ders.: German Colonization Past and Future: the Truth about the German Colonies, London, 1926.

Schrader, Rudolf: Die Zwangsarbeit in Ostafrika nach deutschem und britischem Kolonialrecht, Hamburg, 1919 (zugl. Diss., Kiel, 1920).

Schramm, Percy Ernst: Deutschland und Übersee, Der deutsche Handel mit den anderen Kontinenten, insbesondere Afrika, von Karl V. bis zu Bismarck, Ein Beitrag zur Rivalität im Wirtschaftsleben, Braunschweig, Berlin, Hamburg, Kiel, 1950.

Schreiber, (...): Rechtsgebräuche der Eingeborenen der deutschen Schutzgebiete in Afrika, in: BzKK (5) 1903, S. 237-256.

ders.: Die rechtliche Stellung der Bewohner der deutschen Schutzgebiete, in: ZfKKK (6) 1904, S. 760-775).

ders.: Koloniales Kirchenrecht, in: ZfKKK (6) 1904, S. 871-884.

ders.: Zur Frage der Mischehen zwischen Weißen und Eingeborenen im deutschen Schutzgebiete Südwestafrika, in: ZfKKK (11) 1909, S. 88-96.

Schröder, Martin: Prügelstrafe und Züchtigungsrecht in den deutschen Schutzgebieten Schwarzafrikas, Münster, 1997.

Schubert, Werner: Das imaginäre Kolonialreich, Die Vorbereitung der Kolonialgesetzgebung durch den Kolonialrechtsausschuß der Akademie für Deutsches Recht, das Reichskolonialamt und die Reichsministerien (1937-1942), in: ZRG (115) 1998, S. 86-149).

Schultz-Ewerth, Erich / Adam, Leonhard (Hrsg.): Das Eingeborenenrecht, Sitten und Gewohnheitsrechte der Eingeborenen der ehemaligen deutschen Kolonien in Afrika und in der Südsee; Bd. 1, Ostafrika, bearbeitet v. Bernhard Ankermann, Stuttgart, 1929; Bd. 2, Togo, Kamerun, Südwestafrika, Die Südseekolonien, bearbeitet v. A. Schlettwein, Julius Lips, Berengar v. Zastrow, Max Schmidt, Heinrich Vedder, Hermann Trimborn, Richard Thurnwald, Erich Schultz-Ewerth, Stuttgart, 1930.

Schüßler, Wilhelm: Adolf Lüderitz, Ein deutscher Kampf um Südafrika 1883-1886 – Geschichte des ersten Kolonialpioniers im Zeitalter Bismarcks, Bremen, 1934.

Sebald, Peter: Togo 1884-1914, Eine Geschichte der deutschen „Musterkolonie" auf der Grundlage amtlicher Quellen, Berlin (O), 1988.

Seelbach, Fritz: Grundzüge der Rechtspflege in den Kolonien, Bonn, 1904.

Seitz, Theodor: Vom Aufstieg und Niederbruch deutscher Kolonialmacht, Erinnerungen, Band I, Aus dem alten Kamerun, Karlsruhe, 1927; Band II, Die Gouverneursjahre in Kamerun, Karlsruhe, 1929.

Siegle, Dorothea: „Trägerinnen echten Deutschtums", Die Koloniale Frauenschule Rendsburg, Rendsburg, Neumünster, 2004.

Sieglin, Ludwig: Die koloniale Rechtspflege und ihre Emanzipation vom Konsularrecht, in: Kolonialrechtliche Abhandlungen, Bd. 1, hrsg. v. Hubert Naendrup, Münster, 1908 (zugl. Diss., Münster, 1908).

Silvester, Jeremy / Gewald, Jan-Bart: Words Cannot Be Found, German Colonial Rule in Namibia, An annotated Reprint of the 1918 Blue Book, Leiden, Boston, 2003.

Sippel, Harald: Der Deutsche Reichstag und das „Eingeborenenrecht": Die Erforschung der Rechtsverhältnisse der autochthonen Völker in den deutschen Kolonien, in: RabelsZ (61) 1997, S. 714-738.

ders.: Europäisches Recht im Spannungsfeld von Aneignung und Selbstbehauptung in Deutsch-Ostafrika und Deutsch-Südwestafrika, in: Aneignung und Selbstbehauptung, Antworten auf die europäische Expansion, hrsg. von Dietmar Rothermund, München, 1999, S. 255-275.

ders.: Verwaltung und Recht in Deutsch-Ostafrika, in: Kolonialisierung des Rechts, Zur kolonialen Rechts- und Verwaltungsordnung, 1. Auflage, Baden-Baden, 2001, S. 271-292.

ders.: Die Kolonialabteilung des Auswärtigen Amtes und das Reichskolonialamt, in: Kolonialmetropole Berlin, hrsg. von Ulrich van der Heyden, Joachim Zeller, Berlin, 2002, S. 29-32.

ders.: Kolonialverwaltung ohne Kolonien – Das Kolonialpolitische Amt der NSDAP und das geplante Reichskolonialministerium, in: Kolonialmetropole Berlin, hrsg. von Ulrich von der Heyden, Joachim Zeller, Berlin, 2002, S. 256-261.

Sommerlad, Theo: Der deutsche Kolonialgedanke und sein Werden im 19. Jahrhundert, Halle an der Saale, 1918.

Staff, v.: Die Rechtsentwicklung unter der Regierung Kaiser Wilhelms II., Eine Festbetrachtung, in: DJZ (XVIII) 1913, Sp. 715-764.

Steinmetz, S. R.: Rechtsverhältnisse von eingeborenen Völkern in Afrika und Ozeanien, Beantwortung des Fragebogens der Internationalen Vereinigung für vergleichende Rechtswissenschaft und Volkswirtschaftslehre zu Berlin, Berlin, 1903.

Stengel, Karl Frhr. v.: Deutsches Kolonialstaatsrecht, in: AnnDR 1887, S. 309-397, 805-956.

ders.: Die Strafrechtspflege über die Eingeborenen in den deutschen Schutzgebieten, in: DJZ (III) 1898, S. 85-87.

ders.: Die deutschen Schutzgebiete, in: Strafgesetzgebung der Gegenwart, II. Band, S. 385 ff., hrsg. von v. Liszt, Berlin, 1899.

ders: Die Rechtsverhältnisse der deutschen Schutzgebiete, Tübingen und Leipzig, 1901.

ders.: Französisches Kolonialrecht, in: ZfKKK (10) 1908, S. 165-71.

ders.: Algier und Tunis, in: ZfKKK (10) 1908, S. 609-613.
ders: Zur Reform der Kolonialgesetzgebung, in: ZfKKK (13) 1911, S. 233-272.

ders.: Die rechtliche Stellung und die Verfassung der deutschen Schutzgebiete, in: ZfKKK (14) 1912, S. 81-93.

Stern, Fritz: Gold und Eisen, Bismarck und sein Bankier Bleichröder, Frankfurt a.M., Berlin, 1978.
Stoecker, Helmuth (Hrsg.): Kamerun unter deutscher Herrschaft, Studien, Band ., Berlin (O), 1960.

ders. (Hrsg.): Drang nach Afrika, Die deutsche koloniale Expansionspolitik und Herrschaft in Afrika von den Anfängen bis zum Verlust der Kolonien, Berlin (Ost), 1977, 2. Aufl. Berlin, 1991.

Tesch, Johannes: Die Laufbahn der deutschen Kolonialbeamten, ihre Pflichten und Rechte, 6. Auflage, Berlin, 1912.

Tetzlaff, Rainer: Koloniale Entwicklung und Ausbeutung, Wirtschafts- und Sozialgeschichte Deutsch-Ostafrikas 1885-1914, Berlin, 1970 (zugl. Diss., Berlin, 1967).

ders.: Die Mission im Spannungsfeld zwischen kolonialer Herrschaftssicherung und Zivilisierungsanspruch in Deutsch-Ostafrika, in: Imperialismus und Kolonialmission, hrsg. v. Klaus J. Bade, Wiesbaden, 1982, S. 189-204.

Thomsen: Die Freunde der Prügelstrafe, in DJZ 1906, Sp. 513-520.

Thurnwald, Richard: Ermittlung über Eingeborenenrechte in der Südsee, in: ZvglRWiss (23) 1910, S. 309-364.

Townsend, Mary Evelyn: Macht und Ende des deutschen Kolonialreiches, Leipzig, 1932 (Übersetzung der amerikanischen Originalausgabe: The Rise and Fall of Germany's Colonial Empire 1884-1918, New York, 1930).

Trotha, Trutz v.: Zur Entstehung von Recht, Deutsche Kolonialherrschaft und Recht im „Schutzgebiet Togo“, 1884-1914, in: Rechtshistorisches Journal (7) 1988, S. 317-346.

ders.: Intermediäre Rechtsordnung, Zur Organisation der „Häuptlingsgerichtsbarkeit“ in der deutschen Kolonie Togo, 1884 – 1914, in: Sprache, Symbole und Symbolverwendungen in Ethnologie, Kulturanthropologie, Religion und Recht, Festschrift für Rüdiger Schott zum 65. Geburtstag, hrsg. von Werner Krawietz, Leopold Pospisil und Sabine Steinbrich, Berlin, 1993, S. 431-453.

ders.: Koloniale Herrschaft, Zur soziologischen Theorie der Staatsentstehung am Beispiel des „Schutzgebietes Togo“, Tübingen, 1994.

ders.: Liszt in Togo? Von den Ansprüchen des kolonialrechtlichen Diskurses und der Wirklichkeit der kolonialen Herrschaft: Die „Besserungssiedlung“ im „Schutzgebiet Togo“, 1902-1913, in: Politischer Wandel, Gesellschaft und Kriminalitätsdiskurse, Beiträge zur interdisziplinären wissenschaftlichen Kriminologie, Festschrift für Fritz Sack zum 65. Geburtstag, hrsg. von. Trutz v. Trotha Baden-Baden, 1996, S. 237-260.

Vogel, Werner: Die historischen Grundlagen des chinesischen Strafrechts, in ZvglRWiss (40) 1923, S. 37-134.

Voigt, Christoph: Jan Conny und seine Beziehungen zu Groß-Friedrichsburg, in: ZfKKK (14) 1912, S. 116-128.

ders.: Die Gründung von Groß-Friedrichsburg in epischer Darstellung, in: ZfKKK (14) 1912, S. 413-430.

ders.: Neue Forschungen über Groß-Friedrichsburg, in: KolMBl (15) 1913, S. 289-296 und 355-362.

Voigt, Rüdiger / Sack, Peter (Hrsg.): Kolonialisierung des Rechts, Zur kolonialen Rechts- und Verwaltungsordnung, Schriften zur Rechtspolitologie, Band 11, 1. Auflage, Baden-Baden, 2001.

Wackerbeck, Lothar: Die deutschen Kolonialgesellschaften, Ihre Entstehung, Entwicklung und Sonderstellung im Gesellschaftsrecht, Diss. Münster, 1977.

Wagner, Norbert Berthold: Die deutschen Schutzgebiete, Erwerb, Organisation und Verlust aus juristischer Sicht, Baden-Baden, 2002 (zugl. Diss., Hagen, 2002).

Walz, Gotthilf: Die Entwicklung der Strafrechtspflege in Kamerun unter deutscher Herrschaft 1884-1914, Freiburg i. Br., 1981.

Wandres, C.: Über das Recht der Naman und Bergdaman, in: ZfKKK (11) 1909, S. 657-686.

ders.: Über Rechtsbewußtsein und Recht unserer Eingeborenen, besonders der Hottentotten, in: ZfKKK (12) 1910, S. 269-281.

Wegener, Georg: Das deutsche Kolonialreich. Wie es entstand, wie es war, wie es verloren ging, Potsdam, 1937.

Wehler, Hans-Ulrich: Bismarck und der Imperialismus, Frankfurt am Main, 1984.

v. Weickhmann: Über die Frage der Schaffung eines selbständigen kolonialen Strafrechts, in: Verhandlungen des Deutschen Kolonialkongresses 1910, Berlin, 1910, S. 470-487.

Wengler, Wilhelm: Die Eingeborenengerichtsbarkeit in den Mandatsgebieten Togo und Kamerun, in: ZvglRWiss (53) 1939, S. 144-188.

Westphal, Wilfried: Geschichte der deutschen Kolonien, München, 1984.

Wick, Heinrich: Die Farbigenrechtspflege in den deutschen Schutzgebieten, Münster, 1914.

Wilhelm, T.: Gedanken und Erinnerungen – Die Sicht eines Farbenen, Doorn, 2007.

Winkelmann, Günter: Die Eingeborenenrechtspflege in Deutsch-Ostafrika, Kamerun und Togo unter deutscher Herrschaft, in: ZvglRWiss (53) 1939, S. 189-221.

ders.: Die Eingeborenenrechtspflege im britischen Mandatsgebiet Tanganyika, in: ZvglRWiss (53) 1939, S. 327-359.

Wirz, Albert: Vom Sklavenhandel zum kolonialen Handel, Wirtschaftsräume und Wirtschaftsformen in Kamerun vor 1914, Zürich, Freiburg i. Br., 1972 (zugl. Diss., Zürich, 1972).

Wolter, Udo / Kaller, Paul: Deutsches Kolonialrecht – ein wenig erforschtes Rechtsgebiet, dargestellt anhand des Arbeitsrechts der Eingeborenen, in: Zeitschrift für Neuere Rechtsgeschichte, (17) 1995, S. 201-244.

Zeller, Joachim: Das Ende der deutschen Kolonialgeschichte – Der Einzug Lettow-Vorbecks und seiner „Heldenschar" in Berlin, in: Kolonialmetropole Berlin, S. 229-232.

Ziegler: Eingeborenenstrafrecht in den deutschen Schutzgebieten, Mitteilungen der Internationalen Kriminalistischen Vereinigung, (XI) 1904, S. 577-592.

Zimmermann, Alfred: Geschichte der Deutschen Kolonialpolitik, Berlin, 1914.

Zimmerer, Jürgen: Deutsche Herrschaft über Afrikaner, Staatlicher Machtanspruch und Wirklichkeit im kolonialen Namibia, Hamburg, 2001 (zugl. Diss., Freiburg, 2000).

ders.: Krieg, KZ und Völkermord in Südwestafrika, Der erste deutsche Genozid, in: Völkermord in Deutsch-Südwestafrika, hrsg. v. Jürgen Zimmerer u. Joachim Zeller, S. 45-63.

Zimmerer, Jürgen / Zeller, Joachim (Hrsg.): Völkermord in Deutsch-Südwestafrika, Der Kolonialkrieg (1904-1908) in Namibia und seine Folgen, Berlin, 2003.

Zimmerling, Jürgen: Die Entwicklung der Strafrechtspflege für Afrikaner in Deutsch- Südwestafrika 1884-1914, Eine juristisch/historische Untersuchung, Bochum, 1995 (zugl. Diss., Bochum, 1995).

Zorn, Philipp / Sassen, Franz Josef: Deutsche Kolonialgesetzgebung, 2. Auflage, Berlin, 1913.

N.N.: Die Eingeborenenrechtspflege in Französisch-Westafrika (Senegal, Senegambien-Niger, Guinea, Elfenbeinküste, Dahomey), in: ZfKKK (6) 1904, S. 147 f.

N.N.: Tansania ist ein Beispiel für einen gelungenen Systemwechsel, Vom Sozialismus zur Marktwirtschaft / Das größte Problem ist noch immer die Armut, in: F.A.Z. v. 17.3.2004, S. 14.

N.N.: Wieczorek-Zeul zum Waterberg, in: F.A.Z. v. 11.8.2004, S. 4.

N.N.: Wieczorek-Zeul in Namibia, in: F.A.Z. v. 13.8.2004, S. 2

N.N.: Last der Vergangenheit, in: F.A.Z. v. 13.8.2004, S. 12.

RECHTSHISTORISCHE REIHE

Band 1 Studien zu den germanischen Volksrechten. Gedächtnisschrift für Wilhelm Ebel. Vorträge gehalten auf dem Fest-Symposion anläßlich des 70. Geburtstages von Wilhelm Ebel am 16. Juni 1978 in Göttingen. Götz Landwehr (Hrsg.) 1982.

Band 2 Hans Poeschel: Die Statuten der Banken, Sparkassen und Kreditgenossenschaften in Hamburg und Altona von 1710 bis 1889. 1978.

Band 3 Thomas Kolbeck: Juristenschwemmen, Untersuchungen über den juristischen Arbeitsmarkt im 19. und 20. Jahrhundert. 1978.

Band 4 Norbert Hempel: Richterleitbilder in der Weimarer Republik. 1978.

Band 5 Rolf Stratmann: Die Scheinbußen im mittelalterlichen Recht. 1978.

Band 6 Martin C. Lockert: Die niedersächsischen Stadtrechte zwischen Aller und Weser. Vorkommen und Verflechtungen. Eine Bestandsaufnahme. 1979.

Band 7 Joachim Rückert/Wolfgang Friedrich: Betriebliche Arbeiterausschüsse in Deutschland, Großbritannien und Frankreich im späten 19. und frühen 20. Jahrhundert. Eine vergleichende Studie zur Entwicklung des kollektiven Arbeitsrechts. 1979.

Band 8 Peter Bender: Die Rezeption des römischen Rechts im Urteil der deutschen Rechtswissenschaft. 1979.

Band 9 Friedrich Karl Alsdorf: Untersuchungen zur Rechtsgestalt und Teilung deutscher Ganerbenburgen. 1980.

Band 10 Dietmar Willoweit/Winfried Schich (Hrsg.): Studien zur Geschichte des sächsisch-magdeburgischen Rechts in Deutschland und Polen (Sammelband). 1980.

Band 11 Brigitte Hempel: Der Entwurf einer Polizeiordnung für das Herzogtum Sachsen-Lauenburg aus dem Jahre 1591. 1980.

Band 12 Klaus-Detlev Godau-Schüttke: Rechtsverwalter des Reiches. Staatssekretär Dr. Curt Joël. 1981.

Band 13 Rainer Polley: Anton Friedrich Justus Thibaut (AD 1772-1840) in seinen Selbstzeugnissen und Briefen. Teil 1: Abhandlung. Teil 2: Briefwechsel. Teil 3: Register zum Briefwechsel. 1982.

Band 14 Michael Wettengel: Der Streit um die Vogtei Kelkheim 1275-1276. Ein kanonischer Prozeß.1981.

Band 15 Otto Wilhelm Krause: Naturrechtler des sechzehnten Jahrhunderts. Ihre Bedeutung für die Entwicklung eines natürlichen Privatrechts. 1982.

Band 16 Helga Spindler: Von der Genossenschaft zur Betriebsgemeinschaft. Kritische Darstellung der Sozialrechtslehre Otto von Gierkes. 1982.

Band 17 Holger Otte: Gustav Radbruchs Kieler Jahre 1919-1926. 1982.

Band 18 Rüdiger Teuner: Die fuldische Ritterschaft 1510-1656. 1982.

Band 19 Gerhard Dilcher/Rudolf Hoke/Gian Savino Pene Vidari/Hans Winterberg (Hrsg.): Grundrechte im 19. Jahrhundert. 1982.

Band 20 Karl-Hans Schloßstein: Die westfälischen Fabrikengerichtsdeputationen - Vorbilder, Werdegang und Scheitern. 1982.

Band 21 Birger Schulz: Der Republikanische Richterbund (1921-1933). 1982.

Band 22 Engelbert Krause: Die gegenseitigen Unterhaltsansprüche zwischen Eltern und Kindern in der deutschen Privatrechtsgeschichte. 1982.

Band 23 Meent W. Francksen: Staatsrat und Gesetzgebung im Großherzogtum Berg (1806-1813). 1982.

Band 24 Gerd von Sonnleithner: Bearbeitung des Handelsrechts durch Ignaz von Sonnleithner in seinem "Leitfaden über das österreichische Handels- und Wechselrecht". 1982.

Band 25 Rudolf Palme: Rechts-, Wirtschafts- und Sozialgeschichte der inneralpinen Salzwerke bis zu deren Monopolisierung. 1983.

Band 26 Helen Bosshard: Pestalozzis Staats- und Rechtsverständnis und seine Stellung in der Aufklärung. 1983.

Band 27 Jens Jessen: Die Selbstzeugnisse der deutschen Juristen. Erinnerungen, Tagebücher und Briefe. Eine Bibliographie. 1983.

Band 28 Günter Martin Jensen: Das Domanium Waldeck. Die rechtliche Zuordnung eines Fürstenvermögens. 1984.

Band 29 Johann Heinrich Kumpf: Petitionsrecht und öffentliche Meinung im Entstehungsprozeß der Paulskirchenverfassung 1848/49. 1983.

Band 30 Sabine Frey: Rechtsschutz der Juden gegen Ausweisungen im 16. Jahrhundert. 1983.

Band 31 Dietrich Joswig: Die germanische Grundstücksübertragung. 1984.

Band 32 Andreas Baryli: Konzessionssystem contra Gewerbefreiheit. Zur Diskussion der österreichischen Gewerberechtsreform 1835 bis 1860. 1984.

Band 33 Gerhard Oberkofler: Studien zur Geschichte der österreichischen Rechtswissenschaft. 1984.

Band 34 Rudolf Lauda: Kaufmännische Gewohnheit und Burgrecht bei Notker dem Deutschen. Zum Verhältnis von literarischer Tradition und zeitgenössischer Realität in der frühmittelalterlichen Rhetorik. 1984.

Band 35 Jens Jensen: Die Ehescheidung des Bischofs Hans von Lübeck von Prinzessin Julia Felicitas von Württemberg-Weiltingen AD 1648-1653. Ein Beitrag zum protestantischen Ehescheidungsrecht im Zeitalter des beginnenden Absolutismus. 1984.

Band 36 Horst Schröder: Friedrich Karl von Savigny. Geschichte und Rechtsdenken beim Übergang vom Feudalismus zum Kapitalismus in Deutschland. 1984.

Band 37 Andreas Hatzung: Dogmengeschichtliche Grundlagen und Entstehung des zivilrechtlichen Notstands. 1984.

Band 38 Matthias Klasen: Das Billwerder Landrecht. Landrecht und Landgericht in den Hamburger Elbmarschen. 1985.

Band 39 Rainer Jamin: Aufbau, Tätigkeit und Verfahren der Auseinandersetzungsbehörden bei der Durchführung der preußischen Agrarreformen. 1985.

Band 40 Henry Winter: Teilschuld, Gesamtschuld und unechte Gesamtschuld. Zur Konzeption der §§ 420 ff. BGB - Ein Beitrag zur Entstehungsgeschichte des BGB. 1985.

Band 41 Hermann Eichler: Verfassungsbewegung in Amerika und Europa. 1985.

Band 42 Dagmar Bandemer: Heinrich Albert Zachariae. Rechtsdenken zwischen Restauration und Reformation. 1985.

Band 43 Eva-Christine Frentz: Das Hamburgische Admiralitätsgericht (1623-1811). Prozeß und Rechtsprechung. 1985.

Band 44 Karl Lillig: Rechtsetzung im Herzogtum Pfalz-Zweibrücken während des 18. Jahrhunderts. Ein Beitrag zur Geschichte der territorialen Rechtsbildung. 1985.

Band 45 Walter Weber: Die Entwicklung der Sparkassen zu selbständigen Anstalten des öffentlichen Rechts. Ein Beitrag zur Entwicklung des Anstaltsbegriffs im 19. Jahrhundert. 1985.

Band 46 Bärbel Baum: Der Stabreim im Recht. Vorkommen und Bedeutung des Stabreims in Antike und Mittelalter. 1986.

Band 47 Hans Popp: Die nationalsozialistische Sicht einiger Institute des Zivilprozeß- und Gerichtsverfassungsrechts. 1986.

Band 48 John Karl-Heinz Montag: Die Lehrdarstellung des Handelsrechts von Georg Friedrich von Martens bis Meno Pöhls. Die Wissenschaft des Handelsrechts im ersten Drittel des 19. Jahrhunderts. 1986.

Band 49 Volker D. Anhäusser: Das internationale Obligationenrecht in der höchstrichterlichen Rechtsprechung des 19. Jahrhunderts. 1986.

Band 50 Udo Beer: Die Juden, das Recht und die Republik. Verbandswesen und Rechtsschutz 1919-1933. 1986.

Band 51 Herbert Grziwotz: Der moderne Verfassungsbegriff und die "Römische Verfassung" in der deutschen Forschung des 19. und 20. Jahrhunderts. 1986.

Band 52 Ralf Conradi: Karl Friedrich Eichhorn als Staatsrechtslehrer. Seine Göttinger Vorlesung über "Das Staatsrecht der deutschen Bundesstaaten" nach einer Kollegmitschrift aus dem Wintersemester 1821/22. 1987.

Band 53 Dieter Dannreuther: Der Zivilprozeß als Gegenstand der Rechtspolitik im Deutschen Reich 1871-1945. Ein Beitrag zur Geschichte des Zivilprozeßrechts in Deutschland. 1987.

Band 54 Stephan Felix Pauly: Organisation, Geschichte und Praxis der Gesetzesauslegung des (Königlich) Preußischen Oberverwaltungsgerichtes 1875-1933. 1987.

Band 55 Rüdiger Schulz: Die Entstehung des Seerechts des Allgemeinen Deutschen Handelsgesetzbuches unter besonderer Berücksichtigung der Bestimmungen über die Reederei, den Schiffer und die Schiffsmannschaft. 1987.

Band 56 Reinhold Reis: Deutsches Privatrecht in den Weistümern der Zenten Schriesheim und Kirchheim. 1987.

Band 57 Jürgen Christoph: Die politischen Reichsamnestien 1918-1933. 1987.

Band 58 Gerhard Oberkofler/Eduard Rabofsky: Hans Kelsen im Kriegseinsatz der k.u.k.-Wehrmacht. Eine kritische Würdigung seiner militärtheoretischen Angebote. 1988.

Band 59 Arne Wulff: Staatssekretär Prof. Dr. Dr. h.c. Franz Schlegelberger. 1876-1970. 1991.

Band 60 Gerhard Köbler (Hrsg.): Wege europäischer Rechtsgeschichte. Karl Kroeschell zum 60. Geburtstag. 1987.

Band 61 Rüdiger Hütte: Der Gemeinschaftsgedanke in den Erbrechtsreformen des Dritten Reichs. 1988.

Band 62 Markus Göldner: Politische Symbole der europäischen Integration. Fahne, Hymne, Hauptstadt, Paß, Briefmarke, Auszeichnungen. 1988.

Band 63 Wolfgang Kröner: Freiheitsstrafe und Strafvollzug in den Herzogtümern Schleswig, Holstein und Lauenburg von 1700 bis 1864. 1988.

Band 64 Werner Gaile: Die Norder Theelacht. 1988.

Band 65 Karl v. Kempis: Andreas Gaill (1526-1587). Zum Leben und Werk eines Juristen der frühen Neuzeit. 1988.

Band 66 Wolf-Rüdiger Osburg: Die Verwaltung Hamburgs in der Franzosenzeit. 1811-1814. 1988.

Band 67 Christian Schudnagies: Hans Frank. Aufstieg und Fall des NS-Juristen und Generalgouverneurs. 1988.

Band 68 Otmar Jung: Senatspräsident Freymuth. Richter, Sozialdemokrat und Pazifist in der Weimarer Republik. Eine politische Biographie. 1989.

Band 69 Joachim Lohner: Das landeshauptmannschaftliche Gericht in Oberösterreich zu Beginn der Neuzeit. Eine Darstellung des oberösterreichischen Prozeßrechts am obersten Territorialgericht des Landes anhand der oberösterreichischen Landtafel.1989.

Band 70 Bernd Klemann: Rudolf von Jhering und die Historische Rechtsschule. 1989.

Band 71 Adalbert Langer: Männer um die österreichische Zivilprozeßordnung 1895. Zusammenspiel / Soziales Ziel. 1990.

Band 72 Robert-Dieter Klee: Die Landessuperintendentur Lauenburg. Ursprung und Entwicklung sowie Ende der Sonderstellung des Kirchenkreises Herzogtum Lauenburg durch die nordelbische Kirchenvereinigung. 1989.

Band 73 Heinrich Herrmann: Die Gehöferschaften im Bezirk Trier. 1989.

Band 74 Wilhelm Brauneder, Franz Baltzarek (Hrsg.): Modell einer neuen Wirtschaftsordnung Wirtschaftsverwaltung in Österreich 1914-1918. 1991.

Band 75 Thomas Dreyer: Die "Assecuranz- und Haverey-Ordnung" der Freien und Hansestadt Hamburg von 1731. 1990.

Band 76 Bernhard Sendler: Die Rechtssprache in den süddeutschen Stadtrechtsreformationen. 1990.

Band 77 Brigitte Lehmann: Ehevereinbarungen im 19. und 20. Jahrhundert. 1990.

Band 78 Michael Sunnus: Der NS-Rechtswahrerbund (1928-1945). Zur Geschichte der nationalsozialistischen Juristenorganisation. 1990.

Band 79 Stefan Schulz: Die historische Entwicklung des Rechts an Bienen. (§§ 961-964 BGB). 1990.

Band 80 Gerhard Lingelbach, Heiner Lück (Hrsg.): Deutsches Recht zwischen Sachsenspiegel und Aufklärung. Rolf Lieberwirth zum 70. Geburtstag dargebracht von Schülern, Freunden und Kollegen, herausgegeben von Gerhard Lingelbach und Heiner Lück. 1991.

Band 81 Manfred Krohn: Die deutsche Justiz im Urteil der Nationalsozialisten 1920-1933. 1991.

Band 82 Angelika Kühn: Privilegierung nationaler Minderheiten im Wahlrecht der Bundesrepublik Deutschland und Schleswig-Holsteins. 1991.

Band 83 Georg Brun: Leben und Werk des Rechtshistorikers Heinrich Mitteis unter besonderer Berücksichtigung seines Verhältnisses zum Nationalsozialismus. 1991.

Band 84 Wolfgang Simon: Claudius Freiherr von Schwerin. Rechtshistoriker während dreier Epochen deutscher Geschichte. 1991.

Band 85 Friedrich-Carl Wachs: Das Verordnungswerk des Reichsdemobilmachungsamtes. Stabilisierender Faktor zu Beginn der Weimarer Republik. 1991.

Band 86 Jens-Uwe Petersen: Die Vorgeschichte und die Entstehung des Mieterschutzgesetzes von 1923 nebst der Anordnung für das Verfahren vor dem Mieteinigungsamt und der Beschwerdestelle. 1991.

Band 87 Ulrike Haibach: Familienrecht in der Rechtssprache. Die historische Entwicklung zentraler Ausdrücke des geltenden Familienrechts. 1991.

Band 88 Joern Christian Nissen: Die Beratungen des Seeversicherungsausschusses der Akademie für Deutsches Recht zu einem neuen Seeversicherungsgesetz (1934-1939). Ein Beitrag zur Entwicklung der allgemeinen Lehren des Seeversicherungsrechts unter besonderer Berücksichtigung des Handelsgesetzbuchs und der Allgemeinen Deutschen Seeversicherungs-Bedingungen 1919. 1991.

Band 89 Diethard Bühler: Die Entstehung der allgemeinen Vertragsschluß-Vorschriften im Allgemeinen Deutschen Handelsgesetzbuch (ADHGB) von 1861. Ein Beitrag zur Kodifikationsgeschichte des Privatrechts im 19. Jahrhundert. 1991.

Band 90 Gerhard Oberkofler: Die Vertreter des Römischen Rechts mit deutscher Unterrichtssprache an der Karls-Universität in Prag. Vom Vormärz bis 1945. 1991.

Band 91 Ulrich Andermann: Ritterliche Gewalt und bürgerliche Selbstbehauptung. Untersuchungen zur Kriminalisierung und Bekämpfung des spätmittelalterlichen Raubrittertums am Beispiel norddeutscher Hansestädte. 1991.

Band 92 Heinz Marcus Hanke: Luftkrieg und Zivilbevölkerung. Der kriegsvölkerrechtliche Schutz der Zivilbevölkerung gegen Luftbombardements von den Anfängen bis zum Ausbruch des Zweiten Weltkrieges. 1991.

Band 93 Kirsten Kraglund: Familien- und Erbrecht. Materielles Recht und Methoden der Rechtsanwendung in der Rechtsprechung des Oberappellationsgerichts der vier Freien Städte Deutschlands zu Lübeck. 1991.

Band 94 Reinhard Lorenz: Die politische und rechtliche Stellung des Proletariats in Preußen in der Zeit zwischen den Reformen und der Revolution 1848/49. 1991.

Band 95 Eric Hilgendorf: Die Entwicklungsgeschichte der parlamentarischen Redefreiheit in Deutschland. 1991.

Band 96 Hans J. Reiter: Die Handelsgesellschaft Villeroy & Boch von der Gründung 1836 bis zum Jahr 1878. 1992.

Band 97 Martin Johannes Heller: Reform der deutschen Rechtssprache im 18. Jahrhundert. 1992.

Band 98 Michael Kotulla: Die Tragweite der Grundrechte der revidierten preußischen Verfassung vom 31.01.1850. 1992.

Band 99 Michael Siefener: Hexerei im Spiegel der Rechtstheorie. Das crimen magiae in der Literatur von 1574 bis 1608. 1992.

Band 100 Andreas Ebert-Weidenfeller: Hamburgisches Kaufmannsrecht im 17. und 18. Jahrhundert. Die Rechtsprechung des Rates und des Reichskammergerichtes. 1992.

Band 101 Enno Bommel: Die Entstehung der Verwirkungslehre in der Krise des Positivismus. 1992.

Band 102 Ralph Steppacher: Die Berücksichtigung der bäuerlichen Postulate bei der Entstehung des ZGB und der Revision des OR. Ein Beitrag zur schweizerischen Kodifikationsgeschichte (1893-1912). 1992.

Band 103 Martin Fleckenstein: Die Todesstrafe im Werk Carl Joseph Anton Mittermaiers (1787-1867). Zur Entwicklungsgeschichte eines Werkbereichs und seiner Bedeutung für Theorie- und Methodenbildung. 1992.

Band 104 Jörn Eckert: Der Kampf um die Familienfideikommisse in Deutschland. Studien zum Absterben eines Rechtsinstitutes. 1992.

Band 105 Jörg Grotkopp: Beamtentum und Staatsformwechsel. Die Auswirkungen der Staatsformwechsel von 1918, 1933 und 1945 auf das Beamtenrecht und die personelle Zusammensetzung der deutschen Beamtenschaft. 1992.

Band 106 Andreas Rohde: Die Garantiehaftung des Vermieters und ihr Verhältnis zum Unmöglichkeitsrecht in dogmengeschichtlicher und modernrechtlicher Sicht. 1992.

Band 107 Tjark Siefke Kunstreich: Gesamtvertretung. Eine historisch-systematische Darstellung. 1992.

Band 108 Jürgen Krüger: Blindheit und Königtum. Die Blindheit des Königs Georg V. von Hannover als verfassungsrechtliches Problem. 1992.

Band 109 Wolfgang Putschek: Ständische Verfassung und autoritäre Verfassungspraxis in Österreich 1933-1938 mit Dokumentenanhang. Verfassung und Verfassungswirklichkeit. Mit einem Anhang: Denkschriften von Rechtsanwalt Dr. Erich Führer 1936/37. 1993.

Band 110 Klaus Hofmann: Die Verdrängung der Juden aus öffentlichem Dienst und selbständigen Berufen in Regensburg 1933-1939. 1993.

Band 111 Franz Kilger: Die Entwicklung des Telegraphenrechts im 19. Jahrhundert mit besonderer Berücksichtigung der technischen Entwicklung. Telegraphenrecht im 19. Jahrhundert. 1993.

Band 112 Wilhelm Brauneder (Hrsg.): Heiliges Römisches Reich und moderne Staatlichkeit. 1993.

Band 113 Thomas Heinrich: Das preußische Nichtehelichenrecht: Von der Aufklärung zur Reaktion. 1993.

Band 114 Gerald Kohl: Jagd und Revolution. Das Jagdrecht in den Jahren 1848 und 1849. 1993.

Band 115 Christian Schudnagies: Der Kriegs- oder Belagerungszustand im Deutschen Reich während des Ersten Weltkrieges. Eine Studie zur Entwicklung und Handhabung des deutschen Ausnahmezustandsrechts bis 1918. 1994.

Band 116 Elisabeth Bellmann: Die Internationale Kriminalistische Vereinigung (1889-1933). 1994.

Band 117 Julia Pfannkuch: Volksrichterausbildung in Sachsen 1945-1950. 1993.

Band 118 Jörg Offen: Von der Verwaltungsgemeinschaft des BGB von 1896 zur Zugewinngemeinschaft des Gleichberechtigungsgesetzes von 1957. 1994.

Band 119 Dorothee Kohlhas-Müller: Untersuchungen zur Rechtsstellung Theoderichs des Großen. 1995.

Band 120 Monika Rose: Das Gerichtswesen des Herzogtums Pfalz-Zweibrücken im 18. Jahrhundert. Ein Beitrag zur territorialen Gerichtsbarkeit im Alten Reich. 1994.

Band 121 Jörn Eckert / Hans Hattenhauer (Hrsg.): Bibel und Recht. Rechtshistorisches Kolloquium 9. - 13. Juni 1992 an der Christian-Albrechts-Universität zu Kiel. 1994.

Band 122 Robert Martin Mizia: Der Rechtsbegriff der Autonomie und die Begründung des Privatfürstenrechts in der deutschen Rechtswissenschaft des 19. Jahrhunderts. 1995.

Band 123 Walther Graf von Plettenberg: Das Fortleben des Liber Iudiciorum in Asturien/León (8.-13. Jh.). 1994.

Band 124 Wolfgang Schulz: Das deutsche Börsengesetz. Die Entstehungsgeschichte und wirtschaftlichen Auswirkungen des Börsengesetzes von 1896. 1994.

Band 125 Frank Hagemann: Der Untersuchungsausschuß Freiheitlicher Juristen. 1949-1969. 1994.

Band 126 Andreas Rethmeier: "Nürnberger Rassegesetze" und Entrechtung der Juden im Zivilrecht. 1995.

Band 127 Edith Grether: Die Poesie der Throne. Die Juristen in der Fruchtbringenden Gesellschaft. 1995.

Band 128 Anna Bartels-Ishikawa: Der Lippische Thronfolgestreit. Eine Studie zu verfassungsrechtlichen Problemen des Deutschen Kaiserreiches im Spiegel der zeitgenössischen Staats. 1995.

Band 129 Jörg Schmidt: Otto Koellreutter 1883-1972. Sein Leben, sein Werk, seine Zeit. 1995.

Band 130 Christian Hattenhauer: Wahl und Krönung Franz II. AD 1792. Das Heilige Reich krönt seinen letzten Kaiser - Das Tagebuch des Reichsquartiermeisters Hieronymus Gottfried von Müller und Anlagen. 1995.

Band 131 Jutta v. der Decken: Das Seearbeitsrecht im Hamburger Stadtrecht von 1301 bis 1603. 1995.

Band 132 Detlev Schmidt: Die Reform des Rechts der Handelsvertreter von 1953. 1995.

Band 133 Gabi Roßdeutscher: Privatautonomie im Scheidungsrecht. Scheidungsbezogene Vereinbarungen in den letzten 200 Jahren. 1995.

Band 134 Harald Kahlenberg: Leben und Werk des Rechtshistorikers Walther Merk. Ein Beispiel für das Verhältnis von Rechtsgeschichte und Nationalsozialismus. 1995.

Band 135 Michael Steitz: Adelbert Düringer am Reichsgericht (1902-1915). Seine aktienrechtlichen Entscheidungen und sein Einfluß auf das Aktienrecht in Deutschland. 1995.

Band 136 Christian Becker: Beata Justorum Translatio. Juristen in schleswig-holsteinischen Leichenpredigten. 1996.

Band 137 Christoph Seiler: Vom Allgemeinen Landrecht zum Bürgerlichen Gesetzbuch. Dargestellt am Beispiel der höchstrichterlichen Judikatur zum kaufrechtlichen Sachmängelgewährleistungsrecht. 1996.

Band 138 Bernd Mayer: Die Vertrauensmännerausschüsse auf den preußischen Steinkohlegruben an der Saar. Entstehung und Wirken. Eine rechtshistorische Untersuchung. 1996.

Band 139 Rochus Scholl: Juden und Judenrecht im Herzogtum Pfalz-Zweibrücken. Ein Beitrag zur Rechtsgeschichte eines deutschen Kleinstaates am Ende des alten Reiches. 1996.

Band 140 Meike Bursch: Judentaufe und frühneuzeitliches Strafrecht. Die Verfahren gegen Christian Treu aus Weener/Ostfriesland 1720-1728. 1996.

Band 141 Markus Hillenbrand: Fürstliche Eheverträge. Gottorfer Hausrecht 1544-1773. 1996.

Band 142 Ulf Häder: Das gemeinschaftliche Oberappellationsgericht thüringischer Staaten in Jena. Ein Beitrag zur Geschichte des Gerichtswesens im 19. Jahrhundert. 1996.

Band 143 Andreas Bauer: Das Gnadenbitten in der Strafrechtspflege des 15. und 16. Jahrhunderts. Dargestellt unter besonderer Berücksichtigung von Quellen der Vorarlberger Gerichtsbezirke Feldkirch und des Hinteren Bregenzerwaldes. 1996.

Band 144 Christian Wirth: Der Jurist Johann Andreas Georg Friedrich Rebmann zwischen Revolution und Restauration. 1996.

Band 145 Stefanie Müller: Die Rechtsprechung des Hanseatischen Oberlandesgerichts zum persönlichen Eherecht in Hamburgischen Gerichtsfällen von 1879-1900. 1996.

Band 146 Jean-Nicolas Morisset: Der Frachtvertrag in der *Ordonnance de la marine* von 1681. 1996.

Band 147 Dirk Lentfer: Die Glogauer Landesprivilegien des Andreas Gryphius von 1653. 1996.

Band 148 Wencke Mull: Die Haftung für Einsturzschäden nach den §§ 836-838 BGB in der Rechtsprechung des Reichsgerichts. 1996.

Band 149 Renate Zelger: Teufelsverträge. Märchen, Sage, Schwank, Legende im Spiegel der Rechtsgeschichte. 1996.

Band 150 Guido Kraß: Das Arrestverfahren in Frankfurt am Main im Spätmittelalter. 1996.

Band 151 F. Benedict Heyn: Die Entwicklung des Eisenbahnfrachtrechts von den Anfängen bis zur Einführung des Allgemeinen Deutschen Handelsgesetzbuches (ADHGB). 1996.

Band 152 Thomas Lang: Die Staats- und Verfassungslehre Carl Salomo Zachariaes. 1996.

Band 153 Michael Hebeis: Karl Anton von Martini (1726-1800). Leben und Werk. 1996.

Band 154 Gerald Hubert: Die Diskussion um die rechtliche Natur der Bizone in den Jahren 1947-1949. 1996.

Band 155 Christof Horn: Die Rechtsprechung des Reichsgerichts in Ehescheidungssachen der Jahre 1900 bis 1905. 1996.

Band 156 Hermann Nehlsen / Georg Brun (Hrsg.): Münchener rechtshistorische Studien zum Nationalsozialismus. 1996.

Band 157 Jan Otto Clemens Kehrberg: Die Entwicklung des Elektrizitätsrechts in Deutschland. Der Weg zum Energiewirtschaftsgesetz von 1935. 1997.

Band 158 Johannes Tradt: Der Religionsprozeß gegen den Zopfschulzen (1791-1799). Ein Beitrag zur protestantischen Lehrpflicht und Lehrzucht in Brandenburg-Preußen gegen Ende des 18. Jahrhunderts. 1997.

Band 159 Dietmar Olsen: Das kaufrechtliche Sachmängelgewährleistungsrecht des Code civil in der Rechtsprechung deutscher Gerichte im 19. Jahrhundert. Ein Beitrag zur Ablösung der Partikularrechte durch das BGB. 1997.

Band 160 Ulrich Bernhardt: Die Deutsche Akademie für Staats- und Rechtswissenschaft „Walter Ulbricht" 1948-1971. 1997.

Band 161 Claudia Susan Hoppe: Die Bürgschaft im Rechtsleben Hamburgs von 1600 bis 1900. 1997.

Band 162 Franz-Rudolf Ecker: Die Entwicklung des Bergrechts im Saarbrücker Steinkohlenrevier bis zum Ende des 18. Jahrhunderts. Ein Vergleich mit dem älteren deutschen Bergrecht. 1997.

Band 163 Anne Katrin Rückert: Politik und Privatrecht in der „konservativen Revolution". 1997.

Band 164 Gisbert Laube: Der Reichskunstwart. Geschichte einer Kulturbehörde 1919-1933. 1997.

Band 165 Nicolas Lührig: Die Diskussion über die Reform der Juristenausbildung von 1945 bis 1995. 1997.

Band 166 Regula Gerber Jenni: Die Emanzipation der mehrjährigen Frauenzimmer. Frauen im bernischen Privatrecht des 19. Jahrhunderts. 1997.

Band 167 Mischa A. Färber: Das gemeinschaftliche Testament in der höchstrichterlichen Rechtsprechung zum Allgemeinen Preußischen Landrecht und zum BGB. Ein Beitrag zur Ablösung der Partikularrechte durch das BGB. 1997.

Band 168 Catherine Antoinette Gasser: Philipp Lotmar 1850-1922. Professor der Universität Bern. Sein Engagement für das Schweizerische Arbeitsrecht. 1997.

Band 169 Lars Immisch: Der sozialistische Richter in der DDR und seine Unabhängigkeit. Der Versuch eines Rechtsvergleiches zum Unabhängigkeitsbegriff in der bundesdeutschen Rechtsordnung. 1997.

Band 170 Jessica Jacobi: Besitzschutz vor dem Reichskammergericht. Die friedenssichernde Funktion der Besitzschutzklagen am Reichskammergericht im 16. Jahrhundert, dargestellt anhand von Kameralisten. 1998.

Band 171 Ewald Hügemann: Die Geschichte des öffentlichen und privaten Mietpreisrechts vom Ersten Weltkrieg bis zum Gesetz zur Regelung der Miethöhe von 1974. 1998.

Band 172 Lutz Rentzow: Die Entstehungs- und Wirkungsgeschichte der Vernewerten Landesordnung für das Königreich Böhmen von 1627. 1998.

Band 173 Sabine Stürmer: Mühlenrecht im Herzogtum Pfalz-Zweibrücken während des 18. Jahrhunderts. Ein Beitrag zum Wirtschaftsrecht eines deutschen Kleinstaates im Alten Reich. 1998.

Band 174 Mario Bogisch: *Nemo testis in re sua*. Das Problem der Zeugnisfähigkeit bei der Anwendung der deutschen Zivilprozeßordnung von 1877. 1998.

Band 175 Rainer Oßwald: Pactane sunt servanda? Freiwilligkeit, Zwang und Unverbindlichkeitserklärungen im islamischen Vertragsrecht malikitischer Schule. 1998.

Band 176 Bettina Kern: Der preußische BGB-Entwurf von 1842. 1998.

Band 177 Inken Fuhrmann: Die Diskussion über die Einführung der fakultativen Zivilehe in Deutschland und Österreich seit Mitte des 19. Jahrhunderts. 1998.

Band 178 Annette Rieck: Der Heilige Ivo von Hélory (1247-1303). Advocatus pauperum und Patron der Juristen. 1998.

Band 179 Frank Bottenberg: Die Hamburgische Strafprozeßordnung von 1869. 1998.

Band 180 Matthias Krauß: Das kursächsische Postrecht von seinen Anfängen bis zum Ende des Alten Reichs. 1998.

Band 181 Torsten Schmidt: Die Entmündigung von den Anfängen des BGB bis zu ihrer Ablösung durch das Institut der Betreuung. 1998.

Band 182 Christian Nunn: Rudolf Müller-Erzbach. 1874-1959. Von der realen Methode über die Interessenjurisprudenz zum kausalen Rechtsdenken (Leben und Werk). 1998.

Band 183 Christian Ortloff: Das staatskirchenrechtliche System Wilhelm Traugott Krugs. Glaubens- und Gewissensfreiheit – eine Forderung der Vernunft. 1998.

Band 184 Christian Hattenhauer: Schuldenregulierung nach dem Westfälischen Frieden. Der sog. § *de indaganda* und seine Umsetzung im Jüngsten Reichsabschied (AD 1648 und 1654). 1998.

Band 185 Werner Schubert: Preußen im Vormärz. Die Verhandlungen der Provinziallandtage von Brandenburg, Pommern, Posen, Sachsen und Schlesien sowie – im Anhang – von Ostpreußen, Westfalen und der Rheinprovinz (1841-1845). 1998.

Band 186 Silvia Schumacher: Das Rechtsverhältnis zwischen Eltern und Kindern in der Privatrechtsgeschichte. 1999.

Band 187 Kai Sommer: Die Strafbarkeit der Homosexualität von der Kaiserzeit bis zum Nationalsozialismus. Eine Analyse der Straftatbestände im Strafgesetzbuch und in den Reformentwürfen (1871-1945). 1998.

Band 188 Jan Erik Backhaus: Volksrichterkarrieren in der DDR. 1999.

Band 189 Ralf Ruhnau: Die Fürstlich Thurn und Taxissche Privatgerichtsbarkeit in Regensburg. Ein Kuriosum der deutschen Rechtsgeschichte. 1999.

Band 190 Antonio Grilli: Die französische Justizorganisation am linken Rheinufer 1797-1803. 1999.

Band 191 Stephanie Kammerloher-Lis: Die Entstehung des Gesetzes über die religiöse Kindererziehung vom 15. Juli 1921. 1999.

Band 192 Jan Telp: Ausmerzung und Verrat. Zur Diskussion um Strafzwecke und Verbrechensbegriffe im Dritten Reich. 1999.

Band 193 Kurt von Pannwitz: Die Entstehung der Allgemeinen Deutschen Wechselordnung. Ein Beitrag zur Geschichte der Vereinheitlichung des deutschen Zivilrechts im 19. Jahrhundert. 1999.

Band 194 Sylvia Busch: Die Entstehung der Allgemeinen Gerichtsordnung für die Preussischen Staaten von 1793/95. Ein Beitrag zur Geschichte der Kodifikationsbewegung und der Reform des Zivilprozesses in Preußen im 18. Jahrhundert. 1999.

Band 195 Dirk Bieresborn: Klage und Klageerwiderung im deutschen und englischen Zivilprozeß. Eine rechtshistorische und rechtsvergleichende Untersuchung unter besonderer Berücksichtigung der Beeinflussung durch das römisch-kanonische Verfahren. 1999.

Band 196 Andreas Thier / Guido Pfeifer / Philipp Grzimek (Hrsg.): Kontinuitäten und Zäsuren in der Europäischen Rechtsgeschichte. Europäisches Forum Junger Rechtshistorikerinnen und Rechtshistoriker München 22.-24. Juli 1998. 1999.

Band 197 Franz Smola: Die Fürstlich Liechtenstein'sche Kunstsammlung. Rechtsfragen zur Verbringung der Sammlung von Wien nach Vaduz in den Jahren 1944/45. 1999.

Band 198 Frank Martin Krauss: Das geteilte Eigentum im 19. und 20. Jahrhundert. Eine Untersuchung zum Fortbestand des Teilungsgedankens. 1999.

Band 199 Matthias Frey: Die spanische Aktiengesellschaft im 18. Jahrhundert und unter dem Código de Comercio von 1829. 1999.

Band 200 Alexandra Gilde: Die Stellung der Frau im Reichsstrafgesetzbuch von 1870/71 und in den Reformentwürfen bis 1919 im Urteil der bürgerlichen Frauenbewegung. Eine Analyse ausgewählter Straftatbestände. 1999.

Band 201 Malte Dießelhorst / Arne Duncker: Hans Kohlhase. Die Geschichte einer Fehde in Sachsen und Brandenburg zur Zeit der Reformation. 1999.

Band 202 Jörg Hillmann: Territorialrechtliche Auseinandersetzungen der Herzöge von Sachsen-Lauenburg vor dem Reichskammergericht im 16. Jahrhundert. 1999.

Band 203 Carsten Engler: Die Kommanditgesellschaft (KG) und die stille Gesellschaft im Allgemeinen Deutschen Handelsgesetzbuch (ADHGB) von 1861. 1999.

Band 204 Vesta Hoffmann-Steudner: Die Rechtsprechung des Reichsgerichts zu dem Scheidungsgrund des § 49 EheG (EheG 1938) in den Jahren 1938-1945. 1999.

Band 205 Michaela Thiele: Die Auflösung von Arbeitsverhältnissen aufgrund Anfechtung und außerordentlicher Kündigung nach der Rechtsprechung des Reichsarbeitsgerichts (1927-1945). 2000.

Band 206 Peter Landau / Hermann Nehlsen / Mathias Schmoeckel (Hrsg.): Karl von Amira zum Gedächtnis. 1999.

Band 207 Marcus Flinder: Die Entstehungsgeschichte des Zivilgesetzbuches der DDR. 1999.

Band 208 Boris Franz Leo Bromm: Die Entstehungsgeschichte des Berufs des Handelsvertreters. Unter besonderer Berücksichtigung der Sozialgesetzgebung in den Jahren von 1871-1933. 2000.

Band 209 Winfried C. J. Eberstein: Das Tierschutzrecht in Deutschland bis zum Erlaß des Reichs-Tierschutzgesetzes vom 24. November 1933. Unter Berücksichtigung der Entwicklung in England. 1999.

Band 210 Patrick Deller: Der „nach dem Vertrage" vorausgesetzte Gebrauch (§ 459 Absatz 1 Satz 1 BGB). Eine kaufrechtliche Untersuchung unter Berücksichtigung rechtshistorischer wie rechtsvergleichender Grundlagen. 2000.

Band 211 Eckard Freiherr von Bodenhausen: Haftung des Geschäftsherrn für Verrichtungsgehilfen im Straßen- und Schienenverkehr. Eine Analyse der Entscheidungen des Reichsgerichts zu § 831 BGB (1900-1945). 2000.

Band 212 Birte Gast: Der Allgemeine Teil und das Schuldrecht des Bürgerlichen Gesetzbuchs im Urteil von Raymond Saleilles (1855-1912). 2000.

Band 213 Hansjörg Michael Huber: Koloniale Selbstverwaltung in Deutsch-Südwestafrika. Entstehung, Kodifizierung und Umsetzung. 2000.

Band 214 Ulf Björner: Die Verfassungsgerichtsbarkeit im Norddeutschen Bund und Deutschen Reich (1867-1918). Eine rechtshistorische Untersuchung über Gerichtsbarkeit im Spannungsfeld von Politik und Recht innerhalb der von Bismarck geschaffenen deutschen Bundesstaaten. 2000.

Band 215 Mathias Freiherr von Rosenberg: Friedrich Carl von Savigny (1779-1861) im Urteil seiner Zeit. 2000.

Band 216 Reinhard Binder-Krieglstein: Österreichisches Adelsrecht 1868-1918/19. Von der Ausgestaltung des Adelsrechts der cisleithanischen Reichshälfte bis zum Adelsaufhebungsgesetz der Republik unter besonderer Berücksichtigung des adeligen Namensrechts. 2000.

Band 217 Claudia-Regine Nerius: Johannes Lehmann-Hohenberg (1851-1925). Eine Studie zur völkischen Rechts- und Justizkritik im Deutschen Kaiserreich. 2000.

Band 218 Ludger Meuten: Die Erbfolgeordnung des Sachsenspiegels und des Magdeburger Rechts. Ein Beitrag zur Geschichte des sächsisch-magdeburgischen Rechts. 2000.

Band 219 Christoph Alexander von Wilcken: Die Reformbestrebungen zum Genossenschaftsgesetz in der Frühzeit der Bundesrepublik. Die Beratungen der Sachverständigenkommission zur Überprüfung des Genossenschaftsrechts 1954 bis 1958 und der Referentenentwurf von 1962. 2000.

Band 220 Verein Junger RechtshistorikerInnen Zürich (Hrsg.): ¿Rechtsgeschichte(n)? ¿Histoire(s) du droit? ¿Storia/storie del diritto? ¿Legal Histori(es)? Europäisches Forum Junger Rechtshistorikerinnen und Rechtshistoriker Zürich 28.-30. Mai 1999. 2000.

Band 221 Hans Christian Schüler: Die Entstehungsgeschichte der Bundesnotarordnung vom 24. Februar 1961. 2000.

Band 222 Nils-Eberhard Schramm: Die Vereinigung demokratischer Juristen (1949-1999). 2000.

Band 223 Silke Anke Torp: Das Rechtsverhältnis zwischen den Eltern und ihren Kindern. Dienstleistungspflicht, Aussteuer und Ausstattung. Eine Analyse der Rechtsprechung des Reichsgerichts und des Reichsarbeitsgerichts zu den Vorschriften der §§ 1616 bis 1625 des Bürgerlichen Gesetzbuches in der Zeit von 1900 bis 1945. 2000.

Band 224 Martin Jürgen Maaß: Die Geschichte des Eigentumsvorbehalts, insbesondere im 18. und 19. Jahrhundert. 2000.

Band 225 Stefanie Langer: Rechtswissenschaftliche Itinerarien. Lebenswege namhafter europäischer Juristen vom 11. bis zum 18. Jahrhundert. 2000.

Band 226 Ulrich Schmitz: Der Unterhaltsanspruch des nichtehelichen Kindes gegen seinen Erzeuger. Die rechtsgeschichtliche und dogmatische Entwicklung im deutschen Recht. 2000.

Band 227 Sebastian Günther: Friedrich Carl von Savigny als Grundherr. 2000.

Band 228 Henning Ibs: Hermann J. Held (1890-1963). Ein Kieler Gelehrtenleben in den Fängen der Zeitläufe. 2000.

Band 229 Matthias Rücker: Wirtschaftswerbung unter dem Nationalsozialismus. Rechtliche Ausgestaltung der Werbung und Tätigkeit des Werberats der deutschen Wirtschaft. 2000.

Band 230 Hendrik Sandmann: Die Entwicklung von Begriff und Inhalt des Wirtschaftchsrechts durch die Rechtswissenschaft in der Weimarer Republik. 2000.

Band 231 Sibylle Müller: Gibt es Menschenrechte bei Samuel Pufendorf? 2000.

Band 232 Karin Olechowski-Hrdlicka: Die gemeinsamen Angelegenheiten der Österreichisch-Ungarischen Monarchie. Vorgeschichte – Ausgleich 1867 – Staatsrechtliche Kontroversen. 2001.

Band 233 Johannes Mierau: Die juristischen Abschluß- und Diplomprüfungen in der SBZ/DDR. Ein Einblick in die Juristenausbildung im Sozialismus. 2001.

Band 234 Jörg Wolff (Hrsg.): Stillstand, Erneuerung und Kontinuität. Einsprüche zur Preußenforschung. 2001.

Band 235 Friedo Schröder: Die anwaltliche Tätigkeit während der nationalsozialistischen Herrschaft. Eine Analyse der anwaltlichen Argumentation in Zivilprozessen anhand der vorhandenen Prozeßakten der Landgerichte Frankenthal, Wiesbaden, Limburg und Frankfurt und der Handakten der *jüdischen Konsulenten* des OLG-Bezirks Frankfurt. 2001.

Band 236 Der Code pénal des Königreichs Westphalen von 1813 mit dem Code pénal von 1810 im Original und in deutscher Übersetzung. Herausgegeben und mit einer Einleitung versehen von Werner Schubert. 2001.

Band 237 Klaus Richter: Deutsches Kolonialrecht in Ostafrika 1885-1891. 2001.

Band 238 Kai von Lewinski: Deutschrechtliche Systembildung im 19. Jahrhundert. 2001.

Band 239 Alexander Herzog: Sittenwidrige Rechtsgeschäfte in der höchstrichterlichen Rechtsprechung aus den Jahren 1948-1965. 2001.

Band 240 Claudia Rönnau: Die Beratungen des Wasserrechtsausschusses der Akademie für Deutsches Recht zu einem Reichswassergesetz (1934-1941). Ein Beitrag zur Dogmatik der Begriffe *Gemeingebrauch* und *Sondergebrauch* in der Zeit des Nationalsozialismus. 2001.

Band 241 Momme Rohlack: Kriegsgesellschaften (1914-1918). Arten, Rechtsformen und Funktionen in der Kriegswirtschaft des Ersten Weltkrieges. 2001.

Band 242 Rolf Geyer: Der Gedanke des Verbraucherschutzes im Reichsrecht des Kaiserreichs und der Weimarer Republik (1871-1933). Eine Studie zur Geschichte des Verbraucherrechts in Deutschland. 2001.

Band 243 Felix Lorenz Benjamin Lehmann: Der Rote Adlerorden. Entstehung und rechtliche Grundlagen (1705-1918). 2002.

Band 244 Marc Ludwig: Der Pfändungsschutz für Lohneinkommen. Die Entstehungs- und Entwicklungsgeschichte der Vorschriften zum Schutz vor Lohnpfändung in Deutschland. 2001.

Band 245 Alexander Wachter: Dorfschule zwischen Pastor und Schulmeister. Zur Säkularisierung des niederhessischen Schulwesens im 19. Jahrhundert. 2001.

Band 246 Richard Scholz: Analyse der Entstehungsbedingungen der reichsgerichtlichen Aufwertungsrechtsprechung. Untersuchung unter besonderer Berücksichtigung der konservativen Geldpolitik der Reichsbank und der Inflationspolitik der Reichsregierung. 2001.

Band 247 Judith Laeverenz: Märchen und Recht. Eine Darstellung verschiedener Ansätze zur Erfassung des rechtlichen Gehalts der Märchen. 2001.

Band 248 Christina Schenk: Bestrebungen zur einheitlichen Regelung des Strafvollzugs in Deutschland von 1870 bis 1923. 2001.

Band 249 Nils Werner: Die Prozesse gegen die Landvolkbewegung in Schleswig-Holstein 1929/32. Ein Beitrag zur Justizkritik in der späten Weimarer Republik. 2001.

Band 250 Wolfgang Walter: Das Duell in Bayern. Ein Beitrag zur bayerischen Strafrechtsgeschichte. 2002.

Band 251 Jörn Eckert / Kjell Å. Modéer (Hrsg.): Geschichte und Perspektiven des Rechts im Ostseeraum. Erster Rechtshistorikertag im Ostseeraum 8.–12. März 2000. 2001.

Band 252 Jan Könighaus: Die Inauguration der Christian-Albrechts-Universität zu Kiel 1665. Symbolgehalt und rechtliche Bedeutung des Universitätszeremoniells. 2002.

Band 253 Andreas Görgen: Rechtssprache in der Frühen Neuzeit. Eine vergleichende Untersuchung der Fremdwortverwendung in Gesetzen des 16. und 17. Jahrhunderts. 2002.

Band 254 Ralf Schäfer: Die Rechtsstellung der Haigerlocher Juden im Fürstentum Hohenzollern-Sigmaringen von 1634-1850. Eine rechtsgeschichtliche Untersuchung. 2002.

Band 255 Regine Schmalhorst: Die Tierhalterhaftung im BGB von 1896. Die Entstehung und Änderung des § 833 BGB sowie eine Analyse der Rechtsprechung des Reichsgerichts bis 1908. 2002.

Band 256 Thomas Hense: Konrad Beyerle. Sein Wirken für Wissenschaft und Politik in Kaiserreich und Weimarer Republik. 2002.

Band 257 Christian Mahlmann: Die Strafrechtswissenschaft der DDR. Klassenkampftheorie und Verbrechenslehre. 2002.

Band 258 Henning Kahmann: Die Bankiers von Jacquier & Securius 1933–1945. Eine rechtshistorische Fallstudie zur "Arisierung" eines Berliner Bankhauses. Mit einem Geleitwort von John Kornblum. 2002.

Band 259 Volker Friedrich Drecktrah: Die Gerichtsbarkeit in den Herzogtümern Bremen und Verden und in der preußischen Landdrostei Stade von 1715 bis 1879. 2002.

Band 260 Andreas Klass: Standes- oder Leistungselite? Eine Untersuchung der Karrieren der Wetzlarer Anwälte des Reichskammergerichts (1693-1806). 2002.

Band 261 Wolfgang Eder: Das italienische Tribunale Speciale per la Difesa dello Stato und der deutsche Volksgerichtshof. Ein Vergleich zwischen zwei politischen Gerichtshöfen. 2002.

Band 262 Albrecht Cordes / Bernd Kannowski (Hrsg.): Rechtsbegriffe im Mittelalter. 2002.

Band 263 Thomas Hildebrandt: Die Brandenburgischen Provinziallandtage von 1841, 1843, und 1845 anhand ausgewählter Verhandlungsgegenstände. 2002.

Band 264 Jan Finzel: Georg Adam Struve (1619-1692) als Zivilrechtler. 2003.

Band 265 Björn Carsten Frenzel: Das Selbstverständis der Justiz nach 1945. Analyse der Rolle der Justiz unter Berücksichtigung der Reden zur *Wiedereröffnung* der Bundes- und Oberlandesgerichte. 2003.

Band 287 Heiko Lüpkes: Die Verbrechen der Diener des Staats im Allgemeinen Landrecht für die Preußischen Staaten von 1794 und ihre Entwicklung zu den Vergehen und Verbrechen im Amte im Strafgesetzbuch für die Preußischen Staaten von 1851. 2004.

Band 288 Mirco Peter Hirsch: Von der Erbbescheinigung des Preußischen Rechts zum Erbschein des Bürgerlichen Gesetzbuchs. 2004.

Band 289 Bettina Günther: Die Behandlung der Sittlichkeitsdelikte in den Policeyordnungen und der Spruchpraxis der Reichsstädte Frankfurt am Main und Nürnberg im 15. bis 17. Jahrhundert. 2004.

Band 290 Seunghyeon Seong: Der Begriff der *nicht gehörigen Erfüllung* aus dogmengeschichtlicher und rechtsvergleichender Sicht. 2004.

Band 291 Steffen-Werner Meyer: Bemühungen um ein Reichsgesetz gegen den Büchernachdruck. Anläßlich der Wahlkapitulation Leopolds II. aus dem Jahre 1790. 2004.

Band 292 Ulrich Löffler: Instrumentalisierte Vergangenheit? Die nationalsozialistische Vergangenheit als Argumentationsfigur in der Rechtsprechung des Bundesverfassungsgerichts. 2004.

Band 293 Norbert Koch: Die Entwicklung des deutschen privaten Immissionsschutzrechts seit Beginn der Industrialisierung. Unter besonderer Berücksichtigung des Einflusses der höchstrichterlichen Rechtsprechung. 2004.

Band 294 Julius Ludwig Pfeiffer: Das Tierschutzgesetz vom 24. Juli 1972. Die Geschichte des deutschen Tierschutzrechts von 1950 bis 1972. 2004.

Band 295 Bert-Hagen Strodthoff: Die richterliche Frage- und Erörterungspflicht im deutschen Zivilprozeß in historischer Perspektive. 2004.

Band 296 Tim Kannewurf: Die Höfeordnung vom 24. April 1947. Entstehungsgeschichte und Einordnung in die Entwicklung des Anerbenrechts. 2004.

Band 297 Steffi Heine: Die Methodendiskussion nach Inkrafttreten des Bürgerlichen Gesetzbuches und die Gründung des Vereins *Recht und Wirtschaft*. 2004.

Band 298 Anne Marlene Simon-Holtorf: Geschichte des Familienwahlrechts in Frankreich (1871 bis 1945). 2004.

Band 299 Jürgen Busch: Das Germanenbild der deutschen Rechtsgeschichte. Zwischen Wissenschaft und Ideologie. Mit einem Vorwort von Herwig Wolfram. 2004.

Band 300 Jan Kohlmann: Der Marsch zu den Gräbern von Karl und Rosa. Geschichte eines Gedenktages. 2004.

Band 301 Christian Rainer Schlicht: Die kumulative Schuldübernahme in der Rechtsprechung des Reichsgerichts und in der zeitgenössischen Literatur. 2004.

Band 302 Hans Peter Glöckner: Positive Vertragsverletzung. Die Geburt eines Rechtsinstituts. 2006.

Band 303 João Manuel Azevedo Alexandrino Fernandes: Die Theorie der Interpretation des Gesetzes bei Francisco Suárez. 2005.

Band 304 René Funk: Die Wahlprüfung der volksgewählten Abgeordneten der Volksvertretungen im Frühkonstitutionalismus. Eine Untersuchung der Wahlprüfung in den Kammern der Abgeordneten des Großherzogtums Baden, des Königreichs Württemberg und des Großherzogtums Hessen. 2005.

Band 305 Carolin O'Sullivan. Die Ahndung von Rechtsbrüchen der Seeleute im mittelalterlichen hamburgischen und hansischen Seerecht (1301–1482). 2005.

Band 306 Martin Jürgens: Staat und Reich bei Ernst Rudolf Huber. Sein Leben und Werk bis 1945 aus rechtsgeschichtlicher Sicht. 2005.

Band 307 Florian G. Dürselen: Franz Beyerle (1885–1977). Leben, Ära und Werk eines Rechtshistorikers. 2005.

Band 308 Kai Bandilla: Urheberrecht im Kaiserreich. Der Weg zum Gesetz betreffend das Urheberrecht an Werken der Literatur und Tonkunst vom 19. Juni 1901. 2005.

Band 309 Stefan Mieth: Die Entwicklung des Denkmalrechts in Preußen 1701–1947. 2005.

Band 310 Catharina Lodemann: Die Geschichte des französischen *acte de gouvernement*. 2005.

Band 311 Christina Wicke: Kodifikationsbestrebungen und Wissenschaft in Hessen-Darmstadt im vorkonstitutionellen Zeitalter. Zu der Beteiligung der Gießener Rechtsprofessoren an den Gesetzgebungsarbeiten in Hessen-Darmstadt in der Zeit zwischen 1769 und 1820. 2005.

Band 312 Christiane Chlosta: Nur dem Gesetz unterworfen? Eine rechtsgeschichtliche Untersuchung zu Idee und Wirklichkeit richterlicher Gesetzestreue unter besonderer Berücksichtigung der Aufwertungsrechtsprechung und des richterlichen Prüfungsrechts. 2005.

Band 313 Kathrin Dirr: Hoheitsrechtliche Streitigkeiten zwischen den Kölner Erzbischöfen und der Stadt Köln auf Grundlage reichskammergerichtlicher Verfahren des 16. und 17. Jahrhunderts. 2005.

Band 314 Michael Racky: Die Diskussion über Gewaltenteilung und Gewaltentrennung im Vormärz. 2005.

Band 315 Petra Thiemrodt: Die Entstehung des Staatshaftungsgesetzes der DDR. Eine Untersuchung auf der Grundlage von Materialien der DDR-Gesetzgebungsorgane mit zeitgeschichtlichen Bezügen. 2005.

Band 316 Julius F. Reiter: Entstehung und staatsrechtliche Theorie der italienischen *Carta del Lavoro*. 2005.

Band 317 André Book: Die Justizreform in der Frühzeit der Bundesrepublik. Die Beratungen der Kommission zur Vorbereitung einer Reform der Zivilgerichtsbarkeit in den Jahren 1955 bis 1961. 2005.

Band 318 Frank Zentz: Das amerikanische Strafverfahren als Element der Besatzungspolitik in Deutschland. Erziehung zur Demokratie durch den *Court of Appeals* 1948–1955. 2005.

Band 319 Friederike Quaisser: Mietrecht im 19. Jahrhundert. Ein Vergleich der mietrechtlichen Konzeptionen im Allgemeinen Landrecht für die Preußischen Staaten von 1794 und dem gemeinen Recht. 2005.

Band 320 Stefan Burghard: Professor Dr. Wilhelm Kahl – Leben zwischen Wissenschaft und Politik. 2005.

Band 321 Günter Baranowski: Die *Russkaja Pravda* – ein mittelalterliches Rechtsdenkmal. 2005.

Band 322 Christina Schneider: Die SS und „das Recht". Eine Untersuchung anhand ausgewählter Beispiele. 2005.

Band 323 Werner Schubert (Hrsg.): Zivilprozessreform in der Weimarer Zeit. Quellen zur Emminger-Zivilprozessverordnung vom 13.2.1924 und zu den Arbeiten der Zivilprozesskommission des Reichsjustizministeriums (1922–1930). Eingeleitet und herausgegeben von Werner Schubert. 2005.

Band 324 Felix Gaul: Der Jurist Rudolf Isay (1886–1956). Ein verantwortungsbewusster Vermittler im Spannungsfeld zwischen dynamischer Rechtsschöpfung, ökonomischem Wandel und technischem Fortschritt. 2005.

Band 325 Konstanze Braun: Dr. Otto Georg Thierack (1889–1946). 2005.

Band 326 Eckart Klein / Stefan Chr. Saar / Carola Schulze (Hrsg.): Zwischen Rechtsstaat und Diktatur. Deutsche Juristen im 20. Jahrhundert. 2006.

Band 327 Stefan Botor: Das *Berliner Sühneverfahren* – Die letzte Phase der Entnazifizierung. 2006.

Band 328 Andreas Köhler: Die Sorgerechtsregelungen bei Ehescheidung seit 1945. Scheidungsstrafe und verordnete Gemeinsamkeit. 2006

Band 329 Lars Düwel: Die Nichtigkeit und Anfechtbarkeit der Ehe in der Rechtsprechung des Reichsgerichts zwischen 1900 und 1945. 2006.

Band 330 Katalin Polgar: Das Oberappellationsgericht der vier freien Städte Deutschlands (1820–1879) und seine Richterpersönlichkeiten. 2007.

Band 331 Julia Schweitzer: Schiffer und Schiffsmann in den Rôles d'Oléron und im Llibre del Consolat de Mar. Ein Vergleich zweier mittelalterlicher Seerechtsquellen. 2007.

Band 332 Diana-Catharina Kurtz: Das Institut der Adoption im preußischen Allgemeinen Landrecht und im französischen Code civil zwischen Rezeption römisch-rechtlicher Prinzipien und verändertem Familienverständnis. 2006.

Band 333 Dino Joakim Duderstadt: Spiel, Wette und Differenzgeschäft (§§ 762–764 BGB) in der Rechtsprechung des Reichsgerichts und in der zeitgenössischen Literatur. 2007.

Band 334 Ronald Hoffmann: Die Domänenfrage in Thüringen. Über die vermögensrechtlichen Auseinandersetzungen mit den ehemaligen Landesherren in Thüringen nach dem Ersten Weltkrieg. 2006.

Band 335 Joachim Windmüller: *Ohne Zwang kann der Humanismus nicht existieren...* – „Asoziale" in der DDR. 2006.

Band 336 Sven Christian Gläser: Die Mediatisierung der Grafschaft Wertheim. Der juristische Kampf eines kleinen Reichsstandes gegen den Verlust der Landesherrschaft und seine Folgen. 2006.

Band 337 Benjamin Schleyer: Friedrich Wilhelm Bornemann (1798–1864). Eine Juristenkarriere im Preußen des 19. Jahrhunderts. 2006.

Band 338 Die Reform des Ehescheidungsrechts von 1976. Quellen zum Ersten Gesetz vom 14.6.1976 zur Reform des Ehe- und Familienrechts (Parlamentarische Ausschussprotokolle – Anglikanische Denkschrift von 1966 zur Scheidungsrechtsreform – Schlussabstimmung 1969 in der Eherechtskommission des Bundesministeriums der Justiz). Eingeleitet und herausgegeben von Werner Schubert. 2006.

Band 339 Andreas Feld: Das Bayerische Gesetz zum Schutz des Eigentums an Erzeugnissen der Literatur und Kunst gegen Nachdruck vom 15.04.1840. Vorgeschichte und Zustandekommen. 2007.

Band 340 Bernd Wörner: Adelbert Düringers Einfluß als Richter am Reichsgericht in Leipzig auf dem Gebiet des Personengesellschaftsrechts. 2007.

Band 341 Jan Jelle Kähler: Französisches Zivilrecht und französische Justizverfassung in den Hansestädten Hamburg, Lübeck und Bremen (1806–1815). 2007.

Band 342 Jörn Eckert / Pia Letto-Vanamo / Kjell Å. Modéer (Hrsg.): Juristen im Ostseeraum. Dritter Rechtshistorikertag im Ostseeraum 20.–22. Mai 2004. 2007.

Band 343 Ferdinand von Weyhe: A.E. Wassermann. Eine rechtshistorische Fallstudie zur „Arisierung" zweier Privatbanken. 2007.

Band 344 Martin Klaus Römermann: Kündigungen und Kündigungsschutz im Franquismus. 2007.

Band 345 Thomas Hoffmann: Der Landrechtsentwurf David Hilchens von 1599. Ein livländisches Rechtszeugnis polnischer Herrschaft. 2007.

Band 346 Ingo Ullmann: Die rechtliche Behandlung holsteinischer Leibeigener um die Mitte des 18. Jahrhunderts. Dargestellt unter besonderer Berücksichtigung der Schmoeler Leibeigenschaftsprozesse von 1738 bis 1743 sowie von 1767 bis 1777. 2007.

Band 347 Petra Fischer-Langosch: Die Entstehungsgeschichte des Familiengesetzbuches der DDR von 1965. 2007.

Band 348 Lasse O. Johannsen: Die rechtliche Behandlung ausreisewilliger Staatsbürger in der DDR. 2007.

Band 349 Ralf Schlottau: Deutsche Kolonialrechtspflege. Strafrecht und Strafmacht in den deutschen Schutzgebieten 1884 bis 1914. 2007.

Band 350 Hartwig Brandt / Ewald Grothe (Hrsg.): Rheinbündischer Konstitutionalismus. 2007.

www.peterlang.de

Peter Lang · Europäischer Verlag der Wissenschaften

Dominik Nagl

Grenzfälle

Staatsangehörigkeit, Rassismus und nationale Identität unter deutscher Kolonialherrschaft

Frankfurt am Main, Berlin, Bern, Bruxelles, New York, Oxford, Wien, 2007.
222 S.
Afrika und Europa. Koloniale und Postkoloniale Begegnungen.
Herausgegeben von Marianne Bechhaus-Gerst. Bd. 5
ISBN 978-3-631-56458-5 · br. € 39.–*

Die Errichtung eines deutschen Kolonialreichs warf für die neue Kolonialmacht eine Vielzahl rechtlicher Schwierigkeiten auf. Insbesondere stellte sich die Frage, wie der koloniale Raum und seine Bewohner in den bestehenden staatsrechtlichen Rahmen integriert werden sollten. Ausgehend von zeitgenössischen Diskursen um Recht, Nation und Rasse zeichnet diese Arbeit aus postkolonialer Perspektive nach, welche Folgen die Kolonialexpansion für die Theorie und Praxis der Staatsangehörigkeit, die Rechte der Kolonisierten und die Konstruktion des deutschen Selbstverständnisses hatte. Die Arbeit liefert damit einen Beitrag zur aktuellen Debatte um Globalisierung, Migration und nationale Identität.

Aus dem Inhalt: Staatsangehörigkeit in der „kolonialen Situation" · Einbürgern und Ausschließen in den deutschen Kolonien · Koloniale Migration und Staatsangehörigkeit · Verbotene Liebe: Die Debatte um die Zulässigkeit so genannter „Rassenmischehen"

www.ingramcontent.com/pod-product-compliance
Ingram Content Group UK Ltd.
Pitfield, Milton Keynes, MK11 3LW, UK
UKHW021919290926
8980IPUK00015B/1362

9 783631 564417